Izabella Gawin

Polen

Der Norden

Inhalt

Wissenswertes über Polens Norden

Wissenswertes für die Reise

Unterwegs in Polens Norden

Kapitel 1 – Stettin und die Odermündung

Kapitel 2 – Mittlere Ostseeküste und Kaschubei

Kapitel 3 – Von Danzig nach Toruń

Kapitel 4 – Vom Frischen Haff nach Olsztyn

Kapitel 5 – Naturparadies Masuren

Kapitel 6 – Die Naturparks im Nordosten

Kapitel 7 – Warschau und Posen

Themen

Alle Karten auf einen Blick

Der ›Nahe Osten‹: Strände, Seen und historische Städte

Flirrende Sanddünen, dramatische Klippen und weit ins Meer ragende Halbinseln dominieren an der Küste, im Hinterland liegen Tausende von Seen. Dazu gibt es traditionsreiche Seebäder, Ordensburgen und hanseatische Hafenstädte, allen voran Danzig, die ›Königin der Ostsee‹. In Nordpolen lassen sich Natur- und Kultururlaub also bestens verbinden!

»Der Tourismus, der etwas erleben will, geht in die nächste Nachbarschaft und nicht unbedingt nach Übersee« (Karl Schlögel). 100 km östlich von Berlin beginnt Polen, wo es vieles zu entdecken gibt: außer einer intakten Natur ein 1000-jähriges Kulturerbe, das unterschiedlichste Einflüsse in sich aufgenommen hat.

In Nordpolen bewegen Sie sich auf einem Terrain, das als ›Pommern‹ und ›Ostpreußen‹ jahrhundertelang deutsch geprägt war. Sie sehen wuchtige Backsteinkirchen, wie man sie aus Norddeutschland kennt, Trutzburgen der Ordensritter und kaiserliche Jagdschlösser. Auf alten Kanaldeckeln prangen deutsche Firmennamen. Unter dem Putz der Fassaden schimmern vertraute Worte in verblichener Schrift. Die meisten Polen machen keinen Hehl daraus, dass Teile ihres Landes lange Jahre unter deutschem Vorzeichen standen. Doch die Vergangenheit liefert kaum mehr Grund für Argwohn oder gar Angst. Im Gegenteil: Mit Neugier erkunden viele Polen die deutsche Geschichte ihrer Städte, wollen wissen, wer und was vor ihnen da war. Und so feiern sie Festivals zu Ehren des deutschen, aus Danzig stammenden Literaturnobelpreisträgers Günter Grass und organisieren Ausstellungen zu Lyonel Feininger und Max Pechstein, die Pommerns Küste in fantastischen Bildern festhielten – viele ihrer Werke entstanden zwischen Swinemünde und Rowe. Restaurants benennen sich nach deutschen Kaufmannsclans »Ferber« und »Uphagen«, heißen »Rathauskeller« und »Wunderbar«.

Auch auf deutscher Seite hat sich vieles verändert. Die Zeit, da man nach Polen fuhr, um Klagelieder auf die verlorene Heimat anzustimmen, ist vorbei. Die Deutschen, die heute ins Land reisen, gehören zumeist einer jüngeren Generation an, die das Wort ›Vertreibung‹ nur aus Erzählungen oder dem Geschichtsunterricht kennt. Einige von ihnen mögen sich zwar noch auf Spurensuche begeben, wollen sehen, wo ihre Eltern und Großeltern einst gelebt haben, doch sie sind keine ›Heimwehtouristen‹ und sie kennen auch nicht den Wunsch, dass dies alles wieder deutsch werden möge. Sie wollen schlicht einen unbekannten Nachbarn entdecken.

Und der ist dabei, sich neu zu erfinden. Dank hoher EU-Subventionen bringt Polen seine Infrastruktur auf Vordermann. Fähr- und Flughäfen, Straßen und Bahnlinien werden modernisiert. Für Besucher werden Rad- und Wanderwege angelegt, Aquaparks und Golfplätze geschaffen. Hochkarätige Museums- und Konzerttempel locken in die großen Städte. Einige von ihnen sind so interessant, dass sie eine eigene Reise rechtfertigen, allen voran das Warschauer Museum der Geschichte der polnischen Juden und das Danziger Museum des Zweiten Weltkriegs. Und auch in der Hotellerie spielt Polen mittlerweile in der oberen Liga: Ob Design- oder Wellnesshotels, restaurierte Schlösser oder Häuser im Industrie-Chic – kein Trend wird ausgelassen. Daneben existiert das Polen von einst, das gerade deshalb attraktiv ist, weil es vom Fortschritt so lange ausgeschlossen war. Verlassen Sie die größeren Städte mit ihren glitzernden Glasfassaden, dem Geruch von Management und Marketing, erleben Sie eine andere, erfrischend dörfliche Welt, die bei uns fast vergessen ist: schattige Alleen und kopfsteingepflasterte Straßen, frei laufende Hunde und Hühner, hin und wieder ein Pferdefuhrwerk und wild wuchernde Gärten hinterm Lattenzaun.

Dieses Buch soll Ihnen ein Begleiter sein auf dem Weg von Stettin entlang der Ostseeküste nach Danzig, zu den masurischen Seen und den Naturparks an der litauischen und belarussischen Grenze – und schließlich zurück über Warschau und Posen. Tourenvorschläge machen mit einigen der schönsten Landschaften Nordpolens vertraut: Sie führen über Wanderdünen und die Küste entlang, durch abgelegene Tatarendörfer und einsame Wälder, vorbei an Synagogen, Holzkirchen und Moscheen.

Abschließend noch einige Worte zur Wahl von Ortsbezeichnungen: Da es darauf ankommt, dem der polnischen Sprache nicht mächtigen Leser das Verständnis der mitgeteilten Information zu erleichtern, werden in der Einführung in der Regel die deutschen Namen verwendet. Beim Reisen durchs Land jedoch kommen Sie mit den deutschen Bezeichnungen nicht weit. Mit Mühe erkennen Sie noch Allenstein in Olsztyn, dagegen hat Lötzen kaum etwas gemein mit Giżycko und noch weniger Sensburg mit Mrągowo oder Ortelsburg mit Szczytno. Zur besseren Orientierung werden deshalb im praktischen Reiseteil die polnischen Namen bevorzugt, nur die Großstädte werden deutsch aufgeführt. Und alle, die den Ehrgeiz haben, die polnischen Zungenbrecher auch auszusprechen, finden ab S. 384 des Buches zusätzlich einen Sprachführer.

Die Autorin

Izabella Gawin
https://trip-to-go.com

Izabella Gawin, in Polen geboren, entdeckte an der Ostsee ihre Meereslust. Später lebte sie in Bonn und Bremen und beendete ihr Studium mit einer Dissertation über Europas Expansion im Atlantik. Doch statt eine akademische Laufbahn einzuschlagen, entschied sie sich für ein Nomadenleben: Sie hat das Reisen zum Beruf gemacht und viele Bücher verfasst – auf der ITB in Berlin wurde sie für ihr Werk ausgezeichnet. Beim DuMont Reiseverlag erschienen von ihr z. B. das Reisetaschenbuch »Polnische Ostseeküste« sowie mehrere Titel zu den Kanarischen Inseln.

Reisen im Norden von Polen

In Polens Norden kann man Aktiv- und Kulturulaub miteinander verbinden. Baden und Wassersport sind an der Ostseeküste angesagt, wo man breite Strände mit feinkörnigem Sand, Riesendünen und dramatische Kliffe findet. Natürliche Ressourcen wie Solequellen, Schlamm und jodreiche Meeresluft werden für traditionelle Kuren, aber auch für Wellness und Thalasso-Therapie genutzt.

Naturparadiese

Gleich hinter der deutsch-polnischen Grenze liegt die riesige Wasserfläche des **Stettiner Haffs,** die vom offenen Meer durch die Inseln Usedom und Wollin abgetrennt ist. Spektakulär sind die Sandklippen des **Wolliner Nationalparks,** an die sich landeinwärts ein urwüchsiger Buchenwald anschließt. Ostwärts setzt sich der Reigen fantastischer Strände Hunderte von Kilometern fort. Getoppt werden die Strände von den Wanderdünen des **Slowinzischen Nationalparks:** Diese schwingen sich hoch auf und sind so weitläufig, dass sie an eine Wüste erinnern. Allerdings ist diese von Wasser eingefasst, im Norden vom Meer und im Süden von zwei Strandseen – eine asketisch schöne Landschaft! Noch weiter östlich liegen die **Halbinsel Hel** und die **Frische Nehrung,** beides schmale, von Paradestränden gesäumte Landbrücken im Meer.

Auch im Binnenland gibt es viel zu entdecken. Da sind die **Pommersche und Kaschubische Seenplatte** sowie weiter östlich die **Masurischen Seen** mit Tausenden kleinen und größeren Gewässern. Wie schon an der Küste können Sie auch hier auf dem Wasser unterwegs sein: im Segel-, Paddel- oder Ruderboot oder bequem im Ausflugsschiff. Wer will, kann die Angelrute auswerfen, im Wald Beeren pflücken oder Pilze sammeln.

An Masuren schließt sich der kleine, aber feine **Wigry-Nationalpark** an, in dessen Zentrum der gleichnamige, geheimnisvolle See liegt. Selbst wenn Sie die Seenplatten verlassen, hört das Wasser nicht auf: Im Nordosten Polens, dort, wo sich Fuchs und Dachs Gute Nacht sagen, liegt der ›polnische Amazonas‹: Die Flüsse Biebrza und Narew treten im Frühjahr weit über ihre Ufer und bilden ein riesiges Schwemmgebiet, das Vögeln als Brutplatz dient. Was den Wanderern der Lüfte gefällt, mögen auch Reisende: Sie erkunden im Floß oder Stocherkahn das Wasserlabyrinth in den **Nationalparks Biebrza und Narew.**

Last, but not least ist da noch der **Białowieża-Nationalpark.** Der Urwald, der sich über die Grenze nach Belarus erstreckt, ist die Heimat zotteliger Wisente und UNESCO-Weltnaturerbe.

Kulturelle Hochburgen

Auf dem Weg in die Natur empfehlen sich Zwischenstopps in attraktiven Städten. An erster Stelle sei die von flämischen Architekten entworfene Altstadt von **Danzig** genannt. Erstaunlicherweise entdeckt man sie nicht auf der UNESCO-Liste des Weltkulturerbes, wohl aber das mittelalterliche **Toruń** (Thorn) und die nach dem Zweiten Weltkrieg wieder aufgebaute Altstadt von **Warschau.** Auch **Malbork** (Marienburg), die uneinnehmbare Festung der Deutschen Ritter an der Nogat, wurde ausgezeichnet: eine von zahlreichen Burgen des Deutschen Ordens im ehemaligen Ostpreußen. Aus Backstein erbaut sind Teile der Altstadt von **Olsztyn** (Allenstein) und der über dem Frischen Haff thronende Kathedralhügel von **Frombork** (Frauenburg), wo Kopernikus das neuzeitliche Weltbild entwarf. Weiter östlich liegt die **Wolfsschanze,** Hitlers Hauptquartier Ost: eine morbide Ruinenlandschaft, die die Natur sich allmählich zurückerobert. Wie aus einer anderen Welt erscheint dagegen die Wallfahrtskirche **Święta Lipka** (Heiligelinde). Mit ihrer pastellfarbenen Fassade, den bewegt-barocken Formen und perfekten illusionistischen Malereien strahlt sie einen fast südländischen Zauber aus.

Ganz im Nordosten Polens stößt man auf einige ›Exotika‹: **Białystok** und **Hajnówka** überraschen mit orthodoxen Prachtkathedralen, der Wallfahrtsort **Grabarka** mit einem Berg voller Kreuze. In **Tykocin** steht eine mustergültig restaurierte Synagoge.

Viele, die Polens Norden erkunden, reisen über **Stettin** ein. Nur der wichtigste Teil der Altstadt – mit Schloss, Giebelhäusern und Uferpromenade – wurde nach dem Zweiten Weltkrieg wieder aufgebaut. Dafür ist sie ein Hotspot moderner Architektur und wartet mit einer regen Kulturszene auf. Gleiches gilt für **Posen,** das man vielleicht auf dem Rückweg kennenlernt. Aber passen Sie auf, dass Sie die Messestadt nicht während eines Groß-Events ansteuern – dann nämlich verdoppeln sich die Unterkunftspreise!

Tipps für die Terminplanung

Die Sommerschulferien beginnen in Polen landeseinheitlich am letzten Freitag im Juni und dauern bis zum letzten Freitag im August. Dann scheint halb Polen an der Küste zu sein, die sich in eine große ›Ballermann‹-Zone verwandelt. Ein weiterer gut gebuchter Termin ist das erste Maiwochenende. Wer Ruhe liebt, besucht die Ostsee besser in der Vor- oder Nachsaison. Am schönsten sind Juni und September, wenn milde Temperaturen das Baden ermöglichen und man den Strand fast für sich allein hat; auch Bootsausflüge werden in dieser Zeit angeboten.

Anders sieht es in **Masuren** aus, das auch im Sommer nicht überlaufen ist. Egal ob an der Ostsee oder in Masuren: In der **Nebensaison** zahlt man für Unterkünfte einen deutlich günstigeren Preis und hat bei Outdoor-Agenturen eine freiere Wahl.

Beim Aufenthalt in der Stadt sollte man sich nicht scheuen, nach Wochenend- oder sonstigen **Rabatten** zu fragen – in Polen ist es normal, über den Preis zu verhandeln.

WICHTIGE FRAGEN VOR DER REISE

Welche **Dokumente** braucht man für die Einreise? s. S. 62

Welches **Budget** muss ich für einen Urlaub in Nordpolen einplanen? s. S. 88

Sollte man schon zu Hause **Geld** tauschen oder erst im Land? s. S. 82

Welche **Kleidung** muss in den Koffer? s. S. 84

Empfiehlt sich ein **Mietwagen**? s. S. 64

Wie kann man mit **öffentlichen Verkehrsmitteln** herumreisen? s. S. 64

Muss ich die **Unterkunft** vorab buchen? s. S. 11

Welche **Apps** sind hilfreich? s. S. 86

Wie steht es um die **Sicherheit** im Land? s. S. 88

Welche **Strände** sind die schönsten? s. S. 72

Welche Attraktionen bietet Polen für **Kinder**? s. S. 83

Junge Skater vor der Danziger Shopping Mall Forum wollen hoch hinaus

Individuell oder pauschal?

Reisen auf eigene Faust ist kein Problem: Die Anreise ist günstig und das breit gefächerte Unterkunfts- und Gastro-Angebot bietet etwas für jeden Geldbeutel und Geschmack. Mit öffentlichen Verkehrsmitteln erreichen Sie problemlos größere Orte, am besten erschlossen ist die Achse Frankfurt/Oder–Posen–Warschau–Danzig. Seit 2016 hat Masuren einen internationalen Flughafen, der von Billig-Airlines angesteuert wird (S. 63).

Wer einsame Küstenabschnitte oder die Seenplatten Pommerns bzw. Masurens erkunden will, sollte allerdings mit Auto oder Rad unterwegs sein, denn die Zugverbindungen sind mangelhaft, die Busse oft voll.

Eine gute Nachricht für Autofahrer: Die neue Schnellstraße S-6 führt von Stettin über Koszalin nach Danzig. Wer über Swinemünde (Świnoujście) anreist, kann seit 2023 den Swine-Tunnel nutzen, der die Inseln Usedom und Wolin verbindet.

Wer sich um die Organisation seiner Reise nicht kümmern will, bucht pauschal. Reiseveranstalter bieten organisierten Urlaub in Polen an. An erster Stelle stehen Busrundreisen mit Sightseeing, doch wird auch eine breite Aktivpalette angeboten. Es gibt Rad- und Wander-, Paddel- und Segelreisen – in der Regel in einer Gruppe mit deutschsprachigem Führer. Auf Birdwatching sind Agenturen in den Nationalparks Biebrza und Narew spezialisiert.

Planungshilfe für Ihre Reise

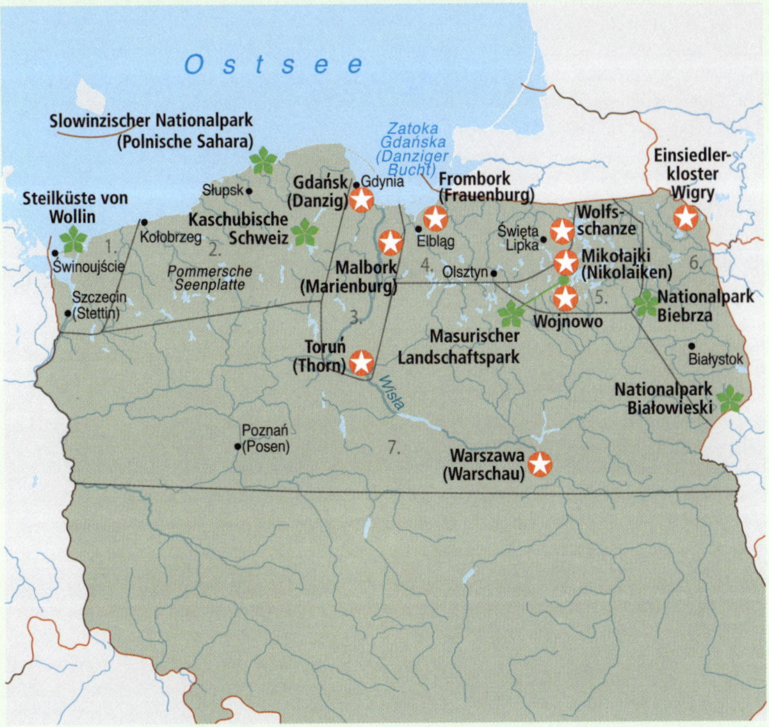

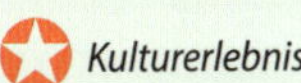

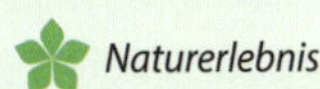

Angaben zur Zeitplanung

Bei den folgenden Zeitangaben für die Reise handelt es sich um Empfehlungswerte für Reisende, die ihr Zeitbudget eher knapp kalkulieren.

1. Stettin und die Odermündung

Spaß macht ein Gang durch Stettins Altstadt und über die Flusspromenaden. Danach geht es zur Küste, die sich auf den Inseln Usedom und Wollin von ihrer schönsten Seite zeigt.

Die Kapitel in diesem Buch

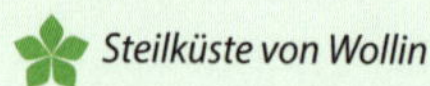

Gut zu wissen: Seit 2023 verbindet in Świnoujście (Swinemünde) der Swine-Tunnel die Inseln Usedom und Wolin. Für Autofahrer bedeutet das, dass sie nicht mehr auf die Fähre ausweichen müssen. Fußgänger und Radfahrer hingegen nutzen weiterhin die Gratis-Fähre, die in regelmäßigen Abständen verkehrt. Świnoujście wird von Usedom von der Bäderbahn und von Ausflugsschiffen angesteuert. Für die Weiterfahrt empfiehlt sich der öffentliche Bus; per Bahn werden nur die Hauptorte erreicht. Von Stettin führen drei Stichlinien zur Küste: eine erste via Międzyzdroje nach Świnoujście, eine zweite nach Kamień Pomorski und eine dritte nach Trzebiatów (Richtung Kołobrzeg). In Stettin empfiehlt sich der Kauf einer Touristenkarte, die den Eintritt in Museen und öffentliche Verkehrsmittel beinhaltet.

Gut zu wissen: Seit 2023 verbindet in Świnoujście (Swinemünde) der Swine-Tunnel die Inseln Usedom und Wolin.

Zeitplanung

Stettin:	1 Tag
Świnoujście/Międzyzdroje (mit Nationalpark):	je 1–2 Tage

2. Mittlere Ostseeküste und Kaschubei

Jenseits der Insel Wollin warten viele Attraktionen: der niedrige Klippenstrand von Rewal, der traditionsreiche Kur- und Badeort Kołobrzeg sowie die ehemaligen Hansestädte Darłowo und Słupsk. Highlight der Region ist der Slowinzische Nationalpark mit der ›Polnischen Sahara‹, die Sie am besten zu Fuß durchstreifen. Weniger imposant, aber gleichfalls schön sind die Dünen am Kopfende der Halbinsel Hel. Im Hinterland der Küste liegt die Kaschubei, ein buckeliges Land mit vielen Seen. Die Kaschuben, eine von Polens ethnischen Minderheiten, haben sich eine eigentümliche Folklore bewahrt (zu erleben in Wejherowo, Chmielno, Szymbark oder Wdzydze).

- *Slowinzischer Nationalpark (Polnische Sahara)*
- *Kaschubische Schweiz*

Gut zu wissen: Außerhalb der Hochsaison (Juli–Aug.) werden kleinere Küstenorte kaum von öffentlichen Bussen angesteuert, sodass man längere Umwege in Kauf nehmen bzw. aufs Taxi ausweichen muss. Im Herbst und Winter haben zahlreiche Wellnesshotels (vor allem in Kołobrzeg) geöffnet und locken mit günstigen Spa-Angeboten.

Zeitplanung

Kołobrzeg:	½ Tag
Słupsk:	½ Tag
Kariertes Land:	½ Tag
Slowinzischer Nationalpark:	1 Tag
Halbinsel Hel:	½ Tag
Kaschubische Schweiz:	mind. ½ Tag
Pommersche Seenplatte:	1 Tag

3. Von Danzig nach Toruń

Danzig bildet zusammen mit Sopot und Gdynia eine ›Dreistadt‹: Zur historischen Hanse-Metropole gesellen sich ein schöner Badeort und eine moderne Hafen-City. Im Hinterland der Danziger Bucht locken mittelalterliche Burgstädte. Vor allem Malbork und Toruń lohnen einen Besuch – beide sind UNESCO-Weltkulturerbe.

- *Danzig*
- *Toruń*
- *Malbork*

Gut zu wissen: Ausflugsschiffe verkehren in der Danziger Bucht von Ende Juni bis Ende August täglich, im Mai und September nur am Wochenende. Gleiches gilt für die Wasserstraßenbahn. In Danzig empfiehlt sich der Kauf einer Touristenkarte, die den Eintritt in Museen und Fahrten mit öffentlichen Verkehrsmitteln beinhaltet. Übrigens ist Danzig aufgrund seines Kulturangebots ganzjährig ein lohnendes Reiseziel!

Zeitplanung

Danzig:	mind. 2 Tage
Sopot:	½ Tag
Gdynia:	½ Tag
Malbork:	½ Tag

Zusätzliche Exkursionen: Für die Tour »Entlang der Weichsel« (ca. 180 km) mit Besichtigung der Kathedrale von Pelplin, der Burgen von Gniew und Kwidzyn sowie der Altstädte von Grudziądz, Chełmno und Bydgoszcz sollte man mind. zwei Tage einplanen. Für die Altstadt von Toruń reicht ein halber Tag.

Dünenwanderung im Slowinzischen Nationalpark

4. Vom Frischen Haff nach Olsztyn

Das Vorspiel zu Masuren: eine beschauliche, landwirtschaftlich geprägte Region, die viele Jahrhunderte von den Ordensrittern regiert wurde. In fast jedem Ort hinterließen sie eine machtvolle Burg – die schönste thront in Frombork über dem Frischen Haff. Auch im Zweiten Weltkrieg spielte die Region eine wichtige Rolle: Im dichten Wald weiter im Osten befand sich die Wolfsschanze, eine Schaltzentrale des ›Dritten Reichs‹.

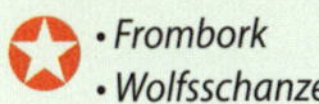

- *Frombork*
- *Wolfsschanze*

Gut zu wissen: Die Bootsfahrt auf dem Oberländischen Kanal wird zwischen Mai und September täglich angeboten. Schiffstouren übers Frische Haff – von Elbląg bzw. Krynica Morska – sind nur in der Hochsaison (Juli–Aug.) möglich. Unterkünfte auf der Nehrung und am Haff haben nur von Ostern bis Herbst geöffnet.

Zeitplanung

Elbląg mit Bootstour:	1 Tag
Kadyny, Frombork, Braniewo:	½ Tag
Über Morąg nach Gietrzwałd:	½ Tag
Olsztyn:	½ Tag
Ordensland, Święta Lipka, Kętrzyn, Wolfsschanze:	1 Tag

Zusätzliche Exkursionen: Für die Fahrt über die Frische Nehrung sollte man einen halben Tag einplanen. Königsberg ist nur im Rahmen eines Tagesausflugs machbar, der aufgrund des Visazwangs mit viel Vorlauf zu planen ist.

5. Naturparadies Masuren

Hier bleibt man gern länger: Fast immer ist ein See in Sichtweite und die Wälder sind so weit und dicht, dass sie Wisenten, Wildpferden und Wölfen als Refugium dienen. Und wo kein Wald ist, da sind Wiesen und Weiden. Über sie führen schattige Alleen zu Dörfern, in denen bäuerliches Leben von anno dazumal neben modernen Formen des Tourismus existiert.

- *Mikołajki*
- *Wojnowo*

Masurischer Landschaftspark

Gut zu wissen: Am schönsten präsentiert sich Masuren im Mai, wenn sich die Landschaft grün färbt. Dann startet auch die Saison mit vielen Schiffstouren und dem Verleih von Wassersportgerät. Beliebt als Reiseziel bleibt Masuren bis September, und erwischt man einen ›goldenen‹ Herbst, kann man selbst in der ersten Oktoberhälfte wunderbare Tage erleben. Einige Hoteliers bieten im Winter Fahrten mit Pferdeschlitten an, außerdem Schlittschuhlaufen und Eissegeln auf zugefrorenen ›masurischen Meeren‹.

Zeitplanung

Masurischer Landschaftspark
mit Großen Seen: 3 Tage

---

6. Die Naturparks im Nordosten

Vier Nationalparks auf einem überschaubaren Gebiet: Mittelpunkt des Wigry-Nationalparks ist ein großer See mit kleinen Inseln und Halbinseln. Südöstlich davon liegt der Biebrza-Nationalpark mit dem ›polnischen Amazonas‹, der Tausenden Vögeln als Rast- und Nistplatz dient. In ihn mündet die Narew, Namensgeberin des benachbarten Nationalparks. Und an der Grenze zu Belarus hat sich ein Urwald erhalten, der als Białowieża-Nationalpark und UNESCO-Weltnaturerbe geschützt wird. Polens Nordosten ist spärlich besiedelt. Hier, im Vierländereck, liegen Orte, in denen neben Polen viele Litauer, Belarussen, Russen und Tataren leben. Sie bezeugen, dass Polen einst ein multikulturelles Land war. Exotisch wirken östlich-orthodoxe Kirchen mit Zwiebeltürmen und kleine, kuppelgekrönte Moscheen. An die vielen Juden, die hier vor dem Zweiten Weltkrieg lebten, erinnern prachtvoll restaurierte Synagogen. Hauptstadt der Region ist das kulturell umtriebige Białystok.

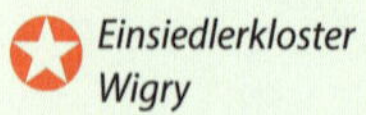

Einsiedlerkloster Wigry

- *Nationalpark Biebrza*
- *Nationalpark Białowieski*

Gut zu wissen: Wenn nach der winterlichen Eisschmelze die Flüsse über die Ufer treten und die Vögel aus ihrem Winterquartier zurückkommen, gehen die Vogelkundler in Stellung. Aufgrund des hohen Wasserstands sind die Monate Mai und Juni auch gut für Paddler. In heißen Sommern trocknen die Gewässer weitgehend aus und verlieren an Attraktivität – für Tiere und Besucher. Im Herbst kann man Vögel beobachten, die auf ihrer Reise gen Süden in der Region einen Zwischenstopp einlegen.

Zeitplanung

Białystok: ½ Tag
Nationalpark Wigry
mit Bootsfahrt: ½ Tag
Bootsfahrt auf dem Augustower Kanal: ½ Tag
Floß- und Stocherkahnfahrt
auf der Biebrza bzw. Narew: je ½ Tag
Nationalpark Białowieża: 1–2 Tage

---

7. Warschau und Posen

Viele Besucher nutzen Warschau und Posen nur zur Durchreise. Doch die Städte, ganz besonders Warschau, haben so viel Sehenswertes und Kulturelles zu bieten, dass ein längerer Aufenthalt lohnt. Beide besitzen stimmungsvoll restaurierte Altstädte und Szeneviertel, hochkarätige Museen, Galerien und Konzerthallen. Haben Sie Lust auf Natur, tauchen Sie in Nationalparks ab, die unmittelbar vor den Toren der Stadt liegen.

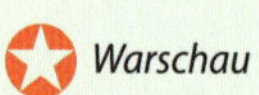

Warschau

Gut zu wissen: Mit ihren Sehenswürdigkeiten, Kultur-Events und Festivals sind Warschau und Posen das ganze Jahr ein lohnendes Reiseziel. Am reizvollsten sind sie von Mai bis zum Oktober, wenn die Wärme die Bewohner auf die Straße treibt. In beiden Städten empfiehlt sich der Kauf einer Touristenkarte, die Eintritt in viele Museen und Fahrten mit öffentlichen Verkehrsmitteln beinhaltet.

Zeitplanung

Warschau inkl. Umgebung: 2–3 Tage
Posen inkl. Umgebung: 2 Tage

Vorschläge für Rundreisen

Entlang der Küste nach Danzig (14 Tage)

1. Tag: Zum Auftakt der Reise empfiehlt sich die Besichtigung Stettins, eine Bootsfahrt durch die Hafenanlagen und abends Musikgenuss in der schicken Philharmonie.

2. Tag: Es geht an die Küste. In Międzyzdroje locken herrliche Strände, ideal zum Baden und Wandern.

3. Tag: Das Highlight der Region ist der Wolliner Nationalpark mit Klippen, türkisfarbenen Seen, Buchenwäldern und einem riesigen Haff im Hinterland.

4. Tag: Auch der Badeort Rewal lockt mit einem langen Strand, der am Fuß niedriger Klippen verläuft – bis hin zum aussichtsreichen Leuchtturm von Niechorze. Über das historische Hansestädtchen Trzebiatów erreichen Sie Kołobrzeg.

5. Tag: In Kołobrzeg lohnen die Strandpromenade und die Altstadt mit Kathedrale, eventuell bleibt Zeit für einen Bootstrip.

6. Tag: Weiter längs der Küste passieren Sie Darłowo mit seinem Schloss. Eine feudale Residenz hat auch Słupsk, die nächste Station. Unternehmen Sie einen Bummel durch die Altstadt, bevor Sie in Ustka wieder die Küste erreichen und das Strandleben genießen.

7. Tag: Smołdzino, Kluki und Łeba heißen die Orte am Rand des Slowinzischen Nationalparks, der sich mit seinen großen Seen und Dünen als Traumlandschaft präsentiert.

8. Tag: Unternehmen Sie eine Wandertour in die ›Polnische Sahara‹ und erleben Sie Wüsten-Feeling.

9. Tag: Ein Stopp lohnt im gemütlichen Schloss Krokowa. Dann fahren Sie die schmale Halbinsel Hel ab, die wie ein Kuhschweif ins Meer ragt. Sie passieren mehrere Bade- und Fischerorte, bevor Sie im Ort Hel ankommen und Seehunde im Fokarium besuchen können. Natürlich können Sie auch hier in die Fluten springen …

10. Tag: Anschließend steuern Sie Puck an, das sich im Jachthafen von seiner schönsten Seite zeigt. Weiter geht es zur Dreistadt. Erste Station ist die Bauhaus-Modellstadt Gdynia, danach folgt der Badeort Sopot mit herrlichem Strand.

11. bis 14. Tag: Das Schönste zum Schluss: Im historischen Danzig locken hochkarätige Museen, ein reiches Kulturprogramm und die Bootstrips.

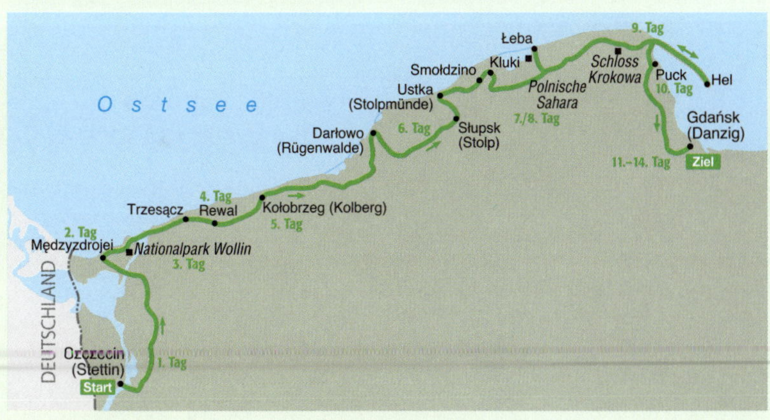

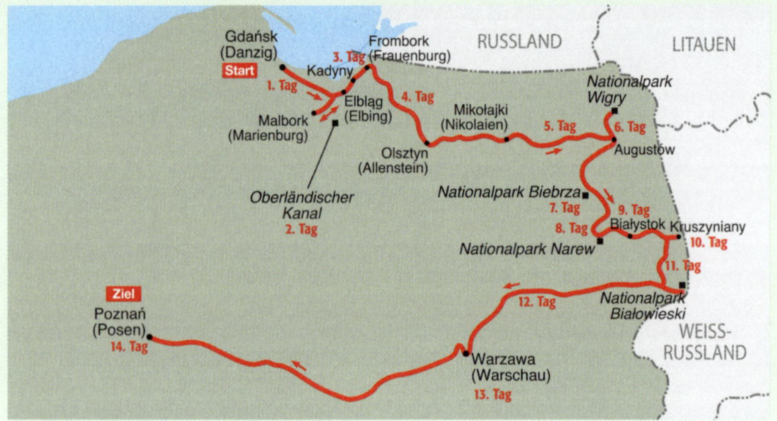

Von Danzig in Polens Nordosten (14 Tage)

1. Tag: Von Danzig fahren Sie zunächst zur größten Backsteinfestung Europas in Malbork (UNESCO-Weltkulturerbe). Danach steuern Sie Elbląg an.

2. Tag: Hier startet die Bootstour auf dem Oberländischen Kanal, die Sie durch eine idyllische Fluss- und Seenlandschaft führt.

3. Tag: Über Kadyny fahren Sie zum Burghügel in Frombork. Wem der Sinn nach Natur steht, der erkundet die Frische Nehrung mit ihren Dünenstränden.

4. Tag: Über Olsztyn, die sehenswerte Hauptstadt der Provinz, kommen Sie nach Mikołajki, das touristische Zentrum Masurens.

5. Tag: Sie erreichen das zwischen mehreren Seen gelegene Augustów.

6. Tag: Von Augustów bieten sich Abstecher zum Nationalpark Wigry, in die ›litauischen Dörfer‹ Sejny und Puńsk sowie eine Bootstour auf dem Augustower Kanal an.

7. Tag: Anschließend folgen zwei Nationalparks: Den ›polnischen Amazonas‹ (Biebrza-Nationalpark) erreichen Sie von Goniądz oder Osowiec Twierdza.

8. Tag: Der Narew-Nationalpark erschließt sich von Kurowo, Rogowo oder Waniewo. Unterwegs lohnt ein Abstecher ins alte jüdische Stetl Tykocin mit einer restaurierten Synagoge.

9. Tag: Erkunden Sie die multikulturelle Grenz- und Hauptstadt der Region – Białystok.

10. Tag: Von hier geht es nordostwärts nach Supraśl, Bohoniki, Kruszyniany, Grabarka, in denen orthodoxe und tatarisch-muslimische Traditionen lebendig sind.

11. Tag: Fahren Sie von Białystok südostwärts, kommen Sie in den Nationalpark Białowieża, der mit seinem Urwald zum UNESCO-Weltnaturerbe erklärt wurde.

12. Tag: Auf der großen Achse E-30 geht es quer durchs Land westwärts. In Polens Boom-Hauptstadt Warschau spazieren Sie durch die Alt- und Neustadt.

13. Tag: Es folgen Warschaus Museen, das Zentrum und das Trendviertel Praga.

14. Tag: Auf dem Weg zur deutschen Grenze erkunden Sie das schöne Posen.

Große Masuren-Rundreise (8 Tage)

1. Tag: Von Olsztyn, der Hauptstadt der Region, bzw. vom internationalen masurischen Flughafen in Szczytno/Szymany, fahren Sie in die mittelalterliche Burgstadt Reszel. Nächste Station ist Kętrzyn, Durchgangsort zur ›Wolfsschanze‹, Hitlers Militärquartier im Zweiten Weltkrieg.

2. Tag: Auf Nebenstraßen erreichen Sie Schloss Sztynort, grandios gelegen zwischen

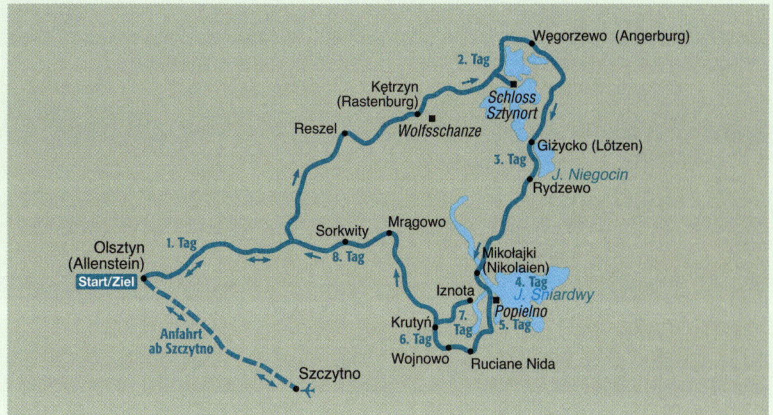

zwei masurischen ›Meeren‹. Immer am Wasser entlang geht es weiter nach Węgorzewo, zum nördlichsten Punkt der Tour. Bis Giżycko, das gleichfalls zwischen zwei großen Seen liegt, bleibt das Wasser in Sichtweite.

3. Tag: Am Ostufer des Niegocin-Sees fahren Sie bis Rydzewo, queren den See auf einer Landbrücke und erreichen Mikołajki, das touristische Zentrum Masurens mit allem Drum und Dran.

4. Tag: Hier empfiehlt sich eine Bootstour auf dem Śniardwy-See oder eine Wanderung zum Schwanenreservat in Łuknajno.

5. Tag: Südlich von Mikołajki setzen Sie auf einer Autofähre auf die Halbinsel Popielno über, wo eine Huzulen-Zuchtstation wartet. Vielleicht sehen Sie eines der Pferde in freier Wildbahn auf der Weiterfahrt nach Ruciane Nida.

6. Tag: Sie kommen nach Wojnowo, ein Stück Alt-Russland in Masuren. Von hier ist es ein Katzensprung nach Krutyń, auf dessen gleichnamigem Flüsschen sich eine Stak- oder Paddeltour anbietet.

7. Tag: Abstecher führen Sie zum Tierpark in Kadzidłowo, nach Iznota zu den galindischen Ureinwohnern, zum Jägerhof in Gałkowo und zur Försterei Piersławek.

8. Tag: Über die Seenstadt Mrągowo kommen Sie nach Sorkwity, das mit Schloss und kuriosem Kirchlein aufwartet. Anschließend fahren Sie nach Olsztyn bzw. zum Flughafen bei Szczytno zurück.

Von Danzig nach Toruń (3 Tage)

1. Tag: Von Danzig geht es nach Pelplin, überragt von einer mächtigen Kathedrale. Dann steuern Sie das Burgstädtchen Gniew an, das am hohen Weichselufer thront. In Kwidzyn besuchen Sie eine grandiose Festung, in Grudziądz mittelalterliche, wehrhafte Speicher.

2. Tag: Schön am Fluss liegen auch das kleine Chełmno und das große Bydgoszcz.

3. Tag: Getoppt werden sie vom mittelalterlichen Toruń, UNESCO-Weltkulturerbe und lebendige Universitätsstadt.

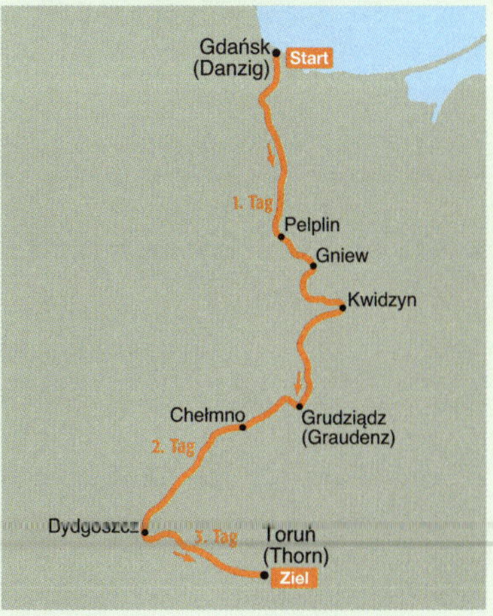

Wissenswertes über Polens Norden

»Ich muss reisen, sonst habe ich keine Vorstellung von der Welt.«
Ryszard Kapuściński, Polens Star-Reporter,
in »Meine Reisen mit Herodot«

Alte Pracht, neues Design – in Warschau

Steckbrief Polen

Daten und Fakten

Name: Republik Polen (Rzeczpospolita Polska)
Fläche: 312 685 km², davon 8220 km² Wasserfläche (Deutschland 357 386 km²)
Lage: Polen liegt in Mitteleuropa zwischen 14° und 24° östlicher Länge sowie 49° und 55° nördlicher Breite.
Hauptstadt: Warschau (1,7 Mio. Einwohner)
Große Städte in Nordpolen: Danzig (mit Gdingen und Zoppot) 770 000, Posen 590 000, Stettin 405 000 Einwohner
Sprache: Das Polnische ist eine westslawische Sprache.
Einwohner: 39,9 Mio. Einwohner, davon ca. 4–5 % nationale Minderheiten; zu diesen gehören Ukrainer, Deutsche, Belarussen, Litauer, Slowaken, Roma und Sinti, Russen sowie Tschechen.
Bevölkerungswachstum: -0,02 %
Lebenserwartung: 77,8 Jahre
Währung: Bis zur Einführung des Euro, der vielfach bereits als Zahlungsmittel akzeptiert wird, ist der Złoty die Landeswährung.
Zeitzone: Polen gehört wie Deutschland zur mitteleuropäischen Zeitzone.

Landesvorwahl: 0048
Internet-Landeskennung: .pl
Flagge und Wappen: Die waagerecht weiß-rot geteilte Flagge nimmt die Farben des Staatswappens auf, wobei Weiß den Friedenswillen des Volkes darstellen soll und Rot die blutgetränkte polnische Erde. Der Steinadler, Polens größter Greifvogel, der auf dem Wappen prangt, gilt als Symbol für Stärke und Autonomie.
Nationalhymne: Der »Mazurek Dąbrowskiego«, seit 1926 offizielle Hymne Polens, beginnt mit den Worten »Noch ist Polen nicht verloren«.

Geografie

Polen hat mit der Ostsee im Norden sowie dem Gebirgszug der Sudeten und Karpaten im Süden eine klar definierte geografische Grenze. Im Westen verläuft diese annähernd längs der Oder und der Lausitzer Neiße, im Osten längs von Bug und San. Die Landschaften verlaufen in parallelen Streifen: An die 524 km lange Ostseeküste mit Sandstränden, Dünen und Klippen schließt sich ein breiter Hügelgürtel an. Eingelagert sind die pommersche und die masurische Seenplatte, die durch die Weichsel voneinander getrennt sind. Die Mitte des Landes nehmen das Großpolnische und das Masowische Tiefland ein, südlich davon erstrecken sich Mittelgebirge, die sich an der Landesgrenze zum Hochgebirge aufwerfen.

Klima

Nordpolen liegt im Übergangsbereich vom ozeanisch bestimmten Klima Westmitteleuropas zum Kontinentalklima Osteuropas. Unmittelbar an der Küste wird es von der temperaturausgleichenden Ostsee beeinflusst: Die Schwankungen zwischen Tag und Nacht sowie zwischen Sommer und Winter sind geringer als im Binnenland. Die Tageshöchsttemperatur liegt in Danzig zwischen durchschnittlich 23 °C im Sommer und

0 °C im Winter. Weiter östlich setzt sich kontinentales Klima durch: Der Sommer ist sehr warm, der Winter rau und oft schneereich. Die jährliche Niederschlagsmenge beträgt an der Küste 700 mm und nimmt landeinwärts ab (Zentralpolen: 400 mm). Die Wassertemperatur der Ostsee schwankt zwischen 22 °C im Sommer und 1 °C im Winter.

Geschichte

Zwar reichen erste Spuren menschlicher Besiedlung zwischen Oder und Bug 180 000 Jahre zurück, doch erst die Kelten und Skythen errichteten ab ca. 1300 v. Chr. größere, befestigte Siedlungen. Germanen und Goten drängten sie zurück, und während der Völkerwanderung kamen slawische Stämme aus dem Dnjepr-Gebiet. Einem ihrer Nachfahren gelang im Jahr 1000 die Gründung des christlichen Staates Polen (*pole* = Feld). Nach machtvollem Auftakt zerfiel dieser in konkurrierende Fürstentümer, erst 1320 wurde er als Königreich neu begründet. Unter den Piasten und den Jagiellonen erlebte das Land seine ›goldene Zeit‹. In der Zeit der Wahlmonarchie, der sogenannten Adelsrepublik (1572–1795), wurde es derart geschwächt, dass es für die Nachbarn einfach war, es sich einzuverleiben. Erst 1918, nach 123-jähriger Fremdherrschaft, entstand wieder ein souveränes Polen, allerdings nur für kurze Zeit: 1939–45 wurde es von Deutschland besetzt, anschließend stand es bis 1990 als Sozialistische Volksrepublik unter dem Einfluss der Sowjetunion. Nach deren Selbstauflösung integrierte sich Polen in die Bündnissysteme des Westens (NATO, EU).

Staat, Verwaltung und Politik

Seit 1990 ist Polen eine parlamentarische Demokratie mit einem für fünf Jahre gewählten, mit starken Befugnissen ausgestatteten Präsidenten (oberster Repräsentant des Staates und Oberbefehlshaber der Streitkräfte). Das Parlament wird für vier Jahre gewählt. Die katholisch-nationalkonservative Partei Recht und Gerechtigkeit (PiS) blieb zwar bei den Wahlen 2023 stärkste Partei, musste aber die Regierung an ein Bündnis unter Führung der neoliberalen Koalicja Obywatelska (KO) abgeben. Die EU hofft, dass diese den Abbau demokratischer Rechte zurücknimmt, Minderheiten stärkt und die Abtreibung wieder legalisiert.

Mit der Verwaltungsreform von 1999 kürzte Polen die Zahl der Woiwodschaften, die den deutschen Bundesländern vergleichbar sind, von 49 auf 16.

Wirtschaft und Tourismus

Bedeutende Rohstoffe wie Stein- und Braunkohle, Blei, Kupfer und Zink liegen im Süden des Landes. Im Mündungsbereich der Oder sowie in der Danziger Bucht wird Erdgas, im Nordosten Eisenerz gefördert. Viel Hoffnung setzt das Land auf die baldige Erschließung von Schiefergasvorkommen mittels Fracking; es würde gern aufsteigen zum ›Kuwait Europas‹. Die Industrie hat einen Anteil von 28 % am Bruttosozialprodukt; der Beitrag der Landwirtschaft beträgt 4,6 %. Stark angestiegen ist die Bedeutung des Dienstleistungssektors (67,3 %), hier vor allem der des Tourismus: Viel investiert wird in Agro-, Kur- und Wellnessangebote. Die restlichen 19 % des Bruttosozialprodukts entfallen auf Baugewerbe, Forstwirtschaft und Fischerei. Aufgrund massiver Arbeitsemigration, zuerst nach England und Irland, ab 2011 auch nach Deutschland, ist die Arbeitslosigkeit niedrig (2023: 2,7 %).

Bevölkerung und Religion

Bei der letzten Volkszählung bekannten sich 89,8 % der polnischen Bevölkerung zum römisch-katholischen Glauben; dazu kommen Griechisch-Katholische (Unierte) und Griechisch-Orthodoxe, Evangelische (Augsburger Konfession), Altkatholiken, Zeugen Jehovas, Muslime und Juden.

Natur und Umwelt

Auf den ersten Blick wirkt Polen sehr ebenmäßig, doch rasch wird dieser Eindruck korrigiert. Zwischen der Küste im Norden und dem Gebirge im Süden erstrecken sich bucklige Hügel, Flussklippen und zerklüftete Hochebenen. Die schönsten Landschaften wurden zu Nationalparks erklärt, ihr Spektrum reicht vom ›polnischen Amazonas‹ bis zur ›polnischen Sahara‹.

Polen erstreckt sich über 650 km von Nord nach Süd, wobei es von der Ostsee bis zu den Karpaten kontinuierlich ansteigt. Fast ebenso lang ist die Ausdehnung von West nach Ost. Damit hat das Land auf der Karte eine kompakte, annähernd runde Gestalt, die ziemlich genau das Zentrum Europas einnimmt, sofern man den Kontinent von der Iberischen Halbinsel bis zum Ural verortet. Seine Nachbarn im Westen sind Deutschland, im Süden die Tschechische und die Slowakische Republik, im Osten die Ukraine und Belarus, im Nordosten Litauen und das zu Russland gehörende Gebiet von Kaliningrad; jenseits der Ostsee liegen Dänemark und Schweden.

Die **Küste** ist 524 km lang und reicht vom Stettiner bis zum Frischen Haff: Auf die dem Oderdelta vorgelagerten Inseln Usedom und Wollin folgt eine gerade, fast wie mit dem Lineal gezogene Linie bis zur Halbinsel Hel. ›Ausgleichsküste‹ wird sie genannt, weil Meeresströmungen im Zusammenspiel mit dem Wind alles Hervorspringende abtragen. Bewaldetes Steilufer wechselt ab mit Dünen und lagunenartigen Seen; die weißen, feinsandigen Strände zählen zu den breitesten in Europa.

An die Küste schließt sich der Baltische Höhenrücken an, eine weite, ruhige Hügellandschaft. Sie entstand während der Eiszeiten, deren letzte vor etwa 10 000 Jahren ausklang. Mehrfach überrollten skandinavische Gletscher das Land und schoben gewaltige Mengen von Sand und Gesteinsschutt vor sich her. Als das Eis zum Stillstand kam, erstarrten diese zu einer Kette unruhig geformter Buckel, die in der Kaschubei und in Masuren bis zu einer Höhe von über 300 m aufragen. Für sie haben Geologen den Ausdruck ›Stirnmoränen‹ geprägt – im Unterschied zu den ›Grundmoränen‹, jener flachhügeligen Landschaft, die von Gletschern abgeschmirgelt wurde. In den von diesen Eiszungen ausgehobelten Hohlräumen bildeten sich **Seen,** einige von ihnen mit langem, in die Landschaft gegrabenem Bett, andere weiträumig und flach oder lochartig vertieft. Westlich der Weichsel liegt die Pommersche, östlich die Masurische Seenplatte: stille, melancholische Landschaften mit über 3000 Gewässern. Durch Flüsse und Kanäle miteinander verbunden, sind sie manchmal so groß, dass man sie als ›kleine Meere‹ bezeichnet.

An den Baltischen Höhenrücken grenzt südwärts eine von Urstromtälern durchzogene Niederung, die mit ihren Wald- und Heideflächen ganz Zentralpolen einnimmt. Auf die Tiefebene folgt wieder Hügelland, das sich östlich der Oder vom oberschlesischen Annaberg über das Heilig-Kreuz-Gebirge bis zur Ukraine erstreckt. Noch weiter südlich schließt sich die Gebirgsregion an: Höchster Punkt der **Sudeten** ist mit 1602 m die Schneekoppe im Riesengebirge, die **Karpaten** werden vom 2499 m hohen Rysy in der Hohen Tatra beherrscht – diese gilt als Europas kleinstes Hochgebirge.

Masurische Seen – Plantschen ohne Ende dank guter Wasserqualität

Jeder vierte Storch der Welt ist ein Pole

Storchenburgen haben schon Dächer einstürzen lassen

Meister Adebar ist ein Ästhet. Er stolziert majestätisch auf dem First einer Scheune, setzt langsam und bedächtig ein Bein vors andere. Verspürt er Hunger, gleitet er zum benachbarten Schilfufer und beginnt mit seinem langen Schnabel ins Wasser zu stechen.

Frösche hat er am liebsten, doch auch Fische und Würmer haben es ihm angetan. Gut ein Kilogramm verputzt er jeden Tag und ein Vielfaches benötigt er für seine Familie. Sein Nest baut er gern in menschlicher Nähe, auf Schornsteinen, Elektromasten und Dächern. Circa 40 000 Brutpaare nisten jährlich in Polen, dies entspricht einem Viertel aller Störche weltweit. Noch finden sie hier nahrungsreiche Naturwiesen, Sümpfe und Auen.

In Westeuropa ist die Lage für Störche bedeutend schlechter. Der moderne Kreiselmäher, in dessen Messer sich die Frösche verfangen, der massive Einsatz von Kunstdünger und die Austrocknung von Feuchtgebieten haben die Nahrungsquellen der Störche erheblich eingeschränkt. Darum ziehen sie, wenn sie Mitte April aus südlichen Gefilden kommen, über Westeuropa hinweg, um ihr angestammtes Quartier in Polen zu beziehen. Am liebsten suchen sie den Nistplatz vom Vorjahr auf, wo sich Männchen und Weibchen nach monatelanger Trennung wiedersehen und mit lautem Schnabelklappern begrüßen. Aufs alte Nest legen sie einen frischen Ring von Ästen, sodass im Laufe der Jahre eine tonnenschwere Burg entsteht – schon manch ein Dach ist unter der enormen Last eingestürzt. Die im Mai geschlüpften Jungen werden den Sommer über hochgepäppelt, auf dass sie um den 25. August fit sind für den anstehenden Fernflug. 10 000 km legen die Störche zu ihrem Winterquartier zurück, wobei sie unterschiedliche Routen wählen: Die einen ziehen über die Türkei nach Ost- und Südafrika, die anderen über Spanien nach Westafrika. In Polen erinnern dann nur die verwaisten Nester an Meister Adebar, der, so hoffen die Bauern, im folgenden Jahr an seinen angestammten Platz zurückkehrt.

Die Lieblingsorte des Storchs liegen im Nordosten Polens – dort wo es einsam, naturbelassen und besonders feucht ist. Eines der ›Storchendörfer‹ ist Żywkowo an der polnisch-russischen Grenze: Neun Gehöfte mit mehr als 40 Storchennestern – das ist selbst in Polen ein Rekord! Von der EU wird das Dorf im Rahmen des Programms »Natura 2000« unterstützt. So kann Adam Łopuszyński vom polnischen Vogelschutzbund Feuchtgebiete in der Umgebung pachten, auf dass die Tiere genug zum Fressen haben. Mittlerweile lebt das Dorf davon, Vogelbeobachter und Naturliebhaber zu beherbergen (s. Tipp S. 260). Einen zweiten Rekord hält ein Hof in Tykocin/Pentowo zwischen Biebrza- und Narew-Nationalpark (35 km westlich von Białystok). Bei Henryka und Bogdan nisteten zuletzt 24 Storchenpaare mit einer doppelt so großen Nachkommenschaft! Auf ihrem mehr als hundertjährigen Gutshof kann man sich gleichfalls einquartieren und im Sommer an Storch-Workshops teilnehmen (5 Zimmer, Tel. 85 718 16 29, www.pentowo.pl, €).

Nationalparks, Flora und Fauna

Nur wenige Länder Europas bieten derart vielfältige Naturlandschaften wie Polen. In den ausgedehnten Wäldern, den Sümpfen und Flusstälern leben Tiere, die im Westen längst ausgestorben sind, darunter Wolf und Bär, Wisent und Elch. Im Unterholz wachsen wilde Beeren und Unmengen von Pilzen – fast alle bei uns verkauften Pfifferlinge und Steinpilze stammen aus Polen.

Einige der schönsten und spektakulärsten Landschaften werden in Nationalparks geschützt. Den ersten entdeckt man gleich hinter der Grenze. Am Fuß des bis zu 100 m hohen Steilufers der **Insel Wollin** liegen kilometerlange weiße Strände, während das Hinterland mit Eichen- und Buchenwäldern bedeckt ist. Bei Wanderungen kommt man an smaragdgrünen Seen vorbei und begegnet seltenen Vögeln wie dem Seeadler. Spektakulär ist auch das Südufer, wo die Insel in Klippen zum Stettiner Haff abfällt. Der Blick schweift über eine fast 1000 km^2 große Wasserfläche, in der kleine Sand- und Waldinseln schwimmen.

Weiter östlich, nahe Łeba, stößt man auf die Riesendünen des **Slowinzischen Nationalparks**, der von der UNESCO zum Biosphärenreservat erklärt wurde. Von der Küste wandern die Sandberge landeinwärts und begraben alles unter sich, was sich ihnen in den Weg stellt. Im Lauf der Zeit haben sie mehrere Buchten von der offenen See abgetrennt, die nun als verschilftes Binnengewässer Vögeln wie Kranich und Höckerschwan als Brutstätte dienen. In Ufernähe sieht man Wildschweine, Hirsche und Rehe, in den küstennahen Wäldern sind Füchse und Dachse beheimatet.

Als ›grüne Lunge‹ wird der nur spärlich besiedelte Nordosten Polens bezeichnet. Es gibt dort weder große Städte noch Industriezentren, Luft- und Wasserverschmutzung sind unbekannt. Erstaunlicherweise ist die beliebte Urlaubsregion **Masuren** noch immer nicht als Nationalpark geschützt. Oft schon wurde seine Gründung angekündigt, doch der Tourismuslobby zuliebe beließ man

Ob sie Richtung Westen weiterwandern? Haben Polens Wölfe nicht nötig …

Achtung Biker! Immer mehr Straßen werden radtauglich gemacht

es bei der Ausrufung eines ›Landschaftsparks‹, womit eine Hintertür für zukünftige Bauprojekte offenbleibt. Dafür gibt es schon jetzt ein Dutzend Naturreservate, in denen sich Flora und Fauna vollkommen geschützt entfalten können. Auf einer Insel nahe Nikolaiken (Mikołajki) tummeln sich weit über 1000 schwarze Kormorane. Und am benachbarten Łuknajno-See lebt Europas größte Kolonie von Höckerschwänen – die UNESCO hat das Gewässer zum Biosphärenreservat erklärt (s. Aktiv S. 282).

Schon bei der Anreise über die Kaschubische Schweiz hat man sich am Anblick von Störchen erfreut, doch nirgends sind sie so zahlreich wie in Masuren. Sie bauen ihre Nester auf stillgelegten Schornsteinen und Strommasten, schweben im Gleitflug über den See und suchen sich Nahrung auf Wiesen und Feldern.

Zu den größten Waldgebieten zählen die Johannisburger und die Augustower Heide. Hier wachsen keine Fichtenwälder in Monokultur wie etwa in Südpolen, sondern ein widerstandsfähiger Mischwald aus Eichen, Eschen und Kiefern. Auf sumpfigem Grund gedeihen Erlen und Birken. Neben den gängigen Reptilien lebt hier noch eine absolute Seltenheit, die Sumpfschildkröte.

Noch wenig bekannt ist der äußerste Nordosten. Vom buchtenreichen See im Zentrum des **Wigry-Nationalparks** fließt die Czarna Hańcza in die Mangrovengebiete von **Biebrza** und **Narew,** an die sich der Urwald von **Białowieża,** der letzte von Menschenhand unberührte Primärwald des alten Kontinents, anschließt. Viele Bäume sind wahre Riesen, erreichen Ausmaße wie nirgendwo sonst in Europa. 120 Vogelarten nisten hier, im Dickicht leben Elch, Luchs und Wolf. Auch der anderswo längst ausgestorbene Wisent ist hier zu Hause, dazu das wilde Tarpanpferd, das sich ausschließlich von jungen Baumtrieben ernährt.

Umweltschutz

Nach der politischen Wende 1990 wurden große Kraftwerke und unrentable Industriebetriebe geschlossen. Dies führte umgehend zu einer spürbaren Regenerierung von Luft, Wasser und Boden. An der Ostseeküste sorgte die Schließung der Danziger Werft sowie einiger Chemiekombinate dafür, dass überall im Meer wieder gebadet werden darf. Doch seit Polens EU-Beitritt sieht die Bilanz gemischt aus: Einerseits wird umweltfreundliche Technologie eingesetzt (u. a. neue Klärwerke und Abfallsysteme). Andererseits wird hemmungslos auf Modernisierung gesetzt. Nur dem Engagement von Umweltschützern ist es zu verdanken, dass der Europäische Gerichtshof den Bau einer Autobahn durch das naturgeschützte Rospuda-Tal verboten hat. Keinen Erfolg hatten sie mit ihrem Protest gegen Schiefergas-Probebohrungen im Fracking-Verfahren, bei dem Trinkwasser verseucht werden kann. Und auch gegen den geplanten Bau von drei Hochleistungs-Atommeilern an der Ostseeküste können sie – selbst nach dem Super-GAU von Fukushima – nichts ausrichten. Sie sollen nordwestlich von Danzig in einem Radius von 30 km entstehen und mit Hilfe von EU-Fördermitteln für Umweltschutz (!) finanziert werden. Übrigens hat Polen während der letzten Jahre immer wieder durch sein Veto angestrebte Klimaschutzziele torpediert. Dazu passt, dass erneuerbare Energien unterentwickelt sind (10 % der Energieversorgung). Die Europäische Kommission verklagte Polen, weil es die Richtlinie über erneuerbare Energien nicht in der dafür vorgesehenen Frist in nationales Recht überführt hatte. Bis 2030 soll sich der Anteil der erneuerbaren Energien auf 30 % erhöhen. Diese speist sich zum größten Teil aus Windkraftwerken, von denen die meisten im Norden des Landes stehen.

Noch immer ist Polen ein ›Kohle-Land‹, fast 80 % seiner Energieförderung entstammen fossilen Brennstoffen. Auch auf dem Weltklimagipfel 2018 in Kattowitz setzte sich die polnische Regierung vehement für den umweltschädlichen Energieträger ein und rührte die Werbetrommel für fossile Brennstoffe – Hauptverursacher der Klimaerwärmung und damit verbundener Naturkatastrophen.

NACHHALTIG REISEN

Die Umwelt schützen, die lokale Wirtschaft fördern, intensive Begegnungen ermöglichen, voneinander lernen – nachhaltiger Tourismus übernimmt Verantwortung für Umwelt und Gesellschaft. Die folgenden Websites geben Tipps, wie man seine Reise nachhaltig gestalten kann, und weisen auf entsprechende Reiseangebote hin.

www.forumandersreisen.de: Die Reiseveranstalter des Forum Anders Reisen bieten ungewöhnliche Reisen weltweit, Nachhaltigkeit wird durch einen gemeinsamen Kriterienkatalog gewährleistet.

www.sympathiemagazin.de: Länderhefte mit Infos zu Alltagsleben, Politik, Kultur und Wirtschaft; Themenhefte zu den Weltregionen, zu Umwelt, Kinderrechten und Globalisierung.

www.zukunft-reisen.de: Das Portal des Vereins Ökologischer Tourismus in Europa erklärt, wie man ohne Verzicht umweltverträglich und sozial verantwortlich reisen kann.

Polen nachhaltig: Auf Slow Food, d. h. saisonale Zutaten aus der Region, setzt in der Danziger Dreistadt u. a. die Veggie-Kette Green Way. Für andere Orte in Polens Norden schauen Sie am besten auf der Website www.happycow.net nach. Unter Angabe der Ortsnamen (z. B. Szczecin, Kołobrzeg oder Białystok) finden Sie wichtige Adressen von Restaurants, Bio-Bäckereien (Eko-Piekarnia) und -Läden.

Wirtschaft und aktuelle Politik

Seit der Wende wird Polen europatauglich gemacht: Eine Reform jagt die nächste, wobei die Lebensverhältnisse komplett umgekrempelt werden. Die Bevölkerung reagiert mit Resignation und punktuellem Aufbegehren, vor allem aber mit chronisch niedriger Wahlbeteiligung an der ›großen Politik‹. Sie vertraut lieber auf ihre alten Tugenden: Improvisieren und notfalls Emigrieren.

Der Weg in die Europäische Union

1990 glaubten viele Polen, eine neue, bessere Zeit sei angebrochen, frei von der Last der Vergangenheit mit ihren Kämpfen und Niederlagen. Doch rasch mussten sie lernen, abermals ›Opfer‹ zu bringen – diesmal nicht für Marx, sondern für den kapitalistischen Markt. Die demokratisch gewählten Politiker riefen zur Bescheidenheit auf und ermahnten die Bürger, »zwecks Entlastung der Staatskasse« den Gürtel enger zu schnallen. Finanzminister Balcerowicz verordnete dem Volk eine mehrjährige Schocktherapie – nur so ließe sich nach seiner und der Meinung westlicher Wirtschaftsexperten die polnische Ökonomie den Anforderungen des europäischen Marktes anpassen.

Der Staat, der früher fast alle gesellschaftlichen Bereiche organisiert und finanziert hatte, zog sich aus der Verantwortung zurück und kürzte die sozialen Leistungen und Subventionen. Er schloss unrentable Staatsunternehmen und fror in den noch funktionierenden die Löhne ein. Die Preise wurden dem freien Markt überlassen, was vorübergehend eine dramatische Inflation entfachte. Hinzu kam, dass der bis dahin abgeschottete Binnenmarkt geöffnet wurde und damit polnische Unternehmen aufgrund der Konkurrenz ausländischer Ware zur Modernisierung und Rationalisierung gezwungen waren.

In den Jahren um die Jahrtausendwende verebbte die Unruhe der ersten ›Transformationsphase‹. Die Inflationsrate sank auf unter 10 %, auch die Zahl der Arbeitslosen ging, wenn auch langsam, zurück. Die politischen Verhältnisse galten als stabil, eine dezidiert linke Opposition gab es nicht mehr. Unternehmer brauchten ein Zurück zu den Zeiten des Sozialismus nicht zu fürchten, längst gehörten die Exkommunisten zum Machtkartell der neuen Wirtschaftselite. Selbst Internationaler Währungsfonds und Weltbank bescheinigten ihnen »gewachsenen Realitätssinn«. Sie trauten ihnen die Modernisierung des Landes eher zu als dem konservativen Lager, in dessen Reihen sich zu viele fromme Nationalisten und Europagegner tummelten. Polens Exkommunisten waren es denn auch, die ihr Land 2004 erfolgreich in die Europäische Union führten.

Neue Verfassung und Parteienlandschaft

Polens ›Dritte Republik‹ entstand mit der Wende von 1989/90 als historischer Kompromiss zwischen den Kommunisten und der Solidarność. Sieben Jahre nach der Wende wurde die neue Staatsverfassung verabschiedet. Darin sind alle Religionsgemeinschaften rechtlich gleichgestellt, Polen wird als parlamentarischer Rechtsstaat auf der

Seit Mai 2004 ist Polen Mitglied der EU

Grundlage sozialer Marktwirtschaft festgeschrieben.

In den ersten Jahren nach der Wende stimmten die Bürger mal für die politische Rechte, mal für die Sozialdemokraten und Exkommunisten. Doch das proeuropäische Bündnis der Demokratischen Linken wurde für die Korruptionsskandale, in die es verstrickt war, dramatisch abgestraft. Ab 2005 wechselten sich zwei rechte Parteien in der Regierung ab: die nationalklerikale **PiS** (»Recht und Gerechtigkeit«) und die neoliberale **PO** (»Bürgerplattform«). Die PiS wurde nicht nur durch ihre Führung, die Kaczyński-Zwillinge, bekannt, deren einer (Jarosław) Premier und der andere (Lech) Präsident Polens war. Auch mit ihren Positionen machte sie von sich reden: So forderte sie, Polen gebühre als Wiedergutmachung für in der Vergangenheit erlittene Opfer eine höhere Stimmzahl in der EU. Wären im Zweiten Weltkrieg nicht so viele Polen getötet worden, so die mathematisch untermauerte These, hätte das Land doppelt so viele Einwohner, weshalb ein höherer Stimmanteil im EU-Parlament mehr als gerecht sei.

Innenpolitisch suchte sich die Partei als Retterin des bedrohten Vaterlands zu profilieren und sagte dem durch die EU-Integration beförderten ›Sittenverfall‹ den Kampf an. Schon als Warschauer Oberbürgermeister hatte **Lech Kaczyński** klargemacht, was er als ›saubere Politik‹ betrachtete. Er verbot die Gay Parade und genehmigte eine Woche später einen Aufmarsch rechter Saubermänner, den ›Marsch der Normalität‹. Als Präsident griff er in die Bildungspolitik ein und ließ den Schulkanon von ›unpolnischen‹ Autoren säubern, gleichzeitig wurde die Kirche zur allumfassenden moralischen Autorität erhoben. Kontinuierlich wurden Ängste vor einem ›Ausverkauf‹ an den Westen geschürt. Vor allem gegenüber Deutschland war die Skepsis groß. Lech Kaczyński meinte gar, die Polen hätten sich »vor lauter Versöhnung mit den Deutschen zu nützlichen Idioten machen lassen«. Aus Angst, die Deutschen könnten

Polnischer Exportschlager: zukünftige Weihnachtsgänse

den Polen Haus und Hof wegkaufen, wurde der Immobilienerwerb durch EU-Ausländer erschwert.

In die Kaczyński-Ära fiel der Exodus von zeitweise 2 Mio. Polen, die meisten davon jung und ambitioniert, viele auch akademisch gebildet. Sie gingen vor allem nach Irland und Großbritannien, die sich nach 2004 Einwanderern aus Osteuropa vorbehaltlos geöffnet hatten (Deutschland ab 2011). Bei Umfragen artikulierten viele Gastarbeiter, sie verließen Polen nicht nur wegen der im Ausland weit besseren Bezahlung, sondern auch um endlich in der Moderne anzukommen …

Nach einem radikal marktwirtschaftlichen Intermezzo in den Jahren 2007–15 unter Führung der Bürgerplattform (PO) schlug das Pendel wieder zurück: Von 2015–23 war die nationalkonservative Partei Recht und Gerechtigkeit (PiS) an der Macht – dieses Mal noch europakritischer. Parteichef Jarosław Kaczyński lehnte z. B. die von der EU zugeteilten Flüchtlinge mit dem Argument ab, diese brächten nebst »allen Arten von Parasiten« die Scharia ins Land. Immerhin nahm Polen mehr als 1 Mio. ukrainischer Kriegsflüchtlinge auf. Im Herbst 2023 gewann die sich stärker an EU-Werten orientierende Opposition die Mehrheit der Parlamentssitze.

Zukunftsaussichten

EU-Fördermittel werden gleichwohl gern in Empfang genommen. Sie fließen vor allem in den Ausbau der Infrastruktur: Überall werden Straßen erneuert, Flug-, Fähr- und Jachthäfen, Technologie- und Wissenschaftsparks geschaffen. Für viele Millionen Euro entstehen neue Museen, Theater- und Konzerthäuser, Flaniermeilen und Promenaden. Selbst die Kirche ist Nutznießerin von EU-Geldern: Multimedia-Museen für den ehemaligen polnischen Papst entstehen, Klöster und Gotteshäuser werden herausgeputzt. Auch der Förderung »ländlicher Entwicklung und sozialen Zusammenhalts« hat sich die EU verschrieben. Darunter versteht sie z. B. den Bau von Fünfsternehotels, den sie großzügig subventioniert. So entstand allein im Umkreis von Ostróda-Iława ein halbes Dutzend Luxushotels. Finanziell unterstützt werden auch ›Sonderwirtschaftszonen‹, die es eigentlich gar nicht geben dürfte, weil in ihnen Steuerabgaben – den Wettbewerb verzerrend – auf ein Minimum begrenzt sind. Allein in der Region Ermland-Masuren gibt es 28!

Doch der EU-Beitritt war für polnische Unternehmer nicht nur wegen der Fördergelder segensreich. Auch der Wegfall der Zölle brachte ihnen Vorteile. So können sie ihre Ware bedeutend billiger nach Westeuropa exportieren – zusätzlich hilft die abgewertete Landeswährung.

Nachholbedarf herrscht im Konsumbereich: Zwar sind die Löhne nach wie vor niedrig, doch werfen Banken Kunden Kredite regelrecht hinterher – natürlich zu hohen Zinsen. So können sich viele Polen, vor allem in den Städten, auf Pump neue Autos und Wohnungseinrichtungen leisten. Seien Sie deshalb nicht überrascht, viele konsumfreudige Polen in all den Einkaufszentren zu sehen, die in den Ballungsgebieten wie Pilze aus dem Boden geschossen sind.

Das Land ist zweigeteilt: Auf der einen Seite stehen die Nutznießer des EU-Beitritts, Polens Exporteure und jene, die das Glück hatten, bei ihnen, aber auch bei Banken, Versicherungen und anderen Dienstleistungsunternehmen, eine Anstellung zu finden. Auf der anderen Seite findet sich die Mehrzahl der auf dem Land Lebenden, nicht mehr konkurrenzfähige Kleinbauern, Frühpensionäre und Arbeitslose.

Auch mental ist Polen zweigeteilt: Vielen Älteren fällt es schwer anzuerkennen, dass sie jetzt in einem ›ganz normalen‹ Land leben, in einem von 27 EU-Staaten, ohne Anspruch auf einen Sonderstatus mit ›Opfer-Bonus‹. Jüngere Polen dagegen sehnen sich nach nichts mehr als ebendieser Normalität mit westlichem Arbeits- und Lebensstandard, bunter Warenwelt, Eigenheim, Auto und Auslandsurlaub.

Während sich die Beziehungen der polnischen Regierung zur Brüsseler EU-Zentrale seit 2018 kontinuierlich verschlechtert (Konflikt über die Rechtsstaatlichkeit), bleibt das Verhältnis zu den Vereinigten Staaten gut: Diese stationieren in Redzikowo (bei Słupsk) ein Raketenabwehrsystem der NATO. Russland lässt wissen: Kaliningrad wird umgehend mit schlagkräftigen Kurzstreckenraketen aufgerüstet.

Die Danziger Werft: Symbol des Kampfes gegen staatliche Repression

Geschichte

Wohl keine andere Nation in Europa ist so stark auf ihre Vergangenheit fixiert wie Polen: Jedes Schulkind kennt die Daten verlorener Aufstände und ist stolz auf die polnische Reiterarmee, die sich todesmutig deutschen Panzern entgegenstellte. Nur eine kleine, allerdings lautstarke Minderheit fordert den Abschied vom ›Helden- und Märtyrerkult‹ und blickt optimistisch nach vorn.

Das Land zwischen Oder und Bug, das heutige Staatsgebiet Polens, wurde nicht erst vor 1000 Jahren besiedelt. Archäologische Funde haben den Beweis erbracht, dass schon in der jüngeren Steinzeit Menschen in diesem Raum lebten. Um die Zeitenwende wurde die Lausitzer Kultur durch die Germanen abgelöst, die von der Ostseeküste kamen und weit in das Land vordrangen. Zur Zeit der Völkerwanderung wurde das Gebiet von Schwaben, Goten und Burgundern durchzogen, später kamen – von Osten her – die ersten slawischen Stämme. Im 7. Jh. stießen diese bis zur Unterelbe und zum oberen Main vor; die Polanen, von denen sich später der Name Polen ableiten sollte, errichteten befestigte Dörfer an der mittleren Warthe. Zugleich verliefen quer durchs Land wichtige Handelsstraßen. Die Bernsteinroute führte von der Ostsee zum nördlichen Mittelmeer, kreuzte sich mit der ›Hohen Straße‹, die von Westeuropa durch Schlesien nach Ruthenien und zum Schwarzen Meer führte. Neben Bernstein wurde vor allem mit Tuch, Hering und Salz gehandelt.

Staatsgründung vor 1000 Jahren

In der Mitte des 10. Jh. gab es erste Konflikte zwischen deutscher Ost- und polnischer Westpolitik. 963, ein Jahr nach der Krönung des deutschen Königs Otto I. zum Kaiser, führte Markgraf Gero einen ersten Feldzug über die östliche Reichsgrenze hinaus, um die missionspolitischen Pläne des Kaisers zu sichern. **Fürst Mieszko I.**, Herrscher der Polanen (»Feldbewohner«), hatte den Deutschen wenig Widerstand entgegenzusetzen und geriet in die Vasallenschaft des Kaisers. Er verpflichtete sich zur Tributzahlung und erhielt dafür die Zusicherung der Deutschen, nicht weiter gen Osten vorzurücken. Dies verschaffte Mieszko den nötigen Freiraum, um eigene machtpolitische Ziele verfolgen zu können. Zuvor schon hatten sich seine Truppen die Gebiete der Goplanen und Masowier unterworfen, angestrebt wurde die Schaffung eines großpolnischen Herrschaftsraums. 966 ließ sich Mieszko mitsamt seinem Gefolge nach lateinischem Ritus taufen. Zwei Jahre später entstand ein Missionsbistum in Posen. **Großpolen (Polonia Maior)** wurde damit nordöstlicher Vorposten des christlichen Abendlands, rückte auf zu einem Juniorpartner des mächtigen deutschen Nachbarn. 977 heiratete Mieszko die Tochter des sächsischen Markgrafen, was ihn freilich nicht davor bewahrte, tributpflichtig zu bleiben. Als einmal die Zahlung ausblieb, schickte Otto II. sogleich Truppen ins Land.

Expansion und Zerfall

Besser war das Verhältnis zwischen Mieszkos Sohn **Bolesław I.** (reg. 992–1025) und Otto III. (980–1002). Im Jahr 1000 reiste der deutsche

Kaiser ins Nachbarland, um am Grab des drei Jahre zuvor von heidnischen Prußen getöteten Missionars Adalbert zu beten. Im Anschluss kam es zum berühmten ›Millenniumsgipfel‹, bei dem Bolesław zum »Bruder und Mitstreiter im Kaiserreich« aufstieg und den Status eines Tributpflichtigen *(tributarius)* gegen den eines Herren *(dominus)* eintauschen durfte. Die Aufwertung spiegelte sich auch in der Gründung des Erzbistums Gnesen mit Billigung des Kaisers.

Die nach Ottos Tod eingeleitete Expansionspolitik Polens führte zu einer raschen Verschlechterung der Beziehungen zu Deutschland. In wenigen Jahren gelang es Bolesław, das polnisch-christliche Herrschaftsgebiet nordwärts bis zur Ostsee und ostwärts bis zur Weichsel auszudehnen. Er eroberte Pommern, Schlesien und das Vorland der Karpaten, unterwarf im Süden zeitweise Böhmen und Ungarn, gründete Bistümer in Kolberg, Breslau, Krakau. Kurz vor seinem Tod 1025 ließ er sich mit päpstlicher Billigung zum ersten König Polens krönen, um die gewonnene Unabhängigkeit seines Landes zu unterstreichen.

Doch die Stärke Polens war nicht von Dauer – als sich **Mieszko II.** (990–1034) weigerte, dem deutschen Kaiser zu huldigen, kam es zu Kriegen, in deren Verlauf Polen auf die zwischenzeitlich eroberte sächsische Ostmark und das Milzener Land verzichten musste. Im Frieden von Merseburg 1033 wurde Mieszko II. gezwungen, auf den Königstitel zu verzichten, Polen war nicht mehr in der Lage, eine expansive Westpolitik zu betreiben. Es mehrten sich nun auch Aufstände heidnischer Stämme im Innern des Landes, die kirchliche Hauptstadt wurde nach einem Vorstoß der Böhmen von Gnesen nach Krakau verlegt. Zum endgültigen Zerfall der Zentralmacht trug die 1138 eingeführte Erbfolgeregelung bei, die den ältesten, in Krakau residierenden Königssohn als Herrscher auswies und die drei übrigen männlichen Nachgeborenen mit je einem Landesteil bedachte. Die Dynastie splitterte sich in mehrere Linien auf, die der schlesischen, großpolnischen und kleinpolnisch-masowischen Piasten, die sich ihrerseits weiter verästelten. Die Fürsten holten deutsche Siedler ins Land, die in den folgenden 200 Jahren Tausende Dörfer und Städte gründeten. Pommern entfremdete sich als Erstes dem polnischen Verbund, ab 1200 trennte sich auch Schlesien schrittweise von Polen.

Deutsche Ritter und polnische Könige

Das baltische Volk der Prußen, das zwischen Weichsel und Memel lebte, hatte sich mit Erfolg allen Christianisierungsversuchen seitens der polnischen Nachbarn widersetzt. Zu ihrer Unterwerfung, dies war dem polnischen Herzog Konrad von Masowien (Konrad I.) klar, bedurfte es kriegserfahrener, schlagkräftiger Truppen, die er nicht besaß. 1226 bat er den **Deutschen Orden** (s. Thema S. 213), ihn im Kampf gegen die Prußen zu unterstützen, und stellte ihm als Gegenleistung das zu erobernde Kulmer Land nördlich von Thorn in

Aussicht. Den Ordensrittern kam dieser Auftrag wie gerufen, bot er ihnen doch die Chance, sich im heidnischen Land eine eigene Machtbasis zu schaffen. Sie errichteten Festungsburgen entlang der Weichsel und griffen aus in den Nordosten, vereinigten sich bald auch mit dem Schwertbrüder-Orden, der Missionsbasteien rund um den Rigaer Meerbusen errichtet hatte. 1283 war die Christianisierung offiziell abgeschlossen, der Orden machte sich nun an den Aufbau eines eigenen Staates. Mithilfe deutscher Siedler wurden über 100 Städte gegründet. Die Prußen mussten sich, sofern sie die Gemetzel überlebt hatten, den neuen Herren anpassen. Relikte ihrer Kultur überdauerten in geografischen Bezeichnungen, allen voran im Staatsnamen Preußen.

Allein mit dem Kulmer Land mochte sich der Orden aber nicht zufriedengeben. 1308 eroberte er das slawische Herzogtum Pommerellen zwischen Łeba und Danzig, wodurch Polen vom Meer abgeschnitten wurde. Ein Jahr später verlegte der Hochmeister des Ordens seine Residenz von Venedig in die Marienburg, die mitten in seinem neuen Staat lag. Er konsolidierte seine Herrschaft mit dem Erwerb von Livland (1328), Estland (1346), Gotland (1398) und der pommerschen Neumark (1402). Binnen relativ kurzer Zeit war an der Nordflanke Polens ein mächtiger, das halbe Baltikum umfassender Feudalstaat entstanden, dessen Expansion keineswegs abgeschlossen schien.

Staatliche Stabilisierung

Die Bedrohung, die von den neuen deutschen Nachbarn ausging, schmiedete die polnischen Teilfürstentümer zusammen. Zu Beginn des 14. Jh. vereinte **Władysław I.** Großpolen und Kleinpolen, ließ sich zum König krönen und schuf die Grundlagen für eine bis ins 18. Jh. fortdauernde staatliche Entwicklung mit einer relativ stabilen deutsch-polnischen Staatsgrenze im Westen. Sohn **Kazi-**

Patriotisches Wimmelbild auf 42 m²: »Schlacht bei Grunwald 1410« von Matejko

mierz III. (reg. 1333–70) erweiterte das Reich in Richtung Osten und annektierte Teile der heutigen Ukraine. Er förderte die Gründung von Städten, schuf in der Hauptstadt Krakau die erste polnische Universität und vereinheitlichte das Rechtswesen. Nach Pogromen in Westeuropa lud er die Juden nach Polen ein und bestätigte das Statut von Kalisz, das der großpolnische Herzog 1264 erlassen hatte, um Juden den Zuzug ins Land schmackhaft zu machen. Sie erhielten Handelsfreiheiten und das Recht, sich selbst zu verwalten; auch standen sie unter dem Schutz des Landesherren, was freilich Anfeindungen seitens der Bevölkerung und der Kirche nicht ausschloss.

Polen übernahm die Rolle eines wichtigen Transitlands im europäischen Fernhandel. Vom oberungarischen Bergbaugebiet gelangte Kupfer über Krakau auf der ›Preußischen Straße‹ nach Thorn und Danzig und von dort weiter gen Westen, aus Lemberg kamen Orientwaren wie Gewürze, Samt und Seide. Krakauer Kaufleute bemühten sich um Schwächung der Vermittlerrolle Thorns und lenkten den Handel zeitweise via Pommern Richtung Westen.

Jagiellonen-Dynastie

Mit dem Tod von Kazimierz III. erlosch die Piasten-Dynastie. Als der zum Thronnachfolger ernannte Ludwik I. von Ungarn gleichfalls ohne männlichen Erben blieb, musste der Adel seine Zustimmung zur weiblichen Thronfolge geben. Diese ließ er sich teuer bezahlen: Er ertrotzte die Steuerfreiheit und erhob Anspruch auf alle wichtigen weltlichen und geistlichen Ämter. Auch bei der Wahl des Monarchen erstritt er ein Mitspracherecht: Er drängte die Thronerbin zum Bündnis mit dem benachbarten Litauen, um gegen die ›deutsche Gefahr‹ besser gewappnet zu sein. So heiratete 1386 die elfjährige Jadwiga den litauischen Großfürsten Jogaila, der umgehend den christlichen Glauben annahm und als **Władysław II. Jagiełło** den polnisch-litauischen Thron bestieg. Unter seiner Herrschaft avancierte das Doppelreich zum flächenmäßig größten Staat Europas, reichte von Posen im Westen bis an den Dnjepr im Osten. Seinen wichtigsten außenpolitischen Erfolg errang der König 1410: In der Schlacht bei Grunwald wurde der Deutsche Orden vom vereinigten polnisch-litauischen Heer geschlagen, mit dem Hochmeister fielen über 40 000 seiner Soldaten.

War der Mythos der Unbesiegbarkeit zerstört, wuchs auch der Widerstand in den vom Orden verwalteten Gebieten. Der hohen Steuer- und Kriegslasten überdrüssig, schlossen sich Städte wie Danzig, Thorn und Elbing zum **Preußischen Bund** zusammen, sicherten sich die Unterstützung des polnischen Königs und besiegten die Ritter in einem 13-jährigen Bürgerkrieg. Im Friedensvertrag von Thorn (1466) wurde deren Niederlage besiegelt: Die Ritter durften ihre Herrschaft nur in Estland und Lettland aufrechterhalten, das südliche Gebiet des heutigen Litauen, Kaliningrad und Masuren verwandelte sich in ein polnisches Lehen. Gänzlich abtreten mussten die Ritter das Kulmer Land, Ermland und Pommerellen. Danzig wurde innerhalb Polens eine ›freie Stadt‹ oder – wie es der britische Historiker Norman Davies ausdrückte – »ein deutsches Juwel in der polnischen Krone«. Dabei profitierte es von Polens Rolle als Kornkammer Europas, Getreide wurde über Danzig bis zur Iberischen Halbinsel verschifft. Auch Leinen, Tuch und Leder waren im Ausland begehrt. Polens Könige unternahmen immer wieder Versuche, die Handelsmetropole ganz ihrer Macht zu unterstellen, doch wahrte diese mit Unterstützung der Hanse erfolgreich ihre Autonomie.

Goldenes Zeitalter

Polen – ein Vielvölkerstaat mit einem Anteil von nur 40 % polnischer Bevölkerung – erlebte unter den Jagiellonen-Königen **Zygmunt I.** (reg. 1506–48) und **Zygmunt II.** (reg. 1548–72) sein ›Goldenes Zeitalter‹, eine Blütezeit für Handel und Handwerk, Kunst und Kultur. König und Adel ließen sich Schlösser im Stil der Renaissance erbauen, reiche Bürger eiferten ihnen mit prächtigen Stadtpalästen nach. Aber auch intellektuell bewegte sich einiges: Der Adel öffnete sich für das Gedankengut des Humanismus und der Reformation, debattierte Thesen von Jan Hus, Thomas Morus und Erasmus von Rotterdam. Kurze Zeit mochte es scheinen, Polen entwickle sich zu einem ›Ketzerparadies‹, einem Zufluchtsort für religiös Verfolgte aller Couleur. In dieser Atmosphäre der Toleranz entwickelte Kopernikus seine bahnbrechende These, nicht die Erde, sondern die Sonne sei das Zentrum des Universums. Damit wurde das christliche Weltbild auf den Kopf gestellt: Die Erde erschien nicht mehr als Krönung der Schöpfung, sondern als ein Planet unter vielen anderen.

Verklärte Adelsrepublik

Das ›Goldene Zeitalter‹ währte mehrere Jahrzehnte und blieb doch nur ein Zwischenspiel: In der letzten Etappe der Jagiellonen-Herrschaft baute der Adel seine Macht kontinuierlich aus: Er brauchte keine Steuern zu zahlen, besetzte alle wichtigen Ämter, trotzte dem König einen Reichstag (*Sejm*) ab und erwirkte in der Verfassung, dass ohne seine Zustimmung »nichts Neues« *(Nihil novi)* beschlossen werden durfte. Auch gelang es ihm, die Bauern der eigenen Rechtsprechung zu unterstellen. Sie wurden von der Zinspacht über die Hörigkeit bis zur Leibeigenschaft herabgestuft. Folgenreich war auch die Einschränkung des städtischen Außenhandels: Gewinne aus dem lukrativen Getreideexport flossen fortan in adelige statt in bürgerliche Kassen.

Zu den letzten wichtigen Amtshandlungen der Krone zählte die – unter dem Druck der russischen Expansion zustande gekommene – Unterzeichnung des **Vertrags von Lublin** (1569), in dem das bislang in Personalunion regierte Polen und Litauen zu einer Realunion vereint wurde. Sichtbares Zeichen der neuen Entwicklung war die Verlegung der Hauptstadt: Die bisherigen Hauptstädte Krakau (für Polen) und Vilnius (für Litauen) wurden von Warschau abgelöst, das auf halbem Weg zwischen beiden Städten lag.

Mit dem Tod Zygmunts II. (1572) erlosch die Jagiellonen-Dynastie, die Einführung der Wahlmonarchie degradierte den König zur Marionette des Adels. Es gehörte zum politischen Alltag, dass Günstlinge auswärtiger Herrschaftshäuser durch Bestechung führender Adelsgruppen zu polnischen Regenten avancierten. In rascher Folge kamen Franzosen, Ungarn und drei Schweden aus dem Haus Wasa auf den Thron, später auch mehrere Sachsen. Polen machte sich zum Spielball fremder Mächte, lange bevor es von der Landkarte verschwand. Dabei wurde es in Krisen und bald auch in Kriege verstrickt.

Auf dem Gebiet der heutigen **Ukraine** bot die ›Religionsfrage‹ Konfliktstoff. Die polnisch-katholischen Magnaten erwarben riesige Güter in Wolhynien und Podolien und ließen diese von jüdischen Gutspächtern verwalten, die gegenüber der orthodoxen, völlig entrechteten Bauernschaft als Herren auftraten. Das religiös-soziale Konfliktpotenzial entlud sich 1648 in dem von Bohdan Chmielnicki angeführten Bauern- und Kosakenaufstand, dem – stellvertretend für die verhasste Adelsschicht – weit über 100 000 Juden zum Opfer fielen. Der gegründete Kosakenstaat fiel sechs Jahre später an Russland, Polen verlor Teile der östlichen Ukraine und das Gebiet um Smolensk.

›Schwedische Sintflut‹ und ›Sachsenzeit‹

Unter der Herrschaft der schwedischen Wasa-Könige (1587–1668) glitt die polnische Adelsrepublik in eine dynastische Dauerkrise. Die an der Weichsel regierenden katholischen Könige erhoben zugleich Anspruch auf den nordischen Thron und lagen im Kampf mit ihren protestantischen Vettern in Schweden. Militärische Konflikte kulminierten schließlich im **Ersten Nordischen Krieg** (1655). In diesem Jahr brach die ›schwedische Sintflut‹ über Polen herein – die Adelsrepublik verlor neben Livland auch Preußen, das sich aus polnischer Lehnsherrschaft befreite. Zu den wenigen Städten Polens, die dem schwedischen Angriff trotzten, zählte Tschenstochau, wo der Sieg dem Wirken der »Schwarzen Madonna« zugeschrieben wurde. Aus diesem kleinen Triumph wusste der König politisches Kapital zu schlagen: Er ließ

Maria zur ›polnischen Königin‹ krönen und machte sie zum Symbol für Freiheit und Souveränität. Obgleich die Katholiken lediglich die Hälfte der Bevölkerung stellten, war dies der Augenblick, da Polen den Ruf erwarb, ein ›katholisches Land‹ zu sein.

An der Südgrenze kam es zu Kriegen mit dem **Osmanischen Reich.** Nachdem Polen schon früh die Schwarzmeerküste und das Moldaugebiet hatte abtreten müssen, verlor es 1676 auch Podolien. Sieben Jahre später ein letzter Triumph: König **Jan III. Sobieski** stoppte bei Wien das weitere Vorrücken der Türken und ließ sich dafür als ›Retter des Abendlandes‹ feiern – der Mythos von Polen als ›Vorhut der Christenheit‹ war an dieser Stelle geboren.

Für die Dauer von 66 Jahren (1697–1763) stammten die in Polen regierenden Monarchen aus Sachsen. Zwar hat man in jüngster Zeit versucht, der ›Sachsenzeit‹ auch positive Aspekte abzuringen, doch die Gesamtbilanz ist düster. Parallel zum politischen und wirtschaftlichen Niedergang Polens etablierte sich der **Katholizismus** als Staatsreligion. Mit päpstlicher Unterstützung wurden über 100 Jesuiten-Kollegien gegründet, um lutherische und calvinistische Ideen zurückzudrängen. Im Jahr 1733 wurde offiziell die Gleichheit der Religionen aufgehoben, die Anerkennung römisch-katholischer Dogmen war nun unerlässliche Vorbedingung für den gesellschaftlichen Aufstieg. Orthodoxe und Unierte, Juden und Lutheraner – niemand von ihnen durfte mehr im Sejm sitzen oder höhere Staats- und Richterämter bekleiden.

Reformwille und Zerfall

Mit **Stanisław August Poniatowski,** dem Geliebten von Zarin Katharina II., wurde 1764 ein Pole König, der von einer gleichberechtigten Union seines Landes mit Russland träumte. Mit russischer Hilfe gelang es, dem polnischen Adelsparlament ein ›Toleranztraktat‹ aufzunötigen (1768), das die Gleichstellung der christlichen Konfessionen vorsah. Dagegen erhob sich ein Teil des Adels, der sich als Verteidiger des ›wahren katholischen Glaubens‹ begriff. Die Rebellion mündete in bürgerkriegsähnliche Auseinandersetzungen. Die ›polnische Anarchie‹ bot den Nachbarn Anlass zur Intervention. Die Zarin ließ ihre Truppen aufmarschieren, worauf Preußen und Habsburg ihrerseits Teile des Landes besetzten.

Die schrittweise Liquidierung der Adelsrepublik verdankte sich einem erfolgreichen Zusammenspiel der absolutistischen Mächte: Einer ›heiligen Dreieinigkeit‹ von orthodoxer Zarin, katholischer Kaiserin und protestantischem König. 1772 verlor Polen rund ein Drittel seines Territoriums: **Preußen** annektierte Ermland und Pommerellen und schloss damit die geografische ›Lücke‹ zwischen seinen beiden Landesteilen; **Österreich** annektierte Teile Kleinpolens (Galizien), **Russland** nahm sich den Osten zwischen Dwina und Dnjepr. In dieser Situation war der polnische König Patriot genug, grundlegende Reformen als unaufschiebbar zu begreifen. Mit der Nationalen Erziehungskommission (1773) und dem Immerwährenden Rat (1775) erhielt das Land progressive Bildungs- und Verwaltungseinrichtungen. Der Sejm verabschiedete 1791 die erste geschriebene Verfassung Europas, die von den Ideen der Französischen Revolution inspiriert war und die Abschaffung der Königswahl beinhaltete. Darauf schlossen sich Adlige in einer Konföderation zusammen, die mithilfe auswärtiger ›Schutzmächte‹ die Reformpartei zur Rücknahme der Verfassung zwang. Russland und Preußen ließen sich auch diese Intervention teuer bezahlen: Die Zarin sicherte sich Territorien im Osten, während sich Preußen Großpolen, Thorn und die Freie Stadt Danzig einverleibte. Der dritte und letzte Akt des Dramas folgte unmittelbar. Ein von General Tadeusz Kościuszko 1794 angeführter Aufstand wurde niedergeschlagen, worauf Restpolen unter Russland, Preußen und Österreich aufgeteilt wurde und von der politischen Landkarte Europas verschwand.

Ohne Staat

Von 1795 bis 1918, 123 Jahre lang, war Polen durch drei Provinzen ersetzt, die jeweils einem anderen Staat angehörten und in denen die polnischen Bewohner Bürger zweiter Klasse waren. ›Polen‹ existierte nur als Erinnerung an eine vermeintlich goldene Zeit und als utopischer Zukunftsentwurf. Sprache, Religion und Kultur hielten die Bewohner zusammen, ließen sie in einer Kette von Aufständen aufbegehren und scheitern.

Zunächst setzten die Polen ihre Hoffnungen auf das revolutionäre **Frankreich.** Drei Legionen kämpften an der Seite Napoleons, als dieser in Preußen einmarschierte, sich mit dem Großherzogtum Warschau ein Protektorat schuf und weiter gen Moskau zog. Doch nachdem die Grande Armée in Russland geschlagen wurde, setzten sich die alten Teilungsmächte wieder ins Recht. Nur wenige Zugeständnisse wurden an den Unabhängigkeitswillen der Polen gemacht: Posen erhielt kulturelle Autonomie, Krakau wurde ›Freie Stadt‹ und das Großherzogtum Warschau mutierte zum Königreich Polen (Kongresspolen) – mit dem Zaren an der Spitze, aber weitgehender Selbstverwaltung.

Im Königreich, wo die Freiheit zu jener Zeit noch am größten und den Polen sogar die Bildung eigener Truppenverbände erlaubt war, fand im November 1830 unter Führung des Kleinadels der erste Aufstand statt. Nach

1773: Polen wird zwischen Russland, Preußen und Habsburg aufgeteilt – zeitgenössischer Kupferstich

seiner Niederschlagung setzte eine rigide Russifizierungskampagne ein; der Kleinadel ging aller seiner Privilegien verlustig, Tausende seiner Güter wurden konfisziert. In deutschen Landen wurden die Freiheitskämpfer in ›Polenliedern‹ besungen, doch ihre zweite Heimat suchten diese lieber in Frankreich.

»Noch ist Polen nicht verloren«

Beim Aufstand im österreichischen Galizien 1846 verlor Krakau den Status der ›freien Stadt‹. Zwei Jahre darauf gab es eine kleinere Rebellion auch in Posen. 1863 loderte die Flamme des Protests wieder im russisch besetzten Teil. Auslöser war diesmal der Beschluss des Zaren, die Bauern aus der Leibeigenschaft zu befreien und den Juden Niederlassungsfreiheit zu gewähren. Nun war es der Großadel, der »für Polen« mobilisierte. Freilich ohne durchschlagenden Erfolg; denn die Bauern sahen keinen Grund, sich an der Seite ihrer ehemaligen Herren für die nationale Sache zu begeistern.

Im preußisch besetzten Teil hatte sich nach dem Aufstand 1848, vor allem aber nach der Reichsgründung 1870 die Repression verschärft. Der katholischen Kirche als Trägerin der nationalen Idee wurde der ›Kulturkampf‹ angesagt, Deutsch rückte zur alleinigen Amts- und Unterrichtssprache auf. Eine systematische Kolonisationspolitik sollte die ›Germanisierung des Bodens‹ vorantreiben. Kaufte der Staat zunächst polnischen Grund und Boden, um ihn deutschen Siedlern zur Verfügung zu stellen, so ging er ab 1908 dazu über, ihn zu konfiszieren. Tausende von Juden und anpassungsunwilliger Polen wurden des Landes verwiesen.

Der starke, oft auch religiös untermauerte **Nationalismus** verhinderte in Polen die Entstehung einer schlagkräftigen marxistischen Bewegung. Die freiheitlich-revolutionären Ideen der aus Zamość stammenden Rosa Luxemburg fanden zwar in Warschau und auch in Industriestädten überzeugte Anhänger, doch erfolgreicher agitierte General Józef Piłsudski, ein populistisch auftrumpfender ›Sozialist‹, der der Schaffung eines polnischen Staates absolute Priorität einräumte. Seine große Stunde schlug nach dem **Ersten Weltkrieg**, als das Prinzip nationaler Selbstbestimmung zur Grundlage der staatlichen Neuordnung wurde. Dabei profitierte Polen von der Niederlage der beiden Teilungsmächte Österreich und Deutschland sowie von den revolutionären Umwälzungen in Russland – 1919 erhielt es seinen lang ersehnten eigenen Staat, die II. Republik.

Zweite Republik und deutsche Besatzung

Das von den Siegermächten geschaffene neue Polen umfasste in etwa die Gebiete, die es vor der ersten Teilung von 1772 besessen hatte. Ein etwa 140 km breiter Streifen, der sogenannte ›polnische Korridor‹, durchschnitt Deutschlands Landverbindung mit der Ostprovinz Preußen und verschaffte Polen Zugang zum Meer. Das zu 95 % von Deutschen bewohnte Danzig wurde »Freie Stadt« unter dem Schutz des Völkerbundes, die polnische Minderheit erhielt weitgehende Mitspracherechte. Doch Piłsudski, der neue starke Mann, gab sich mit dem Modell der Siegermächte nicht zufrieden. Ab 1920 führte er Krieg gegen Sowjetrussland, annektierte Vilnius, die Hauptstadt des neuen Litauen, und rückte in der zuvor gegründeten Ukraine bis Kiew vor. Damit wurden die Grenzen des neuen Polen gegenüber dem Versailler Modell um 200 km gen Osten verschoben.

Das neue Polen war kein homogener Nationalstaat, sondern setzte sich zu fast einem Drittel aus nationalen Minderheiten zusammen: 19 Mio. Polen standen 4 Mio. Ukrainer und über 2 Mio. Juden gegenüber, dazu je 1 Mio. Deutsche und Weißrussen sowie kleinere Gruppen von Russen, Litauern und Tschechen. Die polnische Regierung, die sich gegenüber den Siegermächten hatte verpflichten müssen, Angehörigen der nationalen Minderheiten alle staatsbürgerlichen Rechte zuzuerkennen, tat sich mit der Umsetzung schwer. Man sah in den ›Fremden‹

Pommern, West- und Ostpreußen kurz gefasst

Die Begriffe geistern durch die Erzählungen der (Ur-)Großeltern, tauchen in Romanen, Filmen und historischen Abhandlungen auf. Doch wer weiß heute noch genau, wo Vor- und Hinterpommern lagen, wo Westpreußen aufhörte und Ostpreußen begann?

Ursprünglich lebten an der Ostseeküste die slawischen Pomoranen und die baltischen Prußen. Diese hatten sich ihre Namen ganz pragmatisch gegeben: Pomeranen leitet sich ab vom slawischen *po more* (»am Meer«), im übertragenen Sinn »Meeresbewohner«. Und der Name der Prußen stammt vom Wort *prusai,* was so viel heißt wie »sich das Gesicht waschen«. So wurde zugleich ein lokaler Fluss bezeichnet, der wohl für die körperliche Hygiene besonders geeignet war.

Den beiden Völkern war ein unterschiedliches Los beschieden: Während die westlich der Weichsel lebenden Pomeranen im 12. Jh. zunehmend unter den Einfluss deutscher Reichsfürsten gerieten, wurden die östlich der Weichsel siedelnden Prußen im 13. und 14. Jh. von den Deutschen Ordensrittern unterworfen. Beide Völker gelten als ›untergegangen‹, sind heute nur noch in den Bezeichnungen Pommern und Preußen gegenwärtig. Und obgleich im Lauf der Geschichte viele Besitzerwechsel in der Region stattfanden, blieb – analog zum ursprünglichen Siedlungsgebiet der beiden Völker – die Weichsel die (Namens-)Grenze: Das Gebiet westlich des Flusses war Pommern, das Gebiet östlich davon Preußen.

Verwirrend ist, dass in Deutschland und Polen unterschiedliche Sprachregelungen gelten. So wird in Deutschland zwischen Vor- und Hinterpommern unterschieden, wobei die Oder die Scheidelinie bildet. An Hinterpommern grenzt die (historische) Region Pommerellen, d. h. ›Klein-Pommern‹, das bis zur Weichsel reichte. Jenseits der Weichsel lag Westpreußen mit der Hauptstadt Danzig. Der Fluss Nogat markierte die Grenze zu Ostpreußen, das sich über Teile des Ermlands und Masurens nordostwärts bis zur Memel erstreckte. Seine Hauptstadt war Königsberg.

Der polnische Sprachgebrauch orientiert sich nicht an der Historie, sondern am Heute. So heißt die von der Oder bis fast zum Fluss Stolp (Słupia) reichende Provinz Westpommern (Pomorskie Zachodnie); ihre Hauptstadt ist Stettin. Daran schließt sich Pommern (Pomorskie) an, das sich bis Elbląg erstreckt; seine Hauptstadt ist Danzig. Das ehemals deutsche Ostpreußen verteilt sich heute über zwei Staaten: Der südliche Teil, also Ermland und Masuren, firmierten als polnische Provinz Warmińsko-Mazurskie; der nördliche Teil (mit Königsberg) gehört zur russischen Oblast Kaliningrad. In der Europäischen Union hat man sich noch etwas anderes einfallen lassen: Um Nachbarn einander näherzubringen, wurden das deutsche Vorpommern und das polnische Westpommern zur Euro-Region Pomerania erklärt. Hier werden grenzüberschreitende Aktivitäten gefördert.

Polonia – auferstanden aus Ruinen, Plakat

potenzielle Separatisten und setzte wenig Vertrauen in ihre Loyalität gegenüber dem jungen polnischen Staat. Der Minderheitenschutz wurde ab 1926 schrittweise aufgehoben, *Sanacja*, eine ›moralische Diktatur‹, sollte Polen in eine Großmacht verwandeln.

Pakt mit Hitler-Deutschland

Im Rahmen einer Politik der Annäherung an seinen deutschen Nachbarn kam es 1934 zum Abschluss eines Nichtangriffspakts und eines Handelsabkommens. Noch im September 1938 nahm Polen bei der Zerschlagung der Tschechoslowakei das ihm von der deutschen Regierung zugeschanzte Teschener Land willig in Empfang. Doch als Hitler einige Wochen später darauf drängte, die Freie Stadt Danzig ›heim ins Reich zu holen‹ und eine extraterritoriale Autobahn- und Eisenbahnlinie durch den polnischen Korridor zu bauen, winkte Polen ab. Im Januar 1939 machte Hitler seinem polnischen Partner eine letzte Offerte: Erklärte sich Polen bereit, den polnischen Korridor abzutreten, wäre Deutschland bei der Eroberung neuer Häfen behilflich. »Das Schwarze Meer«, so Hitler zum polnischen Außenminister, sei schließlich »auch ein Meer«. Als Polen auch auf diesen Vorschlag nicht einging, kündigte Hitler im April den fünf Jahre zuvor unterzeichneten Nichtangriffspakt auf und gab den Befehl zur Vorbereitung des Krieges. Im August wurde ein deutsch-sowjetisches Friedensabkommen unterzeichnet (Molotov-Ribbentrop-Pakt), in dessen geheimem Zusatzprotokoll die vierte Teilung Polens beschlossen wurde.

Zweiter Weltkrieg

Mit dem Beschuss des polnischen Munitionsdepots auf der Danziger Westerplatte am 1. September 1939 wurde der Zweite Weltkrieg eröffnet. Bereits Ende September standen deutsche Truppen am Bug und stießen dort auf die Rotarmisten, die zuvor den polnischen Osten besetzt hatten.

Alle ehemals preußischen Teilungsgebiete wurden dem Deutschen Reich eingegliedert. Dazu gehörten Westpreußen, das Posener Wartheland und das östliche Oberschlesien. In den folgenden fünf Jahren kam es zu einer systematischen Unterdrückung und Verfolgung polnischer und vor allem jüdischer Bewohner. Arbeiter und Bauern wurden zur Zwangsarbeit ins Reich abkommandiert, Grundbesitzer, Unternehmer und Intellektuelle ins Generalgouvernement befördert. So hieß der nicht unmittelbar ans Reich angeschlossene ›polnische Rest‹, ein koloniales Anhängsel ›rassisch minderwertiger Menschen‹ und ein Reservoir billiger Arbeitskräfte. Aber auch in der Osthälfte Polens, die von der Sowjetunion annektiert wurde, kam es zu Verfolgung und Liquidierung. Viele Intellektuelle wurden deportiert, Tausende von Offizieren erschossen.

Der deutsche Angriff auf die Sowjetunion (1941) zielte auf die Zerschlagung der sozialistischen Gesellschaftsordnung, in der Hitler eine »ungeheure Gefahr für die Zukunft« sah. Fünf Monate waren für den Krieg angesetzt, doch man hatte die Widerstandskraft der Russen unterschätzt. Unter großen Opfern verteidigten diese ihr Terrain, besiegten die faschistischen Truppen bei Stalingrad und Kursk (1943) und konnten im Folgejahr die Gegenoffensive einleiten. Erst zu diesem Zeitpunkt (Juni 1944) ließen die Westmächte ihre Truppen in der Normandie landen und eröffneten eine zweite Front, die die endgültige Niederlage der Deutschen besiegelte.

Nach 1945

Aus den Verwüstungen des Zweiten Weltkriegs ging Polen als **Sozialistische Volksrepublik** hervor: rechtlich souverän, tatsächlich aber abhängig von der Sowjetunion. Auf den Konferenzen von Teheran, Jalta und Potsdam wurde das Staatsterritorium mitsamt seiner Bewohner um mehrere Hundert Kilometer nach Westen verschoben. Die neuen Grenzen sahen denen vor 1000 Jahren verblüffend ähnlich. Im Westen verliefen sie entlang der Oder und Lausitzer Neiße, im Osten weitgehend entlang des Bug. Zu Polen gehörten nun das südliche Ostpreußen mit Ermland und Masuren, Pommern mit Danzig sowie ganz Schlesien – vor dem Krieg machten diese Gebiete rund ein Viertel des Territoriums von Deutschland aus. Die Zahl der in den Westen ausgestoßenen Deutschen wird auf knapp 14 Mio. geschätzt. In ihre Häuser und Höfe zogen Vertriebene aus Polens Ostgebieten, die nun zur Sowjetunion gehörten.

Die Polnische Sozialistische Arbeiterpartei organisierte den Wiederaufbau des Landes, nationalisierte Banken und Schlüsselindustrien. Zwar diagnostizierte Stalin, Kommunismus passe zu Polen »wie der Sattel auf eine Kuh«, dennoch wurden dem Land planwirtschaftliche Maßnahmen verordnet und die Landwirtschaft kollektiviert. Nach sowjetischem Vorbild wurde die Großindustrie, vor allem der Bergbau und die Schwerindustrie, gefördert; 1949 wurde Polen in den Rat für gegenseitige Wirtschaftshilfe, sechs Jahre später in das östliche Militärbündnis integriert.

Es dauerte nicht lange, bis die Schwachstellen des Systems zutage traten: Viele staatliche Betriebe arbeiteten unproduktiv und zielten an den Bedürfnissen der Bevölkerung vorbei. Deren Protest richtete sich anfangs freilich nicht so sehr gegen den Sozialismus als vielmehr gegen bestimmte, in Führungspositionen aufgerückte Parteivertreter. Man warf ihnen Mangel an Kompetenz vor und versprach sich von

Schiffsmasten? Nein. Ein Denkmal für die bei den Danziger Unruhen 1970 gefallenen Werftarbeiter

deren Absetzung eine Besserung der eigenen Lebenssituation – so geschehen 1956 in Posen, als nach den Massendemonstrationen der Dissident Władysław Gomułka zum Parteichef avancierte. Er propagierte einen spezifisch »polnischen Weg zum Sozialismus«, nahm die Kollektivierung der Landwirtschaft zurück und versprach eine bessere, an die Leistung gekoppelte Entlohnung. Nach den **Danziger Unruhen** 1970 wurde Gomułka von Edward Gierek abgelöst, der mithilfe westlicher Kredite einen vorübergehenden Aufschwung einleitete. Doch schon wenige Jahre später begann die Hoffnung auf die Reformierbarkeit des Sozialismus zu sinken. Diesmal braute sich in Polen ein soziales Gewitter zusammen, das auch für die Entwicklung in den sozialistischen Nachbarländern von großer Bedeutung war.

Demontage des sozialistischen Systems

»Droht Gefahr, dann holt der allmächtige Gott mit einem gewaltigen Glockenton als seinen neuen Papst einen Slawen auf seinen Thron.« Die Worte des Dichters Juliusz Słowacki (1848) erfüllten sich im Jahr 1978: Der Pole **Karol Wojtyła** wurde als Johannes Paul II. zum Oberhaupt der katholischen Kirche gewählt. Ein Jahr später reiste der Papst ein erstes Mal in seine polnische Heimat. Seine Messen waren politische Kundgebungen, in denen er seine Landsleute zum passiven Widerstand aufforderte. Das Volk der Helden und Märtyrer, so prophezeite er, werde Kraft zum Neubeginn finden und eines nicht mehr fernen Tages als freie Nation wieder auferstehen. Tatsächlich wurde der Besuch des Papstes zum Auslöser für eine mächtige Protestbewegung, deren Leitfigur **Lech Wałęsa** war: ein Elektromonteur aus Danzig mit engem Kontakt zum Papst und einem Antlitz der Jungfrau Maria am Jackenrevers. Nachdem sich die Streiks von den Werften im Norden aufs ganze Land ausgedehnt hatten, lenkte die Staatsmacht ein und erlaubte die Gründung der unabhängigen Gewerkschaft **Solidarność** (31. August 1980). Die in ihr versammelte Opposition reichte von Reformlinken bis zu reaktionären Klerikern und zählte innerhalb weniger Wochen 10 Mio. Mitglieder.

Mit der Gewerkschaftsgründung war der erste Schritt zur Entmachtung der Partei getan: Sie verlor nicht nur das über vier Jahrzehnte ausgeübte Organisationsmonopol über die ›Werktätigen‹, sondern musste auch zugeben, dass sie von denen, die sie zu vertreten vorgab, nicht anerkannt wurde. Da nutzte es auch nichts, dass Ministerpräsident Wojciech Jaruzelski nach einer neuerlichen Streikwelle im Dezember 1981 für anderthalb Jahre das Kriegsrecht verhängte und die Solidarność verbot. Der Grund für diese Maßnahme ist bis heute nicht eindeutig geklärt; doch nimmt man an, Jaruzelski habe eine militärische Intervention durch Truppen des Warschauer Paktes verhindern und, gemäß einem polnischen Sprichwort, als ›Kissen zwischen dem sowjetischen Schlagstock und dem polnischen Hinterteil‹ fungieren wollen. Im Zuge von Glasnost und Perestrojka wanderte der ›sowjetische Schlagstock‹ schneller als erwartet in die historische Requisitenkammer. 1988 eröffnete Jaruzelski den Dialog mit der Opposition, der den Weg freimachte zur Demontage der Sozialistischen Volksrepublik Polen.

Demokratie

1989 wurde mit Tadeusz Mazowiecki erstmals in der Nachkriegsgeschichte Osteuropas ein Nichtkommunist Regierungschef, und bereits im darauffolgenden Jahr war mit der Übernahme der Präsidentschaft durch Lech Wałęsa der Übergang zur marktwirtschaftlichen Demokratie vollzogen. Nach dem Auseinanderfallen der Sowjetunion und der staatsrechtlich verbindlichen Anerkennung der Oder-Neiße-Grenze durch das vereinte Deutschland schien keinerlei militärische Bedrohung mehr für das Land zu bestehen. Die neue polnische Führung ließ von Anfang an keine Zweifel am zukünftigen Kurs aufkommen. Die Wirtschafts- und Außenpolitik orientierte sich klar und deutlich gen Westen, erstrebte den Beitritt zur NATO und die Integration in die Europäische Gemeinschaft.

Zeittafel

966	Piastenfürst Mieszko I. lässt sich und sein Volk taufen. Damit wird er in die christliche Staatengemeinschaft aufgenommen und darf missionierend tätig werden.
1000	Der deutsche Kaiser Otto III. gesteht dem polnischen Vasallen eine eigenstaatliche Entwicklung zu, 1025 wird Bolesław I. gekrönt.
ab 1138	Polen zerfällt in Teilfürstentümer. 1181 geht Pommern an den deutschen Kaiser verloren, auch Schlesien fällt von Polen ab. Deutsche werden angeworben, die Gebiete östlich der Oder zu erschließen.
1226–1309	Konrad von Masowien bittet den Deutschen Orden um Hilfe bei der Unterwerfung der Prußen. Der Orden gründet einen eigenen Staat, der vom Kulmer Land aus erweitert wird.
ab 1320	Władysław I. eint die polnischen Teilfürstentümer, Kazimierz III. erobert Gebiete im Osten.
1386–1572	Die ›deutsche Gefahr‹ schweißt Polen und Litauen zusammen: Die Länder werden in Personalunion regiert, es entsteht der flächenmäßig größte Staat Europas. 1410 besiegt er den Deutschen Orden bei Grunwald, ein 13-jähriger Bürgerkrieg führt 1466 dessen endgültige Niederlage herbei: Er tritt weite Gebiete an Polen ab, das u. a. mit Danzig Zugang zur Ostsee erhält.
1572–1795	Mit dem Verlöschen der Jagiellonen-Dynastie wird die Wahlmonarchie eingeführt, der Adel wird auf Kosten der Krone gestärkt. Die Zentralmacht zerfällt, Polen verstrickt sich in Kriege und büßt seinen Rang als osteuropäische Großmacht ein.
1772, 1793, 1795	Polen wird unter Preußen, Österreich und Russland aufgeteilt und verschwindet damit von der politischen Landkarte Europas.
1795–1918	Aufstandsversuche werden 1830/31, 1846–1848 und 1863 von den Besatzungsmächten niedergeschlagen.
1918–1921	Nach Wiedererlangung der Souveränität erhält Polen Zugang zum Meer (›polnischer Korridor‹), Danzig wird Freie Stadt unter dem Schutz des Völkerbunds. Im Westen gewinnt Polen Territorium um Posen und in Oberschlesien. Der Krieg gegen die Ukraine, Sowjetrussland und Litauen bringt Gebietszuwachs jenseits des Bug.
1921–1939	Dem Vielvölkerstaat Polen mangelt es an politischer Stabilität. Ab 1926 regiert Marschall Piłsudski diktatorisch und führt Kriege gegen die Nachbarn im Osten.

Im Zweiten Weltkrieg werden 6 Mio. Polen getötet, in Konzentrationslagern wird ein großer Teil der europäischen Juden ermordet. Städte und Industriebetriebe liegen in Schutt und Asche.	**1939–1945**
Die alliierten Siegermächte beschließen Polens Westverschiebung: Neue Grenze im Westen wird die Oder-Neiße-Linie, im Osten die sogenannte Curzon-Linie. Die deutsche Bevölkerung wird vertrieben; ihre Stelle nehmen Polen aus den ehemaligen polnischen Ostgebieten ein.	**1945**
Polen wird Teil des sozialistischen ›Ostblocks‹, die Opposition sammelt sich im Schutz der Kirche. 1956 und 1968, 1970 und 1980 werden regierungsfeindliche Unruhen niedergeschlagen.	**1947–1989**
Mit Karol Wojtyła als Papst Johannes Paul II. wird erstmals ein Pole zum Oberhaupt der katholischen Kirche gewählt.	**1978**
Nach einer Revolte entsteht auf der Danziger Werft unter Führung des Elektromonteurs Lech Wałęsa die Gewerkschaft Solidarność, die sich – mit Unterstützung von Papst Johannes Paul II. – die Demontage des politischen Systems zum Ziel setzt. Das Kriegsrecht (1981–83) kann den Zerfall des Sozialismus nicht aufhalten; die Selbstauflösung des sowjetischen Systems macht den Weg für radikale Reformen frei.	**1980**
Polen wird marktwirtschaftliche Demokratie: Durch Umverteilung von Besitz entstehen Einkommensunterschiede, anstelle staatlicher Finanzierung von Ausbildung, Gesundheits- und Rentensystem tritt die private Vorsorge – ein Kraftakt, der das Leben aller Polen dramatisch verändert hat. Auch außenpolitisch findet ein radikaler Wechsel statt: 1999 tritt Polen der NATO, 2004 der EU bei.	**1990–2004**
2 Mio. polnische Arbeitsmigranten gehen nach Großbritannien und Irland. Hohe EU-Fördergelder und die Ausrichtung der Fußball-EM 2012 geben starke wirtschaftliche Impulse. Doch die Weltfinanzkrise ab 2008 geht auch an Polen nicht spurlos vorbei.	**ab 2004**
2015 übernimmt die EU-kritische PiS-Partei die Macht, man spricht von einer ›nationalkatholischen Wende‹: Die Sozialleistungen steigen, doch die demokratischen Rechte werden demontiert. Aufgrund des Ukrainekriegs wandern mehr als 1 Mio. Flüchtlinge in Polen ein.	**2020–2023**
Bei der Wahl 2023 erhält die Opposition die Mehrheit der Parlamentssitze. Die liberalkonservative Bürgerkoalition (Koalicja Obywatelska, kurz KO) plant ein Bündnis mit dem Dritten Weg sowie dem Linksbündnis Lewica (bei Drucklegung noch offen).	**Herbst 2023**

Gesellschaft und Alltagskultur

Zwischen American Way of Life und Kniefall vor der Schwarzen Madonna, neuen Formen der Armut und des Reichtums, holprigen Landstraßen und glitzernden Shopping-Malls: Die Polen balancieren in einer Welt fast unversöhnlicher Gegensätze. Die immer noch machtvolle katholische Kirche dominiert das Leben der Älteren, die Jüngeren suchen ihr Glück im Konsum.

Der Dichter Maciej Sarbiewski schrieb über seine Landsleute: »Sie reden offen,/ weinen betroffen, / sind ausgelassen / und groß im Prassen: / zechen und essen / ohne Ermessen / an vollen Tischen, / verschwenderischen, / und alles Morgen / macht sie nicht sorgen.« Das selbstironische Spottlied von 1626 wird noch heute gern zitiert. Die Polen lieben es, sich besondere Anlässe zu schaffen, an denen sie den Alltag vergessen und sich dem Genuss hingeben können. Schauen Freunde unangemeldet vorbei, macht man daraus im Nu ein großes Ereignis.

Gastfreundschaft großgeschrieben

Denn nach alter Sitte heißt es *Gość w dom, Bóg w dom* (Gast im Haus, Gott im Haus). Dass dabei mehr aufgefahren wird als nur *kanapki* (Kanapees), versteht sich von selbst: Das Beste ist gerade gut genug, und falls der Kühlschrank gerade keine Leckereien hergibt, beschafft man kurzerhand alles Nötige beim Nachbarn. Eine solche Runde kann sich über mehrere Stunden erstrecken, denn nur ungern wird das gesellige Zusammensein abgebrochen. Langeweile kommt selten auf, denn man äußert spontan seine Gefühle und nimmt bei Meinungsäußerungen kein Blatt vor den Mund – der aufrichtige Dialog gilt als die Würze des Lebens!

Erstaunlich direkt sind die Polen auch, wenn es darum geht, den Standpunkt des ausländischen Besuchers zu erfragen. »Wie findest du unsere Stadt?«, »Was sagst du zum neuen Film von Roman Polański?« oder »Was hältst du eigentlich von unserer Regierung?« Nicht immer ist es leicht, den Fragesteller mit der Antwort zufriedenzustellen oder gar mit ihm einer Meinung zu sein. Sagt man etwas Lobendes, folgt ein schnelles »aber«; äußert man sich kritisch, eine vehemente Verteidigungsrede. Und wischt man die Worte des polnischen Partners mit einem klaren »Nein« vom Tisch, gilt das als höchst unhöflich. Hat man sich in der Diskussion vergaloppiert, sollte man nicht stur an seiner Position festhalten; besser ist es, selbstkritisch einzuräumen: »Da hab ich wohl etwas Falsches gesagt.«

Der Gast bringt Abwechslung in den Alltag – das Leben ist ja so kurz, es muss genossen werden! Doch auch die Freigiebigkeit der Polen hat ihre Grenzen. Kommt da ein Gast, der sich partout nicht verabschieden, sich gar für Tage einquartieren will, löst das Verärgerung aus. In Abwandlung des alten Sprichworts heißt es dann: »Gast im Haus, Gott weiß warum« *(Gość w dom, Bóg wie po co)* oder in gesteigerter Form »Fische und Gäste stinken nach drei Tagen« *(Gość – ja ryba po trzech dniach śmierdzi)*. Eifersüchtige Männer fügen dem gern einen weiteren Spruch hinzu: »Gast im Haus, Frau schwanger« *(Gość w dom, żona w ciąży)* – ein aus bitterer Erfahrung gespeistes Bonmot.

Geschäftliches – lieber persönlich

Das Wichtigste für einen Polen ist die Familie, gleich an zweiter Stelle rangiert die Arbeit. Diese wird locker, aber konzentriert angegangen – kein Wunder, dass man in Deutschland so gern polnische Arbeiter anstellt. Sie gelten als zuverlässig und ambitioniert, pochen nicht auf den gesetzlich geregelten Feierabend. Bürokratische Vorschriften werden, wo dies möglich ist, spielerisch umgangen.

Wer einen Geschäftskontakt herstellen will und glaubt, er sollte das schriftlich tun, ist auf dem Holzweg. »Briefe gelten in Deutschland als seriös und verbindlich. Im Idealfall sind sie klar und kurz. Doch das entspricht in Polen fast schon einer Kriegserklärung«, schreibt der Soziologe Krzysztof Wojciechowski, der im Auftrag der Frankfurter Handelskammer einen Polen-Knigge verfasst hat. Wer am Abschluss eines Geschäfts interessiert ist, sollte sich zu einem direkten Treffen mit dem Partner verabreden. Für den Deutschen mag das verlorene Zeit sein, doch für den Polen ist es eine vertrauensbildende Maßnahme. Er verlässt sich lieber auf seine fünf Sinne als auf Empfehlungen, Selbstdarstellungen oder Kalkulationen. Bei dem Treffen sollten Sie sich Zeit lassen und nicht nur über Geschäftliches reden: »Gerade für Unternehmer gilt in Polen: Sie müssen als Mensch punkten, damit steigt auch der Wert Ihrer Produkte«, so der Soziologe. Nach einem längeren Gespräch unter vier Augen erübrigt sich meist jeglicher Schreibkram. Und der Handschlag, der die Abmachung besiegelt, wiegt mehr als ein schriftlich fixierter Vertrag. Darum halte man seine Zunge im Zaum und hüte sich vor leeren Versprechungen – es wird sich für Sie lohnen!

Bei Studenten besonders begehrt: Jobs in den Lokalen der Danziger Frauengasse (ul. Mariacka)

Kirche über alles

Noch immer erfreuen sich Polens 15 000 Kirchen regen Zulaufs, die Gläubigen strömen zur Morgen-, Mittags- und Abendandacht. Dabei sind es keineswegs nur schwarz gekleidete alte Mütterchen, die man dort antrifft. Auch junge Leute gehen zur Beichte und gestylte Geschäftsleute greifen auf Gottes Segen zurück.

Polak to katolik (Pole = Katholik): Knapp 90 % aller Polen bezeichnen sich als gläubige Katholiken – das ist der weltweit höchste Bevölkerungsanteil. Und während in anderen europäischen Ländern Kirchen schließen, werden in Polen immer neue gebaut. Klöster brauchen sich über männlichen wie weiblichen Nachwuchs keine Sorgen zu machen – zukünftige Mönche und Nonnen strömen ihnen in Heerscharen zu. So ist in Polen fast die komplette Ordensliga präsent. Es gibt Bernhardiner, Benediktiner, Bonifrater und Dominikaner, Franziskaner, Karmeliter, Kapuziner und Kamaldulenser, Pauliner, Piaristen und noch viele mehr. Der Beruf des Geistlichen genießt hohes Prestige – keine Einweihung neuer Autobahnstrecken, Krankenhäuser oder Schulen ohne kirchlichen Segen. Kult ist der 2014 heiliggesprochene polnische Papst Karol Wojtyła, der zärtlich »Karolek« (Karolchen) genannt wird. Sein Bildnis prangt in vielen Wohnzimmern gleich neben den Fotos enger Familienangehöriger. Nicht selten nimmt die Suche der Polen nach Gott dramatische Züge an. Bei Wallfahrten rutschen sie auf Knien zum angebeteten Heiligen, werfen sich der Länge nach auf den Boden und bleiben stundenlang im Gebet versunken. Bei der Messe singen sie inbrünstig und lauschen dem Priester so gebannt, dass man glauben könnte, sie sähen in ihm tatsächlich Gottes Sprachrohr.

Was da in der Predigt verhandelt wird, ist freilich alles andere als geistlicher Natur: Die Palette reicht von der Politik bis ins Private, von der konkreten Wahlempfehlung für eine Partei bis zum Gebot der Abstinenz, der einzig erlaubten Verhütungsmethode. Sex dürfe nur in der Ehe stattfinden, nie außerhalb – und wer abtreibe oder uneheliche Kinder in die Welt setze, sei reif fürs Fegefeuer. So wird in Polen seit 1996 ein Schwangerschaftsabbruch bis zur zwölften Woche nur noch akzeptiert, wenn medizinische Gründe vorliegen oder die Schwangerschaft das Resultat einer Vergewaltigung ist – was das Opfer zu beweisen hat. Das geht Polens Bischöfen, die sozusagen mit am Regierungstisch sitzen, nicht weit genug. Immer wieder starten sie Initiativen, die Abtreibung prinzipiell zu verbieten und die ›Sünderin‹ streng zu bestrafen. Doch nicht nur die Frau, die sich über das Gesetz hinwegsetzt, wird kriminalisiert. Auch der Arzt wird belangt: Für »Beihilfe zur Abtreibung«, die von der Beratung bis zum Vollzug reicht, muss er mit einer Gefängnisstrafe von bis zu drei Jahren rechnen.

Gemäß kirchlicher Logik ist auch Homosexualität tabu, weil sie gegen das natürliche Sittengesetz verstoße – »Urquelle des Lebens« sei das kirchlich getraute Paar. Um dieses zu ›schützen‹, wurde auf Druck der Kirche das Scheidungsverfahren erschwert: So werden auf 1000 Ehen nur 45 geschieden (in Deutschland ist die Zahl viermal so hoch). Die Kirche hält ein weiteres Druckmittel bereit: Für sie existiert keine Scheidung, sondern nur eine räumliche ›Separation‹, die ausschließt, dass die Eheleute noch einmal heiraten dürfen; qua Kirchengesetz sind sie so lange verheiratet, »bis dass der Tod sie scheidet«.

Noch unter Papst Johannes Paul II. wurde der ›Katechismus‹ verabschiedet, in dem das Wochenendvergnügen zur Sünde erklärt wird. Es sei obszön, ausgerechnet freitags Feste zu fei-

Die Erstkommunion – ein großes Ereignis für polnische Kinder

ern, wo dies doch der Tag sei, an dem Christus ans Kreuz geschlagen wurde. Zugleich wird gefordert, den sonntäglichen Kirchenbesuch mit einer obligatorischen Opfergabe an den Pfarrer zu verknüpfen – einen Zehnt seines Einkommens habe der Gläubige abzutreten. So verwundert es nicht, dass alle Kirch- und Pfarrhäuser perfekt restauriert sind und davor dicke ›Schlitten‹ stehen.

Die Botschaft hören jüngere Leute nicht gern, die meisten von ihnen neigen zur Doppelmoral. Was sie in der Predigt hören, ist das eine, was sie privat tun, etwas ganz anderes. »Was uns da erzählt wird, ist doch Schnee von gestern«, meint ein Warschauer Student. »Man kann heute nicht mehr alles als Teufelswerk abtun – Lebensgenuss, Spaß, Konsum! Ich habe Freunde, die gehen lieber shoppen als in die Kirche. Nein, das Recht auf Vergnügen lassen wir uns nicht nehmen – wir haben keine Lust, uns immer beschränken zu müssen.«

Polak potrafi – der Pole schafft's!

»Die polnische Ehre war die Ehre der heroischen Geste, des Schlachtfelds, der Redoute und Schanze, aber nicht der Arbeit an der Werkbank für höhere Produktion«, schrieb Polens Star-Reporter Ryszard Kapuściński. So kam es, dass im Sozialismus schlechte Arbeit eine Form der Opposition gegen das bestehende Regime war – jeder Pfusch wurde ethisch geadelt. Doch auch heute werden Ausdauer und Disziplin nicht sonderlich geschätzt. Daraus zu schließen, der Pole sei faul, wäre aber falsch. Vielmehr ist er ein wahrer »Krisenmanager«. Zwar neigt er dazu, so viel wie möglich auf den nächsten Tag zu verschieben. Doch wenn es mit dem Termin brenzlig wird, bäumt er sich auf, ist gut bei der Sache und schafft sein Pensum in der vorgeschriebenen Zeit. *Polak potrafi* (der Pole schafft's) ist ein geflügeltes Wort und besagt, dass mit Improvisationstalent mangelnde Systematik und Ausdauer wettgemacht werden.

Nach getaner Arbeit aber, so der »Unternehmer-Knigge«, könnte der Pole rückfällig werden. Ziel geschafft – dahingerafft: Erneut setzt sich der Schlendrian durch, er verfällt in Passivität, bis er »durch einen äußeren Impuls« neu geweckt wird.

Freie Zeit – am liebsten draußen

Polen lieben es nicht nur zu feiern, sie können sich auch zu erstaunlicher Aktivität aufraffen. Am Wochenende zieht es viele in den Wald oder ans Wasser – es wird gewandert, gepaddelt und gesegelt, was das Zeug hält. Stark ausgeprägt ist der Wunsch, jede freie Minute in der Natur zu verbringen. Ist die Kasse knapp, fährt man zur Oma aufs Land oder in den Schrebergarten und tröstet sich mit einem deftigen Sonntagsbraten. Doch ganz gleich, wo man ist und was man tut: Am sonntäglichen Kirchgang kommt keiner vorbei …

Minderheiten – nur Folklore?

Noch vor gar nicht langer Zeit war unser Nachbar ein Multikulti-Staat. Polen: Das waren Menschen verschiedenster Sprachen und Konfessionen, außer Katholiken auch Juden, Orthodoxe, Griechisch-Unierte, Protestanten und Muslime. Sie sprachen Litauisch, Russisch und Ukrainisch, Jiddisch, Deutsch, Tschechisch und ein halbes Dutzend weiterer Idiome. Nach sechs Jahren Krieg und Holocaust war nichts mehr wie zuvor: Grenzen wurden verschoben und Polen wandelte sich zu einem weitgehend homogenen Nationalstaat. 45 Jahre herrschte die stillschweigende Übereinkunft, dass über sein multikulturelles Erbe nicht zu sprechen sei, und fast war es gelungen, es vollständig aus dem Gedächtnis zu tilgen.

Folglich staunte man nicht schlecht, als sich nach der Wende 1990 lautstark verschiedene Minderheiten zu Wort meldeten und das Recht einklagten, öffentlich ihre Sprache sprechen und eigene Schulen, Kirchen und kulturelle Einrichtungen gründen zu dürfen. Innerhalb von wenigen Jahren haben sie sich durchgesetzt und auch Normalbürger haben sich mittlerweile daran gewöhnt, dass es Landsleute gibt, die sich weder als Katholiken noch als ethnische Polen definieren.

Bei einer Reise durch Nordpolen stößt man auf die Überreste der Slowinzen, Kaschuben und deutschstämmigen Masuren, im Osten begegnet man Litauern, orthodoxen Weißrussen und Nachkommen muslimischer Tataren. In der Hauptstadt Warschau entwickelt sich langsam, aber stetig die jüdische Gemeinde. Das Engagement der ›Fremden‹ belebt Polens Kultur auf allen Ebenen: Ethno-Restaurants und ›exotische‹ Festivals schießen wie Pilze aus dem Boden, und bisher nur missachtete Architektur und Literatur erlebt eine Renaissance. In diesem Buch werden Polens Minderheiten eingehender beleuchtet, so etwa im »Ausflug ins litauische Grenzland« sowie in den Exkursen »Atlantis des Nordens«, »Die Masuren« und »Jüdisches Warschau«.

Kunst und Kultur

Gotischer Backstein, flämischer Manierismus, sozialistischer Realismus und verschiedene Spielarten der Moderne: 1000 Jahre haben vielfältige architektonische Spuren hinterlassen. Als literarisches Sujet ist die Region so präsent wie kaum eine andere: Ihre Schönheit weckt wehmütige Erinnerungen, ihre Geschichte animiert zur aktiven Auseinandersetzung mit dem deutsch-polnischen Erbe.

Literarische Reise in die Vergangenheit

Im Reisegepäck vieler Polenbesucher finden sich die Erzählungen und Romane von Siegfried Lenz, Arno Surminski und Günter Grass – sämtlich Autoren aus den ehemaligen deutschen Ostprovinzen, die in ihrer Literatur die Erinnerung an ein verlorenes Land und an Menschen, die es nicht mehr gibt, wachhalten.

Bereits 1955 veröffentlichte **Siegfried Lenz** das Buch »So zärtlich war Suleyken«. Der Titel, bei dem Leser glauben könnten, es handele sich um eine Frauenfigur, verweist auf ein Dorf 17 km nordwestlich von Lyck (heute: Ełk), jenen Ort, in dem der Autor zur Welt kam. Rund um Suleyken, »zwischen Torfmooren und sandiger Öde, zwischen verborgenen Seen und Kiefernwäldern«, siedelt er heiter-verspielte Geschichten an, ein Mosaik unterschiedlichster Charaktere, die ihrer Fabulierlust freien Lauf lassen, schelmenhaft-listig oder einfältig-verschlagen. Da werden weltfremde Bauern und alte Mütterchen vorgestellt, die Kulkasker Füsiliere, zwei Vettern, denen eine tote Tante ausgebüxt ist, der verschrobene Onkel Stanisław Griegull und Herr Kukielka aus Schissomir: kauzige Gestalten am Rande der modernen Welt, die so gar nicht in den preußisch durchdisziplinierten Staat passen wollen.

Den nostalgisch-verklärenden Erzählungen hat Lenz 1978 ein ergänzendes Werk zur Seite gestellt. »Heimatmuseum«: ein 1000 Seiten dickes literarisches Denkmal für die Menschen und Landschaften Masurens. Held des Romans ist Zygmunt Rogalla, der 1945 aus seiner Heimat vertrieben wird, aber nicht zu jenen gehört, die dafür den Polen und Russen die Schuld geben, sondern den Nationalsozialisten. In seiner neuen schleswig-holsteinischen Heimat richtet er aus Liebe zu dem, was er verloren hat, ein Heimatmuseum ein. Doch schon bald bekommt er zu spüren, dass Deutschland sich nicht grundlegend gewandelt hat: Als sich der ihm aus der masurischen Heimat bekannte Obernazi anschickt, als neuer Vorsitzender des Heimatvereins die Inhalte des Museums zu ›säubern‹, beschließt Rogalla, sein Lebenswerk zu zerstören. Indem er das Museum einäschert, will er es vor dem Zugriff der ewig Gestrigen bewahren.

Ohne den Bezug zu seiner heute polnischen Heimat ist auch das Werk von **Günter Grass** nicht denkbar. Für seine »Danziger Trilogie« erhielt der kaschubische Autor 1999 den Literaturnobelpreis (s. Thema S. 194). Zwei polnische Schriftsteller haben sich von ihm zu eigenen Werken inspirieren lassen: Der eine ist **Stefan Chwin** (geb. 1949), der andere **Paweł Huelle** (geb. 1957). Beide waren von der Idee fasziniert, der untergegangenen Welt des deutschen Danzig nachzuspüren. In ihren Romanen schlagen sie einen Bogen von der Vor- zur Nachkriegszeit, thematisieren Flucht und Vertreibung und den Einzug der Polen in die zerstörte Stadt. Stefan Chwins Roman »Tod in Danzig« präsentiert sich als wehmüti-

Marion Gräfin Dönhoff war nicht nur ZEIT-Herausgeberin, sondern auch eine Botschafterin Masurens

ger Abgesang auf die bürgerlich-behagliche, deutsch geprägte Kultur. Bereits acht Jahre zuvor hatte Paweł Huelle den Roman »Weiser Dawidek« veröffentlicht: die Geschichte einer Danziger Kindheit, so atmosphärisch dicht, dass die Aura einer ganzen Epoche wieder auflebt.

Eine überraschende Renaissance erleben die Masuren-Romane von **Ernst Wiechert** (1887–1950, s. S. 278). Alle seine Bücher werden neu aufgelegt. Seine Erzählungen sind geprägt von einer kraftvollen Sprache, die sich aus präziser Naturbeobachtung speist. Zuletzt war es **Artur Becker** (geb. 1968, www.arturbecker.de), der Masurens deutsch-polnische Tradition literarisch fortschreibt. In einem guten Dutzend Romanen widmet er sich der jüngeren Geschichte der Region – immer mit einer Spur Humor. Im autobiographisch gefärbten Roman »Drang nach Osten« (2019) verschränkt er seine Rückkehr in die masurische Heimat mit Erinnerungen an die Großeltern, die nach 1945 stalinistischen Terror erleiden mussten.

Botschafterin der alten Heimat

Allen, die der Poesie misstrauen, wenn es um die Darlegung historischer Sachverhalte geht, sei das zugreifende Werk von Journalisten empfohlen. Aus erster Hand stammen die Berichte von **Marion Gräfin Dönhoff.** Sie entstammte einer mächtigen preußischen Adelsfamilie, die im Zuge der deutschen Ostsiedlung im 13. Jh. in die ›Große Wildnis‹ gelangt war. Als Herausgeberin der Wochenzeitung »Die Zeit« hat sich die Gräfin stets für deutsch-polnische Versöhnung engagiert und in mehreren Büchern das einstige Masuren geschildert. »Kindheit in Ostpreußen« heißt der Erinnerungsband, in dem sie die bis 1945 gültige, streng-hierarchische Ordnung von Herr und Knecht beschreibt. Nebenbei erfährt man Interessantes über die verworrene Geschichte dieser Region, »wo Deutsche, Polen, Russen, Schweden und Dänen jahrhundertelang miteinander gelebt und gegeneinander gekämpft, Bündnisse geschlossen und sich gegenseitig umgebracht hatten und wo – je nachdem, wer gerade wen unterworfen hatte – bald der eine, bald der andere die Oberherrschaft ausübte.« Die ›rote Gräfin‹, die ursprünglich 1933 über den Marxismus hatte promovieren wollen, hatte sich dann doch für ein anderes Thema entschieden: Ihre Untersuchung über das Zustandekommen des ostpreußischen Familienbesitzes bot eine günstige Voraussetzung, um wenige Jahre später selber die Verwaltung der Güter übernehmen zu können, die sich von Quittainen in Masuren bis Friedrichstein bei Königsberg erstreckten. Als die nationalsozialistische Führung im Januar 1945 die Räumung Ostpreußens befahl, stellte sie sich an die Spitze des in Richtung Westen ziehenden Trecks. »Namen, die keiner mehr nennt« heißt das Buch, in dem sie in nüchterner Sprache die Flucht der Bewohner schildert und zugleich darüber nachdenkt, dass mit ihrem Exodus die 700-jährige deutsche Geschichte der Region unwiderruflich erlischt.

Als einen »Ostpreußen des Herzens« hat Marion Gräfin Dönhoff ihren Kollegen **Ralph Giordano** bezeichnet. In einem Zeitungsartikel stellte sie die Frage, wie es denn möglich sei, dass »jemand, der seine jüdische Mutter verloren hat und der seine Kindheit in der Illegalität verbringen musste, vier große Reisen nach Ostpreußen unternimmt«. Außer der Erinnerung an ein faszinierendes Landschaftsfoto, die ihn zeitlebens begleitete, war es die in Ostpreußen verdichtete Geschichte Deutschlands, die Giordano nach Masuren trieb: die Hitlerbegeisterung der Ostpreußen, dann der von der Wolfsschanze geleitete Überfall auf die Sowjetunion, der Vormarsch der Roten Armee »über die verwüstete, ausgemordete Heimat hin auf die Grenzen des Angreifers zu«, schließlich die Flucht und Vertreibung der Deutschen und das von den Vertriebenenverbänden jahrzehntelang eingeklagte »Recht auf Heimat«. Giordanos Buch »Ostpreußen ade – Reise durch ein melancholisches Land« ist äußerst spannend zu lesen, denn die Geschichte wird aus den Blickwinkeln derer geschildert, die heute dort leben. Da gibt es Menschen, die bei phänomenalem Gedächtnis genau zu sortieren wissen, »an was sich erinnert werden will und an was nicht«, und andere, die bestürzende Wahrheiten offen und schonungslos darlegen. Der Autor lässt Polen und zwangsweise angesiedelte Ukrainer, aber auch Deutschstämmige zu Wort kommen, versprengte Existenzen, die sich nach 1945 bemühten, in Masuren neue Wurzeln zu schlagen.

Fast zeitgleich erschien **Klaus Bednarz'** Buch »Fernes nahes Land. Begegnungen in Ostpreußen« (1995). Der aus Ukta, einem Dorf an den Großen Masurischen Seen, stammende Journalist ist dem Weg nachgefahren, auf dem seine Familie im Januar 1945 geflüchtet war. Dabei stieß er auf Spuren deutscher Kultur in der Kopernikusstadt Frombork, auf der Frischen Nehrung und im Gestüt Trakehnen. Unterwegs führte er Gespräche mit ›Nostalgietouristen‹, aber auch mit Polen, für die Masuren ihre selbstverständliche Heimat ist.

Auch **Andreas Kossert** (geb. 1970) lässt Masuren nicht los. Der Historiker verfasste den Klassiker »Masuren – Ostpreußens vergessener Süden«. Locker-leicht liest sich seine »Gebrauchsanweisung für Masuren« (2022), in der er nicht nur Geschichtliches aufblättert, sondern auch lebendig erzählt von Naturschönheiten, Begegnungen mit Bärenfängern und einem geheimen CIA-Flughafen, der so gar nicht ins Landschaftsidyll passt.

Was Dönhoff, Giordano und Bednarz für Masuren, ist **Christian Graf von Krockow** für Pommern. Der aus Krokowa stammende Publizist wurde nicht müde, die Schönheit der Landschaft zu schildern und von den Menschen zu sprechen, die sie bewohnten. In seinem mehrfach aufgelegten Buch »Die Reise nach Pommern. Bericht aus einem verschwiegenen Land« unternimmt er Exkurse in die Vergangenheit bis zurück zu seinen mittelalterlichen Vorfahren, die die Aussicht auf gesellschaftlichen Aufstieg in den Osten verschlug. Praktisches Resultat seines Engagements für einen deutsch-polnischen Neubeginn ist die Einrichtung der ›Europäischen Begegnungsstätte‹ im ehemaligen Schloss seiner Familie in Krokowa.

Von der Backsteingotik zur Plakatkunst

Von Backsteinkirchen im Westen bis zu orthodoxen Kathedralen im Osten, von Deutschordensburgen bis zu Bürgerpalästen: 1000 Jahre Kunstgeschichte haben im Land vielfältige Spuren hinterlassen. Polnische Restaurateure haben beim Wiederaufbau der zerstörten Städte Meisterarbeit geleistet, nach historischen Stichen entstanden Danzig, Warschau und Marienburg völlig neu.

In fast allen Städten Nordpolens stößt man auf **Backsteinkirchen.** Ob in Stettin, Cammin oder Köslin – überall erscheinen sie so mächtig, als seien sie für die Ewigkeit errichtet. Aus Mangel an Naturstein wurde für den Bau gebrannter Ton verwendet. Er war widerstandsfähig und verlieh den Bauten einen attraktiven rötlichen Schein. Das technische Know-how brachten deutsche Siedler um 1200 in den Osten. Sie waren es auch, die die **Gotik** einführten, jenen Architekturstil, der mit seinen aufstrebenden Türmen, Spitzbogenfenstern und Strebepfeilern die Kirche als ›himmlisches Haus‹ darstellte. Im mittelalterlichen Danzig sollten alle Bürger in ihm einen Platz finden: Die für 25 000 Menschen ausgelegte Marienkirche ist noch heute das weltweit größte aus Backstein errichtete Gotteshaus.

Mit der Herrschaft des Deutschen Ordens waren bald ganze Städte von der Gotik bestimmt, nirgendwo sonst im mittelalterlichen Europa gab es ein derart ehrgeiziges Bauprogramm. Vom Kulmer Land bis Königsberg entstanden unzählige Rathäuser, Wehranlagen und Burgen. Ein Musterbeispiel ist die Marienburg, ein Meisterwerk der Verteidigungskunst. Sie beeindruckt mit ihren Türmen und Zinnen, als spätgotisches Juwel präsentiert sich ihr Hochmeisterpalast mit fantastischen Gewölben, die der Schwerkraft zu spotten scheinen (www.zamkigotyckie.org.pl).

Im späten 15. Jh. verlor der Deutsche Orden an Einfluss, Danzig übernahm die wirtschaftliche Führungsrolle in der Region. Seine Kaufleute lieferten Getreide nach Flandern und Holland; mit dem dort verdienten Geld warben sie Architekten an, damit diese ihre Stadt im zeitgemäßen Stil umgestalteten. Vom **niederländischen Manierismus** zeugen Bürgerhäuser mit ausladenden Terrassen und hohen Giebeldächern, die neben den asketischen Backsteinbauten herausfordernd anmutig wirken.

Im 17. Jh. brachten die Jesuiten den **Barock** nach Polen, um geistliches Terrain, das an die ›protestantischen Ketzer‹ verloren gegangen war, zurückzugewinnen. Stilprägend wurde er in den katholisch-polnischen Landesteilen, in Warschau und Posen, im Ermland sowie rund um Suwałki. Mitten in der masurischen Wildnis, in Heiligelinde, entstand eine fast südländisch anmutende Kirche. Weiter östlich, am See von Wigry, bauten die Kamaldulenser ein prächtiges Kloster. Das nach dem Schwedenkrieg zerstörte Warschau wurde barock neu aufgebaut; Hofarchitekt Tylman van Gameren schuf prunkvolle Paläste für Adel und Krone.

Nach 1945 wurde Warschau abermals zum Experimentierfeld neuer Stile. Der **Sozialistische Realismus** verlangte vom Künstler positive Inhalte in nationaler Formensprache. In Malerei und Skulptur beherrschten muskelstrotzende, kraftvoll zupackende Arbeiter das Bild, in der Architektur nahm man Anleihen bei der Renaissance, Polens ›goldener Epoche‹. Nach dem politischen Tauwetter 1956 regte sich Widerstand gegen den verordneten Fortschrittskult, entsprach er doch keineswegs dem Lebensgefühl der Bevölkerung. Im Bereich der Grafik profilierte sich erstmals eine **›polnische Schule‹,** die Plakatkunst erregte international Aufsehen. Jan Lenica überraschte mit großflächig-bunten Kompositionen, in denen er existenzielle Unsicherheit ausdrückte, als ›polnischer Dalí‹ schuf Franciszek Starowiejeski surreal-albtraumhafte Tableaus.

Die Künstler des 21. Jh. präsentieren sich als Europäer, weniger als Polen: Während sich ihre Werke bruchlos in den Berliner oder Baseler Kunstmarkt integrieren lassen, erregen sie im Herkunftsland oft großen Anstoß. Ironische Darstellungen von Päpsten, Heiligen und Nationalhelden sind tabu …

Achtung, Dreizack! Der Neptunbrunnen vor dem Rathaus in Danzig

Wissenswertes für die Reise

Anreise und Verkehr
Übernachten
Essen und Trinken
Outdoor
Feste und Veranstaltungen
Reiseinfos von A bis Z

Einfach überragend – die Danziger Marienkirche

Straßenmusiker im Ostseebad Sopot

Große Stille in Masuren

Anreise und Verkehr

Einreise- und Zollbestimmungen

Reisedokumente

Bürger Deutschlands und Österreichs benötigen für die Einreise einen Personalausweis. Für Schweizer ist ein noch mindestens sechs Monate gültiger Reisepass erforderlich. Kinder benötigen einen eigenen Personalausweis bzw. Reisepass, ab einem Alter von zehn Jahren muss er vom Kind unterschrieben sein. Der elektronische Pass mit integriertem Computerchip ist ab einem Alter von zwölf Jahren vorgeschrieben (www.auswaertiges-amt.de).

Haustiere benötigen beim Grenzübertritt einen vom Tierarzt ausgestellten EU-Heimtierausweis. Er enthält alle wichtigen Angaben über das Tier, so auch die Bescheinigung einer Tollwutimpfung – diese muss mindestens 21 Tage vor der Einreise erfolgt sein, darf aber nur so weit zurückliegen, wie es der Impfstoffhersteller für zulässig erklärt. Hund und Katze müssen mit einem elektronischen Transponder gekennzeichnet sein.

Ein- und Ausfuhr von Waren

Gemäß den EU-Bestimmungen ist die Ein- und Ausfuhr von Waren für den Privatgebrauch uneingeschränkt möglich. Als zulässige Höchstmengen gelten: 800 Zigaretten oder 200 Zigarren oder 1 kg Tabak, 10 l Spirituosen, 90 l Wein und 110 l Bier sowie 10 kg Kaffee (www.zoll.de). Im Reservekanister dürfen sich nicht mehr als 20 l Kraftstoff befinden. Wer mehr als 10 000 € mit sich führt, hat dies bei der Ein- und Ausreise zu deklarieren. Bücher, Kunstwerke und Antiquitäten, die vor dem 9. Mai 1945 hergestellt wurden, dürfen aus Polen nur exportiert werden, wenn eine Genehmigung des zuständigen Kultusministeriums vorliegt. Auskunft über die Zollvorschriften für Schweizer Touristen erteilt die polnische Botschaft in der Schweiz.

Anreise

... mit dem Auto

Von Deutschland, Tschechien und der Slowakei aus stehen viele Grenzübergänge zur Wahl. Die meisten Grenzstationen sind rund um die Uhr besetzt, Geldwechsel ist möglich. Für Küstenurlauber empfiehlt sich der Übergang von Pomellen/Kołbaskowo, den man von Berlin auf der A 11 erreicht. Oder Sie fahren von Ahlbeck auf dem deutschen Teil von Usedom über die Bundesstraße 110 nach Świnoujście. Schnell nach Masuren kommt man auf der (mautpflichtigen) A 2 von Berlin via Poznań (Posen) und Warszawa (Warschau). Starker Lkw-Verkehr herrscht an den Übergängen bei Frankfurt/Oder, Forst und Görlitz. Zu längeren Wartezeiten kann es am Ferienanfang und an Wochenenden kommen, aber auch an hohen kirchlichen Feiertagen.

Autofahrer brauchen bei der Einreise den nationalen Führerschein und die Zulassungsbescheinigung Teil I (bzw. Fahrzeugschein). Ebenfalls erforderlich sind Warndreieck, Verbandskasten und Nationalitätenkennzeichen. Ist man mit einem geliehenen Auto unterwegs, muss man die amtlich beglaubigte Vollmacht des Fahrzeughalters vorweisen können – sonst geht die Polizei davon aus, dass der Wagen gestohlen ist.

In Polen gibt es staatlich und privat betriebene Autobahnen. Die staatlichen sind seit 1. Juni 2023 für Pkws unter 3,5 t mautfrei. Mautpflichtig bleiben schwerere Fahrzeuge (s. https://etoll.gov.pl). Bei privaten Autobahnen wird entweder elektronisch über die App AmberGO gezahlt oder an Mautstationen mit Kreditkarte bzw. Bargeld. Euro-Scheine werden akzeptiert, das Restgeld in Złoty ausgezahlt. Für Polens Autobahnnetz: https://etoll.gov.pl/de/routenrechner/strassennetz, weitergehende Infos unter www.adac.de/reise-freizeit/maut-vignette/polen.

... mit dem Bus

Hilfreich bei der Planung ist die Fernbus-Suchmaschine (www.busliniensuche.de). Das Vergleichsportal erlaubt es, die Angebote in Preis und Komfort zu vergleichen. Das größte Netz unterhält das Unternehmen Flixbus, das 2019 seinen stärksten Konkurrenten Eurolines aufgekauft hat und sein Angebot ständig erweitert (München, Tel. 030/300 13 73 00, www.flixbus.de). Mehrere Städte werden angefahren, u. a. Poznań (Posen), Warszawa (Warschau) und Gdańsk (Danzig). Man reist im komfortablen Fernreisebus mit WLAN, Steckdosen für Smartphones und Laptops und einer Toilette. Kinder unter 16 Jahren erhalten Tickets zu vergünstigten Preisen.

... mit dem Zug

Zwischen allen größeren Städten Österreichs, der Schweiz und Polens verkehren täglich internationale Fernschnellzüge. Direktverbindungen gibt es von Berlin und Wien nach Warszawa (Warschau), dort hat man Anschluss z. B. nach Gdańsk (Danzig), Toruń (Thorn) und Olsztyn (Allenstein). Infos zu aktuell gültigen Spartarifen (z. B. Sparpreis Europa) bekommt man in Reisezentren der Deutschen Bahn, in Reisebüros mit DB-Lizenz, beim telefonischen ReiseService, Tel. 11861, und im Internet unter www.bahn.de. Im grenznahen Verkehr fährt die Usedomer Bäderbahn (UBB), eine Tochter der Deutschen Bahn, von Stralsund über Zinnowitz und Ahlbeck zum polnischen Świnoujście.

... mit dem Fahrrad

Vor Reisebeginn erwirbt man am Bahnschalter des Abfahrtsortes eine internationale Fahrradkarte, mit der man in allen dafür zugelassenen Zügen die Grenze passieren und bis zum polnischen Zielbahnhof reisen kann. Für zusätzliche Fahrten innerhalb Polens kauft man am Bahnschalter Fahrradtickets, für die etwa 50 % des Erwachsenenfahrpreises zu zahlen sind. Die Mitnahme des Rades ist nur in den Zügen mit Gepäckwagen möglich (im Fahrplan mit Gepäck- oder auch Fahrradsymbol gekennzeichnet). Das Fahrradticket wird am Drahtesel befestigt und dieser am Gepäckwagen abgegeben. Der Schaffner durchtrennt das Ticket und bestätigt die Übernahme des Fahrrads. Nach Ankunft am Bestimmungsbahnhof holt sich der Fahrgast sein Rad aus dem Gepäckwagen.

... mit dem Schiff

In Zinnowitz im Norden Usedoms legen Personenfähren nach Świnoujście ab, die Zwischenstopps in Koserow, Bansin, Heringsdorf und Ahlbeck einlegen. Auch im Stettiner Haff sind deutsche und polnische Orte gut vernetzt (Informationen finden Sie im Internet unter www.adlerschiffe.de und www.reederei-peters.de).

... mit dem Flugzeug

Die Flughäfen Danzig, Posen und Warschau werden von Deutschland, Österreich und der Schweiz regelmäßig angeflogen. Wer den Westen der polnischen Ostseeküste ansteuern will, kann auch nach Stettin (www.airport.com.pl/de) und nach Heringsdorf auf Usedom (www.flughafen-heringsdorf.de) fliegen. Linienflieger wie LOT, Lufthansa und Austrian Airlines haben von Billigfliegern wie RyanAir und Wizzair starke Konkurrenz bekommen.

Seit 2016 gibt es einen internationalen Flughafen in Masuren, der auch von Dortmund angeflogen wird (http://mazuryairport.pl/en). Er befindet sich in Szymany, 10 km südlich von Szczytno (s. S. 266), und bietet Bahnanschluss ins 53 km entfernte Olsztyn sowie Bustransfers zu den Ferienorten.

MASUREN-SHUTTLE

Der Veranstalter DNV bietet von Mitte Mai bis Ende August einen Bus-Transfer (inkl. Rad) vom Warschauer Flughafen via Zentralbahnhof nach Mikołajki/Masuren. Hin- und Rückfahrt sind am Samstag (www.dnv-tours.de).

Verkehrsmittel im Land

Auto

Der Zustand der Hauptverkehrsstraßen hat sich deutlich gebessert, doch auf Nebenstrecken ist weiterhin Vorsicht geboten: Da gibt es Fahrräder, Pferdefuhrwerke und landwirtschaftliche Fahrzeuge mit unzureichender Beleuchtung, häufig auch tiefe Rinnen, Schlaglöcher und holprige Bahnübergänge. Hier kommt man deutlich langsamer voran (s. auch »Anreise«).

Wer vor Ort ein **Auto mieten** will, findet internationale Anbieter (Avis, Budget, Europcar, Hertz und Sunny Cars) an allen Flughäfen sowie in den größeren Städten. Es empfiehlt sich, das Auto vor der Reise online oder über ein Reisebüro zu buchen – der Mietpreis fällt dann niedriger aus. Ein günstiger polnischer Anbieter mit vorbildlichem Service und Filialen in vielen Städten ist **Express Rent A Car** (Tel. 123 000 300, www.express.pl).

Tankstellen sind zahlreich, die Versorgung mit bleifreiem Benzin (durchgestrichenes ›Pb‹) und Dieselkraftstoff (ON) ist flächendeckend sichergestellt. Im Sommer sind die Tankstellen meist von 6 bis 22 Uhr, an Sonn- und Feiertagen von 7 bis 17 Uhr geöffnet. An Kreuzungen von Fernstraßen sowie an internationalen Routen bleiben Tankstellen durchgehend geöffnet.

Bewachte Hotel- oder Stadtparkplätze *(parking strzeżony)* kosten für 24 Std. 7–15 €.

Verkehrsregeln

Bei der Fahrt auf Polens Straßen sind folgende Verkehrsregeln zu beachten:

Als **Tempolimits** gelten innerorts 50 km/h (nachts 60 km/h), auf Landstraßen mit einer Fahrbahn 90 km/h, mit zwei Fahrbahnen 100 km/h, auf Schnellstraßen mit einer Fahrbahn 100 km/h, mit zwei Fahrbahnen 110 km/h und auf Autobahnen 130 km/h; Pkw mit Anhänger dürfen auch auf breiten Landstraßen nicht schneller als 70 km/h, auf Autobahnen 80 km/h fahren.

Auf allen Sitzen besteht **Gurtpflicht,** Kinder bis zwölf Jahre benötigen einen Kindersitz.

Auto- und Motorradfahrer müssen ganzjährig mit Abblendlicht fahren, Parken ist bei Dunkelheit nur mit Standlicht gestattet. Das Halten ist innerhalb von 100 m vor und nach einem Bahnübergang untersagt. Im Bereich von Kreuzungen ist das Überholen verboten, Straßenbahnen haben Vorfahrt. Das Telefonieren ist nur mit Freisprechanlage erlaubt. Warndreieck, Verbandskasten und Ersatzbirnenbox sind mitzuführen.

Die **Promillegrenze** beträgt 0,2, bei Überschreitung droht der Entzug des Führerscheins und das Fahrzeug kann sichergestellt werden. Polizisten dürfen das Strafgeld nicht bar kassieren, sondern müssen eine Rechnung ausstellen.

Den **Pannenhilfsdienst** erreicht man unter Tel. 981, den **Unfallrettungsdienst** unter Tel. 999. Bei Unfällen ist die örtliche Polizei zu verständigen (Tel. 997).

Notrufnummern der Automobilklubs:

ADAC (Polen): www.adac.de, Tel. 0048 618 31 98 88

ÖAMTC: www.oeamtc.at, Tel. 0043 12 51 20 00

TCS: www.tcs.ch, Tel. 0041 588 27 22 20

Taxi

Die offiziellen Taxis sind in Polen noch immer relativ preiswert. Man kann sie telefonisch bestellen (z. B. Radio-Taxi 919) und zahlt dafür keine zusätzliche Gebühr. Vorsicht ist an Flughäfen und an den Bahnhöfen größerer Städte geboten. Achten Sie darauf, dass das Taxameter eingeschaltet wird.

Zug

Nordpolen verfügt über kein sehr dichtes Streckennetz. Nur an wenigen Orten stoßen Züge zur Ostseeküste vor, rar sind die Verbindungen in Masuren. Abfahrtstafeln *(odjazdy)* sind gelb, Ankunftstafeln *(przyjazdy)* weiß gekennzeichnet. Am Wochenende oder in der Hauptferienzeit ist eine Platzreservierung *(miejscówka)* unbedingt zu empfehlen; in Zügen, die auf dem Fahrplan mit einem ›R‹ gekennzeichnet sind, ist diese obligatorisch. Verspäteter Kartenkauf beim Schaffner im Zug hat einen Preisaufschlag zur Folge. Zwischen großen Städten bestehen

Der Stadtverkehr ist in Polen bestens ausgebaut – wie hier in Warschau

schnelle Euro- und Intercity-Verbindungen (z. B. Frankfurt/Oder–Warschau, Warschau–Danzig und Danzig–Kolberg, www.intercity.pl). Auch auf Regionallinien werden zunehmend moderne Züge eingesetzt. Wer viel Zug fahren will, kauft das günstige Wochenendticket *(bilet turystyczne)* für Regionalzüge bzw. das teurere Weekend-IC-Ticket für Schnellzüge *(bilet weekendowe)*. Weitere Infos zu Zugverbindungen s. Kasten rechts.

Bus

Innerhalb Polens gibt es ein weit verzweigtes Netz des Staatlichen Autobusverkehrs (PKS) sowie der privaten Konkurrenz von Polski Express und anderen Anbietern (schneller und bequemer!). Fahrkarten kauft man meist im Busbahnhof, in einigen Orten auch in Reisebüros (bzw. im Internet). Kinder bis zum vierten Lebensjahr ohne eigenen Sitzplatz reisen gratis, Kinder von vier bis sieben Jahren erhalten 50 % Ermäßigung.

BUS & BAHN SCHNELL GEFUNDEN

Über www.e-podroznik.pl finden Sie alle Bus- und Zugverbindungen innerhalb Polens. Für Züge gilt zusätzlich www.rozklad-pkp.pl (beide auch auf Deutsch). Beachten Sie bitte, dass die Orte stets in polnischer Schreibweise, aber ohne Sonderzeichen einzugeben sind.

Übernachten

Zur Wahl stehen restaurierte Schlösser und Gutshöfe, Hotels und Pensionen, Zeltplätze und ›Ferien auf dem Bauernhof‹. Auf dem Land sieht man oft das Schild *Pokoje wolne* (freie Zimmer), mit deren Vermietung sich Bauern ein Zubrot verdienen. Übrigens ist Polen Weltspitze in Sachen Gratis-WLAN: 98 % aller Hotels bieten es an!

Hotels und Pensionen

Wie international üblich, werden die Hotels mit einem bis fünf Sternen bewertet – je mehr Sterne, desto höher der Komfort. Oft sind die Hotels in historischen Bürgerhäusern, Palästen und Schlössern untergebracht, die sich durch ein romantisches Ambiente auszeichnen. Man findet sie z. B. in Międzyzdroje, Rewal und Krąg, Strzekęcino (bei Koszalin) und Danzig (Oliwa), in Masuren bei Morąg und Ostróda, in Sorkwity, Lidzbark Warmiński, Galiny, Reszel, Ryn, Nakomiady (bei Kętrzyn), Giżycko und in Warschau. Viele Hotels bieten Spas mit Indoor-Pool, Saunen und Wellnessbehandlungen an. Pensionen sind quer über das Land verstreut, Gästehäuser, oft hervorgegangen aus ehemaligen Ausflugsheimen, findet man in Kur- und traditionellen Ferienorten.

Privatzimmer

Privatzimmer werden durch ein Schild mit der Aufschrift *Pokoje* oder *Noclegi* angezeigt.

Urlaub auf dem Bauernhof

Auch in Nordpolen gibt es ›agrotouristische‹ Bauernhöfe, insbesondere in der Kaschubei, in Masuren und Podlachien. Sie sind unschlagbar günstig, neben Unterkünften in einfachen, sauberen Zimmern wird oft Halb- oder Vollpension geboten. Da bekommt man brutwarme Eier, Honig vom eigenen Bienenstock, selbst geschöpften Käse und Quark. Eine Infobroschüre verschickt das polnische Fremdenverkehrsamt (s. S. 80), Informationen auch im Internet unter www.agroturystyka.pl (auch auf Deutsch).

Hostels und Jugendherbergen

In vielen Städten entstanden private Hostels. Meist bieten sie sowohl Mehrbett- als auch Doppelzimmer, Küche und einen Aufenthaltsraum mit WLAN. Infos in der Touristeninformation vor Ort oder online www.hostelworld.com. Dazu gibt es in Polen mehr als 200 Jugendherbergen (Polnischer Jugendherbergsverband = PTSM), doch Doppelzimmer haben nur solche in großen Städten. Infos: www.ptsm.org.pl.

Camping

Campen ist nur auf dafür vorgesehenen Zelt- und Biwakplätzen gestattet. In diesem Buch sind vorwiegend Campingplätze der Kategorie I aufgeführt, die auch vom ADAC empfohlen werden. Sie sind für Wohnwagen geeignet, verfügen meist über Imbissstuben und sanitäre Einrichtungen. Die Campingsaison dauert in der Regel vom 15. Mai bis zum 30. September. Auf der Website www.eurocampings.de/polen findet man gute Plätze, weitere Tipps auf www.campingpolska.com und www.pfcc.eu.

Preiskategorien

€ = bis 70 €
€€ = 70 bis 120 €
€€€ = über 120 €

Preise für ein Doppelzimmer mit Frühstück.

Campen ganz nah am Wasser geht auf der Halbinsel Hel

Seltene Gäste im Schlosshotel Pałac Nakomiady in Gmina bei Kętrzyn (s. Tipp S. 264)

Essen und Trinken

»Iss, trink und löse den Gürtel«: Längst ist die einstige Lebensmaxime des Adels in den polnischen Alltag eingegangen. Es gilt, sich viel Zeit zum Essen zu nehmen und an Köstlichkeiten nicht zu sparen. Und das geschieht nicht allein im Kreis der Familie, sondern auch in der Öffentlichkeit.

Spezialitäten der polnischen Küche

Die Restaurantszene der großen Städte ist mittlerweile international und reich gefächert, neben ihr hat sich die polnische Küche erstaunlich gut behauptet. Sie ist herzhaft und deftig, schwelgt in Soßen und Sahnehäubchen – wahre Kalorienbomben, bei denen man rasch Fettpölsterchen ansetzt. Sie hat jüdische und deutsche, litauische, ukrainische und russische Einflüsse aufgenommen und ist damit ein getreues Abbild der ehemaligen ethnischen Vielfalt des Landes.

Suppen

Suppen rangieren in der Beliebtheitsskala an oberster Stelle. Da gibt es milde und scharfe, klare und mehlige, säuerliche und süße, Suppen aus Rüben, Nüssen, Kräutern und vielen anderen exotischen Zutaten. Am berühmtesten ist der **Borschtsch** *(barszcz)*, dessen Zubereitung viel Zeit in Anspruch nimmt: Stundenlang muss die klein gehackte Rote Bete im Kochtopf schmoren, bevor sie gar ist. Nur die klare, tiefrote Bouillon wird weiter verwendet: Leicht angesäuert und mit Knoblauch gewürzt, wird sie mit knuspriger Fleischkrokette *(z krokotkiem)* serviert, manchmal auch mit ›Öhrchen‹, winzigen, pikant gefüllten Teigtaschen *(z uszkami)*. Im Sommer erhält sie durch die Beigabe von Rübenblättern einen grünen Schimmer *(botwinka)* oder kommt mit viel Sauermilch als Kaltschale auf den Tisch *(chłodnik)*. Als ›weißen Borschtsch‹ bezeichnet man eine leckere, leicht süßliche Suppe aus angesäuertem Roggenmehl und Sahne, auf deren Grund ein verlorenes Ei oder eine gekochte Wurst schwimmt (*żurek*, auch *białybarszcz*). In manchen Restaurants wird sie nicht in einem Teller, sondern in einem ausgehöhlten Brotlaib serviert. Die Flüssigkeit sickert in den weichen Teig, der anschließend mit dem Löffel ausgekratzt wird – köstlich! Von den Kaschuben beeinflusst ist die **Kräutersuppe** mit Steckrüben und gedünstetem Kohl, feiner und pikanter ist die **Danziger Suppe** mit klein gehackten Gurken, Kapern und Oliven. Wer im Herbst nach Polen kommt, sollte sich *zupa grzybowa* nicht entgehen lassen. Die cremige **Pilzsuppe** gilt bei Kennern als beste der Welt. 31 verschiedene Pilzsorten wurden in Polen registriert, die edelsten sind Pfifferling, Morchel und Steinpilz – zugleich reich an Eiweiß, Proteinen und Mineralstoffen.

Bigos

Eine Handvoll Trockenpilze verleiht dem Nationalgericht *bigos* seine würzige Note. Obwohl es sich im strengen Sinne um keine Suppe handelt, taucht das Gericht auf polnischen Speisekarten oft in dieser Kategorie auf. Es handelt sich hierbei um ein altpolnisches Jägermahl aus gedünstetem Sauerkraut, Speck und Zwiebeln. Es wird mit Lorbeer und Kümmel gewürzt, durch die Beigabe von Paprika rot eingefärbt. Zu festlichen Gelegenheiten fügt man Wildfleisch und Backpflaumen hinzu und verfeinert das Ganze mit Madeira- oder Portwein. *Bigos* wird im Holzfass oder im Tonkrug aufbewahrt, je öfter man es aufwärmt, desto besser entfaltet es seinen Geschmack.

Salate

Salate wurden von Bona Sforza, der Mailänder Gattin König Zygmunts I., populär gemacht. Sie führte Tomaten, Gurken und frische Kräuter aus Italien ein und schuf die klassische Beilage *surówka*. Liest man *mizeria* auf der Speisekarte, so handelt es sich nicht um ein Hungermahl, sondern um hauchdünn geschnittene, in Joghurt

Rote-Bete-Suppe als Kaltschale – Chłodnik – ist herrlich erfrischend im Sommer

eingelegte Gurkenscheiben. Wer Saures mag, greift zu *ogórki kiszone*: pikant marinierte Gurken, abgeschmeckt mit Dill oder Birkenblatt.

Fleisch und Fisch

Ein Hauptgericht ohne **Fleisch** gilt den meisten Polen als Verstoß gegen die Esskultur. Da gibt es beispielsweise Schweineschnitzel in Jägersoße mit Honig und Rosinen *(sos myśliwski)* oder pikant gefüllte Rinderrouladen *(rolada wołowa)*. Aus der Zeit, da der Adel in den Wäldern auf Jagd ging, erhielt sich die Tradition, Reh und Hirsch, Fasan und Wildschwein zu servieren. Enten- oder Hasenbraten wird süßsauer gebeizt und mit geschmorten Äpfeln gefüllt. Die Danziger Ente weist freilich eine Besonderheit auf: Sie wird nach traditioneller Art mit Apfelsinenscheiben, Gemüse und einem Schuss Orangenlikör aufgetischt. Dieser Brauch geht auf das 17. Jh. zurück, als die in Danzig eingeführten exotischen Früchte zur Veredelung der Gerichte verwendet wurden.

Eine gute Alternative zu Fleisch ist **Fisch**. Man kann ihn »in Weißwein dünsten, mit Kapern abschmecken, in Gelee einschließen, köstlich mit Soßen verfremden, (...) brässieren, glacieren, pochieren, nappieren, filetieren, mit Trüffeln adeln, mit Cognac vergeistigen« – so Günter Grass über den Butt, dem er einen 700-seitigen Roman widmete. Zu den Spezialitäten der Region gehören gegrillter Lachs und geräucherter Aal, Zander in Dill- und Karpfen in Braunbiersoße. Die Kaschuben sorgten dafür, dass die Polen zu den größten Heringsvertilgern Europas gehören. Sie essen ihn mit Zwiebeln, Pellkartoffeln, Gemüsesoße und auf ›Danziger Art‹, wobei der gesalzene Fisch über Nacht gewässert, gehäutet und in Milch eingeweicht wird. Der Clou aber ist die Soße: Herber Weißwein wird aufgekocht, dann tropfenweise mit Eigelb und Gewürzen vermischt und zuletzt mit geraspeltem Apfel angereichert. Als ›Bismarck-Hering‹ wird der Fisch nach Deutschland exportiert, wobei er mit einem Gurkenstück zum Rollmops aufgerollt und mit Zwiebeln, Nelken und Dill gewürzt wird. Der Reichskanzler, dessen Namen er trägt, war offenbar ein Fan dieses Fischs: »Wenn Heringe so teuer wären wie Kaviar«, meinte er, »würden ihn die Menschen viel mehr schätzen.« Angeblich ließ sich Bismarck von einem gewieften Geschäftsmann 1871 ein Fässchen schenken, im Gegenzug durfte dieser den Fisch unter dem Namen Bismarck-Hering vermarkten. Originell schmeckt auch Fisch auf masurische Art: Dorsch- und Rotbarschfilets, die mit einer süßsauren Soße aus Rosinen, Apfel und Sahne überbacken werden.

Desserts

Als Nachtisch ist Süßes angesagt: Mürbekuchen mit Waldbeerkonfitüre, Käse-, Mohn- und Baumkuchen sowie mit Quark gefüllte Krapfen *(kugle)*. Wer Leichtes bevorzugt, wählt Kirschen- und Pflaumenkompott, im Frühsommer vielleicht auch eine Schale frischer Blaubeeren *(jagody)*, Himbeeren *(maliny)* oder Wilderdbeeren *(poziomki)* – auf Wunsch mit Schlagsahne.

Preiskategorien

€ =	bis 15 €
€€ =	15 bis 25 €
€€€ =	über 25 €

Die Preise gelten für ein Hauptgericht mit Vor- oder Nachspeise plus Getränk.

Essenszeiten

Die Polen mögen es herzhaft: Schon zum Frühstück *(śniadanie)* greifen sie zu Wurst und Schinken, Käse und Ei, trinken dazu Tee oder Kaffee. Derart gesättigt halten sie durch bis zum Mittagessen *(obiad)*, der wichtigsten Mahlzeit des Tages, die zwischen 12 und 17 Uhr eingenommen wird. In der Regel kommen drei Gänge auf den Tisch, beliebt sind als Vorspeise Suppe und als Nachspeise Kompott. Beim Abendessen *(kolacja)* gibt es mehr Spielraum: Manche Polen wählen gut gewürzten *bigos* oder Beefsteak-Tatar mit rohem Ei, andere begnügen sich mit einer belegten Scheibe Brot. Das Abendessen beginnt frühestens um 18 Uhr, in manchen Familien wird es um 20 Uhr oder später eingenommen. Zu jeder Mahlzeit wünscht man sich »Guten Appetit« *(smacznego!)*, beim Anstoßen heißt es »Auf die Gesundheit« *(na zdrowie)*.

Gastro-Szene

In den großen Städten gibt es Küchen aus aller Welt, außerdem Bistros, Snack- und Salatbars, Fast-Food-Lokale von Burger King bis zum Food Truck. Vegetarische und vegane Lokale sind auch hier auf dem Vormarsch (s. www.happycow.net). Aus sozialistischer Zeit hat sich hier und da noch die Milchbar *(bar mleczny)* erhalten, die – anders als der Name vermuten lässt – polnische Hausmannskost bietet, und dies zu sehr günstigem Preis. Hierhin kommen viele Stammgäste.

Restaurants haben meist durchgehend von 11 bis 22 Uhr (Cafés ab 9 Uhr) geöffnet, Ruhetage sind selten. Beim Bezahlen wird (bei guter Bedienung) aufgerundet, allerdings sollte man vermeiden, *dziękuję* zu sagen: Das »Danke!« könnte den Kellner zu der Annahme verleiten, der Gast lege keinen Wert darauf, sein Restgeld zu bekommen. Unmissverständlich ist dagegen *proszę* (»bitte sehr!«) und ein geöffnet gehaltenes Portemonnaie.

Getränke

Zu fast allen Mahlzeiten trinkt man einheimisches **Bier** *(piwo)*. Seit dem Mittelalter wird es in Polen hergestellt, bekanntlich hat schon der Danziger Astronom Hevelius sein Geld als Brauer verdient und dunkles Jopenbier nach England exportiert. Fast war das Jopenbier vergessen – doch seit 2018 stellt es die Danziger

Brauerei Browar PG4 wieder her. Es schmeckt nach Port- und Madeira-Wein, weshalb es gern als Aperitif oder Digestif genossen wird (s. Tipp S. 190) Selbst **Wein** wird in Polen gekeltert (z. B. bei Stettin), doch konsumiert wird vor allem importierter Rebensaft aus aller Welt.

Kaffee rundet auch in Polen die Mahlzeit ab. Als Spezialität für zwischendurch gilt *kawa po staropolsku*, Kaffee auf altpolnische Art mit Brandy, Zimt und Sahne.

Wer es hochprozentig mag, greift zu **Wodka**, dem klassenübergreifenden Nationalgetränk. Man trinkt ihn als Digestif, aber auch, um sich in bessere Laune zu bringen oder um auf eine neue Freundschaft anzustoßen. Er wird möglichst in einem Zug heruntergeschlürft; Profis kippen sich das hochprozentige ›Wässerchen‹ (so die Übersetzung des polnischen Wortes) in den weit geöffneten Mund, ohne den Gaumen zu berühren – dann wirkt es besonders berauschend.

Dutzende von Wodka-Sorten stehen zur Wahl – kaum zu glauben, wie viele Nuancen aus Getreide bzw. Kartoffeln, Hefe und Quellwasser, seinen wichtigsten Ingredienzien, gezaubert werden. Die Palette reicht vom milden Nobel-Wässerchen ›Luksusowa‹ über kristallklaren, leicht süßlichen ›Chopin‹ bis zum ›Lajkonik‹, einem aus Kartoffeln destillierten Schnaps, der seinen Namen einem Tatarentöter aus dem 13. Jh. verdankt. Auch ein nostalgisches ›Schwarzmarkt‹-Produkt *(siwucha)* ist erhältlich, das in einer Retro-Flasche mit Packpapier-Etikett verkauft wird. Danzig lässt es sich nicht nehmen, der Vielzahl bestehender Wodka-Sorten ein paar weitere hinzuzufügen. So bietet die Firma Polmos Starogard die hochprozentigen ›Dwór Artusa‹ (Artushof) und ›Gdańska‹ (Danziger) an – beide in dekorativen, souvenirtauglichen Flaschen. Gleichfalls aus Nordpolen stammt der ›Żubrówka‹, auf dessen Etikett ein zotteliger Wisent prangt (*żóbr* = Wisent). Seine blassgrüne Farbe rührt von dem in der Flasche schwimmenden Büffelgras her, dem Lieblingsgericht von Europas größtem Säugetier.

GOLDWASSER

»Kommst du nach Danzig, verschmähe das Goldwasser nicht!« Der klare Likör, auf dessen Grund Flitter von 22-karätigem Rauchgold schwimmen, bildet den krönenden Abschluss jedes Mahls. Mancher mag gesundheitliche Bedenken haben oder sich sagen »Schade um das schöne Gold« – doch den reichen Bürgern der Kaufmannsstadt waren solche Bedenken fremd, die Geste der Verschwendung gehörte für sie zum Alltag.
Dies war schon 1598 so, als der aus Flandern eingewanderte Ambrosius Vermoellen das besagte ›Wässerchen‹ kreierte. Er wählte kostbare Spezereien, wie es sie nur in einer Handelsstadt wie Danzig gab: Macis und Pomeranzenschalen, Kardamom, Koriander und Wacholderbeeren, dazu einen weichen Anisschnaps. Dem beigemixten Gold sprach er magische Wirkung zu: Seine geheimen Kräfte, rühmte er, übertrügen sich beim Trinken auf den Menschen. Der Siegeszug des Goldwassers setzte freilich erst über hundert Jahre später ein: Von 1708 bis 1945 wurde er im Danziger Haus **›Zum Lachs‹** (ul. Szeroka 54) hergestellt, wo man auch den begehrten Kirschlikör ›Krambambuli‹ und den mit getrockneten Pflaumen angereicherten Wacholderschnaps ›Machandel‹ herstellte. Auch nach der Schließung des Hauses ›Zum Lachs‹ werden die nach einem Geheimrezept hergestellten Liköre weiterhin hergestellt, z. B. vom Restaurant Kamienica Goldwasser (s. S. 191).

Wem das alles nicht ›koscher‹ erscheint, der mag zu einer der traditionell jüdischen Marken greifen. Das Etikett von ›Jankiel‹ zeigt einen orthodoxen Juden, ›Fiddler‹ erinnert dagegen mit der Darstellung eines Klezmer-Musikanten an den Broadway-Erfolg »The Fiddler on the Roof«.

Outdoor

Wassersportler, Radler und Wanderer: Sie alle kommen in Nordpolen auf ihre Kosten. Die Ostseeküste säumen endlose Sandstrände, in den Nationalparks laden markierte Rad- und Wanderwege zu Ausflügen ein. Heimat vieler seltener Vögel sind die Sümpfe und Seen im Nordosten, im Białowieski-Park kann man Wisente und Tarpanpferde aus nächster Nähe betrachten.

Angeln

Polen ist ein Dorado für Angler; über 20 Fischarten können von Petrijüngern gefangen werden. In den Gewässern der pommerschen und masurischen Seenplatte kommen Hecht, Zander, Wels und Aal vor, an der Ostsee vor allem Seelachs, Makrele und Heilbutt; die Dorsch-Bestände haben sich in den vergangenen Jahren gleichfalls erholt. In vielen Hotels erhält man Angellizenzen, Infos beim Anglerverband: **Polski Związek Wędkarski PZW,** ul. Twarda 42, Warszawa, Tel. 22 620 89 66, www.pzw.org.pl.

Baden

Weicher weißer Sand, kilometerlang und streckenweise von Kiefernwäldern gesäumt: So präsentieren sich die Strände der Ostsee. Die Wasserqualität hat sich in den vergangenen Jahren erheblich verbessert. Dank neuer Klärwerke steigen Urlauber selbst in der Danziger Bucht wieder in die Fluten. Die Badesaison dauert von Mitte Juni bis September, wenn sich das Wasser auf 20 °C erwärmt. Rettungsschwimmer halten Wache und hissen die Strandflagge: Bei Grün herrscht keinerlei Gefahr, bei Gelb ist Vorsicht angesagt, und bei Rot ist Baden verboten. Die schönsten Strände finden Sie auf den Inseln Usedom und Wollin, zwischen Rewal und Kołobrzeg, in Ustka und dem Slowinzischen Nationalpark, auf der Halbinsel Hel, zwischen Gdynia und Sopot sowie auf der Frischen Nehrung. In allen größeren Seebädern kann man in der Saison Tretboote leihen oder auf Banana Boats, Wasser- und Jetskiern die Fluten durchpflügen. Für Kinder werden Riesenrutschen aufgestellt, Eltern halten Siesta im Strandkorb. ›Oben ohne‹ ist im streng katholischen Polen verpönt, FKK-Strände existieren nur bei Świnoujście und Międzyzdroje, Dźwirzyno, Kołobrzeg und Rowy, Chałupy und Krynica Morska. Herrlich baden kann man natürlich auch in den Seen der Kaschubei und Masurens, von denen die meisten sauber sind. Und ist das Wetter einmal schlecht, kann man auf Wellnessangebote zurückgreifen. Viele Hotels bieten Indoor-Pools mit und ohne Massagedüsen, dazu Feucht- und Trockensaunen (s. S. 89).

Die schönsten Strände

Lange Parade auf der Insel Usedom: Kilometerlang zieht sich weißer, feiner Sandstrand vom deutschen zum polnischen Usedom. Im Seebad **Świnoujście** ist er durch einen niedrigen Dünenwall vom Stadtbereich getrennt.

Am Fuß hoher Klippen auf Wollin: Der im Ortsbereich von **Międzyzdroje** breite Strand wird im Nationalpark schmal, dafür ist er menschenleer und verläuft am Fuß hoher Klippen 11 km bis zum Osten der Insel.

Endlos Richtung Osten: Jenseits der Insel Wollin spannt sich ein breiter Strand viele Kilometer ostwärts – besonders attraktiv ist der Abschnitt **Rewal-Niechorze** mit naturgeschützten Kliffen.

Im klassischen Seebad: Der 6 km lange Paradestrand von **Kołobrzeg** ist weiß und puderweich, ein Parkgürtel trennt ihn von der Stadt. Im Strandkorb möchte man Stunden verbringen ...

Zwischen Meer und Seen: Eine 200 m schmale Landenge trennt den kilometerlangen

Gänsemarsch unter Wolkenbergen – an Łebas extralangem Strand

Sandstrand **Mielno/Unieście** von den Seen Jamno und Bukowo. Bis 1999 war die Küste Sperrgebiet, heute steht sie unter Naturschutz.

Vom Kaiserbad zum Strand für alle: In **Ustka** zieht sich nach Ost und West kilometerlang ein waldgesäumter Strand. Auch hier sorgen niedrige Klippen für Sichtschutz Richtung Stadt.

Sahara-Feeling: Westlich von **Łeba,** zwischen Küste und Strandseen, liegen die majestätischen Dünenberge des Slowinzischen Nationalparks; in östlicher Richtung setzt sich der Strand fort, ist hier aber weniger spektakulär.

An der kaschubischen Küste: Längs des 45 km langen, überwiegend waldgesäumten Küstenabschnitts zwischen **Łeba** und **Władysławowo** wechseln sich Steilufer und Flachland ab; besonders schön ist der Klippenstrand östlich von Jastrzębia Góra.

Nicht nur für Kite-Surfer: Die dünenartigen Strände an der dem offenen Meer zugewandten Seite der **Halbinsel Hel** sind durch Kiefernwald von der Danziger Bucht getrennt. Je weiter Sie sich von den Orten entfernen, desto einsamer sind sie.

Für jeden etwas: Von den Adlerklippen südlich von Gdynia über den Bilderbuchstrand von Sopot zieht sich der Reigen über Danzigs Hausstrände **Brzeźno und Jelitkowo** bis zur Mottlau-Mündung.

Auch FKK ist möglich: Auf der **Frischen Nehrung** reihen sich zum Meer hin weiße, dünenartige Strände aneinander; an der verschilften Haffseite sollten Sie nicht baden, denn die fast geschlossene Bucht ist nicht besonders sauber.

Birdwatching

Der ›polnische Amazonas‹ von Biebrza und Narew bietet Hunderttausenden Vögeln Lebensraum, darunter Schwarzstörchen und Kranichen, Exoten wie Kampfläufer, Wachtelkönig und Seggenrohrsänger. Auf Birdwatching-Exkursionen sind Agenturen in Białystok sowie im Biebrza- und Narew-Nationalpark spezialisiert (s. Ortskapitel). Daneben bieten die Veranstalter Wildbeobachtung, Spuren- und Fährtensuche an. Die von deutschsprachigen Biologen begleiteten Touren führen in den Urwald von Białowieża, in die Augustówer, Rominter und Borkener Heide.

Bootsausflüge

Am Meer, auf Flüssen und Seen werden Schiffstouren angeboten, z. B. ab Świnoujście, Międzyzdroje, Rewal, Ustka und Kołobrzeg. »Wasserstraßenbahnen« *(tramwaj wodny)* werden in Danzig und Warschau eingesetzt. In der Danziger Bucht, auf dem Oberländischen Kanal und den Seen Masurens ist die Weiße Flotte unterwegs (www.zegluga.pl, www.zegluga.com.pl, www.zeglugamazurska.com.pl). Weitere Infos s. Ortskapitel.

Golf

Unmittelbar hinter der deutsch-polnischen Grenze, bei Stettin und auf der Insel Wollin, liegen mehrere 18- bzw. 27-Loch-Courts, die gern von skandinavischen Spielern besucht werden. Weitere Plätze befinden sich bei Danzig und Elbląg, im masurischen Olsztyn und Mikołajki sowie in Warschau (https://polski.golf).

Hausboot fahren

Gibt es eine schönere Art, Polens Norden kennenzulernen? Man benötigt keinen Sportbootschein, um ein Hausboot von bis zu 13 m Länge zu chartern – z. B. auf Wochenbasis für bis zu acht Personen beim Veranstalter MasurenRad.de (https://MasurenRad.de), s. auch S. 318.

Kajak, Kanu und Floß

Einige Wasserstrecken in Polen zählen zu den schönsten Europas. Die rund 100 km lange Krutynia-Route führt über 17 masurische Seen und durch mehrere Naturreservate (s. Aktiv S. 372), die Czarna-Hańcza-Route (ca. 150 km) durch den Wigry-Nationalpark (s. S. 315) und den mit 14 Schleusen ausgestatteten Augostower Kanal (s. S. 319). Beide Touren dauern etwa eine Woche, übernachtet wird in Bootshäusern und Biwak-Camps. Auch Floß und Stocherkahn fahren ist möglich – so auf dem ›polnischen Amazonas‹ (s. Aktiv S. 318) bzw. dem Narew (s. Aktiv S. 332). Infos gibt der Polnische Kajakverband in Warschau (Polski Związek Kajakowy, ul. Erazma Ciolka 17, Tel. 228 37 14 70, https://pzkaj.pl/en/polish-canoe-federation).

Rad fahren

»Immer mehr Biker in Polen«: Oft liest man diese Zeitungsnotiz und der Geschäftsführer vom Allgemeinen Deutschen Fahrrad-Klub kann es bestätigen: »Schon seit Jahren gehört Polen in die Top Ten der bei uns am häufigsten nachgefragten Ziele.« Wer die Hauptstraßen meidet und auf Seitenstraßen ausweicht, kann in Nordpolen herrliche Touren unternehmen. Schweißtreibende Anstiege sind Mangelware – gerade mal auf 328 m bringt es der höchste Berg in der Kaschubei.

In den letzten Jahren wurden zahlreiche Radstrecken markiert: Die transeuropäische **Route R-1** (www.r1-radweginfo.de) führt von Kostrzyn nahe der deutschen bis Braniewo an der russischen Grenze. Der **Ostseeweg R-10** beginnt in Świnoujście und führt über Danzig bis zur russischen Grenze (https://velomapa.pl/szlaki/velo-baltica-eurovelo-10-13-r10). Hinzu kommen Radwege rund um das Stettiner Haff (s. Aktiv S. 114), durch den Wolliner und den Slowinzischen Nationalpark, die Pommersche Seenplatte und die Kaschubei (s. Aktiv S. 202). Ein beliebtes Radlergebiet ist Masuren (s. Aktiv S. 296). Auf den schmalen Alleen herrscht nur wenig Verkehr, am Ziel einer jeden Tagestour warten eine Herberge oder ein agrotouristischer Bauernhof. Wer keinen eigenen Drahtesel dabeihat, kann ihn bei Agenturen vor Ort mieten – es gibt auch viele Hotels und Pensionen, die Räder verleihen. In Masuren gibt es zudem die Möglichkeit, das Radfahren mit einer kleinen Kreuzfahrt zu kombinieren (www.fahrrad-und-reisen.de, s. Tipp S. 293). Reparaturläden sind in Polen nach wie vor rar. Wer allein unterwegs ist, sollte deshalb Flickzeug und Ersatzteile nicht vergessen! Zur Radmitnahme im Zug s. S. 63.

Entdeckung der Langsamkeit in Polens Nordosten. Das urige Hausboot im ›polnischen Amazonas‹ heißt tratwa (Floß)

Über Stock und Stein in der Augustower Heide

Reiten

Der Adel hat es immer geliebt, sich auf edlen Pferden zu präsentieren – kein Wunder also, dass polnische Gestüte noch heute weltberühmt sind. Einige von ihnen haben ihren Sitz in ehemaligen Gutshöfen und restaurierten Schlössern, z. B. im masurischen Gałkowo (S. 289) und Galiny (S. 259). Gut organisierte Reitschulen findet man z. B. in Wilkasy, Ausritte und Kutschfahrten bieten Hotels in Mrągowo und Mikołajki. Attraktive Pauschalangebote in gut geführten Gestüten offeriert der bewährte Veranstalter Pferd und Reiter, Tel. 0049 40 607 66 90, www.pferdreiter.de.

Segeln

Von den Jachthäfen des Stettiner Haffs und der Ostsee (Trzebież, Świnoujście, Kołobrzeg, Łeba und Danzig) starten Segler zu Fahrten auf hoher See. Die meisten zieht es jedoch zu den Großen Masurischen Seen, die durch Kanäle miteinander verbunden sind; eine gute Infrastruktur haben die Wassersportzentren Giżycko, Mikołajki, Ruciane Nida und Augustów. Eine besonders schöne Marina mit Charter-Service besitzt Sztynort am ›masurischen Meer‹. Deutschsprachige Segelkurse werden in Pisz angeboten. Infos gibt es beim polnischen Seglerverband in Warschau: Tel. 22 541 63 63, www.pya.org. pl/polski-zwia zek-zeglarski.

Im Winter laden die zugefrorenen Seen in Masuren zum Eissegeln ein (s. Mikołajki, S. 284).

Sportfliegen

Die besten Bedingungen für den Flugsport bestehen in Olsztyn (Allenstein), wo ein Aeroklub Rundflüge über Masuren anbietet. Der Blick aus der Vogelperspektive auf das Land der 3000 Seen ist aber auch in den Urlaubszentren Giżycko und Mikołajki möglich: Mehrere Hotels organisieren Ballonfahrten.

Tauchen

Die Seen Masurens und Nordostpolens sind reich an Unterwasserwiesen und -wäldern und werden besonders von Anfängern geschätzt. Erfahrenere Taucher steigen zum 44 m tiefen Grund des Mamry-Sees hinab und besichtigen ein überflutetes Dorf oder ergründen Steilwände und Höhlen im 108 m tiefen Czarna-Hańcza-See. Im Mai und September, wenn die See am ruhigsten ist, lässt sich an der Ostseeküste ganz anderes erforschen: z. B. Schiffswracks aus den Kriegen früherer Jahrhunderte. Adressen von Tauchschulen hat der polnische Tauchverband: www.cmas.pl.

Wandern

Der Europäische Fernwanderweg E-9 führt von Świnoujście entlang der polnischen Ostseeküste bis Braniewo an der russischen Grenze. Zu den reizvollsten Abschnitten gehören die Touren durch den Wolliner und den Slowinzischen Nationalpark (s. S. 118 und S. 156), die auf markierten Wegen an steilen Klippen, Wanderdünen und Strandseen entlangführen. Weitere gute Wandergebiete sind die Kaschubei, hier vor allem die ›Schweiz‹ rings um Chmielno und Kartuzy, sowie das ›Tal der fünf Seen‹ in der Pommerschen Seenplatte. Im Masurischen Landschaftspark führen von Krutyń Naturlehrpfade zu jahrhundertealten Königskiefern und schwimmenden Inseln (s. Aktiv S. 282, 290). Gut gewartete Wege findet man auch im Kampinos-Nationalpark bei Warschau sowie im Großpolnischen Nationalpark bei Posen.

Wind-, Kite- und SUP-Surfen

Das Mekka der Surfer ist die Halbinsel Hel, vor allem die Gegend um Chałupy. Viel gesurft wird auch zwischen Międzyzdroje und Dziwnów, bei Rowy und Łeba sowie an der kaschubischen und masurischen Seenplatte. Vielerorts gibt es Verleihstellen.

Feste und Veranstaltungen

Katholische Sinnenfreude

Für die Polen sind die kirchlichen Festtage ein willkommener Anlass, um ausgiebig zu feiern. Da wirft man sich in Schale, trifft Freunde und Familie, und natürlich folgt als krönender Abschluss ein opulentes Mahl.

Zu Ostern, wenn der Schnee schmilzt und sich die ersten Pflanzen regen, wird eines der größten Feste begangen. Am **Palmsonntag** findet eine Prozession statt: Die Teilnehmer schwingen zartgrüne Buchsbaumzweige in Erinnerung an die Palmwedel, mit denen Jesus bei seinem Einzug in Jerusalem begrüßt wurde. Vier Tage später, am **Gründonnerstag,** wird mancherorts noch ein makabrer Brauch gepflegt: Die Bestrafung des Judas steht auf dem Programm. Dann wird ein lebensgroßer Strohmann mit 30 Glasscherben gespickt, die für die Silbertaler stehen, die der Apostel für seinen Verrat an Jesus erhielt. Unterm Beifall der Menge wird er vom Kirchturm gestürzt, anschließend durch die Straßen geschleift und mit Stöcken geschlagen. Tags darauf, am **Karfreitag,** versammeln sich die Gläubigen am Grab des gekreuzigten Jesus und legen Blumen nieder. Zum Fest der Auferstehung am **Ostersonntag** versammelt sich die Gemeinde zum Gottesdienst, es erklingt kraftvolle Chormusik. Kunstvoll bemalte Ostereier werden gesegnet und beim anschließenden opulenten Frühstück verputzt.

In einigen Dörfern der Kaschubischen Schweiz hat sich der Brauch der **Passionsspiele** erhalten. Die Bibel ist das dramaturgische Skript, nach dem wort- und detailgetreu Jesu letzte Tage inszeniert werden. Das Spektakel reicht vom Einzug in Jerusalem über den Judas-Verrat und das Letzte Abendmahl bis zu seiner Kreuzigung auf Golgatha. Die Passionsspiele wurden im Mittelalter eingeführt, um den des Lesens und Schreibens unkundigen Bauern die Bibel nahezubringen; heute sollen sie das Gefühl vermitteln, Zeuge des Leidens Christi zu sein. Heidnischen Ursprungs ist der **Śmigus-Dyngus-Tag,** mit dem Ostern abgeschlossen wird: Alle Mädchen und Frauen, die sich auf der Straße blicken lassen, dürfen an diesem Tag von Männern bespritzt werden. Es heißt, die Wasserorgie symbolisiere das Abstreifen der Sünden, die sich im Lauf des Jahres angehäuft haben. Wie es sich für einen echt polnischen Brauch gehört, ist es nur die Frau, die Schuld auf sich geladen hat und daher ihre Seele reinigen muss.

Zu **Fronleichnam** sind neue Prozessionen angesagt, doch diesmal bedeutend bunter als zu Ostern. Jung und Alt präsentieren sich in Tracht, kiloweise streuen sie aus Körben duftende Blütenblätter auf den Weg. Am prächtigsten ist die Fronleichnamsprozession in Łowicz, wo sich ein wahres Farbfeuerwerk entfaltet: Die Frauen des Ortes tragen grellbunt gestreifte Röcke, mit Pailletten bestickte Samtwesten und schwere rote Ketten.

Steht die erste Hälfte des Jahres im Zeichen des Herrn, so die zweite im Zeichen der Jungfrau. Am 13. August wird **Mariä Entschlafung** zelebriert, besonders inbrünstig in Święta Lipka, wo ihr die schönste Barockkirche Nordpolens geweiht ist. Zwei Tage später treffen aus allen Landesteilen Pilger ein, um Mariä Himmelfahrt beizuwohnen. Weitere wichtige Termine im Wallfahrtskalender sind das ›Fest der Gottesmutter‹ am 1. Januar, ihr Geburtstag am 8. September sowie die Unbefleckte Empfängnis am 8. Dezember.

Krönender Schlusspunkt des Jahres ist **Weihnachten,** das ähnlich wie in Westeuropa gefeiert wird. In der Adventszeit werden in den Kirchen Krippen aufgebaut, in denen rund um die Heilige Familie ein Panoptikum ländlichen Lebens erscheint. Am 6. Dezember beschenkt der hl. Nikolaus, der in Polen Mikołaj heißt, alle vermeintlich braven Kinder, die eigentliche Bescherung findet freilich auch in Polen nicht vor dem Heiligabend statt. Das ganze Jahr über hat sich die Familie auf diesen Tag gefreut: Der große Festschmaus zählt nicht weniger als zwölf Gänge! Klassisches Hauptgericht ist der Karpfen, der meist lebend gekauft wird, um zunächst in der häuslichen Badewanne seine Runden zu drehen. Nachdem man ihn geköpft hat, wird er geschuppt und gereinigt, dann gekocht, gebraten oder gebacken – bei der Zubereitung sind der Fantasie keine Grenzen gesetzt. Vorneweg gibt es gefüllte Kohlrouladen, Pilz- und Rote-Bete-Suppe, nach dem Fisch hausgemachte Nudeln mit süßen Soßen, Kompott und eine Vielzahl kleiner Kuchenstücke. Viele polnische Familien halten die Tradition aufrecht, ein Gedeck zu viel aufzutischen: Der unverhofft anklopfende Gast soll sich beim Weihnachtsschmaus jederzeit willkommen fühlen. Zuletzt wird unter den Anwesenden eine Oblate gebrochen.

Ausgehen

Den meisten jüngeren Leuten erscheint die Welt ihrer Eltern zu bieder und zu brav. Sie wollen Action und Fun, haben ganz andere Vorstellungen von Genuss und Geselligkeit. Werktags treffen sie sich im Kino, beim Fast Date oder auf der Bowlingbahn, bevor am Wochenende das krönende Finale steigt. Erst geht man zu Freunden, wärmt sich auf beim *biforek*, der ›Before Party‹. Danach zieht man in Hightech-Discos oder in billigere Off-Klubs und tanzt zu Techno, Hiphop und Pop ...

Wollen Sie mitmachen? Dann fragen Sie: »Zatańczysz?« (ausgesprochen: *satanschisch*) »Tanzt du mit mir?« Danach sind Sie vielleicht zum *król parkietu (krul parkjetu)* avanciert, dem »König des Parketts«. Woraufhin Sie derart aus dem Häuschen sind, dass Sie sich zu dem Ausruf verleiten lassen: »Stawiam wszystkim!« *(stawjam fschistkim)* – »Ich gebe allen einen aus!« Wenn nichts mehr reingeht, hilft der Spruch: »A teraz idziemy na jednego« *(a teras idschjemme na jedneggo)* – »Und jetzt gehen wir noch einen Letzten trinken!« – Widerspruch gilt als extrem unhöflich!

Festkalender

Bunte Prozessionen, Trachtenreigen, Wodka in Strömen: So stellt man sich Polens Kirchenfeiern vor. Weniger bekannt ist der weltliche Kulturkalender, in dem Musik, Kunst und Straßentheater die Hauptrolle spielen. Weitere Infos finden Sie bei den jeweiligen Orten unter der Rubrik »Termine«.

Januar: In der Silvesternacht findet in den großen Städten ein riesiges Feuerwerk statt, um den Beginn des **Neuen Jahres** zu feiern. Am 6. Januar, dem Tag der **Heiligen drei Könige,** ziehen Kinder mit einer Weihnachtskrippe von Tür zu Tür, geben ein Ständchen und erwarten dafür einen kleinen Obolus.

Februar: Zum **Karneval** finden zwar keine Faschingsumzüge, aber doch Maskenbälle und Konzerte statt.

April: Ostern wird in allen Orten mit großen **Prozessionen** begangen.

Mai: Schwermütiger Gesang ertönt beim **Festival Orthodoxer Kirchenmusik** in Hajnówka (http://festiwal-hajnowka.pl), während sich beim größten osteuropäischen **Theatertreffen** in Toruń (http://teatr.torun. pl) die Revue- und Volkstheater-Ensembles tummeln.

Juni: Nach den Messen am arbeitsfreien Fronleichnam starten farbenprächtige **Prozessionen.** Zur **Sonnwendfeier** am 21. Juni lässt man in Warschau und Danzig kerzengeschmückte Blumenkränze auf den Fluss. In Międzyzdroje trifft man sich zum **Chormusikfestival,** zum **Stinthengstfest** fährt man nach Mikołajki. In der letzten Juniwoche werden in Stettin, Danzig und anderen Ostseestädten die **Tage des Meeres** gefeiert, eine **Bootsprozession** findet am 29. Juni zwischen Puck und Jastarnia statt.

Juni/Juli: In der Grenzstadt Sejny steigt ein **Ethno-Festival,** zu dem Musikensembles aus Litauen, Russland und der Ukraine anreisen (www.pogranicze.sejny.pl).

Juli: Zum **Goldwasser-Festival** kommen zu Monatsbeginn Straßenkünstler und Jongleure nach Danzig. Beim **Filmsommer** von Międzyzdroje lernt man polnische Stars kennen. Liebhaber der Country Music treffen sich zum **Western Piknik** in Mrągowo (www.mragowo.pl), Rockfans zieht es nach Węgorzewo. **Blues** hört man drei lange Tage am Ukiel-See in Olsztyn. **Ritterturniere** finden in den Ordensburgen von Golub-Dobrzyń, Malbork, Gniew und Szczytno statt. Zum schönsten **Kaschubischen Jahrmarkt** reist man nach Wdzydze.

Juli/August: Sonntags genießt man im Warschauer Łazienki-Park und in Żelazowa Wola gratis **Chopin-Konzerte.** In den Kirchen der Dreistadt erklingt **Musica Sacra:** Chor- und Kammerkonzerte mit internationaler Besetzung. **Festivals mit Orgelmusik** locken Besucher nach Kamień Pomorski und Oliwa. Die Waldoper von Sopot ist Austragungsort des bekannten **Schlagerfestivals,** an der Mole trifft man sich zu **Jazz & Rock.**

August: Der Danziger **Dominikanermarkt** findet in den ersten drei Wochen des Monats statt: eine große Verkaufsmesse mit nächtlichen Festen und der traditionellen Bootsregatta. Im gleichen Monat lädt Malbork zu **Burgfestspielen** ein: Akteure und Musiker treten in historischen Kostümen an. Gekämpft wird auch auf der Insel Wollin, wo **Wikinger** in voller Montur und auf farbenprächtigen Drachenbooten gegeneinander antreten. Polens größtes **orthodoxes Fest** wird in Grabarka, einem Dorf im ›Fernen Osten‹ zelebriert.

September: Zu den musikalischen Höhepunkten in der Hauptstadt gehört der **Warschauer Herbst,** ein zehntägiges Festival klassischer Gegenwartsmusik (https://warszawska-jesien.art.pl).

Oktober: Alle fünf Jahre startet in der Warschauer Philharmonie der internationale **Chopin-Wettbewerb** (2025, 2030). Das älteste Musikfestival Polens ist das fetzige **Jazz Jamboree,** das mit seinen Konzerten seit 1958 jedes Jahr Tausende Fans anlockt (http://adamiakjazz.pl).

November: Am Abend von **Allerheiligen** pilgern viele Polen zu den Friedhöfen, die sich in ein Kerzenmeer verwandeln.

Dezember: Die schönsten **Weihnachtsmärkte** erlebt man in der Danziger, Allensteiner, Warschauer und Posener Altstadt.

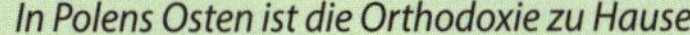

In Polens Osten ist die Orthodoxie zu Hause

Reiseinfos von A bis Z

Alkohol

In Polen ist das Trinken von Alkohol in der Öffentlichkeit verboten – das gilt auch fürs Picknick auf der Wiese oder den Besuch eines Fests! Wer's dennoch tut und dabei von der Polizei erwischt wird, muss ein Bußgeld von mindestens 25 € berappen. Wenn Alkohol draußen, dann nur im Gastro-Betrieb!

Auskunft

Das Polnische Fremdenverkehrsamt verschickt kostenlose Informations-Broschüren, u. a. zu Ferien auf dem Bauernhof, Aktivurlaub, Winterurlaub, Gastronomie, Kurreisen und Wellness.

Polnisches Fremdenverkehrsamt
Kurfürstendamm 130
10711 Berlin
Tel. 030 21 00 92-0
www.polen.travel/de

Fleschgasse 34/2-A
1130 Wien
Tel. 01 524 71 91
www.polen.travel/de-at

Alle wichtigen polnischen Städte und Feriengebiete unterhalten Info-Zentren. Mehr über diese erfährt man im Unterwegs-Teil bei den einzelnen Orten.

Barrierefrei reisen

Es gibt in Polen bisher nur wenige Hotels, die behindertengerechte Einrichtungen bieten, und auch das Reisen mit öffentlichen Verkehrsmitteln ist nicht ratsam. Vor Antritt der Reise empfiehlt es sich, aktuelle Infos beim Club Behinderter und ihrer Freunde in Darmstadt einzuholen (Tel. 06151 81 22 10, www.cbf-da.de). Gute Ausführungen zu barrierefreiem Urlaub vor allem in Świnoujście (Swinemünde) finden sich auf der Website www.pl-ostsee.de/rollstuhl.html.

Botschaften und Konsulate

... in Deutschland

Polnische Botschaft
Lassenstr. 19–21
14193 Berlin
Tel. 0049 (0)30 223 13-0
www.gov.pl/web/deutschland

... in Österreich

Polnische Botschaft
Hietzinger Hauptstr. 42-C
1130 Wien
Tel. 0043 (0)1 87 01 51 00
www.gov.pl/web/oesterreich/botschaft

... in der Schweiz

Polnische Botschaft
Elfenstr. 20-A
3000 Bern 15
Tel. 0041 (0)31 358 02 02
www.gov.pl/web/schweiz/botschaft

... in Polen

Deutsche Botschaft
ul. Jazdów 12-B
00-467 Warszawa
Tel. 0048 22 584 17 00
www.polen.diplo.de
Visainformationen, Rechtsberatung, Hilfe bei (medizinischen) Notfällen sowie bei Kraftfahrzeugangelegenheiten.

Deutsches Generalkonsulat
ul. Zwycięstwa 23
80-219 Gdańsk-Wrzeszcz
Tel. 0048 58 340 65 00
www.polen.diplo.de

Österreichische Botschaft
ul. Gagarina 34,
00-748 Warszawa
Tel. 0048 22 841 00 81
www.bmeia.gv.at/oeb-warschau

Schweizer Botschaft
al. Ujazdowskie 27
00-540 Warszawa
Tel. 0048 22 628 04 81
www.eda.admin.ch/warsaw

Dos and Don'ts

Einladungen

Wenn man von einer traditionellen polnischen Familie zum Essen eingeladen wird, kommt man pünktlich und gepflegt angezogen. Als Gastgeschenk werden ein Blumenstrauß bzw. eine gute Flasche Wein gern gesehen.

Kirchenbesuch

Auch außerhalb des Gottesdienstes besuchen viele Polen die Kirche, um zu beten oder zu beichten. Man sollte deshalb beim Fotografieren zurückhaltend sein. Auch laute Gespräche sind tabu.

Schwierige Themen

In einer traditionellen polnischen Familie empfiehlt es sich, Kritik an der Kirche bzw. am (polnischen) Papst bestenfalls vorsichtig zu äußern. Einwanderung von Moslems, LGBTQ+ und Abtreibung sind ebenfalls Reizthemen.

Einkaufen

Leere Läden kennen jüngere Polen nur noch vom Hörensagen. Heute unterscheidet sich das Warenangebot nicht von dem im Westen. In Großstädten gibt es Shopping-Malls und Einkaufszentren, wo man alle internationalen Markenwaren bekommt. Auf dem Land ist das Angebot weniger üppig, doch alles, was lebensnotwendig ist, kann man kaufen.

Kunsthandwerk

Das Angebot umfasst kaschubische Keramik, bestickte Leinendecken, verzierte Lederwaren, naive Holzschnitzereien, mundgeblasenes Glas und masowische Scherenschnitte. Dazu kommen Webarbeiten von Autodidakten oder international renommierten Künstlern. An der Küste wird Schmuck aus baltischem Bernstein verkauft, der in einem der vielen Danziger Ateliers hergestellt wurde (s. Thema S. 128).

Märkte

Viel Spaß macht das Einkaufen auf dem Markt, wo Bauern ihre eigenen Produkte anbieten. Die Tomaten sind sonnengereift; den herzhaften Gurken merkt man an, dass sie ohne Pestizide und Insektizide auskommen durften. Äpfel und Birnen sehen vielleicht weniger knackig aus, schmecken dafür aber intensiver. Im Sommer bereichert sich das Sortiment um Waldbeeren: Neben kleinen wilden Erdbeeren türmen sich Körbe mit Blau-, Moos- und Preiselbeeren. Im Frühherbst kommt ein Geschwader von Pilzen dazu – am besten schmecken die Steinpilze, weshalb man sie in Polen *prawdziki* (die Wahrhaftigen) nennt.

Und noch vieles mehr ist auf dem Markt zu entdecken. In der Vitrine stapeln sich Wurstsorten wie Kabanossi, Krupniok, Krakauer

Frisches vom Markt

und Warszawski – und wenn man Glück hat, stammt die Wurst noch vom Dorfmetzger, der sie in echten Darm gewickelt hat. Außer frisch geschöpftem Weiß- und Schichtkäse, den die Polen gern mit Schnittlauch würzen, gibt es Salzdillgurken aus dem Fass *(ogórki)*, gekochte Maiskolben *(kukurydza)* und backfrische, mit Mohn und Sesam bestreute Brezeln *(obwarzanki)*. In Toruń erhält man obendrein ›Thorner Lebkuchen‹ (s. Tipp S. 222), die mit den ›Nürnbergern‹ darum konkurrieren, die ältesten der Welt zu sein.

Feiertage

1. Januar: Neujahr
6. Januar: Heilige Drei Könige
März/April: Ostern (Karfreitag und Ostermontag)
1. Mai: Tag der Arbeit
3. Mai: Tag der Verfassung
Mai/Juni: Fronleichnam
15. August: Mariä Himmelfahrt
1. November: Allerheiligen
11. November: Unabhängigkeitstag
25./26. Dezember: Weihnachten

Geld

Währung und Wechselkurse

Auch wenn man in vielen polnischen Hotels und Restaurants schon mit Euro zahlen kann, bleibt doch das offizielle Zahlungsmittel der Złoty (1 Złoty = 100 Grosz); im Umlauf sind Münzen im Nennwert von 1, 2, 5, 10, 20, 50 Grosz und 1, 2, 5 Złoty, dazu Banknoten von 10, 20, 50, 100 und 200 Złoty. Bargeld tauscht man in Banken oder gebührenfrei in Wechselstuben *(kantor)*. Beide haben unterschiedliche Kurse, deshalb lohnt ein Vergleich. In der Regel ist der Kurs in Polen besser als etwa bei einer deutschen Bank, weshalb man vor Antritt der Reise nur wenig Złoty tauschen sollte.

Am Flughafen und im Bahnhof ist der Tausch nur im Notfall zu empfehlen – der Kurs ist hier um einige Prozentpunkte schlechter. Bei Drucklegung galt der Kurs 1 Euro = ca. 4,5 Złoty.

Geldautomaten und Kreditkarten

Geldautomaten *(bankomaty)* findet man an fast jeder Bank. Will man mit Bank- bzw. Kreditkarte Bares ziehen, werden Złoty zum tagesaktuellen Kurs ausgegeben, Wichtig: Beim Abheben wird angeboten, die Abrechnung auf dem eigenen Konto in Euro vorzunehmen. Wählt man die Option, wird ein ungünstiger Wechselkurs zugrunde gelegt. Man sollte Abhebungen immer in Złoty vom eigenen Konto abbuchen lassen. Die Bank legt dann den offiziellen Devisenkurs zugrunde.

Bezahlt man mit Bank- oder Kreditkarte im Hotel, Restaurant oder Geschäft, wird eine Wechselgebühr von 1–2 % erhoben. Gängige Kreditkarten sind MasterCard und VISA. Geht die Karte verloren oder wird sie gestohlen, rufe man den weltweit operierenden Notfallservice an (kostenlos und rund um die Uhr, s. Infokasten). Außerdem kann man eine Ersatzkarte beantragen und Erste-Hilfe-Geld (Emergency-Cash) anfordern.

Für Österreicher und Schweizer wird dieser Service noch nicht angeboten – Urlauber sollten vor der Reise bei ihrer Bank die für ihre Kreditkarte geltende Sperrnummer erfragen.

Gesundheit

Vorsorge

Wer im Sommer in Polens Norden reist, sollte sich von seinem Arzt hinsichtlich der Schutzimpfung gegen Zeckenbisse beraten lassen. **Zecken** können gefährliche Krankheiten auf den Menschen übertragen: die Frühsommer-Meningo-Enzephalitis (FSME) und die Lyme-Borreliose. Die Stiftung Warentest kam nach der Prüfung von 18 Anti-Zeckenmitteln zu dem Ergebnis, dass nur vier Lotionen und Sprays die Blutsauger auf Distanz halten. Besonders gut als Durchgangssperre wirkt Zanzarin; Autan Active Lotion schafft als einziges Mittel den versprochenen Doppelschutz gegen Zecken und Mücken.

SPERRUNG VON BANK- UND KREDITKARTEN

Bei Verlust oder Diebstahl*:
+49-116 116
oder +49-30 4050 4050
(* Gilt nur, wenn das ausstellende Geldinstitut angeschlossen ist, Übersicht: www.sperr-notruf.de)
Weitere Sperrnummern:
– MasterCard/Visa: 0049-69-79 33 19 10
– American Express: 0049-69-97 97 10 00
Bitte halten Sie Ihre Kreditkartennummer, Kontonummer und Bankleitzahl bereit!

Generell gilt es, bei Wanderungen, die durch Gras und Strauchwerk führen, zwecks besserer Erkennung der Zecken helle Kleidung zu tragen, die möglichst viel vom Körper abdeckt. Da Zecken schmerzstillende Substanzen in die Wunde sprühen, bemerken die Opfer den Stich erst viel später. Deshalb den Körper gründlich nach Zecken absuchen. Infos im Internet unter www.zecken.de.

Krankenversicherungsschutz

Wer gesetzlich krankenversichert ist, kann sich vor der Reise von seiner Krankenkasse eine Adressliste des Polnischen Gesundheitsfonds NFZ aushändigen lassen. In den auf diesem Merkblatt aufgeführten Gesundheitszentren sowie bei allen dort genannten Vertragsärzten und Zahnärzten kann man sich im Notfall gegen Vorlage der Europäischen Versicherungskarte kostenfrei behandeln lassen. Vor Behandlungsbeginn legt man diese sowie einen Identitätsnachweis vor – am besten hält man zusätzlich eine Kopie dieser Dokumente bereit.

Kostenerstattung

Muss man die Behandlung vor Ort bezahlen, so erhält man von der Krankenkasse jene Summe zurück, die bei einem entsprechenden Arztbesuch im Heimatland angefallen wäre. Für den Antrag auf Kostenerstattung benötigt man Quittungen, auf denen Datum, Name des Arztes und des Patienten, Art, Umfang und Kosten der Behandlung (Vermerk *gotówka* = Barzahlung) gut lesbar dokumentiert sind. Der Abschluss einer preiswerten privaten Reisekrankenversicherung empfiehlt sich, um all jene Kosten abzudecken, die die gesetzliche Krankenkasse möglicherweise nicht übernimmt.

Apotheken

Arzneimittel bekommt man preiswert und oft ohne Rezept in der Apotheke *(apteka)*. Obwohl sich die Versorgung mit Medikamenten in Polen inzwischen stark verbessert hat, sollte man Arzneimittel, die man regelmäßig einnehmen muss, in ausreichender Menge mitnehmen. Wer ein Medikament nachts oder an Feiertagen benötigt, ist auf Apotheken mit Sonderdienst angewiesen. Eine entsprechende Übersicht findet man am Eingang geschlossener Apotheken.

Internetzugang

Die meisten Hotels bieten WLAN bzw. Internetzugang – und dies fast immer gratis. Prinzipiell kostenlos ist dieser Service in den Hostels. Außerdem gibt es zahlreiche öffentliche Gratis-Hotspots.

Karten

Bei den Touristeninformationen, aber auch in Buchhandlungen gibt es preiswerte Stadtpläne. Detailliert sind die vor Ort erhältlichen Regional- und Nationalparkkarten, auf denen die markierten Wanderwege eingetragen sind.

Mit Kindern unterwegs

Badeurlaub an der Ostsee steht auf der Hitliste von Familien weit oben. In den Monaten Juli und August werden an den großen Stränden Trampoline, Aufblasburgen und Riesenwasserrutschen aufgestellt. Im Slowinzischen

Nationalpark wedeln sie die knapp 50 m hohe Łącka-Düne hinab, auf Schiffen machen sie Ausflüge über die Ostsee, den Oberländischen Kanal und die Masurischen Seen. Spaß für die ganze Familie bereitet auch die Paddeltour auf der Krutynia, der Besuch in den Wildparks von Kadzidłowo und Kosewo oder eine Fahrt mit der nostalgischen Dampflok von Trzebiatów nach Rewal.

In fast jedem größeren Ferienort gibt es einen Miniaturpark, ein Ozeanarium, ein Wachsfigurenkabinett und einen Aquapark für kühlere Tage (z. B. Międzyzdroje, Rewal/ Niechorze, Kołobrzeg, Sopot). Auch die Besteigung von Leuchttürmen kommt bei Kindern an (www.latarnie.pl).

Kleidung und Ausrüstung

Was die Kleidung betrifft, braucht man sich bei einer Fahrt nach Polen nicht groß umzustellen. Im Nachbarland liebt man es, lässig und salopp gekleidet zu sein. Nur zu besonderen Anlässen, im Nobelrestaurant, Theater, Konzertsaal wird elegante Kleidung erwartet. In Kirchen sind lange Röcke und Hosen erwünscht, die Schultern bedeckt man.

Ostseeurlauber haben selbstverständlich Badesachen und Sonnencreme dabei, für das masurische Seengebiet und die Sümpfe im Nordosten sind zusätzlich Mückenschutzmittel und ein Moskitonetz ratsam. Der Ausleih von Sportartikeln ist vielerorts möglich.

Ja fein – herausgeputzt fürs Fest

Klima und Reisezeit

An der Ostsee: Die besten Reisemonate sind Mai, Juni, September und Oktober. Dann gibt es lange Schönwetterperioden, in denen das Thermometer schon mal auf über 18 °C klettert. Hotels locken in dieser Zeit mit günstigen Preisen. Viele bieten Indoor-Pools, Saunen und Wellness-Behandlungen. Die Hauptferienzeit (Juli/August) birgt Vor- und Nachteile. Die Wassertemperaturen steigen auf angenehme 20–23 °C und die Lufttemperaturen liegen im Schnitt über denen an der Nordsee. Zwar mag der Ostwind kurzzeitig Hitze herantragen, doch an der See sorgt die im Laufe des Tages aufkommende Brise für stete Erfrischung. Auch sind die Tage sehr lang – 16 Sonnenstunden und ›weiße Nächte‹ keine Seltenheit! Leider wird es im Sommer, zumindest in den großen Ferienorten, recht voll. Die frühzeitige Reservierung einer Unterkunft ist ratsam, spontanes Reisen von Ort zu Ort nicht zu empfehlen.

Störend ist der oft bis in die frühen Morgenstunden andauernde Lärm an den Promenaden: Spielautomaten und Fast-Food-Buden, improvisierte Kneipen und Souvenir-Ramsch drohen die Urlaubsidylle zu ersticken. Daher mein Tipp: Wählen Sie eine Unterkunft am Ortsrand oder im meist leeren Hinterland.

Immer mehr Urlauber steuern auch im Herbst und Winter die Ostsee an. Sie nutzen die günstigen Angebote von Wellness- und Spa-Hotels und lieben lange Spaziergänge an einsamen, wilden Stränden.

In Masuren und im Nordosten: Diese Regionen empfehlen sich auch im Hochsommer. Zwar sind sie gut gebucht, aber nicht so überlaufen wie die polnische Ostsee. Wer sich im Nordosten vor allem für Birdwatching, Floß- und Kanufahrten interessiert, sollte allerdings besser das späte Frühjahr wählen,

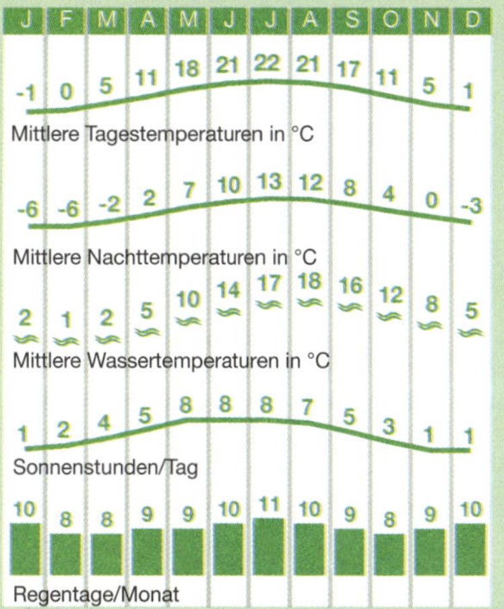

Klimadaten Danzig

wenn die Wasserstände hoch sind. Im Sommer ist manch ein Fluss nur noch ein Rinnsal und aufgrund der hohen Temperaturen ziehen sich Vögel tagsüber ins schattige Dickicht zurück.

Im Winter ist Masuren Schauplatz einer ›exotischen‹ Sportart: Eissegler aus dem Baltikum treffen sich zum schnellen Ritt auf den oft zugefrorenen Seen.

Aktuelle **Wetterberichte** und -vorhersagen, übersichtlich aufgeführt nach Regionen, finden Sie unter www.wetteronline.de/wetter/polen.

LGBTQ+

Sexuelle Minderheiten haben im katholischen Polen einen schweren Stand, besonders auf dem Land. In Großstädten allerdings gibt sich die Bewegung zunehmend selbstbewusst und demonstriert engagiert für ihre Rechte.

Links und Apps

Links

www.polen.travel/de – Übersichtlich gegliederte Website der Polnischen Tourismusorganisation (POT) mit Planungshilfen für den Urlaub. Kurzbeschreibungen der touristisch interessanten Orte, praktische Tipps zu Sport & Spa und Anschriften der Informationsämter.

www.travelnetto.de – Der Reiseblog des Veranstalters Travelnetto bietet Neuigkeiten zu den Ostseebädern. Er stellt Städte und Ferienorte der Ostseeküste vor, gibt Hotel- und Restaurantempfehlungen.

https://pomorskie.travel/en – Schön gemachte Seite mit Infos für die Hansestadt Danzig und ihre Umgebung.

www.frischeshaff.de – Infoservice rund ums Frische Haff.

www.masuren-online.de – Infos zu Seen und Ökosystemen, Flora und Fauna; Tipps für Wellness- und Aktivurlaub.

https://mazury.travel/de – Die offizielle Seite der regionalen Touristeninfo stellt Sehenswürdigkeiten vor.

www.szlaki.mazury.pl – Hervorragender masurischer Aktivführer mit 35 Wander- und über 40 Fahrrad- (inkl. GPS-Dateien), Auto-, Schifffahrts- und Kanurouten, aber auch Empfehlungen für Reiter und Skifahrer.

www.welcome2poland.com – Vermittlung individueller und organisierter Reisen; Liste mit Ferienhäusern, Pensionen und Hotels; dazu Tipps für Aktivurlauber, Sprach-, Rad- und Wanderreisen, Segel- und Kajaktouren u. v. m.

www.inyourpocket.com – City-Guide zu den größten Städten Polens mit aktuellen Hinweisen zu Unterkünften, Restaurants, Einkaufsmöglichkeiten und Nachtklubs.

www.cia.gov/the-world-factbook/countries/poland – Das vom CIA erstellte »The World Factbook« enthält eine umfangreiche Datei zu Polen.

https://polenjournal.de – Aktuelle Nachrichten zu Polens Politik und Wirtschaft, am Rande auch Wissenschaft und Kultur.

www.laender-analysen.de/polen – Das Deutsche Polen-Institut, die Bremer Forschungsstelle Osteuropa und die Deutsche Gesellschaft für Osteuropakunde bieten Chroniken und kenntnisreiche Analysen der politischen, wirtschaftlichen und kulturellen Verhältnisse Polens.

www.warsawvoice.pl – Englischsprachige Wochenzeitschrift mit aktuellen Nachrichten zu Politik, Wirtschaft und Kultur.

Apps

Rain Alarm – Wenn Regen naht, werden Sie gewarnt, wie stark er wird.
iNaturalist – Bäume, Vögel, Fische, Pilze und Wildfrüchte bestimmen.
Naviki – Von Usern für User: Radrouten werden angezeigt und mithilfe der Ortsangabe können optimale Radwege gefunden werden.
Inyourpocket – Gut gemachte, englischsprachige Führer, u. a. zu Danzig.

Literatur

Romane

Günter Grass: Die Blechtrommel. Göttingen 2016. In diesem von Volker Schlöndorff kongenial verfilmten Roman hat der 1927 in Danzig geborene Autor und Nobelpreisträger das Heraufziehen des Faschismus in seiner Heimatstadt, die Zeit des Krieges und der Vertreibung aus der Perspektive eines Kindes spöttisch-ironisch geschildert. Zusammen mit »Hundejahre«, »Katz und Maus«, »Der Butt«, »Unkenrufe« und »Im Krebsgang« bildet der Roman das »Danzig-Sextett«. Das letzte Buch schildert den Zweiten Weltkrieg ausschließlich aus der Sicht deutscher Opfer: für die einen eine die Geschichte verfälschende Verkürzung, für die anderen die längst überfällige Anerkennung »deutschen Leides«. Historisches Anschauungsmaterial bietet das KdF-Schiff »Wilhelm Gustloff«, das, beladen mit Tausenden deutscher Flüchtlinge, im Januar 1945 von sowjetischen Torpedos vor Ostpreußens Küste versenkt wurde.
Siegfried Lenz: So zärtlich war Suleyken – Masurische Geschichten. Hamburg 2018. Fantastische Geschichten aus einem imaginären Masuren, angesiedelt in der Zwischenkriegszeit und erzählt in einer vergnüglichen, bilderreichen Sprache. Wunderschön illustriert.
Jakub Małecki: Saturnin. Zürich 2022. Ein Warschauer macht sich auf die Suche nach seinem ausgebüchsten Großvater und gerät unversehens in seltsame Verstrickungen, die ihn zurückkatapultieren in die Zeit des Krieges.
Arno Surminski: Irgendwo ist Prostken. München 2020. An niemandem geht die Weltgeschichte vorbei, auch nicht an Wilhelm Bubat, einem ›kleinen‹ Lokomotivführer in einem masurischen Dorf. Er tut immer seine Pflicht, transportiert mal Kohlrüben an die Küste, mal Juden ins KZ. Der Höllenritt durch das 20. Jh. wird in knapper, ruhiger Sprache erzählt.
Olga Tokarczuk: Unrast. Zürich 2021. Polens jüngste Literaturnobelpreisträgerin schreibt in kurzen Texten über das Reisen, den unwiderstehlichen Drang, unterwegs zu sein, sich Neuem auszusetzen. Eine wundervolle Begleitlektüre für jede Reise!

Sach- und Hörbücher

Architekturführer Danzig: Berlin 2016. Ikonen der Architektur en detail, gut abgelichtet, kommentiert und verortet. In der gleichen Reihe erschien der gleichfalls vorbildlich edierte Band **Architekturführer Warschau.**
Jonas Dahm/Carl Douglas: Geisterschiffe – Eine Reise zu den Wracks der Ostsee. München 2022. Auf dem Grund der Ostsee breitet sich eine eigentümliche Landschaft aus: In Sand und Schlick liegen 100 000 Wracks aller Epochen. Der aufwendig edierte Bildband eines Tauchfotografen und eines Historikers hält die versunkenen Schiffe in magischen Bildern und informativen Texten fest und ermöglicht eine ganz besondere (Seh-)Reise in die Ostsee.
Izabella Gawin/Dieter Schulze: Kulturschock Polen. Bielefeld 2015. Andere Länder, andere Sitten! In diesem Buch wird auf unterhaltsame Art erklärt, was uns am Nachbarn irritiert: Nationalstolz und Schwarze Madonna, der Handkuss und die Hochzeit in Weiß, Pomp und Passion, emanzipierte Frauen, die sich doch von Männern sehr gern verwöhnen lassen. Dazu gibt es Zeichnungen des Topcartoonisten Andrzej Mleczko. Eine spannende Begleitlektüre für jeden Polenurlaub.
Jahrbuch Polen 2023, hrsg. vom Deutschen Polen-Institut, Bd. 34 Osten. Harrassowitz Verlag, Wiesbaden 2023. Jedes Jahr

erscheint eine neue, originell illustrierte Sammlung kenntnisreicher Essays zu einem stets neuen Schwerpunktthema.

Andreas Kossert: Gebrauchsanweisung für Masuren. München 2022. Hier geht's der Polen-Experte persönlich an, erzählt nicht nur von (Flucht-)Geschichten, sondern auch von den Eigenarten der Seenregion – von masurischen Lieblingsgerichten über den Dialekt bis hin zu Elchen, den Königen der Wälder.

Karolina Kuszyk: In den Häusern der Anderen. Berlin 2023. Wie fühlt es sich an, dort einzuziehen, wo bis vor kurzem ›der Feind‹ lebte? 1945 wurde die polnische Grenze ca. 180 km nach Westen verschoben. Millionen Polen, zwangsausgesiedelt aus den an die Sowjetunion abgetretenen polnischen Ostgebieten, bezogen die Häuser der vertriebenen Deutschen. Einfühlsam führt die Autorin in jene verworrene Zeit, die erst 1990 ihren Abschluss fand.

Klaus-Jürgen Liedtke: Die Ostsee: Berlin 2019. Eine großartige Anthologie zur Einstimmung auf die bevorstehende Reise! »Berichte und Geschichten aus 2000 Jahren« – von Tacitus bis zur Gegenwart.

Peter Oliver Loew: Literarischer Reiseführer Danzig. Potsdam 2023. Das schön edierte Buch erschließt Danzig in acht literarischen Spaziergängen. Vor der Folie der Gegenwart scheinen die Schichten der Vergangenheit durch – eine lebendige Stadtbiografie!

Polen hören. Eine musikalisch illustrierte Reise durch die Kulturgeschichte Polens von den Mythen bis in die Gegenwart. Kayhude 2010. Im grafisch wie akustisch attraktiv gestalteten Hörbuch wird eine Zeitreise unternommen – mit Musik und Leseproben berühmter Polen. Der Schauspieler Rolf Becker macht uns mit den wichtigsten Werken polnischer Dichtkunst vertraut und erinnert u. a. an Fryderyk Chopin, Andrzej Wajda und Krzysztof Komeda. In der gleichen Reihe erschien 2013 das **Hanse-Hörbuch:** ein akustischer Streifzug durch die Hanse-Kultur, die viele Ostseestädte geprägt hat.

Adam Soboczynski: Traumland – der Westen, der Osten und ich. Stuttgart 2023. Der aus Toruń stammende ZEIT-Redakteur blickt zurück auf die 1980er-Jahre, als er als Sechsjähriger ins ›Wunderland‹ Deutschland kam. Und er folgt der Entwicklung der beiden Nachbarländer bis fast in die Gegenwart.

Wäre Polnisch doch so leicht wie Esperanto – Graffito in Warschau

Medien

Deutschsprachige Zeitungen erreichen Stettin, Danzig, Posen und Warschau meist noch am selben Tag. Wer Polnisch spricht, bekommt auf der Website https://cojestgrane.pl/polska Infos zu den Kulturveranstaltungen in allen größeren Orten des Landes.

Nachtleben

In Masuren und im Nordosten suchen Urlauber in der Regel Ruhe, entsprechend begrenzt ist das Ausgehangebot. Lebhafter geht es in den Orten der Ostseeküste zu, wo im Sommer längs der Flaniermeilen die Partystimmung nie endgültig verebbt. Ein vielseitiges Nachtleben bieten Warschau, Posen, Danzig und Stettin. Nicht vergessen: Der Konsum von Alkohol in der Öffentlichkeit ist in Polen verboten.

Notfälle

Die Notrufnummer 112 ist kostenlos und gilt auch in Polen. Darüber hinaus können folgende Notrufnummern angewählt werden:
Polizei: 997
Pannenhilfe: 981
Taxi: 919

Öffnungszeiten

Es gibt keine gesetzlich festgelegten Ladenschlusszeiten. In den großen Städten sind viele Geschäfte auch sonntags geöffnet, einige sogar rund um die Uhr. Die angegebenen Richtwerte für Apotheken, Banken und Wechselstuben können variieren. Museen bleiben zumeist montags geschlossen, Restaurants sind tgl. von 12 bis 23 Uhr geöffnet.
Apotheken: Mo–Fr 8–19, Sa 9–14 Uhr
Post: Mo–Fr 8–20, Sa 9–13 Uhr
Banken: Mo–Fr 8–17, Sa 8–14 Uhr
Wechselstuben: Mo–Fr 9–18, Sa 9–14 Uhr

Post

In Großstädten (z. B. in Danzig und Warschau) sind die Hauptpostämter rund um die Uhr geöffnet. Briefmarken erhält man auch an den Rezeptionen vieler Hotels, an Zeitungskiosken und Verkaufsständen für Ansichtskarten.

Rauchen

In Polen darf in öffentlichen Gebäuden und Verkehrsmitteln nicht geraucht werden. Nur in separaten Raucherräumen von Gastronomiebetrieben dürfen Sie zum Glimmstängel greifen.

Reisekasse

Das Preisniveau ist in Polen sehr uneinheitlich: Während in den großen Städten und in beliebten Ferienorten Hotels und Restaurants ›westliches Niveau‹ erreichen, sind sie auf dem Land erheblich preiswerter. Relativ teuer ist das Mieten von Autos, günstig das Fahren mit öffentlichen Verkehrsmitteln inkl. Schiffsfahrten.

Bei Wahl einer günstigen Unterkunft, Selbstverpflegung bzw. Essen im preiswerten Lokal sowie Nutzung öffentlicher Verkehrsmittel kommen zwei Personen zusammen mit 70–90 € pro Tag (in der Nebensaison) aus. In der Hauptsaison muss man meist etwas mehr zahlen.

Spartipps

Am billigsten wohnt man in Pensionen, Privatzimmern und Herbergen, auf Campingplätzen und Bauernhöfen. Kleiner Wermutstropfen: In vielen Küstenorten wird zusätzlich zum Übernachtungspreis noch eine Kurtaxe erhoben (1–1,50 € pro Person und Tag).

Gut und günstig satt wird man in Fischbratereien und -räuchereien der Küstenorte. In Städten entdeckt man immer noch ›Milchbars‹ (s. S. 70): In diesen staatlich subventionierten Selbstbedienungslokalen kann man für wenig Geld die gesamte Palette der polnischen Küche durchprobieren. Gleichfalls preiswert sind in Polen die öffentlichen Verkehrsmittel – für die Generation 70+ sind sie in manchen Städten gratis (z. B. in Danzig und Warschau). Da sich dies aber kurzfristig ändern kann, fragen Sie bitte in der Touristeninfo nach!

Auch Kulturangebote und Museumsbesuche reißen kein großes Loch ins Portemonnaie. An jeweils einem Tag der Woche ist der Museumsbesuch gratis. Mancherorts bringt der Kauf einer Tourist Card erhebliche Rabatte (z. B. in Danzig).

Sicherheit

Auch wenn inzwischen kaum noch Autodiebstähle gemeldet werden, sollte man vorsichtig bleiben und möglichst nur bewachte Parkplätze *(parking strzeżony)* aufsuchen. In großen Städten wie Warschau und Danzig sollten Sie alle Situationen meiden, in denen sich Menschen in großer Zahl drängen, etwa am Bahnhof, im Bus oder in der Straßenbahn.

Beim Verlust des Ausweises stellt die Konsularabteilung der deutschen Botschaft (s. S. 80) einen provisorischen Reisepass zur Rückkehr aus. Vorgelegt werden müssen die Verlustanzeige, bestätigt durch die örtliche Polizeibehörde, sowie zwei Passbilder. Was Fahrzeugpapiere betrifft, genügt die von der Polizei attestierte Verlustanzeige.

Personalausweis und Fahrzeugpapiere können nur im Heimatland neu ausgestellt werden. Grundsätzlich sollte man eine Fotokopie der Registriernummern der Personalpapiere mitführen. So wird beim Verlust eine Identifizierung durch das deutsche Konsulat vereinfacht.

Telefonieren

Bei Auslandsgesprächen wählt man die üblichen internationalen Vorwahlnummern: Polen 0048; Deutschland 0049; Österreich 0043; Schweiz 0041. Bei der anschließenden Ortskennzahl ist die Anfangsnull wegzulassen. Wichtig zu wissen: In Polen ist die Vorwahl fester Bestandteil jeder Telefonnummer, sie muss auch bei Ortsgesprächen mitgewählt werden!

Ausländische **Mobiltelefone** können in Polen überall genutzt werden. Für das Herunterladen MB-starker Dateien auf Smartphones nutze man kostenlose WLAN-Hotspots. Seit dem Wegfall der Roaminggebühren in der EU kostet das Telefonieren mit dem Handy nicht mehr als im Heimatland.

Toiletten

Öffentliche Toiletten sind mit Dreieck oder Kreis markiert. Der Herr darf beim Dreieck hinein, die Dame beim Kreis. Für die meisten Toiletten ist eine Gebühr zu zahlen.

Trinkgeld

In Bars und Restaurants ist der Service in der Rechnung enthalten. Will man sich für besonders gute Bedienung bedanken, rundet man auf oder schlägt 5–10 % auf die Rechnung auf.

Wasser

Das Leitungswasser ist für Zähneputzen und Waschen in Ordnung; Trinkwasserqualität hat es allerdings selten.

Wellness

Die mit Mineralsalzen angereicherte Ostseeluft bringt den Kreislauf in Schwung, regeneriert die Schleimhäute der Atemwege und hemmt allergische Reaktionen. Natürliche Ressourcen wie Solequellen und Schlamm werden für Kuren genutzt.

In (Kur-)Orten wie Świnoujście (s. S. 111), Międzyzdroje (s. S. 116), Kołobrzeg (s. S. 134) und Sopot (s. S. 198) gibt es ein reiches Therapieangebot. Betreut werden die Gäste von gut ausgebildeten, meist Deutsch sprechenden Ärzten. Seit Polen EU-Mitglied ist, übernehmen die gesetzlichen Krankenkassen einen Teil der Kurkosten. In der Regel werden die medizinische Behandlung bezahlt und ein Zuschuss für Kost und Logis gewährt. Solange die Preise in Polen günstiger als in Deutschland sind, fällt der zu zahlende Eigenanteil niedriger aus. In jedem Fall empfiehlt sich eine vorherige Rücksprache mit der Krankenkasse zwecks Bestätigung der Kostenübernahme. Organisierte Kurreisen werden beispielsweise unter www.travelnetto.de vermittelt.

Zusätzlich sind vielerorts hochwertige Spa- und Wellnesseinrichtungen entstanden: Trocken- und Feuchtsaunen, Kneippgang, Salz- und Kältegrotte, oft auch die ganze Anwendungspalette von Aromamassage über Thalasso bis Zen-Meditation.

Zeit

In Polen gilt die mitteleuropäische Zeit (MEZ) bzw. im Sommer die Sommerzeit.

Unterwegs in Polens Norden

»Immer nach Norden, die Eichen beiderseits der Straßen, Rapsfelder, eine Orgie in Gelb vor unendlichem Waldhorizont, die blumengetupften Wiesen …«
Ralph Giordano, »Ostpreußen ade«

Auch eine Zeitreise: Kutschfahrt in Masuren

Wolin
Szczecin
(Stettin)

Kapitel 1

Stettin und die Odermündung

Mit dem Stettiner Haff und den beiden Inseln Usedom und Wollin zeigt sich die polnische Ostseeküste gleich zum Auftakt von ihrer schönsten Seite: mit breiten Stränden und hohen Kliffen, endlosen Wasserflächen und vom Wind geblähten Segeln. Eingangstor zur Ostsee ist das 60 km von der Küste entfernte Stettin, die heutige Hauptstadt der Provinz Westpommern (Zachodnio-Pomorskie) und einzige polnische Stadt westlich der Oder. Stettin hat eine mittelalterliche Altstadt und gründerzeitliche Boulevards, maritimes Flair und ein vitales kulturelles Leben. Einst war es ›Berlins Tor zur Welt‹, heute arbeitet man daran, die Stadt zur großen Drehscheibe zwischen West-, Ost- und Nordeuropa zu machen.

Stettins Lebensader ist die Oder: Nördlich der Stadt weitet der Fluss sich zu einem riesigen Haff, jenseits dessen er sich mit drei Mündungsarmen seinen Weg in die Ostsee bahnt. Dabei umspült er Usedom und Wollin, die beiden dem Stettiner Haff vorgelagerten Inseln.

Usedom ist zwischen Polen und Deutschland geteilt, doch ist die Grenze unsichtbar. Pendler und Tagesausflügler nutzen Ostseebus und Bäderbahn – oder das Passagierschiff, das Ahlbeck mit dem nur 4 km entfernten Seebad Świnoujście verbindet. Dessen Lage ist ein Kuriosum: Während sich das Kurviertel mit seinem Paradestrand auf Usedom befindet, liegt der Fährhafen auf der Nachbarinsel Wollin. Ein Stück weiter östlich bildet Międzyzdroje das Eingangtor zum angrenzenden Nationalpark: eine herrlich wilde Landschaft mit Klippen und Nehrungen, Buchenwäldern und stillen Seen. Jenseits der Insel Wollin setzen sich die kilometerlangen Sandstrände über Dziwnów und Rewal bis Kołobrzeg fort.

Selbst eine Gewitterstimmung hat an der Ostseeküste, wie hier in Międzyzdroje (Misdroy), ihren Reiz

Auf einen Blick: Stettin und die Odermündung

Sehenswert

Stettin: In der alten Hansestadt lohnt ein Bummel vom Schloss durch die Altstadt zur pompösen Uferterrasse über der Oder und dann über die Boulevards (S. 96).

Świnoujście: Im Kurviertel stehen restaurierte Jugendstilvillen, beim Spaziergang am weißen Traumstrand sieht man Ozeanriesen ins Hafen-Nadelöhr einlaufen (S. 111).

Międzyzdroje: Auch in diesem Küstenort wird die Bäderarchitektur entlang der Promenade herausgeputzt (S. 116).

Steilküste von Wollin: Sturmgebogene Kiefern krallen sich in die bis zu 100 m hohen Klippen, an ihrem Fuß erstrecken sich kilometerweit schneeweiße, naturbelassene Strände. Der Küstenabschnitt ist Teil des Wolliner Nationalparks und steht unter Naturschutz (S. 116).

Schöne Routen

Auf der 102 von Międzyzdroje nach Kamień Pomorski: Parallel zur Küste geht es durch die Wälder des Nationalparks nach Kołczewo, wo sich Polens ältester Golfplatz befindet. Bei Dziwnów wird die Dziwna auf einer Drehbrücke überquert, danach knickt die Straße südwärts in Richtung Kamień Pomorski ab (S. 122).

Nostalgische Bahnfahrt mit Dampflok: In den Sommermonaten verkehrt eine Schmalspurbahn von Trzęsacz über Rewal nach Trzebiatów (S. 127).

Meine Tipps

Stettin am Wasser: An lauen Sommerabenden gibt es kaum etwas Schöneres, als längs der Oder zu schlendern und ein Bier zu trinken. Tagsüber lockt auf der Insel Grodzka ein Strand, auf der Insel Łasztownia das MCN mit Ausstellungen rund ums Meer (S. 102).

Wikinger-Festival in Wolin: Schiffsregatten auf alten Drachenbooten und in historische Kostüme gekleidete ›Wikinger‹ – Zeitreise pur (S. 123)!

Strandtouren: Von Świnoujście laufen Sie westwärts (S. 115), von Międzyzdroje ostwärts, so weit die Füße tragen (S. 116). Toll ist auch der kilometerlange Strand, der von Rewal bis Niechorze führt (S. 127).

Ostsee
Zatoka Pomorska
Pommersche Bucht
Usedom
Kołobrzeg
(Kolberg)
Rewal
(Rewahl)
Nostalgische Bahnfahrt mit Dampflok
Trzęsacz (Hoff)
Pogorzelica
(Fischerkaten)
Trzebiatów
(Treptow a. d. Rega)
Auf der 102 von Międzyzdroje nach Kamień Pomorski
Dziwnów
(Berg Dievenow)
Kamień Pomorski
(Cammin in Pommern)
Steilküste von Wollin
Strandtouren
Międzyzdroje
(Misdroy)
Wolin
(Wollin)
Wandern im Wolliner Nationalpark
Świnoujście
(Swinemünde)
Radtour zum Haff
Karsibór
Wikinger-Festival in Wolin
Stettiner Haff
Zalew Szczeciński
Szczecin
(Stettin)
Stettin am Wasser
DEUTSCHLAND
Stargard Szczeciński
(Stargard)
Odra
Oder

Altstadt ganz neu in Stettin

Radtour zum Haff: An einem leuchtend türkisfarbenen See vorbei und durch urwüchsigen Buchenwald geht es zu einem spektakulären Kliff mit tollem Blick (S. 114).

Wandern im Wolliner Nationalpark: Hier ist man ganz allein mit den Naturgewalten, den von der Brandung zernagten Klippen und windgepeitschten Bäumen! Zwei Touren führen durch die schönsten Landschaften (S. 118).

Stettin

▶ 1, B 6

Bunte mittelalterliche Giebelhäuser und ein Schloss im Stil der Renaissance, dazu Parks und breite Alleen, belebte Terrassen und Plätze: Die alte Hansestadt, von Hafen und Handel geprägt, ist eine ›Großstadt im Grünen‹. Mit 405 000 Einwohnern ist sie die größte Küstenstadt zwischen Hamburg und Danzig und von Berlin über die Ostseeautobahn schnell erreichbar.

Szczecin (Stettin) ist eine Provinzmetropole voller Vitalität. 50 000 junge Menschen studieren an den insgesamt acht Hochschulen, und die Kulturszene kann sich sehen lassen: Von Electronic Beats bis zur traditionellen Oper ist alles im Spielplan vertreten. Noch vor ein paar Jahren hatte man weniger von Kultur als vielmehr von der ungewissen Zukunft des Hafens gesprochen. Nach Schließung der Werft Stocznia Szczecinska, einer der größten Schiffsbauer im Ostseeraum, haben an die 40 000 Bewohner die Stadt verlassen. Doch diese Zahlen sind inzwischen vergessen, Geschäftsleute träumen seit dem EU-Beitritt von einer neuen wirtschaftlichen Drehscheibe zwischen Mitteleuropa und dem Baltikum. Brüsseler Fördergelder machen es möglich. Ein Technopark im Stettiner Westen, ein neuer Flughafen in Dąbie und ein Flüssiggasterminal sind nur einige der Großprojekte, die in Angriff genommen wurden. ›Baltic Neopolis Floating Garden 2050‹ nennt sich hochtrabend das Programm zur architektonischen Neugestaltung der Stadt: Das abgewrackte Werftgelände auf der Insel Łasztownia wird eine schicke Hafen-City; Altstadt, Uferpromenaden und Boulevards werden aufgehübscht. Man hat den Eindruck, Stettin wolle an die Gründerzeit anknüpfen, als die Stadt nach Pariser Vorbild umgestaltet wurde. Damals entstanden weiträumige Plätze, von denen sternförmig Alleen ausgingen – vielleicht eine Nummer zu groß, aber doch dem Geist der Zeit entsprechend und mit viel Luft zum Atmen.

Ein Blick zurück

Noch vor der polnischen Staatsgründung errichteten slawische Stämme auf einem Hügel an der Oder eine Wehrburg. Von ihnen stammt auch der Name der Region Pommern (*po morze* = ›Land am Meer‹). Deutscher Einfluss setzte sich im 12. und 13. Jh. durch, als das Land systematisch christianisiert und besiedelt wurde. Die pommerschen Fürsten aus dem slawischen Greifen-Geschlecht machten Stettin, ab 1278 Mitglied der Hanse, zum Sitz ihrer Residenz, was es bis 1630 blieb. Während des Dreißigjährigen Krieges fiel die Stadt an Schweden, das sich freilich an dem Besitz nicht sonderlich interessiert zeigte und ihn 1720 gegen Zahlung einer geringen Summe an Preußen verschacherte. Im 19. Jh. war Stettin ein wichtiges Verwaltungszentrum, seinen größten Aufschwung erlebte es im Gefolge der Einigung des Deutschen Reichs. 1873 entstand ein großer Bahnhof, ein Jahr darauf das Hauptpostamt und weitere fünf Jahre später das neue Rathaus. Die Stadt avancierte zum maritimen Vorposten Berlins, es blühten Ordnung, Handel und Industrie. Viele Sehenswürdigkeiten gab es in der Stadt freilich nicht. Noch 1936 wurde in Reisebüchern empfohlen, maximal eine Stunde für einen Rundgang zu veranschlagen. Auch der in Stettin geborene Schriftsteller Alfred Döblin zeigte sich nicht begeistert. »Der Paradeplatz«, schrieb er, »war ungewöhnlich langweilig. (…) Die Häuser waren niedrig, die Stadt war sehr unbelebt und ohne Farbe.«

Von Stettins angesagter Ufermeile bietet sich ein herrlicher Blick auf die Hakenterrasse

1945 war es dann mit der soliden preußisch-pommerschen Ordnung vorbei. Zwei Drittel aller Häuser hatte der Krieg zerstört, Altstadt und Hafen versanken in Trümmern. Aus Stettin, der Hauptstadt Pommerns mit einem polnischen Bevölkerungsanteil von nur 4 %, wurde binnen kürzester Zeit Szczecin, die Hauptstadt der polnischen Woiwodschaft. In kürzester Zeit sank der deutsche Bevölkerungsanteil von 96 % auf 1 %. Die neuen Bewohner kamen aus den ehemals polnischen, nun aber sowjetischen ›Ostgebieten‹. Darunter waren nicht nur Polen, sondern auch viele Litauer und zwangsweise umgesiedelte Ukrainer. An ihnen lag es, die Stadt, mit der sie anfangs so wenig verband, neu entstehen zu lassen. Der Aufbau schritt nur langsam voran. Anders als in Danzig oder Warschau hat man die Altstadt nur teilweise rekonstruiert. Und nicht immer hatte man bei der Planung des Neuen eine glückliche Hand: Reste alten Stettiner Reichtums kontrastieren schmerzhaft mit gesichtsloser Nachkriegsarchitektur und überdimensionierten Autotrassen.

Rundgang

Cityplan: S. 372

Alle wichtigen Sehenswürdigkeiten der Altstadt lassen sich bequem zu Fuß erkunden: Sie liegen zwischen dem westlichen Oderufer (Nabrzeże Wieleckie) und dem ehemaligen Hohenzollernplatz (pl. Grunwaldzki).

Hafentor 1

Als Einstieg empfiehlt sich das **Hafentor** (Brama Portowa). Von 1725 bis 1729 wurde es erbaut – damals Teil der preußischen Stadtbefestigung, heute eine Trutzburg inmitten des wild wogenden Verkehrs. Über die Wyszyńskiego-Allee läuft man zum Oderufer hinab und sieht zur Linken den roten Turm eines gewaltigen Backsteinbaus.

Jakobskathedrale 2

http://katedra.szczecin.pl

Die **Jakobskathedrale** (Katedra Św. Jakuba) ist die mit Abstand größte Kirche Stettins und entstand im ausgehenden Mittelalter. Das In-

Prächtig restaurierte Häuser schmücken den Alten Markt in Stettin

nere ist nicht so prunkvoll, wie man es von außen erwartet. Sehenswert sind die Marienkapelle mit einem auf zwei Säulen ruhenden Kreuzgewölbe sowie der gotische Flügelaltar in der Sakramentskapelle. In einem Pfeiler nahe der Orgel ruht das Herz des Komponisten Carl Loewe, der in der Kirche von 1820 bis 1862 als Organist arbeitete. Viele romantische Balladen hat er komponiert, darunter den ›Erlkönig‹, eine Vertonung des Gedichts von Johann Wolfgang von Goethe. Spaß macht die Fahrt mit dem Lift zur Aussichtsterrasse in 56 m Höhe, von dem sich ein weiter Blick auf die Stadt bietet. Übrigens ist der im Krieg zerstörte Turm, der erst vor wenigen Jahren wieder aufgebaut wurde, doppelt so hoch!

Palais unter dem Globus 3

Nördlich der Kirche, am Plac Orła Białego, lassen sich Touristen gern an einem barocken, von einem Adler gekrönten Springbrunnen fotografieren. Schräg gegenüber befindet sich das **Palais unter dem Globus** (Pałac Joński), in dem 1759 Gräfin Sophia Dorothea, die spätere Zarin Maria Fodorowna, geboren wurde (heute Akademie der Künste). Ungleich berühmter ist freilich ihre Vorgängerin Katharina die Große (geb. 1729), gleichfalls eine Stettinerin. Ihr Geburtshaus in der Ulica Farna 2 steht ein paar Straßen entfernt.

Johanniskirche 4

Zurück auf der Wyszyński-Allee, fast schon am Oderufer, liegt rechts der Straße die dreischiffige **Johanniskirche** (Kościół Św. Jana). Sie wurde Ende des 14. Jh. durch den Franziskanerorden gestiftet, dessen Ordensbrüder 1240 nach Stettin kamen. Etwa zur gleichen Zeit, als die Kirche entstand, machte man sich an den Bau der **Langen Brücke** (Most Długi), die die heutige Altstadt mit der gegenüberliegenden Insel Łasztownia (Lastadie) verbindet.

Uferpromenade 5

Am Fuß der Langen Brücke beginnt die kilometerlange Uferpromenade (Bulwar Piastowski). Sie ist begrünt und so breit, dass sich Fußgänger und Radfahrer nicht in die Quere kommen. Bänke und bis zur Wasserkante führende Stufen laden zu einer Pause ein. Maritime Skulpturen und ankernde Boote sorgen für Seeromantik. Und natürlich verbringt man gern Zeit in einem der Terrassenlokale …

Um den Alten Markt

Zur Jahrtausendwende wurde endlich auch das Viertel um den **Alten Markt** (Stary Rynek) rekonstruiert: Pastellfarbene Giebelhäuser mit Fassadenschmuck und kopfsteingepflasterte Gassen mit schmiedeeisernen Laternen vermitteln hanseatisches Flair. In die Häuser zogen Cafés, Restaurants und Blues-Bars ein – vor allem in den Abendstunden beleben jüngere Stettiner die neue Altstadt am Fluss. Inmitten dieses bunten Ensembles befindet sich das **Alte Rathaus** 6 (Stary Ratusz), ein zierlicher Backsteinbau mit filigranem Ziergiebel. Anhand von Dokumenten, Karten und Fotografien wird im hier untergebrachten **Stadtmuseum** die Geschichte Stettins vom 10. Jh. bis heute nachgezeichnet (https://muzeum.szczecin.pl, Di–Do u. Sa 10–18, Fr u. So 10–16 Uhr, 3 €). Interessant ist auch ein Abstecher in die original erhaltenen Kellergewölbe: Wo einst Weinfässer gelagert wurden, öffnet heute die stimmungsvolle Mikrobrauerei Wyszak.

Loitzenhof 7

Nur wenige Schritte entfernt, erreichbar über eine mittelalterliche Gasse, kommt man zum **Loitzenhof** (Dom Loitzów), einem der wenigen original erhaltenen Bürgerhäuser der Stadt. Vierstöckig und mit markantem Fassadenschmuck bildete er im frühen 16. Jh. den repräsentativen Rahmen für die Bankiersfamilie Loitz, die ›baltischen Fugger‹. Sie besaßen eine eigene Flotte und pflegten Handelskontakte von der Ost- bis zur Nordsee, versorgten Adel und Krone mit schier unerschöpflichem Kredit. Doch als der letzte Jagiellonenkönig 1572 starb, ohne bei der Bank seine Schulden beglichen zu haben, geriet die Familie in finanzielle Schwierigkeiten. Sie musste Konkurs anmelden und ihre Renaissancevilla aufgeben.

Schloss der Pommerschen Herzöge 8

ul. Korsarzy 34, http://zamek.szczecin.pl, Innenhöfe tgl. 6–23 Uhr, Eintritt frei, wegen umfangreicher Renovierung sind viele Säle geschl.; Tickets für den Turmaufstieg erhält man in der angeschlossenen Touristeninformation (tgl. 10–18 Uhr)

Das unbestritten schönste Gebäude der Stadt ist das am hohen Ufer der Oder thronende **Schloss der Pommerschen Herzöge** (Zamek Książąt Pomorskich). Schon von Weitem fallen die weiß verputzte Renaissance-Attika und der hohe, kuppelgekrönte Turm ins Auge. Man merkt dem Schloss nicht an, dass es erst wenige Jahrzehnte alt ist: Nach den Zerstörungen im Zweiten Weltkrieg wurden seine fünf rings um Innenhöfe angeordneten Gebäudeflügel neu aufgebaut. Heute dient das Schloss als städtisches Kunst- und Kulturzentrum. Hier werden Opern und Operetten aufgeführt, Konzerte finden in der ehemaligen Schlosskapelle mit herrlich bemaltem Renaissance-Gewölbe, im Sommer auch im zentralen Haupthof, statt. Winzig ist die Krypta, in deren Mauern eine seltsame Geschichte eingeschrieben ist: Nach dem Tod des letzten Greifen wurde sie von den neuen schwedischen Machthabern versiegelt und im Laufe der Zeit schlichtweg vergessen. Erst beim Wiederaufbau des Schlosses nach 300 Jahren wurde sie unter den Trümmern zufällig wiederentdeckt. Nicht schlecht staunten Bauarbeiter, als sie in den Mauernischen 14 Sarkophage erblickten – seit 2016 sind sie hier wieder zu sehen. In der ›Gotischen Galerie‹ kann man sich anhand vergilbter Dokumente und Fotos in die verschiedenen Bau- und Herrschaftsphasen des Schlosses hineinversetzen. Auch ein virtuos gezeichneter Stich von Matthäus Merian von 1652 ist ausgestellt, der beim Wiederaufbau als wichtige Vorlage diente. Darauf sind Menschen zu sehen, die auf dem Schlossdach lustwandeln. Tun Sie es ihnen nach und besuchen Sie Stettins größte Aussichtsterrasse mit Weitblick über die Stadt! Unbedingt lohnend ist auch der Aufstieg über 204 Stufen (bzw. mit Lift) zur Spitze des Glockenturms,

Szczecin/Stettin

Sehenswert

1 Hafentor
2 Jakobskathedrale
3 Palais unter dem Globus
4 Johanniskirche
5 Uferpromenade
6 Altes Rathaus
7 Loitzenhof
8 Schloss der Pommerschen Herzöge
9 Bastei der Sieben Mäntel
10 Hakenterrasse
11 Woiwodschaftsamt
12 Schifffahrtsmuseum (im Nationalmuseum)
13 Kranosaurier
14 MCN – Zentrum für maritime Wissenschaft
15 Tor der Preußischen Huldigung
16 Peter-und-Paul-Kirche
17 Professorenhäuser
18 Nationalmuseum
19 Zentrum des Dialogs
20 Plac Lotników
21 Plac Grunwaldzki

Übernachten

1 Park
2 Radisson
3 Zamek Centrum
4 Victoria
5 Camping Marina

Essen & Trinken

1 Bombay
2 Wyszak Browar
3 Amore Mio
4 Buddha
5 Karczma Polska Pod Kogutem
6 Colorado
7 Kuś Mnie

Einkaufen

1 Galaxy Centrum
2 Galeria Kaskada

Abends & Nachts

1 Free Blues Club
2 Filharmonia
3 Kino Pionier
4 Willa Lentza

Aktiv

1 Fahrradverleihsystem Bike_S
2 Podziemna Trasa
3 Dworzec Morski (Anlegestelle für Schiffsausflüge)
4 Golfplatz Binowo Park

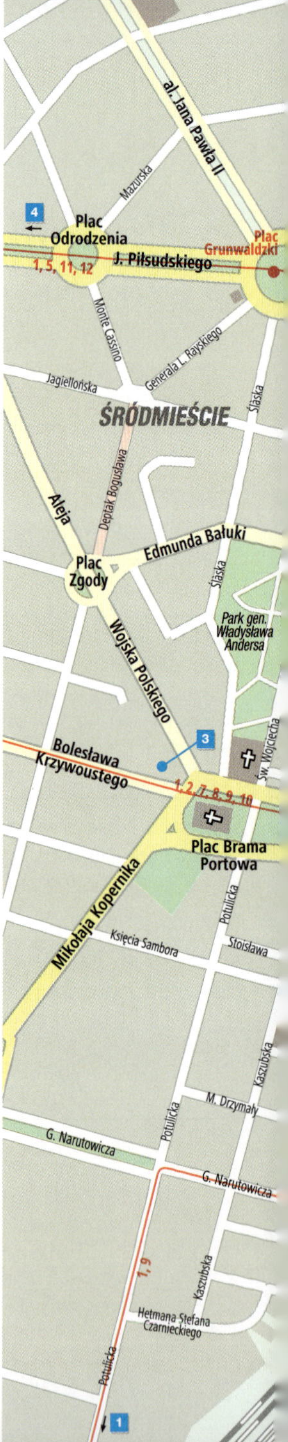

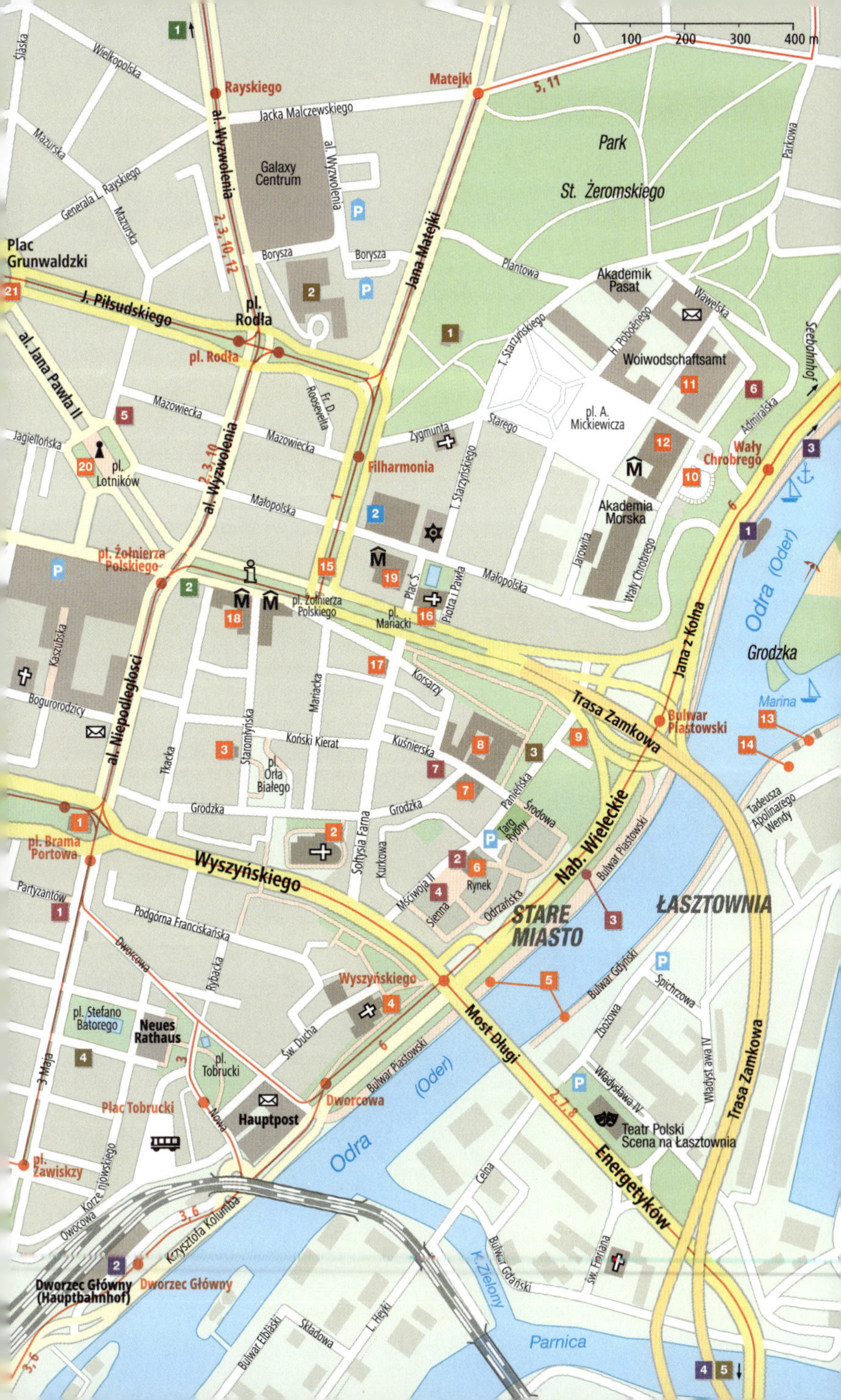

0
100
200
300
400 m
Rayskiego
Matejki
5, 11
Park
St. Żeromskiego
Jacka Malczewskiego
Galaxy
Centrum
al. Wyzwolenia
2, 3, 10, 12
Śląska
Wielkopolska
Mazurska
Generała L. Rayskiego
Plac
Grunwaldzki
Borysza
Jana Matejki
Parkowa
Plantowa
Akademik
Pasat
Wawelska
Seebohmhof
J. Piłsudskiego
pl.
Rodła
pl. Rodła
al. Jana Pawła II
Fr. D. Roosevelta
T. Starzyńskiego
H. Pobożnego
Woiwodschaftsamt
Mazowiecka
Zygmunta
Starego
pl. A.
Mickiewicza
Admiralska
Wały
Chrobrego
Jagiellońska
pl.
Lotników
Filharmonia
Akademia
Morska
Małopolska
Jarowita
Wały Chrobrego
pl. Żołnierza
Polskiego
Plac S.
Piotra i Pawła
pl. Żołnierza
Polskiego
pl.
Mariacki
Jana z Kolna
Odra (Oder)
Grodzka
Kaszubska
Bogurorodzicy
al. Niepodległości
Staromłyńska
Mariacka
Korsarzy
Trasa Zamkowa
Bulwar
Piastowski
Marina
Koński Kierat
Kuśnierska
pl.
Orła
Białego
Tkacka
Grodzka
Grodzka
Pańeńska
Środowa
Nab. Wieleckie
Tadeusza
Apolinarego
Wendy
pl. Brama
Portowa
Wyszyńskiego
Sołtysia Farna
Kurkowa
Targ
Rybny
Rynek
Mściwoja II
Sienna
Odrzańska
Bulwar Piastowski
STARE
MIASTO
ŁASZTOWNIA
Partyzantów
Podgórna Franciszkańska
Dworcowa
Rybacka
Wyszyńskiego
Bulwar Gdyński
Spichrzowa
Most Długi
pl. Stefano
Batorego
Neues
Rathaus
pl.
Tobrucki
Św. Ducha
Zbożowa
Władysława IV
Władysława IV
3 Maja
Plac Tobrucki
Hauptpost
Dworcowa
Bulwar Piastowski
Odra
(Oder)
2, 7, 8
Teatr Polski
Scena na Łasztowni
Trasa Zamkowa
Nowa
Energetyków
pl.
Zawiszky
Korzeniowskiego
Owocowa
3, 6
Krzysztofa Kolumba
Celna
Bulwar Gdański
K. Zielony
św. Floriana
Dworzec Główny
(Hauptbahnhof)
Dworzec Główny
3, 6
Bulwar Elbląski
Składowa
L. Heyki
Parnica

der nicht nur eine Ausstellung zu Stettins Wehranlagen bietet, sondern auch einen Panoramablick auf die Stadt und das Oderhaff eröffnet. Auch das Schloss lässt sich von hier gut überblicken. Auf Augenhöhe hängt die skurrile Schlossuhr von 1693, deren Zifferblatt ein Gesicht ziert: Im weit aufgerissenen Mund erscheint der Monatstag, auf der Nase klebt der Stundenzeiger, dessen Bewegung von den Augen rollend verfolgt wird.

Bastei der Sieben Mäntel 9

Geht man um das Schloss herum, passiert man die **Bastei der Sieben Mäntel** (Baszta Panieńska Siedmiu Płaszczy), einen mächtigen Wehrturm aus dem frühen 15. Jh. Um seinen Namen rankt sich eine Legende: Die Königin erteilte einem Schneider den Auftrag, sieben kostbare, mit Gold und Edelsteinen bestickte Mäntel anzufertigen. Das gierige Schneiderlein nahm den kostbaren Stoff und machte sich auf und davon. Weit ist es nicht gekommen. Von königlichen Häschern erfasst, wurde es in den Kerker des Turms geworfen, wo es elendig zugrunde ging.

Hakenterrasse 10

Kein architektonisches Glanzstück ist die angrenzende Trasa Zamkowa, ein über 2 km langes Brückenbauwerk, das man 1987 dem Verkehr übergab. Möglichst schnell lässt man den Autolärm hinter sich und geht hinüber zur **Hakenterrasse** (Wały Chrobrego). An dieser Promenade hoch über der Oder zeigt sich Stettin von seiner schönsten Seite. Im Schatten alter Bäume öffnen Café-Pavillons und Biergärten, von denen man auf die auf dem Fluss dahinziehenden Schiffe hinabschauen kann. Ende des 19. Jh. hatte der damalige Bürgermeister Hermann Haken die mittelalterlichen Wehranlagen schleifen und an ihrer Stelle imposante Repräsentationsbauten errichten lassen – ein Machtsymbol des in der Gründerzeit reich gewordenen Bürgertums. Das glanzvollste Haus wurde 1911 im Stil der Neorenaissance errichtet. Damals residierte hier die preußische Bezirksregierung, heute die Marinehochschule und das polnische **Woiwodschaftsamt** 11 (Urząd Wojewódzki). Stettiner Kaufleute stifteten 1913 das **Schifffahrtsmuseum** 12, heute Teil des Nationalmuseums, das hier »Außereuropäische Kulturen« vorstellt: all das, was Stettiner von ihren Reisen, hauptsächlich aus Afrika, mitbrachten. Toll: Der Oderblick vom Museumsturm (ul. Wały Chrobrego 3, https://muzeum.szczecin.pl, Di–Do und Sa 10–18, Fr/So 10–16 Uhr, 4 €, Turm 2,50 €)!

Von der 500 m langen Uferböschung steigt man über eine kolossale Freitreppe zum Fluss hinab, wo die Schiffe der Weißen Flotte zur Hafenrundfahrt starten.

Wyspa Grodzka & Łasztownia

Gegenüber den Hakenterrassen, auf der Insel **Wyspa Grodzka,** der einstigen ›Schlächterwiese‹, entstand ein großer Strand sowie eine Marina, die südwärts bis zur Insel Łasztownia (Lastadie) reicht. Eine Promenade erlaubt angenehmes Bummeln mit Blick auf Stettins historische Kulisse. Rings um den Jachthafen entsteht das maritime Zentrum der Stadt mit schicken Wohnhäusern, Cafés und Restaurants. Schon jetzt Kult sind die **Kranosaurier** 13, drei Krupp-Kräne aus den 1920er-Jahren, die nachts fantastisch beleuchtet werden. Seit 2023 gibt es eine weitere Attraktion: Das **MCN – Zentrum für maritime Wissenschaft** 14 liegt wie ein riesiges, gestrandetes Schiff am Kai. 122 m lang, 14 m hoch, überzogen mit einer rötlichen Außenhaut, die abends gleichfalls leuchtet. In seinem Inneren dreht sich alles ums Wasser: Wie entsteht eine Welle, ein Strudel, eine Strömung? Die Geschichte der Seefahrt wird dargestellt, vom Schiffsbau bis zur Seenotrettung. Auch Seeleute werden vorgestellt, z. B. Aleksander Doba, der im Kajak mutterseelenallein den Atlantik querte. Zur Seefahrt gehört die Navigation, früher nur möglich durch Sternbeobachtung. In Erinnerung daran zeigt ein in einer Betonkugel untergebrachtes 3-D-Planetarium simulierte Sternbilder. Zuletzt geht es aufs Oberdeck des MCN, wo sich ein schöner Blick auf die gegenüberliegende Altstadt bietet (Morskie Centrum Nauki, ul. Nad Duńczycą 1, www.centrumnauki.eu, Di–Fr 9–17 und Sa–So 10–18 Uhr, Eintritt 7,50 €, Planetarium 6,50 €).

Peter-und-Paul-Kirche in Stettin

Tor der Preußischen Huldigung 15

Zurück aufs Festland: Der **Platz des polnischen Soldaten** (pl. Żołnierza Polskiego) wirkt mit seinem lang gestreckten Mittelstreifen eher wie ein Boulevard. Architektonischer Blickfang ist das **Tor der Preußischen Huldigung** (Brama Hołdu Pruskiego) anno 1725, das an jenen König erinnert, dem es gelungen war, die Stadt den Schweden zu einem Spottpreis abzunehmen.

Peter-und-Paul-Kirche 16

600 Jahre zuvor waren die Zisterzienser in die Stadt gekommen und hatten die Christianisierung der Bewohner eingeleitet. Ihre alte Kirche gibt es nicht mehr, doch wo sie einmal stand, erhebt sich nun die **Peter-und-Paul-Kirche** (Kościół Św. Piotra i Pawła). Der einschiffige Backsteinbau aus dem 14. Jh. besitzt eine originelle Holzdecke, in deren Mitte die hl. Dreifaltigkeit thront. Gegenüber der Kirche, auf der anderen Straßenseite, erblickt man die **Professorenhäuser** (Kamienice Profesorskie) 17, die im 15. Jh. für die Lehrer des Marienstifts errichtet wurden.

Nationalmuseum 18

ul. Staromłyńska 1 und 27, https://muzeum.szczecin.pl, Di–Do und Sa 10–18, Fr/So 10–16 Uhr, 4 €

Das **Nationalmuseum** (Muzeum Narodowe) ist in zwei Gebäuden beiderseits der Staromłyńska untergebracht. Im Haupthaus sieht man Kunst aus der Zeit, als Stettin Sitz der Greifenherzöge war: gotische Skulpturen und Altarbilder, ein Grafikkabinett und den Sarkophag von Bogusław XIV., mit dessen Tod 1637 die Dynastie erlosch – er ist der schönste im Bunde der 14 aus der Schloss-Krypta geborgenen Grabmäler. Das Haus gegenüber ist der klassischen Moderne in Polen gewidmet.

Zentrum des Dialogs 19

pl. Solidarności, www.przelomy.muzeum.szczecin.pl, Di–Do, Sa 10–18, Fr, So 10–16 Uhr, 3 €

Interessantes ist auf dem benachbarten **Plac Solidarności** zu sehen. Hoch hinaus will die Philharmonie, die mit spitz aufschießenden, schneeweißen Giebeln Stettins Gotik zitiert. Das gegenüberliegende **Zentrum des Dialogs** (Centrum Dialogu Przełomy) dagegen taucht unter die Erde: Hier wird Stettins dramatische Geschichte seit 1945 erzählt: vom Bevölkerungsaustausch nach dem Zweiten Weltkrieg über die Arbeiteraufstände von 1970/1980 bis zum Zusammenbruch des Sozialismus 1990. Eine Collage aus Originalgegenständen, Modellen und (übersetzten) Augenzeugenberichten ermöglicht es, sich in jene Zeit zurückzuversetzen.

Plac Lotników und Plac Grunwaldzki

Will man zum Ausgangspunkt der Tour zurückkehren, biegt man in die breite, nach Süden verlaufende Aleja Niepodległości, den preußischen ›Paradeplatz‹, ein. Hat man mehr Zeit, verschafft man sich noch einen Eindruck vom ›modernen‹ Stettin. Dazu folgt man der Aleja Jana Pawla II, einer der nach Pariser Vorbild angelegten Alleen stadtauswärts.

Der **Plac Lotników** 20 ist ein beliebter Treff. In seiner Mitte steht das Reiterstandbild Bartolomeo Colleonis, eine 1913 erstellte Kopie des Bronzeritters von Venedig, den Andrea del Verrocchio über 400 Jahre zuvor angefertigt hatte. Es zählt zu den bedeutendsten Standbildern der Renaissance. Den benachbarten **Plac Grunwaldzki** 21 säumen Bürgerpaläste aus der Gründerzeit. Prachtvolle Gründerzeithäuser säumen auch die sternförmig ausstrahlenden Boulevards. In eine Szenemeile hat sich die Aleja Jana Pawła II. verwandelt: mit Bistros und Lokalen sowie Terrassencafés auf dem grünen Mittelstreifen.

Infos

Gratis-App: ExploreOder für iOS und Android

Centrum Informacji Turystycznej: pl. Żołnierza Polskiego 20, Tel. 91 434 04 40, https://visitszczecin.eu/de/13-touristeninformation, Adressen und Kurzbeschreibungen der verschiedenen Tourist Informationen der Stadt.

CIT Zamek: Zamek Książat Pomorskich, ul. Korsarzy 34, Tel. 91 489 16 30, http://zamek.szczecin.pl, tgl. 10–18 Uhr, im Winter Mo geschl. Im Schlossbüro erhält man Hotelinfos, Eintrittskarten für kulturelle Veranstaltungen und für die Besteigung des Schlossturms.

Tourist Card: Die Karte wird in beiden touristischen Informationsbüros zum Kauf angeboten. Sie ist 24 bzw. 72 Stunden (5 bzw. 7,50 €) gültig und gewährt Ermäßigungen von bis zu 50 % in verschiedenen Museen, Cafés und Restaurants der Stadt, außerdem freie Fahrt im öffentlichen Stettiner Nahverkehr. Weitere Infos unter https://visitszczecin.eu/de.

Übernachten

Stettin bietet viele Übernachtungsmöglichkeiten in allen Preisklassen, sodass man selbst in der Ferienzeit kein Problem hat, ein freies Bett zu finden.

Von viel Grün umgeben – **Park** 1**:** ul. Plantowa 1, Tel. 91 434 00 50, www.parkhotel.szczecin.pl, 15 Zimmer. Gediegenes Wohnen in einer restaurierten, 100-jährigen Villa im Żeromski-Park mitten in der Stadt. Mit stilvollem Restaurant, Sauna und Hallenbad. €€€

Zentrales Großhotel – **Radisson** 2**:** pl. Rodła 10, Tel. 91 359 55 95, www.radissonblu. com/hotel-szczecin, 369 Zimmer und Apartments. Komforthotel, angeschlossen ans Geschäftszentrum Pazim. Die Zimmer sind gemütlich eingerichtet und verfügen über Klimaanlage und Föhn, von den oberen Stockwerken bietet sich ein weiter Blick über die Stadt. Zum Haus gehören zwei Restaurants, das Café 22 (s. S. 106), Sauna, Fitnessbereich und Hallenbad sowie ein Nachtklub. €€€

Schick in der Altstadt – **Zamek Centrum** 3**:** ul. Panieńska 15, Tel. 91 852 27 77, https://hotelzamek.biz, 14 Zimmer. In historisierendem Stil erbautes Viersternehotel. Achten Sie darauf, dass Sie kein Zimmer zur (lauten) Straße bekommen! Das Frühstücksbüfett ist reichhaltig, im obersten Geschoss stehen Sauna,

Whirlpool und Fitnessraum bereit. Ihr Auto kann ohne Zusatzkosten im Hinterhof des Hotels abgestellt werden. €€

Traditionsreich – **Victoria** 4: pl. Stefana Batorego 2, Tel. 91 434 38 55, www.hotelvictoria. com.pl, 42 Zimmer. Gründerzeithaus mit familiärem Charakter an einem ruhigen, grünen Platz, nur je fünf Gehmin. vom Bahnhof und von der Altstadt entfernt. Das Frühstücksbüfett wird im rustikalen ›Alt-Stettiner Restaurant‹ eingenommen – hier fühlt man sich 100 Jahre zurückversetzt. €

Großer Campingplatz am See – **Marina** 5: ul. Przestrzenna 23, Tel. 91 460 11 65, ganzjährig geöffnet. 5 ha große Anlage auf einem Wiesengelände am Dąbie-See, 6 km südöstlich der Stadt. Zu ihr gehört ein eigener Bootssteg mit Liegeplätzen, doch leider gibt es keine Bademöglichkeit. In der Nähe befinden sich ein Sportflugplatz und eine Bahnlinie. 150 Stellplätze und 26 Campinghütten. €

Essen & Trinken

Gut essen kann man in der kleinen Altstadt am Fuß des Schlosses und an der Flusspromenade. Längs des Boulevards Jana Pawła II. reihen sich trendige Cafés und Lokale.

Authentisch indisch – **Bombay** 1: ul. Partyzantów 1, Tel. 91 812 11 71, www.india. pl. Der indische Botschafter war, wie man im Gästebuch nachlesen kann, begeistert. Dank der seit über 30 Jahren in Polen lebenden Anita Agnihotri (bzw. auch ihres Sohns) bekommt man hier authentische indische Küche in stilvollem Rahmen. Fleisch und Gemüse werden in einem Spezialofen schonend gebacken. Besonders gut schmecken mariniertes Tandoori-Chicken, Gemüse in Safransoße und Rinderfiletstreifen Boti. Dazu bestellt man Kulcha, ein Fladenbrot, in das Weißkäse und Zwiebeln eingebacken sind. Verdauungsfördernd wirkt zum Abschluss indischer Tee mit Milch und Kardamom. €€–€€€

Unter gotischen Gewölben – **Wyszak Browar** 2: ul. Mściwoja 8, Tel. 91 488 34 81, https://browarwyszak.pl. Im Keller des mittelalterlichen Rathauses kommt man in gute Stimmung. Dazu tragen v. a. die hauseigenen Biere bei, die man in Degustationsgröße durchprobieren kann. Dazu passt die deftige Küche – von gebratenem Ziegenkäse bis Ente mit Rotkohl. Im Sommer gefällt auch die Terrasse auf dem Altstadtmarkt. €€

Am Wasser – **Amore Mio** 3: Bulwar Piastowski 4, Mobil-Tel. 576 676 908, Facebook: amore mio szczecin, Mo/Di 11–20, Mi bis 22, Do 11–21, Fr/Sa 10–1, So 10–22 Uhr. Im Pavillon an der Flusspromenade nahe der Langen Brücke (Długi Most) gibt es üppig belegte Pizzen, Eis, Kaffeespezialitäten (gut der Barraquito mit Schuss!) und Cocktails – mit Blick auf vorbeiziehende Schiffe und besonders schön zum Sonnenuntergang! €€

Thai & Fusion – **Buddha** 4: Rynek Sienny 2, Tel. 91 433 40 33, www.buddharestaurant.pl. Schön sitzt man auf der Terrasse mit Blick aufs Alte Rathaus und genießt die Thai-Gerichte. €€

Bodenständig polnisch – **Karczma Polska Pod Kogutem** 5: pl. Lotników 3, Tel. 91 434 68 73, www.karczmapodkogutem.pl. Das ›Polnische Gasthaus zum Hahn‹ bietet deftige polnische Küche in lockerem, rustikalem Ambiente. Ausgezeichnet schmecken die ›schlesische Roulade‹ *(rolada śiąska)* oder auch das zarte, mit Äpfeln überbackene Schweinefleisch mit Kartoffelklößen und Rohkost *(pokarm stadny karczek biesiadny)*. Dazu erklingt polnische Folk- und Ethno-Musik. Im Sommer speist man auf der Straßenterrasse. €€

Stimmungsvoll im Schloss – **Na Kuncu Korytarza** 7: ul. Korsarzy 34, Mobil-Tel. 601 73 23 00, auf Facebook. Wählt man im Schlosshof Eingang ›H‹ und geht *na kuncu korytarza* (»zum Ende des Korridors«), entdeckt man ein Lokal mit artistisch bemaltem Gewölbe, schummrigem Licht und leiser Musik. Beata und ihr Vater Bolesław lieben ihre Arbeit, was man nicht nur an den hausgemachten Wurstwaren (von Wildschweinschinken bis Foie gras) erkennen kann. Auch die Hauptgerichte können sich sehen lassen – lecker schmeckt beispielsweise Entenbrust in Wermut-Pflaumen-Soße. Und Hering gibt es in 15 Varianten! Wer nur eine Kleinigkeit essen will, bestellt Kuchen und Kaffee ›auf Stettiner Art‹ mit Starka-Wodka und Sahne. €€

Hoch über der Oder – **Colorado** 6: ul. Wały Chrobrego 5, Tel. 91 488 19 21, www.waly

chrobrego.com/colorado. Wildweststimmung in einem runden Holzpavillon an der Hakenterrasse über dem Oderufer. Drinnen sitzt man rustikal-gemütlich, draußen im Biergarten unter schattigen Bäumen mit Blick auf den Fluss. Dem gleichen Besitzer gehören die Nachbarpavillons Porto Grande (www.walychrobrego.com/portogrande) und Columbus (www.walychrobrego.com/columbus). €–€€

Szeniges Bistro – **Kuś Mnie** 7: ul. Kuśnierska 8/1, Di–Do 12–21, Fr/Sa 10–22, So/Mo 10–21 Uhr. »Führ mich in Versuchung« (kuś mnie) – so das Wortspiel des Bistro-Namens. Originell ist auch die Einrichtung mit Mischmaschmöbeln in bunten Farben, im Sommer mit Terrasse auf verkehrsberuhigter Straße. So unkompliziert wie das Ambiente ist auch die Küche: Salate, Burger, Bowls und Bagels, hausgemachte Kuchen. €

Einkaufen

Einkaufszentrum – Nördlich des Zentrums liegt das **Galaxy Centrum** 1 (al. Wyzwolenia 18, www.galaxy-centrum.pl) mit 200 Läden, Klettergarten und Spielplatz. Zentraler ist die **Galeria Kaskada** 2, in die die historischen Stadtmauern integriert wurden. Hier findet man auch polnische Modemarken wie Vistula, Wólczanka und Wittchen sowie den bestens sortierten Delikatessen-Supermarkt Alma (al. Niepodległości 36, www.galeriakaskada.pl). Beide Einkaufszentren sind Mo–Sa geöffnet und verfügen über große (kostenpflichtige) Parkplätze.

Abends & Nachts

Rund um das Altstädtische Rathaus gibt es gute Ausgehadressen, darunter Weinbars und Kneipen wie den **Free Blues Club** 1 in der al. Powstańcow Wielkopolskich 20 (www.freebluesclub.pl). Das Nachtleben endet werktags zwischen 23 und 24 Uhr; für das Wochenende gilt ›open end‹. Das bedeutet: Geschlossen wird, wenn der letzte Gast gegangen ist.

Kulturevents im Schloss – **Zamek** 7: Viele Kulturveranstaltungen finden im Stettiner Schloss statt. Im Innenhof werden in den Sommermonaten fast jeden Abend Jazz- oder Klassikkonzerte veranstaltet; in den Seitenflügeln sind Kino, Oper und Operette, im Keller das Teatr Krypta untergebracht. Infos zu den aktuellen Veranstaltungen erhält man im Touristenbüro im Schloss.

Klassische Konzerte – **Filharmonia** 2: ul. Małopolska s/n, https://filharmonia.szczecin.pl/de. Der 2014 eingeweihte Bau – mit zwei Konzertsälen und einer Kunstgalerie – ist wohl Polens ungewöhnlichster Musiktempel: Seine asymmetrischen, gläsernen Spitzgiebel erinnern an Stettins gotische Kirchen und zugleich an die Verladekräne im nahen Hafen. Manche sehen in den weiß-grau schimmernden Spitzen einen Eisberg. Auch die Akustik ist ungewöhnlich gut!

Kino – **Pionier** 3: al. Wojska Polskiego 2, www.kino-pionier.com.pl. Guinness-amtlich geprüft: Im ältesten Kino der Welt werden seit 1909 Filme gezeigt – noch heute sitzt man gemütlich an Bistro-Tischen; häufig werden ausländische Filme im O-Ton gezeigt.

Nicht nur (Garten-)Konzerte – **Willa Lentza** 4: al. Wojska Polskiego 84, www.willa-lentza.pl. World Music, Klassik, Jazz, Vernissagen und andere Happenings in einer herrschaftlichen Villa.

Biergärten über dem Fluss – **Wały Chrobrego (Hakenterrasse)** 10: Drei Lokale und Pubs folgen hier dicht aufeinander: Colorado 6 (s. Essen & Trinken), Chrobry und Columbus, alle mit Blick auf vorbeifahrende Schiffe.

Panoramabar – **Café 22** 2: pl. Rodła 8 (Hotel Radisson), https://cafe22.pl, 11–23 Uhr, Do–Sa bis 24 Uhr. Von der Piano-Bar im obersten – d. h. 22. – Stock genießt man gegen Abend den Sonnenuntergang, später schaut man auf das Lichtermeer von Stettin und schlürft Cocktails.

Aktiv

Stettin per Rad erkunden – Für das Verleihsystem **Bike_S** 1 von knapp 400 Rädern an 33 Stationen im Stadtgebiet kann man sich auf der deutschsprachigen Website unter Angabe der E-Mail-Adresse registrieren lassen. Anmeldung und Bezahlung der niedrigen Gebühr unter https://bikes-srm.pl (Ausleihe von Frühjahr bis Herbst).

Unterirdisches Sightseeing – **Podziemna Trasa** 2 **:** ul. Kolumba 1/Dworzec Główny PKP, Zugang Gleis 1, www.schron.szczecin.pl, tgl. 11–16 Uhr, 10 €. Unter dem Hauptbahnhof befindet sich ein 500 m langer Bunker, der bei jeder Besichtigung ›zum Leben erweckt‹ wird. Besucher nehmen teil an einer akustisch-optischen Inszenierung, die sie mal in den Zweiten Weltkrieg, mal in den Kalten Krieg versetzt (auch ohne Führung möglich).

Schiffstouren – Von der Anlegestelle **Dworzec Morski** 3 (ul. Jana z Kolna) starten von Mai bis September mehrmals täglich ein- und zweistündige Hafenrundfahrten mit der »Dziewanna«, »Sedina« und »Kapitan Cook«; auch zweieinhalbstündige Touren, die den Dąbie-See miteinbeziehen, werden angeboten (ab 18 €, Tel. 600 22 11 00, https://statek.pl). »Sonnenuntergangstouren« starten weiter südlich vom Bulwar Piastowski mit der »Joanna« (Tel. 609 05 54 31, www.msjoanna.pl).

Wandern und Radfahren – Ein internationaler Radwanderweg verbindet Szczecin mit Świnoujście sowie den deutschen Städten Ueckermünde und Anklam.

Golf – **Binowo Park** 4 **:** Binowo 62, Tel. 91 404 15 33, www.binowopark.pl. 18-Loch-Anlage in der Buchheide 15 km südlich der Stadt; angeschlossen sind eine 9-Loch-Trainingsanlage, Putting Green und Driving Range, Klubhaus mit Restaurant und Golfshop. Mit deutschsprachigem Unterricht.

Wellness – **Spa Baltica** 2 **:** Pazim-Center, pl. Rodła s/n, Tel. 91 359 44 00, tgl. 9–22 Uhr, https://spabaltica.pl. Das Spa ist an das Radisson-Hotel angeschlossen. Es gibt Dampf-, Aroma- und Osmanenbad, Erlebnisduschen, Whirlpools, eine Schneegrotte, Behandlungen vom Schoko-Bad bis zur Fußmassage.

Termine

Aktuelle Events: https://wydarzenia.szczecin.eu

Musikfest (April–Juli): Konzerte im Schlosshof und in der Philharmonie – in den vergangenen Jahren traten hier so berühmte Künstler wie Chick Corea, Paco de Lucía und das Kronos-Quartett auf. Infos: https://saa.pl.

Sail Szczecin (Juni): Zur Segelregatta und den »Tagen des Meeres« ertönen keine eingerosteten Seemannslieder, sondern frisch-freche Shanty-Songs. Infos unter https://zagle.szczecin.eu.

Kunstsommer (20. Juni–31. Aug.): Ein weiter Bogen spannt sich vom traditionellen Johannismarkt über die wöchentlich stattfindenden Schlosskonzerte und die Noc Kupały, ein slawisch-heidnisches Fest zur Sommersonnenwende, bis hin zu den Festivals der Straßen- und Feuerkünstler.

Weihnachtsmarkt (Dez.): Großer Kunsthandwerksmarkt, Klassikkonzerte und als Zugabe Rentiere zum Anfassen im festlich geschmückten Hof des Schlosses der Pommerschen Herzöge.

Verkehr

Auto: Von Stettin, über die A-6 ans deutsche Autobahnnetz angeschlossen, geht es auf der Schnellstraße S-6 via Goleniów in Richtung Küste. Bei Wolin setzt man auf einer Brücke auf die gleichnamige Insel über, und zum ersten Mal öffnet sich ein weiter Blick auf das Haff. Nach weiteren 14 km gilt es sich zu entscheiden: Entweder man biegt rechts ab nach Międzyzdroje oder folgt der Ausschilderung nach Świnoujście, wo man über einen 1,5 km langen Tunnel auf die Insel Usedom gelangt.

Flugzeug: Der kleine internationale Airport befindet sich bei Goleniów 40 km nordöstlich der Stadt (www.airport.com.pl). Er wird von verschiedenen Billig-Airlines angeflogen und bietet tgl. Linienverbindungen der polnischen Fluggesellschaft LOT nach Warschau.

Bus/Zug: Beide Bahnhöfe liegen 1 km südlich des Stadtzentrums am Westufer der Oder. Mit dem Zug kommt man besser nach Międzyzdroje und Świnoujście, während nach Kołobrzeg häufiger Busse fahren.

Stadtverkehr: Da Stettin in den Verkehrsverbund Berlin–Brandenburg einbezogen ist, kann man mit einer in Berlin gekauften Tages- oder Wochenkarte alle öffentlichen Stettiner Verkehrsmittel frei benutzen. Infos unter: www.zditm.szczecin.pl.

Stettins Umgebung

▶ 1, B/C 5/6

Die Umgebung Stettins ist reich an Wäldern und Seen. Die Höhen und Täler der weich gewellten Moränenlandschaft sind mit Buchen bewachsen, dazwischen mischen sich Kiefern und Erlen. Nach Süden zu gelangt man über die Buchheide (Puszcza Bukowa) zum **Nationalpark Unteres Odertal** (Narodowy Park Dolinu Odry), der sich beidseits des Flusses erstreckt und das erste grenzüberschreitende Großschutzgebiet mit Deutschland bildet. Er reicht 60 km bis zum Oderbruch und umschließt eine riesige Auenlandschaft: Zwischen den beiden Armen der hier geteilten Oder breitet sich ein Wasserlabyrinth aus – ein ökologischer Filter mit Schilfdickicht, so weit das Auge reicht. Das Feuchtbiotop dient Hunderttausenden von Zugvögeln, darunter Kraniche und Graureiher, als Rastplatz (www.unteres-odertal.de).

›Kornkammer Polens‹ nennt man die Landschaft rings um den **Jezioro Miedwie** (Madü-See) südöstlich von Stettin. Dort haben die Schmelzwasser der letzten Eiszeit eine fette Schwarzerde hinterlassen, auf der Weizen und Roggen gedeihen. Um 1230 errichteten Zisterzienser auf dem fruchtbaren Terrain die berühmte **Klosterkirche bei Kołbacz** (Kolbatz). Gut 20 Jahre später wurde an der Nordseite des Sees die spätere Hansestadt **Stargard Szczeciński** (Stargard) gegründet. Wie gut es ihren Bürgern, die mit den Stettinern um die Führungsrolle konkurrierten, einst ging, verrät das Ortszentrum. Auf dem Marktplatz stehen das spätgotische Rathaus mit einem filigranen Schmuckgiebel und die arkadengeschmückte Alte Wache mit einem Regionalmuseum. Überragt wird das Ganze von der trutzigen Marienkirche anno 1292, einem kostbaren Zeugnis der Backsteingotik. Wie durch ein Wunder hat das Gotteshaus mitsamt seinen prachtvollen gotischen Skulpturen alle Kriege überstanden. Rings um das Altstadtareal verläuft eine mächtige Wehrmauer mit Türmen und Toren – wer sie abschreitet, kann zwei weitere Kirchen anschauen: Die Johanniskirche bietet von der Aussichtsgalerie ihres 99 m hohen Turms weite Blicke über die Stadt (www.cit.stargard.com.pl).

Fast zur gleichen Zeit wie Stargard entstand das nördlich gelegene **Goleniów** (Gollnow), das 1368 gleichfalls der Hanse beitrat. Der Ort liegt inmitten eines morastigen Waldgebiets, das sich bis zum Stettiner Haff erstreckt. Von der Nähe zum Stettiner Flughafen erhofft er sich eine wirtschaftliche Wiederbelebung. An die Zeit des Mittelalters erinnert nur Weniges: Reste des Wehrmauerrings, eine backsteinerne Pfarrkirche und ein Kornspeicher am Ufer der Ihna. 15 km östlich wurde das ehemalige Schlösschen der Grafen von Flemming in ein schönes Hotel verwandelt. Es liegt am See von **Maciejewo** (Matzdorf) inmitten eines alten Parks – tolle Lage, aber derzeit für Besucher geschlossen (Pałac Maciejewo, 48 Zimmer, ab Goleniów auf Straße 113).

Ein weiteres Schloss befindet sich in **Kulice** (Külz), knapp östlich von Nowogard, wo ein 300-jähriges Herrenhaus Sitz der ›Europäischen Akademie‹ wurde: Unter der Schirmherrschaft von Philipp von Bismarck, dem einstigen Sprecher der Pommerschen Landsmannschaft, und mit finanzieller Unterstützung Deutschlands wurde das ehemalige Anwesen seiner Familie aufpoliert (Akademia Europejska Kulice, Tel. 91 391 33 83, https://kulice.usz.edu.pl/de).

Nordwestlich von Stettin lohnt ein Besuch in **Trzebież** (»Ziegenort«), einem Fischerdorf mit Fachwerkhäusern, kleinen Molen und dem Schulungszentrum des polnischen Seglerverbands. Gern kommen die Stettiner am Wochenende und besuchen die Ausflugslokale. Dann belebt sich auch das deutsch-polnische Grenzdorf **Nowe Warpno** (Neuwarp). Es hat einen Marktplatz mit einem 300-jährigen Rathaus und einer spätgotischen, groß geratenen Kirche. Vom schilfbewachsenen Strand schaut man hinüber nach Altwarp, der Schwesterstadt in Mecklenburg-Vorpommern. Im Sommer herrscht an den Wochenenden reger Fährverkehr zwischen dem alten und neuen Ortsteil.

Die Hanse – freier Handel ohne Grenzen

»Krämerseelen« und »Pfeffersäcke«: So bezeichnete man einst voller Verachtung die Hanseaten. Sie selbst nahmen es gelassen, sahen sich als faire Kaufleute und weltgewandte Kosmopoliten. Den Kaufmannsbund gibt es zwar längst nicht mehr, doch das Sprichwort ist geblieben: Ein ›echter Hanseat‹ besitzt einen kühl kalkulierenden Kopf und eine Leidenschaft fürs Geschäft.

Es begann im 12. Jh.: Damals schlossen sich die Kaufleute norddeutscher Städte zur Hansa (altdeutsch: Bund) zusammen, um den wechselseitigen Handel zu fördern. Stapel- und Marktrecht, Schutz- und Zollabgaben, Münzen und Maße: All dies wurde vereinheitlicht, da die Kaufleute erkannt hatten, dass nur in einem rechtlich abgesicherten Raum das Geschäft florierte. Der Erfolg gab ihnen recht. Bald schlossen sich der Hanse weitere Städte zwischen Brügge und Nowgorod an, insgesamt etwa 200. Die meisten von ihnen lagen am Schnittpunkt von Handelsstraßen, an Flussläufen und Meeren, kurz: überall dort, wo Waren umgeschlagen wurden und von wo sie sich rasch weiterbefördern ließen.

Einen großen Vorteil besaßen die nach deutschem Recht gegründeten Städte. Ihre Bewohner waren freie Bürger, sie durften über Eigentum verfügen und es vererben, einen selbst gewählten Beruf ausüben und sich in Zünften organisieren. »Stadtluft macht frei«, so verkündeten sie stolz, in deutlicher Abgrenzung zu jenen Orten, in denen die Bewohner nichts weiter als rechtlose Knechte eines Burgherren waren. Die Städte Pommerns und Preußens besaßen freilich noch weitere Vorteile. Über sie wurde Getreide aus der Kornkammer Polen umgeschlagen, in einer Zeit unkalkulierbarer Ernten und häufiger Hungersnöte das wichtigste aller Güter. Zugleich waren sie der Brückenkopf zum russischen Pelzmarkt – Biber- und Bärenfell, Zobel und Hermelin wanderten über die Ostsee in den Westen Europas. Begehrt waren gedörrter und gesalzener Fisch, aber auch Wachs, Holz und Metall. Bald kursierte ein geflügeltes Wort, das die Spezialisierung der Städte auf den Punkt brachte: »Stettin ist ein Fisch-, Danzig ein Getreide- und Krakau ein Kupferhaus«. Im Tausch für die Rohstoffe brachten die Kaufleute flandrische Tuche und englische Wolle, venezianisches Glas, französischen Wein und das ›weiße Gold‹ Zucker. So gut verdienten die Hanseaten, dass sie sich bald auch als Bankiers einen Namen machten. Sie dominierten das Kredit- und Wechselbriefgeschäft und finanzierten Kriege für König und Adel. Fugger und Welser hießen die bedeutendsten Kaufmannsgeschlechter im Westen, im Osten Loitz (Stettin), Ferber und Uphagen (Danzig).

Mit der Entdeckung der Neuen Welt und dem Aufbau weltumspannender Kolonialreiche wurde der Niedergang der Hanse eingeleitet. Die Schaltstellen des internationalen Handels verlagerten sich nach Westeuropa, wo die Hanseaten bestenfalls ein paar Kontore, aber keinen Einfluss besaßen. Im 16. Jh. löste sich der Bund auf, erhalten blieben Krantore, Stapelplätze und Speicherinseln, backsteinerne Kirchen und Rathäuser sowie ein reicher Fundus aus Flandern importierter Kunstwerke (www.hanse.org/de).

Usedom und Wollin

Zum Auftakt der polnischen Ostseeküste erwarten Sie Strände mit feinem, fast weißem Sand – ein schönes Baderevier! Die beiden Hauptorte auf den Inseln sind Świnoujście und Międzyzdroje mit Seestegen, Flaniermeilen und historischer Bäderarchitektur. Dank vieler Ausflugsschiffe können Sie die Küste auch vom Wasser aus erleben.

Das pommersche Land ist reich an Legenden. Jedes polnische Schulkind kennt die Geschichte von der Urschlange, die so durstig war, dass sie nicht einmal vor den großen Meeren Halt machte. Als sie auch das Baltische Meer auszuschlürfen begann, wollten die Fischer der Region das nicht tatenlos hinnehmen. Um ihr den Appetit zu verderben, rammten sie ihr zwei Erdklumpen ins Maul, und diese waren so riesig und fett, dass es der Schlange bis heute nicht mehr gelungen ist, ihr Maul zu schließen.

Was da gemeint ist, verrät der Blick auf die Karte: Die Schlange ist die Oder, der aufgerissene Schlund ist das Haff; die Klumpen im Maul bilden die beiden Inseln Usedom und Wollin. Natürlich sehen Geologen die Entstehung der Inseln sachlicher. Für sie sind sie die Überbleibsel einer hoch aufragenden, eiszeitlichen Stirnmoräne, die das Meer im Laufe von mehreren tausend Jahren formte. Unentwegt hat die Brandung an der Küste genagt und gehobelt, das dabei zerriebene Gestein als feinsten Sand zurück an die Küste gespült. Darum reiht sich heute ein breiter Strand an den nächsten, wobei die Insel Wollin dank ihres die Ostsee säumenden Steilufers besonders attraktiv ist. Aber auch jenseits der Küste gibt es viel zu entdecken:

Herrliche Strandspaziergänge zum Sonnenuntergang

Im buckligen, mit Buchenwald bedeckten Gelände sind zahlreiche Seen eingestreut, darunter der glitzernde Türkissee. Auf den auf S. 114 und S. 118 beschriebenen Rad- und Wandertouren lernt man die landschaftlichen Höhepunkte der Insel Wollin kennen.

Świnoujście ▶ 1, A 4

Westlichste Stadt der polnischen Küste ist **Świnoujście** (Swinemünde), gerade einmal 4 km vom deutschen Ostseebad Ahlbeck entfernt. Ihr Pluspunkt sind Paradestrände und restaurierte Villen im Bäderstil, und auch der historische Kern wurde aufgehübscht. Das Stadtzentrum liegt auf der Insel Usedom, Industrie- und Fährhafen befinden sich bereits jenseits des trennenden Flusses auf Wollin.

Ein Dünenwall, auf dem ein aussichtsreicher Holzplanken-Parcours verläuft, trennt den kilometerlangen und bis zu 150 m breiten Strand vom Kurviertel. Dessen schönstes Stück ist die Promenade, die mit alten und neuen Villen im Bäderstil, Cafés und Bistros einen schönen Corso abgibt. In den Seitenstraßen stehen einstige Sommerfrischen in lockerem Grün. Fast unmerklich geht das Viertel in den Park über, der einst vom königlich-preußischen Landschaftsarchitekten Peter Joseph Lenné angelegt wurde. Weiter landeinwärts liegt die Altstadt mit einem attraktiven Platz (pl. Wolności), der neugotischen **Pfarrkirche** und dem **Fischereimuseum** (Muzeum Rybołówstwa Morskiego, pl. Rybacka 1, Di–Sa 9–17, So 10–15, Juli/Aug. Mo 10–15, Di–So 10–18 Uhr, 3,75 €).

Schon seit 1826 ist Świnoujście ein Seebad. Theodor Fontane verbrachte hier einen Teil seiner Kindheit: »Swinemünde war, als wir im Sommer 1827 dort einzogen, ein unschönes Nest, aber zugleich auch wieder ein Ort von ganz besonderem Reiz.« Schotten, Holländer, Dänen und Schweden waren im Laufe der Jahre in dem Küstenort hängen geblieben und hatten dafür gesorgt, dass das Leben bunter war als anderswo.

Mit der Reichsgründung 1871 entdeckte das vornehme Berlin den Reiz dieser Region und verbrachte in den ›Kaiserbädern‹ seine Sommerfrische. Geld- und Blutadel gaben sich die Klinke in die Hand, außer pommerschen Junkern kamen Berliner Geheim- und Kommerzialräte mit ihren herausgeputzten Frauen. Nach 1945 war es damit vorbei. Unter der Herrschaft der polnischen Sozialisten wurden viele Villen

FESTUNGSSPAZIERGANG

Eindrucksvoll sind die Forts an der Świna-Mündung: Von der runden **Engelsburg** (Fort Anioła) spaziert man zur gut getarnten **Westburg** (Fort Zachodni), wo in Kasematten ein skurriles Militärmuseum die Geschichte vieler Kämpfe aufleben lässt. Gut essen kann man hier auch: Im Backsteingewölbe der Pulverkammer (Prochownia, ul. Jachtowa 4) werden Riesenportionen Fleisch aufgetischt. Die **Ostburg** (Fort Wschodni/Fort Gerharda) am gegenüberliegenden Świna-Ufer dient als historisches Küstenschutzmuseum – die Besichtigung erfolgt ›unter Aufsicht preußischer Soldaten‹ (Fort Gerhard, ul. Bunkrowa 2, www.fort-gerharda.pl, tgl. 10–17, im Winter Sa/So 10–16 Uhr, 9 €; besonders schön: Anfahrt mit Schiff Di/Mi, Fr–So um 11, Rückkehr um 14 Uhr (inkl. Eintritt in Fort & Leuchtturm, deutschsprachige Führung 34,50 €, www.adler-schiffe.de). Eine Festung ganz anderer Art können Sie auf dem Weg nach Międzyzdroje, östlich des Swinemünder Leuchtturms kennenlernen: Die **Batterie Vineta** ist eine unterirdische Bunkerstadt aus Zeiten des Kalten Krieges (Podziemne Miasto na Wyspie Wolin, Juli–Aug. tgl. 10.30, 11.30, 12.30, 14, 15, 16.30, sonst Sa/So 10.30 und 15 Uhr, www.podziemne-miasto.pl, 9 €, günstiger im Kombiticket mit Fort Gerharda).

in preisgünstige Ferienheime verwandelt, vor allem Bergarbeiter kamen nun in den Genuss frischer Meeresluft. Doch es dauerte nicht lange, da drehte sich das Rad der Geschichte ein weiteres Mal: Seit 1989 muss sich der Besuch von Gästen wieder ›rentieren‹. Man erhofft sich zahlungskräftige Kunden und investiert in die Verschönerung der Stadt.

Infos

Centrum Informacji Turystycznej: pl. Słowiański 6/1, Tel. 91 3 22 49 99, www.swinoujscie.pl, Mo–Fr 9–17, Juli, Aug. auch Sa 9–14 Uhr.

Übernachten

Very chic – **Apart Park:** ul. Uzdrowiska 48, Tel. 510 81 08 96, https://apartpark.pl. Gleich hinterm Strand: Über mehrere Gebäude verteilen sich moderne, großzügige Viersterne-Apartments, 27–68 m² groß, mit Kitchenette, Terrasse und Meerblick. Dazu Frühstücksbüfett, Indoor-Pool, Jacuzzi und Sauna. €€

Für Selbstversorger – **Baltic Home:** ul. Uzdrowiskowa 11/3, Tel. 91 327 49 94, www.baltichome.pl, 140 Apartments. An der Flanierpromenade, drei Schritte von Strand und Kurpark entfernt, stehen mehrere von traditioneller Bäderarchitektur inspirierte Apartmenthäuser: Regina Maris, Drei Kronen (Trzy Korony) und Baltic Park. Zur Wahl stehen moderne, freundliche Ein- und Zwei-Zimmer-Apartments, auf Wunsch als Maisonette, alle mit gut ausgestatteter Kitchenette, Flachbild-Sat-TV, Gratis-Internet und großem Balkon. Schön ist das Kapitänsapartment, noch schöner die ›Königliche Suite‹! Mit Tiefgarage und Garten, freundlicher, kompetenter Service. €–€€

Camping – **Relax Nr. 44:** ul. Słowackiego 5, Tel. 91 321 39 12, www.camping-relax.com.pl, das ganze Jahr geöffnet. Strandnah, mit günstigen Holzhütten. €

Essen & Trinken

Entlang der Strandpromenade gibt es Imbissstuben, Bistros und Bars. In Fischbratereien *(smażalnia ryb)* werden Heilbutt, Hecht und Flunder verkauft. Rund um den zentralen Altstadtplatz gibt es gleichfalls nette Lokale.

Mehr als ein Bistro – **Sofa Bistro:** ul. Uzdrowiskowa 48 A, www.sofabistro.pl, tgl. 7.30–22 Uhr. Saisonale Autorenküche in modern-elegantem Ambiente, toll die Fischsuppe mit reichlich Tigergarnelen, Lachs- und Heilbuttstücken. Exotisch sind die Piroggen – Teigtaschen –, die mit Entenfleischfarce und kontrastreicher Apfel-Cidre-Soße serviert werden. Dazu passt hausgemachte Mango-Maracuja-Limo! €–€€

In der Pulverkammer – **Prochownia:** ul. Jachtowa 4, Tel. 739 04 07 07, https://prochownia1853.business.site, tgl. 10–18 Uhr. Sie sitzen unter Backsteingewölben oder auf der Terrasse und genießen zu leiser Jazzmusik Polnisches mit Schwerpunkt auf Fisch und Wild, z. B. marinierte Plötze auf Salat, Hirschgulasch mit Klößchen, Kohlroulade mit Dorschfarce. €

Vegane Torten – **El Papa Café Hemingway:** ul. Bohaterów Września 69, facebook: elpapacafe. Besitzer Bartosz, Schriftsteller zweier Romane, die in Świnoujście spielen, betreibt das Café mit Mutter Ela. Hemingway-Bücher in allen Sprachen, verrückte Bilder an der Wand, Sofas und Sessel machen das Café gemütlich. Dazu gibt es hausgemachte Torten ohne Gluten, Mehl und Backpulver. €

Im Turm – **Wieża:** ul. Paderewskiego 7, tgl. 9–21 Uhr. Im Turm der Lutherkirche öffnet saisonweise ein gemütliches Café. 222 Stufen führen auf eine aussichtsreiche Plattform!

Abends & Nachts

An der Strandpromenade wird nicht nur gegessen, sondern auch geschwoft: Dazu bietet die Konzertmuschel in der Saison Konzerte von Folk bis Pop.

Aktiv

Baden – Der breite und feinsandige Strand fällt flach ins Meer ab. Das Wasser erwärmt sich im Sommer auf 22 °C, ist aufgrund des nahen Hafens aber nicht immer sauber. Für die kühlere Jahreszeit gibt es im Promenadenbereich ein Hallenbad.

Radfahren – Vermietung über **Baltic Bike:** Mobil-Tel. 500 41 25 00, http://balticbike.pl, tgl. 9–18 Uhr, auch Elektroräder und Fahrräder für Kinder. Viele, auch grenzüberschreitende Touren stehen zur Wahl. Hier die Klassiker: Vom Stadtzentrum folgt man der Ulica Karsiborska südwärts auf dem **rot/blau markierten Radweg.** Nach 4 km trennen sich der blaue und der rote Weg. Der rote verläuft durch Eichenwald am Piastowski-Kanal entlang und endet nach weiteren 10 km am Haff, wo Sie Riesenpötte Richtung Stettin schwanken sehen. Dagegen führt der blaue Weg auf die Insel Wollin: Mit Gratis-Fähre queren Sie die Świna, halten sich dann rechts und erreichen über eine Brücke die Vogelinsel Karsibór mit Jachthafen und Tavernen. An reetgedeckten Fischerkaten vorbei, kommt man zum verschilften Haffufer voller Wasservögel. Ein internationaler Radwanderweg verbindet Świnoujście mit Szczecin und den deutschen Städten Ueckermünde und Anklam.

Eine gute Alternative bietet sich auf der Insel Wollin: Nach dem Übersetzen mit der Gratis-Fähre folgt man dem blau markierten Radweg über die Dörfer Przytór, Łunowo und Lubiewo nach Międzyzdroje. Von dort geht es auf dem **grün markierten Radweg R-10** parallel zur Küste in den Ostteil von Świnoujście, von wo eine Gratis-Fähre zum Startpunkt der Tour zurückführt (Gesamtlänge: 42 km).

Schiffsausflüge – Świnoujście ist vom Wasser umgeben und liegt an der Mündung der Świna in die Ostsee. Ihr Deltagebiet mit Wasserarmen und Kanälen umfasst über 3000 ha Sümpfe – ein Vogelparadies! In den Sommermonaten legen am Uferkai längs der Świna (Wybrzeże Władysława IV.) Ausflugsschiffe an. Die deutsche Reederei **Adler** bietet mehrmals täglich Touren entlang der **Küste** nach Bansin, Heringsdorf und Ahlbeck auf Usedom (www.adler-schiffe.de). Mit der kostenlosen **Passagierfähre** setzen Fußgänger und Radfahrer von der Altstadt Świnoujścies alle 10–20 Min. zum östlichen Ortsteil über; Autofahrer nutzen den 1,5 km langen Swine-Tunnel. Neben dem dortigen Bahnhof befinden sich der Fährhafen Odraport, Fischfabriken und Werften. Kurz, aber interessant ist die Adler-Bootstour zum Fort Gerhard und zum 1857 erbauten Leuchtturm (s. Tipp S. 111). Mit 64,8 m ist er der höchste an der polnischen Küste, von seiner über 300 Stufen erreichbaren Plattform bietet sich ein weiter Blick bis nach Usedom (Latarnia Morska, tgl. 10–18 Uhr, 2 €). Besonders attraktiv sind Ausflüge im kleinen, elektrobetriebenen Schiff ins geschützte Haff. Ebenfalls im Sommer startet am Kai nahe der Touristeninfo das elektrobetriebene Boot **»Rybaczówka«** zu Rundfahrten durchs Delta und zur Insel Karsibór, wo man Spaziergänge unternehmen bzw. in der gleichnamigen Taverne einkehren kann (Reservierung: ul. 1 Maja 23, Tel. 517 73 83 13, auf Facebook: Rybaczówka Karczma Rybna; Abfahrt tgl. 11.30, Rückfahrt ab Karsibór 15 Uhr, ca. 10 €).

DREI INSELN

Das Hotel Drei Inseln bietet Viersternekomfort und liegt wenige Schritte von Promenade und Strand entfernt. Sein Pluspunkt ist das Design, das subtil Strandambiente vermittelt. Mit Sand gefüllte Glaskuben dienen als Rezeption; die Sessel erinnern an Strandkörbe, und raumhohe Schwarz-Weiß-Fotografien zeigen Swinemünde anno dazumal. Auch das ruhige maritime Farbschema trägt zur Entspannung bei. Ein zweiter Pluspunkt ist die große Medi-Spa-Etage mit Hallenbad und Whirlpool, Feucht-, Infrarot- und Trockensauna, Salzgrotte und Ruheraum mit Wärmeliegen. Angeboten werden medizinische Therapien (nach Konsultation mit einem deutschsprachigen Arzt) sowie Beauty-Anwendungen von Pediküre bis Detox Body Ritual. Spaß macht auch die von Schiffskajüten inspirierte Keja-Bar im obersten Stock (Hotel Trzy Wyspy, ul. Cieszkowskiego 1, Tel. 91 884 00 00, www.trzywyspy.pl, 149 Zimmer, mit Tiefgarage und Radverleih, €€).

RADTOUR ZUM HAFF

Tour-Infos

Start- und Endpunkt: Międzyzdroje
Länge: 15 km
Dauer: 4,5 Std. (hin und zurück)
Schwierigkeitsgrad: Die Tour ist leicht und verläuft auf Radwegen, wenig befahrenen Straßen und Pisten. Anstrengung erfordert nur ein zehnminütiger Abschnitt an einem sandigen Hang, wo es zeitweise nötig ist, das Rad zu schieben.
Radverleih: z. B. im Hotel Amber Baltic; in der Saison öffnen zudem improvisierte Bike-Stationen an der Promenade – die aktuell günstigste Adresse kann man in der Touristeninformation erfragen.
Einkehr: In allen Orten gibt es Imbissbuden, den besten Blick genießt man in Lubin.

Der Radweg führt in stetem Auf und Ab in den Süden des Wolliner Nationalparks, vorbei an einem türkisfarbenen See. Am Ende wartet als Lohn für die (geringe) Mühe ein grandioser Weitblick aufs Haff.

Vom **Naturkundemuseum** in Międzyzdroje folgt man der Ulica Niepodległości stadtauswärts – bequem auf einer extra angelegten, parallel zur Straße 102 verlaufenden Radspur. Nach 2 km passiert man das am Wicko-See gelegene Dorf **Zalesie** (Latziger Ablage). Wer Lust hat, kann hier vom Drahtesel aufs Paddelboot umsteigen und zu einem Trip über das Wasser starten. Alternativ besucht man das gegenüberliegende kleine **Bunkermuseum.** Es erinnert daran, dass die Wehrmacht hier zwischen 1943 und 1945 auf Tausendfüßler-Rampen die V-3-Rakete mit Reichweiten von 160 km testete – hergestellt wurden diese von Zwangsarbeitern in einer Heeresversuchsanstalt im Norden Usedoms. Um eine Vorstellung von der Größe der Anlage zu bekommen, erklimmt man auf Treppenwegen hinter dem Bunker die steile Böschung (Mai–Okt. 10–18 Uhr, 1,50 €).

2 km weiter liegt **Wapnica** (Kalkofen), wo sich östlich des Dorfs in einem ehemaligen Kalkbruch der **Türkissee** (Jezioro Turkusowo) ausbreitet. Seine besonders an sonnigen Tagen leuchtend türkisgrüne Färbung verdankt er der speziellen Mischung von Mineralien im Wasser. Mit seinem dicht bewachsenen Steilufer gehört der See zu den romantischsten Flecken auf der Insel Wollin. Vom Parkplatz aus folgt man dem blau markierten, steilen Waldweg, das Rad schiebend, in 15 Min. zum Aussichtspunkt auf dem **Sandberg** (Góra Piaskowa) – von hier genießt man einen letzten Blick auf den See und schaut über das umgebende Dickicht hinweg auf die Außenarme des Haffs. Anschließend geht es durch urwüchsigen, von Schluchten zerfurchten Buchenwald im Downhill nach **Lubin** (Lebbin). Vor Erreichen des 400 Einwohner-Dorfes kann man einen kurzen Abstecher auf den **Grünen Hügel** (Zielonka) einschieben, von dem sich ein zauberhaftes Panorama bietet. Genauso attraktiv ist der Blick von der Abbruchkante der Klippe hinter der Kirche (Wegweiser: *Grodzisko*): Sandbänke, Gras- und Schilfinseln schwimmen im Świna-Rückdelta, dahinter erstreckt sich bis zum Horizont das Haff. An dieser strategisch günstigen Stelle hatten die Inselbewohner schon im 10. Jh. die Burg Castellum Lubinum erbaut; ein Schild verweist auf die jüngst ausgegrabenen Fundamente. Eine kleine, am Rand des Plateaus platzierte Terrassenbar versorgt Besucher mit Drinks und Snacks – gern legt man hier eine längere Pause ein (www.grodziskolubin.pl, 15. April–30. April und 01.–22 Okt. 11–17, Mai, Juni, Sept. 10–18, Juli/Aug. 10–20 Uhr, Eintritt 2 €).

Um nach Międzyzdroje zurückzugelangen, folgt man von der Kirche der Straße bergab, passiert Wicko sowie Zalesie. Wenig später bietet sich die Möglichkeit, auf eine Waldpiste rechts der Straße überzuwechseln. Diese führt zunächst an Schrebergärten vorbei, unterquert dann die Bahngleise und endet schließlich am Bahnhof von Międzyzdroje.

Strandwandern – Ausgiebige, kilometerlange Strandwanderungen kann man auf der Usedomer Seite unternehmen: bis Ahlbeck und weiter westwärts! Statt einer Grenze gibt es – ein Stück landeinwärts – eine künstlerisch gestaltete Grenzinstallation in Form eines Grenztors (brama graniczna).

Termine

Orgelabende von Świnoujście (Juni–Aug.): Internationale Künstler spielen jede Woche Fr bzw. Sa um 19 Uhr auf der historischen Orgel der König-Christus-Kirche.

Tage des Meeres (Juni): Pop-Gruppen und Shanty-Ensembles treten auf. Dazu gibt es eine Segelregatta und Kunstausstellungen.

FAMA (Aug., https://fama.org.pl): Zweiwöchiges Studentenfestival, Folk und Jazz.

Verkehr

Auto: Von Deutschland kommend wählt man den Grenzübergang Ahlbeck/Świnoujście (L 266) oder den Grenzübergang Garz/Świnoujście (B 110). Wer über Stettin und die Landstraße 3 anreist, nutzt ab Karsibór die Gratis-Fähre (Mo–Sa 7–19 Uhr alle 30 Min., So stdl.) – im Sommer Wartezeit einplanen!

Auto: Seit 2023 verbindet der 200 Mio. Euro teure Swine-Tunnel die Inseln Usedom und Wolin (1,5 km Länge, Fahrtdauer 4 Min.).

Zug: Der **Bahnhof Świnoujście-Centrum** wird von der Usedomer Bäderbahn angefahren (www.ubb-online.com). Für die Weiterfahrt Richtung Osten geht es zu Fuß (per Gratis-Fähre 5–22 Uhr alle 20–60 Min.) auf die Insel Wollin zum Bahnhof **Dworzec PKP.** Verbindungen gibt es über Międzyzdroje nach Szczecin.

Bus: Linienbusse ab Stralsund, Zinnowitz und Ahlbeck nach Świnoujście; zurück von der Anlegestelle der Gratis-Fähre Mai–Sept. tgl. alle 30 Min. via Ahlbeck nach Bansin. Vom Busbahnhof (Dworzec PKS, neben dem Zugbahnhof) geht es via Międzyzdroje und Kamień Pomorski an der Küste entlang.

Rad: Vom deutschen Kamminke spannt sich eine Brücke (1 km südlich der Bundesstraße 110) nach Wydrzany, wo ein 4 km langer Radweg nach Świnoujście startet.

ALLES MINI

»Rund um die Ostsee in 45 Minuten«: Modelle von Leuchttürmen, Kirchen und Denkmälern der Ostseeländer im Maßstab 1:25 laden zu einer imaginären Reise ein. Der Park befindet sich am Nordwestausgang von Międzyzdroje und ist auch erreichbar mit einem nahe der Mole startenden Gratis-Minibus (Bałtycki Park Miniatur, ul. Nowomyśliwska, 98, http://baltyckiparkminiatur.pl, tgl. 10–18 Uhr, 9/7 €). Wenn es Ihnen gefällt, können Sie im Nachbarort Dziwnów einen weiteren Miniaturenpark besichtigen. Er liegt unmittelbar vor der Zugbrücke zur Rechten und wartet mit Leuchttürmen im Maßstab 1:10 auf, vor allem aber mit Modellen von Minibahnhöfen (Nadmorski Park Miniatur, ul. Dziwna s/n, Mobil-Tel. 502 28 45 88, www.park-miniatur. pl/de, tgl. 10–17 Uhr, 9/7 €). Der Pionier der Mini-Parks liegt weiter östlich in Niechorze – auch im Park Miniatur Latarni Morskich sehen Sie Leuchttürme (s. S. 126).

Schiff: Von Świnoujście verkehren Fähren nach Ystad (Schweden) und Kopenhagen (Dänemark). Aktuelle Verbindungen und Fahrpläne im Internet unter www.polferries.pl und www.unityline.pl.
Flug: Der Flughafen Heringsdorf im deutschen Teil Usedoms wird u. a. von Lufthansa angeflogen (www.flughafen-heringsdorf.de).

Międzyzdroje ▶ 1, B 4

15 km östlich von Świnoujście auf der Insel Wollin liegt **Międzyzdroje** (Misdroy), einer der beliebtesten Ferienorte der Küste mit einer Vielzahl von Hotels, Cafés und Restaurants. Hauptattraktion ist der breite feinsandige Strand, der sich kilometerlang die Küste entlangzieht. Eine Handvoll aufgebockter Boote sorgt fürs Lokalkolorit, seelenruhig flicken die Fischer ihre Netze, bleiben unbeeindruckt vom Treiben ringsum.

Die knapp 3 km lange Promenade ist von Villen im Stil der **Bäderarchitektur** gesäumt, während des Filmfestivals im Juli flanieren hier polnische Stars. Vom **Seesteg,** der 400 m ins Meer ausgreift, starten Schiffe zu Ausflügen, das ehemalige **Kurhaus** lädt zu Konzerten und Ausstellungen ein. An seiner Rückseite öffnet ein **Wachsfigurenkabinett,** das Filmstars und Helden der Weltgeschichte zeigt, wie Einstein, Kleopatra und Sokrates (Gabinet Figur Woskowych, ul. Bohaterów Warszawy 19, http://woskowe.pl, tgl. ab 10 Uhr bis Sonnenuntergang, Okt.–April geschl., 7,50/6,50 €). Ein paar Häuser weiter, im **Oceanarium,** schwimmen in 34 auf zwei Ebenen verteilten Aquarien Bewohner aller Weltmeere – auch Haie sind mit von der Partie (ul. Bohaterów Warszawy 16-B, www.oceanarium.com.pl, tgl. 10–19 Uhr, 18/15 €).

Ein Grüngürtel trennt die Promenade vom traditionellen Ortskern. Auch er wurde in den letzten Jahren aufpoliert, am Neptunplatz entstand eine Fußgängerzone. Von dort ist es nicht weit zum **Naturkundemuseum,** das über Flora und Fauna informiert. Im Garten des Museums kann man den Seeadler, das Wappentier des Wolliner Nationalparks (s. S. 122), bestaunen; seine Flügel erreichen eine Spannbreite von bis zu 2 m – kein anderer Vogel kann sich mit ihm an Größe messen (Muzeum Przyrodnicze Wolińskiego Parku Narodowego, ul. Niepodległości 3, www.wolinpn.pl, Mai–Sept. Di–So 9–17, Okt.–April Di–Sa 9–15 Uhr, 1,15 €).

Steilküste von Wollin

Wem das Treiben im Ortsbereich zu hektisch ist, der läuft am Strand ostwärts und gelangt nach 10–15 Minuten zur legendären **Steilküste von Wollin:** Bis zu 100 m ragen helle Klippen auf, in deren Steilwand sich Kiefern und knorrige Buchen krallen. Immer schmaler wird der Strand und scheint sich schier endlos zu erstrecken. Er gehört zum Wolliner Nationalpark, der auch die unterseeische Küstenplattform umfasst: Mit Schnorchelbrille sieht man viele Fische, Algenbärte, die sich in der Strömung wiegen, und weiße Muschelfelder. Einen grandiosen Überblick über Küste und Strand erhalten Sie vom höchsten Punkt einer gigantischen Holztreppe – gleich am Anfang der Klippen.

Infos

Centrum Informacji Turystycznej: ul. Promenada Gwiazd 2, Tel. 91 328 27 78, www.miedzyzdroje.com und www.mdkmiedzyzdroje.com, Mo–Sa 9–17 Uhr, Juli/Aug. auch So.

Stadtrundfahrt: Holiday Express, ul. Promenada Gwiazd 2, Tel. 601 98 13 95, www.holidayexpressno1.pl, März–Nov. ab 10 Uhr alle 30 Min., 5 €. Auch im Angebot: Fahrten zum türkisfarbenen See und nach Lubin.

Übernachten

Das Übernachtungsangebot reicht vom Campingplatz über gemütliche Pensionen bis zum Viersternehotel. Alle folgenden liegen ganz nah am Meer:

In optimaler Strandlage – **Vienna House Amber Baltic Międzyzdroje:** Promenada Gwiazd 1, Tel. 91 328 10 00, www.viennahouse.com. 190 Zimmer und Suiten. Im Viersternehaus stand das exklusive Styling einer Jacht mit Edelholz und viel Blau Pate. Es empfiehlt sich, ein Zimmer in den oberen Stockwerken zu buchen, dann fühlt man sich wie auf hoher See! In der ›Kajüte‹ ist an alles gedacht – selbst eine Nespresso-Maschine samt Teekocher fehlt nicht. Toll ist das Frühstücksbüfett, das auf der Meeresterrasse eingenommen werden kann. Angefangen beim Brot über Salate und Pastetchen ist fast alles hausgemacht, ebenso die Kuchen und Torten im angeschlossenen Hotelcafé. Die angefutterten Pfunde können Sie im Meer am hauseigenen Strandabschnitt, im Außen- oder in dem auf 29 Grad erwärmten Innenpool abtrimmen. Oder Sie lassen es sich in den Saunen oder bei einer der vielen Wellnessbehandlungen gut

Międzyzdrojes Strandtreppe ist nichts für Fußfaule

WANDERN IM WOLLINER NATIONALPARK

Tour-Infos

Start: Museum des Wolliner Nationalparks in Międzyzdroje (https://wolinpn.pl)
Ziel: Kołczewo
Länge: rote Tour 12 km, grüne Tour 13 km
Dauer: rote Tour 4 Std., grüne Tour 4,25 Std.
Schwierigkeitsgrad: Auch wenig konditionsstarke Wanderer können die Touren im Rahmen eines Tagesausfluges gut bewältigen.

Am Museum des Wolliner Nationalparks in Międzyzdroje starten zwei ausgewiesene Touren, von denen die rot markierte die spektakulärere ist. Kaum zu glauben, dass so nah am trubeligen Ferienort so viel Einsamkeit möglich ist! Den Wanderer erwarten Sandklippen, kleine Seen und Buchenwälder, dazu ein Wisentreservat.

Rote Tour – Am Meeresufer entlang: Die rot markierte Tour führt entlang der Küste, sie ist identisch mit einem Teilstück des Europäischen Fernwanderwegs E-9. Vom Museum geht man über den **Neptunplatz** und durch den **Chopin-Park** zur **Promenade,** hält sich rechts und biegt hinter dem **Hotel Amber Baltic** zum Strand ein. Fortan geht es in Nordostrichtung stets am Wasser entlang. Man passiert die aufgebockten, von Möwen umlagerten Kutter der Fischer und stößt rasch zum einsamen Küstenabschnitt vor. Hohe, lehmfarbene Klippen steigen auf, in die Steilwand krallen sich Buchen. Bei schwerem Sturm werden schon mal Teile der Wand unterspült und die darauf wachsenden Bäume weggeschwemmt. Jedes Jahr dringt das Meer tiefer ins Landesinnere vor: Seit 1891, als die Küste erstmals vermessen wurde, hat es sich schon 150 m ›vorgearbeitet‹, das entspricht 80 cm im Jahr!

Das Stapfen durch Sand macht müde, doch kann man jederzeit in die Fluten steigen und sich erfrischen. Vielleicht hat man Glück und sieht ein paar Graurobben. Sie treten meist in kleinen Gruppen auf, tauchen aber sofort ins Wasser ab, wenn man sich ihnen nähert. Kurz hinter **Grodno,** nach etwa 7 km, verlässt man den Strand und folgt dem landeinwärts über Moränenhügel in Richtung **Wisełka** schwenkenden Weg. Kurz vor Erreichen des Dorfes geht es links ab und durch Wald zum 74 m hohen **Leuchtturm Kikut** hinauf (abgeleitet von ›Kieckturm‹). Danach führt der Weg weiter nach **Kołczewo** – zuletzt auf der Bundesstraße 102 –, von wo ab der Haltestelle nahe der Tankstelle regelmäßig Busse nach Międzyzdroje zurückfahren.

Grüne Tour – Durch den Wald zur Seenplatte: Der grün markierte Weg führt durch das buckelige Gelände ›Hoch-Wollins‹, an einem Wisent-Gehege und mehreren kleinen Seen vorbei. Vom Museum folgt man der Ulica Kolejowa und biegt an der zweiten Querstraße links in die Ulica Leśna, die ›Waldstraße‹, ein. Nach 2 km ist das **Wisentreservat** erreicht, wo man außer Europas größtem Säugetier auch Hirsch, Reh und Wildschwein beobachten kann (Mo geschl.). Nach weiteren 4 km, kurz vor dem Dorf **Warnowo,** schwenkt der Weg auf Nordkurs. Er führt an zwei Seen vorbei und stößt schließlich auf die Straße Wollin–Dziwnów, wo man sich links hält. Nach wenigen Minuten ist das Dorf **Kołczewo** erreicht; von dort geht es per Bus (Haltestelle nahe der Tankstelle) oder auf rot markiertem Weg nach Międzyzdroje zurück.

gehen. Bikes können ausgeliehen werden, der Shuttlebus zum Golfplatz ist frei. €€€

Für Selbstversorger – **Nautilus:** Promenada Gwiazd 8, Tel. 91 328 09 99, www.hotel-nautilus.pl, 15 Zimmer. Gepflegtes Hotel in einer restaurierten Strandvilla von 1913 gegenüber vom Amber Baltic, einige Zimmer haben Balkon oder Wintergarten. Die Besitzer bieten im zugehörigen Restaurant solide polnische Hausmannskost. Mit eigenem Parkplatz. €€

Bequem – **Aurora:** ul. Bohaterów Warszawy 17, Tel. 91 328 12 48, www.hotel-aurora.pl, 80 Zimmer und Apartments. Hotel in einer alten Villa an der Promenade gegenüber der Mole; das ›Aurora‹ wurde um einen Neubau erweitert und verfügt über einen Indoor-Pool, Spa & Wellness sowie eine Bowlingbahn. €€

Charmant und familiär – **Villa Stella Maris:** ul. Bohaterow Warszawy13, Tel. 91 328 04 81, www.villa-stella-maris.com, 17 Zimmer. Die 100-jährige, liebevoll restaurierte Villa wird von Ewa Schwarze geführt. Alle Zimmer sind freundlich, hell und komfortabel. Großartig ist das Slow-Food-Frühstücksbüfett, das man auf der Gartenterrasse einnehmen kann. Toll auch das angeschlossene Restaurant (s. S. 120). Mit videoüberwachtem Parkplatz (inkl.). €€

Modern & schick – **Baltic Home Międzyzdroje:** ul. Zwycięstwa 9, Tel. 91 321 36 31, www.baltichome.de, 130 Apartments, die sich über mehrere Häuser an der Promenade verteilen. Sie sind hell, freundlich und großzügig, einige luxuriös. Auch freistehende Ferienhäuser werden vermietet. €–€€

Camping – **Plaża:** ul. Gryfa Pomorskiego 76, Tel. 729 91 19 39, https://campingplaza.pl, Mai–Sept. Schattiger Platz 100 m vom Strand westl. vom Ortszentrum. €

Essen & Trinken

Im östlichen Strandabschnitt haben sich Fischbratereien und -räuchereien positioniert. Fast Food dominiert, vor allem in den Hotelrestaurants gibt es gute polnische Küche, beispielsweise im Stella Maris und im Amber Baltic.

Pinky – **Carmen:** Plac Neptuna 6, Tel. 661 52 11 40, http://restauracja-carmen.pl/de, tgl. ab 10, im Sommer ab 9 Uhr. Rosatöne wohin man schaut, doch die Küche ist deftig: Das Lokal im Stadtzentrum serviert kräftige Suppen, Fisch und Fleisch, Pizza und Pasta und zum Abschluss hausgemachten Käsekuchen. €€

Spezialität Grill – **First:** ul. Ignacego Krasickiego 10, Tel. 91 328 15 16, Di–So ab 16 Uhr. Ein ruhiges Lokal in der Nähe des Chopin-Parks. Man sollte sich auf eine etwas längere Wartezeit einstellen, dafür ist alles, was auf den Tisch kommt, frisch – und der Service wohltuend freundlich. €€

Mit Ausblick aufs Meer – **Port:** ul. Campingowa 11, Tel. 601 72 06 43, https://port-miedzyzdroje.pl/, tgl. 10–23 Uhr. Im Backsteinbau der ehemaligen Rettungswacht (nahe den aufgebockten Fischerbooten) gibt's vorwiegend Fisch. €–€€

LA SPEZIA IM STELLA MARIS

Darf's Brennnesselsuppe sein, butterweicher Dorsch auf Zucchini-Grappa oder zartes Schweinelendchen mit Pfifferlingen? In diesem Promenadenrestaurant werden pommersche Gerichte pfiffig abgewandelt. Frau Ewa legt großen Wert auf Slow Food, Zutaten aus der Region – kein Wunder, dass alles frisch schmeckt! Nachmittags gibt's Kuchen, hausgemacht aus saisonalen Früchten. Das informelle Ambiente – im Sommer der luftige Garten – tragen zum Wohlbefinden bei (ul. Bohaterow Warszawy 13, tgl. ab 8 Uhr, €–€€).

Abends & Nachts

In den Sommerferien herrscht an der Promenade Hochbetrieb: Erst stimmt man sich in einem der vielen Terrassenlokale ein, danach tanzt man bis zum Morgen an der Seebrücke.

Aktiv

Baden – Das saubere Wasser verlockt während des Sommers zu ausgiebigen Schwimmpartien. Im Bereich des Seebads ist der Strand sehr breit, weiter östlich, wo er am Fuß der Klippen verläuft, wird er schmal, einsam und spektakulär. Westlich des Orts befindet sich der FKK-Abschnitt Lubiewo.

Wassersport – Im Sommer werden am Strand Ausrüstungen für Wasserski, Jetski und Windsurfing verliehen. Weiter östlich lässt es sich bei ruhiger See gut schnorcheln: Zwischen Muschelfeldern und im Wasser wogendem Meeresgras sieht man eine Vielzahl vor allem kleinerer Fische.

Wandern – Der Nationalpark Wollin beginnt am östlichen Ortsrand. Ausführliche Wandertipps s. Aktiv S. 118).

Radfahren – 44 km markierte Pisten führen durch den Nationalpark. Besonders reizvoll: Touren zum Haff (s. Aktiv S. 114). Radverleih im Hotel Amber Baltic (S. 117).

Tennis – Die Plätze 100 m östlich vom Hotel gehören zum Amber Baltic, werden aber in der Regel auch an andere Gäste vermietet.

Golf – **Golf Amber Baltic:** ul. Bałtycka 13, Tel. 91 326 51 10, www.abgc.pl. Vom Hotel Amber Baltic fährt ein Shuttle-Bus zum 12 km östlich gelegenen Kołczewo. Wer auf der 27-Loch-Anlage am Rande des Nationalparks ausprobieren möchte, ob ihm der Sport gefällt, kann einen Schnupperkurs belegen. Die nötige Ausrüstung wird kostenlos zur Verfügung gestellt.

Schiffsausflüge – Von der Mole starten Ausflugsschiffe nach Świnoujście, Ahlbeck, Heringsdorf und Bansin sowie Kreuzfahrten durch die Pommersche Bucht. Info: www.adler-schiffe.de.

Vineta – die Stadt auf dem Meeresgrund

Ein kleiner Junge ging an einem pommerschen Strand spazieren. Im Sand entdeckte er eine Münze, doch als er sah, dass sie von Grünspan zerfressen war, warf er sie enttäuscht wieder weg. Just in diesem Augenblick erhob sich vor ihm eine zinnenbekrönte Mauer, und ein Tor gab den Blick auf eine marmorgeflieste Straße frei.

Der Knabe schlich sich an den ins Würfelspiel vertieften Wachen vorbei und staunte nicht schlecht über die wohlgekleideten Menschen, die seinen Weg kreuzten: Männer in Pelzmänteln und federgeschmückten Barretten, Frauen in Samt und Seide. Und sein Blick glitt über Perlmutt-Fassaden zu den Schmuckgiebeln empor – etwas so Schönes hatte er bisher nicht einmal im Traum gesehen! Als er am Marktplatz anlangte, winkten ihn Händler zu sich heran und boten ihm alles Schöne, das sie besaßen, zum Kauf. Der Junge suchte ihnen zu erklären, dass er ein armer Schlucker sei, doch die Kaufleute ließen nicht locker. Eine einzige Münze, riefen sie, reiche aus, um all die Pracht ringsum zu erwerben. Da erinnerte sich der Junge der Münze, die er zuvor achtlos in den Sand geworfen hatte. Schnell rannte er zum Strand zurück und fand das Geldstück. Doch als er sich wieder umdrehte, war er bestürzt: Die schöne Stadt gab es nicht mehr, sie war wie vom Erdboden verschluckt. Ein Storch, der vorbeigeflogen kam, bemerkte, wie traurig der Junge war, und hatte Mitleid mit ihm. Einst, so klärte er ihn auf, habe hier eine Stadt namens Vineta gestanden; die Bewohner waren ungemein reich, aber auch hochmütig. Da habe sie Gott mit einer Sturmflut bestraft. Mitsamt ihren Häusern wurden sie ins Meer gespült, wo sie nun als lebendige Tote ihrer Erlösung harrten. Alle 100 Jahre dürften sie für eine Stunde aus den Fluten aufsteigen, doch nur wenn es ihnen gelänge, in dieser Zeit einem sterblichen Wesen etwas zu verkaufen, würden sie erlöst …

Die Geschichte geistert durch Legenden; berühmt wurde sie durch Selma Lagerlöfs »Wunderbare Reise des Nils Holgersson mit den Wildgänsen«. So fantastisch die Ausschmückung, so simpel die Moral. »Geld«, heißt es, »verdirbt den Charakter.« Die Reichen halten sich Sozialneider vom Leib, und die Habenichtse trösten sich damit, arm, aber die besseren Menschen zu sein.

Professor Władysław Filipowiak, ein angesehener polnischer Archäologe, belächelt den Versuch, das legendäre Vineta auf deutscher Seite, westlich von Stralsund im Barther Bodden, zu verorten. Über 50 Jahre hat er über die versunkene Stadt geforscht und bei Wolin umfangreiche Funde sichergestellt, die er der einstigen Handelsstadt zuordnet. Im kleinen Ort auf der gleichnamigen Insel warten sie darauf, im Rahmen einer großen Ausstellung vorgestellt zu werden. Marketing-Konzepte à la Barth oder Zinnowitz, wo pompös inszenierte Vineta-Festspiele Ströme von Touristen anlocken, lassen ihn kalt. »Uns reicht das Wikinger-Festival«, meint er, »das gibt der örtlichen Niedamira Werft genug Arbeit fürs ganze Jahr.« Für das Fest produziert die dortige Werkstatt originalgetreue Drachenkopfschiffe, mit denen die ›Wikinger‹ eine Woche lang auf Kriegsjagd gehen (https://vorpommersche-landesbuehne.de/vineta-festspiele, www.jomsborg-vineta.com).

Termine

Internationales Chorfestival (Juni): Seit 1966 werden im schmucken Konzertsaal des Kulturhauses klassische Chorwerke aufgeführt, www.mfpch.eu.

Filmfestival Gwiazd (Anfang Juli): Beim ›Festival der Stars‹ gibt sich die polnische Filmprominenz ein Stelldichein, ausgewählte Schauspieler dürfen sich mit einem Händeabdruck im ›Walk of Fame‹ (westlich des Hotels Amber Baltic) verewigen. Doch es wird mehr als nur Starkult à la Hollywood geboten: Auf einer Riesenleinwand am Strand werden neueste Produktionen gezeigt (nur auf Polnisch, https://festiwalgwiazd.com).

Verkehr

Auto: Folgt man der 102 durch die Wälder des Nationalparks, kommt man vorbei an Binowo, Polens ältestem Golfplatz. Bei Dziwnów wird die Dziwna auf einer Drehbrücke gequert. In Dziwnówek knickt die 102 südwärts nach Kamień Pomorski ab. Oder man fährt längs der Küste auf der 103 weiter, über Pobierowo und Rewal landeinwärts nach Trzebiatów.

Bus: Busse steuern die Orte längs der Ostseeküste an, im Sommer fahren sie auch nach Kamień Pomorski; die zentrale Haltestelle befindet sich gegenüber vom Naturkundemuseum.

Zug: Der Bahnhof befindet sich am Südende der Stadt, gute Verbindungen bestehen nach Szczecin und Świnoujście.

Wolliner Nationalpark

▶ 1, B 4

Am östlichen Stadtrand von **Międzyzdroje** beginnt der **Wolliner Nationalpark** (Woliński Park Narodowy, https://wolinpn.pl, 2 €). Der durch ein Netz markierter Wanderwege erschlossene Park reicht vom Ostseeufer bis zum Stettiner Haff; er erstreckt sich von den Klippen über eine gewellte Hochebene bis zur flachen Boddenküste. Weite Teile sind von Wäldern bedeckt: Man sieht vorwiegend Kiefern und Fichten, aber auch viele Buchen und Eichen. An einigen Stellen wirkt der Wald so geheimnisvoll, dass er von den Einheimischen als ›Kathedrale‹ bezeichnet wird. Auf der Hochebene kommt man auch an Gletscherseen, Torfmooren und Sümpfen vorbei. Überaus reich sind Flora und Fauna: Am Meer sieht man seltene Dünenpflanzen wie Strohblume, Sumpfwurz und Stiefmütterchen, dank der von der Brise heraufgewehten Mineralpartikel gedeihen 15 verschiedene Orchideenarten. Silbermöwen und Seeschwalben bauen ihre Nester am grasbewachsenen Dünenhang, Schwarz- und Weißstorch bevorzugen die schilfgesäumten Seen. Infos im Internet unter www.wolinpn.pl.

Wisentreservat

Mai–Sept. Di–So 10–18, sonst Di–Sa 8–16 Uhr

Als ›König‹ des Parks lässt sich der Wisent feiern, der bis zu 1 t schwer werden kann. Einst bevölkerte er die pommerschen Wälder, doch weil sein zotteliges Fell auf dem Pelzmarkt begehrt war, jagte man ihn, bis er fast ausgelöscht war. Nun wird in einem **Reservat** (Zagroda pokazowa żubrów) versucht, dem riesig-buckligen Tier mit seinen langen Mähnen und Bärten wieder auf die Beine zu helfen. Ziel ist es, möglichst viele Tiere zu züchten, um sie in naher Zukunft in die freie Wildbahn entlassen zu können. Das Reservat liegt keine 2 km von Międzyzdroje entfernt, von Aussichtsterrassen schauen Sie auf die Zottelriesen.

Wolin (Wollin) ▶ 1, B 4

Ihren Namen verdankt die Ostseeinsel der am Haff gelegenen Stadt **Wolin**. Heute erinnert nur noch wenig an den einstigen Glanz dieses Ortes, der einmal große Berühmtheit besessen haben soll und den einige Wissenschaftler sogar mit der sagenumwobenen Stadt Vineta in Verbindung bringen (s. Thema S. 121). Der spanische Kaufmann Ibrahim Ibn Jakub beschrieb ihn bei seinem Besuch 965 als »eine große Stadt am Weltmeer«, und knapp 100 Jahre später schwärmte Adam von Bremen: »Es ist die größte aller Städte, die Europa umschließt, und wird von Slawen, Griechen und Barbaren bewohnt. (…) Sie ist angefüllt mit Waren aller Völker des Nordens, nichts Begehrenswertes oder Seltenes fehlt.« Doch bereits im 12. Jh. existierte die Handelsstadt nicht mehr, wurde bei mehreren Überfällen der Dänen in Schutt und Asche gelegt. Was die Chronisten berichten, haben Archäologen in den vergangenen Jahren bestätigt. Professor Władysław Filipowiak hat rings um Wolin riesige Gräberfelder freigelegt und vier Häfen entdeckt, außerdem Hunderttausende Fundstücke aus dem Schlamm geborgen. Darunter befanden sich Bernsteinschmuck und fein gezackte Kämme, silberne Ketten und Ohrringe sowie Halbmonde, die für den Export in den Orient bestimmt waren. Einige der Kostbarkeiten sind in dem kleinen, aber liebevoll eingerichteten **Regionalmuseum** ausgestellt, darunter auch eine winzige Statue Światowids, des viergesichtigen Gottes aus der Zeit des legendären Vineta (Muzeum Regionalne, ul. Zamkowa 24, www.muzeumwolin.pl, Juni–Aug. Di–So 9–17, sonst bis 16 Uhr).

An die große Vergangenheit erinnern auch geschnitzte Riesenkrieger an der Flusspromenade. Sie geleiten zur Flussinsel (erreichbar über die ul. Zamkowa), wo ein **Museumsdorf** in frühmittelalterliche Slawen- und Wikingerzeiten zurückführt: In den reetgedeckten Holzhäusern ist Anfassen ausdrücklich erwünscht. Man kann sich in eine Koje legen, am wackeligen Tisch Probe sitzen und seine Stärke beim Tauziehen mit Eberhaut erproben. Und im Hafen liegen Drachenkopfboote (Centrum Słowian i Wikingów, Wyspa Ostrów, www.jomsborg-vineta.com, April–Okt. tgl. 10–16, Juli/Aug. 10–18 Uhr, 5 €).

Infos

Auf Instagram: wolin.pl

Termine

Wikinger-Festival (Aug.): Wikingerfans aus ganz Europa nehmen zu Wasser und an Land an Schaukämpfen in Rüstungen teil. Der Hafen verwandelt sich in einen Lagerplatz anno 1000: In historischen Kostümen bieten Händler und Handwerker Waren an, ›Wikinger‹ mit Helm und Schwert sorgen für Stimmung. In Workshops lernt man, wie man Kräutertinkturen braut, Münzen prägt und Fässer anfertigt.

Verkehr

Zug: Mehrmals tgl. bestehen Verbindungen nach Szczecin, Międzyzdroje und Świnoujście.

Lust auf Pluderhosen und Tunika? Im Museumsdorf von Wolin geht's 1000 Jahre zurück in die Vergangenheit

Östlich der Insel Wollin

Der Fluss Dziwna, der sich in Meeresnähe zum Camminer Haff weitet, trennt die Insel Wollin vom Festland. An den kilometerlangen Sandstränden liegen ehemalige Fischerdörfer, die zu Ferien- und Kurorten aufgestiegen sind. Viel Trubel herrscht im Juli und August.

Kamień Pomorski

▶ 1, C 4

Der jodhaltigen Luft und den in 600 m Tiefe sprudelnden Solequellen verdankt **Kamień Pomorski** (Cammin) seine Aufwertung zum Kurort. Doch die meisten Besucher kommen hierher, um die Reste seiner mittelalterlichen Architektur zu bewundern. Jenseits der nach dem Krieg hochgezogenen Plattenbauten steht die **Kathedrale** (Katedra Św. Jana) von 1176, die nach ihrem originalgetreuen Wiederaufbau in den 1970er-Jahren zu den eindrucksvollsten Gotteshäusern Polens zählt. Sie steht auf einem Hügel nahe dem Haff und überragt die gesamte Stadt. Vom Reichtum der Bischöfe künden der meisterhaft geschnitzte Hochaltar und die pastellfarbenen Wandmalereien. Schmuckstück der Kirche ist die vergoldete Barockorgel, die mit 13 m Länge und 9 m Höhe das gesamte Mittelschiff ausfüllt. Ihre Klangfülle entfaltet sie vor allem während des sommerlichen Orgelfestivals, wenn Interpreten aus allen Ländern hier ihre Register ziehen. Weitere Schätze

Stille Stunden auf der Seebrücke in Kamień Pomorski

entdeckt man im kleinen, über das linke Seitenschiff erreichbaren Museum; sehenswert ist auch der Kreuzgang – ein Ort klösterlicher Stille, der einen romantischen **Kunstgarten** umschließt (pl. Katedralny, katedra-kamien pomorski.pl, Schatzkammer Mo–Fr 9–17, Sa 9–14, im Sommer auch So 13–18 Uhr). Vom Turm der Kathedrale hat man einen schönen Blick über die Stadt und ihr Umland.

Im Schatten der Kathedrale erzählt das **Historische Regionalmuseum** die Geschichte des Camminer Boddens (Muzeum Historii Ziemi Kamieńskiej: ul. Adama Mickiewicza 34, www.mhzk.eu, Mo–Sa 10–16, Juli, Aug. bis 17 Uhr, 5 €). Auf dem Marktplatz steht das gotische **Rathaus** mit Türmchen und Schmuckgiebel. Auch ein paar Bürgerhäuser wurden restauriert. Eine breite Treppe führt zum Haff hinab, wo von den mittelalterlichen Wehranlagen das **Woliner Tor** erhalten blieb. Es bietet Ausblick auf den Camminer Bodden und birgt ein **Mineralienmuseum** mit 2000 kuriosen Steinen sowie einem echten Dinosaurier-Ei (Muzeum Kamieni, ul. Słowackiego 1, Juli–Sept. tgl. 10–18, sonst Di–Sa 10–17, So 10–16 Uhr, 3 €). Spaß macht ein Bummel auf der Promenade zur großen Marina.

Infos

Im Internet: www.kamienpomorski.pl

Übernachten

Traditionell – **Pod Muzami:** ul. Gryfitów 1, Tel. 91 382 22 40, www.podmuzami.pl, 12 Zimmer. Behagliches Hotel in einem schönen Fachwerkhaus am Marktplatz, Zimmer mit Sat-TV, einige auch mit Blick auf den Bodden. €

Essen & Trinken

Deftig-Hausgemachtes – **Pod Muzami:** ul. Gryfitów 1, Tel. 91 382 22 40. ›Zu den Musen‹: bäuerlich-rustikales Lokal in einem Fachwerkhaus aus dem 18. Jh. am Marktplatz, engagiert geführt von Anastasia Lenkowska. Im Sommer mit Terrasse. Lecker schmecken die hausgemachte Geflügelpastete *(wątróbka z drobiu)*, Barschtsch mit Kutteln und russische Piroggen. €–€€

Aktiv

Schiffsausflüge – Von der Anlegestelle am Haff fahren Schiffe nach Dziwnów an der Küste. Die Fahrzeit beträgt etwa 45 Min.

Termine

Internationales Festival der Orgel- und Kammermusik (Juli/Aug.): Traditionsreiche Konzerte im stimmungsvollen Rahmen der Kathedrale, Fr um 19 Uhr.

Verkehr

Bus/Zug: Die beiden Bahnhöfe befinden sich 600 m südlich der Altstadt. Gute Verbindungen gibt es vor allem per Bus. Fast stdl. geht es nach Szczecin, Świnoujście, Międzyzdroje und Dziwnów, mehrmals tgl. auch nach Kołobrzeg und Gdynia.

Von Dziwnów nach Mrzeżyno ▶ 1, B 3–D 4

Strandleben pur herrscht in **Dziwnów** (Dievenow), wo eine Brücke die Insel Wollin mit dem Festland verbindet. Wer im Juli oder August hierher kommt, hat Schwierigkeiten, ein freies Bett zu ergattern. Ferienheime und Zeltplätze sind heillos überfüllt, die Besitzer der Imbissbuden machen das Geschäft ihres Lebens. Doch schon Anfang September herrscht wieder Ruhe im Land, die Kirmesatmosphäre macht der Beschaulichkeit Platz, und man sieht Fischer, die mit ihrem Kutter hinausfahren – ein Bild wie aus vergangener Zeit.

Weitere kilometerlange Sandstrände folgen: Die Küste zieht sich in schnurgerader Linie ostwärts, Wind und Strömung haben alle Unebenheiten geglättet. Über **Dziwnówek** (Klein-Dievenow) und das ruhige, bei Familien beliebte **Pobierowo** (Poberow) geht es weiter nach **Trzęsącz** (Hoff), wo man eine eindrückliche Vorstellung von der Kraft des Meeres erhält. Eine Kirchenruine, die einst 2 km von der Küste entfernt stand, thront unmittelbar an der Abbruchkante der Klippen. Das Meer hat sich das Land Stück für Stück einverleibt und die Kirche vor gut 100 Jah-

OASIS RESORT

Vor dem Haus liegt Rewals Klippenstrand, hinter ihm ein herrlicher, riesengroßer Garten – das Schöne ist: Man teilt ihn mit nur wenigen Gästen. Von Zypressen abgeschirmt liegt der Pool, Hängematten schaukeln vor Rosenbeeten, und aus dem Kräutergarten holt sich die Köchin Frisches für die leichte Thai-Küche. Empfehlenswert ist es, Halbpension zu buchen, deren drei Gänge über den Tag verteilt eingenommen werden können. Die 23 Suiten (einige mit Meerblick-Terrasse), Studios und Apartments sind im Landhausstil eingerichtet, alle mit Gratis-WLAN, Sat-TV und Bademantel. Liegestühle und Windschutz für den Strand bekommt man gratis, Bikes gegen Gebühr. Und ist das Wetter mal nicht so gut, entspannt man im großen Spa mit Indoor-Pool, Jacuzzis und Saunen. Hier können auch Massagen und Beauty-Anwendungen gebucht werden – oft gibt es günstige Pauschalpakete (ul. Klifowa 34, Rewal, Tel. 91 386 27 01, www.oasisresort.pl, 26 Apartments und Suiten, €€–€€€).

ren zum Einstürzen gebracht. Das halbe Dorf ist bereits in die Tiefe gestürzt und der Friedhof unterspült. Beim nächsten Jahrhundertsturm, so fürchten die Bewohner, wird auch die Kirchenruine von den Fluten verschlungen. Ein kleines Museum dokumentiert den Verfall und erinnert daran, dass der Ort auf dem 15. Längengrad liegt (Muzeum, ul. Klifowa 3-B, www.muzeumtrzesacz.pl, tgl. 9–19 Uhr, in der Nebensaison kürzer, 7 €).

Nächster Ort ist das auf einem Kliff liegende **Rewal** (Rewahl) mit nettem Zentrum. Von hier spannt sich ein kleiner Steg hoch über den Strand und bietet einen weiten Blick auf die Küste. Noch mehr sieht man vom 45 m hohen Leuchtturm im Nachbarort **Niechorze** (Horst): 1866 achteckig aus Backstein erbaut, gilt er als schönster der Küste (Latarnia Morska, ul. Polna, www.latarniamorskaniechorze.pl, tgl. 10–18 Uhr, 2 €). Ihm zu Füßen liegt der **Park der Miniaturleuchttürme,** der im Maßstab 1:10 alle Leuchttürme der polnischen Ostsee zeigt (Park Miniatur Latarni Morskich, ul. Ludna 16, www.park-miniatur-latarni.pl, tgl. 10–18 Uhr, 7 €).

Einen Besuch lohnt das landeinwärts gelegene **Trzebiatów** (Treptow), das seine Altstadt unversehrt durch alle Zeiten gerettet hat. Den quadratischen Marktplatz säumen restaurierte Giebelhäuser, in der Mitte steht das barocke Rathaus. Am nördlichen Stadteingang erhebt sich die backsteinerne Marienkirche mit 90 m hohem Turm, der über steile Stufen erklommen werden kann. Auf dem Weg zur Aussichtsplattform kommt man an zwei berühmten Glocken vorbei: ›Gabriel‹ zählt zu den ältesten, die 7,2 t schwere ›Maria‹ zu den größten Glocken des Landes (Kościół Mariacki, ul. Słowackiego, tgl. 10–18 Uhr).

Erbittert war im 15. Jh. die Konkurrenz unter den Hansestädten. Als 1457 Kolberger Kaufleute die damals weiter östlich verlaufende Mündung des Flusses Rega blockierten, um den Treptowern den Zugang zum Meer zu versperren, ließen diese einen neuen, künstlichen Durchstich in **Mrzeżyno** (Deep) graben. Als Handelshafen hat dieser Ort keine Bedeutung mehr, wohl aber als geruhsames Ferienziel. Ein herrlicher Dünenstrand und ein großer, schilfumstandener See im Hinterland locken seit jeher viele Besucher an. Einer von ihnen war der Maler Lyonel Feininger, der hier zwischen 1924 und 1935 fast jeden Sommer verbrachte und die Schönheit der Landschaft in mehreren Bildern festhielt.

Übernachten

Kurhotel – **Sandra Spa:** ul. Wojska Polskiego 4, Pogorzelica, Tel. 91 481 47 00, www.sandraspa.pl, 200 Zimmer. Großanlage mit Aquapark, Salz-, Schnee- und Eishöhle, Kneippgang und Saunen. €€€

Auf der Klippe – **Wy & Spa:** ul. Grunwaldzka 32, Pobierowo, Tel. 91 384 76 40, www.wyspa.com.pl, 22 Apartments. Die aus drei Villen bestehende Anlage liegt versteckt im Wald und vom Meer nur wenige Schritte entfernt. Mit sehr guter Küche, Sauna und Fahrradvermietung. Besucher kommen nachmittags gern hier vorbei, um auf der Terrasse Kaffee und Kuchen zu genießen. €€€

Camping – **Wiking Nr. 194:** ul. Wolności 3, Dziwnówek, Tel. 91 381 34 93, www.campingwiking.pl. Mai–Anfang Sept. 2 ha große Anlage im Kiefernwald am Westrand des Ortes, am Strand. Mit Campinghäuschen, Radverleih, Laden und Restaurant. 340 Stellplätze. €

Aktiv

Strandwandern – Von Rewal kann man am Fuß niedriger Klippen über Niechorze mit schönem Leuchtturm bis zur Mündung der Rega in Mrzeżyno laufen – insgesamt 20 km.

Verkehr

Zug: Ciuchcia Retro Express wird die Schmalspurbahn liebevoll genannt, die von einer altertümlichen Dampflok angetrieben, von Trzęsacz nach Pogorzelica tuckert. Für die 10 km lange Strecke benötigt sie 30 Min.! Mehrmals kann man die Fahrt unterbrechen z. B. in Rewal, das mit einem schönen Strand am Fuß niedriger Klippen lockt, oder in Niechorze, wo ein Leuchtturm weite Aussicht bietet (Juni–Sept. tgl.).

Bus: Es gibt Verbindungen mit allen Orten in der nahen Umgebung, allerdings nur in der Hochsaison (Ende Juni–Ende Sept.). In der Nebensaison muss man aufs Taxi ausweichen.

Auto: Über eine Drehbrücke gelangt man auf die Insel Wollin.

Ein Prachtstück – der Leuchtturm von Niechorze

Bernstein – ›Tränen der Götter‹

Der Sonnengott Helios fuhr jeden Morgen mit seinem vierspannigen Wagen von Osten über den Himmel gen Westen und kehrte nachts über den Ozean zum Ausgangspunkt seiner Reise zurück. Auf die drängenden Bitten seines Sohnes Phaeton erlaubte er diesem, selbst einmal die Zügel in die Hand zu nehmen. Doch war dieser so hitzig und ungestüm, dass er die Rosse nicht im Zaum zu halten vermochte.

So sehr näherte er sich der Erde, dass er einen großen Weltbrand entfachte; die Berge begannen zu lodern, die Gewässer verdunsteten, und es entstanden endlose Wüsten. Hart war die Strafe des Zeus: Mit einem Blitz tötete er Phaeton und schleuderte ihn in den Eridanos – dieser Fluss, so eine Auslegung des Mythos, kam von Norden und mündete in ein Meer, das wir heute die ›Ostsee‹ nennen. Die Heliaden, Schwestern des Getöteten, waren ob des Verlustes untröstlich. Sie stimmten einen Klagegesang an, der so schrill und herzzerreißend war, dass die Götter sie in rauschende Weiden verwandelten und ihre Tränen stillstellten: Sobald diese das Wasser des Flusses berührten, gerannen sie zu Bernstein, honiggelb schimmernden Perlen.

Die antike Sage belegt, dass die Griechen schon lange vor der christlichen Zeitrechnung den kostbaren Stoff kannten. Auf der Bernsteinstraße gelangte er von der Ostsee über die untere Weichsel, über Schlesien und Mähren bis an die Adria, von wo er in alle Mittelmeerländer weiterverschifft wurde. Er war hochwertig und dem Edelstein gleichgestellt, sein Besitz versprach ein Vermögen. Man fand ihn im untergegangenen Pompeji, in griechischen Tempeln oder auch im Grab des vor 3500 Jahren beigesetzten Pharaos Tutenchamon – eingesetzt in die Krone des Herrschers.

Beim ›Gold der Ostsee‹ handelt es sich freilich weder um Tränen noch um Steine, sondern um das Harz skandinavischer Nadelbäume, das vor Millionen von Jahren von den Bäumen tropfte und sich anschließend verhärtete. Durch Wasser und Wind wurde der ›Stein‹ in die Flüsse und schließlich ins Meer gespült. Geht man aufmerksam am Strand entlang, findet man ihn vielleicht noch heute – am wahrscheinlichsten ist dies nach einer stürmischen Nacht. Bernstein schillert gelb und bronzerot, ist milchig oder transparent. In den größeren Steinen sind oft Insekten oder Blattelemente eingeschlossen – Spuren längst vergangenen Lebens vor Millionen Jahren. Mithilfe der kleinen Partikelchen konnte schon manches wissenschaftliche Rätsel gelöst werden. So identifizierte man einige als Blattteile von Palmen bzw. Teesträuchern und fand so eine Bestätigung für die These, dass früher rund um die Ostsee hohe Temperaturen herrschten.

Bernstein ist ein geheimnisvoller, geradezu magischer Stoff. Er bricht das Licht und elektrisiert, löst sich auf in Äther und Alkohol. ›Bernen‹ ist ein mittelniederdeutsches Wort und heißt ›brennen‹: Ab 375 °C beginnt der Stein zu schmelzen und verströmt einen aromatischen Duft. Schon immer haben die Menschen mit dem Stein experimentiert und seine Eigenschaften zu nutzen versucht. Zerrieben zu Pulver und vermischt mit Spiritus ergab er eine Heiltinktur, von der man sich Hilfe gegen Kopfschmerz und Schnupfen, aber auch gegen die Gefahren des Schlaganfalls versprach. Trug man Bernstein am Hals, schützte er vor Atemnot, trug man ihn am Handgelenk, war man vor Rheuma gefeit. Fein geschliffen diente er als Lupen- und Brillenglas, in erster Linie freilich als Schmuckstück.

Bernstein schillert in vielen Tönen – von Weiß bis Dunkelrot, von Braun bis Gold

Für die Herrscher der Ostsee war Bernstein eine einträgliche Einkommensquelle. Zuerst besaßen die Herzöge von Pommerellen das Monopol auf den Handel, später ging es an die Ordensritter über. Unter ihrer Herrschaft waren die Küstenbewohner verpflichtet, Bernstein ›zu sammeln, zu schöpfen, zu stechen und zu fischen‹, um ihn alsdann gegen Salz einzutauschen. Wer gegen das Monopol verstieß, wurde hingerichtet; zur Abschreckung von Diebestaten waren am Strand Galgen aufgestellt.

Ab ca. 1830 begnügte man sich nicht mehr mit dem Sammeln, sondern begann mit dem systematischen Abbau. An der Westküste des Samlandes entstanden in Palmnicken (Jantarnij) erste Bergwerke, mittels Hochdruckdampf wurde das ›Gold der Ostsee‹ aus der Erde gepresst. Heute agiert dort ein russisches Kombinat; es beliefert die Werkstätten in Danzig, in denen mehr als 1000 Kunsthandwerker beschäftigt sind. Ihre Werke kann man in den kleinen Läden der Danziger Rechtstadt, vor allem auf dem Langen Markt (Długi Targ) und in der Frauengasse (ul. Mariacka) erstehen. Da gibt es in Silber eingefasste Ohrringe, Broschen und Ringe, aber auch Spiegel und Lampen, Briefbeschwerer und Schachfiguren. Traditionelle Formen konkurrieren mit trendigem Design. Während des Dominikanermarkts ist ein Tag ganz dem Bernstein gewidmet: Kunsthandwerker zeigen in Open-Air-Werkstätten ihr Können, die schönsten Stücke werden bei einer Schmuckschau prämiert und ins Bernsteinmuseum (s. S. 177) überführt. Einmal im Jahr findet eine Messe statt (Amberif, www.amberif.pl), auf der neueste Trends der Schmuckbranche vorgestellt werden. Die Weltmeisterschaft im Bernsteinsuchen findet im August statt: östlich von Danzig in Jantar.

Hel
Słupsk
(Stolp)
Kaschubei
Kołobrzeg
(Kolberg)
KOŁ-188

Kapitel 2

Mittlere Ostseeküste und Kaschubei

Von Kołobrzeg bis zur Halbinsel Hel folgen auf beliebte Badeorte immer wieder lange, menschenleere Küsten. Wäre es hier so warm wie am Mittelmeer, dann hätten sie Rimini längst den Rang abgelaufen. Denn was gibt es dort, das nicht auch hier wäre? Kilometerlange Strände mit hellem, feinkörnigem Sand, große Dünenberge und romantische Steilküsten. Dazu gibt es alles, was man für einen erholsamen Urlaub braucht: Hotels für jeden Geldbeutel, Ferienhäuser und Campingplätze, Fischlokale und Cafés, eine Fülle sportlicher Angebote zu Wasser und zu Lande.

An viele Strände grenzen unmittelbar landeinwärts größere und kleinere Seen. Dabei handelt es sich um ehemalige Meeresbuchten, die von dem durch Strömungen angeschwemmten Sand im Laufe der Zeit von der offenen See abgeschnitten wurden. Sie sind flach und fischreich, gesäumt von Schilfufer. Am bekanntesten sind – in West-Ost-Richtung – die Seen Jamno, Bukowo, Gardno und Łebsko. Das Filetstück der Küste ist der Slowinzische Nationalpark. Lohnend sind auch Abstecher ins Hinterland: Kaum hat man eine Stadt hinter sich gelassen, tauchen Waldgebiete auf.

Traumhaft schön ist die ›Kaschubische Schweiz‹ rund um Kartuzy mit buckeligen Hügeln und lang gestreckten Rinnenseen. Da gibt es sie noch, die Bilder von einst: Pferdefuhrwerke auf kopfsteingepflasterten Straßen, schnatternde Gänseherden und herumstreunende Hunde; dann und wann tauchen ein Bauernhof mit Holzlattenzaun, duftende Heugarben und flammend gelbe Rapsfelder auf.

Empfang mit offenen Armen: in Kołobrzeg an der Mündung der Parsęta in die Ostsee, wo man am und auf dem Wasser lebt

Auf einen Blick: Mittlere Ostseeküste und Kaschubei

Sehenswert

Slowinzischer Nationalpark: Jenseits eines breiten, kilometerlangen Strandes werfen sich Riesendünen bis zu 50 m hoch auf. Weiter landeinwärts liegen zwei große verschilfte Seen, Sümpfe und Torfmoore – Wasser, wohin man schaut (S. 152)!

Darłowo alias Rügenwalde: In einer Burg lernen Sie einen König kennen, der zum Piraten wurde. Im Schatten seiner Residenz liegt eine nette Altstadt (S. 143).

Kaschubische Schweiz: Zwischen Seen liegen kleine Kaschubendörfer. In einem davon gibt es ein auf dem Kopf stehendes Haus und weitere Kuriosa (S. 164).

Schöne Routen

Kariertes Land: Fachwerkdörfer von anno dazumal, mittendrin die ›Hauptstadt‹ Słowowo (S. 143).

Stichstraße nach Hel: Die Halbinsel ist durch eine 34 km lange Straße erschlossen. Sie führt am Strand entlang (oft auch durch Kiefernwald), immer wieder eröffnen sich Ausblicke auf die Danziger Bucht und das offene Meer (S. 162). Die schier endlosen weißen Strände sind ein ideales Bade- und Surferrevier.

Kaschubische Straße: Auf Serpentinenstraßen geht es von Chmielno durchs Herz der Kaschubischen Schweiz – vorbei an mehreren Seen und der höchsten Erhebung, dem Turmberg (S. 167).

Meine Tipps

Promenade in Kołobrzeg: Die parallel zum Paradestrand verlaufende, hübsch angelegte Flaniermeile ist ein Corso zum Sehen und Gesehenwerden (S. 134).

Schloss in Słupsk: Moderne Kunst in mittelalterlichem Ambiente – 200 ›verrückte‹ Porträtzeichnungen machen mit Polens Multitalent Witkacy bekannt (S. 145).

Bootsfahrten in Ustka: Ob mit dem Wikinger- oder dem Piratenschiff, am Morgen oder zum Sonnenuntergang – auf hohe See hinauszufahren ist immer ein Vergnügen (S. 148).

Kaffee trinken in Krokowa: Das von einem romantischen Park umgebene Schloss nennt sich ›Europäische Begegnungsstätte‹, ist aber vor allem ein Ort leiblicher Genüsse (S. 157).

Slowinzischer Nationalpark
Kaffee trinken im Schloss
Władysławowo (Großendorf)
Stichstraße nach Hel
Łeba (Leba)
Krokowa (Krockow)
Wandern in der ›Polnischen Sahara‹
Łebsko (Leba-See)
Halbinsel Hel
Gardno (Garder See)
Zatoka Gdańska (Danziger Bucht)
Bootsfahrten
Ustka (Stolpmünde)
Schloss
Kariertes Land
Darłowo
Swołowo (Schwollow)
Słupsk (Stolp)
Kaschubische Schweiz
Chmielno
Gdańsk (Danzig)
Buckowo (Buckower See)
Jamno (Jamunder See)
Promenade
Kołobrzeg (Kolberg)
Kaschubische Straße
Kościerzyna (Berent)
Wdzydze Kiszewskie (Sanddorf)

Im Slowinzischen Nationalpark

Wandern in der ›Polnischen Sahara‹: Die Riesendünen zwischen Ustka und Łeba sind ein ungewöhnliches Wanderrevier. Man stapft über Sandberge und viele Kilometer am weißen Strand entlang – hin und wieder stößt man auf totes, ehemals verschüttetes Baumgeäst. Wer die längere Variante wählt, kommt an einem Leuchtturm vorbei und beendet die Tour an einem großen, verschilften See (S. 156).

Von Kołobrzeg nach Ustka

Der größte Badeort der polnischen Küste hat einen breiten Sandstrand, Flaniermeilen und maritimes Flair. Vom Hafen sticht man auf Segelschiffen in See und trifft sich an der Mole zum Sonnenuntergang. Auch für Kuren ist Kołobrzeg (Kolberg) eine gute Adresse: Genutzt werden natürliche Ressourcen wie Heilwasser, Salzlake und Moorschlamm.

Kołobrzeg ▶ 1, D 3

In den vergangenen Jahren wurde nicht nur ein Stadtzentrum im alten Stil geschaffen, sondern es wurden auch beträchtliche Summen in die touristische Infrastruktur investiert. Villen im Bäderstil wurden aufpoliert, daneben entstanden Vier- und Fünfsternehotels mit Spas. Auf die 46 300 Einwohner kommen mittlerweile mehr als 12 000 Gästebetten. Die herrlichen Strände laden zum Spaziergang und Sonnenbad ein, an der Promenade tummeln sich Schaulustige, Straßenkünstler und Souvenirverkäufer. Das Kurviertel grenzt unmittelbar an Strand und Park an.

Ein Blick zurück

Kołobrzeg ist eine der ältesten Städte Pommerns. Bereits im 10. Jh. gab es eine ausgebaute Festung an der Mündung der Parsęta (Persante) und einen kleinen Hafen. Im Jahr 1000 wurde hier eine Diözese eingerichtet, die wie Krakau und Breslau dem Erzbistum in Gnesen (Gniezno) unterstand. Dass die Stadt so früh zu Wohlstand kam, verdankte sie der Siederei auf der Salzinsel (Wyspa Solna). In einer mittelalterlichen Chronik wird das »Gold an der Persante« gepriesen, als ›Salsa Cholbergiensis‹ kannte man Kolberg in weiten Teilen Europas. Ganz Pommern, aber auch die Preußen weit im Osten wurden mit dem Salz beliefert. 1255 erwarb Kolberg die Stadtprivilegien nach Lübecker Recht und trat bald darauf der Hanse bei. Doch von der Mitte des 18. Jh. an ging die Kolberger Salzproduktion zurück – das ›weiße Gold‹ ließ sich nun industriell billiger herstellen.

Mehrfach wurde die Stadt in Schutt und Asche gelegt. Im Dreißigjährigen Krieg brannte sie nieder, 1761 belagerten sie russische Truppen, 1807 das napoleonische Heer – aber ohne Erfolg. Der damals begründete Mythos der unbesiegbaren Stadt nährte den Durchhaltewillen der deutschen Soldaten am Ende des Zweiten Weltkriegs, konnte aber ihren Fall nicht verhindern. Nach blutigen Schlachten wurde die Stadt im März 1945 zerstört. Ein Festungsweg (Szlak fortyfikacji) erinnert an die Vergangenheit …

Stadtrundgang

Cityplan: s. S. 137
Die Stadt ist weitläufig angelegt und besteht aus mehreren unterschiedlichen Vierteln: Längs der Küste verläuft der weiße, von einer Promenade (Aleja Nadmorska) und einem Radweg gesäumte Sandstrand. Er erstreckt sich von der Mündung der Parsęta mit Leuchtturm und Bootsanlegestelle 3,5 km in Richtung Osten. Dann wird er schmaler und geht in die wilde Natur des Eco-Parks über. Landeinwärts schließt sich ein breiter Parkgürtel an, der die teilweise klotzig gebauten Hotels ›verschluckt‹. Noch weiter südlich und durch den Bahnhof getrennt liegt am Fluss die teilweise im Retro-Stil wieder aufgebaute Altstadt.

Strand- und Parkviertel

Der 1770 erbaute **Leuchtturm** 1 weist einfahrenden Schiffen den Weg in den Hafen.

Von seiner Spitze genießt man weite Blicke über das Baltische Meer (Latarnia Morska, www.latarnia.kolobrzeg.pl, tgl. 10–18 Uhr, 2 €; mit Modellschiff- und Steinmuseum, je 3–4 €). Etwas weiter westlich starten Schiffe zu Ausflugsfahrten, begehrt sind Fahrten in Wikingerbooten – mit dem Bug in Form eines Drachens.

Nur wenige Schritte vom Leuchtturm entfernt erinnert ein **Obelisk** 2 (Pomnik Zaślubin z Morzem) an die Einnahme der Stadt durch russische und polnische Truppen am 18. März 1945 – ein Datum, das in Polen bis heute als ›Tag der symbolischen Vermählung mit der Ostsee‹ gefeiert wird. Südwärts schließt sich ein breiter, parallel zur Küste verlaufender Grüngürtel an. Eine **Mole** führt weit aufs Meer hinaus – von ihrem Kopfende (mit tollem Panorama-Café) überblicken Sie die Küste. Der nach dem polnischen Schriftsteller Stefan Żeromski benannte Park trennt den Strand von den Hotels und Sanatorien entlang einer zweiten Promenade, der Ulica Marii Rodziewiczówny.

Altstadt

Der erst vor wenigen Jahren wieder aufgebaute Stadtkern befindet sich 1,5 km landeinwärts. Die Kirche und mehrere alte Häuser wurden rekonstruiert, dazu entstand eine Fußgängerzone mit steingepflasterten Gassen, Boutiquen, Geschäften und Straßencafés. Wichtigste Sehenswürdigkeit ist die **Marienkirche** 3 (Kościół Mariacki, ul. Armii Krajowej s/n, https://bazylika.kolobrzeg.pl, Mo–Sa 9–16.30, So 14–15.30 Uhr, Turmbesteigung inkl. 3-D-Modell der mittelalterlichen Stadt, 2 €), ein riesiger Backsteinbau aus dem 14./15. Jh. Er birgt kunsthandwerkliche Schätze, die zur ursprünglichen Ausstattung gehörten: einen 4 m hohen, siebenarmigen Messingleuchter und ein bronzenes Taufbecken aus dem 14. Jh., gotische Altäre und Wandbilder mit Christusszenen. Im Hauptschiff befindet sich ein 1513 von der Familie Schlieffen gestifteter Holzleuchter. Ein Lift bringt Sie hinauf zur Aussichtsplattform auf dem Turm, von der sich ein weiter Blick bietet.

Keine Burg, sondern Kołobrzegs Rathaus – entworfen von Karl Friedrich Schinkel

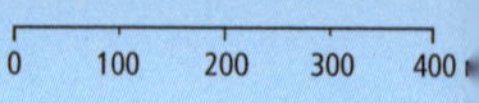

Der Marktplatz östlich der Marienkirche wird vom festungsähnlichen **Rathaus** 4 (Ratusz) dominiert, das 1829–1832 nach Entwürfen Karl Friedrich Schinkels im neugotischen Stil erbaut wurde. In seinen Räumen sind heute die Touristeninfo sowie eine Galerie untergebracht. Im Kellergewölbe lässt die Ausstellung »Patria Colbergiensis« das deutsche Kolberg aufleben (www.colbergiensis.eu, So–Do 10–17 Uhr, 2 €). Vom Rathaus sind es nur wenige Schritte zum **Pulverturm** 5 (Baszta Prochowa, ul. Dubois 20), der von den mittelalterlichen Wehranlagen, die einst den gesamten Stadtkern umschlossen, als einziger erhalten blieb.

Das Militär spielt bis heute im Bewusstsein vieler Polen eine bedeutende Rolle, darum sollte der Anblick von Hubschraubern und Haubitzen in einem Garten der Innenstadt nicht überraschen. Zu den stolz präsentierten Beu-

Kołobrzeg/Kolberg

Sehenswert
1 Leuchtturm
2 Obelisk
3 Marienkirche
4 Rathaus
5 Pulverturm
6 Waffenmuseum
7 Stadtmuseum
8 Regionales Kulturzentrum
9 Fort Maikuhle/Jachthafen
10 Fort Münde/Open-Air-Museum

Übernachten
1 Shuum Boutique Wellness Hotel
2 Maxymilian
3 Camping Baltic Nr. 78
4 Senator

Essen & Trinken
1 Domek Kata
2 Pod Winogronami
3 Mikado
4 Mamma
5 Rewiński
6 Wichłacz
7 Galeria Five O'Clock
8 Odlodowo

Einkaufen
1 Hosso

Abends & Nachts
1 Browar Colberg

Aktiv
1 Aquapark
2 Anlegestelle für Schiffsausflüge

---

testücken zählen Waffen aus den Kriegen des 17. Jh., Kanonen des napoleonischen Feldzugs sowie Artilleriegeschütze von 1945. Der Freilichtpark gehört zum **Waffenmuseum** 6, das im Haus der Kaufmannsfamilie Schlieffen eingerichtet wurde und auch Schlachtengemälde von Wojciech Kossak und seinem Sohn Jerzy zeigt; ein wichtiger Teil der Ausstellung ist dem Kampf um Kolberg gewidmet (Muzeum Oręża Polskiego, ul. Gierczak 5). Das zugehörige **Stadtmuseum** 7 im ehemaligen Plüddemannhaus zeigt Messinstrumente und regionales Kunsthandwerk (Muzeum Historii Miasta, ul. Armii Krajowej 13, beide: www.muzeum.kolobrzeg.pl, Juli, Aug. tgl. 9–18, in der restlichen Zeit Di–So 9–16 Uhr, 7 €, Kombiticket für beide Museen 9 €).

Salzinsel (Wyspa Solna)

Den Beginn der Salzstraße (ul. Solna) markiert das **Regionale Kulturzentrum** 8, ein Glaspalast mit Galerie, Café, Kino- und Konzertsaal (Regionalne Centrum Kultury, www.rck.kolobrzeg.eu). Weiter südwärts führt die Straße auf die mit Plattenbauten gespickte **Salzinsel** (Wyspa Solna) – kaum zu glauben, dass sie es war, die im Mittelalter Kolbergs Reichtum begründete. Immerhin wurden am Flussufer nahe der Parsęta-Brücke ein paar historische Salzpfannen rekonstruiert; nahebei sprudelt eine Salzquelle, von der man kosten kann. Die Einheimischen, die das Wasser zum Einlegen von Salz-Dill-Gurken nutzen, behaupten, ihre seien die besten in ganz Polen! Der schönste Ort auf der Salzinsel ist jedoch der Jachthafen am alten **Fort Maikuhle** 9 (Reduta Morast). Dieses ist auf einer künstlichen Halbinsel gebaut und von einer Molenpromenade eingefasst, während am gegenüberliegenden Ufer, neben **Fort Münde** 10 (Reduta Solna), in einem Open-Air-Museum Schiffe aufgebockt sind – vom Heringskutter bis zum Torpedoboot.

Infos

Centrum Informacji Turystycznej: ul. Armii Krajowej 12, Tel. 94 352 79 39, www.klimatycznykolobrzeg.pl.

Gästeinformation Travelnetto: ul. Al. Św. Jana Pawła II 32–33, www.travelnetto.de. Kompetente Beratung, Verkauf von Büchern und (deutscher) Tagespresse.

Stadtrundfahrt: Mini-Elektrobusse (inkl. deutscher Erläuterungen) erschließen die Stadt (1 Std./8 €, www.citycar.kolobrzeg.pl).

Übernachten

Wellenrauschen – **Shuum Boutique Wellness Hotel** 1: s. Tipp S. 138

Gediegen & gut – **Maxymilian** 2: ul. Borzymowskiego 3–4, Tel. 94 354 00 12, www.ho

SHUUM ...

Woran denken Sie, wenn Sie ***Shuum*** hören? Vielleicht an Tiefenentspannung? Auf Polnisch heißt *szum* ›Wellenrauschen‹ – und das hört man hier immerzu, denn nur der Parkgürtel trennt das Hotel vom Meer. Baltisches Styling mit klaren Linien, Naturfarben und -materialien sorgt auch optisch für Relax. Das Shuum hat vier Sterne, kann es aber locker mit jedem Fünfsternehaus aufnehmen. Großartig ist die Slow Food-Küche, die auf Bio, Regionales und Frisches setzt. In einer eigenen Manufaktur wird Wurst hergestellt und Fisch geräuchert, Brot gebacken und Saft gepresst; auch Konfitüren und Schokoladen werden produziert. Herrlich sind die Frühstücks- und Abendbüfetts, bei denen selbst Veganer auf ihre Kosten kommen. Noch ein Krönchen drauf setzt das á la carte Restaurant. Mit wöchentlich wechselnden Menüs und herausragenden Weinen (etliche aus Polen) zählt es zu den 100 besten im Land. Dem Körper Gutes tun kann man auch im hell gehaltenen Spa: Ein großer Indoor-Pool mit Blick ins Baumgrün, schöne Saunen und weitläufige Chillout-Zonen garantieren selbst bei Schlechtwetter einen gelungenen Tag. Im Spa werden von Profi-Masseuren Tiroler (Biokräuter-)Produkte von Dr. Joseph eingesetzt. Tägliches Yoga, Pilates, Meditation und Nordic Walking runden das Angebot ab (**Shuum Boutique Wellness Hotel** 1 **:** ul. T. Kościuszki 17 / Ecke Promenade, Tel. 94 355 40 13, https://shuumhotel.pl, 97 Zimmer, €€€).

tel-maxymilian.pl/de, 12 Zimmer. Restaurierte Villa im Stil klassizistischer Bäderarchitektur, nur durch den Kurpark vom Strand getrennt. Dreisternekomfort mit behaglichen Zimmern, Spa mit Hallenbad. €€

Camping – **Baltic Nr. 78** 3 **:** ul. IV. Dywizji Wojska Polskiego 1, Tel. 94 352 45 69, www.camping.kolobrzeg.pl, geöffnet Mai–Sept. Camping in einem Park am Ostrand der Stadt, ca. 600 m vom Strand entfernt. Neben Stellplätzen gibt es auch Betten in Campinghäuschen. Straße und Bahnlinie sind hörbar. €

Außerhalb von Kołobrzeg:

Mit Spaßbad – **Senator** 4 **:** ul. Wyzwolenia 35, Dźwirzyno, Tel. 94 354 94 00, www.hotelsenator.pl, 123 auf vier Rundtürme verteilte Zimmer. Viersterne-Resorthotel 6 km westlich von Kołobrzeg, nur durch einen Kiefernwald vom Strand getrennt. €€

Essen & Trinken

Sehr gut essen kann man in einigen Hotels (s. Tipp Shuum). Weitere Lokale befinden sich in der Altstadt und an der Promenade nahe der Parsęta-Mündung.

Im ›Henkershäuschen‹ – **Domek Kata** 1 **:** ul. Ratuszowa 1, Tel. 94 354 66 35, https://domekkata.business.site. Unten befindet sich ein Café, oben ein auf alt gestyltes Restaurant mit Kristalllüstern und Stilmöbeln. Wer keinen Fisch mag, greift zu Wildschweinbraten. €€

Etwas gehobener – **Pod Winogronami** 2 **:** ul. Towarowa 16, Tel. 94 354 73 36. ›Unter den Weintrauben‹ nahe dem Leuchtturm ist eine verlässliche Adresse für deftige polnische Gerichte. Spezialitäten des Hauses sind mit Pilzen überbackenes ›Trapper-Kotelett‹ und ein ›Teufelsgericht im Brotteig‹. €€

Mit guter Aussicht – **Mikado** 3 **:** Bulwar J. Szymńskiego 10 (Strandpromenade), Tel.

Ein Film macht mobil

Im Januar 1943 ging die Schlacht um Stalingrad verloren, wenig später geriet die deutsche Zivilbevölkerung erstmals ins Visier massiver alliierter Luftangriffe. Der Glaube an den deutschen ›Endsieg‹ war gründlich erschüttert und Joseph Goebbels musste alle Register seiner Propagandakunst ziehen, um die Bevölkerung in Kriegslaune zu halten.

So lancierte er am 1. Juni 1943 das teuerste und aufwendigste Werk der deutschen Filmgeschichte, einen Monumentalstreifen mit dem Titel »Kolberg«. Mit der Herstellung wurde Veit Harlan beauftragt, ein Regisseur, der sich schon zuvor in den Dienst der NS-Propaganda gestellt hatte: Mit »Jud Süß« (1940) hatte er die antisemitische Hetzkampagne angestachelt, im »Großen König« (1941) zu blindem Gehorsam gegenüber dem Führer aufgerufen. Nun ging es darum, mithilfe einer Episode aus den Napoleonischen Kriegen die letzten Kraftreserven der Deutschen zu mobilisieren. Historisches Vorbild waren die Kolberger, denen es in den Jahren 1806/1807 unter der Führung von General Gneisenau und Bürgeradjutant Nettelbeck gelungen war, ihre Festung gegen den Ansturm napoleonischer Truppen zu verteidigen.

Für seinen Film ließ sich Veit Harlan vom Propagandaminister ermächtigen, »alle Dienststellen von Wehrmacht, Staat und Partei um ihre Hilfe und Unterstützung zu bitten«. Heinrich George übernahm die Rolle des mutigen, die Bürgerwehr organisierenden Bürgeradjutanten; Kristina Söderbaum spielte das einfache Bürgermädchen Maria. Mit der historischen Wahrheit nahm es der Regisseur nicht so genau, den Akteuren wurden wiederholt Zitate von Goebbels und Hitler in den Mund gelegt: »Das Volk steht auf, der Sturm bricht los!« Doch nicht nur dieses Zitat, die gesamte Komposition war darauf ausgerichtet, das deutsche Volk zum Kampf »bis zum letzten Blutstropfen« anzuspornen und die Hoffnung auf ein gutes Ende wach zu halten.

18 Monate brauchte der Regisseur, um sein über weite Strecken pathetisches Werk zu vollenden: Es verschlang mehr als 8 Mio. Reichsmark und die Zahl von 18 500 Statisten war höher als die Gesamtzahl der an der historischen Schlacht beteiligten Soldaten. Doch viel Wirkung war dem Film nicht mehr beschieden: Als er am 30. Januar 1945 in der Atlantikfestung La Rochelle zur Uraufführung gelangte, hatten sich in Pommern bereits lange Flüchtlingstrecks in Marsch gesetzt. Goebbels übermittelte dem Festungskommandanten die Botschaft: »Möge der Film Ihnen und Ihren Soldaten als ein Dokument der unerschütterlichen Standhaftigkeit eines Volkes erscheinen, das in diesen Tagen eines weltumspannenden Ringens, eins geworden mit der kämpfenden Front, gewillt ist, es den großen Vorbildern seiner ruhmvollen Geschichte gleichzutun.«

Das reale Kolberg wurde in den Folgewochen zur Festung erklärt, um dem vom Film geschaffenen Mythos gerecht zu werden: Bis zum 18. März währten die Gefechte, dann war die Stadt vom Nationalsozialismus befreit. Kolberg lag in Schutt und Asche, Tausende von Menschen waren tot.

94 354 89 14, www.mikado-restauracja.pl. Durch Panoramafenster blickt man auf Meer und Strand und genießt in informellem Bistro-Ambiente hausgemachte Süßigkeiten. Daneben gibt es ein wöchentlich wechselndes Fischmenü. €–€€

Stylish – **Mamma** 4 : ul. Towarowa 14, Tel. 609 05 95 63, www.mammakolobrzeg.pl. Mittelpunkt dieses modernen Lokals ein paar Schritte vom Leuchtturm ist der Holzkohlegrill in der offenen Küche. Hier werden knusprige, reich belegte Pizzen gebacken. Außerdem im Angebot: mediterrane Antipasti und Pasta-Gerichte – und tolles Frühstück tgl. ab 9 Uhr. €

Vom Fischer – **Rewiński** 5 : ul. Bulwar J. Szymańskiego 6, Tel. 94 35 46 60, auf Facebook, tgl. 11–19 Uhr. Im Stil eines American Diner eingerichtetes Selbstbedienungslokal an der Promenade mit Terrasse. Frisches aus dem Meer wird nach Gewicht berechnet. Dazu vielleicht ein Bier ›Straight to the Beach‹ von der lokalen Mikro-Brauerei Maltgarden? €

Let's bistro – **Wichłacz** 6 : ul. Towarowa 14, Tel. 882 02 27 10, www.wichlaczbistro.pl/de. Urban Styling mit langer Bar, entspannenden Schwarz- und Naturtönen. Light Lunch geht hier ebenso gut wie ein professionell gemixter Cocktail am Abend. €–€€

Nicht nur für Afternoon Tea – **Galeria Five O'Clock** 7 : ul. Giełdowa 8/5, auf Facebook. Tees und Kaffees von ausgesuchten Plantagen in gemütlich-rustikalem Ambiente. Herrliche Düfte inklusive. €

Eisig schön – **Odlodowo** 8 : ul. Zapleczna 1B, Tel. 606 36 73 70, auf Facebook, tgl. ab 12 Uhr. In der Eismanufaktur mixt man aus natürlichen Zutaten cremige Eissorten. €

Einkaufen

Souvenirs – Das beste Sortiment entdeckt man in den Einkaufsgassen der Altstadt.

Mode- und Sportboutiquen – **Hosso** 1 : ul. Armii Krajowej 10. Das Einkaufszentrum befindet sich hinter dem Alten Rathaus.

Abends & Nachts

Tgl. finden im Sommer **Konzerte** am Strand oder im Regionalen Kulturzentrum statt, oft gibt es auch Kino unter freiem Himmel.

Mit eigenem Bier – **Browar Colberg** 1 : ul. Budowlana 6, www.colberg.com.pl. Weizen, Pils, Schwarz und Naturtrüb – die Brauerei im Wasserturm anno 1885 serviert dazu in rustikalem Ambiente deftige Suppen und Fleischgerichte.

Aktiv

Baden – Der 3,5 km lange Strand vor der Stadt ist weiß und feinsandig, das Wasser sauber und klar. Weniger besucht, aber ebenso schön sind die Strände westlich der Parsęta-Mündung, die durch eine neue Mole aufgewertet werden. Für schlechtes Wetter gibt es einen **Aquapark** 1 im Hotel Bałtyk (Morska Odyseja 1, ul. Rodziewiczowny 1, Tel. 94 3 55 34 34, www.morskaodyseja.pl, 1 Std. 4 €).

Schiffsausflüge – Von der Anlegestelle 2 starten im Sommer viele Ausflugsboote.

Radfahren – Der **Europäische Radweg R10** führt westwärts zum Resko-See, von wo man auf rot markiertem Weg eine Südschleife um Sarbia und Nowogarda einschieben kann (insgesamt 40 km). Östlich von Kołobrzeg schließt eine als **Eco-Park** geschützte Salzmoorlandschaft an, die durch einen Rad- und Fußweg nach Ustronie Morskie erschlossen ist.

Wandern – Südöstlich von Kołobrzeg liegt der **Stadtwald,** ein Eichen-Buchen-Mischwald mit einem Rundwanderweg, der zu zwei 1000-jährigen Eichen führt.

Termine

Walross-Bad (5. Jan., morsowanie.kolobrzeg.pl): Hunderte stürzen sich in die eiskalten Ostsee-Fluten.

Sunrise (Juli, https://sunrisefestival.pl): Eine Woche Ausnahmezustand mit Electronic-Musik, Lasershows, Strandpartys.

Interfolk (Ende Aug.): Zum Folklorefestival reisen Ensembles aus der ganzen Welt an.

Verkehr

Auto: Von Kołobrzeg folgt man der Landstraße 11 ostwärts Richtung Koszalin. Stichstraßen führen ans Meer – nach Ustronie Morskie und zum Leuchtturm Gąskie; in Mścice, kurz vor Koszalin, folgt man der 165 nach Mielno.

Bus/Zug: Die beiden Bahnhöfe befinden sich nebeneinander auf halber Strecke zwischen

Strand und Innenstadt. Mit dem Zug kommt man gut nach Koszalin, zu allen Ferienorten an der Ostsee besser mit Bus.
Fähre: Im Sommer fährt mehrmals wöchentlich ein Katamaran in 4,5 Std. nach Nexö auf Bornholm (www.kzp.kolobrzeg.pl).

Über Koszalin nach Ustka

Östlich von Kołobrzeg setzt sich die niedrige Klippenküste fort. Am schönsten ist die Landschaft dort, wo hinter dem Strand ein schilfumstandener See liegt. Hier genießt man nicht nur weichen Meeressand und eine frische Brise, sondern kann auf dem angrenzenden Binnengewässer gefahrlos Boot fahren, surfen und segeln.

Ustronie Morskie und Mielno ▶ 1, E/F 3

An niedrige Moränenklippen schmiegt sich **Ustronie Morskie** (Henkenhagen), ein lang gestreckter Ferienort mit Promenade und 12 km langem, weißem Strand. Bizarr wirken die langen Reihen von Holzpfählen, die zur Uferbefestigung quer zur Strömung ins Meer gerammt wurden. Scheint die Sonne, sitzt auf fast jedem Pflock eine Möwe, die sich von den Strahlen wärmen lässt. Eine kleine Flotte fährt von hier aufs Meer hinaus und schafft frischen Fang heran, der bei der Firma Superfish eingedost und eingefroren wird. Man fühlt sich wohl beim Anblick der beiden Seebrücken und der bunten Fischerboote, bummelt gern über die Strandpromenade ins kleine, herausgeputzte Ortszentrum.

Auf schmaler Küstenstraße gelangt man ostwärts zum Leuchtturm von **Gąski** (Funkenhagen), den man über 234 Stufen einer Wendeltreppe besteigen kann. Von dort bietet sich ein imponierender Blick über das windgepeitschte Meer.

Die Küstenstraße, die sich bald in eine Feld- und Wiesenpiste verwandelt, führt nach **Sarbinowo** (Sorenbohm), ein kleines, durch Wellenbrecher befestigtes Fischerdorf, das in der Saison zum Ferienzentrum mutiert. Gartenliebhaber unternehmen von hier einen Abstecher landeinwärts nach Dobrzyca (Hortulus, s. unten); wer die Nähe des Meeres sucht, erreicht auf der Küstenstraße **Mielno** (Großmöllen), das mit seinem Nachbarn **Unieście** (Nest) zu einem großen Ferienort verschmolzen ist. Seit dem Abschluss einer Rundum-Renovierung heißt es auch hier ›Adieu Tristesse‹: Die verspielten Sommervillen erstrahlen in alter Pracht, die Promenade ist tipptopp gepflegt. In der Saison freilich ändert sich das Bild: An der Durchgangsstraße reiht sich eine Imbissbude an die nächste, aus jeder quillt bis tief in die Nacht Disko-Sound. All dies ist nur wenige Kilometer weiter östlich schlagartig vorbei: Auf der schmalen, bewaldeten Nehrung, die das Meer vom Jamno-See trennt, hört man nichts weiter als den Wind, der Muster in den Dünensand zeichnet. Nach Osten erstreckt sich eine unbebaute Küstenlandschaft, die bis 1999 militärisches Sperrgebiet war.

Hortulus ▶ 1, E 3

Dobrzyca 76, www.hortulus.com.pl, April–Mitte Sept. Mo–Sa 9–19, So 10–18 Uhr, sonst kürzer, 11 €, Kombiticket für beide Gärten 21 €
14 km östlich Ustronie Morskie bei Dobrzyca, erreichbar über die E-11, schufen Pflanzenliebhaber den **Hortulus,** einen Mix aus Stein- und Felsen-, Kräuter- und Gemüsegarten. Ihr Stolz sind die ›Garten der Sinne‹, in denen sich alles ums Sehen, Riechen und Hören dreht sowie der ›Garten des Klanges‹, wo das Rauschen des Wassers und der Gräser eine musikalische Komposition bildet. Beliebt ist auch der 2 km entfernte **Irrgarten Hortulus Spectabilis,** gepflanzt aus 18 000 Hainbuchen – mit einem 19 m hohen Aussichtsturm.

Infos

Im Internet: www.ustronie-morskie.pl und www.mielno.pl

Übernachten

Erstes Haus in Mielno – **Meduza:** ul. Nadbrzeżna 2, Mielno, Tel. 94 348 08 90, www.meduza.mielno.pl, 26 Zimmer. Direkt am Meer gelegenes attraktives kleines Komforthotel mit behaglichen Zimmern. Das angeschlossene Restaurant gilt als bestes vor Ort: frischer Lachs, Lendenfilet und Steak in Pfeffersoße. Von der Terrasse im Obergeschoss hat man einen schönen Blick aufs Meer. €€

Strandnah in Ustronie Morskie – **Lambert:** ul. Bolesława Chrobrego 53-A, Ustronie Morskie, Tel. 94 351 54 31, www.lambert-hotel.pl, 27 Zimmer. Die ehemalige ›Otto-Götzke-Villa‹ liegt etwa 50 m vom Strand entfernt und bietet funktional-freundliche Zimmer mit Sat-TV und Kühlschrank, teilweise auch Meerblick. Im Wintergarten wird regionale Küche. Schönes Spa mit Feucht-, Trocken- und Infrarot-Sauna, Bernstein- und Salzgrotte sowie Indoor-Pool. Gegen Bares sind auch ›Auswärtige‹ willkommen. €€

Verkehr

Bus: Gute Verbindungen bestehen von Ustronie Morskie nach Kołobrzeg und Koszalin sowie von Mielno nach Koszalin.

Koszalin ▶ 1, F 3

Wer nach Sonne und Sand wieder eine Großstadt erleben möchte, fährt landeinwärts nach **Koszalin** (Köslin). Die im Krieg zerstörte Stadt ist heute von Plattenbauten umstellt. Nur rund um den Marktplatz finden sich restaurierte historische Bauwerke.

Vom Turm der **Marienkathedrale** (Kościół N.P. Marii, ul. Bolesława Chrobrego/ul. Zwycięstwa) verschafft man sich einen Überblick. Sehenswert sind das gotische Haus des Henkers und die Gertrudenkapelle mit einem Sterngewölbe aus dem 14. Jh. Dank der vielen Studenten wirkt die Stadt recht dynamisch, die Kulturszene ist rege. In der alten **Wassermühle** gegenüber der Stadtmauer befindet sich ein Regionalmuseum mit einer nachgestalteten Fischerkate, in der nördlich gelegenen Dependance wird die Stadtgeschichte anhand von Fotos, Stichen und archäologischen Funden illustriert (Muzeum Regionalne, ul. Młyńska 37/38, www.muzeum.koszalin.pl; Dependance in der ul. Piłsudskiego, Di–So 10–17, im Winter 10–16 Uhr, 2,50 €).

Einen Ausflug wert ist das 8 km südlich gelegene **›Bernsteinschloss‹** (Bursztynowo Pałac). Der 1899 im Stil der Sezession inmitten eines Parks erbaute Palast gehörte der altpommerschen Junkerfamilie von Kamecke und wird heute als Hotel genutzt. In der Eingangshalle sieht man schöne Jugendstilfenster, alte Gemälde und Skulpturen. Der Familie gehörte auch der fünf Minuten entfernte, im Jägerstil eingerichtete **›Weiße Palast‹** (Biały Pałac), wo man gleichfalls übernachten kann. Mehrmals im Monat finden ›historische Abende‹ mit klassischer Musik statt, anlässlich derer das Personal in aristokratischer Tracht erscheint.

Infos

Centrum Informacji Turystycznej: ul. Dworcowa 11/15, 75-201 Koszalin, Tel. 94 346 24 40, https://cikit.koszalin.pl. Das Info-Büro befindet sich in der Nähe des Bahnhofs.

Übernachten

Für einen Stopover – **Gromada Arka:** ul. Zwycięstwa 20, Tel. 94 342 79 11, www.gromada.pl/hotelkoszalin, 74 Zimmer. Das Dreisternehotel ist 200 m vom Bahnhof entfernt. Zimmer mit Sat-TV und Minibar, außerdem im Haus: Fitnesscenter, Wellnessbereich mit Sauna und Massage, Bar und Nachtklub. Am Wochenende gibt's Rabatt. €–€€

Außerhalb von Koszalin:

Feudaler »Bernsteinpalast« – **Bursztynowo Pałac:** Strzekęcino 12, Świeszyno, Tel. 94 316 12 27, www.bursztynowypalac.pl, 62 Zimmer. Das im 19. Jh. für einen Kartoffelbaron am See errichtete Palais in einem großen Park, 8 km südlich von Koszalin, wurde in ein Komforthotel verwandelt. Die Zimmer verteilen sich sowohl auf das Haupthaus als auch auf den 5 Min. entfernten ›Weißen Palast‹ (Biały Pałac). Mit Hallenbad, Sauna und Fitness, Bootsverleih, Tennisplatz, Radverleih. Im Restaurant wird altpolnische Küche serviert. Anfahrt: Von Koszalin der Straße nach Świeszyno folgen und dort auf die Ausschilderung achten. €€

Hochherrschaftlich – **Zamek Podewils:** Krąg 16, Tel. 94 347 05 16, www.podewils.pl/hotel-podewils-krag, 70 Zimmer. Das nach dem Stettiner Schloss zweitgrößte Anwesen in Pommern liegt am Ortsrand von Krąg (Krangen) in einem 2,6 ha großen Park am See, 30 km östlich von Koszalin. 2008 wurde das Hotel, das auf eine über 500-jährige Schlossgeschichte zurückblicken kann, zum ›Preisträger für Denkmalschutz in Pommern‹. Die über je vier Haubentürme und Gebäudetrakte verteilten Zimmer sind mit Kristalllüstern und Antiquitäten feudal eingerichtet und haben Sat-TV, Minibar und Föhn. Die Schlossküche bietet Polnisches ›nach Gutsherrenart‹. Auch wer nur zum Kaffeetrinken vorbeikommt, ist willkommen. Mit Sauna und Fitness, Fahrrad- und Bootsverleih. Ein Campingplatz am Seeufer ist angeschlossen! €

Essen & Trinken

Altpolnische Küche – **Gospoda Jamneńska:** ul. Mły ska 37, Tel. 94 341 48 67, www.gospodajamnenska.pl. Rustikales Gasthaus neben dem Regionalmuseum. Zu fetziger Folkmusik werden traditionelle polnische Gerichte aufgetischt, z. B. Żurek und Barszcz, Schweinshaxe vom Grill und unterschiedlich gefüllte Piroggen. €

Verkehr

Auto: 7 km westlich von Kozszalin verlässt man, um bequem zur Küste zu kommen, die E-28 und biegt links in die 203 ein. Über Darłowo und den zugehörigen Küstenort Darłówko geht es weiter nach Ustka.

Bus/Zug: Beide Bahnhöfe liegen 800 m westlich des Marktplatzes. Es bestehen gute Verbindungen nach Szczecin, Kołobrzeg, Poznań und Gdańsk. Die kleinen Küstenorte erreicht man besser mit dem Bus.

Darłowo und Darłówko

▶ 1, F 2

36 km nordöstlich von Koszalin liegt die einstige Hansestadt **Darłowo** (Rügenwalde) unweit der Küste. Sie zählt zu den wenigen Orten der Region, die den Krieg unversehrt überstanden haben. Der Marktplatz ist von Laubenhäusern gesäumt, an seiner Westseite steht das barocke Rathaus. Gleich dahinter erhebt sich die wuchtige, im 14. Jh. erbaute Marienkirche, in der der Pommernherzog Erik XIII. (Erich von Pommern) beigesetzt ist. Bis zu seiner Entthronung 1439 war er über 40 Jahre lang König von Dänemark, Schweden und Norwegen. Danach erwarb er sich Ruhm als ›Piratenkönig‹ und ›letzter Wikinger der Ostsee‹, plünderte die Hansekoggen und kehrte schließlich mit Schätzen reich beladen nach Darłowo zurück. Das Schloss, in dem er die letzten zehn Jahre seines Lebens verbrachte, steht südlich vom Marktplatz und beherbergt heute ein Regionalmuseum. Man betritt es durch eines der beiden Tore und befindet sich sogleich in einem von hohen Mauern umschlossenen Innenhof. Allein schon ein Spaziergang durch die Räume ist ein Vergnügen: Ritter- und Ballsaal, Kleiner und Großer Speisesaal, Grüner Salon, Kapelle und vieles mehr. Dazu kommen die vielen interessanten Schnitzarbeiten und Skulpturen, Porträts und Antiquitäten. Auch der Abstieg in den düsteren Schlosskeller lohnt: Foltergeräte, enge Zellen und ›Strafklötze‹ erinnern an seine Bestimmung als Stadtgefängnis (Zamek Książat Pomorskich Muzeum Darłowie, ul. Zamkowa 4, www.zamekdarlowo.pl, tgl. 10–16, Mitte Juni–Ende August bis 18 Uhr, 6 €).

Nur 3 km sind es zum Seebad **Darłówko** (Rügenwaldermünde), das sich beidseits der Wieprza-Mündung ausbreitet. Eine Schiebebrücke aus dem 19. Jh. verbindet die beiden Ortsteile. An der Westseite der Mündung beginnt jenseits des Jachthafens Marina Royale ein 600 m langer Laufsteg überm Strand – ein herrlicher Parcours! An der Ostseite der Mündung steht ein 23 m hoher, eher unscheinbarer Leuchtturm (Latarnia Morska, Mai–Sept. tgl. 10–18 Uhr, 2 €), an seinem Fuß beginnt ein weiterer von einer Promenade gesäumter Strand.

Ausflug ins ›Karierte Land‹

▶ 1, G 2

Von Darłowo führt eine Autoroute durch das ›Karierte Land‹, das seinen Namen den vielen hier erhaltenen Fachwerkhäusern verdankt. Schilder mit einem stilisierten Gehöft weisen den Weg. Von Darłowo fährt man auf der Straße 205 ostwärts und passiert Krupy und Stary Jarosław, bevor man ins 20 km entfernte **Swołowo** (Schwolow) gelangt. In dem idyllischen Dorf wurde der schönste Hof, ge-

Wohlgerüche von Tee und Kaffee locken in den Alten Speicher – gleich neben dem Schloss von Słupsk

nannt Zagroda Albrechta, in ein Museum verwandelt – hier werden Alltag und Arbeit von anno dazumal zum Leben erweckt. Und im zugehörigen Gasthaus schmecken Gänsespezialitäten von Schmalz bis Keule! (Swołowo 8, Di 10–13, Mi–So 10–16, Juli–Aug. Mo 10–15, Di–So 10–18 Uhr, 5 €). Einen Halt lohnt auch **Gałęzinowo** (bei Strzelinko), wo eine ehemalige Fachwerkmühle auf einer Insel in einem Waldsee in ein rustikales Gasthaus verwandelt wurde. Man erreicht es über ein Brücklein, setzt sich bei schönem Wetter auf die Holzterrasse überm Wasser und genießt die deftige Küche: Waldpilzsuppe, gefüllte Roulade und Kräuterforelle. Die angesetzten Kalorien könnte man bei einer Paddeltour auf dem idyllischen See abtrimmen. Oder man spaziert durch ein Waldstück hinüber zum nahen Gestüt, das – aus Backstein und Bohlen erbaut – eine Komfortpension (mit Baumhäusern!) beherbergt. Spaß macht auch der Tiergarten, in dem neben Wisenten, Hirschen und Robben auch Berberaffen und Japanmakaken leben. Ein feudales, etwas zu groß geratenes Spa-Resort steht glücklicherweise jenseits des Blickfelds (Dolina Charlotty, Strzelinko 1, Tel. 59 847 43 00, www.dolinacharlotty.pl). Von hier sind es nur noch wenige Kilometer nach Słupsk bzw. Ustka.

Infos

Centrum Informacji Turystycznej: ul. Pocztowa 6, Mobil-Tel. 519 30 30 32, www.darlowo.com.pl.

Übernachten & Essen

... in Darłowo:

Am Fluss – Zamkowy: ul. M. Skłodowskiej-Curie 23, Tel. 601 43 10 33, www.zamkowy.pl, 17 Zimmer. Das stattliche Fachwerkhaus anno 1740 gegenüber vom Schloss bietet zur Gartenseite ruhige und freundliche Zimmer. Auch das Essen gefällt: gute pommersche (Fisch-)Küche, dazu Craftbier der lokalen Kowal-Brauerei.

... in Darłówko:

Nicht nur für Familien – **Lidia:** ul. Dorszowa 3 (Darłówko Zachodnie), Tel. 94 314 30 38, www.hotel-lidia.pl. 118 Zimmer. Modernes Mittelklassehotel 100 m vom Strand. Neben Doppelzimmern gibt es familienfreundliche 3- und 4-Bett-Zimmer sowie Studios, alle mit Bad, Kühlschrank, Sat-TV, einige mit Balkon. Das Haus verfügt über Hallenbad, Whirlpool, Sauna sowie ein ärztlich geleitetes Therapiezentrum. Mit Radverleih und Bowlingbahn. €€

Aktiv

Baden – Am schönsten ist es am Strand östlich des Leuchtturms von Darłowko.

Radfahren – Ein attraktiver, 10 km langer Radweg führt nordwärts über einen Hochdamm zwischen Meer und Kopań-See zum Badeort Wicie.

Schiffsausflüge – Mit Ausflugsbooten geht es von Darłówko hinaus auf hohe See, ein Katamaran fährt im Sommer nach Bornholm (Fahrtdauer 2 Std.).

Verkehr

Stadtverkehr: Eine kleine Straßenbahn rattert in kurzen Abständen zwischen Darłowo und Darłówko hin und her.

Bus/Zug: Die beiden Bahnhöfe liegen nah beieinander im Südwesten Darłowos, ca. 10 Min. zu Fuß vom Marktplatz. Gute Busverbindungen nach Koszalin, Ustka und Słupsk.

Słupsk ▶ 1, H 2

Nächster Zwischenstopp ist **Słupsk** (Stolp), eine Stadt mit gut 92 000 Einwohnern, die früher den Beinamen ›Klein-Paris von Pommern‹ trug. Während Rügenwalde mit der bekannten Teewurst von sich reden machte, produzierte Słupsk das ›Jungchen‹, einen klassischen Camembert.

Pariserisch geht es im Ort heute nicht mehr zu, doch gut essen kann man noch immer. Bevor man sich davon überzeugt, lohnt ein Bummel durch den restaurierten Stadtkern. Das im Renaissancestil 1507 erbaute **Greifenschloss,** das als Mittelpolnische Museum öffnet, beherbergt u. a. Sarkophage der letzten hier herrschenden Herzöge, Kunst aus der Region sowie Ikonen. Kurios ist der Teil einer Prunkkarosse, in der 1683 der polnische König Jan III. Sobieski nach seinem Sieg über die ›ungläubigen‹ Türken in Wien einfuhr. Als Heiligenschrein verehrt, diente er jahrhundertelang als Kirchenkanzel. Das Highlight des Museums befindet sich gegenüber vom Schloss jenseits des Flusses in der großen Weißen Mühle (5 Gehmin. vom Schloss, s. Tipp oben). In der **Dominikanerkirche** wurden die pommerschen Fürsten standesgemäß beigesetzt (Muzeum Pomorza Środkowego, ul. Dominikańska 5, www.muzeum.slupsk.pl, Mi 10–14, Do–So 10–17, Juli, Aug. Mo 10–13, Di–So 11–18 Uhr, Schloss 5 €, Weiße Mühle 7 €).

An der Słupia (Stolpe) entlangspazierend kommt man zur **›Hexenbastei‹** (Baszta Czarownic, ul. Francesco Nullo 8, Di–So 10–18 Uhr, 2 €), einem Wehrturm, in dem man bis 1701 ketzerische Frauen gefangen hielt, die anschließend auf dem Scheiterhaufen verbrannt wur-

IM RAUSCHZUSTAND GESCHAFFENE KUNST

Clou der Sammlung im Greifenschloss sind die 200 expressiven Porträts von Ignacy Witkiewicz alias Witkacy (1885–1939), dem vielseitigsten Künstler der polnischen Moderne. Pikanterweise schuf er sie im Rausch: Auf jedem Bild notierte er Art und Menge der Droge, die er zu sich nahm – vom kleinen Bier bis zum halluzinogenen Peyotl-Kaktus. Je exotischer das Aufputschmittel, desto teurer war das Bild! Weil er zeitweise im Akkord arbeitete, nannte Witkacy sein Atelier ironisch »Porträt-Fabrik«.

den. Mehr davon finden Sie in der Hauptgalerie ein paar Gehminuten nördlich rechts des Flusses in einem schmucken Fachwerkbau (ul. Partyzantów 31-A, www.bgsw.pl, 2 €, Kombiticket mit Hexenbastei & Zentrum der Kreativität in Ustka 4 €, S. 147). Sehenswert ist auch das neugotische **Rathaus** (Ratusz) ein Stück weiter westlich. Mit seiner Backsteinfassade und dem hohen Turm wirkt es wie eine Kathedrale – dazu passt das stündliche Glockenspiel von Szymanowski (s. Termine). 180 Stufen führen auf den 56 m hohen Turm, vorbei an historischen Stadtansichten. Oben angekommen, kann man das heutige Słupsk überblicken.

Infos

Im Internet: www.turystycznyslupsk.pl

Übernachten

Bessere Unterkünfte finden sich außerhalb des Zentrums, so das **Karczma pod Kluką** (s. Essen & Trinken) und die **Villa Intryga** (www.intryga.com). Einfach, aber zentral:

Zweisternehotel – **Zamkowy:** ul. Dominikańska 4, Tel. 59 842 52 94, www.przymorze.com.pl, 33 Zimmer. Helle, funktionale Zimmer in einem Nebengebäude des Schlosses. €–€€

Essen & Trinken

Im Kellergewölbe des Schlosses sowie im Anbau öffnen gutbürgerliche Restaurants. Außerdem empfehlenswert:

Gute Regionalküche – **Karczma pod Kluką:** ul. Kaszubska 24, Tel. 59 842 34 69, www.hotelpodkluka.pl. Rustikales Restaurant an der Straße nach Kluki mit kaschubischen Spezialitäten wie Nuss- und Kümmelsuppe und flambierter Forelle. €€

Im alten Speicher – **Stary Spichlerz:** Rynek Rybacki, Tel. 604 27 48 06, Facebook: Herbaciarnia w Spichlerzu. Dank vieler Gäste herrscht immer gute Stimmung, auf der Karte stehen viele Tee- und Kaffeesorten, dazu Kuchen und Kleingerichte – dies alles ein paar Schritte vom Schloss.

Termine

Festival der polnischen Pianistik (Sept.): Konzertwoche im Rittersaal des Schlosses – eine Veranstaltungsreihe zu Ehren von Karol Szymanowski, dem polnischen ›Nationalkomponisten‹.

Festival der Rocklegenden (Anfang Juli, www.dolinacharlotty.pl/de): Konzerte im Charlottental auf halbem Weg zwischen Słupsk und Ustka (Dolina Charlotty, Strzelinko 14).

Verkehr

Auto: Auf der 210 kommt man nach Ustka, auf der 213 und 214 nach Łeba, dem ›Eingangstor‹ zum Slowinzischen Nationalpark.

Bus/Zug: Die beiden Bahnhöfe befinden sich nebeneinander 1 km westlich vom Zentrum. Es bestehen stündlich Zugverbindungen nach Ustka, die Busse verkehren in noch kürzerem Takt.

Ustka ▶ 1, G 2

Wo die Słupia in die Ostsee mündet, entstand bei **Ustka** (Stolpmünde) ein Fischerhafen. Dank diesem ist der Ort heute kein künstliches Ferienresort, sondern – zumindest außerhalb der Hochsaison – ein ›normales‹ maritimes Städtchen. An der Hafenpromenade längs des Flusses ankern Kutter vor der Kulisse hanseatisch inspirierter Giebelhäuser. Dahinter liegt das kleine Kapitänsviertel, wo sich gestandene Seeleute stattliche Villen erbauen ließen. Unmittelbar an der Mündung erhebt sich ein kleiner, backsteinerner **Leuchtturm,** an dem Ausflugsschiffe starten. Einen Katzensprung entfernt – am Kopfende der Mole – blickt Ihnen eine Meerjungfrau nach. »Syrenka« wurde aus Altmetall geschmolzen und gilt als Glücksbringerin: Streicheln Sie die blank polierte Brust der athletisch Schönen, gehen Ihre Wünsche in Erfüllung … Hinter dem Leuchtturm beginnt eine zweite Promenade, die oberhalb eines herrlichen Strands verläuft: Der Sand von Ustka ist weich und weiß und säumt die Küste viele Kilometer, wobei er sich jenseits des Orts zu niedrigen, dicht bewaldeten Klippen aufwirft.

Interessantes entdeckt man auch landeinwärts: Die von der Promenade abzweigenden Straßen sind von Villen gesäumt, von denen viele aus jener Zeit stammen, als sich in Stolpmünde Preußens Hautevolee traf. Knapp südlich des Leuchtturms zeigt in einer reno-

Promenade am Hafen von Ustka

vierten Backsteinmühle das **»Zentrum der Kreativität«** zeitgenössische Kunst (Centrum Aktywności Twórczej, ul Zaruskiego 1-a, www.bgsw.pl, 2 €). Und im **Strandpark** (Park Nadmorski) entdecken Kunstinteressierte ein Kuriosum: Das Denkmal des Sterbenden Kriegers (1922) machte seinen Schöpfer zu Hitlers Lieblingsbildhauer. 1936 schuf Josef Thorak zahlreiche Skulpturen für das Berliner Olympiastadion; ein Jahr später vertrat er das ›Dritte Reich‹ auf der Pariser Weltausstellung. Vor diesem Hintergrund erstaunt es, dass das Denkmal nach 1945 nicht abgetragen wurde.

Zu Ustkas Sehenswürdigkeiten gehört das **Regionalmuseum** an der Hauptstraße, das mit Schiffsmodellen an die große Zeit der hiesigen Werft erinnert (Muzeum Ziemi Usteckiej, ul. Polskiej 62-A, www.muzeumustka.pl, Di–Sa 11–16/18 Uhr, 5 €). Ein paar Schritte weiter befindet sich über einer Konditorei ein privates **Brotmuseum** (Muzeum Chleba, ul. Polskiej 49, www.muzeum-chleba.pl, Mo–Fr 11 und 13 Uhr, 7,50 €). Eine 60 m lange Klappbrücke auf der Höhe des Leuchtturms spannt sich zum Westufer der Flussmündung, wo in den 1930er-Jahren ein großer (Militär-)Hafen entstehen sollte.

Im Sommer öffnen vier Stahlbetonbunker als **Park der Begegnung mit der Geschichte:** Hyperrealistisch gestaltete Silikonfiguren in Reichsuniform inszenieren Krieg als Unterhaltungsshow (Park Spotkań z Historią, www.bunkryustka.pl, tgl. 10–22 Uhr, 5 €). Eine weitere Attraktion ist der ehemalige, 1938 aus Backstein erbaute **Verladekran** (Żurawik) mit Seglerzentrum und Mini-Marina zu seinen Füßen.

Infos

Centrum Informacji Turystycznej: ul. Marynarki Polskiej 87, Tel. 59 814 71 70, www.ustka.travel, tgl. 8–19, im Winter Mo–Sa 10–17 Uhr.

Übernachten

Fünf Sterne – **Grand Lubicz:** ul. Wczasowa 4, Tel. 59 815 44 79, www.grandlubicz.pl, 311 Zimmer. Das Fünfsternehotel überzeugt mit seinem Aquapark, der großen Spa- und Wellnessabteilung, gutem Essen und Service. €€€

Im Herzen der Altstadt – **Rejs:** ul. Marynarki Polskiej 51, Tel. 59 814 78 50, www.hotelrejs.

com, 13 Zimmer. Von außen ein attraktiver Fachwerkpalast, von innen ein behagliches Haus mit skurrilen Details, etwa einem knallroten Sofa in Lippenform in der Lobby. In den Zimmern versetzen historische Fotos in vergangene Zeiten zurück. Das Frühstücksbüfett wird im ›Siebten Himmel‹ (7 Niebo) eingenommen, einem der besten Restaurants im Ort. Das Haus befindet sich wenige Gehminuten vom Meer entfernt. €€

Mit historischem Flair – **Villa Red:** ul. Żeromskiego 1, Tel. 59 814 80 00, www.villared.pl, 17 Zimmer. Bismarcks Sommervilla (1886) nahe der Strandpromenade gefällt mit Türmchen und viel Backstein. Die Zimmer sind stilvoll-gemütlich (Sat-TV, Gratis-WLAN). Der Parkplatz ist bewacht. Im Sommer klagen Gäste über Disco- und Kneipenlärm. €€

Camping – **Morski Nr.101:** ul. Armii Krajowej 4, Tel. 604 48 64 13, www.morski101.pl/de, geöffnet März–Okt. 3 ha große Anlage auf teilweise schattigem Wiesengelände, 1,3 km vom Meer entfernt. 200 Stellplätze, dazu 12 kleine Campinghütten und Bungalows sowie Pensionszimmer. An der Straße von Ustka nach Przewłoka (ausgeschildert). €

Essen & Trinken

Ideenreich – **7 Niebo:** ul. Marynarki Polskiej 51, Tel. 59 814 78 50, http://www.hotelrejs.com/de. Wie im ›siebten Himmel‹ *(7 niebo)* fühlt man sich in dem ans Hotel Rejs angeschlossenen, sehr stimmungsvollen Lokal, wo polnische, französische und italienische Küche fantasievoll kombiniert werden. Spezialität des Hauses ist Fisch, z. B. mit Gemüse und Mozzarella überbackene Seezunge *(sola z pieca)*. €€€

In der Teestube – **Herbaciarnia:** ul. Marynarki Polskiej 14. Wie ein Wohnzimmer wirkt das kleine Lokal nahe dem Hafen. Für Gemütlichkeit sorgen Sofas und Sessel, dazu eine Theke von anno dazumal. Viele Teesorten stehen zur Wahl, die man im angeschlossenen Laden auch kaufen kann. Der Kuchen ist hausgemacht!

Aktiv

Baden – Kilometerlanger Paradestrand zu beiden Seiten des Ortes, gen Osten wird er von niedrigen, bewaldeten Klippen gesäumt. Für Tage mit schlechtem Wetter steht in der Ulica Sportowa ein Hallenbad bereit.

Radfahren – Für Radfahrer ideal ist die 20 km lange ›Weg der aufgerollten Gleise‹ *(szlak zwiniętych torów)*, der über weite Strecken auf einem stillgelegten Bahndamm verläuft. Er führt uber Wytowno nach Rowy.

Schiffsausflüge – Neben verschiedenen Touren mit Ausflugsbooten verkehrt im Juli und August am Wochenende ein Katamaran zwischen Ustka und Bornholm (Fahrtdauer 2 Std.), Räder können mitgenommen werden.

Verkehr

Bus: Es gibt häufige Verbindungen zwischen Ustka und Słupsk.

Pommersche Seenplatte ▶ 1, E–G 4/5

Südlich der E 28 erstreckt sich der Baltische Höhenrücken. Zwischen dicht bewaldeten Hügeln liegen tief eingeschnittene Canyons und Hunderte tiefer Seen. Sie entstanden beim Schmelzen der eiszeitlichen Gletscher, deren reißende Abflüsse sich tief ins Gestein kerbten.

Zentrum der Region ist **Białogard** (Belgard). Wie in fast allen mittelalterlichen Städten Pommerns ist der quadratische Marktplatz Ortsmittelpunkt. Er wird von zwei Ratsgebäuden und Bürgerhäusern flankiert, ein 60 m hoch aufschießender Turm weist den Weg zur gotischen Marienkirche von 1310. Teile der alten Wehranlagen blieben erhalten, besonders eindrucksvoll wirkt das südliche, aus Backstein errichtete Hohe Tor (Brama Połczyńska), durch das man geradewegs nach **Połczyn Zdrój** (Bad Polzin) weiterreisen kann. Der nostalgische Kurort verdankt seine Entstehung einer wundersamen Geschichte. Im Jahr 1688 geschah es, dass ein Schmied in einem nahe gelegenen Waldstück eine milchig gefärbte Quelle entdeckte. Er beugte sich neugierig über sie und fiel ins Wasser – doch es war ein Sturz mit unerwartet positiven Folgen. Mit Erstaunen stellte der Schmied fest, dass sich sein getrübtes Augenlicht von Tag zu Tag besserte. Prompt wurde die kohlensäure- und eisenhaltige Quel-

Geheimtipp für Naturliebhaber im Hinterland: die Pommersche Seenplatte

le zum Gesundbrunnen erklärt und drumherum Parks, Alpen- und Rosengarten angelegt. Es dauerte nicht lang, da genoss der Ort als ›Karlsbad des Nordens‹ einen hervorragenden Ruf und wurde zum Treffpunkt der führenden Vertreter des pommerschen Adels – aller jener Herren mit Namen wie Manteuffel, Puttkammer und von Krockow. Fürst von Bismarck hat sie herablassend ›Kraut- und Kartoffelbarone‹ genannt, doch obwohl er von Diäten und Trinkkuren nicht viel hielt, ließ er es sich nicht nehmen, gleichfalls und sogar mehrmals im Jahr in den Hotels dieses Orts abzusteigen. »Mein Umgang hier«, schrieb er, »besteht aus Hunden, Pferden und Landjunkern. Bei letzterem erfreue ich mich einiges Ansehens, weil ich Geschriebenes mit Leichtigkeit lese, mich jederzeit wie ein Mensch kleide und dabei ein Stück Wild mit der Sicherheit eines Metzgers zerwirke, dreist reite, ganz schwere Zigarren rauche und meine Gäste mit freundlicher Kaltblütigkeit unter den Tisch trinke.«

Seit einigen Jahren versucht man, die deutsche Klientel zurückzugewinnen; man restauriert Villen und Gärten, die Jugendstilhäuser der Altstadt beginnen wieder zu glänzen. In den Bars genießt man das aus dem Quellwasser gewonnene Bier, im Rathaus werden die vielen deutschsprachigen Ärzte empfohlen. Zudem ist Połczyn Zdrój ein hervorragender Ort zur Erkundung der Naturparks. Auf kurvenreicher Straße gelangt man südlich von Połczyn Zdrój ins ›Tal der fünf Seen‹, das malerische Herzstück der Seenplatte. Wer nur wenig Zeit hat, sollte wenigstens einen Abstecher nach **Stare Drawsko** bei Czaplinek (Tempelburg) unternehmen; dort bietet die Draheimer Burg eine fantastische Aussicht auf den buchtenreichen Drawskie-See (www.drahim.pl, Juni–Sept. tgl. 9–19 Uhr).

Der Rückweg nach Koszalin führt über **Szczecinek** (Neustettin), noch ein touristisches Zentrum inmitten schöner Natur. Sehenswert sind hier die vom Krieg verschonten neugotischen Bauten der Stadt, das Rathaus und die Marienkirche. Reste einer Burg der pommerschen Herzöge stammen aus dem 14. Jh., im gotischen Turm der Nikolaikirche ist ein Regionalmuseum untergebracht. Außerdem gibt es an der Straße nach Słupsk eine berühmte Hengstzucht: **Biały Bór** (Baldenburg) ist ein Mekka aller Freunde des Reitsports!

Strandkörbe in Łeba schützen vor Sonne, Wind und fremden Blicken …

Vom Slowinzischen Nationalpark nach Hel

Für viele ist es die landschaftlich reizvollste Gegend ihrer Reise: im Norden das einsame Küstengebiet mit dem Slowinzischen Nationalpark, dem Gutsherrenschloss von Krokowa und der Halbinsel Hel, südlich die Kaschubische Schweiz, eine hügelige Landschaft mit Alleen, einsamen Wäldern und Seen.

Łeba ▶ 1, J 1

Dank seiner langen Sandstrände hat sich **Łeba** (Leba) zu einem der beliebtesten Ferienorte der polnischen Ostseeküste entwickelt. Er liegt an der Mündung des gleichnamigen Flusses, zwischen den Seen Łebsko und Sarbsko, und ist ein guter Ausgangspunkt zur Erkundung des Slowinzischen Nationalparks. Bereits Ende des 19. Jh. hat es sich als Kurbad und Sommerfrische einen Namen gemacht, entlang der Ulica Kościuszki stehen noch einige Häuser aus früherer Zeit. Wer etwas von der ehemaligen Idylle spüren will, meidet die in der Hochsaison mit Imbissbuden gepflasterten Straßen und wendet sich dem Hafen am Fluss zu, wo bunte Kutter vor Anker liegen.

Zu den wenigen Sehenswürdigkeiten von Łeba zählen eine kleine **Barockkirche,** für die der Maler Max Pechstein nach dem Zweiten Weltkrieg ein konventionelles Marienbildnis schuf, und das ehemalige, schlossähnliche **Kurhaus** auf der Klippe, das heutige Hotel Neptun. Der 4000-Seelen-Ort, dessen Bewohner sich in der Hauptsaison schlagartig verdreifachen, wartet vor allem mit Aktivangeboten auf: Man kann baden und am Strand laufen, die verschilften Seen und Dünengebirge erkunden, angeln, segeln, Kajak fahren und Bootstouren unternehmen. Wer Einsamkeit sucht, läuft ostwärts zur naturgeschützten Nehrung zwischen Meer und Sarbsko-See. Oder er folgt der Sienkiewicza über den Fluss zum Westufer. Biegt man dort in die Ulica Jachtowa ein, gelangt man nach insgesamt 15 Gehminuten zu einem kleinen, attraktiven **Jachthafen.** Häuser im Fachwerkstil beherbergen eine Taverne und einen Segelladen; selbst in der Saison geht es hier angenehm ruhig zu. Geht man vom Jachthafen ein Stück zurück und biegt in die Ulica Turystyczna ein, folgen mehrere Campingplätze inmitten von Grün. Unmittelbar hinter dem Camping Chaber könnte man rechts in einen schmalen Waldweg einbiegen, der nach 400 m im Kiefernwald endet. Hier entdeckt man die **Ruinen der Nikolauskirche** (Ruiny kościoła św. Mikołaja). Kaum zu glauben, dass diese kärglichen Backsteinmauern das Einzige sind, was von Alt-Leba übrigblieb. 1558 begrub ein heftiger Sturm das halbe Dorf, den Rest besorgte ein Orkan 14 Jahre später. So erschüttert waren die Bewohner, dass sie Łeba am heutigen, sichereren Ort neu errichteten … Folgt man der Straße 200 m weiter, gelangt man zu einem Strand, der sich endlos westwärts zieht.

Wer mit Kindern unterwegs ist, hat vielleicht Lust, in den **Łeba Park** zu fahren, der mit Nachbildungen von Dinosauriern in Originalgröße aufwartet (ul. Kolonijna s/n, www.lebapark.pl, Mai 9–16, Juni 9–17, Juli/Aug. 9–19 Uhr, 24 €).

Im nahen **Sarbsk** lockt der **Sea Park** mit einer Aufzuchtstation für Seehunde und einem Aquarium (8 km südöstlich von Łeba, www.seapark.pl, tgl. 9–16, Juli/Aug. bis 19 Uhr, 24 €).

Gänse marsch! Im Freilichtmuseum Kluki erlebt man die Welt der Slowinzen

Slowinzischer Nationalpark ▶ 1, H/J 1

www.slowinskipn.pl, tgl. 8–19 Uhr, Haupteingang bei Rąbka, 2 km westlich von Łeba, dort auch Aussichtspunkt am See, Bootsfahrten zur 3 km entfernten NS-Raketenabschussrampe
Die Mehrzahl der Besucher zieht es in den **Slowinzischen Nationalpark** (Słowiński Park Narodowy), ein UNESCO-Biosphärenreservat. Seine sichelförmigen, bis zu 50 m hohen Dünen ziehen landeinwärts und begraben dabei alles, was sich ihnen in den Weg stellt. Hinter ihrem mächtigen, weißen Wall liegen **Łebsko- (Leba-) und Gardno-See (Garder See),** die gleichfalls verschüttet werden. Seit 1950 haben sie mehrere Quadratkilometer Fläche eingebüßt – irgendwann werden sie ganz verschwunden sein. Bis es so weit ist, bleiben sie ein Refugium für Vögel, die in den Schilfbuchten ungestört nisten können.

Die Entstehung dieser Landschaft reicht mehrere Tausend Jahre zurück. An der Stelle der heutigen Seen befand sich eine weite Bucht, die durch angeschwemmten Sand von der offenen See abgetrennt wurde, sodass sich eine große Nehrung ausbildete. Der vorherrschende Nordwestwind türmte den Sand zu immer größeren Dünen und trieb sie landeinwärts – bis zu 9 m im Jahr können sie wandern. Im Laufe der Zeit wurden Bäume, Häuser und ganze Dörfer verschüttet (Słowiński Park Narodowy).

Den Slowinzen, nach denen der Nationalpark benannt ist, wird man nur noch selten begegnen – am ehesten rund um **Kluki** (Klucken), einem kleinen Dorf am Westufer des Łebsko-Sees. Die meisten Vertreter dieses Volksstammes sind unmittelbar nach Kriegsende aus Polen vertrieben worden, weil sie als Deutsche galten. Zwar betrachten sich die Slowinzen als Westkaschuben, doch sind sie von ihren östlichen Nachbarn durch den protestantischen Glauben und die deutsch geprägte Sprache unterschieden. Relikte ihrer Kultur sind in einem **Freilichtmuseum** zu sehen: reetgedeckte Häuser mit Fachwerk, blumenreiche Vorgärten, Höfe mit Backöfen und Bootslagern. Die Einrichtung spiegelt das unterschiedliche Wohnniveau von Tagelöhner, Bauer und Pfarrer. In den Werkstätten kann man noch die ›gestiefelten Gäule‹ bestaunen: Pferde, die beim Torfstechen am Łebsko-See Holzpantinen trugen, um nicht im Morast zu versinken (Skansen, www.muzeumkluki. pl, Mai–Aug. Mo 11–15, Di–So 11–18, sonst 9–16 Uhr, 5 €, Mo nur ein Haus geöffnet, frei). Eine Holperstraße führt fast bis zu seinem verschilften Ufer, wo eine Mole ins Wasser ragt. An Sommerwochenenden legen hier Ausflugsboote an, die Gäste nach Łeba schippern. Nahebei ragt ein Aussichtsturm auf, von dem sich ein grandioser Blick über den 70 km² großen Łebsko-See eröffnet. Im Sommer erreicht man Kluki von Łeba aus im Rahmen eines zweistündigen Bootstrips.

Infos

Centrum Informacji Turystycznej: ul. Kościuszki 121, Tel. 504 247 615, www.leba.eu, Juli/Aug. Mo–Fr 8–17, Sa 9–17, sonst Mo–Fr 8–15.30 Uhr.

Im Internet: www.leba-kurort.pl.

Übernachten

Schlösschen auf dem Kliff – **Neptun:** ul. Sosnowa 1, Łeba, Tel. 59 866 23 31, www.neptunhotel.pl, 35 Zimmer. Neogotischer Palast am bewaldeten Kliffufer über dem Strand, die meisten Zimmer mit Seeblick. Im Sommer frühstückt man auf der Terrasse, in der kühlen Jahreszeit im Kaminsaal. Das Hotel verfügt über einen Billardsaal und einen Fitnessraum, man kann Tennis spielen und Räder ausleihen. Für Filmfans interessant: Das ›Neptun‹ ist eines der Hotels, in denen Theodor Fontanes Roman »Effi Briest« 2007 neu verfilmt wurde. €€€

Schlösschen am See – **Nowęcin:** ul. Jeziorna 2, Nowęcin, Tel. 59 866 16 15, www.zamekno wecin.pl. 24 Zimmer. Neugotisches Schlösschen in Nowęcin (Neuhof), 2 km östlich von Łeba und am Sarbsko-See. Die Einrichtung ist plüschig. Im Restaurant bekommt man gute polnische Hausmannskost. €€

Wasser satt – **Rezydencja nad Jeziorem Łebsko:** Żarnowska, ul. Jeziorna 21-A, Tel. 59 866 28 29, www.rezydencja-porta-bal tic.pl, 9 Apartments, 7 DZ. Großartig ist die Lage dieser kleinen Ferienanlage. Von allen Zimmern blickt man über Wiesen auf den riesigen Łebsko-See und die dahinter aufscheinenden Dünen des Nationalparks. Frau Gromowska, die engagierte Besitzerin, versorgt die Gäste mit Ausflugstipps. Die Zimmer und Apartments sind geräumig und behaglich eingerichtet. Räder und Boote können ausgeliehen werden, vor der Haus-

AUSFLUG ZUM LEUCHTTURM STILO

Man fährt von Łeba südwärts, biegt Richtung Nowęcin ostwärts ab und passiert nahe dem Ufer des Sarbsko-Sees ein erstes Schloss (s. Übernachten). Noch ein Stück weiter östlich, in Ulinia, steht ein zweites. Auch das nächste Dorf, Sasino, wartet mit einem Junkerpalast auf: Vor der Schlosseinfahrt schwenkt man links auf eine Piste, die sogleich in eine Straße mündet. Diese führt rechts in gut 1 km zu einem Waldparkplatz, wo ein rot-weiß markierter Weg in 15 Min. zum Leuchtturm Stilo geleitet. Noch immer wird er ›von Hand‹ bedient, seit Generationen von ein und derselben Familie. Nach einem Aufstieg über 122 Stufen genießen Sie einen fantastischen Rundblick! Zu Füßen des Leuchtturms erstreckt sich feiner weißer Sandstrand, so weit das Auge reicht – oft ist man hier mutterseelenallein.

tür starten Wander- und Radwege. Anfahrt: In Żarnowska biegt man an der zweiten Straße links ab, die Rezydencja ist das vierte Gebäude mit weißem Schmiedezaun auf der rechten Seite. €–€€

Camping – **Intercamp Nr. 84:** ul. Turystyczna 10, Tel. 503 04 18 38, www.intercamp84.eu, Juni–Mitte Sept. Mit 800 Stellplätzen der größte von vier Campingplätzen in Łeba, gut geführt, doch leider ohne Schatten. Man kann sich auch in kleinen Häuschen *(domki letniskowe)* einmieten. €

Essen & Trinken

In Łeba:

Im kleinen Hafen von Łeba kann man den Fang des Tages, frisch geräuchert, als preiswerten Imbiss kaufen. An allen zu den Stränden führenden Straßen öffnen im Sommer improvisierte Fast-Food-Lokale.

Mediterran mit Meeresbrise – **Neptun:** Feine Fischküche im gleichnamigen Hotel, entweder in einem mit Antiquitäten elegant eingerichteten Innenraum oder auf der Terrasse hoch über dem Strand (€€–€€€).

In der Umgebung:

Im Grünen – **Ewa:** ul. Morska 49, Sasino, Tel. 59 676 33 39, www.ewazaprasza.com.pl. Familiäres Ausflugslokal 20 km östl. von Łeba. Gut schmecken die deftigen Suppen, als Hauptspeise Forelle blau, Zander in Steinpilzsoße oder gegrillter Lachs. Für Süßschnäbel ist der warme Apfelstrudel mit Sahne ein Muss. Besonders schön sitzt man im Obstgarten nahe einem Bach. €€

Aktiv

Baden – Breite Sandstrände erstrecken sich, so weit das Auge reicht, zu beiden Seiten des Flusses, der die Stadt teilt. Je weiter man sich von Łeba entfernt, desto einsamer sind sie: Westlich der Mündung reichen sie bis zu den Dünen des Slowinzischen Nationalparks, östlich bis zum Naturschutzgebiet der Sarbsko-Nehrung. Natürlich kann man sich auch in den Strandseen herrlich erfrischen …

Schiffsausflüge – Vom Hafen, der sich an der Ulica Abrahama befindet, starten Rundfahrten aufs offene Meer, von der Anlegestelle bei Rąbka am Łebsko-See (2 km westlich von Łeba) fahren Boote zur einstigen NS-Raketenabschussrampe (Wyrzutnia Raket, Mai–Okt. 9–17 Uhr, 3,50 € für ca. 5 Min.).

Wandern – Der Slowinzische Nationalpark ist durch markierte Wege bestens erschlossen. Sie führen am Meer und an Seen entlang, durch Dünen und Wälder. Tourenempfehlungen s. Aktiv S. 156.

Dünenberge aus puderweichem, weißem Sand – im Slowinzischen Nationalpark

Verkehr

Auto: Die Landstraße 214 führt über kleine Dörfer nach Lębork an der E-28. Schöner als die verkehrsreiche West-Ost-Achse ist die küstennahe Straße 213 in Richtung Krokowa. Allerdings soll an dieser Straße bei Choczewo Polens erstes Atomkraftwerk entstehen … Von der Straße 213 führen Abstecher zu den einsamen Stränden von Białagóra und Dębki.

Bus/Zug: In Łeba befinden sich beide Bahnhöfe nahe der Kirche; mehrmals täglich fahren Züge über Lębork nach Słupsk oder Gdynia, noch häufiger verkehren Busse. Im Sommer gibt es zahlreiche Busse von Łeba zum Eingang des Slowinzischen Nationalparks bei Rąbka. Von Smołdzino an der Westseite des Parks bestehen mehrere Busverbindungen täglich nach Słupsk, nur selten nach Łeba!

WANDERN IN DER ›POLNISCHEN SAHARA‹

Tour-Infos

Start: Parkplatz Rąbka 2 km westlich von Łeba, Anfahrt auch mit öffentlichem Bus und privatem Mini-Bus.
Ziel: Die kurze Tour führt zum Startpunkt am Parkplatz Rąbka zurück, die lange Variante endet in Smołdzino, von wo ein Bus (nur 2 x tgl.) nach Łeba zurückfährt.
Länge: 14 km (kurz) bzw. 28 km (lang)
Dauer: 4,5 Std. (kurz) bzw. 9 Std. 15 Min. (lang)
Hinweis: Unbedingt viel Trinkwasser mitnehmen, für ausreichend Sonnenschutz sorgen und im Sommer möglichst nicht in der Mittagshitze laufen – der Sand erwärmt sich auf über 40 °C!

Wanderdünen und schilfige Salzseen, weite Täler mit knorrigem Gehölz, aber auch Passagen mit dichtem Kiefernwald: Ein Tag im Slowinzischen Nationalpark zählt zu den schönsten Erlebnissen einer Polenreise! Im Waldbereich ist der Weg gut ausgebaut; im Dünengebiet läuft man weglos, doch dank der mit Farbe markierten Stangen fällt die Orientierung leicht. Vom Parkplatz läuft man zur Riesendüne 5,5 km auf einem rot markierten Waldweg. Wem das zu anstrengend ist, der kann die Strecke auch mit Elektrobus, Kutsche oder Leihrad zurücklegen.

Kurztour: Nachdem man von Rąbka die ersten 5,5 km auf einem bequemen breiten Waldweg zurückgelegt hat, steht man am Fuß der 42 m hohen **Łącka-Düne.** Hier beginnt ein kurzer, aber anstrengender Aufstieg: Knöcheltief versinkt man im Sand, doch oben angelangt, wird man mit einem fantastischen Ausblick belohnt: Sandberge, so weit das Auge reicht; landeinwärts erblickt man den silbernen, vom Wind gekräuselten Łebsko-See, zum Meer hin sieht man das blaue Band der Ostsee. Anschließend stapft man durch hohe Sandwehen in Richtung Meer und nimmt immer neue ›Sahara‹-Bilder in sich auf. Der Wind kerbt seine Spuren in die Hänge der ›Weißen Berge‹ (Białe Gory) und es wird heiß ... Bevor man das Meeresufer erreicht, kommt eine Gabelung: Auf dem rechts abzweigenden Weg gelangt man am Meeresufer entlang zum Startpunkt zurück.
Längere Variante: Wer das Abenteuer liebt, hält sich an besagter Gabelung links und folgt dem rot markierten Weg nach Smołdzino (weitere 3,5 Std.). Anfangs hechelt man volle 9 km die Küste entlang, dann schwenkt der Weg landeinwärts, Kiefern und Birken sorgen für angenehmen Schatten. Man passiert den Leuchtturm von **Czołpino** (mit Museum), dann den gleichnamigen Weiler. Nach 2,5 km biegt man in den schwarz markierten, südwestwärts weisenden Weg ein. Dieser geleitet durch Kiefern- und Fichtenwald in 3 km nach **Smołdzino** (Schmolsin). Das Dorf liegt an der Nordseite des **Rowokół,** eines 115 m hohen, von den Slowinzen als ›Heiliger Berg‹ verehrten Hügels.
Das örtliche **Naturkundemuseum** erklärt die Entstehung der Dünen (Muzeum Przyrodnicze, ul. Mostnika s/n, Mai–Okt. Mo–Fr 9–17, sonst 8–15 Uhr). Falls man nicht am gleichen Tag nach Łeba zurück möchte, findet man im Gasthaus ›U Bernackich‹ in Smołdzino eine urige Unterkunft. Die Küche tischt deftige Riesenportionen aus frischen Zutaten auf (U Bernackich, ul. Bohaterów Warszawy 17-A, Tel. 59 811 73 64, www.ubernackich.pl, 32 Zimmer, €). Gut gestärkt, kann man am Folgetag auf dem gelb markierten Weg über **Kluki** nach Łeba zurücklaufen (3,5 Std.). Durch Moore und Mischwälder geht es am Südufer des **Łebsko-Sees** entlang – auch dies eine herrliche Tour auf federnden Nadelwegen und sandigen Pisten!

Achtung: In der Nebensaison sind Verbindungen rar!

Krokowa ► 1, K 1

Gut 40 km östlich des Nationalparks kommt man zum **Żarnowieckie-See** (Zarnowitzer See), der nach dem Ersten Weltkrieg die deutsch-polnische Grenze markierte. Ringsum liegen reizvolle Kaschubenorte. An vorderster Stelle rangiert **Krokowa** (Krockow), einige Kilometer abseits der Küste und seit dem 13. Jh. im Besitz der Familie von Krockow. Damals war Albrecht Wickerode von Krockow mit dem Deutschen Orden nach Pommerellen gekommen und hatte den Ort samt seinen Nachbardörfern in Besitz genommen. Das im 14. Jh. gotisch erbaute Schloss wurde später im Stil des Barock umgestaltet. Die Familie unterhielt gute Beziehungen zu den jeweiligen Herrschern, stellte mal Abgeordnete des polnischen Königs, mal Bevollmächtigte der Brandenburger Herzöge. Mehrfach kamen Zygmunt III. Wasa und Jan III. Sobieski hierher. Der ›Philosophenweg‹ im Park erinnert an einen weiteren berühmten Gast: Immanuel Kant aus Königsberg kam 1792 ins Schloss, um Johann Gottlieb Fichte, der dort als Hauslehrer tätig war, einen Besuch abzustatten.

Nach der kapitalistischen Renaissance von 1990 kehrten Mitglieder der Familie an den alten Wohnsitz zurück und starteten, was skeptische Bürger der Gemeinde als ›Regermanisierung‹ deuteten. Sie ließen ihre Residenz mit bundesdeutschen Mitteln aufwendig sanieren und begründeten darin die Europäische Begegnungsstätte der Kaschubei (Kaszubskie Centrum Spotkań Europejskich).

Das Schloss präsentiert sich in seiner barocken Gestalt. Wände und Decken sind mit farbigen Fresken bemalt, Öfen mit flämischen Fayencen geschmückt. Hotel, Restaurant und Weinbar stehen, sofern nicht eine wichtige Tagung stattfindet, allen Gästen des Hauses zur Verfügung. Vergnügen bereitet der Spaziergang durch den romantischen Schlosspark. An die bewegte Geschichte des Dorfs erinnert auch das **Krockower Heimatmuseum** (Muzeum Ziemi Krokowskiej, ul. Wejherowska 3, http://zamekkrokowa.pl/de/muzeum, Mai/Juni Di–So 11–17, Juli/Aug. tgl. 10–18, Sept.–April Di–So 11–16 Uhr, 1,50 €).

Infos

Im Internet: https://krokowa.pl/kontakt

Übernachten

Herrensitz im Grünen – **Zamek:** ul. Zamkowa 1, Tel. 58 774 21 11, http://zamekkrokowa.pl, 37 Zimmer. Stilvolle Unterkunft im ehemaligen Gutsherrenschloss der Familie Krockow, eingerahmt von einem weitläufigen Park. Gemütliche, fast intime Atmosphäre mit antiken Möbeln, Kachelöfen und Gemälden; an kühlen Abenden brennt im Restaurant der Kamin. Die Zimmer sind komfortabel ausgestattet. €€

Essen & Trinken

Preisgekrönte Regionalküche – **Zamkowa:** ul. Zamkowa 1, im Schloss, Tel. 58 774 21 11, tgl. 13–18 Uhr. Hier bekommen Sie fantasievoll abgewandelte kaschubische Küche mit Gerichten wie Forelle im Gemüsefond oder Räucheraal in Honigsoße. Antik-vornehme Einrichtung, dennoch nicht erdrückend. Auch der hausgemachte Kuchen schmeckt! €€

Verkehr

Auto: Auf der 218 geht es südwärts via Wejherowo in die Kaschubische Schweiz, auf der 215 nordostwärts nach Jastrzębia Góra, Polens klippenreichem ›Nordpol‹.
Bus: Mehrere Verbindungen tgl. nach Wejherowo und Żarnowiec.

Gut für einen Zwischenstopp: das Schloss von Krokowa

Żarnowiec und Dębki

▶ 1, K 1

An der Nordseite des Żarnowieckie-Sees liegt das Kaschubendorf **Żarnowiec** (Zarnowitz), das mit seiner Klosteranlage den Krieg unbeschadet überstand. Zisterziensermönche hatten sie im frühen 13. Jh. erbaut. Unter den Kunstwerken der Kirche besticht eine gotische Pietà; sehenswert ist auch der Altar aus dem 16. Jh. Über eine kleine Tür im Chor gelangt man ins Kloster, das heute von Benediktinerinnen bewohnt wird. Ihre ›Schatzkammer‹ enthält kostbare liturgische Gewänder und Goldschmiedearbeiten (Kościoł i Klasztor Zwiastowania NMP, Żarnowiec 44, Tel. 58 673 71 07, Juli/Aug. tgl. 9–17 Uhr, sonst nach Voranmeldung).

Am Protest der Atomkraftgegner scheiterte in den frühen 1980er-Jahren der Plan, am See ein Kernkraftwerk entstehen zu lassen. Die Besitzer touristischer Anlagen frohlockten. Doch nun scheint der Bauplan für den Atommeiler eine Renaissance zu erleben. Da fährt man lieber zum Küstendorf **Dębki** (Dembeck), wo die Straßen von Holz-Datschas gesäumt sind. Auch die Kapelle ist aus Holz, selbst ihre Madonnenskulptur ist geschnitzt. Das alles zählt freilich wenig im Vergleich zum Strand, der hier hell, breit und feinsandig ist. Westlich der Mündung der Piaśnica ist hüllenloses Baden offiziell erlaubt - eine Rarität im katholischen Polen!

Jastrzębia Góra ▶ 1, L 1

Größter kaschubischer Ferienort ist **Jastrzębia Góra** (Habichtsberg) mit einer beeindruckenden, über 30 m aufragenden Steilküste. Der Anblick des feinsandigen Strandes, zu dem man über Treppen hinabsteigt, tröstet über die wenig ansprechende Stadtarchitektur hinweg. Ein paar schönere, restaurierte Pensionen stammen aus den 1930er-Jahren, als sich Warschaus Elite an der Ulica Bałtycka Sommerhäuser bauen ließ. Der Aufzug, mit dem man vom Ende der Promenade zum Strand hinabfahren konnte, soll nach dem Willen des Bürgermeisters bald wieder verfügbar sein, auch gibt es Pläne, Moorschlamm und Mineralquellen therapeutisch zu nutzen. Beliebtes Ausflugsziel sind die Leuchttürme am Kap von Rozewie (Rixhöft). Der jüngere von 1875 ist nur Kulisse; der ältere von 1823 spendet vorbeifahrenden Schiffen Licht und beherbergt ein **Museum der Leuchttürme** mit Miniaturmodellen und originalem Gerät. In einem separaten Raum wird an den Schriftsteller Stefan Żeromski erinnert, der sich von der Küste zu einem Roman inspirieren ließ (Muzeum Latarnictwa Polskiego, ul. Leona Wzorka 3, www.tpnmm.pl/latarnie/rozewie, Juli, Aug. tgl. 9.30–18.30, Mai, Juni, Sept. 10–14, 15–18 Uhr, 4 €).

Infos

Im Internet: www.jastrzebiagora.pl

Übernachten

Modernes Großhotel – **Astor:** ul. Rozewska 38, Tel. 58 771 55 55, www.astorhotel.pl, 111 Zimmer. 200 m vom Strandufer entferntes, schickes Dreisternehotel mit gut ausgestatteten Zimmern, einige behindertenfreundlich. Hallenbad und zwei Tennisplätze, Sauna, Fitnessbereich, Bowlingbahn. Mit bewachtem Parkplatz. €€

Charmantes B & B – **Victor:** ul. Bałtycka 33, Tel. 58 674 95 74, http://willavictor.pl/de, 9 Zimmer. Pension in bester Lage am Rand des bewaldeten Steilufers in einer klassizistisch angehauchten Villa aus den 1920er-Jahren. Die Zimmer sind freundlich eingerichtet, die meisten mit Meerblick. Im Erdgeschoss befindet sich ein gutes Restaurant, stimmungsvoll isst man auf der Terrasse zum Sonnenuntergang. Serviert werden Steinpilze und Pfifferlinge in Sahnesoße, hinterher eine Scholle oder ein Heilbutt, zum Dessert Bratbirne slowinzisch mit Eis. €€

Essen & Trinken

Frischer Fisch – **Kredens:** ul. Kaszubska 1, Tel. 58 674 95 81. Das Restaurant an der zum Strand führenden Promenade kommt als nostalgisches Gasthaus mit Kamin, Paprikagirlanden und historischem Arbeitsgerät daher. Lecker schmeckt der Fisch (empfehlenswert z. B. Seezunge mit Kapern oder gegrillte Forelle), dazu Salat und als Dessert Apfelstrudel. €

Verkehr

Bus: Der Terminal befindet sich in der ul. Westerplatte, mehrere Busse fahren tgl. nach Władysławowo.

Halbinsel Hel

▶ 1, L/M 1/2

In **Władysławowo** (Großendorf), die mit 13 000 Einwohnern größte Stadt der Region (www.wladyslawowo.pl), beginnt die **Mierzeja Helska** (Halbinsel Hel), die wie eine Sense über 35 km ins Meer ragt und die Danziger Bucht von der offenen See trennt. Sie entstand durch die Kraft des Meeres, das in Tausenden von Jahren so viel Sand angeschwemmt hat, dass die ursprünglich voneinander getrennten Inseln zu einer Landzunge verschmolzen sind. An ihrer schmalsten Stelle misst sie 200 m, an ihrer breitesten 3 km – genug Platz für windzerzauste Kiefern und Küstenwiesen sowie einige Felder. Ringsum ist sie von weißen Stränden gesäumt, die zu den schönsten der Küste zählen. An der Nordseite sind sie sehr breit; dort ist das Wasser sauberer, aber auch kühler als an der windgeschützten Südseite. Wie auf einer Schnur aneinander gereiht sind die Fischer- und Ferienorte: Aufgrund günstiger Winde ist **Chałupy** (Ceynowa) eine Top-Adresse für Surfer, auch FKK-Fans fühlen sich hier wohl. Über den Hafenort **Jastarnia** (Heisternest) kommt man nach **Jurata,** das 1928 als Kurort für die polnische High Society entstand. Heute treffen sich hier Polens Neureiche zur Sommerfrische. Die im Waldgürtel verstreuten Villen sind restauriert; ein Seesteg führt aufs Wasser und ein breiter Strand lädt zum Baden ein.

Jenseits von Jurata beginnt der landschaftlich schönste Teil der Halbinsel, die sich bis zur Spitze deutlich erweitert. Dort liegt **Hel** (Hela), eine der ältesten, schon 1198 urkundlich belegten Siedlungen im Küstenraum. Ab 1454 unterstand sie der Stadt Danzig, die sich damit die Kontrolle über den Seeverkehr sicherte. Aus dieser Zeit stammt die gotische Peter-und-Paul-Kirche, die ein kleines Fischereimuseum beherbergt (www.nmm.pl, Eintritt 5 €). Ein paar Schritte westlich werden in einem Fokarium Seehunde gezüchtet, die eines Tages in die freie Wildbahn entlassen werden sollen (ul. Morska 2, Hel, https://fokarium.ug.edu.pl, tgl. 10–16 Uhr, 4/2,50 €). Bei einem Spaziergang durch die Stadt entdeckt man zahlreiche Backsteinbauten; viele Giebelhäuser haben noch ihre charakteristischen zweiflügeligen Türen. Sehenswert ist auch der 41 m hohe Leuchtturm, von dem sich ein weiter Blick über die Danziger Bucht bietet (Latarnia Morska, ul. Bałtycka 3, Hel, www.latarnie.pl, Di–So 10–17 Uhr, 3 €).

Infos

Im Internet: www.gohel.pl, www.hel.pl

Übernachten

In Władysławowo:

Camping – **Kaper Nr.152:** ul. Helska, Tel. 58 674 14 86, www.kaperkemping.pl, Ende Mai–Aug. Diese auch bei Surfern beliebte Strandanlage der 1. Kategorie mit schattigen Abschnitten hat insgesamt 400 Stellplätze. Sie befindet sich 2 km östlich des Ortes an der Straße nach Chałupy. €

In Jastarnia:

Camping – **Nowa Maszoperia Nr.75:** ul. Mickiewicza 139, Tel. 793 41 69 98, www.sun4hel.pl, Mitte Mai–Mitte Sept. 3 ha große Anlage mit 300 Stellplätzen, beliebt bei Surfern. Mit Surfschule, Pizzeria und Foodtrucks mit verschiedenen Köstlichkeiten. €

In Jurata:

Wellnesshotel – **Resort Bryza Spa:** ul. Świętopełka 1, Tel. 58 675 51 00, www.bryza.pl, 64 Zimmer und Apartments. Komforthotel in Dünenlandschaft mit Frei- und Hallenbad, Tennisplätzen und einer attraktiven Terrasse direkt über dem Strand. Von den hellen, luftigen Zimmern blickt man auf Kiefernwald oder aufs Meer. Mit der tollen Strandbar Coco, dem Terrassenlokal Markiza und dem eleganten

Badespaß und Surfvergnügen in Chałupy auf der Halbinsel Hel

»Weißen Restaurant« (Biała Restaurant), auf Wunsch auch Diät-Vollpension. €€€

Familienfreundlich – **Morskie Oko:** ul. Wojska Polskiego 37, Tel. 58 675 21 93, https://morskie-oko.com.pl. 35 Zimmer. Dreisternevilla nah am Wasser mit Apartments für 2–4 Pers., kleinem Indoor-Spaßbad mit Hydromassagen, Sauna und Fitnessraum sowie einem Fischrestaurant. €€

In Hel:

Klein und familiär – **Captain Morgan:** ul. Wiejska 21, Hel, Tel. 58 675 00 91, www.captainmorganhel.pl, 7 Zimmer. In dem kleinen Hotel an der Promenade ist man nicht nur gut untergebracht, sondern bekommt im angeschlossenen Lokal auch reichlich portionierte Fischgerichte und leckere Bratkartoffeln. €

Essen & Trinken

In Hel:

Maritim – **Maszoperia:** ul. Wiejska 110, Hel, Tel. 58 675 02 97, www.maszoperia.net. Der Name erinnert an die kaschubischen Fischerbünde, deren Mitglieder gemeinsam auf Lachs- und Aalfang gingen. Das in zwei Katen untergebrachte, mit maritimem Nippes dekorierte Restaurant serviert in Bierteig gebratenen Dorsch à la Hel, geräucherten Aal sowie Hering mit Pellkartoffeln. €

Aktiv

Baden – An den weißen, dem offenen Meer zugewandten Stränden kann man ins saubere Wasser steigen; am breitesten ist der Strand an der Inselspitze. Weniger bewegt und einen Tick wärmer ist das Wasser an der Seite der Danziger Bucht.

Wind- und Kitesurfen – Die Halbinsel Hel ist Polens Top-Spot für Surfer, rund um Chałupy haben sich Surfschulen mit Brettverleih etabliert.

Schiffsausflüge – Im Sommer starten in Władysławowo und Jastarnia Schiffe der Weißen Flotte zu Rundfahrten, von Hel fahren sie nach Gdańsk, Sopot und Gdynia.

Termine

Prozession der Fischer (Juni): Am Mittag des 29. Juni starten Fischer von Kuźnica zu einer

Bootsprozession in Richtung Puck. Abends wird im Hafen von Kuźnica ein Fest begangen. **Boote unterm Segel** (1. Sonntag nach dem 22. Juli): In Chałupy findet Botè pod Żoglame, eine witzige Regatta, mit allem, was sich über Wasser zu halten vermag, statt: vom bunt bewimpelten Kutter bis zum zusammengezimmerten Floß. Begleitet wird sie vom schrägen Sound kaschubischer Folkbands.

Verkehr

Auto: Die Stichstraße von Władysławowo nach Hel ist 34 km lang und führt unmittelbar am Strand entlang, immer wieder schöne Ausblicke auf die Danziger Bucht und das offene Meer bietend.
Bus/Zug: Bahnhof und Busterminal von Władysławowo befinden sich an der zentralen ul. Towarowa. Von hier bestehen gute Verbindungen zu allen Orten auf der Halbinsel Hel und nach Gdańsk.

Puck ▶ 1, L 1

Gegenüber der Halbinsel Hel, nur wenige Kilometer südlich von Władysławowo, liegt das Küstenstädtchen **Puck** (Putzig). Schon früh blühte hier der Handel, erst unter der Herrschaft der Pommerellenherzöge, dann des Deutschen Ordens und schließlich der Könige Polens. Als ein Großteil Westpreußens nach dem Ersten Weltkrieg Polen zugeschlagen wurde, erfolgte hier am 10. Februar 1920 die symbolische ›Vermählung Polens mit der Ostsee‹.

Von der einstigen Bedeutung des Ortes kündet noch heute der große **Marktplatz** im Ortszentrum mit einem backsteinernen Rathaus und schmucken Giebelhäusern. Im Haus Nr. 28, einer Filiale des **Regionalmuseums,** erfährt man, wie die Bewohner einst lebten. Wenige Schritte südwärts in einem Fachwerkbau der Wałowa 11 setzt sich die Ausstellung fort (Muzeum Ziemi Puckiej, pl. Wolności 28, www.muzeumpuck.pl, Di–Fr 9–16, Sa/So 10–16 Uhr, Okt.–April je eine Std. kürzer, 2,50 €). Nördlich des Marktplatzes erhebt sich die **Peter-und-Paul-Kirche:** außen wuchtig, innen mit imposantem Gewölbe und Renaissancekapelle der mächtigen Familie Weiher. Von der Kirche geht es zum Hafen hinab, wo sich Puck von seiner schönsten und romantischsten Seite zeigt. Plankenstege führen aufs Wasser hinaus, in Holzpavillons öffnen Restaurants und im Hafenbecken ankern Boote.

Infos

Im Internet: http://miastopuck.pl

Übernachten

Backsteinpalast am Wasser – **Zamek Jan III. Sobieski:** Rzucewo 6, Tel. 694 45 74 84, www.zameksobieski.pl, 27 Zimmer. Hotel in einem restaurierten, neugotischen Schloss, 6 km südöstlich der Stadt am Putziger Wiek, erreichbar über eine herrliche Lindenallee. Eingangshalle mit zwei Kaminen, doppelgeschossige Galerie mit Bibliothek, Radverleih und Sauna – einen Steinwurf entfernt führt ein Steg aufs Wasser. €€

Essen & Trinken

Gemütlich – **Pod Złotym Lwem:** Stary Rynek 17, Tel. 721 00 40 87, www.podzlotymlwempuck.pl. Im Kellerlokal am Altstädtischen Markt gibt's Fischsuppe, geräucherten Tartar oder auch Ente mit Rotkohl – eine gute Wahl zu allen Jahreszeiten! €€
Stilvoll – **Willa Puck Café:** ul. 1 Maja 12, Tel. 58 746 38 98. Hübsches Café mit gutem Kaffee und Kuchen, Eis und Desserts. Auch Deftiges gibt es, z. B. Piroggen *(pierogi ruskie)*. €

Termine

Pilgerfahrt der Fischer (29. Juni): Ausgelassene Stimmung herrscht am Tag des Schutzheiligen, wenn eine festliche Bootsprozession Richtung Hel startet. Auf halbem Weg treffen sich die Fischer mit ihren Kollegen aus Kuźnica und Jastarnia und zelebrieren eine Messe auf hoher See.

Verkehr

Bus/Zug: Bahnhof und Terminal liegen im Südwesten der Stadt, gute Verbindungen nach Gdańsk und Władysławowo.

Die Kaschuben – ein Volk, das nie dazugehört

Kaschubien ist nach einem westslawischen Volksstamm benannt, der seit Jahrhunderten zwischen Ostsee und Tucheler Heide lebt und sich mit Fischerei und Ackerbau über Wasser hält. Bis heute haben die Kaschuben erfolgreich ihre eigene Sprache erhalten, die sich in Wortschatz und Grammatik erheblich vom Polnischen unterscheidet.

Sie hatten es nicht leicht, ihre Identität gegenüber den jeweils Herrschenden zu bewahren. Die kaschubische Großmutter des ›Blechtrommlers‹ Oskar hat ihre Situation treffend beschrieben: »So isses nu mal mit de Kaschuben … Die missen immer dablaiben und Koppchen hinhalten, damit de anderen drauftäppern können, weil unserains nich richtich polnisch is und nich richtich deitsch jenug, und wenn man Kaschub is, das raicht weder de Deitschen noch de Polacken. De wollen es immer genau haben!«

Im 19. Jh. hatten sich die Kaschuben der ›Germanisierung‹ zu erwehren, in der Zwischenkriegszeit, wieder unter polnischer Herrschaft, wurden sie als ›Staatsverräter‹ verfolgt. Während des Zweiten Weltkriegs wurde radikal selektiert: Mehrere Tausend kaschubische Lehrer, Geistliche und Freiberufler wurden in den Wäldern von Piaśnica zwischen Wejherowo und Krokowa erschossen. Viele weitere wurden in Konzentrationslager deportiert oder mussten im Deutschen Reich Zwangsarbeit leisten. Männliche Kaschuben, die sich zum Deutschtum bekannten, wurden sofort zur Wehrmacht eingezogen.

Im polnischen Sozialismus waren wenigstens wieder kaschubische Kulturvereine gestattet. Damals entstand in Kartuzy das Kaschubische Museum, das die Alltagskultur und den skurrilen Witz der Kaschuben vorstellt. Dort sehen Sie Instrumente wie den ›Burczybas‹, ein Fass, durch das quietschend Pferdehaare gezogen werden, und die ›Teufelsgeige‹, Keramik mit kornblumenblauem Muster und ausdrucksstarke naive Schnitzkunst. Im weiter südlich gelegenen Wdzydze war schon 1906 der Kaschubische Ethno-Park eingeweiht worden, Polens erstes Freilichtmuseum: ein komplettes Dorf mit Bauern- und Fischerhäusern, Kirche und Mühle, Schmiede und Schule – insgesamt 50 Gebäude auf 22 ha. An diese Tradition knüpfte einhundert Jahre später ein kaschubischer Unternehmer an, der in Szymbark ein weiteres *living museum* eröffnete.

Doch wie sieht es jenseits aller Folklore mit den ca. 240 000 Kaschuben aus? Seit 1991 sind sie als ethnische Minderheit anerkannt, ihre Rechte sind in der Verfassung verankert. Die kaschubische Sprache, die dem Westslawischen entstammt, von den meisten Polen aber nicht verstanden wird, ist in den Schulen der Region offizielles Schulfach – seit 2005 kann man in ihr sogar das Abitur ablegen. Auch gibt es auf Kaschubisch Radio- und Fernsehsendungen, Literatur, Zeitungen und Internetseiten. Und vielerorts sind die Straßenschilder zweisprachig. Entdecken Sie das kaschubische Polen!

✿ Kaschubische Schweiz

Mit ihren sauberen Seen, tief eingeschnittenen Tälern und weiten Buchenwäldern ist die Kaschubische Schweiz ein beliebtes Ferienziel. Man schwimmt in Seen, erkundet die Gegend per Rad und übernachtet preiswert auf dem Bauernhof. Agrotouristische Quartiere gibt es in fast allen Ortschaften, sie sind zumeist einfach ausgestattet, doch was an Komfort fehlt, wird durch freundliches Ambiente ausgeglichen.

Wejherowo ▶ 1, L 2

Karte: S. 230

An der Europastraße 28, die das Küstengebiet von der Kaschubischen Schweiz trennt, liegt **Wejherowo** (Neustadt) 1. Die von dem aus Franken stammenden Jakob Weiher 1643 gegründete Stadt ist das ›kaschubische Tschenstochau‹. Alljährlich kommen Tausende von Wallfahrern zum **›Heiligen Berg‹**, um auf dem vom Stadtgründer geschaffenen Kreuzweg die Passion Christi nachzuerleben. Zu Ostern, wenn die Mysterienspiele aufgeführt werden, erwacht der Ort zu hektischem Leben. Die insgesamt 26 Kapellen versetzen die Pilger ins biblische Jerusalem und illustrieren Verrat, Kreuzigung und Himmelfahrt. Sie tragen Namen wie ›Verhaftungskapelle‹, ›Pilatus-Palast‹, ›Tor der Tränen‹ und ›Kapelle der Schmerzensmutter‹. Freilich muss man nicht bis Ostern warten, jeden Sonntag kommen viele fromme Pilger (Kalwaria, ul. Edmunda Roszczynolskiego s/n, nur sonntags und an kirchlichen Feiertagen geöffnet).

Dennoch ist Wejherowo heute keine Vorzeigestadt: Unansehnliche Gewerbegebiete ziehen sich längs der Eisenbahnlinie Danzig – Stettin und drücken ihr den Stempel auf. Lediglich im Stadtkern erinnern die um den **Marktplatz** restaurierten Häuser daran, dass die Stadt im 18. Jh. von bedeutenden Magnatenfamilien regiert wurde. Südöstlich des Platzes, im neugotischen Parkschloss der Familie Keyserling, befindet sich das **Museum des kaschubisch-pommerschen Schrifttums und der Musik.** Es enthält Exponate zur Geschichte, Literatur, Musik der Kaschuben (Muzeum Piśmiennictwa i Muzyki Kasz.-Pomorskiej, ul. Zamkowa/ ul. Klasztorna, www.muzeum.wejherowo.pl, Mo–Fr 9–16 Uhr, 2,50 €).

Termine

Jahrmarkt (Juni/Juli): Ende Juni trifft man sich im Amphitheater von Wejherowo zum dreitägigen Jarmark Wejherowski: Auftakt zu einer ganzen Reihe kaschubischer Sommerfeste. Tausende Kaschuben kommen in Kartuzy und Wdzydze zusammen, um zu singen, zu tanzen und zu schmausen.

Verkehr

Bus/Zug: Ungefähr alle 20 Min. fahren Nahverkehrszüge von Wejherowo in die Dreistadt, gute Zugverbindungen gibt es auch nach Lębork und Słupsk. Auch auf der Strecke Bytów–Słupsk verkehren mehrere Züge tgl. Doch die meisten Orte der Kaschubischen Schweiz sind viel leichter mit Bus zu erreichen. Das gilt für Kartuzy ebenso wie für Chmielno, Kościerzyna und Wdzydze.

Kartuzy ▶ 1, K 3

Karte: S. 230

Als ›Hauptstadt Kaschubiens‹ gilt **Kartuzy** 2 (Karthaus), das zwischen mehreren Seen und herrlichen Wäldern liegt. Seinen

Hauptsache schräg: das kaschubische Alphabet

Namen verdankt es Kartäusermönchen, die 1380 aus Prag hierher berufen wurden und drei Jahre später das **Kloster Marienparadies** bauten. Anders als die tüchtigen Zisterzienser, die predigenden Franziskaner und Dominikaner waren sie ganz aufs Jenseits fixiert. Sie lebten in weitgehender Isolation, kamen aus ihrer Klause nur zu Speise und Gebet heraus. Memento-mori-Symbole erinnerten sie daran, dass das Leben kurz und vergänglich sei. So verwundert es nicht, dass das Dach der Marienkirche in Form eines Sargdeckels gestaltet ist und im Innern eine düster-dunkle Atmosphäre herrscht. Der Hauptaltar aus schwarzem Marmor ist durch etwas Alabaster aufgelockert; das Gestühl zeigt nebst Aposteln und betenden Evangelisten berühmte Eremiten, denen die Kartäuser nacheiferten (Kościół Mariacki, ul. Klasztorna 12).

1826 wurde der asketische Orden von Preußen aufgelöst, erst danach begann sich im Umkreis des Klosters eine weltliche Stadt zu entwickeln. Dass dort bald eine ganz andere Lebensdevise regierte, zeigt sich beim Besuch des **Kaschubischen Museums**. »Ein Mensch«, so heißt es da, »der nicht trinkt, nicht raucht und keinen Tabak schnupft, ist einen Dreck wert.« Um dem Sprichwort Nachdruck zu verleihen, reicht Führer Pan Franciszek, ein waschechter Kaschube, seinen Gästen eine gute Ration Tabak aus einem Horn. Auf Wunsch singt er auch das ›kaschubische ABC‹, eine schräge Weise, in der die Lieblingsinstrumente des kunstsinnigen Völkchens aufgezählt werden: Bass und Teufelsgeige, Spaten und Stange, Harken und Schultheißstock. Im Museum ist die gesamte Palette kaschubischer Musikinstrumente ausgestellt, außerdem Vogelscheuchen und Masken, Scherenschnitte und Stickereien (Muzeum Kaszubskiego, ul. Kościerska 1, www.muzeum-kaszubskie.pl, Mai/Juni, Sept. Di–Fr 8–16, Sa 8–15, So 10–14, Juli/Aug. Di–Fr 8–18, Sa/So 9–17, Okt.–April Di–Fr 8–16, Sa 8–15 Uhr, 2,50 €).

Am schönsten ist es natürlich, die kaschubische Kultur ›live‹ zu erleben. Während des alljährlichen Jahrmarkts im Juli spielen verschiedene Folkloreensembles auf, Bauerntheater präsentieren Stücke aus dem Alltag der Bewohner. Der kaschubische Humor mit seinem Hang zum Absurden spiegelt sich dabei in griffigen Sprüchen: »Lasst uns den Mond im Brunnen jagen«, heißt es da, oder in fast Münchhausenscher Manier: »Ziehen wir los, den Aal zu ertränken«. Auch das leibliche Wohl kommt bei dem Fest natürlich nicht zu kurz: Viele Stände servieren kaschubische Spezialitäten.

Übernachten

Bei Kartuzy:

Viel Genuss – **Kania Lodge:** Sytna Góra 10 (8 km nördl. von Kartuzy), Tel. 58 68 10 67 7, http://kanialodge.com.pl. 15 Zimmer und Apartments. Restaurierter Gutshof am See, komfortabel eingerichtet, locker geführt vom Neuseeländer John Borrell, einem ehemaligen Korrespondenten des »Time Magazine«, und seiner polnischen Frau. Heute importiert Borrell Wein nach Polen, weshalb sein Weinkeller der beste der Region ist. Die Gäste treffen sich im Frühstücks- und Kaminraum, das Dinner ist exquisit! Anfahrt: von Kartuzy Richtung Prokowo, dort rechts nach Pomieczyńska Huta. €€€

Alles aus der Region – **Kaszubska Strzecha:** ul. Kasztelańska 9, Goręczyno, Tel. 586 84 12 12, www.kaszubskastrzecha.eu. Aus einem Schafstall wurde eine rustikale Pension mit ungewöhnlichem Frühstücksbüfett – Robert Kolarczyk serviert vom Ei bis zum Braten ausschließlich Regionales. Ihr Abendessen können Sie im See selbst angeln! €–€€

In Chmielno:

Mit Pferden – **U Chłopa/Wichrowe Wzgórze:** ul. Wiejska 1, Chmielno, Tel. 586 84 23 32, www.uchlopa.com und www.wichrowe.info, 28 Zimmer. Komfortable Landunterkunft am Kłodno-See mit Boots- und Pferdeverleih. Auch Bruder Andrzej betreibt nicht weit entfernt eine kleine Ferienanlage mit Pool und Spa. €€

Hier lässt es sich gut baden und paddeln – im Ostrzyckie-See in der Kaschubischen Schweiz

Essen & Trinken

Große Auswahl – **Złota Jesień:** ul. 3 Maja 36, Kartuzy, Tel. 58 685 33 68, www.grono.gda.pl. Hotelrestaurant am Südufer des Karczenne-Sees mit regionalen Speisen, lecker sind die Kartoffelpuffer ›auf Zigeunerart‹ *(placek po cygańsku)*. €€

Aktiv

Radfahren – Der 22 km lange ›Kaschubische Weg‹ verbindet Kartuzy mit Kościerzyna und windet sich an sechs Seen entlang.

Ausflugsziele bei Kartuzy ▶ 1, K 3

Karte: oben

9 km westlich von Kartuzy liegt das von drei Seen eingekreiste **Chmielno** 3 (Ludwigsdorf), bekannt für seine traditionsreiche Keramikwerkstatt. Seit dem frühen 19. Jh. stellt die Familie Necel Krüge und Vasen, Teller und Becher her und verziert sie mit der typisch kaschubischen blauen Blume: ein Ornament, das die Farbe der vielen Seen und der Weite des Himmels wiedergibt. Einige ihrer Werke können in einem Privatmuseum neben der Werkstatt besichtigt, andere im kleinen Laden gekauft werden (Muzeum Ceramiki Kaszbuskiej Neclów, ul. Gryfa Pomorskiego 63, www.necel.pl, April–Okt. Mo–Fr 8–17, Sa 8–16 Uhr, Nov.–März je eine Std. kürzer, 2,50 €). Nebenan können Sie im **Chëcz u Kaszëbë** direkt am See deftig kaschubisch essen (ul. Gryfa Pomorskiego 28b, Tel. 609 88 50 31, tgl. 10–23.30 Uhr, €€). Im Umkreis von Chmielno passieren Sie Rinnen- und Moränenseen, verbunden durch kleine, reißende Flüsse. Die schönste Autostrecke führt am Kłodno-See vorbei südwärts, danach schlängelt sie sich in malerischen Kehren am Kleinen Brodno-See entlang. Einen herrlichen Blick auf die Hügel-

und Seenlandschaft genießt man an der Kreuzung kurz vor **Brodnica Dolna** (Nieder-Brodnitz), einem kleinen Dorf an der Radaune. Von hier ist es nur ein Katzensprung zum höchsten Berg der Kaschubei, dem 331 m hohen Wieżyca (Turmberg). Von seiner Spitze bietet sich eine weite Aussicht auf die seenreiche Landschaft. Auf dem Weg dorthin lohnt ein Abstecher nach **Szymbark** 4 ins Centrum Edukacja i Promocji Regionu, das »Erziehungs- und Promotionszentrum der Region«. Hinter dem drögen Namen verbirgt sich ein skurriles Freilichtmuseum: Zu sehen sind u. a. der mit 37 m laut »Guinness-Buch« weltweit längste aus einem Holzstück gezimmerte Tisch und ein großes, auf dem Kopf stehendes Haus! Wenn man sich beim Betreten desorientiert fühlt, ist das ›Erziehungsziel‹ erreicht: Wir leben in einer verkehrten Welt, lautet die durch Schreckensfotos untermauerte Botschaft (Centrum Edukacja i Promocji Regionu, ul. Szymbarskich Zakłodników 12, www.cepr.pl, Mo–Fr 10–18, Sa/So 10–19 Uhr, 10,50 €).

Aktiv

Wandern – Von Chmielno führen markierte Wege am Radunia- und Klodno-See entlang.
Paddeln – Kanuten starten in Chmielno zu Ausflügen auf der Radunia, die durch wilde Schluchten führt und Seen durchfließt.

Kościerzyna, Wdzydze und Bytów ▸ 1, J/K 3/4

Karte: S. 230

Südlich davon liegt **Kościerzyna** 5 (Berent), die größte Stadt der Kaschubischen Schweiz. Sie befindet sich verkehrstechnisch günstig an der Straße von Chojnice nach Danzig, doch als Zentrum des Fremdenverkehrs will sie nicht taugen: Nur rund um den Marktplatz fühlt man sich wohl. Mit einem großen Denkmal wird hier Józef Wybicki (1747–1822) geehrt. In ganz Polen kennt man ihn als Schöpfer der polnischen Nationalhymne. Die Verse (»Noch ist Polen nicht verloren«) widmete Wybicki dem General Dąbrowski, als dieser im Dienst Napoleons für ein freies Polen kämpfte. Ein unbekannter Komponist ließ sich von dem patriotischen Text zu einer Mazurka inspirieren, die 1927 zur offiziellen Nationalhymne erhoben wurde. Wer genau wissen möchte, was es mit Lied und Text auf sich hat, besucht das Geburtshaus Wybickis in Będomin, ca. 9 km östlich von Kościerzyna; das schmucke Herrenhaus wird heute als Museum genutzt (Muzeum Hymnu Narodowego, Mai–Sept. 9–16, sonst 9–15 Uhr).

Nicht weit von Kościerzyna entfernt in **Wdzydze** 6 (Sanddorf) befindet sich am Nordufer des gleichnamigen Sees ein viel besuchtes Freilichtmuseum. In diesem bekommt man eine Vorstellung davon, wie in der Kaschubei früher gebaut wurde. Typisch für diese Gegend sind die strohgedeckten Dorfhütten, Gehöfte mit Laubengang und Ziergiebel. Insgesamt sind es 45 liebevoll eingerichtete Häuser und eine Dorfschule, Schmieden, Ställe und Scheunen, dazu zwei Windmühlen und eine Holzkirche aus dem 17. Jh., in der jeden Sonntag eine Messe zelebriert wird (Kaszubski Park Etnograficzny, www.muzeum-wdzydze.gda.pl, Kernzeit Mo–Fr 9–16, Sa/So 10–18 Uhr, im Juli u. Aug. länger, im Winter kürzer, 5,50 €).

Das Zentrum der Westkaschubei ist **Bytów** 7 (Bütow), eine alte Marktstadt mit einer imposanten Burg der deutschen Ordensritter. Diese erbauten sie 1390 als westlichen Grenzposten ihres Reiches, befestigten sie mit meterdicken Backsteinmauern und Ecktürmen, ausgestattet mit Schießscharten. Die Burg beherbergt heute das Westkaschubische Museum. Naive Skulpturen und Gemälde, bemalte Möbel und Stickereien bezeugen die Kunstfertigkeit der Kaschuben (Muzeum Kaszubski, ul. Zamkowa 2, www.muzeumbytow.pl, tgl. 10–18 Uhr, 4 €).

Im Südflügel der Burg kann man übernachten (www.hotelwzamku.pl, €) und sich mit polnischer Hausmannskost stärken. Bytóws Umgebung ist reich an Kiefernwäldern und Seen, am schönsten wandern lässt es sich im nordwestlich gelegenen Słupia-Tal.

Der Radaunesee bei Chmielno ist ein Anglerparadies

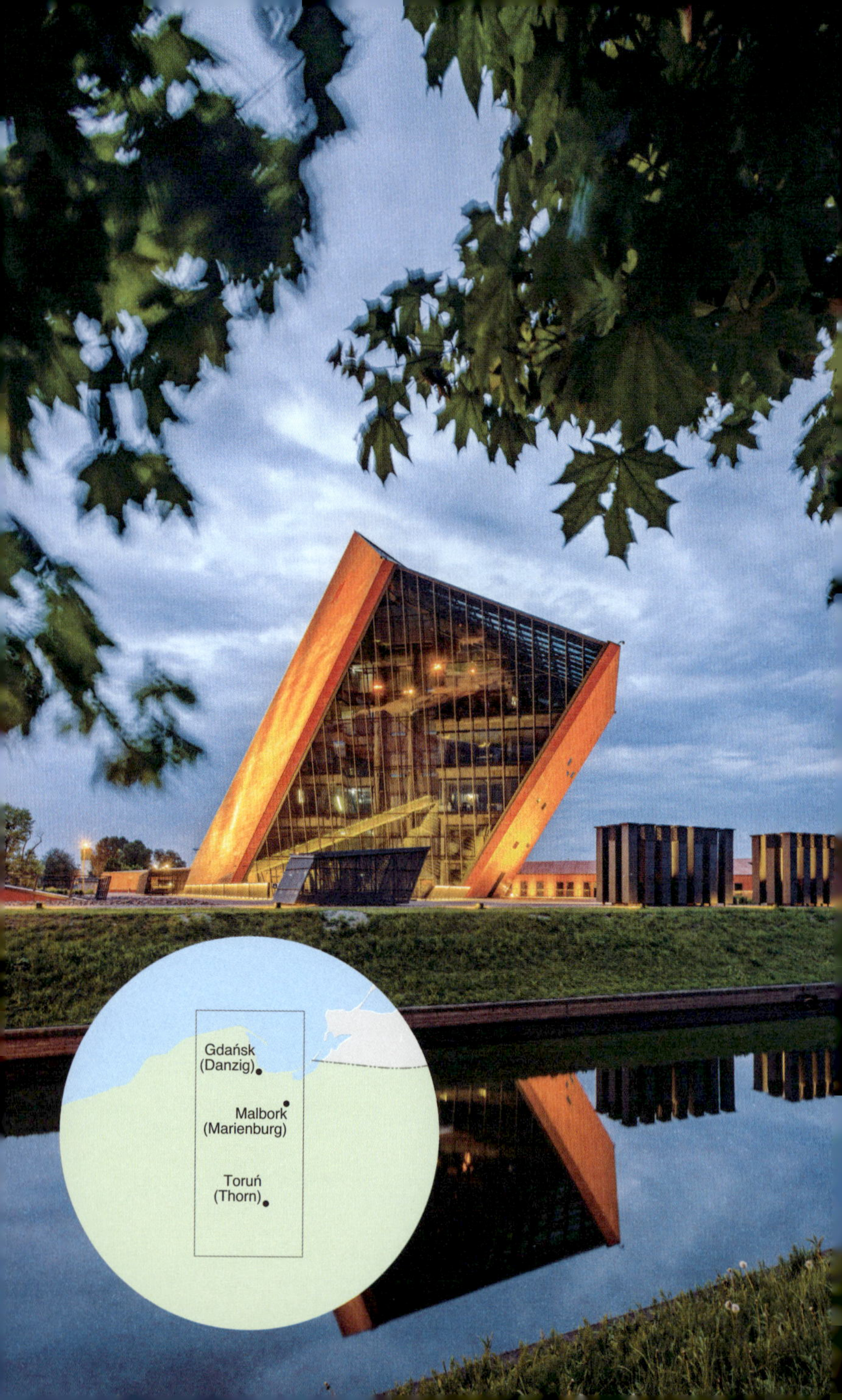
Gdańsk
(Danzig)
Malbork
(Marienburg)
Toruń
(Thorn)

Kapitel 3

Von Danzig nach Toruń

Das historische Danzig ist mit dem Seebad Sopot und dem Handelshafen Gdynia fast zusammengewachsen. Die ›Dreistadt‹ erstreckt sich 35 km entlang der Westseite einer großen, sichelförmigen Bucht. Der meisterhaft wiederaufgebaute historische Kern führt in eine Zeit zurück, da der Ostseehandel blühte und deutsche Kaufleute sich von flämischen Architekten prachtvolle Häuser errichten ließen.

Nördlich der Altstadt ist ein Zeitsprung in die jüngere Vergangenheit möglich: Auf dem Gelände der stillgelegten Werft werden Besucher an die Rolle der Gewerkschaft Solidarność beim Sturz des Kommunismus erinnert. Ringsherum wird emsig gebaut, denn hier entsteht – nach dem Vorbild der Londoner Docklands – eine schicke ›Hansa-City‹.

Kulturtrips lassen sich in der Dreistadt bestens mit Aktivurlaub verbinden: Am Fuß der Adlerhorstklippen in Gdynia kann man zu ausgedehnten Spaziergängen aufbrechen, an den weißen Stränden von Sopot baden, paddeln, segeln und surfen. In der Saison pendeln Schiffe der Weißen Flotte zwischen den einzelnen Orten der Dreistadt und schippern zur der Danziger Bucht vorgelagerten Halbinsel Hel.

Östlich von Danzig liegt der Hauptmündungsarm der Weichsel. Trutzige gotische Backsteinburgen weisen ins 13. und 14. Jh. zurück, als der Deutsche Orden aufbrach, die Völker des Baltikums mit Feuer und Schwert zu missionieren. Noch heute präsentieren sich Gniew, Kwidzyn, Chełmno und Toruń als eindrucksvolle Festungsstädte. An der Nogat, einem Seitenarm der Weichsel, entstand die für alle Ewigkeit gepanzerte Marienburg, Europas größter Backsteinbau und ein Symbol der einstigen Macht des Deutschen Ritterordens.

Das Museum des Zweiten Weltkriegs – ein Keil in der Danziger Stadtlandschaft

Auf einen Blick: Von Danzig nach Toruń

Sehenswert

Danzig: Die restaurierte Recht- und Altstadt erinnert an die Zeit, als Danzig die ›Königin der Ostsee‹ war. Man flaniert über kopfsteingepflasterte Gassen und Uferpromenaden (S. 174).

Sopot: Grand Hotel und Kurhaus bilden für die längste Seebrücke der Ostseeküste eine glanzvolle Kulisse (S. 198).

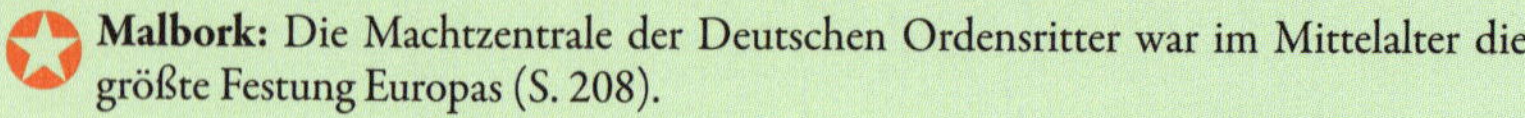

Malbork: Die Machtzentrale der Deutschen Ordensritter war im Mittelalter die größte Festung Europas (S. 208).

Toruń: Im perfekt erhaltenen historischen Zentrum der Weichselstadt fühlt man sich ins Mittelalter versetzt (S. 219).

Schöne Route

Festungsstädte entlang der Weichsel: Freunde mittelalterlicher Architektur lernen auf dieser Strecke den steingewordenen Machtwillen der Ordensritter kennen: befestigte Burgen und Wehrkirchen, in ihrem Schatten backsteinerne Bürgerhäuser und Getreidespeicher. Wichtigste Stationen der Route sind Malbork, Kwidzyn, Grudziądz, Chełmno und Toruń (S. 208).

Meine Tipps

Danzig von oben: Ob vom Turm des Rechtstädtischen Rathauses oder der Marienkirche aus – Vogelperspektiven über Recht- und Altstadt locken (S. 180, 183)!

Neue Museen in Danzig: Das Museum des Zweiten Weltkriegs und das Europäische Zentrum der Solidarität beleuchten das 20. Jh. (S. 185, 188).

Szeneviertel Gdańsk-Wrzeszcz: Das ehemalige Viertel Langfuhr und seine Bewohner dienten Günter Grass als ›Material‹ für sein nobelpreisgekürtes Lebenswerk. Heute leben hier viele Studenten, trendige Bars und Bistros boomen (S. 194).

Thorner Lebkuchen: Die vermutlich schon seit dem 13. Jh. in Toruń gebackenen Lebkuchen gelten als beste der Welt – der regionale Waldhonig macht's möglich (S. 222).

Ostsee
Władysławowo (Grossendorf)
Zatoka Gdańska (Danziger Bucht)
Kaliningrad (Königsberg)
RUSSLAND
Gdynia (Gdingen)
Darłowo (Rügenwalde)
Słupsk (Stolp)
Neue Museen
Sopot (Zoppot)
Die Westerplatte - mit dem Schiff und zu Fuß
Danzig von oben
Gdańsk (Danzig)
Radtour von Sopot nach Danzig
Szeneviertel Gdańsk-Wrzeszcz
Elbląg (Elbing)
Koszalin (Köslin)
Starogard Gdański (Preussisch Stargard)
Malbork (Marienburg)
Nogat
Gniew (Mewe)
Kwidzyń (Marienwerder)
Szczecinek (Neustettin)
Festungsstädte entlang der Weichsel
Złociniec (Falkenburg)
Grudziądz (Graudenz)
Wisła (Weichsel)
Chełmno (Kulm)
Thorner Lebkuchen
Piła (Schneidemühl)
Bydgoszcz (Bromberg)
Toruń (Thorn)

Festung Malbork

Die Westerplatte – mit dem Schiff und zu Fuß: Von der Anlegestelle an Danzigs Grünem Tor schippert man zur Westerplatte, an der 1939 der Zweite Weltkrieg begann. Ein markierter Weg führt zu den Originalschauplätzen (S. 186).

Radtour von Sopot nach Danzig: Fast ununterbrochen geht es am Meer entlang – auf autofreier Promenade, bei frischer Brise und Möwengeschrei. Unterwegs kann man sich mit Fischsnacks stärken (S. 202).

Danzig

▶ 1, L/M 2/3

Ein Meer schmaler Giebelhäuser und eine Armada wuchtiger Backsteinkirchen: Die Altstadt der einstigen Hansestadt Danzig wirkt so malerisch und in sich geschlossen, dass man sie für die Kulisse zu einem Historienfilm halten könnte. Derweil wandelt sich die ehemalige Werft, auf der Arbeiter den Aufstand gegen den Sozialismus probten, zur ›Hansa-City‹, einem schicken Flussquartier.

Als sich die Restauratoren nach dem Zweiten Weltkrieg daranmachten, die zerstörte Altstadt wieder aufzubauen, hatten sie nur Stiche und Fotos, dazu die Erinnerungen ehemaliger Bewohner. Ein exaktes Abbild des untergegangenen Danzig konnten sie nicht erschaffen: Nicht immer standen alte Pläne und Unterlagen zur Verfügung – vielerorts musste ›nachempfunden‹, neu gestaltet werden. Dazu kam, dass dunkle Hinterhöfe und gedrängte Gassen nicht der Vorstellung von sozialistischer Wohnkultur entsprachen; einige Häuserzeilen fielen ganz heraus, verbaute Winkel wurden aufgelockert. Was hier entstand, so der damalige Bürgermeister Mackiewicz, war »nicht das Danzig der Vorkriegszeit, sondern ein detailgetreu rekonstruiertes Gdańsk aus dem 18. Jh.« mit dem Rathaus, prächtigen Patrizierhäusern, der gewaltigen Marienkirche und dem Krantor, insgesamt mehr als 600 Bauten. Nach der Jahrtausendwende kamen mehrere Top-Museen hinzu, allen voran das Bernsteinmuseum, das Museum des Zweiten Weltkriegs und das Europäische Zentrum der Solidarität. Brachflächen auf der Speicherinsel und auf dem Werftgelände wurden wiederbelebt, historische Kirchen in Kulturzentren verwandelt, schicke Malls und Foodcourts geschaffen – die Entwicklung ist keineswegs abgeschlossen.

Ehemalige deutsche Bewohner, die ihre Heimatstadt nach vielen Jahren besuchten, waren von der Wiederaufbauleistung begeistert. Ihr altes Danzig, riefen sie aus, habe nie so schön ausgesehen wie in der Gegenwart.

Ein Blick zurück

Bei einem Bummel durch die Straßen lernt man die vielfältigen Einflüsse kennen, die Danzig im Verlauf seiner Geschichte aufgenommen hat. Schon im 14. Jh. war es eine der bedeutendsten Hafenstädte der Hanse, deren Kontakte sich von Nowgorod bis Sevilla erstreckten. Den weitreichenden Geschäftsbeziehungen entsprach eine betont kosmopolitische Lebensart. Einwanderer aus ganz Europa waren willkommen, denn sie bereicherten die Stadt mit neuen Impulsen.

Vom 14. bis zur Mitte des 15. Jh. gehörte Danzig dem von Deutschen Rittern errichteten zentralistischen Ordensstaat an. Die eigentliche Blütezeit begann danach, im späten 15. Jh., als sich Danzig im Dreizehnjährigen Krieg (1454–66) von der Bevormundung durch den Deutschen Orden befreite und als Stadtrepublik im Königreich Polen erstaunliche Freiheiten genoss. Immer wieder verstand es das Danziger Bürgertum, seine Eigenständigkeit und seine Privilegien gegenüber dem polnischen König zu wahren. Die ›Freie Stadt‹ (1466–1793) verfügte über eine eigene Regierung und Bürgerwehr, sicherte sich die Zoll- und weitgehende Steuerfreiheit und das Recht auf Prägung von Münzen. Fast der gesamte Außenhandel Polens wurde über Danzig abgewickelt. Getreide aus dem Königreich stapelte sich auf der Speicherinsel, bevor es ins übrige Europa weiterverschifft wurde. Im 16. Jh. schufen aus Italien, Flandern und Holland angeworbene Architekten und Künstler eine Stadt, die bald zu den schönsten Europas zählte. Schon früh setzte sich lutherisches Gedankengut durch. Der König besuchte die Stadt nur einmal im Jahr; er hielt Einzug durch das Hohe Tor und ließ sich seine Hoheit im Rathaus der Rechtstadt feierlich bestätigen. Kam es zu Konflikten mit auswärtigen Mächten, verhielt sich Danzig gegenüber der Krone loyal.

Doch der Niedergang Polens im 17. und 18. Jh. machte auch vor Danzig nicht Halt: Der Handel ging dramatisch zurück und die Einwohnerzahl sank um mehr als die Hälfte. In den Polnischen Teilungen blieb Danzig zunächst bei Polen, fiel aber 1793 an Preußen und büßte seine Privilegien als selbstständige Stadtrepublik ein. Vorbei war es nun »mit hanseatischem Großtun« und »republikanischen Träumen«, fortan herrschte »Ordnung nach preußischem Maß« (Grass). Erst als die Wirtschaft im 19. Jh. einen Aufschwung nahm – der Schiffbau wurde wichtigster Industriezweig –, wuchs die Zustimmung zu den ›Besatzern‹; nach Eingliederung ins Deutsche Reich nahm die Zahl jener Danziger zu, die stolz darauf waren, Deutsche zu sein.

Nach dem Ersten Weltkrieg trennten die Siegermächte Danzig vom Deutschen Reich ab und erklärten es zu einem ›Freistaat‹ unter dem Protektorat des Völkerbunds. Ganz so frei, wie der Name vorgibt, war es freilich nicht. Die Mehrheit der Bevölkerung suchte den Anschluss ans Deutsche Reich und empfand die vom Völkerbund den Polen gewährten Privilegien, vor allem aber die Schaffung eines ›Korridors‹, über den das Nachbarland Zugang zum Meer erhielt, als Provokation. Dort entstand mit Gdynia (Gdingen) ein großer polnischer Hafen, in dem bald mehr Waren umgeschlagen wurden als in Danzig. Die Frage des ›Polnischen Korridors‹ war es denn auch, die den Nationalsozialisten 1939 als Vorwand für den Überfall auf Polen diente: Am 1. September beschoss die »Schleswig-Holstein« das polnische Militärdepot auf der Danziger Westerplatte und gab damit das Startsignal zum Zweiten Weltkrieg (s. auch Aktiv S. 186). An dessen Ende lag die ›Perle der Ostsee‹ in Schutt und Asche.

1945 wurde Danzig Polen zuerkannt, die meisten deutschen Bewohner mussten die Stadt verlassen. Sie wurden ›ersetzt‹ durch Menschen aus dem polnischen Umland sowie aus den an die Sowjetunion abgetretenen früheren polnischen Ostgebieten. In der Folge beschloss die sozialistische Regierung den Wiederaufbau des ›historischen‹ Zentrums, während im Norden der Stadt Plattenbausiedlungen entstanden. Schon 1956 lebten in der Stadt wieder mehr Menschen als in der Vorkriegszeit. Gdańsk/Danzig, Sopot/Zoppot und Gdynia/Gdingen verschmolzen zur sogenannten ›Dreistadt‹ (Trójmiasto).

Die Streiks der Danziger Werftarbeiter 1980 führten zur Gründung der unabhängigen Gewerkschaft Solidarność, was den Beginn einer politischen und wirtschaftlichen Umgestaltung ganz Polens signalisierte. Nach der ›Wende‹ von 1989 suchte die Dreistadt auf allen Gebieten Anschluss an den Westen. Gdańsk feierte 1997, Sopot vier Jahre später sein 1000-jähriges Jubiläum. Gdynia wurde mit der Aufnahme Polens in das Nordatlantische Bündnis wichtigster Marinestützpunkt der NATO im Ostseeraum.

Rundgang

Cityplan: S. 178

Der vorgestellte Rundgang beginnt am Hauptbahnhof, von dem aus man alle wichtigen Sehenswürdigkeiten bequem zu Fuß erreicht. Das ›historische‹ Danzig liegt größtenteils westlich der Mottlau und gliedert sich in die Altstadt, die verkehrsberuhigte Rechtstadt mit Speicher- und Bleihofinsel sowie die Alte Vorstadt. Weitere Sehenswürdigkeiten finden Sie auf dem Gelände der einstmals großen Werft, der ›Wiege der Solidarität‹, und auf der Westerplatte. Wer nur wenig Zeit hat, beschränkt sich auf die Besichtigung der prachtvoll restaurierten Rechtstadt und schließt sich der Tour am Hohen Tor an.

In der Frauengasse – auf den ›Beischlägen‹, den kleinen Steinterrassen vor den Häusern, spielt sich das Leben ab

HauptbaÚhof 1

Mit seiner ziegelroten Giebelfassade und dem hohen Uhrenturm erinnert der **Hauptbahnhof** (Gdańsk Główny) an die Pionierzeit der Eisenbahn.

Altstadt

Über die ehemalige Pfeffergasse (ul. Korzenna), benannt nach den bevorzugt hier wohnenden ›Pfeffersäcken‹ (so lautete der Spottname für wohlbetuchte Kaufleute), gelangt man ins Herz der **Altstadt** (Stare Miasto).

Altstädtisches Rathaus 2

ul. Korzenna 33/35, www.nck.org.pl, Di–So 10–18 Uhr

Das mittelalterliche **Altstädtische Rathaus** (Ratusz Staromiejski), 1595 in manieristischem Stil umgestaltet, beherbergt heute das Baltische Kulturzentrum. Im Erdgeschoss befindet sich eine Galerie, im Festsaal des Obergeschosses werden Konzerte gegeben. In den Kellergewölben tat sich Interessantes: Hier lagerte im 17. Jh. der Ratsherr und Brauer Johannes Hevelius sein berühmtes Jopenbier, mit dessen Verkauf er sein kostspieliges Hobby, die Astronomie, finanzierte. Mit dem damals längsten Teleskop der Welt entdeckte er neun Kometen und sieben Sternkonstellationen; auch fertigte er die erste präzise Karte des Mondes an. Ihm zu Ehren wurde vor dem Rathaus ein Denkmal errichtet und eine Hauswand mit ›seinen‹ Gestirnen bemalt.

Centrum Hewelianum 3

ul. Gradowa 6, https://hevelianum.pl, Sept.–Juni Di–Fr 8–16, Sa/So 10–18 Uhr, ab 5 €

Wer mehr über den Astronomen erfahren will, unternimmt einen 20minütigen Abstecher zum **Centrum Hewelianum** im ehemaligen Fort. Dort führen Backsteintunnel in die Vergangenheit, eine (teilweise unterirdische) Multimedia-Ausstellung stellt alle Kontinente, Naturwissenschaft und Astronomie vor.

Große Mühle/ Bernsteinmuseum 4

Muzeum Bursztynu, ul. Wielkie Młyny 16, www.muzeumgdansk.pl, Mo 10–13, Di–Sa 10–18 Uhr, Juli, Aug. Mo 12–20, Di–So 10–20 Uhr, 8 €

Folgt man vom Rathaus dem Radaune-Kanal (Kanał Raduni) ein paar Schritte ostwärts, gelangt man zur **Großen Mühle** (Wielki Młyn), die 1350 von deutschen Ordensrittern errichtet wurde. Mit ihrem sechsstöckigen Satteldach war sie eine der größten Europas, nicht weniger als 18 Räder zermahlten das Getreide. Statt Getreide wird nun ein noch kostbarerer Stoff gelagert: Das hier untergebrachte Bernsteinmuseum (Muzeum Bursztynu) ist eine Hommage an jenen ›Stein‹, der Danzigs Juwelieren jedes Jahr 30 Mio. Euro beschert (s. Thema S. 128). Vom rohen Fundstück bis zum geschliffenen Meisterwerk ist hier alles Interessante zusammengetragen. Zu den Höhepunkten der Sammlung zählen sog. Inklusen, in die Pflanzen und Tiere eingeschlossen sind, z.B. ein mehrere Millionen Jahre im gläsernen Sarg eingeschlossener Gecko sowie eine Gottesanbeterin.

Katharinenkirche 5

ul. Wielkie Młyny, Juli, Aug. Mo 12–18, Di–So 10–18 Uhr, in der restl. Zeit kürzer, Eintritt frei; Wissenschaftsmuseum (Mai–Sept.), 5,50 €

Gegenüber der Mühle ragt die **Katharinenkirche** (Kośćiół Św. Katarzyny), Danzigs ältestes Gotteshaus (1185), auf. Jahrhunderte hat sie unversehrt überstanden, doch vernichtete ein Feuer 2006 viele Kostbarkeiten. Seitdem wird sie restauriert, kann aber besichtigt werden. Zu sehen sind herrliche Schnitzarbeiten, Gemälde sowie das Epitaph für den Astronomen Johannes Hevelius. Ihm zu Ehren wurde im Turm ein **Wissenschaftsmuseum** eingerichtet. Zu sehen gibt es eine Pulsar-Uhr, die Zeit mittels zigtausend Lichtjahren entfernter Neutronensterne misst, sowie eine Uhr mit dem längsten Pendel der Welt (32,5 m). Eine weitere Attraktion: Zu jeder vollen Stunde ertönt ein Glockenspiel mit Beethovens berühmter Ode aus der neunten Sinfonie »Freude, schöner Götterfunken«.

Brigittenkirche 6

ul. Profesorska 17, www.brygida.gdansk.pl, Mo–Sa 10–18.30, So 13.30–18.30 Uhr, 1,50 €

Hinter der Katharinenkirche versteckt sich die **Brigittenkirche** (Kościół Św. Brygidy), die in der Dreistadt Kultstatus genießt. Zu ihrer Pfarrei gehört die benachbarte Danziger Werft, die Wiege der Solidarność. In sozialistischer Zeit wurden in der Kirche flammende Reden gehalten und passiver Widerstand gepredigt; noch heute ist das Denkmal des 1984 von Angehörigen des Geheimdienstes ermordeten Paters Jerzy Popieluszko ein viel besuchter Pilgerort. Ihm zu Ehren entsteht derzeit ein 12 m hoher Bernsteinaltar in Form einer Lilie – viele Teilstücke sind bereits fertiggestellt, eine wirklich beeindruckende, filigrane Arbeit! Heute organisiert die Kirche alljährlich den »Marsch für das Leben und die Familie«.

Markthalle und Nikolaikirche

Südlich vom Altstädtischen Graben liegt die schöne **Markthalle** 7 (Hala Targowa), seit über 100 Jahren ist sie eine der wichtigsten Einkaufsadressen. Errichtet ist sie auf den Fundamenten einer romanischen Kirche, die im Untergeschoss durch Plexiglas zu sehen sind. Gleich nebenan steht das älteste Gotteshaus Danzigs, die in strenger Backsteingotik ausgeführte **Nikolaikirche** 8. Sie wurde im Krieg kaum zerstört, so blieben ihre reiche Barockausstattung sowie die Schnitzpietá und Wandmalereien aus dem 15. Jh. erhalten (Kościół Św. Mikołaja, ul. Swiętojańska 72).

Romanischer Keller 9

Piwnica Romańska, Juli/Aug. Di–So 10–17 Uhr, 2,50 €

Unterirdisch verbirgt sich Spannendes: Ein herrliches, auf einem einzigen Pfeiler ruhendes **romanisches Gewölbe** aus dem 13. Jh. diente Mönchen als Speisesaal. Ein zehnminütiger Film informiert (auf Englisch) über die bewegte Geschichte des Bauwerks, das *en miniature* Danzigs Mittelalter spiegelt. Selbst als Grablege hat es gedient – daran erinnert eine Wand aus Knochen …

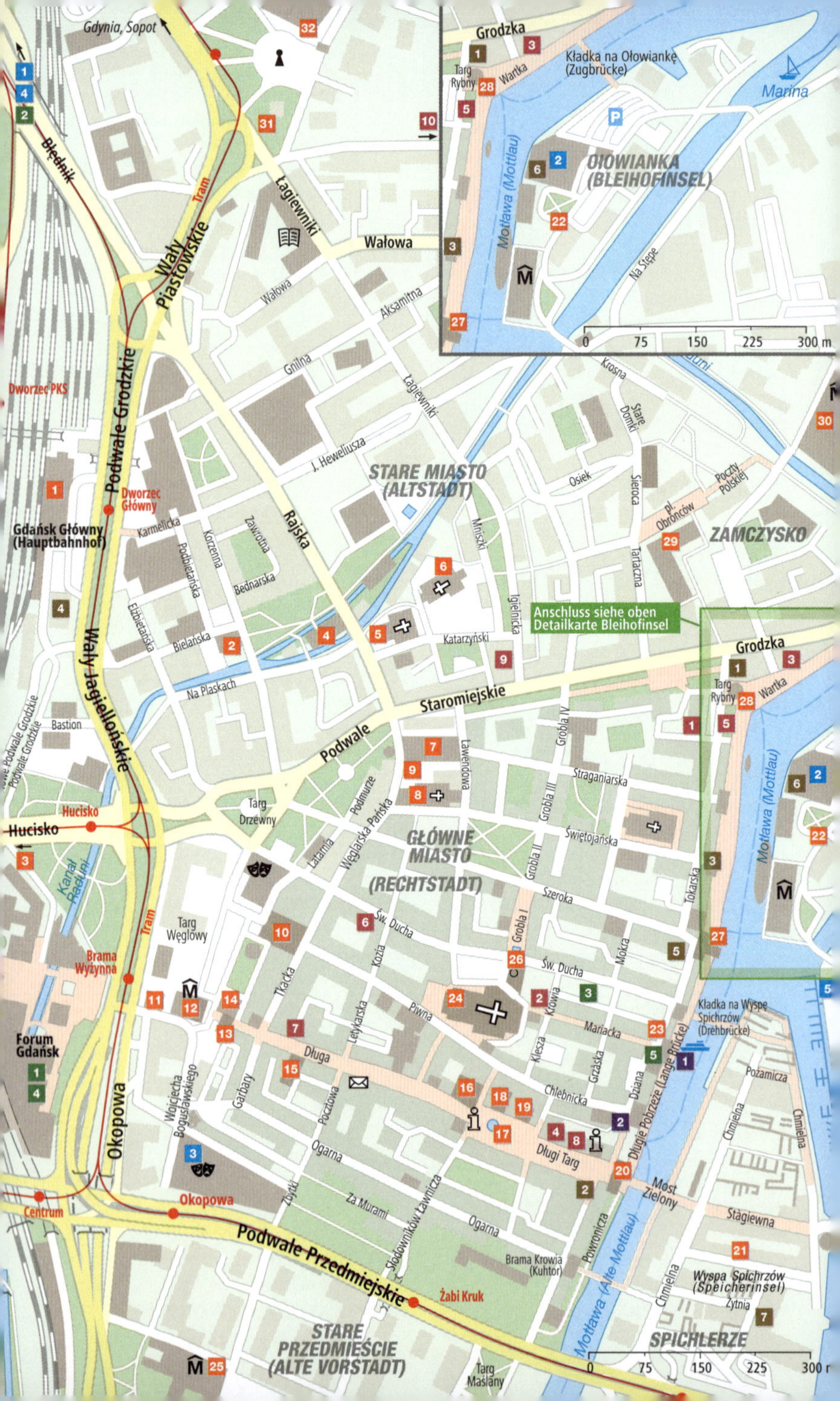

Gdynia, Sopot
Grodzka
Targ Rybny
Wartka
Kładka na Ołowiankę (Zugbrücke)
Marina
OłOWIANKA (BLEIHOFINSEL)
Motława (Mottlau)
Na Stępce
0
75
150
225
300 m
Błędnik
Tram
Wały Piastowskie
Łagiewniki
Wałowa
Aksamitna
Gnilna
Dworzec PKS
Podwale Grodzkie
J. Heweliusza
STARE MIASTO (ALTSTADT)
Krosna
Stare Domki
Osiek
Sieroca
Poczty Polskiej
pl. Obrońców
ZAMCZYSKO
Tartaczna
Dworzec Główny
Gdańsk Główny (Hauptbahnhof)
Karmelicka
Podbielańska
Korzenna
Zawrotna
Bednarska
Rajska
Mniszki
Igielnicka
Katarzyński
Anschluss siehe oben Detailkarte Bleihofinsel
Elżbietańska
Bielańska
Na Piaskach
Staromiejskie
Podwale
Wały Jagiellońskie
Bastion
Podwale Grodzkie
Hucisko
Targ Drzewny
Ławendowa
Grobla IV
Straganiarska
Grobla III
Świętojańska
Grobla II
Szeroka
Tokarska
Podmurze
Węglarska
Pańska
Latarnia
GŁÓWNE MIASTO (RECHTSTADT)
Kanał Raduni
Targ Węglowy
Brama Wyżynna
Św. Ducha
Kozia
Grobla I
Mokra
Tkacka
Piwna
Krowia
Mariacka
Kładka na Wyspę Spichrzów (Drehbrücke)
Forum Gdańsk
Letkiewska
Długa
Klesza
Grząska
Dziana
Długie Pobrzeże (Lange Brücke)
Pozamicza
Chmielna
Garbary
Pocztowa
Chlebnicka
Wojciecha Bogusławskiego
Ogarna
Długi Targ
Most Zielony
Stągiewna
Okopowa
Centrum
Zbytki
Za Murami
Słodowników
Lawnicza
Brama Krowia (Kuhtor)
Powroźnicza
Motława (Alte Mottlau)
Wyspa Spichrzów (Speicherinsel)
Żytnia
Podwale Przedmiejskie
Żabi Kruk
STARE PRZEDMIEŚCIE (ALTE VORSTADT)
SPICHLERZE
Targ Maślany

Gdańsk/Danzig

Sehenswert

1 Hauptbahnhof
2 Altstädtisches Rathaus
3 Centrum Hewelianum
4 Große Mühle/ Bernsteinmuseum
5 Katharinenkirche
6 Brigittenkirche
7 Markthalle
8 Nikolaikirche
9 Romanischer Keller
10 Großes Zeughaus
11 Hohes Tor
12 Stockturm
13 Goldenes Tor
14 Georgshalle
15 Uphagenhaus
16 Rechtstädtisches Rathaus
17 Neptunbrunnen
18 Artushof
19 Goldenes Haus
20 Grünes Tor
21 Speicherinsel
22 Bleihofinsel
23 Frauentor
24 Marienkirche
25 Nationalmuseum
26 Königliche Kapelle
27 Krantor / Zentrum für Meereskultur
28 Fischmarkt
29 Polnische Post
30 Museum des Zweiten Weltkriegs
31 Denkmal der gefallenen Werftarbeiter
32 Europäisches Zentrum der Solidarität

Übernachten

1 Hilton Gdańsk
2 Radisson Blu
3 Hanza
4 Central Hotel/Browar PG4
5 Goldwasser
6 Królewski
7 Novotel Centrum

Essen & Trinken

1 Fellini
2 Literacka Winebar & Restaurant
3 Kubicki
4 Holender
5 Targ Rybny
6 Gdańska
7 Café Ferber
8 Brasserie Goldwasser
9 Pellowski
10 Montownia Food-Court

Einkaufen

1 Forum Gdańsk
2 Galeria Bałtycka
3 Galeria Wydra
4 Empik Megastore
5 Salonik Pod Aniołem

Abends & Nachts

1 Opera Bałtycka
2 Filharmonia Bałtycka
3 Rooftop Cinema/ Shakespeare Theater
4 Teatr Miniatura
5 Brovarnia

Aktiv

1 Anlegestelle
2 Gdańsk Rent a Bike

Großes Zeughaus 10

Last, but not least: Ein Meisterwerk des niederländischen Manierismus ist das 1602 entworfene Große Zeughaus (Wielka Zbrojownia) mit reich verzierter Fassade. Einst wurden hier Waffen gelagert, heute stellen Kunststudenten unter herrlichen Gewölben ihre Werke aus.

Über den Königsweg zum Grünen Tor

Das Herzstück von Danzig ist die wiederaufgebaute **Rechtstadt** (Główne Miasto), d. h. die rechte, ›richtige‹ Stadt, wo die wohlhabenden, überwiegend deutschen Bürger lebten. Hielt der König hier Einzug, folgte er einem sich stets wiederholenden Ritual. Er betrat die Stadt durch mächtige Tore, schritt die Langgasse und den Langen Markt ab und nahm dann in einem der pompösen Bürgerhäuser Quartier. Bis heute hat sich diese Route den Namen ›Königsweg‹ bewahrt und ist die Prachtmeile Danzigs mit den repräsentativsten Gebäuden. Sie diente auch für Paraden und unterschiedliche Zeremonien.

Hohes Tor 11

Das **Hohe Tor** (Brama Wyżynna) ist ein Relikt der mächtigen Wallanlagen, die ab 1571 entlang der westlichen Stadtgrenze errichtet und am Ende des 19. Jh. abgerissen wurden. Sein einziger Schmuck ist ein Wappen-Dreigestirn, das Polen, Königlich-Preußen und Danzig huldigt. Heute befindet sich im Hohen Tor eine ausgezeichnete und kompetente Touristeninfo für Danzig und die Provinz Pommern.

Stockturm 12

Unmittelbar hinter dem Hohen Tor steht der mittelalterliche **Stockturm** (Wieża Więzienna), in dem sich einst das Gericht und das Gefängnis befanden. Nicht selten wurde den Häftlingen in der **Peinkammer** (Katownia) mittels Folter ein Geständnis abgepresst, bevor sie an den Pranger gestellt bzw. an der Ostseite des Turms hingerichtet wurden. An Ketten herabbaumelnde gusseiserne Handschellen erinnern an diese düstere Vergangenheit. Heute wird auf vier Stockwerken Danzigs Wiederaufbau nach 1945 dokumentiert. Ganz oben: ein erster weiter Blick über die Rechtstadt (www.muzeumgdansk.pl, Mo 12–18, Di–So 10–18 Uhr, 4 €).

Goldenes Tor und Georgshalle

An den Turm grenzt das **Goldene Tor** 13 (Brama Złota) aus dem 17. Jh., das seinen Namen den vielen glänzenden Verzierungen verdankt. In deutschen Lettern wird verkündet: »Es müsse wohlergehen denen, die dich lieben – Es müsse Friede sein inwendig in deinen Mauern und Glück in deinen Palästen«. An die Tormauer schließt sich links die schlossartige **Georgshalle** 14 (Dwór Bractwa Św. Jerzego) an. Sie war Sitz der gleichnamigen Bruderschaft, eines exklusiven Klubs, zu dem nur Männer Zutritt hatten.

Długa (Langgasse)

Jenseits des Tors beginnt die Langgasse (ul. Długa), die stets belebte Flaniermeile der Stadt: Sie ist von Renaissance- und Barockhäusern gesäumt, die mit ihren farbenfrohen Fassaden und verspielten Giebeln einem Bilderbuch entnommen scheinen. Die Häuser sind schmal, dafür recht hoch: In bester Lage waren Grundstücke so teuer, dass es sich selbst für Reiche verbat, in die Breite zu bauen. Also errichteten die hier residierenden Großkaufleute und Ratsherren ›Luftschlösser‹, deren üppiger Schmuck die schmale Brust kaschieren sollte.

Uphagenhaus 15

ul. Długa 12, www.muzeumgdansk.pl, Mo 12–18, Di–So 10–18 Uhr, 5,50 €

Wer sehen möchte, wie es im 18. Jh. hinter den schmucken Fassaden aussah, kann das **Uphagenhaus** (Dom Uphagena) besuchen: Der Wohnsitz der aus Flandern eingewanderten Kaufmannsfamilie wurde in ein Museum bürgerlicher Wohnkultur verwandelt. Im Teezimmer entführen exotische Bilder in den Fernen Osten, im Salon wird man auf musikalischen Genuss eingestimmt. Sämtliche Räume, auch Küche und Essraum, konnten dank Fotos detailgenau rekonstruiert werden.

Rechtstädtisches Rathaus 16

ul. Długa 46/47, www.muzeumgdansk.pl, Mo 12–18, Di–So 10–18 Uhr, 5,50 €, Aussichtsturm 2,50 €, Galerie/Wechselausstellungen ab 1,50 €

Am Ende der Langgasse steht das **Rechtstädtische Rathaus** (Ratusz Głównego Miasta), das sein altstädtisches Pendant weit in den Schatten stellt. Unübersehbar ist der hoch aufschießende Turm, auf dessen Spitze eine Statue König Zygmunt Augusts thront – ihm verdankte Danzig viele Privilegien. Der 1327 errichtete Bau wurde mehrmals umgebaut, die letzte große Veränderung fand 1556 statt, als nach einem Brand die strengen gotischen Formen von manieristischem Schmuckwerk abgelöst wurden. Prunkstück des Rathauses ist der Rote Saal, in dem der Stadtrat zu feierlichen Versammlungen zusammenkam: ein Feuerwerk roter und goldener Farben, dazu dunkle, wärmende Holztöne. An den Wänden hängen Gemälde, die Tugenden und Laster plakativ gegenüberstellen. Überwältigend ist der Blick zur Decke: Nicht weniger als 25 runde und rechteckige, von Goldrahmen eingefasste Gemälde kreisen um ein Oval in der Deckenmitte, das ein Idealbild Danzigs zeigt: Die Stadt thront auf einem Triumphbogen, wächst in den Himmel hinein. Gott umfasst schützend den Rathausturm, während die Weichsel, die Lebensader der Stadt, ihr Fundament umspült. Vor dem Fluss sind deutsche Bürger, polnische Adelige und Flößer postiert – ein Bild der Danzi-

Merkur, Schutzpatron der Kaufleute, fliegt dem Langen Markt entgegen

ger Stände von 1608, als Isaak van den Blocke dieses Meisterwerk schuf. Lohnend ist auch ein Blick ins Obergeschoss des Rathauses, in dessen Räumen sich das **Historische Museum** (Muzeum Historii Miasta) befindet. Wechselnde Ausstellungen beleuchten Danzigs Geschichte. Zuletzt geht es auf den 80 m hohen Turm hinauf (Lift vorhanden), der Ihnen Straßen und Plätze zu Füßen legt.

Neptunbrunnen 17

Hinter dem Rechtstädtischen Rathaus weitet sich die Gasse zum **Langen Markt** (Długi Targ), der ›guten Stube Danzigs‹, wo die reichsten Bürger residierten. Die Häuser sind noch größer und prächtiger, verfügen zudem über sogenannte Beischläge, weite, über Freitreppen erreichbare Terrassen. Blickfang des Platzes ist der **Neptunbrunnen** (Fontanna Neptuna): Der bronzene Meeresgott ist in sprühende Gischt getaucht, tänzelnd steht er auf einer Schale, die von Nymphen und Satyren getragen wird.

Artushof 18

Długi Targ 43–44, www.muzeumgdansk.pl, Mo 12–18, Di–So 10–18 Uhr, 5,50 €

Hinter Neptun, dem Schutzpatron der Stadt, ist der **Artushof** (Dwór Artusa) platziert, der Versammlungsort der Großkaufleute. Hier trafen sie sich, um Geschäfte abzuwickeln, aber auch um rauschende Feste zu feiern. Entsprechend prächtig gibt sich der 1617 entworfene Bau: Hinter einer breiten Fensterfront öffnet sich ein

450 m² großer lichter Saal. Auf vier Granitpfeilern ruhen herrliche Sterngewölbe, Schiffsmodelle baumeln von der Decke, Reliefs erinnern an die Schutzheiligen der Zunft. Blickfang des Saals aber ist der 12 m hohe, mit handbemalten Kacheln verkleidete Renaissance-Ofen, der den Kaufleuten in der kälteren Jahreszeit Wärme spendete.

Goldenes Haus und Grünes Tor

Lediglich ein paar Schritte weiter steht das **Goldene Haus** 19 (Złota Kamienica, Długi Targ 41), nicht das größte, aber mit seiner figurenreichen, vergoldeten Fassade sicher das schönste am Platz. Das **Grüne Tor** 20 (Brama Zielona) schließt den Langen Markt zum Fluss hin ab: Von Grün keine Spur, stattdessen helle Steinblöcke, die sich zu einer mächtigen Bastion mit vier Einfahrten auftürmen. Einst offizielle Residenz der polnischen Könige, dient es heute als als (Foto-) Galerie.

Mottlau und Marienkirche

Durchs Grüne Tor kommt man zur Motława (Mottlau), einem Nebenfluss der Weichsel. Den besten Überblick über die Kaianlagen bietet die Grüne Brücke (Stagiewna), die die Rechtstadt mit der Speicherinsel verbindet. Früher ankerten hier Schiffe aus aller Welt und löschten ihre Waren. Meeresfrüchte wurden zum nahen Fischmarkt gekarrt und Weinfässer zum Langen Markt gerollt. Handwerker nahmen die neueste Lieferung von Tuch und Leder in Empfang, ihre Werkstätten befanden sich in den Gassen jenseits der backsteinernen Tore am Kai: dem Brotbänketor (Brama Chlebnicka), Frauentor (Brama Mariacka), Heiliggeisttor (Brama Św. Ducha), Krantor (Żuraw) und Johannistor (Brama Świętojańska).

Heute liegt der Umschlaghafen einige Kilometer weiter nördlich, doch die quirlige Atmosphäre der Promenade, die **Lange Brücke** heißt, hat sich erhalten. Man fla-

Traditionell oder trendy? In der Rechtstadt wird jeder Geschmack bedient

niert und fotografiert, besucht ein Fischlokal oder nimmt in einem der Terrassencafés Platz, träumt von der Fahrt übers Meer oder genießt ganz einfach den Anblick der übers Wasser segelnden Möwen.

Von der **Anlegestelle** 1 (Przystań przy Zielonej Bramie), die sich vom Grünen Tor bis zum Krantor erstreckt, fahren mehrmals täglich Ausflugsschiffe nach Sopot, Gdynia und zur Halbinsel Hel. Der nächstgelegene Halt, den sie ansteuern, sind die Festung Weichselmünde und die **Westerplatte** (s. Aktiv S. 186).

Speicherinsel und Bleihofinsel

Die **Speicherinsel** 21 (Wyspa Spichrzów) war einst Danzigs Schatzkammer. Hier standen Fachwerk- und Backsteinhäuser, in denen kostbare Handelsgüter darauf warteten, verschifft zu werden. Dem gewaltigen Warenumschlag verdankte Danzig seinen Status als zeitweise wichtigster Ostseehafen und eine der reichsten Städte Europas. Im Zweiten Weltkrieg wurden fast alle Speicher zerstört. Erst 2020 wurden sie in historisierendem Stil wiederaufgebaut: Giebel und viel Backstein, hier und da Schießscharten-Fenster knüpfen an die Vergangenheit an. Eine umlaufende Promenade erschließt die Insel. Über eine Drehbrücke, die jede halbe Stunde für durchziehende Schiffe geöffnet wird, gelangt man zur Langen Brücke zurück. Oder Sie spazieren zur **Marina** hinüber und laufen weiter zur **Bleihofinsel** 22 (Ołowianka) mit einer **Filiale des Meeresmuseums** (s. S. 185). Vom Nordende der Bleihofinsel spannt sich eine Zugbrücke, die gleichfalls halbstündig öffnet bzw. geschlossen wird, zur Langen Brücke zurück.

Frauengasse und Archäologisches Museum

Durch das an seinem hohen Turm erkennbare **Frauentor** 23 (Brama Mariacka) betritt man die wohl schönste Gasse Danzigs, die Frauengasse (ul. Mariacka). Man spaziert durch ein Spalier von Bürgerhäusern, die mit ihren reich geschmückten Beischlägen weit auf die Straße ausgreifen. Viele von ihnen beherbergen Straßencafés und Künstlerateliers, aber auch Bernsteinläden, in denen das ›Gold der Ostsee‹ (s. Thema S. 128) zu Schmuck verarbeitet wird.

Wer mehr über den kostbaren Stein erfahren will, besucht das **Archäologische Museum.** Dort ist Bernstein in allen Farben und Facetten zu sehen, ferner Werkzeuge, mit denen er bearbeitet wird, und medizinische Heilmittel, die aus ihm gewonnen werden (Muzeum Archeologiczne, ul. Mariacka 26, www.archeologia.pl, Museum wird z. Z. restauriert).

Marienkirche 24

Podkramarska 5, https://bazylikamariacka.gdansk.pl, Mo–Sa 8.30–17.30 (Juli/Aug. bis 18.30), So 11–12, 13–17.30 Uhr, Aufstieg Turm Mo–Do 11–16, Fr–So 10–18 Uhr, 2,50 €

Am Ende der Frauengasse, so notierte Günter Grass, »brütete rotschwarz, grün kleingetürmt, unter dickem geschwollenem Turm die Backsteinhenne Sankt Marien«. Die so liebevoll porträtierte **Marienkirche** (Bazylika Mariacka) zählt zu den größten Gotteshäusern Europas, 25 000 Menschen finden unter ihren Fittichen Platz. Wirkt sie von außen wuchtig-gedrungen, so erscheint ihr Inneres erstaunlich elegant. Weiß getünchte Wände, riesige Fenster und ein auf hohen Pfeilern ruhendes Gewölbe lassen sie weit und licht erscheinen. Von 1343 bis 1502 wurde an der Kirche gebaut, seit 1987 ist sie – nach dem Dom von Oliwa – zweite Kathedrale von Danzig. Wenn die 46 Stimmen und 8000 Pfeifen ihrer Orgel erklingen, scheint die Riesenkirche zu vibrieren.

Nur ein Teil der Originalausstattung überstand den Zweiten Weltkrieg, darunter der golddurchwirkte Hauptaltar von 1517, die »Schöne Madonna« in der Annenkapelle und das berühmteste Kunstwerk der Marienkirche, **Hans Memlings Gemälde »Das Jüngste Gericht«**. Der Pirat Paul Beneke erbeutete es 1473 beim Überfall auf ein burgundisches Schiff und machte es seiner Heimatkirche zum Geschenk. Auf dem Triptychon wird das Leben nach dem Tod drastisch vor Augen geführt. Nackt treten die Menschen vor den Herrn, werden erst geschätzt, dann selektiert: Die Guten dürfen in den Himmel,

ZUM NATIONALMUSEUM

Hans Memlings 1472 in Brügge entstandenes Gemälde, »Das Jüngste Gericht«, findet sich im ehemaligen Franziskanerkloster, das heute die Schätze des Danziger **Nationalmuseums** 25 beherbergt. Ausgestellt werden auch Kunst und Kunsthandwerk aus Danzig und Pommern, darunter mittelalterliche Schnitzarbeiten anonymer Meister, sensible Bürgerporträts von Daniel Chodowiecki und flirrende Landschaftsimpressionen von Lovis Corinth. Meisterhafte Gold- und Silberschmiedarbeiten zeigen, wie hoch entwickelt das lokale Kunsthandwerk war. Leider liegt das Museum etwas abseits: Von der Długa läuft man südwärts, quert die Podwale Przedmiejskie mittels Unterführung und folgt der Toruńska nach rechts. Auf dem Weg dorthin passiert man das Shakespeare-Theater, 2014 just an dem Ort errichtet, wo 400 Jahre zuvor – noch zu Lebzeiten des Dichters – seine Stücke aufgeführt wurden (Muzeum Narodowe, ul. Toruńska 1, www.mng.gda.pl, Di–So 11–18 Uhr, 5 €).

die Verdammten werden in ewige Finsternis gestoßen. Beeindruckend ist die Detailgenauigkeit des Gemäldes – von der Verzückung bis zur Verzweiflung sind viele menschliche Regungen eingefangen. Was man in der Kirche sieht, ist allerdings nur eine Kopie; das Original wird im Danziger Nationalmuseum in der Alten Vorstadt aufbewahrt (s. S. 184).

Von der Vergänglichkeit des Lebens kündet auch die 12 m hohe **Astronomische Uhr** im linken Querschiff, die 1470 ein gewisser Hans Düringer schuf. Sie zeigt nicht nur die Stunden und Wochentage an, sondern auch den Stand des Neumonds und die Position der Tierkreiszeichen. Punkt 11.57 Uhr öffnet sich im oberen Aufsatz ein Türchen, und es erscheinen nacheinander Maria mit dem Jesuskind, die Heiligen Drei Könige und die Evangelisten. So beeindruckt waren die Stadtväter von der Uhr, dass sie ihren Schöpfer blenden ließen, damit er kein vergleichbares zweites Werk herstelle.

Eine weitere makabre Legende knüpft sich an das ausdrucksstarke **Kruzifix** in der Kapelle der Elftausend Jungfrauen. Der Bildhauer, heißt es, nagelte einen seiner Schüler ans Kreuz, um nach einem lebensechten Modell arbeiten zu können. Die Gesichtszüge Christi sind von Todesangst gezeichnet, der Körper ist schwach und ausgemergelt.

Schmerzensreich ist auch der Aufstieg auf den 82 m hohen **Turm.** Nach über 400 Stufen ist ein Plateau erreicht, von dem sich ein grandioser Blick auf die Rechtstadt und die Hafenanlagen bietet.

Königliche Kapelle 26

Im Schatten der Marienkirche steht die **Königliche Kapelle** (Kaplica Królewska), ein Kleinod des Barock, 1681 vom polnischen König Jan III. Sobieski für die katholische Minderheit Danzigs gestiftet. Mit verspielter Fassade und mehreren großen Kuppeln ist sie ein optischer Leckerbissen, der in provozierendem Kontrast zur strengen Backsteingotik der Protestanten steht. Vor der Kapelle lagern vier schläfrige Bronzelöwen, zwischen denen im Minutentakt Fontänen aufschießen – eine Sommergaudi nicht nur für Kinder!

In der angrenzenden Gasse (ul. Św. Ducha) lebte die Schriftstellerin Johanna Schopenhauer. Ihr Sohn Arthur, der berühmte Philosoph, wurde ein paar Häuser weiter geboren (ul. Św. Ducha 47).

Krantor 27

ul. Długie Pobrzeże/ul. Szeroka 67/68 & ul. Oławianka 9–13, www.nmm.pl, Di 10–16, Mi 13–16, Do–So 10–16 Uhr, im Winter kürzer, Kombiticket 5–12 €

Wichtigstes Wahrzeichen der Stadt ist das 1444 erbaute und an der Promenade gelegene **Krantor** (Żuraw), zum Zeitpunkt seiner Entstehung größter Hafenkran der Welt. Mit seiner Hilfe konnten Lasten gehoben und selbst größte Schiffsmasten aufgerichtet werden. In 27 m Höhe war ein Kranbalken angebracht, der weit über den Wasserlauf geschwenkt werden konnte. Er wurde durch hölzerne, 6 m weite Treträder im Innern des Krantors bewegt, die Häftlinge durch ihre Laufarbeit auf Trab halten mussten. Heute ist das Industriedenkmal in das attraktive **Zentrum für Meereskultur** (Ośrodek Kultury Morskiej) integriert, in dem auf fünf Stockwerken Boote vieler Völker und Epochen ausgestellt sind. Auf der gegenüberliegenden Bleihofinsel setzt sich die Ausstellung in mehreren restaurierten Speichern fort. Hier wird anhand von Schiffsmodellen und aus Wracks geborgenen Schätzen die Geschichte der polnischen Seefahrt veranschaulicht. Vor den Speichern liegt die »Sołdek«, der erste nach dem Krieg in Danzig gebaute Frachter, der gleichfalls besichtigt werden kann.

Vom Fischmarkt zur ehemaligen Werft

Die Promenade an der Mottlau führt weiter zum ehemaligen **Fischmarkt** 28 (Targ Rybny), der von Komforthotels im modernen Backsteinstil gesäumt ist. Einst grenzte er an die Deutschordensburg, die samt ihrer Wehranlagen 1454 von Danziger Bürgern in Schutt und Asche gelegt wurde. Nur eine Burgwand und der der backsteinerne Schwanenturm blieben erhalten.

Polnische Post 29

ul. Obrońców Poczty Polskiej 1/2, www.muzeumgdansk.pl, tgl. 10–16 Uhr, 4 €

Vom Fischmarkt ist es nicht weit zur **Polnischen Post** (Poczta Polska), wo sich eine weitere dramatische Episode der Stadtgeschichte abspielte: 1925 gestand der Völkerbund der slawischen Minderheit Danzigs eine eigene Post zu, die zu Beginn des Zweiten Weltkriegs von der deutschen Bürgerwehr angegriffen wurde. 14 Stunden lang verteidigten sich die Angestellten, bevor sie überwältigt und einige Wochen später vor ein Kriegsgericht gestellt wurden. Vermutlich wurden etwa 30 Männer auf dem Friedhof Saspe erschossen und verscharrt. Das Denkmal vor der Post zeigt einen Mann, der zusammengekrümmt über einem Haufen Briefen kauert und der über ihm schwebenden Siegesgöttin ein Gewehr reicht. Außerdem informiert ein Museum über die ersten Kriegstage und den polnischen Widerstand.

Museum des Zweiten Weltkriegs 30

ul. Wałowa/pl. Władysława Bartoszewskiego 1, www.muzeum1939.pl/en, Di–So 10–18, Juli–Aug. bis 20 Uhr, Eintritt 7,50 €, Audioguide 3 €

In unmittelbarer Nachbarschaft entstand das **Museum des Zweiten Weltkriegs** (Muzeum II Wojny Światowej), das in Farbe und Form an Danzigs Kirchen und Kräne anknüpft. Nach den Worten des in Polen geborenen Stararchitekten Daniel Libeskind will es »eine Ikone nicht nur für Danzig, sondern für das Gedächtnis in ganz Europa sein«. Während der rote Riesenkran eine Bibliothek und ein Panoramacafé beherbergt, befindet sich die Ausstellung in einer Art unterirdischem Riesenbunker. Der Zweite Weltkrieg ist darin so aufbereitet, dass dieser für zukünftige Generationen ›nacherlebbar‹ wird. In effektvoll inszenierten Räumen werden Originaldokumente ausgestellt, Archivbilder und -filme vorgeführt. Die chronologische Präsentation setzt auf Multimedia, anhand rekonstruierter Orte (z. B. eine kriegszerstörte Straße) werden die Lebensverhältnisse beleuchtet.

Die Ausstellung wird kontrovers diskutiert. Schon früh suchte die konservative polnische Regierung den Konflikt mit dem Gründungsbeirat: Sie vermisste polnisches Heldentum, die nationale Perspektive schien ihr unterbelichtet. Sie griff daher massiv in die Darstellung der Geschichte ein, namhafte Historiker in Ost und West sprachen von Zensur.

Denkmal der gefallenen Werftarbeiter 31

An die jüngere Geschichte erinnert auch das **Denkmal der gefallenen Werftarbeiter**

DIE WESTERPLATTE – MIT DEM SCHIFF UND ZU FUSS

Tour-Infos

Start und Ziel: Anlegestelle am Grünen Tor bzw. Fischmarkt (Przystań przy Zielonej Bramie bzw. Targ Rybny)

Abfahrten: Mai–Sept. Wassertram Nr. 5; April–Nov. mehrmals tgl. auch Piratenschiff (http://galeony.pl).

Dauer: Schifffahrt 30 Min.; Rundgang 2 Std.

Tickets: am Anleger, Wassertram 22 €, Ausflugsschiff 20 € hin & zurück.

Hinweis: Ab dem Danziger Hauptbahnhof erreicht man die Westerplatte auch mit Bus 106, 138 und 606.

Info: https://muzeum1939.pl/muzeum-westerplatte-i-wojny1939

Mit dem Angriff auf die Westerplatte begann am Morgen des 1. September 1939 der Zweite Weltkrieg. Der Angriff war als Vergeltungsschlag getarnt: »Ab 4.45 Uhr wird zurückgeschossen«, hieß es im deutschen Rundfunk. Auf einer Tour über die Westerplatte können Besucher nacherleben, was damals geschah.

Anfahrt im Schiff: Von der Rechtstadt schippert das Boot flussabwärts dem Meer entgegen, vorbei am mächtigen Krantor und den Schiffen vor dem Zentralen Meeresmuseum. Dann passiert man die Speicher- und die Bleihofinsel sowie den ehemaligen Fischmarkt, sieht die Kräne der

Danziger Werft und das Gelände der neuen Hansa City. An der Halbinsel Polski Hak (Polnischer Haken) mündet die Mottlau in die ›Tote‹, d. h. durch Schleusen stillgelegte Weichsel. Hier erst beginnen Danzigs Hafenanlagen, die sich über mehrere Kilometer längs des Flusses erstrecken. Vorbei an der runden, 500 Jahre alten Festung **Weichselmünde** (Twierdza Wisłoujście) tuckert das Schiff zur Westerplatte, wo es nach halbstündiger Fahrt anlegt. Eine polnische Bezeichnung für ›Westerplatte‹ gibt es nicht: Wegen ihrer historischen Bedeutung hat die Halbinsel – ähnlich wie ›Auschwitz‹ – im Polnischen den deutschen Namen behalten.

Historischer Lehrpfad: Von der Schiffsanlegestelle am Kai geht es links landeinwärts. Ein Lehrpfad macht mit der Geschichte der Westerplatte vertraut. Vorbei an Ruinen und Mauerresten kommt man zu einer ersten Open-Air-Ausstellung, die in die Zeit vor 1918 zurückführt und die Westerplatte als deutschen Kurort präsentiert. Das Strandvergnügen endete mit der militärischen Niederlage Deutschlands im Ersten Weltkrieg. Zwar blieb das zu 90 % von Deutschen bewohnte Danzig gemäß einem Beschluss des Völkerbunds ›Freie Stadt‹, doch war diese nun vom wiedererstandenen polnischen Staat umgeben, dem der Völkerbund obendrein sämtliche ›Außenkontakte‹ zugestand: so das Post- und Zollwesen sowie die Verteidigung, d. h. ein von Soldaten bewachtes Militärdepot auf der Westerplatte.

Immer wieder versuchte die deutsche Regierung auf diplomatischem Weg, Danzig ›heimzuholen ins Reich‹ – doch ohne Erfolg. Am 1. September 1939 schritt Hitler zur Tat und gab damit das Startsignal zum Zweiten Weltkrieg. Er ließ das Linienschiff »Schleswig-Holstein« vor der Westerplatte auffahren und das Munitionsdepot unter Beschuss nehmen, um – wie es damals hieß – die Polen ein für alle Mal aus der ›deutschen Stadt‹ zu verdrängen. Die Salven der »Schleswig-Holstein« waren zugleich das Startsignal für eine deutsche Polizeieinheit, die Polnische Post im Zentrum der Stadt zu stürmen. Wider Erwarten leisteten die auf der Westerplatte stationierten 182 Polen den 4000 anstürmenden deutschen Soldaten heftigen Widerstand. Im **Wachhaus Nr. 1** (Wartownia Nr. 1), einem Bunker aus Eisenbeton, sind die Waffen der Verteidiger ausgestellt. Von ihrem schier aussichtslosen Kampf handelt auch die Open-Air-Ausstellung **Festung,** die sich zum Ziel setzt, anhand von Schautafeln und Modellen die Geschehnisse jener Tage nachzuzeichnen.

Heldenmythos: Heute sind vom ehemaligen Militärgelände nur ein Bunker und ein Wachturm erhalten. An der Stelle der im Bombenhagel zerstörten Wache V befindet sich der **Friedhof der Verteidiger der Westerplatte.** Auf ihm sind Ehrenplatten für die 14 während des Angriffs getöteten Männer ausgelegt. Unter der mittleren Platte befinden sich zwölf Urnen mit der Erde sämtlicher Schlachtfelder, auf denen polnische Soldaten im Laufe der vergangenen Jahrhunderte gefallen sind. Die meisten derer, die den Angriff auf die Westerplatte überlebten, wurden vom deutschen Militär standesrechtlich erschossen und auf dem Danziger Friedhof Saspe verscharrt. Das riesige, auf einer Anhöhe thronende **Denkmal der Verteidiger der Westerplatte** (Pomnik Obrońców Westerplatte) erinnert an den Mut der Soldaten. Es wurde 1966 enthüllt und besteht aus 224 Granitplatten, die einen in den Boden gerammten Schwertgriff darstellen. Auf den zum Denkmal führenden Treppen werden bis heute Blumenkränze abgelegt. Jeder patriotisch gesonnene Pole trachtet danach, mindestens einmal im Leben hierher zu pilgern und sich am Fuß des Hügels ablichten zu lassen. In unzähligen Gedichten, Liedern und Filmen sind die ›Helden von der Westerplatte‹ verewigt. Es bleibt abzuwarten, ob die Ausstellung **Das Symbol** den Heldenkult kritisch beleuchtet.

Zukunftsmusik: Schon in naher Zukunft soll das Geschehen auf der Westerplatte in einen noch größeren historischen Kontext gestellt und die bescheidene Präsentation durch moderne Installationen ersetzt werden: Die Ausstellungen der Westerplatte gehören zum Museum des Zweiten Weltkriegs, das mit Dokumentarfilmen, historischen Fotografien und nachgestellten Szenen die Jahre 1939 bis 1945 nacherlebbar machen will (www.muzeum1939.pl).

(Pomnik Poległych Stoczniowców) am Eingang zur Danziger Werft. Drei hohe, in Stahl gegossene Kreuze stehen für die 45 Arbeiter, die am 16. Dezember 1970 bei Streikaktionen erschossen wurden. Neben dem Denkmal öffnet sich das Tor, dessen Bild in den 1980er-Jahren um die Welt ging: hinter Gittern verbarrikadierte Werftarbeiter, der Anführer des Streiks, Lech Wałęsa, mit der Madonna am Jackenrevers.

Europäisches Zentrum der Solidarität 32

pl. Solidarności 1, www.ecs.gda.pl, Mai–Sept. Mo–Fr 10–19, Sa/So 10–20, sonst Mo, Mi–Fr 10–17, Sa/So 10–18 Uhr, 7,50 €

Da Schiffe in anderen Teilen der Welt billiger hergestellt werden, musste die Werft nach langer Agonie schließen. Nun soll nach dem Vorbild der Londoner Docklands die abgewrackte Industriearchitektur in ein schickes Viertel verwandelt werden. Ein erstes Prestigeprojekt ist bereits fertiggestellt: Das **Europäische Zentrum der Solidarität,** das mit seiner rostigen Fassade an abgewrackte Schiffsrümpfe erinnert, präsentiert sich innen luftig und modern. Auf mehreren Geschossen wird der Untergang der Sozialistischen Volksrepublik illustriert, von der »Geburt der Solidarität« über den »Alltag in Volkspolen« bis zum »Polnischen Papst«, der erfolgreich gegen das ›gottlose Reich‹ agitierte. Anhand von Filmausschnitten, Flugblättern und Installationen wird die Atmosphäre der Jahre 1980–1990 lebendig. Zuletzt blicken Sie von der Dachterrasse auf das Werftgelände, den realen Ort des Geschehens.

Abgewrackte Werft? Das Europäische Zentrum für Solidarität gibt sich ultraschick

Infos

Pomorskie Centrum Informacji Turystycznej: Wały Jagiełłonskie 2-A (Hohes Tor am Eingang zur Rechtstadt), Tel. 58 732 70 41, https://pomorskie.travel, tgl. 9–18, Mai–Sept. werktags bis 20 Uhr.

Centrum Informacji Turystycznej: ul. Długi Targ 28/29, Tel. 58 301 43 55, www.gdansk.pl, Okt.–April tgl. 9–17, Mai–Sept. 9–19 Uhr.

PTTK Oddział Gdańsk: ul. Długa 45, Tel. 58 301 91 51, www.pttk-gdansk.pl, tgl. 9–18, im Winter Sa/So bis 16 Uhr.

IT Lotnisko im Lecha Wałęsy-Airport: ul. Słowackiego 200, 80-298 Gdańsk, Tel. 58 348 13 68, www.gdansk.pl/de, Mo–Fr 8–16, Sa 9–17, So 9–14 Uhr.

In allen Büros erhält man Stadt- und Busfahrpläne, Informationsschriften und Broschüren. Auch wird hier – ebenso wie am Bahnhof und am Flughafen – die **Danziger Touristenkarte** verkauft (Karta Turysty, https://kartaturysty.visitgdansk.com). Es gibt sie in mehreren Varianten, interessant ist vor allem die Sightseeing-Variante: Sie bietet freien Eintritt bzw. Ermäßigung in zahlreichen Museen sowie Rabatt in ausgewählten Restaurants. Wenig verkauft wird das Nahverkehrspaket (pakiet komunikacja, 24/48/72 Std.) für Danzig bzw. die gesamte Dreistadt.

Übernachten

Dezenter Luxus – **Hilton Gdańsk** 1 : ul. Targ Rybny 1, Tel. 58 778 71 60, www.hiltongdansk.pl, 150 Zimmer. Fünfsternehotel an der Mottlau, wenige Schritte vom Langen Markt. Von den meisten Zimmern und dem Indoor-Pool auf dem Dach aus hat man Ausblick auf den Fluss. €€€

Am Langen Markt – **Radisson Blu** 2 : Długi Targ 19, Tel. 58 555 52 03, www.radissonblu.com/hotel-gdansk, 137 Zimmer. Hinter der historischen Fassade verbirgt sich ein elegant gestyltes Viersternehotel mit vielen historischen Anspielungen. €€€

An der Uferpromenade – **Hanza** 3 : ul. Tokarska 6, Tel. 58 305 34 27, https://hotelhanza.pl, 53 Zimmer, 7 Suiten. Das an der Mottlau gelegene Viersternehotel fügt sich mit seinen schmalen Fassaden und Schaugiebeln harmonisch in die mittelalterliche Stadtsilhouette ein. Einige Zimmer haben Ausblick auf den Fluss. €€€

Zum Wohlfühlen – **Central Hotel** 4 : s. Tipp S. 190

Tolle Lage – **Goldwasser** 5 : ul. Długie Pobrzeże 22, Tel. 58 301 88 78, www.goldwasser.pl, 7 Apartments. Suiteartige, unterschiedlich eingerichtete Zimmer in einem Giebelhaus an der Mottlau, oberhalb des gleichnamigen Restaurants. Sie tragen so hübsche Namen wie Van Gogh, Yellow und Maisonette, sind alle dem Fluss zugewandt und haben Sat-TV, einige auch Balkon bzw. Kamin und Kitchenette. Gefrühstückt wird in exzentrisch-stilvollen Nischen, im Sommer auf der Terrasse über der Mottlau. (s. auch Essen & Trinken). Am ›Goldwasser‹ darf geparkt werden, Autofahrer bekommen die Zufahrtserlaubnis für die Altstadt an der Rezeption. €€

Im historischen Speicher – **Królewski** 6 : ul. Ołowianka 1, Tel. 58 326 11 11, 30 Zimmer. Dreisternehotel in einem Backsteinspeicher aus dem 16. Jh. auf der Bleihofinsel (Ołowianka). Für den Fluss- und Altstadtblick wird kein Aufpreis verlangt, deshalb sollte man unbedingt einen Raum zur Mottlauseite wählen. Am Wochenende Rabatt. €€

Quadratisch, praktisch – **Novotel Centrum** 7 : ul. Pszenna 1, Tel. 58 300 27 50, www.accorhotels.com, 158 Zimmer. Mittelklassehotel auf der Speicherinsel, nur wenige Schritte vom historischen Zentrum. Freie Übernachtung für Kinder unter 16 Jahren. €€

Essen & Trinken

Feiner Italiener – **Fellini** 1 : Targ Rybny 6, Gdańsk, Tel. 58 719 76 20, http://restauracjafellini.pl, tgl. 12–22 Uhr. In diesem eleganten Lokal am Fischmarkt gibt es nicht nur Meeresfrüchte mediterran und eine üppige Bouillabaisse. Auch die Fleischgerichte können sich sehen lassen: Köstlich schmecken die Lammkoteletts! Angenehm sitzt man auch im beheizten Wintergarten. €€€

Gelungener Abend – **Literacka Winebar & Restaurant** 2 : ul Mariacka 50/52, Tel. 500 43 14 51. Am Ende der Frauengasse erwar-

ZUM WOHLFÜHLEN

Neben dem schönen Hauptbahnhof im restaurierten Neo-Renaissance-Palast der ehemaligen Reichsbahn anno 1898 können Sie stilvoll übernachten. Die Rezeption erinnert an das Wohnzimmer eines Landhauses mit Kamin und Bibliothek, die Zimmer sind elegant in Pastellfarben gehalten. Wunderbar ist die 60 qm große Jopen-Suite mit Runderker und einem durch eine raumhohe Glaswand abgetrennten Schlafzimmer. Benannt ist die Suite nach Danzigs Traditionsbier, das nach langem Dornröschenschlaf vom bayrischen Brauereimeister Johannes Herberg 2018 neu erschaffen wurde: »Jopenbier ist dunkel und zähflüssig«, so Johannes, »es riecht nach Port- und Madeira-Wein. Und es bedarf einer Dreifachgärung, die fast ein Jahr dauert …« Probieren können Sie das Kultgetränk, das als Aperitif oder Digestiv genossen wird, in der modern-rustikalen Brauerei PG4. Mit ihren acht großen Kesseln, die in Kupfer und Stahl zwischen Backstein- und Glaswänden glitzern, gehört die Brauerei zu Danzigs stimmungsvollsten Orten für den Abend. Johannes: »Wer sich zwischen Jopenbier, Alt-Danziger und Krollinger nicht entscheiden kann, bestellt die *Deska Degustacyjna* mit vier Sorten und den zugehörigen Appetithappen.« Haben Sie mehr Hunger, können Sie zu klassischen Suppen, mariniertem Hering oder mit Entenfleisch gefüllten Piroggen greifen. Und auch Bier als Dessert ist möglich: Das Biertörtchen *(torcik piwny)* schmeckt und ist – wie übrigens alle Gerichte der Brauerei – wunderschön angerichtet (**Central Hotel/ Browar PG4** 4 **:** ul. Podwale Grodzkie 4, Tel. 58 668 21 56 08, www.centralhotelgdansk.pl, 39 Zimmer €€, Rest.: www.pg4.pl).

In Schaukesseln gärt Jopenbier, das Brauer Johannes Herberg neu kreiert hat

tet Sie eine ›Danziger Diele‹ mit bordeauxroten Wänden, eingedunkeltem Mobiliar und einer hölzernen Wendeltreppe, die den zehn Meter hohen Raum erschließt. Sie nehmen unten vor der halboffenen Küche Platz oder oben auf der Galerie mit Vogelperspektive. Zu den Highlights der modern interpretierten polnischen Küche gehören Entenbrustfilet auf Spinat mit Parmesan-Gnocchi und Hirschfilet auf Preiselbeeren mit in Zimtwasser marinierter Roter Beete; Veggies werden mit fantasievollen Salaten glücklich. Hervorragend ist die Auswahl der Weine, von denen viele glasweise probiert werden können. Lassen Sie sich von Dorian oder Michał beraten! Übrigens erinnert der Name des Lokals an die Zeit, als das Lokal den Schriftstellern gehörte – noch heute trifft sich hier einmal im Monat Polens Crème de la crème der schreibenden Zunft. €€

Traditionell kaschubisch – **Kubicki 3 :** ul. Wartka 5, Tel. 58 301 00 50, www.restauracjakubicki.pl. Mit der Aufhübschung des Fischmarkts hat sich auch das 1918 eröffnete Kubicki gewandelt – das Traditionelle kommt jetzt trendig daher. Zu den erstklassigen Regionalgerichten gehören pikante, im Weckglas servierte Fischsuppe, Heringstatar und Gemüsepiroggen mit Fischfüllung. €€

Danziger Traditionsbier – **Browar PG4 4 :** s. Tipp S. 190

Mit schöner Terrasse – **Kamienica Goldwasser 5 :** ul. Długie Pobrzeże 22, Tel. 58 301 88 78, www.goldwasser.pl. Im Winter speist man in dem mit viel Gold aufpolierten Klimt-Saal, im Sommer auch auf der Terrasse am Fluss, wo man das Treiben auf der Promenade genießt. Die Kamienica ist nicht nur für Fisch eine gute Adresse, auch Fleischliebhaber kommen auf ihre Kosten. Lady- und Cowboy-, Chateaubriand- und T-Bone-Steak werden mit Ofenkartoffel und Sourcreme auf Teakholz-Tellern serviert. Ein Gläschen Danziger Goldwasser rundet das Mahl ab. €€

Maritimes Ambiente – **Holender 4 :** Długi Targ 33/34, Tel. 58 320 36 25. Der »Holländer« bietet ein Interieur mit viel Mahagoni und Segeltuch, dazu eine Karte, die vom Frühstücksgedeck über Pizza bis zum opulenten Fischmahl reicht. Abends erklingen Shantys, im Sommer mit großer Terrasse auf dem Langen Markt. €€

Meeresspezialitäten – **Targ Rybny 5 :** Targ Rybny 6-C, Tel. 58 320 90 11, www.targrybny.pl. Passend zum ehemaligen Fischmarkt präsentiert sich das Lokal: Es ist mit hellem Holz im Stil einer Taverne eingerichtet, abends verbreitet ein prasselndes Kaminfeuer Behaglichkeit; bei gutem Wetter sitzt man auf der Terrasse. Fisch und Meeresfrüchte kann man sich in der Vitrine selbst aussuchen. €€

Alt-Danzig – **Gdańska 6 :** ul. Św. Ducha 16, Tel. 58 305 76 71, www.gdanska.pl. Wie aus dem Bilderbuch: schwere Holzmöbel, jeder Stuhl fast ein Thron, Gemälde in Goldrahmen, von der Decke baumelnde Modellschiffe … Dazu passend die Küche: Hering mit mariniertem Gemüse, Räucherlachs mit Kaviar, Zander in Steinpilzsoße oder Ente mit Kirschkonfitüre und Bratapfel … Zur besseren Verdauung empfiehlt sich am Ende ein scharfer *wałęsówka,* »Wodka nach Art von Wałęsa«, der drei Monate mit Pfefferkörnern angesetzt war. Da das Lokal gern vom ehemaligen Präsidenten besucht wird, gibt es ein viergängiges Lech-Wałęsa-Menü mit seinen Lieblingsgerichten. €€

In der Langgasse – **Café Ferber 7 :** ul. Długa 77–78, Tel. 58 301 55 66. Ob Frühstück, light lunch, Kaffee und Kuchen oder ein Cocktail am Abend – das Angebot macht das Café Ferber neben der strategisch günstigen Lage in der Langgasse so beliebt. Und hinter der Bartheke blinzeln die Ferbers auf die Kunden herab. €

Nicht nur Danziger Liköre – **Brasserie Goldwasser 8 :** Długi Targ 28/29, Tel. 58 320 90 12. In elegantem Klub-Ambiente bzw. auf der Terrasse gibt es Frühstück und Bistrofood, im Laden Kuchen und Pralinen. Wer nur etwas trinken will, greift zu Likören wie Machandel, Goldwasser und Kurfürst. Auch der »Goldene Löwe« wird ausgeschenkt, das Bier einer regionalen Brauerei. €

Für Süßmäuler – **Pellowski 9 :** Podwale Staromiejskie 82, Tel. 58 301 45 20. An Danzigs älteste und berühmteste Bäckerei ist ein Café angeschlossen, in dem außer Kuchen und Kanapees auch Cremespeisen und Fruchtsalate serviert werden – alles hausgemacht. Eine Dependance befindet sich in der Langgasse (ul. Długa 40). €

Minimal meets Industrial – **Montownia** 10: ul. Lisia Grobla 7, www.montowniagdansk.pl, tgl. 8–24 Uhr. Wo im Zweiten Weltkrieg U-Boote montiert wurden, ist ein schicker Food Court entstanden. In der Stahlbeton-Halle werden unterschiedliche Geschmäcker bedient. Kranhäuschen, Stahlbrücken und Gleise im Boden erinnern an die einstige Bestimmung. €–€€€

Einkaufen

Einkaufszentren – Auch in Danzig sind in den letzten Jahren eine Reihe moderner Shopping-Malls entstanden, so etwa das schicke **Forum Gdańsk** 1 (www.forumgdansk.pl) vor dem Hohen Tor und die **Galeria Bałtycka** 2 (www.galeriabaltycka.pl) in Wrzeszcz.

Bernstein – **Galeria Wydra** 3: ul. Mariacka 49. Altertümliches Kaufmannshaus mit schwerem Mobiliar, hölzerner Wendeltreppe und mächtigen Vitrinen. Angeboten wird Bernstein in allen Farben und Formen, u. a. Messer mit Bernsteingriff, Haarspangen und Manschettenknöpfe. Dazu Bernsteinlampen à la Tiffany. Weitere Läden befinden sich an der Mottlau-Promenade und am Langen Markt.

Bücher – **Empik Megastore** 4: Targ Sienny 7. Reiches Buch- und Zeitschriftensortiment im Forum Gdańsk vor dem Hohen Tor, viele deutsche Bücher und eine große Musikabteilung.

Aus Leinen – **Salonik Pod Aniołem** 5: ul. Mariacka 25/26 (im Souterrain des Archäologischen Museums), www.angel-boutique.pl. Basia und Lena, Mutter und Tochter, schneidern aus Leinen bester Qualität schlicht-schöne Hemden (auch für ihn), Kleider und Taschen. Einige kommen mit dezenten, handgestickten Blumenornamenten daher.

Markt – **Hala Targowa** 7: pl. Dominikański 1, So geschl. In den restaurierten Gemächern der Markthalle werden Haushaltswaren und Klamotten, open air auch Obst und Gemüse angeboten. Nur vereinzelt sieht man vor der Halle noch alte Mütterchen, die das verkaufen, was sie am Morgen im Wald oder Schrebergarten gepflückt und gesammelt haben: Steinpilze und Pfifferlinge, Blaubeeren und Blumen.

Abends & Nachts

Bei warmem Wetter trifft man sich am liebsten in einem der Terrassenlokale an der Mottlau – entweder in der Rechtstadt, auf der Speicherinsel oder am Jachthafen. Klubs öffnen vor allem im Vorort Wrzeszcz, in dem viele Studenten leben.

Oper – **Opera Bałtycka** 1: al. Zwycięstwa 15, Tel. 58 763 49 12, www.operabaltycka.pl. Hochkarätige Opernaufführungen im Stadtteil Wrzeszcz (Haltestelle Gdańsk Politechnika).

Klassische Konzerte – **Filharmonia Bałtycka** 2: ul. Ołowianka 1, Tel. 58 320 62 62, www.filharmonia.gda.pl. Konzerte auf der Bleihofinsel (Ołowianka) – tolle Akustik in einem Industriedenkmal, einem ehemaligen Elektrizitätswerk aus Backstein.

Rooftop Cinema und mehr – **Teatr Szekspirowski** 3: ul. Wojciecha Bogusławskiego 1, https://kinonaszekspirowskim.pl. Von Juni bis August werden auf dem Dach des schicken Shakespeare-Theaters Filme in O-Ton gezeigt, die auf der Berlinale, in Venedig und Cannes prämiert wurden. Außerdem: Shakespeare im Original (s. Termine!).

Puppentheater – **Teatr Miniatura** 4: ul. Grunwaldzka 16, Tel. 58 341 01 23, www.teatrminiatura.pl. Die fantasievoll inszenierten Stücke des Marionettentheaters sind nicht nur bei Kindern beliebt – und meist kommen sie ohne Sprache aus. Im Stadtteil Wrzeszcz (Haltestelle Politechnika).

An der Marina – **Brovarnia** 5: ul. Szafarnia 9, www.brovarnia.pl. Im Sommer sitzt man auf der Terrasse am Jachthafen, im Winter vor zwei glänzenden Kupferkesseln. Meist bestellt: Im Haus gebrauter, frisch gezapfter Hopfensaft.

Danziger Traditionsbier – **Browar PG4** 4: s. Tipp S. 190

Aktiv

Schiffsausflüge – Von der **Anlegestelle** 1 am Grünen Tor (Przystań przy Zielonej Bramie) sowie am **Fischmarkt** (Targ Rybny) 28 starten in den Sommermonaten Schiffe zur Westerplatte, nach Sopot und Gdynia sowie zur Halbinsel Hel. Tickets kann man an der Anlegestelle kaufen (www.zegluga.pl).

Radfahren – **Gdańsk Rent a Bike** 2 **:** ul. Chlebnicka 19/20, www.gdanskbybike.com. Radverleih und geführte Touren durch die Dreistadt.

Termine

Internationales Festival für Straßentheater Feta (Juli/Aug., www.trojmiasto.pl/feta): Fünf Tage lang herrscht in Danzig Ausnahmezustand. Bauchredner, Stelzenläufer und Tänzer von allen Kontinenten geben sich beim traditionsreichen Festival in den Straßen der Rechtstadt ein Stelldichein.

Baltic Sail/Sail Gdańsk (Aug., www.balticsail.info): Vom Jachthafen nahe der Grünen Brücke starten Schiffe zu Wettfahrten in der Danziger Bucht. Außerdem gibt es eine Regatta der Drachenboote auf der Mottlau und das Festival ›Shantys am Krantor‹.

Dominikanermarkt (Aug.): In den ersten drei Wochen des August findet das größte Fest des Jahres statt: mit buntem Trödel- und Antiquitätenmarkt sowie unzähligen Tanz- und Musikveranstaltungen rund um die Mottlau.

Internationales Shakespeare-Festival (Aug., www.teatrszekspirowski.pl): Bereits zu Shakespeares Zeiten gastierten in Danzig englische Schauspieler, später gab es hier sogar ein dem Londoner ›Globe‹ nachgestaltetes Theater. Um an diese Tradition anzuknüpfen, werden Stücke des Briten von renommierten Ensembles aus aller Welt aufgeführt – in einem Theater, dessen Decke sich an warmen Sommerabenden zum Sternenhimmel öffnet.

Weihnachtsmarkt (Dez., www.bozonarodzeniowy.gda.pl): Festlich beleuchtete Gastro-Stände am Eingang zur Rechtstadt, eine Eisbahn, echte Rentiere und ein Märchendorf.

Verkehr

Flugzeug: Der Flughafen befindet sich 15 km nordwestlich der Stadt in Rębiechówo (www.airport.gdansk.pl). Auf der gegenüberliegenden Seite der Ankunftshalle (Terminal 1) starten Bus 210 zum Danziger Hauptbahnhof, Bus 122 nach Sopot (www.ztm.gda.pl) und Bus A4 nach Gdynia (www.zkmgdynia.pl). Bustickets gibt es am Automaten bzw. beim Fahrer. Mit dem Zug kommt man vom Flughafen nach Gdańsk, Sopot und Gdynia, dabei ist es aber oft nötig, in Wrzeszcz in den Stadtzug SKM umzusteigen (Info: www.rozklad-pkp.pl/ en). Preisgünstig und zuverlässig ist auch Taxi Neptun (Tel. 58 511 15 55, www.neptuntaxi.pl).

Zug: Mit dem Nahverkehrszug *(kolejka)* kommt man vom Hauptbahnhof (Gdańsk Główny PKP, www.pkp.pl) alle 10–15 Min. nach Sopot, Gdynia und Wejherowo. Der Bahnhof befindet sich an der ul. Podwale Grodzkie am Nordwestrand der historischen Altstadt. Schnelle, komfortable Züge verbinden Gdańsk mit Warszawa (via Malbork) und Kraków.

Bus: Der Nahverkehr ist gut ausgebaut, regionale und nationale Linien starten am Busbahnhof (Dworzec PKS, ul. 3 Maja 12, www.pks.gdansk.pl) hinter dem Hauptbahnhof, über einen Tunnel erreichbar.

Stadtverkehr: Fahrkarten für **Bus und Straßenbahn** erhält man beim Fahrer bzw. am Kiosk; beim Einsteigen sind sie zu entwerten. Es gibt preiswerte Tagestickets *(bilet jednodniowy)*, **Räder** gibt's z. B. bei Gdańsk Rent a Bike (s. Aktiv, Radfahren).

Die **Wasserstraßenbahn** *(tramwaj wodny)* fährt in der Saison mehrmals tgl. von der östlichen Vorstadt Żabi Kruk über die Rechtstadt (Haltestelle Brama Zielona/Targ Rybny) bis zur Westerplatte (s. Aktiv S. 186), Juli–Aug. bis Leuchtturm Nowy Port. Eine zweite Linie startet am Fischmarkt (Targ Rybny) und führt ins Weichseldelta (Radmitnahme möglich).

Auto: Die touristische Rechtstadt ist verkehrsberuhigte Zone. Ein großer, zentral bewachter Parkplatz steht z. B. am Targ Węglowy (Kohlenmarkt) zur Verfügung. Über die westlichen Vorstädte kommen Sie über Żukowo nach Kartuzy. Südwärts geht es auf der E-75 entlang der Weichsel nach Toruń. Wer nach Malbork möchte, verlässt die E-75 bei Tczew.

Günter Grass und Oskar, der Trommler

Als der Dichter und Dramatiker Günter Grass 1999 den Literaturnobelpreis erhielt, herrschte in Polen fast mehr Jubel als in Deutschland – und ganz besonders in Danzig, seiner Geburtsstadt. In mehreren seiner Bücher hatte Grass sie zum Schauplatz der Handlung gemacht ...

So in der »Blechtrommel« (1959), in »Katz und Maus« (1961) und in den »Hundejahren« (1963), die später zur »Danziger Trilogie« zusammengefasst wurden. Sein ironischer Schreibstil gefiel den Polen. 2010 wurde ihm in Danzig die Ehrenbürgerschaft verliehen – obwohl er vier Jahre zuvor gestanden hatte, als 17-Jähriger Mitglied der Waffen-SS gewesen zu sein.

Dass Grass' Beliebtheit so unerschütterlich ist, hängt mit seinem zu Lebzeiten beharrlichen Werben um deutsch-polnische Versöhnung zusammen, gewiss aber auch mit seiner Literatur, die durch sein Geständnis nicht schlechter oder besser geworden ist: Er war Ketzer und Querulant, entlarvte autoritäre Muster, wo immer er sie fand. Aufgrund seiner überbordend-sinnlichen Sprache, des Witzes und der Ironie gilt er vielen Polen als Seelenverwandter. Sie danken ihm, dass er Danzig in die Weltliteratur eingebracht hat; noch mehr aber freuen sie sich, dass er ihnen, wie Adam Krzemiński einmal schrieb, »eine Brücke zur deutschen Vergangenheit ihrer neuen Heimatorte gebaut« hat.

Am 16. Oktober 1927 wurde er in der ul. Lelewela (Labesweg) im Vorort Wrzeszcz (Langfuhr) geboren. Das Zimmer im zweistöckigen Mietshaus, in dem er zur Welt kam, wird heute von Anna Jurczyk bewohnt. Die ältere Dame staunte nicht schlecht, als an einem grauen Herbsttag Journalisten bei ihr Sturm klingelten, die wissen wollten, ob ihr jener Günter Grass, der gerade zum Nobelpreisträger gekürt worden war, schon einmal begegnet sei. Tatsächlich kannte sie den freundlichen Schnauzbart, denn während er an seiner »Blechtrommel« arbeitete, hatte er sie mehrfach besucht. »Er hat mit meiner Tochter geplaudert und ihr versprochen, er werde ihr, sobald er das Buch fertig habe, ein Exemplar mit Widmung schicken. Nun sind 40 Jahre vergangen, doch das Buch ist immer noch nicht da.« Ein Jahr später, als Grass Danzig besuchte, hatte er es dabei – und setzte sich beim Bürgermeister zugleich dafür ein, dass das Geburtshaus nicht nur mit einem Denkmal, sondern endlich auch mit ordentlichen Toiletten ausgestattet werde ...

Prag hat seinen Kafka, Danzig seinen Grass. Auf den Spuren des Nobelpreisträgers suchen Touristen nach dem Spielzeugladen im Alten Zeughaus, wo für Oskar die ›Blechtrommel‹ gekauft wurde, nach dem Stockturm, von dessen Spitze er die Fenster des Stadttheaters zersang, nach dem Postamt, in dem sein Onkel arbeitete, und nach den Maiwiesen, wo er den Nazi-Märschen Walzerklänge ›unterjubelte‹. Und natürlich suchen sie auch das Geburtshaus des Autors: Vom Bahnhof Wrzeszcz folgen sie der kopfsteingepflasterten Ulica Wajdeloty und der am Rondell links abbiegenden Ulica Aldony.

Im besagten Vorort Wrzeszcz wuchs auch der bekannteste Romanheld des Schriftstellers auf: Oskar Matzerath. Oskar war einer, der nie Gefallen am Treiben der Erwachsenen fand. Er erlebte sie als spießige Kleinbürger, gar vieles wirkte auf ihn befremdlich. Darum beschloss er schon

Macht es Oskar aus der »Blechtrommel« nach – der Literaturnobelpreisträger Günter Grass

in frühem Alter, das Wachsen einzustellen. So sehen Sie ihn als trommelnden Dreikäsehoch auf einer Bank am Wybickiego-Platz, wenige Schritte vom Geburtshaus seines Schöpfers entfernt. Und neben ihm sitzt – gleichfalls in Bronze gegossen – sein Schöpfer und Alter Ego Günter Grass, versunken in sein Tagebuch …

Nur schade, dass all diese literarischen Orte über ganz Danzig verstreut sind und man sich die Hacken wund laufen muss, um sie aufzuspüren. Außerdem kann die heutige Realität mit der überschäumenden Fantasie des Oskar Matzerath, aus dessen kindlicher Perspektive die Geschichte erzählt wird, oft nicht konkurrieren. Immerhin gibt es eine Grass-Galerie in der Rechtstadt, in der der Autor mit Grafiken und Skulpturen auch als bildender Künstler vorgestellt wird. Im September organisieren die Galeristen das Kulturfestival Grassomania (Gdańska Galeria Güntera Grassa, ul. Szeroka 34/35/Ecke Grobla, www.ggm.gda.pl, Di–Mi 11–17, Do–So 11–19 Uhr).

Von Oliwa nach Gdynia

Danzig hat mehr zu bieten als die historischen Viertel an der Mottlau. In Oliwa geht der Park der Kathedrale ins bewaldete Freudental über. Sopot wartet mit einer quirligen Flaniermeile, langem Strand und einer Seebrücke auf. Der im Stil der Neuen Sachlichkeit erbaute Hafen Gdynia gibt sich geschäftig und modern – hierher fahren die Danziger zum Einkaufen.

Oliwa ▸ 1, L 2

5 km nördlich des Zentrums liegt der Stadtteil **Oliwa** (Oliva) mit einer Kathedrale inmitten eines Parks. Eine Legende erzählt, wie es zur Entstehung der Kirche kam: Pommerellenfürst Subisław lag nach einem Jagdunfall verletzt im Wald, als ihm ein Engel erschien. Dieser hielt einen Olivenzweig in der Hand und sagte: »Ich kann dich gesund machen, sofern du mir eine Bitte nicht abschlägst: Schwör deinem alten Glauben ab und lasse dich taufen!« Subisław tat wie ihm geheißen und ward nach wenigen Tagen gesund. Aus lauter Dankbarkeit ließ er am Unfallort eine Kirche erbauen und benannte sie nach dem Engel mit dem »Olivenzweig«.

In der Stadtchronik von Oliwa wird die Kirche erstmals 1178 erwähnt, als Subisławs Sohn sie den Zisterziensern zum Geschenk machte. Die emsigen Mönche bauten ein Kloster, legten Gärten und Teiche an und schufen einen Ort, den Reisende wie Alexander von Humboldt als einen der »schönsten Flecken auf Erden« priesen. Mit seinen Parks und den nahen Wäldern gilt Oliwa noch heute als attraktivster Stadtteil von Danzig.

Kathedrale

ul. Biskupa Edmunda Nowickiego 5, www.archikatedraoliwa.pl, Mo–Fr 9–17, Sa 9–15.30, So 14–17.30 Uhr, 20-minütige Orgelkonzerte im Sommer, mehrmals tgl.

Schon von Weitem grüßen die hoch aufschießenden Türme der gotischen, um 1350 erbauten **Kathedrale** (Katedra Oliwska). Zwar ist sie nur 8,3 m breit, doch mit fast 100 m Länge eine der größten des Landes. Nachdem man ein paar Stufen hinabgestiegen ist, staunt man über das von herrlichen Sterngewölben überspannte Mittelschiff. Sogartig wird man zum Ende des ›Tunnels‹ geschleust, wo ein Barockaltar von einem halbrunden Chorumgang eingefasst ist. Blickfang ist ein großer Stuckhimmel: Wolkenwirbel brechen hervor, dazwischen blinzeln pausbäckige Engelsköpfe, den Mund zur Lobpreisung Mariens gespitzt. An den Seitenwänden des Chors zeigen Tafeln all die Herzöge der Pommerellen, die in der Kathedrale beigesetzt wurden, dazu polnische Könige, die sich als Sponsoren hervortaten. Meisterhaft geschnitzt sind das Gestühl, die vergoldete Kanzel und der Dreifaltigkeitsaltar, der einst den Hauptaltar schmückte. An der Westwand des nördlichen Schiffs beeindruckt das Grabmal der reichen Familie Kos, das 1599 von dem in Danzig allgegenwärtigen Abraham van den Blocke geschaffen wurde. Vier lebensgroße kniende Gestalten, die Männer mit dichtem Bart und Spitznase, Frau Kos mit Kinngrübchen und das Kind mit einem heruntergefallenen Schuh wirken so realistisch, als würden sie sich im nächsten Moment vom Gebet losreißen und zu den Zuschauern gesellen.

Besonderes Schmuckstück der Kirche ist die Orgel mit fast 8000 Pfeifen, geschaffen vom ermländischen Meister Johann Wulf (1763–88). Von ihrem gewaltigen Klang kann man sich im Sommer mehrmals täglich überzeugen; im Rahmen des Orgelfestivals Musica Sacra finden Konzerte zur Abendzeit statt. Wenn die Orgel erklingt, klatschen Engel in die Hände, Sonne und Sterne beginnen zu kreisen – all dies zu Ehren der gleichfalls aus Holz geschnitzten Jungfrau Maria.

Über das südliche Kirchenschiff gelangt man in den Kreuzgang, der einen romantischen Garten umschließt – ein Ort der Stille, durchweht vom Duft frischer Kräuter. Leider ist der Zugang nur selten geöffnet – die Mönche wollen nicht gestört werden.

Palast der Äbte und Abteispeicher

Palast der Äbte: ul. Cystersów 18, www.mng.gda.pl/wizyta-w-muzeum, Di–So 11–18, im Winter 9–16 Uhr, 5 €; Abteispeicher: ul. Cystersów 19, Öffnungszeiten wie Palast der Äbte, 5 €

Hinter der Klosteranlage liegt der barocke, im 18. Jh. errichtete **Palast der Äbte,** der sich vor allem auf seiner Südseite prachtvoll präsentiert. In seinen Gemächern wird moderne Kunst ausgestellt, zum Fundus gehören im Westen noch wenig bekannte polnische Avantgardisten wie Stern, Cybis und Duda-Gracz (Pałac Opacki/Galeria Sztuki Współczesnej). Wer sich mehr für Volkskunde interessiert, spaziert hinüber zum **Abteispeicher** mit seinem Ethnografischen Museum: Darin wird der Besucher anhand von Kunsthandwerk und Fischereigerät in die Alltagskultur der Kaschuben eingeführt (Spichlerz Opacki/Muzeum Etnografii).

Stadtpark

Idyllische Spazierwege führen durch den angrenzenden **Stadtpark** (Park Oliwski). Er ist teils im französischen, teils im englischen Stil angelegt: Streng symmetrische Beete, Hecken und Wasserläufe kontrastieren mit locker eingestreuten Blumenwiesen, Baumgruppen und geschwungenen Teichen. Besonders schön sind der 220 m lange Kanal und die 15 m hohe Hainbuchenallee, deren Baumkronen einen grünen Tunnel bilden – beide stammen aus dem 17. Jh. Im englischen Teil des Parks befinden sich die Flüstergrotte und ein Wasserfall, das Palmenhaus mit tropischer Flora und ein Alpinarium mit Gebirgspflanzen aus aller Welt.

Zoologischer Garten

ul. Karwieńska 3, www.zoo.gda.pl, Mai–Sept. tgl. 9–18 Uhr, sonst kürzer, 10/9 €

Sehenswert ist auch der **Zoologische Garten** (Ogród zoologiczny) westlich des Klosters, der nahtlos in das dicht bewaldete Freudental übergeht. Mit 100 ha ist er der größte und vielleicht auch der schönste Polens. Doch nicht nur die über 600 exotischen Tiere, die in weitläufigen, artgerechten Gehegen leben – u. a. Elefanten, Löwen, Himalaja-Bären –, auch die historischen Wassermühlen und die aus Fachwerk errichteten Jugendstilpavillons sind schön anzuschauen. Auf Wunsch können Sie per Kutsche oder Bimmelbahn herumfahren.

Übernachten

Sehr wohnlich – **Oliva Residence:** Stary Rnek Oliwski 7, Tel. 666 60 90 01, www.oliwaresidence.pl, 15 Zimmer und Apartments. Das »Alte Gasthaus«, ein Fachwerk-Backstein-Ensemble am Marktplatz von Oliwa, gefällt mit komfortablen Apartments (mit Küche) und schönen Zimmern. Beim Büfett-Frühstück wird Saisonales und Regionales aufgetischt. €–€€

Jugendherberge – **Schronisko Nr. 4:** ul. Grunwaldzka 244, Tel. 58 520 68 51, www.ssm.gda.pl, 45 Zimmer, ganzjährig. Im Fachwerkstil erbaute Vorzeigeherberge mit 2- bis 4-Bett-Zimmern und großem Garten. €

Camping – **Nr.18:** ul. Jelitkowska 23, Tel. 58 553 27 31, Mai–Sept. Im Ortsteil Jelitkowo, nahe am Strand: 120 Stellplätze, auf Wunsch kann man sich auch in Campinghäuschen einmieten. €

Essen & Trinken

Im Abtspalast – **Restauracja w Pałacu Opatów:** ul. Cystersów 18, Tel. 58 524 56 99, www.restaurantpalace.gd.pl. Rokoko-Ambiente mit Kristalllüstern und goldgerahmten Spiegeln, gestärktem Leinen und funkelnder Gläserpalette auf dem Tisch. Dazu passt die gehobene Küche, die Saisonales variiert: im Herbst viel Wild, im Sommer Fisch und Früchte. €€

Familiär – **Pizzeria Margherita:** ul. Cystersów 11, Tel. 58 552 37 16, auf Facebook, tgl. ab 11 Uhr. In der offenen Küche werden italienische Klassiker zubereitet, aus dem Backsteinofen kommen knusprige Pizzas. €

Termine

Sommerkonzerte (Juli/Aug.): Mittags gibt das preisgekrönte Ensemble Schola Cantorum Gedanensis im Stadtpark (Park Oliwski) Gratiskonzerte.

Internationales Festival der Orgelmusik (Juli/Aug.): Konzerte in der Kathedrale von Oliwa, in der Regel Di und Fr um 20 Uhr.

Verkehr

Zug: Oliwa ist mit dem Stadtzug SKM ab Danzig, Sopot und Gdynia erreichbar. Vom Bahnhof Gdańsk Oliwa laufen Sie 10 Min. zum Park.

Straßenbahn: Die Linien 6 und 12 verbinden Oliwa mit der Danziger Altstadt.

Sopot ▶ 1, L 2

Weitere 7 km nördlich liegt der Badeort **Sopot** (Zoppot). Sein weißer Strand, gesäumt von Promenaden, schöne Bäderarchitektur und sommerliches Highlife machen ihn zum Hotspot an der Küste. Den Aufstieg zum mondänen Seebad verdankt er Jean George Haffner, dem Leibarzt Napoleons. Er hatte den Ort beim Durchzug der Grande Armée kennengelernt und kam 1823 zurück, um sich für immer niederzulassen. Haffner propagierte die Heilwirkung der milden Seeluft und des Badens im Meer, ließ ein Kurhaus und eine kleine Mole errichten. Schon bald wurde es schick, an der ›Riviera des Nordens‹ eine Sommerfrische zu besitzen, und es entstanden Villen in typischer Bäderarchitektur mit verspielten Erkern und Türmchen. In der Zwischenkriegszeit, als Sopot zu Danzig gehörte, logierte die deutsche und polnische Oberschicht standesgemäß, ließ sich das heilsame Mineralwasser verordnen und verprasste ihr Geld beim Pferderennen und im Kasino. Abends flanierte sie auf der Promenade oder lauschte in der Waldoper Arien von Richard Wagner.

Sehenswertes

Promenade Monciak

Seebrücke: Molo, www.molo.sopot.pl, tgl. 8–20 Uhr, Zugang 2,50 €

In den vergangenen Jahren wurde in Sopot viel restauriert, mit jährlich rund 2 Mio. Besuchern gehört die Stadt zu den beliebtesten touristischen Zielen des Landes. Ihr Mittelpunkt ist die **Promenade Monte Cassino,** salopp ›Monciak‹ genannt, die von der Erlöserkirche nahe dem Hauptbahnhof hinabführt zum Meer. Ein Terrassencafé reiht sich hier ans nächste, abends verwandeln sie sich in lebhafte Pubs. In direkter Verlängerung der ul. Bohaterów Monte Cassino ragt eine ganz aus Holz erbaute, weiß getünchte **Seebrücke** ins Meer – mit 512 m ist sie die längste der Ostsee. Und an ihrer Spitze ankern Jachten in Reih und Glied. Auf der Seebrücke spaziert man wie auf einem Corso, bewundert die neueste Bademode und den Sturzflug der Möwen. Oder man wartet auf das nächste Ausflugsschiff, genießt die frische Meeresbrise und füttert die Schwäne.

Strandpromenade

Sopots weißer Sandstrand, der sich viele Kilometer längs der Küste zieht, lädt zu ausgedehnten Spaziergängen ein. Und seit viel Geld in den Umweltschutz geflossen ist, kann man sogar wieder ins Wasser steigen. Am Strand erhebt sich das schlossartige **Grand Hotel,** 1926 im schönsten Art nouveau errichtet. Nördlich davon steht das ehemalige **Nordbad** (Łazienki Północne), heute ein Szenelokal und eine ›Kunstbucht‹ (Zatoka Sztuki). Das Glanzstück an der Küste ist aber das 2010 im entschlackten Bäderstil erbaute **Kurhaus** (Dom Zdrojowy/Centrum Haffnera). Es beherbergt nicht nur ein großes Spa, dessen Wasser aus Sopots Solequelle stammt, sondern auch die Touristeninfo, eine Galerie, Restaurants und Cafés. Angeschlossen ist das Fünfsternehotel Sheraton. Südlich des Kurhauses erhebt sich die sogenannte **Balneologische Anstalt** (Zakład Balneologiczny) mit zierlichen Kuppeln und Bastionen; vom hoch aufschießenden Turm bietet sich ein Panorama über die Danziger Bucht (www.latarniamorskasopot.pl, tgl. 10–16 Uhr, 2,50 €). Weiter südlich auf der Strandpromenade steht das aus Holz erbaute **Südbad** (Łazienki Południowe), das mit seinem steilen Knickdach und den Greifenmotiven an eine skandinavische Stabkirche erinnert. Heute ist in ihm ein fernöstlich inspiriertes Restaurant (samt Hotel) untergebracht.

Stadtmuseum

ul. Poniatowskiego 8, www.muzeumsopotu.pl, Di–So 10–16 Uhr, im Sommer bis 17 Uhr, 4 €

Immer weiter zieht sich die Promenade südwärts (s. Aktiv S. 202), hin und wieder gesäumt von Fischsnack-Pavillons und prachtvollen Jugendstilvillen in großen Gärten. Eine der Villen beherbergt heute das **Stadtmuseum** (Muzeum Sopotu), in dem anhand historischer Fotos die originale Inneneinrichtung rekonstruiert wurde. So können Sie sehen, wie es sich das Großbürgertum in der Sommerfrische gut gehen ließ – die Villa gehörte dem Zuckerbaron Claaßen.

Infos

Centrum Informacji Turystycznej: pl. Zdrojowy 2, Tel. 790 28 08 84, www.visit.sopot.pl, tgl. 10–18, im Sommer 10–20 Uhr. Infostelle im 2. Stock des Kurhauses. Aus einem Trinkbrunnen sprudelt hier Sopots Mineralwasser. Ein Café ist angeschlossen.

Übernachten

Traditionshaus am Strand – **Sofitel Grand Sopot:** ul. Powstańców Warszawy 12–14, Tel. 58 520 60 22, www.sofitel.com, 127 Zimmer. Nach seiner Renovierung darf es sich wieder zu den ›Großen‹ zählen: Das 1926 im Art-déco-Stil erbaute Hotel liegt direkt am Meer und beschwört jene Zeiten herauf, als sich hier der Adel ein Stelldichein gab. Komfortable Zimmer, meist mit Meerblick, ein

Schief, aber schön: Sopots ›beschwipstes Haus‹

hervorragendes Frühstücksbüfett und ein schönes, sich zum Strand öffnendes Garten-Spa und Kasino. €€€

Vom Bäderstil inspiriert – **Sheraton Sopot Hotel:** ul. Powstańców Warszawy 10, Tel. 58 767 10 00, www.marriott.de, 189 Zimmer. Fünfsterne-Strandhotel neben Seebrücke und Kurhaus. Dezent maritim gestylte Zimmer, viele mit Meerblick, und ein ausgezeichnetes Frühstücksbüfett. Für Schlechtwettertage gibt es ein schönes Spa im Haus (nicht inklusive, Details s. Aktiv/Wellness). €€€

SOPOT MARRIOTT RESORT & SPA

Großartig ist die Lage am Strand: Man schläft ein mit Meeresrauschen und wacht auf mit Möwengeschrei. Für Entspannung sorgt die minimalistisch-elegante Architektur mit Naturmaterialien und -farben – Skandinavien lässt grüßen! Schön sind die raumhohen Panoramafenster, die sich zur Ostsee öffnen. Selbst vom Bad ist das Meer sichtbar. Dort erwarten den Gast Annehmlichkeiten wie Fußbodenheizung, Handtuchwärmer sowie eine Strandtasche, gefüllt mit Bademantel, Schlappen und Handtuch. Zum Schwimmen fährt man mit Panoramalift aufs Dach, wo ein (beheizter) Infinity-Pool wartet, oder ins Erdgeschoss mit seinem großen Spa: Dort gibt es unterschiedlich temperierte Hydromassagebecken, eine schwarz gestylte ›Landschaft‹ mit Dampf-, Bio- und Trockensauna (in zweifacher Ausführung: für Textilfreie und Bekleidete). Die Wellnessabteilung vom ›Bernsteinzimmer‹ bis zum anregenden ›Meereskabinett‹ ist eine der schönsten der Ostsee. Lob gebührt auch der Gastronomie; toll ist das Frühstücksbüfett (ul. Bitwy Pod Płowcami 59, Sopot, Tel. 58 766 60 00, www.marriott.de, 145 Zimmer, €€€).

Auf Sand gebaut – **Zhong Hua:** al. Wojska Polskiego 1, Tel. 58 550 20 20, www.hotelchinski.pl, 49 Zimmer und Apartments. Strandhotel im ehemaligen Südbad von Sopot, einem nordischen, mit Greifen und Drachen geschmuckten Holzbau anno 1908. Mit seinen pagodenähnlichen Dächern passt es gut zum fernöstlich inspirierten Ambiente. Die Zimmer sind groß und komfortabel, man hat direkten Zugang zum Strand. Mit schönem Strandlokal, in dem das Büfett-Frühstück eingenommen wird. €€

Im Grünen – **Opera:** ul. Moniuszki 10, Tel. 58 555 56 00, www.hotelopera.pl, 23 Zimmer. Das gediegen-elegant eingerichtete Hotel liegt ruhig nahe der Waldoper. Gute Noten bekommt das Hotelrestaurant, insbesondere der Fisch »nach Lust und Laune des Kochs«. €

Camping – **Metropolis Sopot Nr. 19:** ul. Zamkowa Góra 21/25, Tel. 58 550 04 45, www.domkisopot.pl, geöffnet Mai–Sept. Terrassenförmig angelegtes Wiesengelände im Norden der Stadt mit 400 Stellplätzen, auch schönen Campinghäuschen für je 3–4 Pers. Von Gdańsk mit dem Nahverkehrszug bis zur Haltestelle Sopot Kamienny Potok, mit Auto über die Straße 27. €

Essen & Trinken

Im Umkreis der Mole isst man mit Meerblick! Gleich mehrere Gastro-Angebote gibt es im **Kurhaus** (Dom Zdrojowy). Dort reicht die Palette vom **Polskie Smaki** bis zur **Loungebar 512.** Gut ist auch der Sunday Brunch im Sheraton-Restaurant Wave.

Fine Dine – **Sopot 737 L'Entre Villes:** al. Niepodległości 737, Tel. 58 717 37 37, www.entrevilles.pl, Mo-Fr ab 14, Sa-So ab 12 Uhr. Modern interpretierte polnische Küche in einem herrlichen Palais ein paar Gehminuten südlich des Bahnhofs Sopot Centrum. Gleichermaßen exquisit sind Fleisch und Fisch. Wie wäre es mit Tintenfisch-Garnelen-Carpaccio oder Kalbsklößchen mit Parmesan-Schaum? Ambiente, Speis und Trank: außergewöhnlich! €€€

Fischhalle – **Seafood Station:** ul. Dworcowa 7, Tel 58 523 88 55, www.seafoodstation.pl, ab 9 Uhr. Aus der schicken Gastropromenade am Bahnhof Sopot Centrum ragt diese ›Station‹ heraus. Mit blau-weißem Styling einer Fischhalle nachempfunden, gibt es hier vom kaschubischen Frühstück bis zu Meeresfrüchten alles Marke ›frisch und regional‹. €–€€

Gartenlokal – **Sempre Pizza & Vino:** ul. Bohaterów Monte Cassino 49, Tel. 58 718 83 31, tgl. 11–24 Uhr. Pasta gab es beim letzten Besuch nicht, dafür aber sehr gute Pizza und erstaunlich guten und günstigen Wein. €

Sehen und gesehen werden – **Błękitny Pudel**: ul. Bohaterów Monte Cassino 44, Tel. 58 551 16 72, www.blekitnypudel.pl. Der »Blaue Pudel« an der Flaniermeile gibt sich nostalgisch: draußen mit gusseisernen Stühlen, drinnen mit antikem Mobiliar. Wechselnde Tagesgerichte (ab 5 €), dazu gibt es Paulaner-Bier. €

Fangfrischer Fisch – **Przystań:** al. Wojska Polskiego 11, Tel. 58 550 02 41, www.barprzystan.pl. An der ›Anlegestelle‹, einem Fachwerkhaus im Süden der Strandpromenade, gibt es guten und günstigen Fisch (Selbstbedienung): Viele Gerichte sind in der Vitrine ausgestellt, man muss nur auf das Gewünschte zeigen – sobald es fertig ist, wird es ausgerufen. Von der Dach- und der Promenadenterrasse schaut man auf die aufgebockten Kutter, die morgens die Frischware gebracht haben. Nebenan öffnet eine Fischräucherei, wo man nach Gewicht kaufen und den Fisch am Strand verspeisen kann. €

Einkaufen

Einkaufsmeile – **Monciak:** Auf der Flaniermeile reihen sich kleinere Einkaufs- und Outletzentren, u. a. im ›beschwipsten Haus‹ (Dom Krzywy).

Einkaufszentrum – **Sopot Centrum:** An Sopots Hauptbahnhof ist eine schicke Passage angeschlossen, u. a. finden Sie dort einen Delikatessenladen.

Bauernmarkt – **Sopocki Rynek:** ul. Polna 8–12, auf Facebook, Di, Fr 6–14, Sa 10–15 Uhr. Bauern verkaufen Käse, Wurst, Obst und Gemüse, daneben sieht man Klamotten und Krimskrams.

BEI ADAM

In Sopot besitzt der passionierte, in Polen bekannte Gastronom, der eigenen Wodka brennt und vorzüglichen Wein anbaut, am zentralen Platz ein Restaurant. Als »weltbeste Vorspeise« prämiert wurde Hering à la Gessler, ein schlicht-köstliches Gericht mit zartem Matjes, der in hausgemachtem Leinöl schwimmt, dazu saure Sahne und Dillkartoffeln. Als weltbeste Fischsuppe könnte glatt gleichfalls seine gelten: »Die Bouillon köchelt rund um die Uhr, sieben Tage die Woche«, so Adam Gessler. Frisch werden Gemüse, Fisch und Meeresfrüchte hinzugefügt, für Schärfe und Süße sorgen Ingwer, Chili und Pastinaken. Nehmen Sie Platz auf der Terrasse oder an der Riesentheke und schauen Sie den Köchen zu (Adam Gessler: ul. Bohaterów Monte Cassino 60, Tel. 58 554 14 76, www.gessler.pl und www.gesslersopot.com, tgl. 12–24 Uhr, €€).

Abends & Nachts

Im Umkreis des **Seestegs** steppt nachts der Bär. In den Discos und Beach Clubs tanzt man zu Salsa, Merengue und Hip Hop, manchmal gibt's auch Open-Air-Kino. Wer es edel mag, geht in die Bars und Lounges des Sheraton: Mit einem gut gemixten Cocktail oder einem Glas Wein zum Sonnenuntergang lässt sich dort der Abend schön beginnen.

Mehr als nur Opernarien – **Dworek Sierakowskich:** ul. Czyżewskiego 12, www.tps-dworek.pl. Der 200-jährige Gutshof bietet donnerstagabends Klassik in noblem Rahmen. Auch sonst ein schöner Treff mit Gartencafé.

RADTOUR VON SOPOT NACH DANZIG

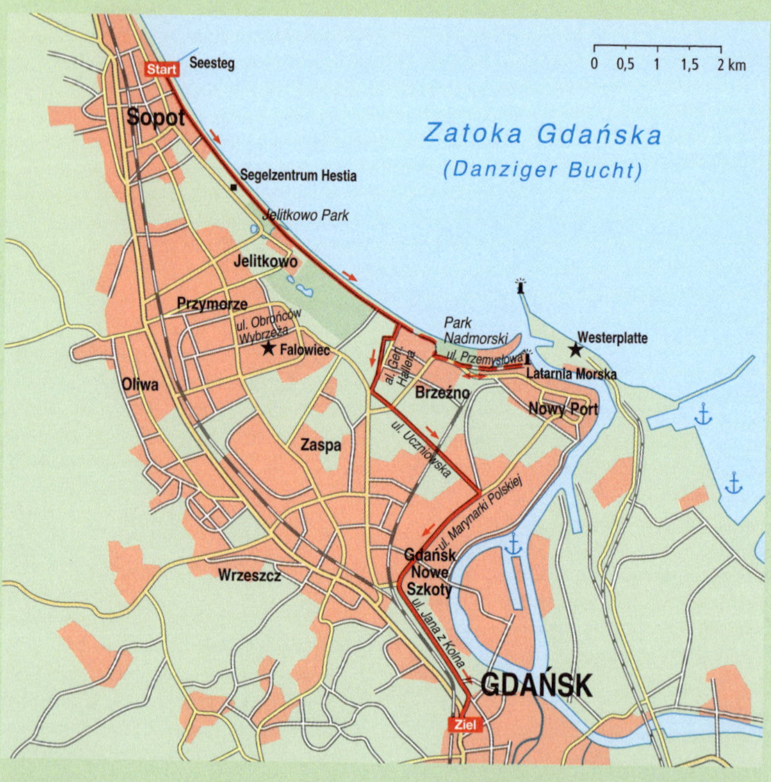

Tour-Infos

Länge: 17 km eine Richtung.
Dauer: mit Pausen ca. 4 Std.

Radverleih: An der Mole (Skwer Kuracyjny), Tel. 51 85 18 45 8, www.tourbike.pl
Einkehr: Fischimbisse an Strandzugängen.

Vom Seesteg in Sopot fährt man auf der Promenade südwärts, vorbei am **Stadtmuseum,** den aufgebockten Kuttern und dem **Segelzentrum Hestia** (Strandzugang Nr. 42). An der Stadtgrenze schwenkt der Radweg kurzzeitig landeinwärts und führt durch den **Park von Jelit-**

kowo, bevor er sich wieder der Küste zuwendet. Auf einer kleinen Brücke wird die Mündung des Oliwski-Bachs gequert, danach kommt man in den Danziger Vorort **Jelitkowo.** Am Strandzugang 60 geht es zum besten Abenteuerspielplatz der Dreistadt. Ein anderer Abzweig führt zu einem Kuriosum aus sozialistischer Zeit: **Falowiec** (»Welle«) heißt Europas längstes Gebäude, das sich mäandernd über einen Kilometer längs der Ulica Obrońców Wybrzeża hinzieht. Zehn Stockwerke ist es hoch und bietet 7000 Menschen Platz, sodass es fast eine Stadt für sich bildet. Zurück auf der Promenade passiert man bei Zugang 57 – allerdings nur im Sommer – eine Open-Air-Galerie. Ausgestellt sind vergängliche Skulpturen, geschaffen aus weißem Sand. Bald schon erreicht man das Viertel **Brzeźno** (beim Kreisel in Meeresnähe bleiben!). Man fährt an mehreren Hotels vorbei und kann, wenn man rechts in die Ulica Mila einbiegt, Fischerkaten von anno dazumal sehen. Danach geht es durch einen Park, in dem verwitterte Bunker aus der Zeit vor den Weltkriegen stehen. Nun gilt es zu entscheiden, ob man auf gleichem Weg nach Sopot zurück oder – auf der Ulica Przemysłowa – 2 km weiter bis zum **Lotsenturm** (Latarnia Morska, Juni–Sept. 10–17 Uhr) im Danziger Vorort **Nowy Port** fahren will.

Alternativ folgt man dem markierten Radweg weitere 7 km ins historische Danzig: Von der Strandpromenade in Brzeźno biegt man in die Aleja General Hallera ein. Nach 700 m verlässt man die Straße nach links und folgt der Ulica Uczniowska bis zur Ulica Marynarki Polskiej, die in **Gdańsk Nowe Szkoty** in die viel befahrene Jana z Kolna mündet. Diese führt in gut 1 km zur Ulica Wały Piaskowskie am Rand der **Altstadt.** Man kann es auch bequem angehen lassen und ab Brzeźno mit Straßenbahn 13 ins Danziger Zentrum fahren; Radmitnahme ist in tief liegenden Trams erlaubt!

Kult-Theater am Strand – **Teatr Atelier:** al. Franciszka Mamuszki 2, www.teatratelier.pl. Aufgeführt werden Avantgardestücke, moderner Tanz und Ballett, hin und wieder auch ein Konzert. Die Strandbar ist in der Saison fast rund um die Uhr geöffnet.

Aktiv

Baden – Sopot hat den schönsten Strand der Dreistadt, weiß und puderfein. Naturbelassener und weniger überlaufen ist der nördliche Abschnitt Kamienny Potok. In der Vor- und Nachsaison, wenn das Meer zu kalt ist, geht man in den Aquapark nördlich des Grand Hotel. Er wartet mit Rutschen, künstlichen Wellen und ›Wildwasser‹ auf (ul. Zamkowa Góra 3, www.aquaparksopot.pl), s. auch Stichpunkt Wellness.

Segeln und Surfen – **Hestia-Sopot:** http://skz.sopot.pl. Im Windsurf- und Segelzentrum werden Kurse für unterschiedliche Könnensstufen angeboten, das benötigte Equipment kann man ausleihen. Alljährlich im Juli organisiert der Klub die Regatta ›Pokal der Ostsee‹.

Schiffsausflüge – Schiffe starten von der Anlegestelle an der Mole zu Rundfahrten, zu Trips nach Gdynia, Danzig und Hel.

Tennis – Gegenüber vom Grand Hotel befindet sich eine der größten Tennisanlagen des Landes mit Freilicht-Courts und Halle: Hier wird auch das nationale Grand Open ausgetragen.

Wellness – **Sopot Spa** (im Sheraton, s. S. 200, www.sheratonsopotspa.pl): Das Kurhaus verfügt über einen Pool mit Solewasser aus Sopots Quelle, weiterhin über ein Hydromassage-Becken, Trocken-, Feucht- und Solesaunen, Eisfontänen und Regengrotten. Angeboten werden alle gängigen Behandlungen von Aromatherapie bis Zenmeditation. In der Spa Lounge kann man bei Meerblick relaxen; in der Spa-Bibliothek bekommt man zu gesundem Essen und Trinken auch Lesekost – serviert am Kamin!

Termine

Tage des Meeres (Juni): Kulturveranstaltungen mit Ausstellungen, Konzerten und Sportwettkämpfen.

Sommer in Sopot (Juli/Aug.): Jazz und Rock auf der Mole und im Strandbereich, Konzerte klassischer Musik und Theaterbegegnungen mit Ensembles aus ganz Polen.

Waldoper (www.operalesna.pl, Ende Juni–Anfang Sept.): In deutscher Zeit galt Sopots Waldoper als »Bayreuth des Nordens«. Nach dem Krieg war Wagner, Hitlers Lieblingskomponist, tabu. Statt Oper fand in der **Opera Leśna** über 50 Jahre Polens traditionsreichstes Internationales Pop-Festival statt, gegründet von Władysław Szpilman, dessen Lebensgeschichte von Polanski verfilmt wurde (»Der Pianist«). Heute gibt es Konzerte von World Music über Pop bis Klassik und seit 2023 wird wieder Wagner gespielt. Der geheimnisvoll beleuchtete Wald gibt eine grandiose Kulisse ab!

Verkehr

Bus: Vom Terminal an der ul. 3 Maja kommt man zu allen Orten entlang der Küste.

Zug: Alle 10 Min. fährt der Stadtzug SKM südwärts via Oliwa nach Gdańsk, nordwärts nach Gdynia.

Fähre: Ausflugsschiffe fahren von der Anlegestelle *(molo)* nach Gdańsk, Gdynia, zur Westerplatte und zur Halbinsel Hel.

Gdynia ▶ 1, L 2

Nur wenige Kilometer nördlich von Sopot liegt der Küstenort **Gdynia** (Gdingen). Noch um 1900 war der Ort auf kaum einer Landkarte verzeichnet. Zwischen bewaldeten Klippen lebte eine Handvoll Kaschuben mehr schlecht als recht vom täglichen Fischfang. Doch im Versailler Vertrag 1919 wurde der Landstrich der neuen Republik zugesprochen. Er verschaffte Polen den lang ersehnten Zugang zum Meer und schnitt zugleich Danzig vom Deutschen Reich ab – als ›Polnischer Korridor‹ wurde er berühmt-berüchtigt. Im Eiltempo wurde eine Küstenstadt aus dem Boden gestampft: modern, funktional und mit einem immens großen Hafen. Gdynia wurde das Aushängeschild des neuen Polen, sein ›Tor zur Welt‹, über das fast der gesamte Außenhandel abgewickelt wurde. Doch schon 1939 marschierten die deutschen Truppen ein und ›holten Gdynia heim ins Reich‹. ›Gotenhafen‹ lautete nun der Name der Stadt; er sollte unterstreichen, dass dies ›urdeutsches‹ Territorium sei. 1944 wurde die Stadt von alliierten Bombern beschossen und musste nach dem Krieg vollkommen neu aufgebaut werden. Heute ist Gdynia einer der größten Warenumschlagplätze Polens, seit 1999 auch wichtigste NATO-Basis der Ostsee. Sie ist keine Schönheit, aber eine quirlig-geschäftige Stadt am Meer mit einer Handvoll maritimer Attraktionen.

Zentrum von Gdynia ist der parallel zur Küste verlaufende **Boulevard Świętojańska.** Mit seinen Boutiquen und Geschäften, Cafés und Restaurants ist er eine wichtige Einkaufsmeile und wird von den Bewohnern Danzigs und Sopots viel besucht.

Sehenswertes

Südmole

Über den begrünten Skwer Kościuszki spaziert man hinüber zur breiten **Südmole** (Molo Południowe). Dort liegt die **»Błyskawica«,** ein polnischer Torpedozerstörer aus dem Zweiten Weltkrieg, als Museumsschiff vertäut (www.muzeummw.pl, Di–So 10–17 Uhr, 7,50 €). Mehr Seeromantik weckt die **»Dar Pomorza«** nebenan, eine elegante weiße Fregatte, die als »Prinz Eitel Friedrich« 1901 in Hamburg vom Stapel lief und im Rahmen der Reparationszahlungen 1918 an Frankreich fiel. Mit Spenden der Bevölkerung (*Dar Pomorza* = Geschenk Pommerns) wurde sie von der polnischen Regierung als Schulschiff gekauft. 1983 fand sie ihren festen Standort in Gdynia (https://nmm.pl, Di–So 10–16, Juli/Aug. tgl. 10–18 Uhr, 9,50 €).

An der Spitze der Mole steht das **Denkmal für den Seemann und Schriftsteller Joseph Conrad,** der wie kaum ein anderer die Sehnsucht nach dem Meer zum Ausdruck bringt. Eigentlich hieß er Józef Konrad Korzeniowski und verließ das besetzte Polen

Hin und wieder gesellt sich der Dreimaster »Dar Młodzieży« zur »Dar Pomorza«

DAR MŁODZIEZY

als junger Mann. Mit seinen Romanen »Herz der Finsternis« und »Lord Jim«, die er in Englisch verfasste, ging er in die Weltliteratur ein.

Ozeanografisches Museum

al. Jana Pawła II. 1, Tel. 58 621 70 21, www.akwarium.gdynia.pl, April–Mai tgl. 9–19, Juni–Aug. 9–20, Sept. 9–19, Okt.–März 10–17 Uhr, Nov.–Febr. Mo geschl., 9,90 €

STRANDWANDERUNG ZU DEN ADLERKLIPPEN

Sobald der Sommer naht, treibt es die Bewohner von Gdynia zum **Stadtstrand** (Plaża Śródmieście). Doch weil das Wasser im Bereich der Mole nicht immer sauber ist, wird wenig gebadet, dafür umso mehr flaniert: Eine breite Promenade startet am Stadtstrand und führt 2 km südwärts. Wie in Sopot ist sie durch einen Parkgürtel von der Stadt abgetrennt. Biker, Skater und Jogger haben hier einen Parade-Parcours, den sie von morgens bis abends nutzen. Wo die Promenade an einer kleinen Mole ausklingt, beginnt der kilometerlange Strand von **Redłowo** (Redlauer Kämpe), auf dem man bis Sopot laufen kann. Auf halber Strecke, nach ca. 5 km, passiert man den schönsten Abschnitt: Die **Adlerklippen** (Klif Orłowksi) ragen senkrecht 90 m in die Höhe. Hinter den Klippen sind am Strand bunte Fischkutter aufgebockt, die das Gasthaus »Taverne Adlerhorst« mit frischer Ware versorgen. Eine kleine Mole führt aufs Wasser hinaus, im Sommer kann man in der Tawerna Orłowska (s. S. 207) einkehren. Wer mit dem Auto anfahren möchte, folgt in Gdynias Villenvorort Orłowo der ul. Orłowksa bis zu ihrem Ende.

Was sich unter der Meeresoberfläche verbirgt, kann man im **Ozeanografischen Museum** (Muzeum Oceanograficzne i Akwarium Morskie) erkunden. Ein künstliches Riff zählt 40 verschiedene Korallenarten, eine in Polen einzigartige Sammlung. In den Aquarien schwimmen Seetiere aus aller Welt, darunter Fliegende Fische und Haie. Deren Nachwuchs tummelt sich im ›Aquarium-Kindergarten‹ – zuletzt waren es 13 junge Bambushaie, die man beim Spiel im kristallklaren Wasser beobachten konnte. Umweltproblemen widmet man sich in der Rotunde. Eine Reliefkarte gibt Aufschluss über die Beschaffenheit des Ostseebodens: Er ist keinesfalls nur sandig und flach, sondern zerfurcht von unterseeischen Tälern und Schluchten. Die Besucher erfahren hier, welche Gefahren der Ostseeflora und -fauna drohen und was dagegen zu tun ist.

Stadtmuseum und Museum der Kriegsmarine

Muzeum Miasta, ul. Zawiszy Czarnego 1, www.muzeumgdynia.pl, Di 10–18, Mi 12–20, Do–So 10–17 Uhr, 2 €; Muzeum Marynarki Wojennej, ul. Zawiszy Czarnego 1, www.muzeummw.pl, Di–So 10–17 Uhr, 7,50 €

Die Südmole grenzt an den Jachthafen, daran vorbei kommt man zum **Stadtmuseum.** Es widmet sich all dem, was Gdynia ausmacht. Dabei spannt sich der Bogen von historischen Stadtfotografien über Alltagskultur anno dazumal bis zu in der Dreistadt geschaffenen Kunst- und Designobjekten. Dagegen können sich für das angrenzende **Kriegsmuseum** nicht alle Besucher begeistern. Uneingeschränktes Lob gilt allerdings der Architektur des Glasbaus, ›interessant‹ ist der Garten mit Flugzeugen, Panzern und Kanonen.

Museum der Emigration

Muzeum Emigracji, ul. Polska 1, www.polska1.pl, Di–So 10–18 Uhr, 4,50 €

Die Nordmole beherbergt ein weiteres, aufwendig gestaltetes Museum: Im ehemaligen Seebahnhof (Dworzec Morski), einem Meisterwerk modernistischer Architektur, wird der vielen in Armut lebenden Polen gedacht, die einst von hier in See stachen, um ihr Glück in Übersee zu suchen. Insgesamt gibt es auf der Welt etwa 20 Mio. Menschen mit polnischem Migrationshintergrund, besonders viele leben in Chicago.

Wissenschafts- und TecÚologiepark

Centrum Nauki Experyment, al. Zwycięstwa 96/98, www.experyment.gdynia.pl, Di–Fr 9–18, Sa/So 10–19 Uhr, 6,25 €

In diesem großen Glasbau im Süden der Stadt können Kinder herausfinden, wie die Welt um sie herum funktioniert. Sie dürfen forschen und experimentieren, spielerisch die elementaren Gesetze der Naturwissenschaft erlernen.

Infos

Centrum Informacji Turystycznej: ul. 10 Lutego 24**,** www.gdynia.pl, Tel. 58 527 82 92, Mo–Fr 9–17, Sa 9–15 Uhr, Juli/Aug. länger. Im Sommer öffnet eine Filiale am Kopfende der Südmole, mit weitem Blick auf den Hafen.

Gdynia InfoBox: ul. Świętojańska 30, Mo–Fr 10–19, Sa 12–18, So 12–19 Uhr. Wie Gdynia in naher Zukunft aussehen könnte, wird in diesem einem Container nachempfundenen Glasbau (mit Café) multimedial vorgestellt.

Übernachten

Wasserweite – **Courtyard Gdynia Waterfront:** ul. J. Waszyngtona 19, Tel. 48 587430700, www.marriott.de. Viersternehotel mit viel Glas und Transparenz, dank Naturmaterialien aber nicht kühl. Wer ein Zimmer zur Seeseite bucht, sieht durchs Panoramafenster ein- und auslaufende Schiffe – je höher, desto besser (5.–7. Etage)! Weiterer Pluspunkt: tolles Frühstücksbüfett, das auch auf der aussichtsreichen Terrasse eingenommen werden kann. €€

Am Strandboulevard – **Nadmorski:** ul. Ejsmonda 2, Tel. 58 667 77 77, www.nadmorski.pl, 90 Zimmer. Modernes Viersternehotel weit weg vom städtischen Trubel. Meerespromenade, Fuß- und Fahrradwege beginnen direkt vor dem Haus. €€

Essen & Trinken

Zum Sonnenuntergang – **Barracuda:** Bulwar Nadmorski 10, Tel. 58 620 80 00, www.barracuda.net.pl, tgl. 12–24 Uhr. Durch Panoramafenster schaut man auf die Danziger Bucht und genießt die frische Meeresküche. Gelungen ist auch das Ambiente mit viel Holz und modern-maritimem Dekor. €€

Mit schönem Blick – **Tawerna Orłowska:** ul. Orłowska 3, Tel. 58 622 22 20, www.tawernaorlowska.pl. Südlich von Gdynia: Aussichtsrestaurant mit großer Auswahl an Fisch. €€

Vegetarisch – **Green Way:** ul. 10 Lutego 7, Tel. 58 620 12 53, Mo–Fr 11–19, Sa/So 12–17 Uhr. Schlicht wie eine Kantine, gesund und leicht – und sehr beliebt bei den Einheimischen! €

Einkaufen

Markthalle – **Hala Targowa:** ul. Wójta Radtkiego/ul. 3 Maja, So geschl. Legendäre Markthallen aus den 1930er-Jahren unter gläsernem Tonnengewölbe und mit separater Fischhalle.

Abends & Nachts

Musiktheater – **Teatr Muzyczny:** Teatr Muzyczny, pl. Grunwaldzki 1. Musical-Bestseller vom New Yorker Broadway und vom Londoner Westend.

Termine

Open'er (Juni–Juli): www.opener.pl. Zu Polens wichtigstem Open-Air-Festival reisen Stars wie die Red Hot Chili Peppers an.

Tage des Meeres (Juni/Juli): Jazz und Klassik auf der Südmole, Rock am Strand und auf dem Skwer Kościuszki.

Polnische Segelmeisterschaften (Sept.): Jachten-Regatta in der Danziger Bucht.

Verkehr

Bus/Zug: Alle 10–15 Min. fahren Busse und der Stadtzug SMK über Sopot und Oliwa nach Gdańsk.

Schiff: Vom Hafen fahren Schiffe der Weißen Flotte (Fahrpläne unter www.zegluga.pl) nach Sopot (30 Min.), nach Gdańsk (90 Min.) und auf die Halbinsel Hel (70 Min.). Regelmäßige Fährverbindungen bestehen auch nach Karlskrona in Schweden.

Entlang der Weichsel

Das Schwemmland an der unteren Weichsel ist weit, flach und grün. Die Böden sind fruchtbarer als in der westlich angrenzenden Kaschubei, die Bauernhäuser stattlicher. Längs des Flusses erbauten die Ordensritter im 13. Jh. ihre ersten Burgen. Mehrere Orte haben ihr mittelalterliches Aussehen bewahrt.

Malbork ▶ 1, M 4

Cityplan: rechts

Zamek, ul. Starościńska 1, Kartenvorbestellung Tel. 55 272 26 77, www.zamek.malbork.pl, Innenhöfe tgl. 9–20, Museum Di–So 9–19, im Winter 10–15 Uhr, 20 € inkl. Audioguide oder deutsch- bzw. englischsprachige Führung; die Besichtigung ist aber auch individuell möglich

An der Nogat, dem östlichen Mündungsarm der Weichsel, liegt **Malbork** (Marienburg). Das Städtchen mit seinen Plattenbauten wirkt nicht gerade einladend und ist doch ein Top-Reiseziel. Denn am Fluss steht eine der mächtigsten Festungsanlagen Europas, Hauptsitz des Deutschen Ordens von 1309 bis 1457. Anschließend überließen die Ritter die Festung böhmischen Söldnern für ausstehenden Kriegslohn. Diese wiederum verkauften sie dem polnischen König, der sie fortan als Stützpunkt auf seinen Reisen nach Danzig nutzte. Unter preußischer Herrschaft (ab 1772) wurde sie mehrfach umgebaut; sie diente als Kaserne, zeitweise war in ihr eine Manufaktur untergebracht.

Die bei Kämpfen gegen Ende des Zweiten Weltkriegs stark beschädigte Burg wurde ab 1960 von den Polen aufwendig restauriert und vor einigen Jahren von der UNESCO zum Welterbe erklärt. Besonders imposant erscheint sie vor allem am späten Nachmittag, wenn die rötlichen Backsteinfassaden der Burg von der untergehenden Sonne angestrahlt werden.

Vor- und Mittelburg

Der Besuch der Marienburg ist eine faszinierende Zeitreise ins dunkle Mittelalter. Die Besichtigung beginnt in der **Vorburg** 1, die Ende des 14. Jh. als letzter Teil der Festung entstand. Dort wurden einst die Vorräte gelagert, Handwerkszeug und Maschinen aufbewahrt; einige kleine Räume waren für die Bediensteten reserviert. Durch eine mächtige Toranlage gelangt man in die wuchtige **Mittelburg** 2, die mit ihren drei je 75 m langen Flügeln einen weiten Innenhof umschließt.

Der nördliche Flügel, in dem früher der Großkomtur – der ›Chef‹ des Ordensstaats – residierte, beherbergt die Arbeitsräume des Museums und kann nicht besichtigt werden. Im östlichen Gebäudeflügel, wo einst die Ordensbeamten und die Gäste logierten, ist eine großartige **Bernsteinausstellung** 3 (Wystawa Bursztynu) untergebracht. In zwei lang gestreckten zweischiffigen Sälen sind Schmuck und Alltagsgegenstände ausgestellt, darunter ein kleiner Reisealtar aus Bernstein. Schon die Prußen haben den schillernden Stoff zu schätzen gewusst, schnitzten aus ihm Schmuck und nutzten ihn als Zahlungsmittel. Die Ordensritter setzten den schwunghaften Handel fort und erhoben ihn sogar zu ihrer ureigenen Domäne; außer ihnen hatte niemand das Recht, Bernstein zu veräußern.

Im gegenüberliegenden Westflügel, zur Flussseite hin, befindet sich der **Große Remter** 4 (Wielki Refektarz), auch Rittersaal genannt. ›Remter‹ waren im Mittelalter Speise- und Festsäle und so verwundert es nicht, dass

Malbork/Marienburg

Sehenswert

1 Vorburg
2 Mittelburg
3 Bernsteinausstellung
4 Großer Remter
5 Hochmeisterpalast
6 Hochburg
7 Goldenes Tor
8 Marienkirche

Übernachten

1 Centrum Malbork
2 Grot
3 Camping Malbork Nr. 197

Essen & Trinken

1 Piwniczka
2 Bar Bis

es sich hier um einen Raum von 30 m Länge, 15 m Breite und 9 m Höhe handelt – immerhin musste eine Hundertschaft von Rittern verköstigt werden, dazu kamen hohe Gäste und Gesandte. Wo ritterlich gespeist werden sollte, musste auch der optische Rahmen gehobenen Ansprüchen genügen: Aus drei schlanken Granitsäulen, die den Raum in der Mitte gliedern, wachsen – Baumkronen ähnlich – fantastische, miteinander verschränkte Sterngewölbe hervor. Und auch im Detail entdeckt man Ungewöhnliches: Die Kapitelle (›Häupter‹ der Säulen) sind mit Reliefs geschmückt, auf denen Szenen aus dem Alten Testament dargestellt sind, u. a. Adam und Eva, ihr Sündenfall und die Vertreibung aus dem Paradies.

An den Großen Remter grenzt südlich ein zum Fluss hin vorspringender Bau, der **Hochmeisterpalast** 5 (Pałac Wielich Mistrzów). Er ist das schönste Objekt der gesamten Anlage und wurde 1393–1399 von Niclus Fellensteyn aus Koblenz, dem einzigen namentlich bekannten Baumeister der Marienburg, entworfen. Es steht einzigartig da, hatte nirgends in Europa Vorbilder und wurde auch wenig kopiert – ein Bau von solch einer Raffinesse überstieg schlicht das Können der meisten mittelalterlichen Architekten und auch die Kassen der Regenten.

Mit seinen Zinnen und Türmen, den fast freistehenden Säulen und großen Fensterflächen verkörpern die Fassaden des Palasts höfische Pracht – hier findet sich keine Spur von klösterlicher Askese, der sich die Ritter einst verschrieben hatten. Und auch innen dominieren Leichtigkeit und Eleganz. Besonderes Schmuckstück ist der Sommerremter (Sommerrefektorium). »Ein Aufenthalt von unbeschreiblich milder Heiterkeit, wo alles Gemeine sein Recht verliert«, derart schwärmte Joseph von Eichendorff, als er den Palast besuchte. Die »unbeschreiblich heitere« Wir-

Malbork an der Nogat

kung des Raums beruht auf seiner raffinierten Raumkomposition. Gleich einem Baldachin spannt sich ein Palmengewölbe über die Decke und wird doch nur von einem einzigen schlanken Pfeiler in der Saalmitte getragen – eine Herausforderung an die Schwerkraft, geschaffen von den besten Ingenieuren und Steinmetzen des Mittelalters.

Die geniale Konstruktion hat auch die Feinde des Ordens inspiriert. Ein polnischer Spion, so heißt es, habe sich in den engsten Kreis um Hochmeister Heinrich von Plauen eingeschlichen und einen Plan ausgeheckt, wie die Ordenselite auf einen Schlag zu beseitigen sei: Sobald die Ritter im Sommerremter versammelt waren, wollte er eine rote Mütze auf die Fensterbank legen. Alsdann sollte ein Scharfschütze durch einen perfekt gezielten Schuss den saaltragenden Pfeiler durchschlagen, auf dass die Ritter unter dem einstürzenden Gewölbe begraben würden. Doch der Schütze, so wird berichtet, verfehlte sein Ziel: Die Kugel traf nur den Kamin, in dem sie angeblich noch heute verborgen ist. Zur Hofseite hin barg der Hochmeisterpalast kleinere Wohn- und Schlafräume sowie eine Hauskapelle. Im Untergeschoss befand sich die Kanzlei, die Burgverwaltung. Noch heute werden hier Dokumente, Siegel und Münzen aus der Zeit der Ordensritter gezeigt.

Hochburg

An den Hochmeisterpalast grenzt südwestlich die wuchtige **Hochburg** 6 (Zamek Wysoki) an, der älteste Teil des Architekturensembles (1272–1300). Ihre vier Gebäudeflügel umschließen einen fast quadratischen, 32 x 37 m großen Innenhof mit Kreuzgängen sowie einem überdachten Brunnen in der Mitte. In der Hochburg befand sich die eigentliche Schaltzentrale der Ordensmacht, von hier herrschte der Hochmeister mit seinen zwölf Getreuen (unverkennbar die Anlehnung an die zwölf Apostel) über das gesamte Land. Zugleich vollzog sich in der Hochburg der streng reglementierte Ordensalltag. Durch das **Goldene Tor** 7 (Złota Brama), ein mit kostbaren Skulpturen geschmücktes Portal, schritten die Ritter zu festgelegter Stunde in die **Marienkirche** 8 (Kosciół Mariacki) zum Gebet; anschließend trafen sie sich im Kapitelsaal zur Besprechung des Tagesgeschäfts. Im Refektorium, dem Saal der Sieben Säulen, wurde gespeist, im Dormitorium, dem Schlafsaal, erwarteten sie bei Fackellicht und bekleidet mit Kettenhemd den kommenden Morgen: »Immer wachsam sein« hieß die Devise der in Kriegen und Kreuzzügen abgehärteten Ritter. Übrigens war auch die Hygiene bestens geregelt: Von der Südwestecke der Hochburg führt auf hohen Bögen ein 60 m langer, abgedeckter Gang zu einem mächtigen Turm, dem Herrendansker. Hier verrichteten die Ritter ihr Geschäft, das von dem damals darunter fließenden Mühlenbach davongetragen wurde. Zuletzt können Sie über eine Fußgängerbrücke zum gegenüberliegenden Ufer spazieren, von wo sich die besten Fotos der Marienburg schießen lassen …

Infos

Malbork Welcome Center: ul. Tadeusza Kościuszki 54, Tel. 55 647 47 47, www.visitmalbork.pl, Mo–Fr 8–18, Sa/So 10–15 Uhr.

Übernachten

Elegant – **Centrum Malbork** 1: ul. Aleja Rodła 7, Tel. 55 625 95 00, http://hotelmalbork.pl, 24 Zimmer. Sehr gutes Mittelklassehotel in der 3. Etage des Einkaufszentrums Galeria Malborska. Die rund um die Uhr geöffnete Rezeption befindet sich auf seiner Südseite. Die stilvollen Zimmer bieten Blick auf die Stadt, gefrühstückt wird in einem von einem Glasdach überspannten Restaurant. WLAN gratis, bewachtes Parken gegen Aufpreis. Zur Marienburg läuft man ca. zehn Minuten. €€

Modern-behaglich – **Grot** 2: ul. Kościuszki 22-D, Tel. 55 646 96 60, www.grothotel.pl, 18 Zimmer. Für einen Stopover ideal: freundlich geführtes Mittelklassehotel an der zur Burg führenden Straße. €–€€

Camping – **Malbork Nr. 197** 3: ul. Parkowa 3, Tel. 55 272 24 13, www.caw.malbork.pl/camping. Zeltplatz auf dem Gelände des nördlich gelegenen Sportzentrums mit 80 Stellplätzen und kleine Bungalows. €

Der Deutsche Ritterorden

Die Geschichte des Deutschen Ritterordens reicht bis ins Jahr 1190 zurück, als sich Kaufleute aus Lübeck und Bremen für die Teilnahme am dritten Kreuzzug in Palästina rüsteten. Ihr Ziel war es, sich ungehinderten Zugang zum lukrativen Orienthandel zu verschaffen.

Ein Söldnerheer schlug sich bis Akkon (das heutige Akka) nördlich von Jerusalem durch, angeworbene Mönche errichteten dort ein Spital und kümmerten sich um die Verwundeten. Man mag sich kaum vorstellen, dass genau sie es waren, aus denen die martialische, Furcht und Schrecken auslösende Elitetruppe hervorgehen sollte.

Schon 1198 wurden die im Krieg gestählten Klosterbrüder von Papst Innozenz III. zu ›geistlichen Rittern‹ geschlagen. Ihr Auftrag lautete, nicht nur im Heiligen Land, sondern überall in der Welt gegen die Ungläubigen vorzugehen – notfalls auch mit Gewalt. Ein ›gerechter Krieg‹ war angesagt, wenn sich die Heiden ihrer Missionierung widersetzten.

Im Jahr 1226 bat Konrad I., Herzog von Masowien, die Ordensritter um Hilfe bei der Unterwerfung der heidnischen Prußen und stellte ihnen als Gegenleistung den Besitz des Kulmer Landes in Aussicht. Freilich hatte er die Rechnung ohne den Hochmeister des Deutschen Ordens, den machtbewussten Hermann von Salza, gemacht. Der dachte gar nicht daran, sich mit einem kleinen Geschenk zufriedenzugeben, sondern war vom Ehrgeiz gepackt, ein eigenes großes Reich zu errichten. Er ließ sich vom Papst das zu erobernde heidnische Prußenland übereignen und ließ sich den künftigen Besitz vom deutschen Kaiser Friedrich II. absegnen. Erst dann schickte er seine Ritter in den ›wilden Osten‹. Von Burgen, die sie längs der Weichsel erbauten, starteten sie zu Feldzügen in Feindesland. Mit Feuer und Schwert missionierten sie die Prußen und die Warmier; sie stießen bis Livland vor, erwarben das bisher dänische Estland und das schwedische Gotland. Nachdem 1309 auch Danzig mit Pommerellen an sie übergegangen war, verfügten sie über ein beachtliches Staatsgebilde, in dessen Mitte die Hauptstadt Marienburg lag. Ins eroberte Land holten sie deutsche Kaufleute, Handwerker, Bauern, gründeten 93 Städte und über 1000 Dörfer. Ihre Streitkräfte galten als unbezwingbar, die straff zentralistische Verwaltung war im damaligen Europa einmalig.

Erst mit der Schlacht von Grunwald (sog. Tannenberg-Schlacht, S. 38), in der die Ordensritter vom polnisch-litauischen Heer 1410 geschlagen wurden, zerbrach der Mythos ihrer Unbesiegbarkeit. Doch letztlich waren es die eigenen Untertanen, die dem Orden den entscheidenden Schlag versetzten: Der hohen Steuer- und Kriegslasten überdrüssig, schlossen sich Städte wie Danzig, Thorn und Elbing zum Preußischen Bund zusammen, sicherten sich die Unterstützung des polnischen Königs und besiegten die Ritter in einem dreizehnjährigen Bürgerkrieg (1454–66). Daraufhin zog sich der Hochmeister in einen Rumpfstaat rings um Königsberg zurück, trat 1525 zum Protestantismus über und verwandelte sein Herrschaftsgebiet in ein weltliches Herzogtum von Polens Gnaden – die Keimzelle des späteren Staates Preußen.

Essen & Trinken

Im Nordflügel – **Piwniczka** 1: ul. Starościńska 1 (Mittelburg), Tel. 55 273 36 68, www.piwniczkamalbork.pl. Im ›Kellerchen‹ werden unter herrlichen gotischen Gewölben traditionelle polnische Spezialitäten serviert, darunter Forelle mit Kräutern, Pilzsuppe, gefüllte Rouladen, Piroggen oder auch Geflügelmedaillons. Aufgrund der vielen Besucher ist das Personal zuweilen überfordert. €–€€

Im Stadtzentrum – **Grot** 2: ul. Kościuszki 22-D, Tel. 55 646 96 60, www.grothotel.pl. In dem Hotelrestaurant abseits der Burg zahlt man keine überzogenen Preise. Es gibt Fleisch- und Fischgerichte (oft steht frische Forelle auf der Karte), dazu eine große Auswahl an Weinen. €–€€

In Bahnhofsnähe – **Bar Bis** 2: ul. Dworcowa 24, Tel. 602 66 16 81, www.barbis.pl. Lecker schmeckt hier der *Żurek* (säuerliche Roggenmehlsuppe), beliebt sind auch Rinderroulade und Schweinefilet in Steinpilzsauce. €

Abends & Nachts

Ton- und Lichtschau – Bei Einbruch der Dunkelheit wird der Innenhof der Mittelburg geheimnisvoll erleuchtet; mithilfe einer Klang-Collage werden Besucher ins Mittelalter zurückversetzt (im Sommer 21–22.30 Uhr, 15 €).

Termine

Burgfestspiele (Juli/Aug.): Ritterturniere und Folkabende mit Protagonisten in historischen Kostümen (www.grunwald1410.pl).

Verkehr

Bus/Zug: Bahnhof und Busterminal liegen 1 km östlich der Marienburg, gute Verbindungen nach Gdańsk und Warszawa, Toruń, Elbląg und Olsztyn.

Auto: Malbork liegt 54 km von Gdańsk entfernt am Schnittpunkt der Straßen Starogard Gdański–Elbląg und Kwidzyn–Nowy Dwór; im Vorhof der Niederburg gibt es einen bewachten Parkplatz.

Innenhof der Mittelburg von Malbork – der Brunnen reicht 18 m tief

Von Pelplin nach Bydgoszcz

Karte: rechts

Pelplin ▶ 1, M 4

Sehenswert ist das 38 km von Danzig entfernte **Pelplin** 1, ab 1824 Hauptstadt der Diözese Kulm. Es liegt einige Kilometer östlich der Straße E-75 und wird von einer mächtigen **Kathedrale** überragt. Im Jahr 1274 waren hier Zisterziensermönche angeworben worden, um bei der Christianisierung der heidnischen Prußen zu helfen. Der Pommerellenherzog schenkte ihnen die Stadt, worauf sie die Region mit der Losung »Ora et labora« (Bete und arbeite) ›zivilisierten‹. In den Jahren 1280–1320 ließen sie eine riesige Klosterkirche erbauen, in der alles hell und wunderbar licht ist: Auf schlanken Säulen ruhen Stern- und Netzgewölbe, die Wände sind mit pastellfarbenen Fresken geschmückt. Die bedeutendsten Kunstwerke stammen aus der Zeit des Barock, so der Orgelprospekt und der 26 m hohe Hauptaltar (Katedra, ul. Mestwina 4, ganztägig geöffnet). Zwei Mönchen, die im 18. Jh. hier wirkten, verdankt man eine der umfangreichsten Musiksammlungen: Fleißig sammelten und schrieben sie alle Kompositionen auf, die ihnen zu Ohren kamen. Heute ist die ›Pelpliner Orgeltabulatur‹ im benachbarten **Diözesanmuseum** ausgestellt. Auch viele andere Raritäten finden sich dort, darunter eine gotische Madonna und eine originale Gutenbergbibel (Muzeum Diecezjalne, ul. Dominika 11, www.muzeum.diecezja.org, Di–Sa 9.30–16.30, So 11–16 Uhr, Kathedrale und Museum 4 €).

Gniew und Kwidzyn

▶ 1, M 5

Einige Kilometer weiter südlich thront hoch über der Weichsel das Städtchen **Gniew** 2 (Mewe), dessen mächtige **Ordensburg** 1297 auf dem Grundriss eines Quadrats angelegt wurde: von vier Türmen flankiert und von Wehrmauern umschlossen. Sie dien-

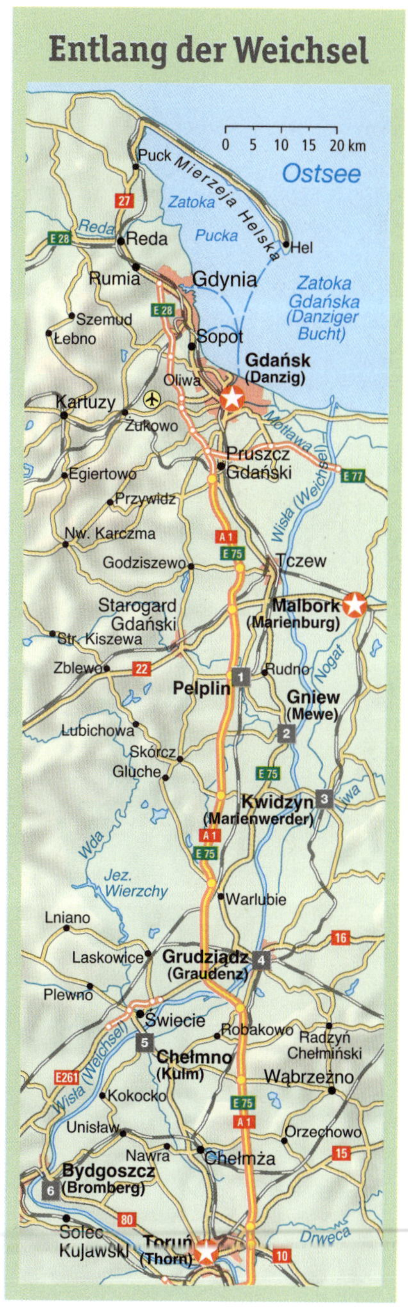

Nach ihrer Restaurierung wirkt die Ordensburg von Gniew, als wäre sie gestern erbaut

te als Festung, Gefängnis und Getreidespeicher, war in Besitz von Polen, Schweden und Preußen. Seit ein Molkereikonzern sie erworben hat, ist sie ein schickes Resort: Der Innenhof wird von einem Glasdach überspannt, in den Nachbargebäuden entstanden ein Vier- und ein Dreisternehotel mit Restaurants (€€) von fein bis rustikal (Zamek, Tel. 58 535 38 80, www.zamek-gniew.pl, sowie einem Spa mit Indoor-Pool und Wasserburg für Kinder, Museum Di–So 9–17 Uhr, Besichtigung nur mit Führer, 6 €). Beim alljährlich stattfindenden **Festival der Ritterkultur** wird die Geschichte der Burg zum Leben erweckt: Ritter in Montur treten zum Turnierkampf an. Dem Sieger winkt das Schwert von Jan III. Sobieski, der in Gniew Landrat war, bevor er zum polnischen König gewählt wurde.

Während in der Marienburg die Ordensritter wohnten, lebten in **Kwidzyn** **3** (Marienwerder) die Bischöfe. Nach bewährtem Entwurf wurde im frühen 14. Jh. ihr Domkapitel rings um einen quadratischen Innenhof angelegt und von mächtigen Ecktürmen flankiert. In den Gewölbesälen werden heute Ausstellungen gezeigt:

gotische und barocke Skulpturen, Arbeitsgerät vergangener Zeiten, Folterwerkzeuge sowie ausgestopfte Tiere, u. a. Panther und Jaguar. Am meisten Aufmerksamkeit erregt – wie in der Marienburg – die mittelalterliche Toilette, der ›Dansker‹: Eine monumentale, auf fünf hohen Arkaden ruhende Brücke führt vom Westflügel 50 m hinaus bis zum Fluss, wo sich eine Latrine in Form einer Bastion befindet. Hier verrichteten die Bischöfe ihre Notdurft, die praktischerweise sogleich im Fluss ›entsorgt‹ wurde (Muzeum Zamkowe, ul. Katedralna 1, www.zamek.kwidzyn.pl, Di–So 9–15, im Sommer bis 17 Uhr, 6,50 €, mit Audioguide).

Die sich östlich der Burg anschließende Kathedrale diente der hohen Geistlichkeit als Ort des Gebets. Der dreischiffige Innenraum beeindruckt durch seine Größe, in der sich die wenigen Kunstwerke verlieren. Einen Blick lohnt auch das zweigeschossige Presbyterium: Unten befinden sich der Altar sowie eine Zelle, in der die später seliggesprochene Dorothea lebend eingemauert wurde; oben zeigen mittelalterliche Wandgemälde Ordensritter in Aktion. Auch als letzte Ruhestätte wurde die Kirche genutzt: Die bei Bauarbeiten 2007 entdeckten Leichname dreier Hochmeister sind unter einer Glasplatte ausgestellt. Wie sie zu Lebzeiten ausgesehen haben, zeigen plastische Nachbildungen in Originalgröße.

Grudziądz und Chełmo

▶ 1, L/M 6/7

Rund 30 km weiter südlich liegt **Grudziądz** 4 (Graudenz), berühmt für eine Vielzahl mittelalterlicher Speicher hoch über dem Fluss. Aus massivem Backstein sechsgeschossig erbaut, bildeten sie einen wirkungsvollen Verteidigungswall und boten zugleich Lagerraum für Holz, Getreide und Tuch. Außer den Speichern und der gleichfalls am Fluss gelegenen Backsteinkirche hat Grudziądz freilich wenig zu bieten – Betonsilos und Industrieanlagen umzingeln die Stadt.

Erst in **Chełmno** 5 (Kulm) hat man wieder eine intakte mittelalterliche Stadt vor Augen. Sie thront auf einer steil zur Weichsel abfallenden Anhöhe, die ein einmaliges Panorama bietet. Die Straßen sind schachbrettartig angelegt, eine jede nach Kulmer Maß 4,53 m breit. Das Zentrum der fast vollständig von einer Wehrmauer umgebenen, restaurierten Stadt bildet der Marktplatz. Das Rathaus (1572) ist mit seiner verzierten Fassade und der eleganten Attika ein stilvoller Rahmen für das hier untergebrachte historische Museum (Ratusz, Stary Rynek 28, www.muzeumchelmno.pl, Di–Fr 10–16, Sa 10–16, So 11–15 Uhr). Schräg gegenüber steht die gotische Pfarrkirche mit der

Reliquie des Heiligen Valentin. Ihm zu Ehren präsentiert sich die Stadt jedes Jahr zum Valentinstag am 14.2. als ›Stadt der Verliebten‹ mit Jahrmarkt und Festival der Liebeslieder.

Bydgoszcz ▶ 1, K 7

Auch **Bydgoszcz** 6 (Bromberg), eine große Industriestadt am Zusammenfluss von Weichsel und Brda, ist für einen Zwischenstopp gut. Zwar sind die Außenviertel wenig attraktiv, doch der historische Kern wurde herausgeputzt. Im Herzen der schachbrettartig angelegten Altstadt liegt der Alte Marktplatz (Stary Rynek), um den herum sechs weitere Plätze angeordnet sind. Überragt wird das Ensemble von der spätgotischen, in ungewöhnlichen Farben ausgemalten **Pfarrkirche** (ul. Farna). Westlich des Alten Marktplatzes liegt die **Mühleninsel** (Wyspa Młyńska) mit einer Marina, gegenüber die moderne Opera Nova. Gesäumt ist die Insel von mächtigen Getreidespeichern aus Fachwerk. In einem davon, dem fantastisch restaurierten Weißen Speicher, öffnet das **Regionalmuseum** (Biały Spichrz, ul. Mennica 1, http://muzeum.bydgoszcz.pl, Mo geschl., 4 € inkl. mehrerer Filialen). Nahebei verläuft die ul. Młyńska – etwas hochtrabend wird das Gebiet rund um die Uferstraße auch ›Bromberger Venedig‹ genannt.

Am Fischmarkt (Rybi Rynek) kann man in die Wasserstraßenbahn steigen, die viermal täglich längs der Altstadt schippert (*Tramwaj wodny*, www.zdmikp.bydgoszcz.pl).

Infos

Centrum Informacji Turystycznej: ul. Batorego 2, Tel. 52 340 45 50, www.visitbydgoszcz.pl, Mo–Fr 9–18, Sa/So 10–16 Uhr.

Übernachten

Anno dazumal – **Bohema** 1: ul. Konarskiego 9, Tel. 52 560 06 02, www.hotelbohema.pl, 20 Zimmer. Das außen und innen feudale Bürgerhaus aus dem 19. Jh. liegt in dem an die Altstadt grenzenden Jugendstilviertel. Von fast allen Zimmern blickt man in den Park Kazimierza Wielkiego. €€€

Bewährter Komfort – **Holiday Inn** 2: ul. Grodzka 36, 52 347 70 00, www.holiday.hgb.com.pl, 138 Zimmer. Mit seiner sechsgeschossigen Terrakottafassade fügt sich das Viersterneho-

Toruń/Thorn

Sehenswert
- 1 Altstädtischer Markt
- 2 Altes Rathaus
- 3 Haus unterm Stern
- 4 Geburtshaus des Kopernikus
- 5 Johanniskirche
- 6 Ordensburg
- 7 Freilichtmuseum
- 8 Kultur- & Kongresszentrum Jordanki
- 9 Zentrum für zeitgenössische Kunst CoCa
- 10 Privates Lebkuchenmuseum
- 11 Städtisches Lebkuchenmuseum (ehemalige Lebkuchenfabrik)

Übernachten
- 1 Copernicus Toruń Hotel
- 2 1231
- 3 Solaris
- 4 Spichrz
- 5 Gotyk
- 6 Petite Fleur
- 7 Pod Czarną Różą
- 8 Gromada
- 9 Pod Orłem

Essen & Trinken
- 1 Artus
- 2 4 Pory Roku
- 3 Pierogarnia Stary Toruń

Einkaufen
- 1 Katarzynka

Abends & Nachts
- 1 Kopernik (Dwór Artusa)
- 2 Klub eNeRDe

Aktiv
- 1 Anleger Schiffsausflüge
- 2 Radverleih (Emporium)

---

tel gut in die Altstadtbebauung ein. Drinnen dominiert schnörkellose Moderne, auch ein großzügiges Spa ist vorhanden. €€

Toruń ▶ 1, L 8

Cityplan: oben
»Gotik zum Anfassen«: So lautet das Motto der Tourismuswerbung von **Toruń** (Thorn). Die Stadt an der Weichsel lohnt einen längeren Aufenthalt, 1997 wurde das Ensemble aus Kirchen und Bürgerhäusern, Speichern und Wehrmauern auf die Welterbeliste der UNESCO gesetzt. Als ob ihre mittelalterliche Schönheit nicht ausreichte, um Besucher anzulocken, wird der hier geborene Astronom Kopernikus vermarktet: Nach ihm sind die Universität, der Multimedia-Brunnen und auch die älteste Lebkuchenfabrik Polens benannt.

Altstädtischer Markt
Ein Monument in der Mitte des **Altstädtischen Markts** 1 (Rynek Staromiejski) erinnert an den Himmelskundler. Die lateinische Inschrift am Sockel besagt in Goldlettern, er habe »die Erde in Bewegung und die Sonne zum Stillstand gebracht«. Unmittelbar hinter ihm erhebt sich das **Alte Rathaus** 2 (Ratusz Staromiejski). Seine Größe und Pracht spiegelt das Selbstbewusstsein der Thorner Kaufleute, deren Handelskontakte von Brügge bis nach Nowgorod reichten. 200 Jahre ließen sie sich Zeit, das Werk zu vollenden, sodass der in gotischem Stil begonnene Bau in der obersten Etage bereits von der Renaissance beeinflusst ist. Die zierlichen Türme und Giebel gehen auf Anton van Opbergen zurück, damaliger Stararchitekt Danzigs. Heute ist im Rathaus ein Regionalmuseum untergebracht, das u. a. Porträts berühmter Persönlichkeiten zeigt. Vom Turm (175 Stufen) bietet sich ein schöner Blick auf die Stadt (Muzeum Okręgowe, Rynek Staromiejski 1, www.muzeum.torun.pl, Di–So 10–16, im Sommer bis 18 Uhr, Museum und Turm 9 €).

Der Markt wird von schmucken, meist dreistöckigen Bürgerhäusern gesäumt. Besonders attraktiv ist das **Haus unterm Stern** 3 mit üppigen Frucht- und Blumengirlanden. Die barocken Innenräume beherbergen ein Museum für fernöstliche Kunst. Eine hölzerne Wendeltreppe führt von der Diele bis unters Dach (Kamienica Pod Gwiazdą, Rynek Staromiejski 35, www.muzeum.torun.pl, Di–So 10–16 Uhr, 5,50 €).

Geburtshaus des Kopernikus 4

ul. Kopernika 15/17, Di–So 10–16, Mai–Sept. 10–18 Uhr, 5,50 €

Noch mehr Besucher zieht das **Geburtshaus des Kopernikus** (Muzeum Kopernika) an. Es liegt südlich des Marktes und enthält eine Sammlung von Dokumenten sowie Kopien der von ihm benutzten astronomischen Geräte.

Johanniskirche 5

ul. Żeglarska

Getauft wurde Kopernikus in der benachbarten **Johanniskirche (**Kościół Św. Jana), die mehreren Tausend Menschen Platz bietet. Zur sonntäglichen Messe wird die ›Tuba Dei‹, die zweitgrößte Glocke Polens, geschlagen: Sie ist 6 t schwer und wird von ebenso vielen Männern in Bewegung gesetzt.

Ordensburg 6

ul. Przedzamcze, www.tak.torun.pl/zamek, tgl. 10–18 Uhr, 5,50 €

Längs der Wehrmauern gelangt man zur backsteinroten **Ordensburg** (Zamek Krzyżacki), die 1454 beim Aufstand Thorner Bürger teilweise zerstört wurde. Ihre Ruinen bilden

Mit dem Charme von einst: Marktplatz von Toruń

eine romantische Kulisse für Konzerte und Theatervorstellungen.

Freilichtmuseum 7

ul. Wały Gen. Sikorskiego 19, www.etnomuzeum.pl, Kernzeit Di–So 10–16, im Sommer Sa/So bis 18 Uhr, ab 2,50 €

Einen Abstecher wert ist auch das **Freilichtmuseum** (Muzeum Etnograficzny), in dem mitten in der Stadt die ländliche Welt von anno dazumal zum Leben erweckt wird. Im Park stehen reetgedeckte Häuser, Höfe und Kapellen, dazwischen leuchten Feldblumen.

Kultur- & Kongresszentrum Jordanki 8

ul. Aleja Solidarności 1-3, https://jordanki.torun.pl

Einen Kontrast zum Mittelalter bietet das **Jordanki.** Mit ineinander verkeilten Betonwänden wirkt es von außen wie eine Festung, während innen die beweglichen Ziegelwände der Gotik Tribut zollen. Der spanische Architekt Fernando Menis hat sich von der polnischen Żurek-Suppe inspirieren lassen, die im ausgehöhlten Brotlaib serviert wird: »Wie beim Konzerthaus bleibt die Au-

ßenhaut hart, während sich das Innere ständig ändert.«

Zentrum für zeitgenössische Kunst CoCa 9

ul. Wały Gen. Sikorskiego 13, www.csw.torun.pl, Di–So 12–18, Fr bis 20, Sa/So bis 19 Uhr, 7,50 €

Auch beim nahen **Zentrum für zeitgenössische Kunst CoCa** (Centrum Sztuki Współczesnej CoCa) hat Menis Anleihen genommen. 2008 entstand es als erstes seiner Art in Polen nach 1939 (!). Mit hochkarätigen Ausstellungen macht es Warschau Konkurrenz – selbst mit einem Pool für Unterwasserkunst wartet es auf.

Infos

Centrum Informacji Turystycznej: ul. Szeroka 43, Tel. 56 621 09 30, www.visittorun.

GEPFEFFERT UND GESÜSST – THORNER LEBKUCHEN

Man nehme 500 g Honig und die halbe Menge Zucker und erwärme beide Zutaten so lange, bis sie miteinander verschmelzen. Dazu kommen fein gehackte Mandeln, ein Gläschen Rum sowie 100 g ausgelassene Butter. Auf die Süße folgt die Würze: Nelken, Zimt und Zitronat, Kardamom, Ingwer und eine Prise Macis sorgen für ›pfeffrigen‹ Beigeschmack. Zuletzt wird das zähflüssige Gemisch mit 750 g Mehl verrührt und zu einem Teig verknetet. Mindestens zwei Tage sollte dieser kühl und trocken stehen, bevor er ausgerollt und ausgestochen wird. Wer Lust hat, kann die Oberfläche mit Milch oder verquirltem Ei bepinseln. Und wenn die Lebkuchen dann noch 20 Minuten bei einer Temperatur von 200 °C gebacken werden, sind sie fertig für den Verzehr.

Das Rezept ist 700 Jahre alt und stammt von Thorner Bäckermeistern. Weil traditionell am Tag der hl. Katharina mit dem Backen begonnen wurde, erhielten die Lebkuchen den Beinamen ›**Thorner Kathrinchen**‹ (Katarzynki). Reiseführer erzählen freilich auch gern eine andere Geschichte: Ein verliebter Bäckergeselle, sagen sie, habe sie für die Tochter seines Meisters erfunden. Es gibt Kathrinchen mit Schokolade oder Glasur, geformt in 1000 Varianten, am häufigsten natürlich mit dem Konterfei des Astronomen Kopernikus. Im **privaten Lebkuchenmuseum** 10 kann man nicht nur sehen, wie die süße Ware entsteht, sondern sich auch an der Zubereitung beteiligen. Im angeschlossenen Laden gibt es Lebkuchen in allen Formen und Farben zu kaufen (Żywe Muzeum Piernika, ul. Rabiańska 9, Tel. 56 6 63 66 17, www.muzeumpiernika.pl, April–Dez. tgl. 10–18, englischsprachige Führung (75 Min.) 14 Uhr, 9 €).

Daneben gibt es ein zweites, **städtisches Lebkuchenmuseum** 11, untergebracht in einer ehemaligen Pfefferkuchenfabrik. Auf drei Etagen erfahren Sie alles Wichtige zur Geschichte der Thorner Süßigkeit, sehen historische Lebkuchenformen und -öfen, ›blättern‹ in interaktiven Kochbüchern und können bei Kopernik – so heißt die angeschlossene Lebkuchenmanufaktur – Ihre eigenen Küchlein backen und probieren. Oder Sie nehmen im Café Platz, das im Retrolook der 1970er-Jahre eingerichtet ist (Muzeum Toruńskiego Piernika, ul. Strumykowa 4, www.muzeum.torun.pl, Mai–Sept. Di–So 10–18, Okt.–April bis 16 Uhr, 5,50 €, mit Workshop 9 €).

Sie werden noch immer nach traditioneller Art hergestellt: die berühmten ›Thorner Kathrinchen‹

com, tgl. 10–17 Uhr, im Winter So geschl. Das freundliche Büro hält Informationen und Broschüren zu Unterkünften und zum aktuellen Veranstaltungsprogramm bereit. Mit Webcam, Videos und Karten zum Downloaden.

Übernachten

Modern am Fluss – **Copernicus Toruń 1 :** Bulwar Filadelfijski 11, Tel. 56 611 57 00, www.copernicustorunhotel.com, 149 Zimmer. Das Viersternehotel liegt ein paar Gehminuten außerhalb der Altstadt, dafür hat es einen großen Außen- und Innen-Pool und ein Spa – schön zum Entspannen nach dem Sightseeing! Viele Zimmer haben Fluss- bzw. Parkblick, zum Frühstücksbüfett gibt's Show-Cooking. WLAN gratis. €€

Im Jahr, als die Kreuzritter kamen – **1231 2 :** ul. Przedzamcze 6, Tel. 56 619 09 10, www.hotel1231.pl, 23 Zimmer. Das in einer ehemaligen, aufwendig restaurierten Mühle untergebrachte Boutique-Hotel steht neben den Burgruinen der Kreuzritter, die Thorn 1231 gründeten. Lassen Sie sich vom Mühlbach, der unter der ehemaligen Mühle durchrauscht, in den Schlaf wiegen! Mit gutem Restaurant. €€

In mittelalterlicher Umgebung – **Solaris 3 :** ul. Panny Marii 9–11, Tel. 56 471 30 42, www.hotel-solaris.pl, 23 Zimmer. Hotel neben der Marienkirche, 150 m vom Marktplatz. Die Einrichtung der Zimmer huldigt jener Zeit, in der Sternenforscher Kopernikus geboren wurde; die Bar, ausstaffiert mit Wachsfiguren aus dem Weltraum-Epos »Star Wars«, schlägt die Brücke zur Gegenwart bzw. Zukunft. €€

Restaurierter Speicher – **Spichrz 4 :** ul. Mostowa 1, Tel. 56 657 11 40, www.spichrz.pl, 19 Zimmer. Der 1719 erbaute Speicher (polnisch *spichrz*) steht am Brückentor, dem einst wichtigsten Zugang zur Altstadt. Mit seinem backsteinernen Mauerwerk ruft er verflossene Zeiten in Erinnerung. Modern hingegen wirkt der Eingangsbereich mit Glas und Panoramalift. Viele der rustikal eingerichteten Zimmer haben Weichselblick, die Suiten sind zweigeschossig. Gutes Gasthaus mit Terrasse und Garten. €€

Gotisches Bürgerhaus – **Gotyk 5 :** ul. Piekary 20, Tel. 56 658 40 00, www.hotel-gotyk.com.pl,

42 Zimmer und 2 Apartments. Kleines, freundliches Hotel in mehreren Bürgerhäusern aus dem 14. Jh., nur wenige Schritte vom Markt. Stofftapeten, schwere Stilmöbel und Samtvorhänge knüpfen an die ›gute alte Zeit‹ an. Das Frühstücksbüfett wird in einem Biedermeiersalon eingenommen; Terrasse im 3. Stock. €

Klein & behaglich – **Petite Fleur** 6: ul. Piekary 25, Tel. 693 47 30 19, 16 Zimmer. Zwei benachbarte Renaissancehäuser wurden in ein schmuckes Hotel verwandelt. Die Zimmer sind gemütlich, allerdings sind die meisten nur über steile Holzstiegen erreichbar. Im Kellergewölbe befindet sich ein gutes Restaurant. €

Mittelalter meets Moderne – **Pod Czarną Różą** 7: ul. Rabiańska 11, Tel. 56 621 96 37, www.hotelczarnaroza.pl, 16 Zimmer. »Zur Schwarzen Rose« ist ein kleines Hotel in einer ruhigen Altstadtgasse. Stylisches Design kontrastiert mit historischer Architektur. Im Sommer kann man im Innenhof frühstücken. Parkplatz kostenpflichtig und 500 m entfernt. €

Gediegen – **Gromada (Zajazd Staropolski)** 8: ul. Żeglarska 10/14, Tel. 56 622 60 60, www.gromada.pl, 43 Zimmer. Traditionsreiches Hotel in der Altstadt, untergebracht in drei historischen, miteinander verbundenen Kaufmannshäusern aus dem 14. Jh. Alle Zimmer mit Bad, etwas altbacken, aber günstig. Im Restaurant gibt es polnische Klassiker. €

Einfach, aber ordentlich – **Pod Orłem** 9: ul. Mostowa 17, Tel. 56 622 50 25, http://podorlemtorun.pl, 55 Zimmer, Juni–Mitte Sept. Das Hotel in einem gründerzeitlichen Gebäude liegt nahe dem Marktplatz. Freundliche Zimmer für 1–3 Personen mit Bad. €

Essen & Trinken

Gehoben-rustikal – **Karczma Spichrz** 4: ul. Mostowa 1, Tel. 56 657 11 40, www.spichrz.pl. Im Gasthaus des gleichnamigen Hotels werden klassische altpolnische Speisen serviert, abends sorgt häufig eine einheimische Folkloregruppe für Unterhaltung. €€

Im Emporium können Sie Souvenirs kaufen und Räder ausleihen

Wildspezialitäten – **Staropolski Gromada** 8 **:** ul. Żeglarska 10/14, Tel. 56 622 60 60. Traditionsreiches Lokal, in dem man in einem großen Saal mit Spitzbogenfenstern oder in kleineren Gewölberäumen Platz nimmt. Serviert wird altpolnische Küche, Wildbret und auch Exotika wie die aus Blut zubereitete »schwarze Suppe« *(czernina)*, die besser schmeckt, als es der Name vermuten lässt. €–€€

Neo-Renaissance mit BBQ – **Artus** 1 **:** Rynek Staromiejski 6, Tel. 883 11 77 11. Lohnenswert ist der Blick in den Prachtbau von 1890 am Marktplatz: Hohe Decken und riesige Backsteinbögen kontrastieren mit zeitgenössischem Design. Fleisch vom Grill, Hamburger und Asiatisches schmecken bestens, Lunch-Menü €!

Zu jeder Jahreszeit – **4 Pory Roku** 2 **:** ul. Przedzamcze 6, Tel. 56 619 09 10. Saisonal-Regionales bereitet Koch Gómez Carusso zu. Wie von einem Argentinier nicht anders zu erwarten, sind auch die Fleischgerichte erstklassig. Elegantes Ambiente, im Sommer mit Garten. €€–€€€

Piroggen über alles – **Pierogarnia Stary Toruń** 3 **:** ul. Most Pauliński 2–10, Tel. 56 621 10 46, http://pierogarnie.com, tgl. 11–22 Uhr. In rustikalem Ambiente gibt's gekochte und gebratene Teigtaschen mit unterschiedlichster Füllung – sogar mit Schokolade. €

Einkaufen

Lebkuchen – Die berühmten ›Thorner Kathrinchen‹ gibt es im **Kopernik** 1 **:** (Dwór Artusa, Rynek Staromiejski 6), bei **Katarzynka** 1 (ul. Żeglarska 25) sowie in den Läden der Lebkuchenmuseen (s. Tipp S. 222).

Abends & Nachts

Nicht nur Konzerte – **Jordanki** 8 **:** ul. Wały Gen. Sikorskiego 8, www.jordanki.torun.pl. Im Avantgarde-Bau vor den Toren der Altstadt spielt das Thorner Sinfonieorchester, auch viele andere Happenings finden hier statt.

Klassische Musik – **Dwór Artusa** 1 **:** Rynek Staromiejski 6, www.artus.torun.pl. Konzerte des Städtischen Kammerorchesters im Artushof. Weitere Aufführungsorte im Sommer sind das Alte Rathaus, die Ordensburg und das Amphitheater im Freilichtmuseum.

Kneipen und Nachtklubs – Die meisten entdeckt man längs der Ulica Gagarina, im Universitätsviertel außerhalb des Stadtkerns.

Kult-Klub – **Klub eNeRDe** 2 **:** ul. Browarna 6, facebook: nrd klub. NRD hieß die DDR auf Polnisch: Der Retro-Klub ist Kult und ein Treffpunkt meist jüngerer Leute, die schräge Musik hören und etwas erleben wollen.

Aktiv

Bootstouren – Wer Toruń vom Fluss aus erleben möchte, begibt sich zur Anlegestelle am Brückentor der Altstadt 1 (Bulwar Filadelfijski s/n). Touren starten im Sommer ab 9 Uhr zu jeder vollen Stunde. Tickets kauft man an Bord.

Radfahren – **Emporium** 2 **:** ul. Piekary 28, https://emporium-torun.business.site und auf Facebook. In diesem Souvenirshop bekommen Sie leichter ein Rad als über das offizielle Bike-Rent-System. Erkunden Sie den 7 km entfernten Wald Barbarka, ein beliebtes Naherholungsgebiet (www.szkola-lesna.torun.pl), oder den Weichsel-Radweg (180 km bis Danzig).

Termine

Theatertreffen (Mai, http://teatr.torun.pl): »Kontakt« ist das größte ost- und mitteleuropäische Festival seiner Art, es treten populäre Ensembles aus zahlreichen Nachbarländern auf.

Stadtfest (Anfang Juni): Beim Jarmark Katarzyński dreht sich alles um die berühmten, schon seit Jahrhunderten in Toruń hergestellten Lebkuchen (s. Tipp S. 222).

Ritterturnier (Juli): Schlachtgetümmel in der Ordensburg Golub-Dobrzyń.

Bella Skyway (Ende Aug., www.bellaskyway.pl): Toruń in schönstem Licht – internationale Künstler verzaubern die Stadt.

Verkehr

Zug/Bus: Der prachtvolle Hauptbahnhof (anno 1870) liegt auf der Südseite der Weichsel, etwa 2 km südlich der Altstadt. Gute Verbindungen bestehen nach Gdańsk und Malbork, Bydgoszcz und Grudziądz. Auf dem Bahnhofsvorplatz befindet sich ein kleiner Busterminal mit einem angeschlossenen Park-&-Ride-Bereich.

Kaliningrad
(Königsberg)
Elbląg
(Elbing)
Olsztyn
(Allenstein)

Kapitel 4

Vom Frischen Haff nach Olsztyn

Östlich von Danzig breitet sich der weite, flache Weichsel-Werder aus, der teilweise unter dem Meeresspiegel liegt. Eingewanderte Holländer waren es, die das sumpfige Gebiet im 17. Jh. entwässerten. Noch heute ist es von ihren Kanälen durchzogen. An die morastige Landschaft schließt sich im Norden das Frische Haff an, eine lagunenartige Bucht von 840 km^2 Größe. Sie ist von der Ostsee durch die Frische Nehrung getrennt, einen 56 km langen, sehr schmalen Landstreifen. Dieser bietet zum offenen Meer hin herrliche Sandstrände mit Dünen, zum Haff hin Schilfgürtel, in denen seltene Wasservögel nisten.

Hauptort der Region ist Elbląg, das als ›Truso‹ durch 1000-jährige Wikingersagen geistert. Nach den Zerstörungen des Zweiten Weltkriegs wurde es um die Jahrtausendwende in historisierendem Stil neu erbaut. Elbląg ist der Startpunkt einer lohnenden Bootspartie auf dem Oberländischen Kanal, die – teils über Wasser, teils über sogenannte ›geneigte Ebenen‹ – nach Ostróda führt.

Vom Frischen Haff südostwärts bis über Lidzbark Warmiński und Olsztyn erstreckt sich das Ermland (Warmia) als ruhige, sanft gewellte Landschaft. Sie ist nach dem prußischen Stamm der Warmier benannt, den die deutschen Ordensritter in einem blutigen Kreuzzug bekehrten. Daraufhin erhielt das Ermland eine Sonderrolle: Der dort eingesetzte Bischof residierte – in Absprache mit dem Vatikan – als Fürst im eigenen Staat. Von der einstigen Herrschaft der Bischöfe zeugen mächtige Burgen und Kirchen. Am besten erhalten ist die von Lidzbark Warmiński, eine von einem Wassergraben umschlossene Festung aus rotem Backstein.

Wird mit jedem Jahr größer – Storchennest in Żywkowo

Auf einen Blick: Vom Frischen Haff nach Olsztyn

Sehenswert

Elbląg: Bunte Giebelhäuser und hohe Kirchtürme – die zur Jahrtausendwende wieder aufgebaute Altstadt strahlt Frische aus (S. 230).

Frombork: Vom mächtigen Kathedralhügel bietet sich ein grandioser Blick aufs Haff. Ob es der hier ungewöhnlich klare Sternenhimmel war, der Kopernikus die Idee eingab, nicht die Erde, sondern die Sonne sei Zentrum des Universums (S. 235)?

Altstadt von Olsztyn: Mittelalter meets Moderne – monumentale Backsteinburg und -kathedrale, jugendlicher Lifestyle dank vieler Studenten (S. 248).

Lidzbark Warmiński: Das hervorragend erhaltene Bilderbuchkastell birgt im Inneren eine Sammlung wertvoller Ikonen (S. 258).

Wolfsschanze: Hitlers heimliche Bunkerstadt wird allmählich von der Natur zurückerobert (S. 264).

Schöne Routen

Auf die Frische Nehrung: Die Straße 501 führt als ›schönste Sackgasse Polens‹ über Krynica Morska bis Piaski an der russischen Grenze (S. 233).

Von Elbląg nach Frombork: Auf der 503 nordwärts fahrend, bieten sich immer wieder Ausblicke aufs Haff – besonders schön in Kadyny. Hinter Tolkmicko schwenkt die Straße landeinwärts, bei Pogrodzie geht es links ab zur Kopernikusstadt Frombork (S. 235).

Von Olsztyn zur Wolfsschanze: Über Ordensstädte wie Dobre Miasto, Lidzbark Warmiński und Reszel geht's zum Wallfahrtsort Święta Lipka und zur Wolfsschanze (S. 258).

Meine Tipps

Ermländische Schänke in Gietrzwałd: Im Schatten der Wallfahrtskirche wird deftig gezecht, dazu gibt's Folklore (S. 243).

Kultcafé mit Kino in Olsztyn: Ein Lichtspieltheater von 1910 mit Atmosphäre (S. 255).

Ordensburg von Reszel: Altes Gemäuer bildet den stimmungsvollen Rahmen für Ausstellungen und Konzerte (S. 259).

Bischofsburg von Lidzbark Warmiński

Bootsfahrt auf dem Oberländischen Kanal: In bedächtigem Tempo tuckert man über Flüsse und verschilfte Seen, mal durch Waldgebiete, mal vorbei an Wiesen und Feldern. An einigen Stellen wird das Schiff über grüne Hügel gezogen – eine Übung in Langsamkeit! Unterwegs kann man ein Museum besuchen, das näher über das technische Meisterwerk informiert (S. 244).

Elbląg und Frische Nehrung

Die ehemalige Hansestadt Elbing wurde zur Jahrtausendwende aufpoliert. Von ihrer Uferpromenade starten im Sommer Schiffe zu Ausflügen aufs Frische Haff. Die lagunenartige Bucht ist von der Ostsee durch eine 56 km lange Nehrung getrennt. Diese bietet zum offenen Meer herrliche Sandstrände mit Dünen, zur Haffseite ein wildes Schilfufer.

Elbląg ▶ 1, N 3

Im früheren Ostpreußen war sie die zweitgrößte Stadt der Provinz, im Zweiten Weltkrieg wurde sie nahezu vollständig zerstört. Seit Mitte der 1980er-Jahre hat man ihr historisches Zentrum wieder aufgebaut: allerdings nicht originalgetreu wie in Danzig, sondern in einem bunten Retrostil mit Giebelhäusern, Spitzbögen und Arkaden.

1999 erhielt die Stadt den EU-Preis für Umweltpflege und die Rekonstruktion dauert bis heute an. Ziel ist – mit den Worten eines führenden Elbinger Politikers – die Schaffung »einer nagelneuen historischen Stadt, die über Kanäle sowohl mit den Seen im Hinterland als auch übers Haff mit dem Meer verbunden ist«. Mit dem 2022 eingeweihten Kanal, der die Frische Nehrung durchsticht und Zugang zur Ostsee eröffnet, erhofft sich Elbląg neue wirtschaftliche Impulse.

Man ruft sich in Erinnerung, dass schon die alten Wikinger die großartige Lage der Stadt zu schätzen wussten und der Reisende Wulfstan um 890 eine Prußensiedlung namens Truso erwähnte, in der Kaufleute einen regen Handel entfalteten. Reste dieser Siedlung wurden vor wenigen Jahren am Ufer des Drużno-Sees (Drauen-See) knapp außerhalb der Stadt entdeckt; es wurden Schiffswracks, Werkzeuge und arabische Münzen geborgen.

Deutsche Ordensritter zerstörten den florierenden Ort und gründeten 1237 ein paar Kilometer nordwestlich, wo die Weichsel zu jener Zeit ins Haff mündete, eine eigene Stadt. Sie gaben ihr den Namen Elbing, siedelten Lübecker Bürger an und erwählten den Ort zu ihrem wichtigsten Handelshafen. Über das Haff, das nahe der heute russischen Stadt Baltijsk (Pillau) den Riegel der Nehrung durchschneidet, war die Stadt mit dem offenen Meer verbunden – und damit Elbings Kaufleute mit der Welt.

Es gab Zeiten, da war das heute ca. 120 000 Einwohner zählende Elbing mächtiger als Danzig, und seine Kirchen waren die größten im Ordensland. Doch nach 130 Jahren steilen Aufstiegs machte die Natur der Stadt einen Strich durch die Rechnung: Nach dem Hochwasser von 1371 grub sich die Weichsel ein neues Bett und mündete fortan nahe Danzig in die Ostsee. Elbing wurde eine Stadt zweiten Ranges. Nur die prächtigen Patrizierhäuser rings um die Nikolaikirche erinnerten noch an die glorreichen Zeiten.

Nach 1945 gab es auch diese Häuser nicht mehr. Am 23. Januar 1945 stießen sowjetische Panzer unerwartet bis Elbing vor und überraschten die Bevölkerung, die auf der Schichau-Werft und bei Loeser und Wolff, der damals größten Zigarrenfabrik Europas, arbeitete. Bei den Kämpfen wurde die Stadt zu 90 % zerstört, kaum ein Stein blieb auf dem anderen. Erst 1983 wurde mit dem Wiederaufbau begonnen. Dabei wurde der mittelalterliche Grundriss gewahrt, längs der alten Straßenzüge entstanden Giebelhäuser mit Fachwerkfassaden, Erkern, Türmchen. Sie wirken natürlich und bunt, bilden die ideale Kulisse für Flanier- und Einkaufszeilen.

Historisches Zentrum

Cityplan: S. 232
Die Altstadt besteht aus schachbrettartig angelegten, zum Fluss ausgerichteten Straßen. Schon von Weitem erblickt man die spätgotische **Nikolaikirche** 1 (Kościół Św. Mikołaja) mit ihrem 96 m hohen Glockenturm – von oben genießen Sie einen weiten Panoramablick. Die Kirche beherbergt viele Kunstwerke, die aus zerstörten Gotteshäusern der Region zusammengetragen wurden. Besonders wertvoll ist ein zusammenklappbarer Schrankaltar von 1510, der einst Elbinger Flößer auf ihren langen Reisen begleitete. Sehenswert ist auch das bronzene, 1278 von einem gewissen Meister Bernhauser signierte Taufbecken in der mittleren Kapelle der Nordseite sowie eine Kreuzigungsszene aus dem 15. Jh. (ul. Mostowa 18, Mo–Sa 10–18, So 10–17 Uhr).

Am Schnittpunkt der Straßen Blacharska und Wałowa hat sich das mittelalterliche **Markttor** 2 (Brama Targowa) als einziges Relikt der städtischen Befestigungsanlagen erhalten (ul. Blacharska s/n). Nicht weit davon entfernt steht die ehemalige **Dominikanerkirche** 3 (Dawny Kościół Dominikański), die sich die Mönche 1246 erbauen ließen. Der backsteinerne, weite und lichte Innenraum wird heute nicht mehr für Gebete genutzt. Er beherbergt die Galerie EL, welche mit mehreren provozierenden Ausstellungen, aber auch Jazzkonzerten Aufsehen in ganz Polen erregt hat. An die Kirche grenzt der Südflügel der ehemaligen riesigen Klosteranlage, der mit Grabplatten wohlhabender Elbinger Bürger gepflastert ist (ul. Kuśnierska 6, https://galeria-el.pl/en, Mo 10–16, Di–Sa 10–18, So 10–19 Uhr, 2,50 €).

Ein schönes Bild vom alten Elbing vermitteln die ehemalige Heiliggeistgasse (ul. Św. Ducha/Wigilijna) und die kopfsteingepflasterte Kirchenpassage (Ścieżka Kościelna) südlich der Nikolaikirche. Restauriert wurde auch das im 14. Jh. von den Ordensrittern errichtete **Spitalgebäude des hl. Geistes** 4 (Szpital Św. Ducha), in dem sich heute die Stadtbibliothek befindet.

Noch weiter südlich kommt man zu den Resten der 1454 von Elbinger Bürgern gebrandschatzten Ordensburg. In den zwei erhaltenen Gebäuden illustriert das **Elbinger Museum** 5 (Muzeum Elbląskie) die Geschichte der Stadt von der Prußenzeit bis heute. Außer archäologischen Fundstücken aus dem vorchristlichen Truso, dem ›Troja des Nordens‹, sind Delfter Kacheln, Meißener Porzellan und spanische Fayencen ausgestellt. In der Ausstellung Elbing Reconditus werfen Sie mithilfe einer 3-D-Brille den Blick auf eine deutsche Stadt in den 1930er Jahren (Bulwar Zygmunta Augusta 11, www.muzeum.elblag.pl, Juni–Sept. 11–17.30, Okt.–Mai Di–Fr 10–15, Sa/So 11–15 Uhr, 5 €, Schlossgelände frei).

Infos

Punkt Informacji Turystycznej: Ratusz Staromiejski, ul. Stary Rynek 25, Tel. 55 239 33 77, www.turystyka.elblag.eu, Mo–Fr 8.30–16.30, im Sommer tgl. 10–18 Uhr, Filiale im Markttor.

Übernachten

Am Alten Markt – **Hotel Elbląg** 1**:** Stary Rynek 54–59, Tel. 55 611 66 00, www.focushotels.pl/focus-hotel-premium-elblag, 80 Zimmer. Viersternehotel mit großen und sauberen Zimmern im Zentrum der Altstadt. Gäste können sich Kaffee und Tee zubereiten, erhalten Bademäntel und Hausschuhe. Dazu gibt es ein kleines Fitnessstudio mit Pool, zwei Saunen und Whirlpool. €€

Südländisch inspiriert – **MF** 2**:** ul. Św. Ducha 26, Tel. 55 641 26 10, www.pensjonatmf.pl, 16 Zimmer. Das kleine Altstadthotel wird engagiert von einem Paar geführt, das viele Jahre in Rom gelebt hat. Marmorböden, formstrenges Italo-Design und mediterrane Farben sorgen für Leichtigkeit. Italienische Lebensart spiegelt sich auch in der Küche – außer Regionalem gibt es Pizza und Pasta im rustikalen Kellerlokal. €

Camping – **Nr. 61** 3**:** ul. Panieńska 14, Tel. 55 232 43 07, www.camping61.com.pl, geöffnet Mai–Sept. 200 m westlich des Zentrums gelegene, teilweise schattige Anlage am Kanal mit bescheidenen sanitären Verhältnissen. 70 Stellplätze und 9 Campinghütten mit DZ und Dreibettzimmern. €

Essen & Trinken

Ein wahrer Geschmacksbrunnen – **Studnia Smaków** 1: ul. Studzienna 31-A, Tel. 55 644 64 64, www.studniasmakow.pl. Gute Regionalküche: Piroggen mit Räucherkäse, Platte mit Hausmacherwurst und Räucherfisch, mariniertes Rippchen und Zanderfilet. Frühstücksgedecke ab 9 Uhr. €€

Bester Italiener – **Oliwka** 2: ul. Wigilijna 6-7, Tel. 606 78 98 78, www.oliwka.elblag.pl. Ob Pizza, Burger, Fisch oder Salat – alles schmeckt. Das Lokal liegt nahe der Nikolaikirche, am Südrand der Altstadt, und bietet auch Sitzgelegenheiten im Freien. €

Back to Socialism – **Propaganda** 3: ul. Studzienna 21, Tel. 55 61 86 699, www.restauracja-propaganda.pl. Polnische Hausmannskost von »Bolschewist« bis »Fünfjahresplan« im Ambiente der Volksrepublik. €–€€

Mit Brauerei – **Pub Specjal** 4: Wybrzeże Gdańskie 15, tgl. ab 11 Uhr. Seit 1237 wird in der Stadt Bier gebraut – heute das »Specjal«. In modern-rustikalem Ambiente am Kanal auf der Speicherinsel genießt man zum Gerstensaft deftige Küche. €–€€

Aktiv

Golfen – **Sand Valley Golf Club** 1: Pasłęk, Tel. 55 248 24 00, www.sandvalley.pl. »Golf World« zählt den 18-Loch-Platz 20 km südöstlich von Elbląg zu einem der 100 besten Plätze Europas. Sanft gewelltes Gelände vor einer Waldkulisse macht seinen Reiz aus.

Schiffsausflüge – 2 s. Aktiv S. 244. In der Sommersaison werden auch Touren nach Frombork sowie nach Krynica Morska auf der Frischen Nehrung angeboten.

Termine

Święto Chleba (Ende Aug., www.swietochleba.elblag.pl): Historische Musik und Tanz, kulinarische Workshops zum ›Heiligen Brot‹.

Festival der Orgelmusik (Juli/Aug.): Sakralmusik in der Nikolaikirche.

Verkehr

Bus/Zug: Beide Bahnhöfe liegen nebeneinander, 1 km südöstlich der Altstadt von Elbląg. Nach Krynica Morska kommt man mit dem Bus; Malbork, Gdańsk und Olsztyn sind mit Bus und Zug erreichbar.

Elbląg/Elbing

Sehenswert
1 Nikolaikirche
2 Markttor
3 Dominikanerkirche
4 Spitalgebäude des hl. Geistes
5 Elbinger Museum

Übernachten
1 Hotel Elbląg
2 MF
3 Camping Nr. 61

Essen & Trinken
1 Studnia Smaków
2 Oliwka
3 Propaganda
4 Pub Specjal

Aktiv
1 Sand Valley Golf Club
2 Anleger Schiffsausflüge

Zwei Routen rund ums Haff

Karte: S. 241
Zwar ist das Wasser im **Frischen Haff** zum Baden nicht geeignet, doch den Ausblick kann man von allen Seiten genießen. Bei Kadyny, im waldreichen Hinterland, hatte der deutsche Kaiser vor 100 Jahren seine Sommerresidenz, weiter östlich, auf der burgartigen Kathedrale in Frombork, revolutionierte der Astronom Kopernikus das mittelalterliche Weltbild. Zwei Touren bieten sich an, um die Region kennenzulernen.

Tour 1: Von Sztutowo nach Krynica Morska ▶ 1, N 3

Die erste führt auf die **Frische Nehrung** (Mierzeja Wiślana), die sich 60 km nordostwärts zieht und wie ein Riegel zwischen Haff und offene See schiebt. Doch bevor man sie erreicht, passiert man einen Ort, in dem man, wieder einmal, mit deutscher Geschichte konfrontiert wird. In Stutthof, dem heutigen **Sztutowo** 1, errichteten die deutschen Besatzer im September 1939, unmittelbar nach Kriegsbeginn, das erste Konzentrationslager. Bis 1945 wurden dort ca. 85 000 Menschen, vorwiegend Jüdinnen aus allen Teilen Europas, ermordet. Viele von ihnen starben durch Injektion von Phenol – als Opfer medizinischer Experimente. Etwa 20 000 Häftlinge kamen im Januar 1945 zwischen Stutthof und Stettin ums Leben, als sie in einem Todesmarsch in Richtung Westen getrieben wurden. Das ehemalige Konzentrationslager ist heute als Museum der Öffentlichkeit zugänglich; erhalten blieben Wachhäuser und Baracken, Gaskammer und Krematorium (Muzeum Stutthof, ul. Muzealna 6, http://stutthof.org, Mai–Sept. tgl. 8–18, Okt.–April Mo–Fr 8–15 Uhr, für Kinder unter 13 Jahren Zutritt nur in Begleitung eines Erwachsenen; tgl. werden etwa alle 30 Min. Dokumentarfilme gezeigt, Eintritt frei).

Gleich hinter Sztutowo beginnt die **Frische Nehrung**. ›Frisch‹ wird sie genannt, weil hier stets eine steife Brise weht, die den Sand südwärts treibt. Um seine Bewegung zu stoppen, begann man schon früh mit der Aufforstung der Dünen. Der schmale Nehrungsgürtel gliedert sich daher in drei Landschaftszonen: Sandstrand zum Meer, Kiefernwald auf dem Dünenkamm und dichtes Schilf am Haff. Bekannt ist die Frische Nehrung vor allem als Teil der sogenannten ›Bernsteinküste‹: Nach schweren Stürmen wird der honiggelbe, von Tang umhüllte Stein angespült.

Zwischen Dünen und Kiefernwald führt eine Straße nach **Kąty Rybackie** 2 (Bodenwinkel). Knapp östlich des Dorfs ließ die polnische Regierung einen 1,3 km langen Durchstich bauen, der das Haff mit dem Meer verbindet. Dafür wurden 25 ha Kiefernwald abgeholzt, dort brütende Seevögel auf eine künstliche Insel im Haff umgesiedelt. Umweltschützer beklagen, dass das 400 Mio. Euro teure Prestigeprojekt wenig bringt, aber viel zerstört: Denn das nahe Gdynia besitzt einen modernen Hafen – warum also sollten Schiffe den Umweg über die Frische Nehrung nach Elbląg nehmen?

Nach weiteren 15 km kommt man nach **Krynica Morska** 3 (Kahlberg-Diep) mit einem herrlichen breiten Sandstrand, Dünenhügeln und einem alten, knallroten Leuchtturm. Dank seiner Solequellen rückte der Ort im frühen 20. Jh. zu einem mondänen Kurbad auf. Heute wirkt er zumeist verschlafen, nur während der Sommerferien herrscht Ballermann-Stimmung – mit Lunapark, Souvenirshops und Fischbuden. Einige der alten Villen wurden restauriert, so der ehemalige ›Kaiserhof‹ (Cesarski Pałac). Urlauber starten von Krynica Morska zu Schiffsausflügen nach Frombork und Elbląg oder ersteigen den ›Kamelbuckel‹ (Wiełbądzi Garb), eine 48,5 m hohe Düne. Nach 14 km, kurz hinter Piaski (Neukrug), ist die frei bereisbare Welt vorerst zu Ende – ein Schlagbaum markiert den Übergang zum russischen Teil der Nehrung.

Tour 2: Von Kadyny nach Braniewo ▶ 1, N/O 3

Die zweite Tour führt von Elbląg nordostwärts. Von den Höhen hinter Suchacz bietet sich ein prächtiger Ausblick: Weit unten breitet sich das Haff aus, am Horizont erkennt man den flimmernden Streifen der Nehrung. Durch hügelige Landschaft erreicht man **Kadyny** 4 (Cadinen), ein behäbiges Dorf mit einer riesigen, angeblich 1000-jährigen Eiche von 11 m Umfang an der Durchgangsstraße. Einige Dörfler behaupten, sie sei von der legendären prußischen Fürstin Cadin gepflanzt worden, andere meinen, der einstige Besitzer des Dorfes, Johann von Baisen, habe sie 1454 eingesetzt – zum Zeichen des Sieges im Kampf gegen den Ritterorden.

Der letzte deutsche Kaiser Wilhelm II. war von Kadyny so bezaubert, dass er 1898 die dortige Barockvilla zu einem prächtigen Palais ausbauen ließ. Hier verbrachte er manchen Sommer und ging in den umliegenden Wäldern auf Jagd. Die Bewohner des Ortes schätzten den Herrscher als gütigen Patriarchen: In dem von ihm begründeten Gestüt fanden sie Arbeit bei der Aufzucht von Trakehnern; in der kaiserlichen Cadinen-Werkstatt wurden sie in die Kunst der Porzellanherstellung eingeweiht. Heute ist das in den 1990er-Jahren aufwendig restaurierte Palais ein Hotel (Kadyny Folwark Hotel & SPA s. S. 238). Das Gestüt grenzt unmittelbar ans Hotel.

Ein Wahrzeichen Elbląg̨s: der weithin sichtbare Turm der Nikolaikirche

Frombork ▶ 1, O 3

Ein hohes Steilufer, durch Schluchten vom Umland abgetrennt: Von keinem anderen Ort hat man einen so weiten Blick aufs Haff wie von **Frombork** 5 (Frauenburg), bei klarer Sicht reicht er bis zum russischen Kaliningrad. Kein Wunder, dass sich hier die Prußen vor über 1000 Jahren eine Burg bauten; ihnen taten es die Ordensritter nach. 1288 erkoren sie ihre »Frauenburg« zur Hauptstadt des Bistums Ermland, das so autonom war, dass es fortan als »Kirchenstaat im Staat« galt – und dies bis 1945! Ihrem Status entsprechend ließen die hier residierenden Fürstbischöfe den Domhügel aufpolieren und machten ihre Kirche zur schönsten im Ordensland. Heute stiehlt den Bischöfen freilich Nikolaus Kopernikus die Schau, der hier in der ersten Hälfte des 16. Jh. als Domherr wirkte und als Astronom Berühmtheit erlangte: Mit seinen Thesen revolutionierte er das mittelalterliche Weltbild (s. Thema S. 239).

Man betritt die **Domanlage** durch das von mächtigen Basteien flankierte Südtor und gelangt in einen fünfeckigen, von hohen Mauern umschlossenen Innenhof. In seiner Mitte erhebt sich die Kirche, rechts der Bischofspalast und links die Wirtschafts- und Wohngebäude. Zunächst lohnt ein Blick auf die 1388 vollendete Kirche, die dank ihrer zierlichen Türmchen, filigranen Giebel und schlanken Säulen zu schweben scheint. Schon die Vorhalle präsentiert sich als Augenweide: Die Gewölberippen sind von musizierenden Engeln besetzt, während das Portal ›kluge und törichte Jungfrauen‹ zeigt. Auch Dämonen und Fratzen sind eingemeißelt – sie bannen das Böse und halten es vom Heiligtum fern.

Das Kircheninnere beeindruckt durch seine schiere Größe, herrlich sind die auf schlanken Säulen ruhenden Sterngewölbe. Wichtigstes

Kunstwerk der Kirche ist der ehemalige Hochaltar an der Nordwand. Er wurde 1504 von Bischof Lukas Watzenrode, einem Onkel des Kopernikus, gestiftet und zeigt – vor goldenem Hintergrund – eine anmutige, auf einer Mondsichel schwebende Madonna. Die Seitenflügel sind außen mit an Dürer angelehnten Malereien geschmückt. Außerdem gibt es in der Kirche 14 weitere Altäre und mehr als 100 Grabplatten, die Bischöfen, Kanonikern und Domherren gewidmet sind – eine davon ›gehört‹ Kopernikus. Sehr schön ist auch die Barockorgel von 1684, von deren herrlichem Klang man sich bei Konzerten während der Sommermonate überzeugen kann.

Im benachbarten **Bischofspalast** werden Leben und Wirken des Kopernikus vorgestellt. Leider fehlen seine Originalmanu-

Ums Foucaultsche Pendel herum auf die Aussichtsterrasse des Glockenturms

skripte; sie wurden 1626 von den Schweden geraubt und verbleiben bis auf Weiteres in Uppsala. Außerdem erfährt man Details zur Geschichte der Stadt – allerdings ein wenig trocken aufbereitet, weshalb man lieber zum **Glockenturm** hinübergeht, der in der Südwestecke des Domhügels aufragt. Im ersten Stock befindet sich ein Planetarium, in dem Kopernikus freilich nie geforscht hat – der Bischof hätte derartige ›Ketzereien‹ auf dem Domgelände nicht zugelassen. Über eine steile Treppe steigt man hinauf und beobachtet das Foucaultsche Pendel, das mit den Mitteln der Mechanik beweist, was Kopernikus mathematisch errechnet hat: An einem langen Seil hängt eine Kugel, die in Schwingung versetzt wird. Erst bewegt sich das Pendel geradlinig, im Laufe der Zeit ändert es seine

Richtung und beschreibt eine Rosettenbahn. Geschuldet ist die Bewegung der sogenannten Coriolis-Kraft, womit Physiker die ablenkende Kraft durch die Rotation der Erde bezeichnen. Auf der Aussichtsterrasse unterhalb des Turmhelms genießt man anschließend einen fantastischen Weitblick – bei gutem Wetter über das Haff bis hinüber nach Kaliningrad (Muzeum Kopernika, ul. Katedralna 8, muzeumfrombork.pl, Kathedrale Mo–Sa 9–17, So 12–17 Uhr, 3,50 €, Museum & Turm tgl. 9–17, im Sommer bis 19 Uhr, 3,50 €).

Am Fuß des Domhügels liegt die über Treppenwege erreichbare **Unterstadt.** Nach Kriegszerstörungen hat sie ihren mittelalterlichen Charakter verloren, doch immerhin haben eine wuchtige Pfarrkirche und ein aussichtsreicher Wasserturm ›überlebt‹ (Mai–Sept. 9–19 Uhr, www.wiezawodna.pl, 2 €). Auch wurde der Marktplatz durch die Kopernikus-Bank aufgewertet – ideal für Selfies! Etwas abseits steht das ehemalige Heilig-Geist-Spital. Passenderweise wurde hier ein Medizinmuseum untergebracht, das archaische Instrumente und Lehrbücher zeigt. Am interessantesten sind jedoch die mittelalterlichen Fresken in der angrenzenden Kapelle, die den Tod drastisch vor Augen führen: Nach dem Jüngsten Gericht dürfen sich kleine Teufel um die sündigen, zur Hölle verdammten Seelen reißen. Da spaziert man lieber in den duftenden Kräutergarten (Muzeum Dawnej Medycyny, ul. Stara, Di–Sa 10–18 Uhr, 2 €). Oder man geht zum kleinen Hafen und lässt sich zur Frischen Nehrung schippern …

Braniewo 6

Nur 7 km von der Grenze zum russischen Distrikt Kaliningrad entfernt liegt **Braniewo** (Braunsberg). Die gotische, dreischiffige Katharinenkirche und der Torturm der alten Bischofsburg erinnern daran, dass er die erste Residenz der ermländischen Bischöfe war. Rekonstruiert wurde das Liceum Hosianum, Polens 1565 gegründetes Jesuitenkolleg, von dem der geistliche Kreuzzug gegen den im polnisch-litauischen Königreich erstarkten Protestantismus startete.

Infos

Centrum Informacji Turystycznej: ul. Młynarska 5-A, Tel. 55 244 06 77, www.frombork.pl.

Übernachten, Essen & Trinken

In Kadyny gibt es zwei feine Spa-Hotels mit guten Restaurants, doch auch in Frombork geht man nicht leer aus.

In Kadyny:

Ländlich-behaglich – **Pod Srebrnym Dzwonem:** Kadyny, Tel. 55 231 34 34, www.srebrnydzwon.pl, 26 Zimmer. Das Boutique-Hotel »Unter der Silbernen Glocke« bietet stilvolle Zimmer, im schmucken Gartenhaus außerdem zwei Apartments im Maisonette-Stil. Mit schönem Spa, einem großen Indoor-Pool und Saunen. Im rustikalen Restaurant wird Regionales serviert: Steinpilzsuppe, Teigtaschen mit Rote-Beete-Soße, ›Dzyndzalki‹ mit Buchweizen … Und im Sommer Kaffee und Kuchen im Garten. €€

Zu Gast bei Wilhelm II. – **Kadyny Folwark Hotel & SPA:** Tel. 55 231 61 20, www.kadyny.com.pl, 42 Zimmer. Tolle Lage am Waldrand und schöne Architektur, in den Wirtschaftsgebäuden des ehemaligen Jagdpalais. Mit Innen- und Außen-Pool, Trocken- und Dampfsauna, Fitnessraum und Radverleih. €

In Frombork:

Freundlich geführt – **Kopernik:** ul. Kościelna 2, Tel. 55 243 72 85, www.hotelkopernik. com.pl, 32 Zimmer. In diesem funktionalen Bau haben einige Zimmer Ausblick auf den Domhügel, für das Haus spricht auch die Hotelküche! €

»Unterm Berg« – **Pod Wzgórzem:** ul. Pocztowa 15, Tel. 667 71 09 20, https://pod-wzgorzem-hotel-frombork.booked.com.pl. Das B & B unterhalb des Domhügels wartet mit freundlichen Zimmern (einige mit Burgblick) und gutem Frühstück auf. €

Im Wasserturm – **Water Tower 1571:** ul. Elbląska2, www.wiezawodna.pl, Mo geschl. Café mit Terrasse und Burgblick, drinnen gemütliches Backsteinambiente. Hier schmecken italienischer Kaffee nebst hausgemachtem Kuchen.

Aktiv

Baden und Strandwandern – Zur Seeseite hin lockt auf der Nehrung ein herrliches Meer, am

Nikolaus Kopernikus – Ketzer und Domherr

»Abgelegenste Gegend der Welt« nannte Nikolaus Kopernikus den Ort, in dem er ab 1510 als Arzt und Sekretär seines Onkels, des Bischofs Lukas von Watzenrode, tätig war. Später wurde er in Frombork selbst Domherr, schrieb Abhandlungen zu Theologie und Ökonomie. Berühmt machten ihn seine Forschungen auf dem Gebiet der Astronomie.

Sein Hauptwerk trug den Titel »Über die Umläufe der Himmelskörper« (»De revolutionibus orbium coelestium«). Darin vertrat er die These, nicht die Erde, sondern die Sonne sei Zentrum des Universums, womit er das damalige Weltbild auf den Kopf stellte. Erst in seinem Todesjahr 1543 durfte die ketzerische Schrift erscheinen, 1616 wurde sie auf den Index gesetzt. Noch einmal 212 Jahre mussten vergehen, bis die Kirche die Richtigkeit der Thesen anerkannte.

Doch war Kopernikus Deutscher oder Pole? Zu gern hätte die NS-Führung zu seinem 400. Todestag den Beweis angetreten, dass es sich beim Hirn von Kopernikus um einen germanischen Kopf handelte. Am Kopernikus-Denkmal in Warschau hatten die Nationalsozialisten bereits eine Tafel für den »großen deutschen Astronomen« aufgestellt und die Absicht bekundet, die neu zu gründende Universität von Krakau nach dem »deutschen Geisteshelden« zu benennen.

Aber auch die Polen lassen nichts unversucht, um den Denker für sich zu reklamieren. Noch heute gehen viele davon aus, dass er allein schon deshalb ein Pole sein müsse, weil er doch Mikołaj Kopernik heiße – und dies sei bekanntlich ein polnischer Name. Außerdem, wird argumentiert, sei er im damals polnischen Toruń zur Welt gekommen, habe in der polnischen Hauptstadt Krakau studiert und als Verwalter der Burg von Olsztyn den polnischen König um Schützenhilfe bei der Abwehr des Deutschen Ordens gebeten.

Beide Seiten unterschlagen, dass in der Zeit, da Kopernikus lebte, die nationale Zugehörigkeit eine untergeordnete Rolle spielte: Kopernikus sprach Deutsch ebenso wie Polnisch und nach mehrjährigem Studienaufenthalt in Padua, Bologna und Ferrara auch Italienisch. Er verfasste seine Schriften in der Lingua franca Latein und beschäftigte sich ohnehin am liebsten – fern jeder nationalen Zuordnung – mit Phänomenen außerhalb unseres Planeten. Spuren des Mannes, der »die Sonne anhielt und die Erde in Bewegung brachte«, findet man außer in Frombork auch in Toruń, wo selbst eine Lebkuchenfabrik seinen Namen trägt. An der Krakauer Universität hat man ihm einen Gedenkraum eingerichtet. Gleiches gilt für die Bischofsburg von Lidzbark Warmiński, wo er 1503–1510 arbeitete, und für die von Olsztyn, der er als Domherr vorstand (1506–20).

2010 wurde Kopernikus im Seitenschiff des Doms feierlich beigesetzt. DNA-Vergleiche zwischen einem in der Kirche gefundenen, bis dato namenlosen Leichnam und einem Haar des Astronomen machten die Identifizierung möglich. Durch eine Glasplatte schauen Sie auf Kopernikus' Schädel.

Fuß des bewaldeten Dünengürtels kann man laufen, so weit die Füße tragen – erst an der Grenze zu Russland heißt es »Halt!«.

Schiffsausflüge – Zwischen Krynica Morska auf der Frischen Nehrung und dem Haff (Frombork, Elbląg) verkehren zwischen Juni und Sept. Sa und So Ausflugsschiffe (www.zegluga.pl/rejs-krynica-morska-frombork, Dauer 90 Min., Ticket hin und zurück 12,50 €, Radmitnahme möglich).

Termine

Internationales Festival der Orgelmusik (Juli/Aug.): www.facebook.com/festiwalfrombork. Hochkarätige Konzerte in der Kathedrale.

Verkehr

Bus: Häufige Verbindungen zwischen allen Orten der Region.

Über Morąg nach Gietrzwałd ▶ 1, O/P 4/5

Karte: rechts

Fährt man mit dem Auto Richtung Ostróda, lohnt auf halber Strecke ein Abstecher nach **Morąg** 7 (Mohrungen). In dem kleinen, am gleichnamigen See gelegenen Städtchen wurde Johann Gottfried Herder (1744–1833) geboren, einer der wichtigsten Philosophen der deutschen Romantik. In seinem Hauptwerk, den »Ideen zur Philosophie der Geschichte der Menschheit«, entwickelte er die für die damalige Zeit fortschrittliche These, Sprache und Kultur seien stark von Umweltfaktoren geprägt. Er sammelte Lieder und Legenden der Slawen und Balten und engagierte sich für eine »multikulturelle Gesellschaft« von Preußen und Polen, Litauern und Russen. Eine Büste des Philosophen steht in der nach ihm benannten Straße (ul. Herdera) gleich neben der gotischen Kirche; sehenswert ist die ihm gewidmete Ausstellung im restaurierten Dohna-Schlösschen. Der Palast gehörte früher Graf Heinrich zu Dohna-Schlobitten, der am Attentatsversuch auf Hitler 1944 beteiligt war und dafür hingerichtet wurde. Zu sehen sind auch Bilder von Mitgliedern der Dohna und Dönhoff, die offenbar großen Wert darauf legten, von den besten Künstlern ihrer Zeit ›abgelichtet‹ zu werden. An verflossene Adelsepochen erinnern auch die mit Stilmöbeln nachgebildeten Räume von Barock über Biedermeier bis Art déco. Gemälde norddeutscher Meister vom 17. bis 19. Jh. sind gleichfalls zu sehen. Ausstellungen zeitgenössischer Künstler runden die Schau ab (Muzeum Herdera, Pałac Dohnów, ul. Dąbrowskiego 54, https://morag.muzeum.olsztyn.pl, Di–So 10–17, im Winter 9–16 Uhr). Nahebei befinden sich die Ruinen der Ordensburg, der erhaltene Renaissance-Flügel kann besichtigt werden (3 €). Nur ein Katzensprung ist es zum mittelalterlichen Rathaus mit Schaugiebel und einer Ausstellung zur Stadtgeschichte (Mo–Fr 9–16 Uhr, Eintritt frei). Eine Sehenswürdigkeit ist auch der Wasserturm von 1906, der ein gutes Bistro beherbergt (Wieża z Smakiem, ul. J. Dąbrowskiego 11, €).

Durch eine offene Landschaft erreicht man nach 28 km **Ostróda** 8 (Osterode), eine Kleinstadt am Drwęckie-See (Drewenz-See) mit restaurierten Kirchen und einer Ordensburg, die das Stadtmuseum beherbergt (ul. Mickiewicza 22, Di–Fr 10–16, Sa/So 10–15 Uhr, Juli/Aug. 1 Std. länger, 2,50 €). Von seiner reizvollsten Seite präsentiert sich Ostróda an der Uferpromenade, wo sich im Sommer ein Terrassencafé ans nächste reiht. Eine Mole führt auf den See, ein multimediales Wasserspiel wird abends zur Schaubühne. Ostróda ist End- (bzw. Start-)punkt des **Oberländischen Kanals** (s. Aktiv S. 244), nach Westen schließt sich die Eylauer Seenplatte an. Ihre Gewässer sind durch Kanäle und Flüsse miteinander verbunden und bieten hervorragende Wassersportmöglichkeiten (Tipps dazu s. S. 243 ff.). Längster See Polens ist mit 25 km der **Jeziorak,** der sich als schmales Band durch die Landschaft zieht. Die Teufelsinsel (Czarci Ostrów) und weitere 15 Inseln schwimmen auf seiner Oberfläche. An seinem südlichen Ende liegt das Städtchen **Iława** 9 (Deutsch Eylau), ein wichtiger Verkehrsknotenpunkt mit wachsender touristischer Infrastruktur. Dank seiner Lage am 25 km langen Jeziorak-See entstehen immer mehr Sport- und Erholungsanlagen.

Aufwärts geht es auch mit **Stare Jabłonki** 10 (Alt Jablonken), einem Dorf 7 km östlich von Ostróda. Es liegt zwischen dem kleinen und großen Szeląg-See und verfügt mit dem Hotel Anders über eine komfortable Bleibe. Im Wassersportzentrum kann man sich Paddelboote ausleihen oder Fahrräder mieten und reiten.

Geistiger Mittelpunkt der Region ist die Wallfahrtskirche von **Gietrzwałd** 11 (Die-

Lässt alte Zeiten auferstehen – die Ermländische Schänke (Karczma Warmińska) in Gietrzwałd

trichswalde), deren spitzer Turm schon von Weitem sichtbar ist. Seit 1877 Maria höchstpersönlich einem Kind erschien, pilgern alljährlich Tausende frommer Katholiken zum ikonenartigen Marienbildnis und hoffen auf die Erfüllung ihrer Wünsche. »Ich möchte, dass Ihr täglich einen Rosenkranz betet«: steht in Kupferbuchstaben an der Kirche (Kościół Mariacki) geschrieben – Devotionalienhändler bieten die passende Kette feil: aus Plastikperlen, schwarzem Stein oder Elfenbein. Dann eilen die Gläubigen über die Rosenkranzallee (al. Różańcowa) zur ›Wunderquelle‹ und füllen sich Fläschchen für den Hausgebrauch ab. Wem derlei religiöse Offenbarung eher fremd ist, besucht stattdessen die benachbarte Karczma Warmińska, eine – wie der Name sagt – »ermländische Dorfschänke«. In diesem gemütlichen, im ganzen Land bekannten Gasthof kann man Schmieden und Holzschnitzern bei der Arbeit zuschauen. Man nimmt Platz an langen Holzbänken und verputzt deftige Bauernkost, Eintopf und Piroggen. Abends lauscht man polnischer Folklore; Warmbier und Honigwein fließen in Strömen.

Infos

Centrum Informacji Turystycznej: pl. 1000lecia Państwa Polskiego 1-A, 14-100 Ostróda, Tel. 89 642 30 00.

Im Internet: Facebook: itmorag, www.gmina-ilawa.pl, www.mazury-zachodnie.pl

Übernachten

Bei Morąg:

In einer alten Mühle – **Młyn Klekotki:** Godkowo, Tel. 89 249 00 00, www.klekotki.com.pl. 42 Zimmer und Apartments. 12 km nördlich von Morąg und umgeben von Wald: Das

Komforthotel entdeckt man in einer Mühle aus dem 17. Jh., die mit Naturmaterialien behaglich eingerichtet ist. Gefrühstückt wird im Wintergarten; frischen Fisch aus dem Mühlteich und Wild genießt man im ehemaligen Pferdestall. Einem japanischen (!) Badehaus nachempfundenes Spa in Fachwerkscheune, Kanu- und Radverleih und Tennis. €€

Slow Life Glamping – **Glendoria:** Głędy 45, Tel. 606 29 98 12, www.glendoria.pl, Mai–Sept. 17 km östlich Morąg: Wiesen, Wald und ein Hof mit stylisch-urigen Apartments und großen Komfortzelten mit Retro-Mobiliar. Dreh- und Angelpunkt von Glendoria ist eine Scheune mit offenem Dachstuhl und einem Kamin, in dem abends ein Feuer prasselt. Hier wird Slow Food genossen, gelesen und geträumt. Ein Green Spa im Wald, ein See mit Booten … Nachts hört man die Frösche quaken! €€€

Bei Ostróda:

Neugotisches Schloss – **Zamek w Karnitach:** Karnity/Miłomłyn, Tel. 89 647 34 65, www.karnity.pl, 58 Zimmer und 19 Ferienhäuser. 20 km nordwestlich von Ostróda: Das neugotische, am Kocioł-See gelegene Backsteinschloss mit Türmen und Storchennest bietet Gästezimmer, Kaminsaal und Restaurant mit Sommerterrasse. Der deutsche Besitzer Uwe Döcke hat einen hoteleigenen Strandabschnitt abgesteckt. Eine Seebrücke führt aufs Wasser hinaus; mit dem Boot kann man zur ›Liebesinsel‹ übersetzen. Der 1855 von der Adelsfamilie Albedyhl angelegte 17 ha große Park ist herrlich verwildert und lädt zu ausgiebigen Streifzügen ein. Räder sind ausleihbar, Gruppen mieten sich gern in den billigeren Ferienhäusern ein. €

In Iława:

Chichi – **Grand Hotel Tiffi:** ul. Żeglarska 7, Tel. 89 333 00 01, www.grandhotel-tiffi.com, 155 Zimmer. Am Ufer des Jeziorak-Sees hat Polens Modefirma Tiffi ein Luxushotel aus Glas und Holz errichtet. Mit großem Spa und ›Modern Polish Cuisine‹. €€€

In Stare Jabłonki:

Villa am See – **Anders:** Tel. 89 641 14 25, www.hotelanders.pl, 120 Zimmer und 24 Ferienhäuser. Villenartiges Komforthotel am hohen Ufer des Szeląg-Sees. Familien quartieren sich meist lieber in den im Wald gelegenen Ferienhäusern ein. Zur Anlage gehören Tennisplatz und Schwimmbad, Sauna und Fitnessbereich; Rad- und Bootsverleih sowie ›Andersland‹ mit Klettergarten, Schießplatz und Quad-Terrain. €€

Glamping mit Wasserhäusern – **Pajda Mazur:** Kątno 30b, Tel. 696 09 60 12, www.pajdamazur.pl. Es gibt moderne, komfortable Campinghäuschen, Clou der Anlage sind aber die in den Großen Schillingsee gebauten ›schwimmenden Häuser‹ – von der Terrasse springt man ins Wasser! Mit schönem Strand, Bootsverleih und gutem Restaurant. €–€€

In Gietrzwałd:

Ländliche Idylle – **Osada Warmińska Anders:** Guzowy Piec, Tel. 89 513 12 18, www.bajkowyzakatek.pl. Einem ermländischen Gutshof nachempfundene Anlage am Seeufer, 5 km südlich von Gietrzwałd. Holzhütten mit je zwei Schlafzimmern, Kaminraum mit Terrasse, Küche und Bad. €

Essen & Trinken

In Ostróda:

Tschechisch am See – **Hospoda u Jezera:** ul. A. Mickiewicza 13-b, Tel. 89 646 40 96. Bestlage an Mole und See – toll zum Sonnenuntergang! Tschechische Hausmannskost (die der polnischen recht ähnlich ist), tschechisches Bier und Bierhausambiente. €–€€

In Iława:

Im alten Gestüt – **Tawerna Kaper:** ul. Sobieskiego 10, Tel. 89 648 63 73, https://kaper.pl. In der Taverne genießt man saisonale Küche, im Sommer z. B. Schleie in Sahnesoße und mit Blaubeeren gefüllte Piroggen. Mit Hotel. €

In Gietrzwałd:

Den Gürtel lockern! – **Karczma Warmińska:** Gietrzwałd 32, Tel. 89 512 34 57, www.karczma.pl, nur im Sommer geöffnet. Ermländische Dorfschänke mit langen Holzbänken und -tischen, deftigen Eintöpfen, Piroggen und Wildgerichten. €€

Aktiv

Schiffsausflüge – Von Juni bis Mitte Okt. startet in Ostróda ein Schiff zu einem Halbta-

BOOTSFAHRT AUF DEM OBERLÄNDISCHEN KANAL

Tour-Infos

Start/Ziel: Anlegestelle in Elbląg am Bulwar Zygmunta Augusta

Abfahrtszeit: Juni/Sept./Okt. Sa und So, Juli/Aug. meist mehrmals tgl. ab 8.30 Uhr

Dauer: Die beliebteste Tour führt von Elbląg nach Buczyniec (Buchwalde), von wo man mit dem Bus nach Elbląg zurückgebracht wird. Gesamtdauer des Ausflugs: 4 Std. und 40 Min.

Tickets: an der Anlegestelle oder im Altstadtbüro der Reederei in der ul. Wodna 1-B, Tel. 55 232 43 07, www.zegluga.com.pl

Kosten: 35–40 € bis Buczyniec inklusive Museumsbesuch und Rückfahrt nach Elbląg, Rabatt bis 16 sowie ab 60 Jahre.

Hinweis: Einen Überblick über weitere Schiffstouren vermittelt die Website https://bilety.zegluga.com.pl.

Wer den Oberländischen Kanal entlangläuft, traut seinen Augen nicht: Ein großes Schiff bewegt sich den saftig grünen Hang hinauf! Unwillkürlich fühlt man sich an den Film »Fitzcarraldo« erinnert, wo ein Schiff durch einen Dschungel aus Schilf und Sumpf über Land gezogen wird. Doch während dort eine Hundertschaft von Helfern im Einsatz ist, ist hier weit und breit niemand zu sehen – das Schiff liegt auf einem Wagen, der mit Seilen eine Rampe hinaufgeschraubt wird!

Seen, Kanäle und Rollberge: Der Ausflug im ›geräderten‹ Boot führt durch mehrere Seen in Richtung Ostróda. Erste Station ist der **Drużno-See** (Drausen-See), der einst zum Frischen Haff gehörte und ganz allmählich verlandet. Im verschilften Ufergürtel leben Hunderte von Reihern, Kormoranen und Störchen, die man vom Schiff aus recht gut beobachten kann. Anschließend wechseln Waldgebiete mit Wiesen und Feldern ab, das Kanalbett wird zeitweise sehr schmal. Bei **Całuny Nowe** (Kussfeld) ist der erste Rollberg erreicht: 15 Minuten gleitet das Schiff über den Berg, sanft und absolut geräuschlos. Die nächsten vier ›geneigten Ebenen‹ folgen rasch aufeinander, mittags trifft man in **Buczyniec** (Buchwalde) ein. Dort steigt man aus und kann ein kleines Museum besuchen sowie das Denkmal für den Erbauer des Kanals anschauen. Mit dem Bus geht es in 45 Minuten nach Elbląg.

Technisches Meisterwerk: Der Kanal gilt als Glanzleistung der Ingenieurskunst. Da die Schiffe auf einer 10 km langen Strecke einen Höhenunterschied von 104 m ausgleichen müssen, werden sie fünfmal auf fahrbare Untersätze gehievt und auf ›geneigten Ebenen‹ unter Ausnutzung von Wasserkraft zum nächsten See gezogen. Das ebenso geniale wie einfache System erfand Georg Jakob Steenke, ein Ingenieur aus Königsberg, den die Idee reizte, Getreide und Holz aus dem armen ›Oberland‹, wie die Region um Ostróda und Iława einst hieß, auf möglichst schnellem Weg an die Küste und so an internationale Handelswege zu bringen. Heute gilt der Kanal samt der ›geneigten Ebenen‹ als technisches Denkmal und erlebt nach über 150 Jahren eine Renaissance als touristische Attraktion.

gesausflug auf dem Oberländischen Kanal (s. auch Aktiv S. 244). Die Fahrt endet vorerst nach knapp 3 Std. in Miłomłyn, wo ein Bus an der Anlegestelle wartet und die Gäste nach Ostróda zurückbringt. Beliebt ist auch die Ausflugsfahrt nach Stare Jablonki, die sogenannte Schillingsee-Wasserroute. Infos und Tickets: ul. Mickiewicza 9-A, Tel. 89 670 92 17, www.zegluga.com.pl.

Bootsverleih – **Przystań Ośródka LOK:** ul. Słowackiego 38 (nahe Bahnhof), Tel. 89 646 34 54. Das zwischen fünf Seen gelegene Ostróda ist ein Wassersportzentrum. Paddeltouren führen auf dem lang gestreckten Drwęckie-See west- und nordwärts; erfahrene Kanuten unternehmen die 48 km lange Route via Miłomłyn zum Jeziorak, dem längsten See Polens. Dieser ist zwar relativ seicht, doch schon kleinere Winde bauen Wellen auf, die den Paddlern einiges an Fahrkönnen und Kraft abverlangen. Durch klares Wasser, vorbei an Inseln und grünen Ufern gleiten sie bis Iława. Auf dem dortigen Campingplatz kann man ebenfalls Boote ausleihen.

Termine

Reggae Festival (Juli, www.ostrodareggae.com): Gute Laune im Publikum und internationale Musiker auf den Bühnen. Im Amphitheater.

Goldenes Waschbrett (Mitte Aug., www.zlotatarka.pl): Beim Festival Złota Tarka in Iława traten schon legendäre Jazz-Größen wie Louis Armstrong auf. Gespielt wird im Amphitheater am Ufer des Jeziorak-Sees.

Verkehr

Bus/Zug: Von Morąg bestehen gute Verbindungen nach Gdańsk, Malbork und Olsztyn. Auch in Ostróda liegen beide Bahnhöfe dicht beieinander (500 m westlich der Bootsanlegestelle). Gute Verbindungen gibt es von hier z. B. nach Olsztyn, Iława und Toruń, kleinere Orte wie Olsztynek und Grunwald erreicht man besser mit dem Bus. Iława ist ein Verkehrsknotenpunkt mit guten Verbindungen nach Olsztyn, Malbork, Gdańsk und Warszawa. Von Gietrzwałd gute Busverbindungen nach Ostróda und Olsztyn.

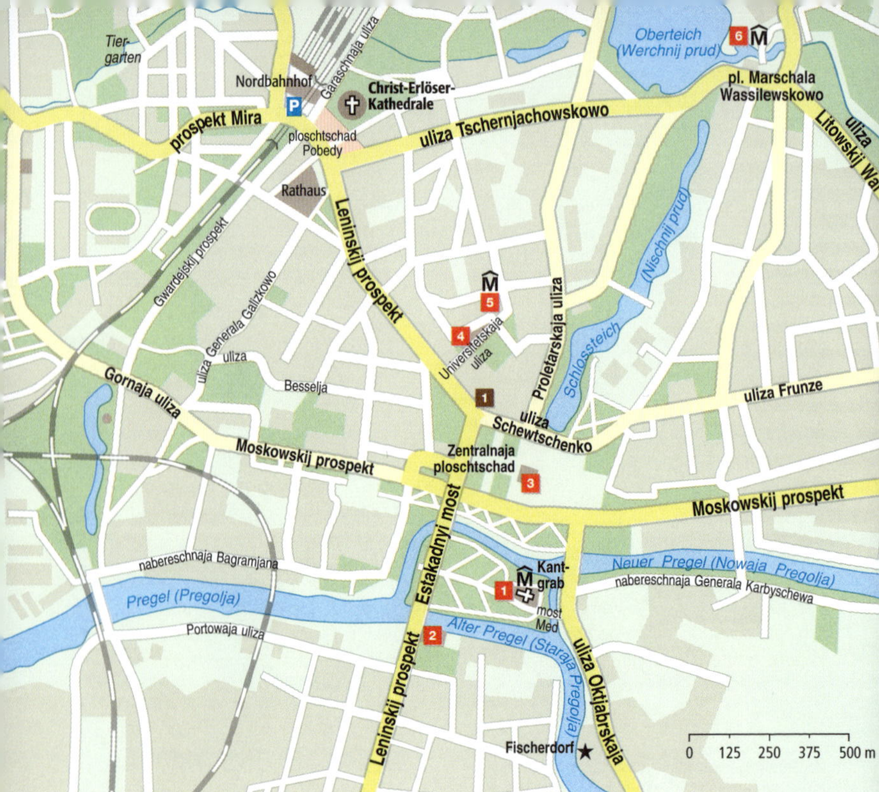

Ein Tag in Königsberg

▶ 1, Q 1

Königsberg, beiderseits des Flusses Pregel (russ. Pregolja) gelegen, war seit dem 13. Jh. Domäne des Deutschen Ordens, später Krönungsstadt des preußischen Königs und Hauptstadt der Provinz Ostpreußen. Was von den britischen Bomben im Zweiten Weltkrieg nicht zerstört worden war, rissen die Sowjets in ihrem in langen Kriegsjahren angestauten Hass nieder. Nichts sollte an 700 Jahre deutscher Herrschaft erinnern. Königsberg wurde in Kaliningrad umbenannt – so hieß in jener Zeit das sowjetische Staatsoberhaupt. Im einzigen ganzjährig eisfreien Ostseehafen des Imperiums wurde die Baltische Flotte stationiert, und noch heute ist ein Viertel der 900 000 Einwohner mit ihr als Soldat oder Zivilbeschäftigter verbunden. Mit dem Zerfall der Sowjetunion hat sich der Status der Stadt dramatisch geändert. Kaliningrad wurde eine exterritorial-russische, von NATO- und EU-Staaten umschlossene Zone. Vermutlich wurden hier Kurzstreckenwaffen stationiert.

Das heutige Kaliningrad ist keine Schönheit, schnurgerade Magistralen mit gesichtslosen Wohnbauten prägen das Bild. Doch wurden vor einiger Zeit Verschönerungsmaßnahmen gestartet. So entstand am östlichen Pregelufer ein ›Fischerdorf‹ in historisierendem, ›deutschem‹ Stil. Vor der Kulisse herrschaftlicher Gotik- und Barockfassaden öffnen Terrassenlokale, im Sommer bevorzugter Treff der Kaliningrader. Von hier gelangt man über Brücken auf die Pregel-Insel mit dem mittelalterlichen **Dom** 1 – ein eindrucksvolles, aufwendig restauriertes Bauwerk baltischer Backsteingotik. In seinem Innern finden eine orthodo-

Kaliningrad/Königsberg

Sehenswert
1 Dom / Immanuel-Kant-Museum
2 Alte Börse
3 Haus des Stadtsowjet
4 Universität
5 Bunkermuseum
6 Bernsteinmuseum

Übernachten
1 Hotel Kaliningrad

---

xe und eine evangelische Kapelle Platz, weiterhin ein Kammermusiksaal, eine Bibliothek und das **Immanuel-Kant-Museum,** das das Leben und Werk des in Königsberg geborenen Philosophen vorstellt. Der Meister der Aufklärung stand in der marxistischen Philosophie hoch im Kurs und bis heute halten ihm die Russen die Treue (Kafedralnyj sobor, Ostrov Kanta, tgl. 10–18 Uhr, Eintritt frei).

Südlich der Pregel-Insel steht die klassizistische **Alte Börse** 2**,** heute ›Kulturhaus der Seestreitkräfte‹. Nördlich der Insel erstreckt sich der **Zentralplatz** (Zentralnaja ploschtschad), auf dem sich der Burgsitz der Deutschen Ritter, später das Schloss der preußischen Könige erhob. Dieses wiederum wurde in den 1970er-Jahren durch das **Haus des Stadtsowjet** 3 ersetzt – ein gigantisches Bauprojekt.

Vorbei am Hotel Kaliningrad gelangt man zur **Universität** 4 (Universitet): 1544 gegründet, seit 2005 nach Immanuel Kant benannt. Das Denkmal des Philosophen vor der Hochschule ist eine Kopie des im Zweiten Weltkrieg verloren gegangenen Originals, gestiftet von Marion Gräfin Dönhoff. Nur wenige Schritte entfernt befindet sich das **Bunkermuseum** 5**.** Im ehemaligen unterirdischen Kommandoposten zur Verteidigung Königsbergs sieht alles noch genauso aus wie am 9. April 1945, dem Tag der deutschen Kapitulation. Im Schein der Schreibtischlampe sieht man verstreut herumliegende Landkarten … (Bunker Museum, Universitetskaya 2, tgl. 10–18 Uhr). Etwas weiter nordwestlich entstand 2005 auf dem attraktiven Pobedy-Platz zum 750. Stadtjubiläum der Prestigebau der orthodoxen **Christ-Erlöserkathedrale.** Ihre fünf goldenen Kuppeln sind schon von Weitem zu sehen. Ostwärts geht es am Ufer des Schlossteiches entlang zum Dohnaturm, der heute – zusammen mit dem Rossgärtner Tor – Sitz des **Bernsteinmuseums** 6 ist. Mit 8000 Exponaten aus allen Epochen und Ländern zählt es zu den größten der Welt, einige stammen aus dem verschollenen ›Bernsteinzimmer‹ der Zarin Katharina I. (Muzej Jantarja, pl. Vasilevskovo 1, www.ambermuseum.ru, tgl. außer Mo 10–18, im Sommer bis 19 Uhr, 3,50 €).

Infos
Im Internet: www.visit-kaliningrad.ru
Von Elbląg aus sind es 200 km, von Danzig 320 km und von Braniewo 120 km (hin und zurück) nach Kaliningrad. Von der zukünftigen Entwicklung des polnisch-russischen Verhältnisses hängt ab, ob man zukünftig von Elbląg oder Danzig per Schnellboot nach Kaliningrad reisen und vor Ort ein Tagesvisum erhalten kann. Vorläufig ist nur die Anreise über Land möglich, das Visum erhält man via https://russia-visacentre.com/de/visa/germany/russia.

Übernachten
Traditionsreich – **Hotel Kaliningrad** 1**:** Leninskij prospekt 8, Tel. 007 4012 350 531, www.hotel.kaliningrad.ru. 223 Zimmer. Komfortables, zentral gelegenes Businesshotel, das auch Rundfahrten und Stadtführungen organisiert. €–€€

Verkehr
Anfahrt: Mit **Zug** ab Berlin via Warschau nach Elbing, von dort mit Bus bis Kaliningrad; mit **Fähre** (nur So) ab Gdynia zum Kaliningrader Hafen Baltiysk (3.30 Std.; derzeit nicht in Betrieb), mit **Auto** z. B. über den Grenzübergang bei Braniewo.

Olsztyn

▶ 1, Q 5

Inmitten weiter Wälder und umgeben von einem Dutzend Seen liegt Olsztyn (Allenstein), die Hauptstadt der Provinz Ermland-Masuren. Schön ist ihr historischer Kern mit der Backsteinburg, den Kirchen und Bürgerhäusern. Studenten der neu gegründeten Universität beleben das Stadtbild, mittlerweile wurden an allen Ecken Bars und Straßencafés eröffnet.

Ein Blick zurück

Die Geschichte Olsztyns reicht weit ins Mittelalter zurück. 1348 ließ der ermländische Fürstbischof am Ufer der Alle (Łyna) eine Burg errichten, in deren Schutz eine für das Ordensland typische Stadt entstand: In der Mitte des fast quadratischen Marktplatzes wurde das Rathaus errichtet, drumherum baute man auf einem schachbrettartigen Straßenmuster rechteckige Häuserzeilen. Ein runder Wehrring umgab die Stadt, vier Tore bildeten den Zugang zur ›Außenwelt‹. Berühmtester Stadtbewohner war Nikolaus Kopernikus, der von seinem Onkel, dem Fürstbischof von Ermland, 1516 den Posten des Burgverwalters erhielt. Der Universalgelehrte (s. Thema S. 239) sorgte dafür, dass die Kasse der Bischöfe stimmte; er kümmerte sich um die Verwaltung und Verteidigung von Allenstein. Zu seiner Zeit unterstand die Stadt bereits dem polnischen König, mit dem Kopernikus des Öfteren korrespondierte.

Nachdem das Ermland an Preußen gefallen war, stieg Allenstein zu einer unbedeutenden Garnisonsstadt ab; auch im Deutschen Reich stellte sie kaum mehr als einen Verkehrsknotenpunkt dar. Im Zweiten Weltkrieg zur Hälfte zerstört, wurde sie anschließend neu aufgebaut. An die Stelle der geflüchteten bzw. vertriebenen Deutschen rückten Flüchtlinge aus Polens ›verlorenem Osten‹: dem heutigen Litauen, Belarus und der Ukraine. Die neue Bevölkerung, die sich binnen weniger Jahre verdreifachte, wurde in rings um die Altstadt hochgezogenen Plattenbauten einquartiert. Heute ist Olsztyn – neben Białystok – das politische, wirtschaftliche und wissenschaftliche Zentrum in Polens Nordosten. Alle wichtigen Ämter und Institutionen sind in der Stadt vereint. Für den wirtschaftlichen Aufschwung steht die von Michelin übernommene Reifenfabrik, daneben ist die Lebensmittel- und holzverarbeitende Industrie ansässig. Nach Olsztyn kommen aber auch diejenigen, die der kulturellen Öde der Provinz entfliehen wollen. Hier gibt es Theater, Kinos und Bibliotheken, zudem herrscht ein offenes intellektuelles Klima.

Rundgang

Cityplan: S. 250

Die Altstadt ist weitgehend verkehrsberuhigt und so übersichtlich, dass man sie gut zu Fuß ablaufen kann. Sie wird teilweise von der Łyna umflossen, an die sich ein Grüngürtel anschließt. Der Park am Fuß des Burghügels bietet an heißen Sommertagen Erfrischung. Außerhalb der alten Befestigungsmauern lohnen v.a. die großzügig angelegten Alleen nordöstlich des Neuen Rathauses einen Abstecher (vgl. Rundgang Sehenswürdigkeiten Nr. 8 bis 11).

Vom Hohen Tor zum Fluss hinab

Der Weg in die Altstadt führt durch das **Hohe Tor** 1 (Wysoka Brama), einen wuchtigen Backsteinbau mit Treppengiebel. Es ist

Gute Stimmung an lauen Sommerabenden

TYSKIE
TYSKIE
TYSKIE
OCTIM
www.octim.com.pl

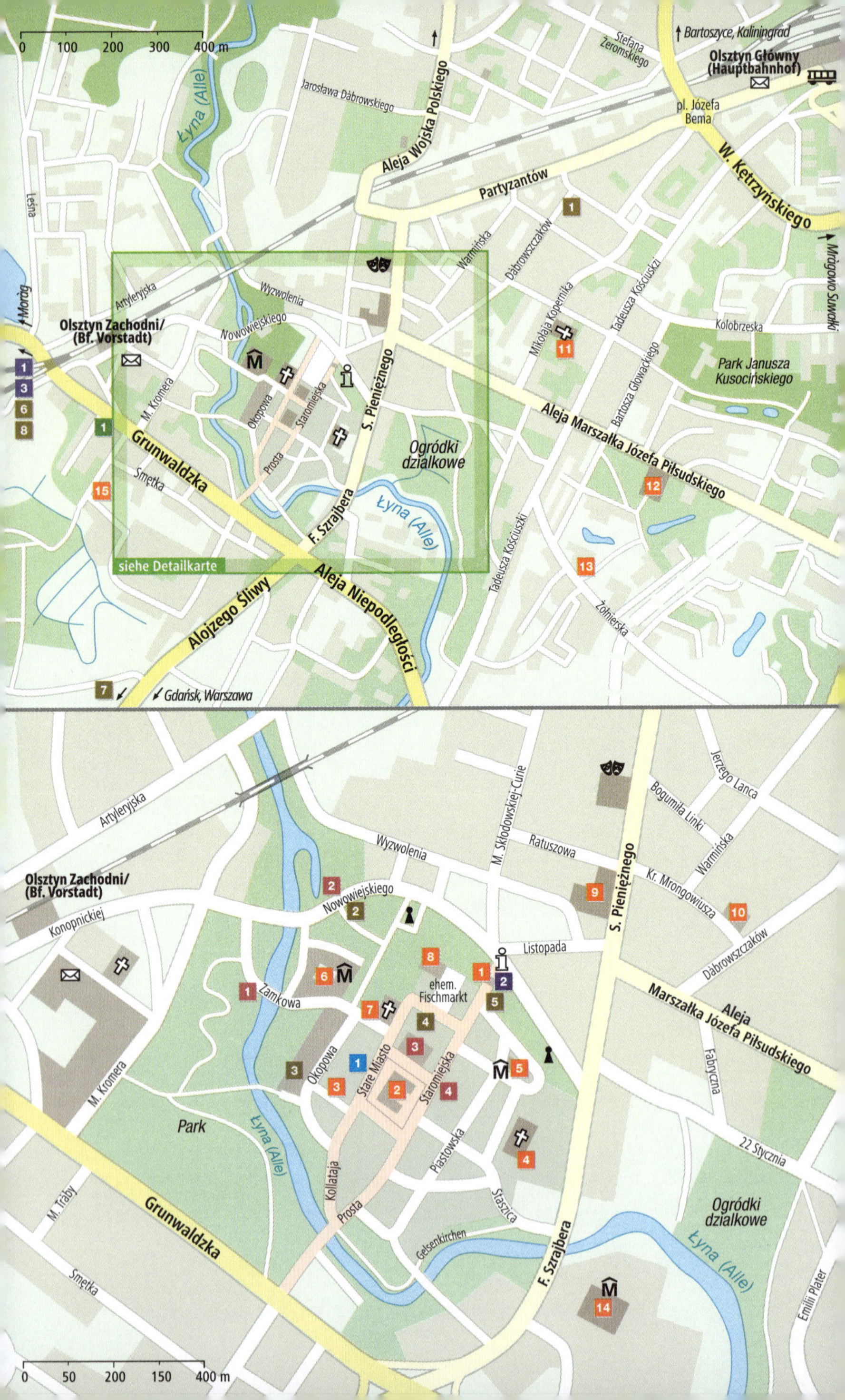

0 100 200 300 400 m
Łyna (Alle)
Jarosława Dąbrowskiego
Aleja Wojska Polskiego
Stefana Żeromskiego
Bartoszyce, Kaliningrad
Olsztyn Główny (Hauptbahnhof)
pl. Józefa Bema
W. Kętrzyńskiego
Partyzantów
Leśna
Morąg
Artyleryjska
Wyzwolenia
Nowowiejskiego
Olsztyn Zachodni/ (Bf. Vorstadt)
M. Kromera
Okopowa
Staromiejska
Prosta
S. Pieniężnego
Warmińska
Dąbrowszczaków
Mikołaja Kopernika
Tadeusza Kościuszki
Bartosza Głowackiego
Kołobrzeska
Park Janusza Kusocińskiego
Mrągowo Suwałki
Ogródki działkowe
Aleja Marszałka Józefa Piłsudskiego
Grunwaldzka
Smętka
F. Szrajbera
siehe Detailkarte
Aleja Niepodległości
Alojzego Śliwy
Tadeusza Kościuszki
Żołnierska
Gdańsk, Warszawa
Artyleryjska
Wyzwolenia
M. Skłodowskiej-Curie
Ratuszowa
Bogumiła Linki
Jerzego Lanca
Warmińska
Kr. Mrongowiusza
Olsztyn Zachodni/ (Bf. Vorstadt)
Konopnickiej
Nowowiejskiego
Listopada
Dąbrowszczaków
Zamkowa
ehem. Fischmarkt
Aleja Marszałka Józefa Piłsudskiego
Fabryczna
Okopowa
Stare Miasto
Staromiejska
M. Kromera
Park
Łyna (Alle)
Kołłątaja
Prosta
Piastowska
Staszica
22 Stycznia
Ogródki działkowe
M. Traby
Grunwaldzka
Gelsenkirchen
F. Szrajbera
Łyna (Alle)
Emilii Plater
Smętka
0 50 200 150 400 m

Olsztyn/Allenstein

Sehenswert

1 Hohes Tor
2 Altes Rathaus
3 Galeria DOBRO
4 Jakobskathedrale
5 Museum der Erzdiözese
6 Ordensburg
7 Evangelische Kirche
8 Regionalmuseum
9 Neues Rathaus
10 Kulturzentrum MOK
11 Herz-Jesu-Kirche
12 Planetarium
13 Astronomisches Observatorium
14 Museum der Gegenwart
15 Mendelsohn-Haus

Übernachten

1 Dyplomat
2 Pod Zamkiem
3 Polsko-Niemieckie Centrum Młodzieży
4 Apartamenty T. R. 11
5 Wysoka Brama
6 Galery 69
7 Przystań Hotel & Spa
8 Agrocamping

Essen & Trinken

1 Casablanca
2 Browar Warmia
3 Staromiejska
4 House Café

Einkaufen

1 Targ (Wochenmarkt)

Abends & Nachts

1 Klubokawiarnia Filmowa Awangarda Bis

Aktiv

1 Plaża Miejska
2 PTTK Mazury
3 Stadtstrand

---

das letzte Überbleibsel der mittelalterlichen Befestigungsanlagen, die früher die ganze Stadt umspannten. Hinter dem Tor beginnt die Flaniermeile **Staromiejska** mit Geschäften, Bars und Cafés. Sie mündet in den mittelalterlichen, teilweise von Laubenhäusern gesäumten Marktplatz. Nach den Verwüstungen des Zweiten Weltkriegs wurde er in historisierendem Stil mit Giebel- und Laubenhäusern neu erbaut. So auch das **Alte Rathaus** 2 (Stary Ratusz), das mit Türmchen, Arkaden und schönen Portalen die Mitte des Platzes ausfüllt. Heute beherbergt es eine Bibliothek. Ein weiterer spannender Kulturort ist die **Galeria DOBRO** 3 gleich um die Ecke. Sie zeigt nicht nur zeitgenössische polnische Kunst, sondern präsentiert auch Konzerte und Performances (Stare Miasto 24, www.mok.olsztyn.pl/galeriadobro, Di–So 11–18 Uhr, Eintritt frei).

Jakobskathedrale 4

Östlich des Marktplatzes erhebt sich die gotische **Jakobskathedrale** (Katedra Św. Jakuba, ul. Długosza s/n). Der quadratische, 67 m hohe Glockenturm verleiht ihrem Äußeren ein trotziges Aussehen, doch im Innern herrscht Eleganz: Mit fast 60 m Länge, 24 m Breite und 15 m Höhe wirken die drei Kirchenschiffe luftig und weit.

Die Decken der Kathedrale überspannen kristallartige Netz- und Zellgewölbe; bunt bemalte Köpfe von Königen und Bischöfen dienen als Gewölbeauflager. Ausdrucksstark ist das vor dem Hochaltar postierte, fast 5 m große Kruzifix, das ein gewisser Isaac Riga im 17. Jh. schuf: Christi schmerzverzerrtes Haupt ist auf seine rechte Schulter gesunken, sein Körper ausgemergelt. Drei historische Bürgerhäuser beherbergen weitere Schätze im **Museum der Erzdiözese** 5 (Muzeum Archidiecezji, ul. Św. Barbary 2, www.muzeum.archwarmia.pl, Di–So 10–16, im Sommer bis 17 Uhr, 1,50 €).

Wieder zurück auf dem Marktplatz, geht es auf der Ulica Prosta zum Fluss hinab. Vor der Brücke biegt man rechts ein und folgt der **Uferpromenade.** Die alten Fachwerkhäuser mit Cafés und Biergärten gehören zu den stimmungsvollsten Winkeln der Altstadt.

Ordensburg 6

Muzeum Warmii i Mazur, ul. Zamkowa 2, www.muzeum.olsztyn.pl, Mai–Sept. Di–So 10–17, Okt.–April Di–Sa 10–16, So bis 18 Uhr, 5,50 €

Am Flussufer läuft man durch Grünanlagen bis zur imposanten **Burg** (Zamek), die ab

1348 nach der Eroberung des Prußenlandes entstand. Heute beherbergt sie das **Museum für das Ermland und Masuren,** eines der besten der Region. In den jahrhundertealten, auf Hochglanz polierten Räumen erfährt man viel über die Geschichte, Kunst und Kultur der Region; eine eigene Ausstellung ist Nikolaus Kopernikus gewidmet. Gleich im Innenhof begegnet man fast lebensgroßen Figuren aus prußischer Zeit. ›Steinweiber‹ (*Baby*) werden sie genannt: Aus einem großen Kopf starren weit aufgerissene Augen, der Mund ist ein Strich, die Pose starr. Schaut man genauer hin, sieht man, dass auch ein Mann mit von der Partie ist, denn in einem der Gesichter ist ein Bart angedeutet.

Über die Prußen, das untergegangene Volk, informiert eine große Ausstellung in der Burg. Freilich kommt auch die Hinterlassenschaft der Sieger nicht zu kurz: Kunstwerke aus Kirchen und Schlössern veranschaulichen den Reichtum der einstigen Landesherren. Kopernikus hat fürwahr fürstlich residiert, als er von 1516 bis 1519 und dann noch einmal von 1521 bis 1522 Burgverwalter von Allenstein war. Seine Wohnräume im ersten Stock sind von herrlichen Kristallgewölben überspannt. Die ›Einrichtung‹ besteht aus einer Vielzahl astronomischer Instrumente; neben einem Kopernikus-Porträt von Jan Matejko ist eine Sonnenuhr ausgestellt, die der Meister selbst geschaffen haben soll. Auch etwas Handschriftliches hat Kopernikus hinterlassen: Auf der Wand des Kreuzgangs entdeckt man ein flott hingeworfenes Diagramm zur Messung der Tagundnachtgleiche.

Zuletzt kann man den Burgturm besteigen, von dem Kopernikus den Nachthimmel beobachtete. Unsereins begnügt sich mit einem weiten Blick über die Stadt. Tief unten, unmittelbar am Fuß der Burg, sieht man das in den Boden versenkte Amphitheater, in dem Konzerte und Theateraufführungen stattfinden.

Über den Fischmarkt in die Neustadt

An der neugotischen **Evangelischen Kirche** 7 (Kościół Ewangelicki) vorbei gelangt man zum ehemaligen Fischmarkt (Targ Rybny). Dort befindet sich eine Dependance des **Regionalmuseums** 8**,** in der historische Fotos die Geschichte der »Gazeta Olsztyńska« (»Olsztyns Zeitung«) veranschaulichen.

Tritt man durch das Hohe Tor wieder aus der Altstadt heraus, sieht man linker Hand das **Neue Rathaus** 9 (Nowy Ratusz), einen 1915 fertiggestellten Bau im Stil der Neorenaissance. Etwas früher entstand nahebei eine prachtvolle Jugendstilvilla, heute Olsztyns **Kulturzentrum MOK** 10 mit Galerien und Kammersaal. Original erhalten blieben Bleiglasfenster und Kacheln sowie die Küche (ul. Dąbrowszczaków 3, www.mok.olsztyn.pl, meist ab 10 Uhr). Von hier ist es nicht weit zur neugotischen **Herz-Jesu-Kirche** 11 (Kościół Serca Jezusa), die mit ihrem 83 m hohen Turm und grün glasierten Ziegeln Ende des 19. Jh. nach dem Vorbild des Freiburger Münsters hochgezogen wurde.

Planetarium und Astronomisches Observatorium

Folgt man der Aleja Piłsudskiego bis zum östlichen Stadtrand, gelangt man zum **Planetarium** 12**,** errichtet 1973 zum 500. Geburtstag von Kopernikus. In einem Kuppelsaal wird multimedial die Illusion erzeugt, man befände sich in den Weiten des Weltraums. Die Ausstellung »Von Kopernikus bis Sputnik« beleuchtet die Entwicklung der Astronomie als Wissenschaft (al. Piłsudskiego 38, www.planetarium.olsztyn.pl, tgl. 9–18 Uhr, 5 €).

Den realen Himmel kann man dagegen im benachbarten **Astronomischen Observatorium** 13**,** einem umgebauten Wasserturm, betrachten: Tagsüber sieht man die Sonne und nachts die Sterne (Obserwatorium Astronomiczne, ul. Żolnierska 13, www.planetarium.olsztyn.pl, Mo–Sa 9–15, Mo, Mi, Fr 22–23 Uhr, 5 €).

Museum der Gegenwart 14

Muzeum Nowoczesności, ul. Knosały 3-B, www.mok.olsztyn.pl/muzeum, Mo–Do 11–18, Sa/So 11–19 Uhr, 1 €

Auch knapp südöstlich der Altstadt gibt es Interessantes zu entdecken: Ein ehemaliges, neugotisches Sägewerk im Stadtpark wurde revitalisiert. Anhand originaler Maschinen wird Olsztyns Industriegeschichte erzählt, auf historischen Fotos in 3-D sind Einwohner von anno dazumal zu sehen.

MendelsoÚ-Haus 15

ul. Zyndroma z Maszkovic 2, Tel. 89 523 72 93, www.borussia.pl, Mo–Fr 10–16 Uhr, um 11 und 14 Uhr deutschsprachige Gratisführung

Einen Abstecher (nach Anmeldung) lohnt das **Mendelsohn-Haus** (Dom Mendelsohna) südwestlich der Altstadt. Der 1881 in Allenstein geborene Avantgardist Erich Mendelsohn – später durch den Einsteinsturm und die Berliner Schaubühne berühmt geworden – entwarf hier eine an den jüdischen Friedhof angeschlossene Trauerhalle, sein erstes Werk: ein hoher, symmetrischer Bau, überwölbt von einem fantastisch ausgemalten Walmdach. Hier unterhält die Stiftung Borussia ein Kultur- und Begegnungszentrum, s. Thema S. 256.

Infos

Centrum Informacji Turystycznej: pl. Jana Pawla II 1 (Eingang ul. 1 Maja, im Erdgeschoss des Neuen Rathauses), Tel. 89 521 03 98, http://visit.olsztyn.eu, tgl. 10–18, Okt.–Mai Mo–Sa 10–16 Uhr.

Übernachten

Stilvoll – **Dyplomat 1 :** ul. Dąbrowszczaków 28, Tel. 89 512 41 41, www.hoteldyplomat.com, 29 DZ. Das Best Western Plus Hotel, eine Villa aus dem Jahr 1890 zwischen Bahnhof und Altstadt, diente einst als polnisches Generalkonsulat. Die Zimmer huldigen unterschiedlichen Stilen (vom britschen Klub-Stil bis zum französisch-zeitgenössischen Schick); das Restaurant ist polnisch, die Malt-Bar – mit Polens größter Whisky-Auswahl – schottisch inspiriert. Besonders schön sind die Zimmer mit der Endzahl 03 und 04 im zweiten und dritten Stock sowie die Apartments (sämtlich mit Bademantel und kostenlosem Safe). Sehr gut ist das Frühstücksbüfett, eine kleine Sauna und Spa-Anwendungen gibt es auch. €€

An der Burg – **Pod Zamkiem 2 :** ul. Nowowiejskiego 10, Tel. 89 535 12 87, www.hotel-olsztyn.com.pl, 15 Zimmer. Jugendstilvilla ›an der Burg‹. Zimmer mit TV, Parkplatz vorhanden. €€

Begegnungsstätte – **Polsko-Niemieckie Centrum Młodzieży 3 :** ul. Okopowa 25, Tel. 89 534 07 80, www.pncm.olsztyn.pl, 21 Zimmer. Das »deutsch-polnische Jugendzentrum« in einem restaurierten Bürgerhaus am Fuße der Burg bietet kleine Doppelzimmer, die von allen gebucht werden können. Mit Garage und bewachtem Parkplatz. €€

B & B am Fischmarkt – **Apartamenty T. R. 11 4 :** Targ Rybny 11, Tel. 693 60 36 04, http://apartamentytr11.pl, 5 Apartments. In einem restaurierten historischen Haus werden freundliche Apartments vermietet. Das Frühstück wird in einer kleinen Bäckerei im Erdgeschoss eingenommen. €

Günstig in toller Lage – **Wysoka Brama 5 :** ul. Staromiejska 1, Tel. 89 527 36 75, www.hotelwysokabrama.olsztyn.pl, 21 Zimmer. Die beste Adresse für Traveller: einfaches kleines Hotel neben dem Hohen Tor am Eingang zur Altstadt. Unschlagbar billig ist ein Bett in einem der beiden Massenschlafsäle im Hohen Turm mit Blick auf die Altstadt. Lockeres, kommunikatives Ambiente. €

Etwas außerhalb:

Designhotel – **Galery 69 6 :** Dorotowo 38, Stawiguda, Tel. 89 513 64 80, www.hotelgalery69.pl, 21 Zimmer. 10 km südlich von Olsztyn haben die Möbeldesigner Małgorzata und Wojciech Żółtowski am Seeufer ein Designhotel eingerichtet, das als Showroom ihrer Entwürfe dient: Helles Holz und klare Formen – in diesem puristischen Interieur kann man aufatmen. Im zugehörigen Restaurant wird gute Fischküche serviert. Wer aktiv werden möchte, kann im Pool oder im See baden oder ein Boot leihen. Anfahrt: Von der Straße Olsztyn–Warszawa in Richtung Dorotowo abbiegen. €€€

Großartig am Wasser – **Przystań Hotel & Spa 7 :** ul. Żeglarska 4, Tel. 89 651 90 00, www.hotelprzystan.com, 126 Zimmer. »Anlegestelle« heißt das Viersternehotel, das in klaren Formen aus Glas und Holz am Ukiel-See (3 km westlich von Olsztyn) entstand. Die Zimmer reichen über das Ufer hinaus, sodass man das Gefühl hat, auf einem Kreuzfahrtschiff zu sein. Mit Garten auf dem Dach, ›floating piers‹ überm Wasser, hauseigenem Strand, Spa und einem Indoor-Pool, der in den See hinauszureichen scheint. Angeschlossen ist das hervorragende Restaurant Przystań mit Fisch- und Fusionsküche (Tel. 89 535 01 81, www.przystanolsztyn.pl, tgl. 11–22 Uhr). Das Hotel bietet Gratis-Räder und -WLAN. €€€

Camping – **Agrocamping** **8**: ul. Młodzieżowa 1, Tel. 662 26 67 30, www.agro-olsztyn.business.site, geöffnet Mai–Sept. 8 km westlich der Stadt am Ukiel-See, ruhig, grün und freundlich geführt, einfache sanitäre Anlagen, günstiger Bootsverleih. €

Essen & Trinken

In den Fußgängerstraßen der Altstadt, an Marktplatz und Fischmarkt reihen sich Cafés und Restaurants. Besonders stimmungsvoll sitzt man am Fluss mit Blick ins Grüne. Sehr gut isst man im Ausflugslokal **Przystań** 3 km westlich der Stadt am Ukiel-See (s. Übernachten S. 253).

Im Park unterhalb der Burg – **Casablanca** **1**: ul. Zamkowa 5, Tel. 89 522 84 64, www.casablanca.olsztyn.pl, Mo–Fr 13–22, Sa 13–20, So 12–20 Uhr. Die restaurierte Villa aus dem 19. Jh. liegt am Fuß der Burg im Park am Flüsschen – von der Terrasse ergibt sich ein schöner Blick auf einen Springbrunnen. Die Torten sind hausgemacht, die Tagesgerichte leicht und unkompliziert. €–€€

Bestimmung unbekannt: »Baby pruskie« (prußische Weiber) auf dem Marktplatz von Olsztyn

Brauerei in der Mühle – **Browar Warmia** 2 : ul. F. Nowowiejskiego 15, Tel. 78 25 65 605, www.browarwarmia.pl. Herrlich sitzt man am Flussufer unterhalb der Burg (oder an langen Tischen im Kellergewölbe) und genießt zum hauseigenen Bier Burger, Pizza, Fisch in Biersoße und deftiges Fleisch.

Logenplatz am Markt – **Staromiejska** 3 : ul. Stare Miasto 4/6, Tel. 89 527 58 83, www.staromiejska.olsztyn.pl. Café und Restaurant am altstädtischen Markt mit überdachter Terrasse, von der man das Treiben ringsum beobachten kann. Ebenso gut wie der hausgemachte Apfel- und Käsekuchen schmecken die Fischklassiker: Forelle, Zander, Heilbutt und Lachs. €

Relaxte Atmosphäre – **House Café** 4 : ul. Stare Miasto 11/16. ›Wie zu Hause‹ fühlt man sich in weichen Polstersesseln und Sofas, genießt hausgemachten Kuchen oder deftige Kleinigkeiten. Schön sitzt man auch auf der Terrasse auf dem Marktplatz. €

Einkaufen

Wochenmarkt – **Targ** 1 : ul. Grunwaldzka, Di und Fr 8–14 Uhr. Auf dem Markt knapp westlich der Altstadt verkaufen Bauern Obst und Gemüse, ›ermländisches Brot‹ *(chleb warmiński)* und Regionalkäse *(ser podpuszczkowy)*.

Abends & Nachts

Abends trifft man sich in den Bars und Cafés am altstädtischen Markt und am Targ Rybny.

Kultcafé mit Kino – **Klubokawiarnia Filmowa Awangarda Bis** 1 : ul. Stare Miasto 23, www.awangarda.olsztyn.pl. Seit 1910 ist das Kammerkino in Betrieb und noch immer zeigt es Autorenfilme, oft im O-Ton. Gute Auswahl an Tees, Kaffees und hausgemachtem Kuchen, auch kleine Gerichte.

Aktiv

Baden & mehr – **Plaża Miejska** 1 : Am Südostufer des Ukiel-Sees, 3 km westlich vom Zentrum (Bus 107, 113), liegen helle Sandstrände. Man kann Tret- und Paddelboote ausleihen. Die Promenade ist ein guter Rad-Parcours. Eine tolle Sunset-Location ist die Beach Bar (ul. Kapitańska 3, tgl. ab 12 Uhr).

Paddeln – **PTTK Mazury** 2 : PTTK Mazury, ul. Staromiejska 1, Tel. 89 527 40 59, https://mazurypttk.pl. In dem am Eingang zur Altstadt gelegenen PTTK-Büro werden preiswerte Kanutouren für ganz Masuren, u. a. auf der Krutynia-Route (s. Aktiv S. 372), organisiert. Weniger bekannt, aber ebenso schön ist die etwas anspruchsvollere Tour auf der Łyna.

Termine

Kultursommer (Mitte Juni–Anfang Sept.): Im Amphitheater am Fuß der Burg und an anderen Orten der Altstadt erlebt man Konzerte und Theateraufführungen beim Festival Olsztyńskie Lato Artystyczne. An Sommerabenden wird unter dem alten Lindenbaum im Burghof Poesie gesungen, die Palette reicht vom Dichter Ildefons Gałczyński bis zum Barden Tom Waits.

Olsztyn Green Festival (August, www.ebilet.pl/muzyka/festiwale/olsztyn-green-festival): Dreitägiges Musikfest am Stadtstrand am Ukielsee mit Stars des alternativen Pops, der Elektromusik und des Jazz.

Straßentheater-Festival (meist Mitte Aug., www.mok.olsztyn.pl): Vom Festival in Danzig ziehen Theatergruppen, Zauberer und Jongleure ostwärts: Auch in Olsztyn machen sie Station, hier bleiben sie volle drei Tage.

Weihnachtsmarkt (Dez.): Auf dem Marktplatz sorgen stimmungsvoll beleuchtete Gastro- und Kunsthandwerksbuden für ein festliches Ambiente. Es erklingen Weihnachtslieder von allen Kontinenten, dazu treten Feuertänzer und Eis-Bildhauer in Aktion.

Verkehr

Bus/Zug: Hauptbahnhof und Busbahnhof befinden sich beide am pl. Konstytucji 3 maja, 1 km nordöstlich der Altstadt. Busse verkehren mehrmals tgl. nach Elbląg, Olsztynek, Lidzbark Warmiński, Giżycko und Kętrzyn. Dazu fünf Schnellzüge tgl. über Elbląg nach Gdańsk, drei nach Warszawa und sechs nach Toruń.

Stadtverkehr: Bus- und Tramlinien finden Sie unter http://zkmolsztyn.pl.

Atlantis des Nordens – Suche nach einem versunkenen Land

Januar 1945: Nach einem 1000 km langen Marsch durch von der Wehrmacht verwüstetes russisches Land stieß die Rote Armee in Ostpreußen auf deutsches Gebiet vor. Bis zuletzt gab die nationalsozialistische Führung Durchhalteparolen aus und stellte die Flucht der Bewohner unter Todesstrafe. Erst sehr spät, als die Sowjets den Ostwall schon durchbrochen hatten und zum Frischen Haff marschierten, wurde die Räumung Ostpreußens angeordnet.

Endlose Trecks setzten sich in Bewegung gen Westen – in klirrender Kälte, auf vereisten und spiegelglatten Straßen. Zahlreiche Menschen starben an Hunger und Erschöpfung, ertranken in den Fluten des vermeintlich zugefrorenen Haffs, wurden von sowjetischen Truppen überrollt oder kamen im Bombenhagel der Tiefflieger ums Leben. Viele fuhren auf Flüchtlingsschiffen in den Tod. In seiner 2002 erschienenen Novelle »Im Krebsgang« macht Günter Grass mit dem Schicksal der »Wilhelm Gustloff« vertraut, die am 30. Januar 1945 in Gotenhafen (Gdynia) mit 5348 Passagieren an Bord in See stach. Dass die Fahrt durch die verminte Ostsee gefährlich sein würde, war dem Oberbefehlshaber der Marine klar: »Es ist wichtig, alle verfügbaren Mittel einzusetzen und dabei hin und wieder Verluste in Kauf zu nehmen, als auf den gesamten Abtransport der Verwundeten zu verzichten.« (Karl Dönitz) Die »Wilhelm Gustloff« wurde versenkt – nebst 72 weiteren Schiffen mit Tausenden Menschen. Diejenigen, die überlebten, beschreiben ein Inferno: Verletzte Soldaten erschossen sich, um nicht qualvoll ertrinken zu müssen, Kinder wurden auf der Treppe zum Oberdeck totgetrampelt, zwischen Eisschollen trieben menschliche Körper.

Viele derer, denen die Flucht gelang, organisierten sich in Vertriebenenverbänden und klagten lautstark ein »Recht auf Heimat« ein. Jahrelang wurden sie von der Regierung hofiert, »als handele es sich um fremde Großmächte, die bei Laune gehalten werden mussten« (Marion Gräfin Dönhoff). Bei ihren jährlichen Pfingsttreffen ließen sie junge, in Trachten gehüllte Mädchen auftanzen, lauschten deutschen Volksweisen und beklagten die »Verwahrlosung« ihrer Höfe unter polnischer Wirtschaft. Opfer waren immer nur sie, nicht die anderen – nie wurde thematisiert, was ihrer Vertreibung vorausgegangen war: die Hitlerbegeisterung vieler Deutschen, der verbrecherische Überfall auf Polen und die Sowjetunion. Doch die Geschichte zeigt: Man muss aus ihr nichts lernen, um ins ›Recht‹ gesetzt zu werden. Seit der Auflösung des sozialistischen Staatenblocks, Polens EU-Beitritt 2004 und dem Auslaufen aller Sonderregelungen fünf Jahre später dürfen auch Deutsche Immobilien in Polen erwerben. Schon 2000 warb der damalige Bundeskanzler Gerhard Schröder vor Vertriebenenverbänden für ein »Europa der offenen Grenzen«. Mit der EU-Osterweiterung, verkündete er, werde sich »den Kindern und Enkeln der Vertriebenen die Möglichkeit eröffnen, sich im Rahmen der europäischen Freizügigkeit an den Orten ihrer Eltern und Großeltern niederzulassen und dort am gesellschaftlichen und politischen Leben teilzuhaben.«

Der Boden ist für sie bereitet. Junge, nach dem Krieg geborene polnische Intellektuelle taten sich bereits 1991 in Olsztyn/Allenstein zum Kulturverein Borussia (lat. »Preußen«) zusammen. Sie stammen aus Ermland und Masuren, aus Landstrichen, in denen, wie sie programmatisch

Hunderttausende flüchteten im Winter 1945 von Ostpreußen in Richtung Westen

erklärten, »einst die preußischen Stämme heimisch waren und später Deutsche, Polen, Masuren, Litauer, Ukrainer.« In aller Offenheit distanzieren sie sich von der in Polen verbreiteten Doktrin, Masuren sei »urpolnisches Land«. Der von der polnischen Regierung 1945 unternommene Versuch, mehrere Hundert Jahre deutscher Geschichte durch ein Konstrukt vom »Polen der Piasten« vergessen zu machen, war nach ihrer Meinung ein Akt ideologischer Verblendung. Ziel der Gruppe ist es, die Vergangenheit zu »entlügen« und das ›Atlantis des Nordens‹ freizulegen: einen Kontinent mit einer reichen Geschichte, voller nicht eingelöster Versprechen. In ihren Verlautbarungen plädieren sie für Offenheit nach allen Seiten – nur so, glauben sie, lässt sich eine wirkliche Versöhnung zwischen Polen und Deutschen herbeiführen und die Utopie des sich einigenden Europa beleben.

An der Diskussion um das verschollene Atlantis beteiligten sich auch Vertreter der deutschstämmigen Minderheit, die das Land nach 1945 nicht hatten verlassen müssen, weil sie als ›Autochthone‹ anerkannt waren: Menschen polnischen Ursprungs, die man – laut national-kommunistischer Lesart – im Laufe der Geschichte ›zwangsgermanisiert‹ hatte. Übrigens betreibt Borussia sein Begegnungszentrum an einem ungewöhnlichen Ort: Es befindet sich in einer jüdischen Trauerhalle, die der aus Allenstein stammende Avantgarde-Architekt Erich Mendelsohn erbauen ließ. Das Schicksal dieses Gebäudes – entworfen von einem Juden in einer ehemals deutschen Stadt, die heute zu Polen gehört – illustriert laut Borussia, wie widersinnig es ist, auf ethnischer bzw. nationaler ›Reinheit‹ einer Region zu bestehen (s. Mendelsohn-Haus, S. 253).

Vom Ermland ins Masurische

Der Weg von Olsztyn gen Norden und Nordosten führt zu geschichtsträchtigen Orten mit sehenswerten Burgen und Kirchen. Sie sind das Erbe der Ordensritter, die hier im Mittelalter herrschten. Im Dickicht der Wälder liegt die Ruinenlandschaft von Hitlers Führerhauptquartier Ost, unweit davon gibt es weitere moosüberwucherte Bunker. Südlich von Olsztyn erstrecken sich Wälder und schilfgesäumte Seen. Nach Osten zu wird die Landschaft rauer.

Ordensland

Karte: S. 261

Dobre Miasto ▶ 1, Q 4

Fährt man von Olsztyn in Richtung Norden, erreicht man nach 25 km **Dobre Miasto** 1 (Guttstadt). Zur Rechten grüßt ein imposantes Storchennest auf einem mittelalterlichen Wehrturm – ein beliebtes Fotomotiv auf dem Weg in die Innenstadt. Dort lohnt vor allem die gotische Domkapitelkirche einen Besuch. Zu den Schätzen des barocken Innenraums gehört der pompöse Hochaltar, der vom Vorbild der Krakauer Wawel-Kathedrale inspiriert ist. Im benachbarten Kollegiatsgebäude, in dem jahrhundertelang die Fürstbischöfe residierten (1347–1810), entdeckt man im oberen Kreuzgang schöne mittelalterliche Fresken.

Orneta ▶ 1, P 4

Auf dem Weg nach Lidzbark Warmiński macht man einen Abstecher nach **Orneta** 2 (Wormditt), einer ländlichen, architektonisch weitgehend intakten Kleinstadt. Mitten auf dem Marktplatz steht das gotische Rathaus, ringsum eine Reihe älterer Bürgerhäuser. Die Fassade der 1379 erbauten Johanniskirche schmückt ein Fries, in den archaische, abwechselnd männliche und weibliche Porträts eingearbeitet sind.

Lidzbark Warmiński

▶ 1, Q 3/4

Die ehemalige Hauptstadt des Ermlands, **Lidzbark Warmiński** 3 (Heilsberg), wartet mit dem – neben der Marienburg – besterhaltenen Kastell des Ordensstaats auf. Hinter trutzigen Wehrmauern erhebt sich eine quadratische, von vier Ecktürmen flankierte **Festung:** streng und abweisend, der Stein gewordene Wille zur Macht. Ab 1350 residierten hier die ermländischen Bischöfe, einer von ihnen, Lukas von Watzenrode, war der Onkel des Astronomen Nikolaus Kopernikus, der ihm hier sieben Jahre als Leibarzt zur Seite stand.

Der Große Remter (Refektorium) bildet mit seinen Sterngewölben einen stilvollen Rahmen für die ausgestellten mittelalterlichen Skulpturen. Der Nebenraum ist mit farbenprächtigen Ikonen aus dem Altgläubigenkloster von Wojnowo (s. S. 291) geschmückt, orthodoxe Musik schafft eine meditative Stimmung. Ruhe strahlt auch die der hl. Katharina geweihte Schlosskapelle im Südflügel aus. Eine ganz andere Wirkung erzeugt die Galerie, wo Werke zeitgenössischer Maler zu sehen sind, u. a. expressive Bilder von Władysław Hasior und knallbunte Tableaus von Jan Lenica. Ins Schloss integriert ist das Hotel Krasicki (s. Übernachten) mit Weinstube und gutem Restaurant (Zamek, www.muzeum.olsztyn.pl, Di–Mi 10–18, Do–So 9–17 Uhr, im Winter kürzer, 6,50 €).

Wassergraben und Wehrmauern – die Bischofsburg von Lidzbark Warmiński ist ein gutes Beispiel für die Architektur des Ordensstaats

Übernachten

In der Ordensburg – **Krasicki:** Lidzbark Warmiński, Tel. 89 537 17 00, www.hotelkrasicki.pl, 120 Zimmer. In der Vorburg entstand ein nach dem letzten Fürstbischof benanntes Viersternehotel mit Spa, Sternwarte und Bibliothekscafé, ausgezeichnet als »Best New Hotel Construction & Design«. Von der eigenen Anlegestelle starten im Sommerhalbjahr Gondelfahrten. Nahebei befindet sich der Aquapark Termy Warmińskie (www.termywarminskie.pl). €€

In der Umgebung:

Hinter den sieben Hügeln – **Pałac i Folwark Galiny:** Galiny, 10 km südl. von Bartoszyce, Tel. 89 761 21 67, www.palac-galiny.pl, 37 Zimmer. Joanna und Krzysztof Pałyski haben das mittelalterliche Schloss Galiny (Gallinen) restauriert und darin ein elegantes Hotel eingerichtet. Im Restaurant kommen außer hausgemachten Wurstwaren Fisch und Fleisch aus dem Holzofen auf den Tisch. Im Reiterhof nebenan stehen in Picobello-Boxen 70 Pferde – außer Trakehnern auch Holsteiner und Oldenburger. €€

Unter Pilgern – **Dom Pielgrzyma:** Stoczek Klasztorny 30, Tel. 897 66 09 11, www.stoczek.pl, 60 Betten. 1 km östlich von Lidzbark entstand 1641 der ›Friedenstempel der Allerseligsten Jungfrau zu Springborn (Stoczek)‹, ein Kloster der Marianer-Mönche mit Kirche, Kreuzgang, Garten und einem Pilgerhaus mit schlichten 2- bis 4-Bett-Zimmern. €

Reszel ▶ 1, R 4

Auch im weiter östlich gelegenen **Reszel** 4 (Rössel) haben die ermländischen Bischöfe im 14. Jh. eine **Ordensburg** errichtet, die allerdings deutlich kleiner ausgefallen ist als in Lidzbark Warmiński. Seit mehreren Jahren

DAS LIEBLINGSDORF VON MEISTER ADEBAR

Das 50-Seelen-Dorf Żywkowo (Schewecken) an der polnisch-russischen Grenze, 12 km nördlich von Bartoszyce, gehört wahrlich nicht zu den reizvollen Orten dieser Region, doch es ist unbestritten, dass sich die majestätischen Vögel gerade dieses Grenzdorf mit Vorliebe aussuchen, um zu nisten. Auf buchstäblich jedem Dach sitzt Meister Adebar – 200 Störche sollen es insgesamt sein. Von einem Aussichtsturm kann man ihnen direkt ins Nest schauen und auf dem Hof des Vogelkundlers Adam Łopuszyński günstig übernachten (Bocianie Gospodarstwo PTOP, Tel. 89 761 82 07, zywkowo@ptop.org.pl, €). Dort erhält man auch Informationen zur ›Storchenroute‹ *(Szlak Bociani),* die durch sieben Dörfer im Grenzland führt: Toprzyny, Lejdy, Szczurkowo, Lwowiec, Duje und Brzeźnica.

dient sie als Kulturzentrum, in dem Konzerte, Festivals und Ausstellungen stattfinden. Joseph Beuys und Günter Grass stellten hier ihre Werke aus, polnische Jazzmusiker sorgten schon in sozialistischer Zeit für ein aufgeschlossenes Ambiente. Sehenswert ist das **Schlosscafé,** vom Turm hat man einen weiten Blick über Stadt und Land.

Reszel beginnt sich zu einem der schönsten Orte des Ermlands zu mausern. Mit Unterstützung der deutsch-polnischen Stiftung für Zusammenarbeit wurde die Pfarrkirche restauriert. Ein UNESCO-Diplom stellt der Stadt die Aufnahme in das Welterbe in Aussicht (Zamek, ul. Podzamcze 3, Di–So 9–18 Uhr, 9,50 €).

Übernachten

In der Burg – **Zamek:** ul. Podzamcze 3, Tel. 89 755 01 09, www.zamek-reszel.com, 12 Apartments und 3 Zimmer. In der mittelalterlichen Burg gibt es geräumige, zweigeschossige Zimmer mit Bad, ausgestattet mit schweren Holzmöbeln, die kein Geringerer als der Schlossherr schuf: der Bildhauer Bolesław Marschall. Für Stärkung sorgt das Schlosslokal »Sieben Katzen« unter gotischen Gewölben. €

Verkehr

Bus: Die zentrale Haltestelle von Lidzbark Warmiński liegt 500 m nordwestlich des Hohen Tors. Es gibt regelmäßige Verbindungen nach Olsztyn, Frombork und Gdańsk, via Reszel nach Święta Lipka und Kętrzyn. In Reszel fahren Busse von der Haltestelle nördlich des Stadtzentrums nach Swięta Lipka, Kętrzyn, Mrągowo, Olsztyn und Lidzbark Warmiński.

Über Święta Lipka nach Drogosze ▸ 1, R 3/4

Karte: rechts

Kapellen am Wegesrand kündigen den Wallfahrtsort **Święta Lipka** 5 (Heiligelinde) an. Wie es sich für einen Pilgerort gehört, verdankt auch Święta Lipka seine Entstehung einem Wunder: Maria erschien einem zum Tode Verurteilten, der ob dieses Anblicks so bezaubert war, dass er das Bild der Madonna in ein weiches Stück Holz schnitzte. Als die Richter am nächsten Morgen das Werk erblickten, wagten sie nicht mehr, die Strafe zu vollstrecken und beschlossen, den Sünder auf freien Fuß zu setzen. Zum Dank befestigte dieser das Bildnis an einer mächtigen Linde, die fortan Anlaufpunkt von Pilgern aus ganz Polen wurde. In den Jahren 1687 bis 1694, als die Gegenreformation auch die entferntesten Winkel des Landes eroberte, bauten sich an besagter Stelle Jesuiten ein prächtiges Kloster mit Kirche – auf einem Fundament von 10 000 im Sumpfboden verankerten Erlen. Die Besucher, mittlerweile an wehrhafte Backsteingotik gewöhnt, mögen ihren Augen

kaum trauen. Da erhebt sich auf einer Waldlichtung eine helle und erstaunlich verspielte Kirche. Hoch ragen ihre Doppeltürme auf, ein ringsum verlaufender Laubengang wird von Kuppelkapellen flankiert. Innen setzt sich die barocke Prachtentfaltung fort: Dem 19 m hohen, schwerelos wirkenden Hochaltar mit dem verehrten »Bildnis der Schmerzensmutter« steht eine gleichfalls übergroße Orgel mit etwa 4000 Pfeifen gegenüber. Nach jedem Konzert setzt sich ein fulminantes Figurenkarussell in Bewegung: Engel greifen in die Saiten von Mandolinen, blasen pausbäckig in Trompeten und lassen goldfunkelnde Sterne tanzen. Der Erzengel Gabriel geht vor Maria in die Knie – huldvoll nickt diese ihm zu. Jedes Jahr kommen 1,5 Mio. Pilger und Touristen nach Święta Lipka. Wie auch an anderen polnischen Wallfahrtsorten herrscht vor der Kirche ein kunterbuntes Treiben (Klasztor i Kościół, www.swlipka.pl, Mo–Sa 8–18 Uhr, So nur kurzzeitig zwischen den Messen; ab 9.30 Uhr fast stdl. musikalische Orgelkostproben, im Winter 10 und 14 Uhr).

Für Architekturliebhaber empfiehlt sich ein 30 km langer Abstecher nach **Drogosze** 6 (Dönhoffstadt) im Grenzgebiet zur russischen Exklave Kaliningrad. Der größte Adelssitz Ostpreußens prunkt mit einer 100 m langen klassizistischen Schaufassade, effektvoll spiegelt sie sich im Wasser eines Sees. Nach der Wende ging das Schloss in Privatbesitz über, sodass man sich mit der Außenansicht begnügen muss. Immerhin ist es möglich, durch den 75 ha großen Park zu streifen. Trotz der Namensgleichheit hat Marion Gräfin Dönhoff, die Herausgeberin der »ZEIT«, nie hier gelebt; ihr ›Stammhaus‹ befand sich in Friedrichstein im heute russischen Kaliningrad.

Übernachten, Essen & Trinken

Komfortable Pilgerherberge – **Taurus:** Święta Lipka 16, Tel. 89 755 37 37, www.hoteltaurus.pl, 30 Zimmer. Dreisternehotel im Fachwerkstil nahe der Wallfahrtskirche. Freundliche Zimmer mit Bad, offener Kamin im gemütlichen Salon. In den Sommermonaten öffnet ein Gartencafé mit Blick auf die Basilika. Im Restaurant wird polnische Hausmannskost serviert, auch der frische Fisch kommt gut an. €

Urgemütlich – **Karczma Berta:** Święta Lipka 23, Tel. 57 88 95 868, https://karczmaberta.com.pl. Mit Bauernmöbel auf alt gemachte 6 Zimmer. Im Hofladen gibt es Regionales, das auch im Gasthaus auf den Tisch kommt: Kohl und Rinderrouladen, Piroggen und Pielmini, kräftige Suppen. Wer auf Süßes steht, bestellt hausgemachten Kuchen und im Sommer hauseigenes Eis, serviert in der Waffel. €

WALLFAHRT IN ŚWIĘTA LIPKA

Auf einer Tafel links vom Haupteingang der Kirche steht geschrieben, dass Maria anno 1300 einem zum Tode Verurteilten persönlich erschienen sei. Da im gleichen Jahr der Eroberungsfeldzug gegen die heidnischen Prußen in vollem Gang war, konnte die Intervention der Mutter Gottes als Zeichen christlicher Überlegenheit gedeutet werden und dabei helfen, die Gemetzel an den ›Ungläubigen‹ als gerechten Krieg zu interpretieren. In der Folge ereigneten sich viele weitere Wunder: »In der Nähe weidende Schafherden gingen in die Knie«, heißt es in einer Chronik, im linken Seitenschiff der Kirche wird in Bild und Schrift von spektakulären Ereignissen berichtet. Da erlangte ein Blinder sein Augenlicht zurück, eine Frau genas nach schwerer Geburt und ein Lahmer lernte laufen – all dies nach einem Besuch in der Kirche. Selbst der letzte Hochmeister des Deutschen Ordens ließ es sich nicht nehmen, Maria zu Ehren barfuß von Königsberg nach Heiligelinde zu laufen. Heutige Besucher tun es ihm nach. Wer polnische Frömmigkeit erleben will, besucht die Kirche Święta Lipka an einem Marienfeiertag, z. B. an ihrem Geburtstag (8. September) oder am Tag ihrer Himmelfahrt (15. August). Zehntausende Pilger nähern sich ihrer Madonna, wobei ältere Frauen die letzte Strecke auf Knien rutschend zurücklegen. Während sie ins Gebet versunken sind, herrscht nur wenige Schritte entfernt blanker Kommerz: Devotionalienhändler verkaufen Tassen und Teller mit dem Konterfei Marias, Heiligenfiguren aus Wachs, Plastik und Porzellan. Bäuerinnen bieten Räucherkäse feil, an Imbissbuden gibt es Bigos und Pommes. Im Schatten der berühmten Kirche von Święta Lipka stehen zwei weitere barocke Wallfahrtskirchen: das als ›ermländisches Jerusalem‹ bezeichnete Głotowo (4 km südwestlich von Dobre Miasto) und Krosno (3 km nordöstlich von Orneta).

Barocke Pracht in der Kirche des Wallfahrtsorts Święta Lipka

Termine

An allen Marienfeiertagen (1. Jan., 3. Mai, 15. Aug., 8. Sept., 8. Dez.) strömen Pilger zur Schmerzensmutter in **Święta Lipka.**

Verkehr

Bus: Ab Święta Lipka gibt es häufige Verbindungen nach Kętrzyn, Reszel, Olsztyn, Mrągowo und Lidzbark Warmiński.

Kętrzyn und die Wolfsschanze ▶ 1, S 4

Karte: S. 261

Die Kleinstadt **Kętrzyn** 7 (Rastenburg) verdankt ihren deutschen Namen dem prußischen Wort »Rast«, was so viel wie »in den Sumpf getriebener Pfahl« bedeutet. Der polnische Name ehrt einen Deutschen: Adalbert von Winkler (1838–1918) entdeckte seine polnische Identität und publizierte unter dem Pseudonym Wojciech Kętrzyński mehrere Bücher, in denen er den »deutschen Drang nach Osten« geißelte. Eine Ausstellung in der kleinen Ordensburg erinnert an sein Schaffen, dokumentiert wird zudem die Geschichte der Stadt (Muzeum w Kętrzynie, pl. Zamkowy 1, www.muzeum.ketrzyn.pl, Di–So 9–16 Uhr, 4 €). Wichtigstes Gotteshaus in Kętrzyn ist die gotische, von Wehrmauern umschlossene Georgskirche 300 m weiter westlich (mit toller Aussicht vom Turm!). In ihrem Schatten duckt sich die Johanniskapelle. In direkter Nachbarschaft, mitten auf dem grünen ›Skwer Arno Holza‹ fällt ein neugotischer Palast mit vier Türmchen in den Blick: Die ehemalige Freimaurerloge beherbergt eine Ausstellung zum Dichter Arno Holz, der hier 1863 das Licht der Welt erblickte. Nördlich des Zentrums befindet sich eines der größten Gestüte Polens – gegründet 1877 als königlich-preußische Trakehnerzucht (Stado Ogierów Skarbu Państwa, ul. Bałtycka 1, www.soketrzyn.pl).

Wolfsschanze

Wilczy Szaniec, Tel. 89 752 44 29, www.wolfsschanze.pl, tgl. ab 8 Uhr bis zur Dämmerung; Rundgang ca. 2 Std. 5 €, Parken 7,50 €

Für die meisten Besucher ist Kętrzyn nur Durchgangsstation zum 8 km östlich gelegenen **Gierłoż** (Görlitz), bekannter als ›**Wolfsschanze**‹. Der von Wäldern und Seen umschlossene Ort war über drei Jahre lang Hitlers Hauptquartier Ost. Ab dem 24. Juni 1941, also unmittelbar nach dem Überfall auf die Sowjetunion, lebte der ›Führer‹ hier mit seinem Beraterstab, alle wichtigen Entscheidungen – vom Angriff auf Stalingrad über die Zerstörung Warschaus bis zur Bildung des Deutschen Volkssturms – wurden an diesem Ort getroffen. Zur Zeit der größten Machtausdehnung reichte das von hier regierte Territorium 3000 km ostwärts bis zur Wolga und zum Kaukasus. Hitler fühlte sich in der geheim gehaltenen Festungsstadt sicher, bis ihm Widerstand aus den eigenen Reihen erwuchs. Am 20. Juli 1944, als der Krieg nicht mehr zu gewinnen war, suchte sich eine Gruppe von Offizieren unter Leitung von Claus Graf Schenk von Stauffenberg ihres Führers zu entledigen. Das Attentat schlug fehl, worauf die aufständischen Militärs in Berlin-Plötzensee hingerichtet wurden. Im Film »Operation Walküre« mit Tom Cruise als Stauffenberg wurde das Attentat in Szene gesetzt. Am 20. November des gleichen Jahres verließ Hitler die Wolfsschanze, um der vorrückenden Roten Armee nicht in die Hände zu fallen. Auf seinen Befehl hin wurde die gesamte Festungsstadt gesprengt. Die Erschütterung war so stark, dass das Eis noch in kilometerweit entfernten Seen zersprungen sein soll.

Die Wolfsschanze stellt sich heute als Themenpark dar. Besucher erwartet eine 2 km² große Ruinenlandschaft mit gesprengten Bunkern, rostigen Stahlkorsetten und Betongebirgen. Am ehemaligen Offiziershotel vorbei kommt man zu einem schlichten Monument in Form eines aufgeklappten Buches. Es trägt die Inschrift: »Hier stand die Baracke, in der am 20. Juli 1944 Claus Schenk Graf von Stauffenberg ein Attentat auf Adolf Hitler unternahm. Er und viele andere, die sich gegen die nationalsozialistische Diktatur erhoben hatten, bezahlten mit ihrem Leben.« Der auf Wunsch von Ex-Kanzler Kohl eingravierte Satz, der dem Oberst der Wehrmacht als Widerstandskämpfer huldigt, löste in Polen Empörung aus, wurde aber nicht entfernt. Im weiteren Verlauf des Rundgangs geht es an sieben zerschlissenen Betonfestungen vorbei. Am mächtigsten ist der Führerbunker (Nr. 13), dessen 10 m dicke Wände an ineinander verkeilte Kontinentalplatten erinnern. Drinnen herrscht ein Chaos aus künstlichem Gestein, das mittlerweile von Pilz und Moos überwuchert ist. Nahebei befinden sich die Bunker von Martin Bormann (Nr. 11) und Hermann Göring (Nr. 16). Südlich der das Gelände teilenden Bahngleise folgen die Bunker weiterer Nazigrößen.

MANUFAKTUR UND HOTEL IM SCHLOSS

10 km südlich von Kętrzyn thront auf einem Hügel das Barockschloss Nakomiady (Eichmedien). Nicht nur von außen ist es schön anzuschauen, auch innen ist es spannend: Seit 1704 werden in einer Manufaktur Kacheln in blauer Glasur gefertigt, die Öfen schmücken. Auch wenn man keinen ganzen Ofen kaufen möchte: Der Besuch lohnt allemal, um reisetaugliche Souvenirs wie einzelne Kacheln oder Miniöfen für Teelichter zu erstehen. Schön ist ein Gang durch den Kräuter- und Rosengarten. Auch stilvoll nächtigen kann man im Schloss: Sieben Zimmer stehen zur Wahl – alle mit Kachelöfen, Friesen und Parkblick (Pałac Nakomiady, Tel. 50 169 02 68, www.nakomiady.pl, Eintritt frei, €€€).

Infos

Centrum Informacji Turystycznej: pl. Marszałka Józefa Piłsudskiego 10, Kętrzyn, Tel. 89 751 47 65, www.it.ketrzyn.pl.

Übernachten, Essen & Trinken

In Kętrzyn:

Im »Alten Haus« – **Stara Kamienica:** pl. Piłsudskiego 12, Tel. 89 751 05 67, www.restauracja-starachata.pl. Im Zentrum von Kętrzyn genießen Sie im restaurierten Haus in nostalgischem Ambiente Hirschragout und masurischen Fisch, mit Wild gefüllte Piroggen und Kartoffelpuffer mit Pfifferlingen. Stilvoll übernachten können Sie auch. €

In Gierłoż:

Im ehemaligen Offizierskasino – **Wolfsschanze:** Tel. 89 75 24 432, www.wolfsschanze.pl, 29 Zimmer. Saubere Zimmer am Eingang zur Wolfsschanze. Im Übernachtungspreis ist der Eintritt zur Wolfsschanze enthalten. Eine Kantine serviert Snacks. €

Verkehr

Bus: Von Kętrzyn bestehen mehrmals tgl. Verbindungen nach Olsztyn sowie via Gierłoż nach Giżycko.

Von Olsztynek nach Szczytno

Karte: S. 261

Olsztynek ▶ 1, P 6

Olsztynek 8 (Hohenstein) ist eine Kleinstadt mit Überresten einer Ordensburg. Interessanter ist der Besuch des 1 km nordöstlich gelegenen **Freilichtmuseums,** in dem die untergegangene bäuerliche Welt zum Leben erweckt wird. Auf einer 39 ha großen Fläche sieht man Gutshöfe, Kirchen, Wind- und Wassermühlen, dazu originale und rekonstruierte Holzhäuser aus Ermland und Masuren. In einigen wird gewebt, geschnitzt und getöpfert, im Gasthaus wird gezecht; frei herumlaufende Hühner und Gänse sorgen für Kolorit (Skansen, www.muzeumolsztynek.com.pl, 15.–30. April Di–So 9–17, Mai/Juni, Sept. tgl. 9–17, Juli/Aug. tgl. 10–18, Okt. Di–So 9–16 Uhr, 6,20 €).

In den Wäldern südwestlich der Stadt, zwischen **Stębark** 9 (Tannenberg) und **Grunwald** 10 (Grünfeld), besiegten 1410 die vereinten polnisch-litauischen Truppen das ›unschlagbare‹ Heer der Kreuzritter und leiteten damit den Niedergang des Ordensstaates ein. Polnische Nationalisten pilgern alljährlich am 15. Juli, dem Tag des Sieges, zu dem hier aufgestellten Monument, einem riesigen Steinblock, in den kantige Kriegergesichter geschnitten sind. Im zugehörigen Museum wird der Ablauf der Schlacht rekonstruiert, zu sehen sind auch alte Fahnen und Waffen sowie Ausschnitte aus verschiedenen Grunwald-Filmen (Muzeum Bitwy Grunwaldzkiej, Stębark 1, https://muzeum-grunwald.pl, April–Sept. tgl. 9.30–18 Uhr, 7 €).

Gut 500 Jahre später, zwischen dem 24. und 30. August 1914, wurde der ›deutsche Soldat‹ rehabilitiert: Fast an gleicher Stelle gelang es den Truppen des Generalfeldmarschalls Paul von Hindenburg, über 90 000 russische Soldaten der Narew-Armee gefangen zu nehmen. Hindenburg wurde zum ›Helden von Tannenberg‹ erklärt, das ihm zu Ehren errichtete Mausoleum wurde vor der anrückenden Sowjetarmee von den Deutschen 1944 gesprengt – nur Ruinen blieben …

Nidzica ▶ 1, Q 6

Noch weiter südöstlich, 30 km von Olsztyn an der Hauptstraße nach Warschau, stößt man auf die Deutschordensburg von **Nidzica** 11 (Neidenburg). Gebieterisch erhebt sie sich auf einem Hügel, ein Marienburg in Kleinformat mit wuchtigen Türmen und leuchtend roten Ziegelmauern. Jahrhundertelang markierte die Festung die Grenze zum polnischen Masowien. Heute ist die Burg eine Touristenattraktion mit Hotel und Restaurant (ul. Zamkowa 2, www.zamek-nidzica.pl, €–€€).

Termine

Ritterschlacht (Mitte Juli, www.grunwald1410.pl): Beim Nachspielen der Schlacht von 1410 treten Tausende ›Ritter‹ in Rüstung und Waffen gegeneinander an.

Verkehr

Bus/Zug: Die zentrale Bushaltestelle von Olsztynek befindet sich 200 m südlich vom Marktplatz; viele Busse fahren nach Olsztyn, einige nach Grunwald und Ostróda. Der Bahnhof liegt 1 km nordöstlich vom Ortskern, gute Verbindungen gibt es in Richtung Olsztyn.

Szczytno ▶ 1, R 6

Szczytno 12 (Ortelsburg) liegt zwischen zwei Seen, die die alten Prußen »Sciten« (»Kriegerschilde«) nannten. Ihre Burg wurde 1350 von den Ordensrittern übernommen und nach deren erstem Leiter »Ortulfsburg« getauft. Einmal im Jahr, meist Anfang Juli, geben die verbliebenen Ruinen für das hier stattfindende Ritterturnier die Kulisse ab. Hinter den Mauern erhebt sich der kantige Turm des städtischen Rathauses. 1938 wurde es von Adolf Hitler persönlich eingeweiht, heute beherbergt es ein **Masurisches Museum** mit alten Bauernmöbeln und Kachelöfen, Korb- und Keramikwaren (Muzeum Mazurskie, ul. Sienkiewicza 1, https://szczytno.muzeum.olsztyn.pl, Mai–Sept. Di–Mi, Fr–So 10–17, sonst 8–16 Uhr, 3,50 €). Die wenigen ›echten‹ Masuren, die es im Ort gibt, treffen sich im Verein »Heimat« in der evangelischen Kirche. Diese steht abseits der Hauptstraße in einem kleinen Park und lohnt einen Besuch wegen ihres barock-verspielten, in lichtem Grün gehaltenen Innenraums.

An die einstige jüdische Gemeinde erinnert ihr Friedhof, einer der wenigen noch existierenden im Nordosten Polens. Unter knorrigen Bäumen ducken sich schiefe Grabsteine mit hebräischen Inschriften, die letzte stammt von 1937 (Cmentarz Żydowski, ul. Łomżyńska s/n, knapp südlich der Bahngleise; ist er verschlossen, erhält man den Schlüssel nebenan).

Infos

Im Internet: http://miastoszczytno.pl

Übernachten

Am Stadtpark – **Hotel Krystyna:** ul. Żwirki i Wigury 10, Tel. 89 624 21 69, www.hotelkrystyna.pl, 56 Zimmer. Dreisternehotel am See mit Büfettfrühstück, bewachtem Parkplatz, Radverleih. €

AUF DEM REITERHOF

Der Öko-Bauernhof Sasek liegt am See, in einem kleinen Dorf 12 km südwestlich von Szczytno. In familiärem Ambiente kann man hier bei Pferdeprofis, die gut Deutsch sprechen, reiten lernen, auch Ausritte und Kutschfahrten sind möglich. Wer nicht so gern im Sattel sitzt, geht angeln, surft oder fährt Boot; Wiesen und Wälder laden zum Wandern ein. Abends trifft man sich im Kaminraum, wo auch die Mahlzeiten eingenommen werden – nicht nur Milch und Fleisch stammen vom Bauernhof. Übrigens gibt es in den Zimmern weder Radio noch Fernsehen, aber freies Internet (Gospodarstwo Agroturystyczne Sasek, Sasek Mały 14, Tel. 89 622 11 60, Mobil-Tel. 60 266 92 14, www.sasek.pl, 9 Zimmer, €).

Termine

Ritterturnier (Juli): Höhepunkt des Stadtfests in den Ruinen der Ordensburg.

Verkehr

Bus/Zug: Die beiden Bahnhöfe befinden sich im Stadtzentrum; gute Verbindungen nach Olsztyn und über Pisz nach Ełk.

Flugzeug: Der kleine internationale Flughafen Szymany liegt 10 km südlich der Stadt. Nach Ausbau der Bahnstrecke Olsztyn–Szczytno–Pisz mit Anschluss an Szymany wurde der Flughafen als **Port Lotniczy Olsztyn-Mazury** neu eröffnet. Flugverbindungen bestehen u. a. mit Dortmund und London (http://mazuryairport.pl/en).

Wunderbar naive Fantasie in Holz – im Freilichtmuseum von Olsztynek

Mrągowo
(Sensburg)
Mikołajki
(Nikolaiken)
Masuren

Kapitel 5

Naturparadies Masuren

Es gibt viele Regionen mit Seen und Wäldern, doch eine übt einen besonderen Zauber aus: Masuren, jenes weltverlorene Gebiet im Nordosten Polens, wo es scheint, die Zeit sei vor Jahren stehen geblieben. Es passt zu dieser Landschaft, dass sie über keine festgelegten Grenzen verfügt. Masuren, sagen viele, beginne dort, wo die Hügel buckliger und die Straßen brüchiger werden, wo man sich auf Alleen unter einem Baldachin dichter Baumkronen bewegt ...

Entstanden ist Masuren, als die Gletscher der letzten Eiszeit schmolzen. Die Kies- und Gesteinsmassen, die sie vor sich her schoben, blieben als Hügel stehen, ihr Schmelzwasser füllte Täler und Rinnen. Heute fährt man durch eine anmutig gewellte Landschaft mit einer Fülle von Seen. Mehr als 3000 mögen es sein: kilometerlange Schmalspurgewässer oder kugelrunde ›Himmelsaugen‹, mal mit weißem Sandstrand, mal mit verschilftem Ufer. Einige von ihnen, etwa der Śniardwy- oder der Mamry-See, sind so groß, dass sie als ›masurische Meere‹ bezeichnet werden. Und je weiter man nach Osten kommt, desto dichter wächst auch der Wald, der in Masuren ›Heide‹ *(puszcza)* heißt. Es gibt die Johannisburger, die Borkener und die Rominter Heide, Mischwälder voller Pilze und Beeren, durchzogen von sandigen, zu einsamen Förstereien führenden Wegen.

Das Herz Masurens bildet die Große Seenplatte mit den Ferienzentren Giżycko im Norden und Mikołajki im Süden. Hier sind die Seen perlenförmig aneinander gereiht und durch Kanäle miteinander verbunden – ein Eldorado für Wassersportler aller Art. Wer möchte, kann die Region auch vom Wasser aus mit dem Ausflugsschiff erkunden.

Ins Boot steigen und lospaddeln – damit lockt Masuren

Auf einen Blick: Naturparadies Masuren

Sehenswert

Mikołajki: Das >masurische Venedig< ist ein guter Ausgangspunkt zur Erkundung des Masurischen Landschaftsparks (S. 280).

Masurischer Landschaftspark: Das Filetstück Masurens umfasst ein >Meer< und einen kristallklaren Fluss, dichte Wälder und idyllische Weiler (S. 285).

Popielno: Auf der bewaldeten Halbinsel werden Tarpanpferde gezüchtet (S. 287).

Kadzidłowo: Vom Elch bis zum Wolf – alle Säugetiere Masurens vereint (S. 287).

Wojnowo: Alt-Russland lässt grüßen! Orthodoxe Kirchen mit Ikonen, kyrillischen Schriftzeichen und schiefen Kreuzen (S. 291).

Sztynort: Geisterschloss zwischen zwei großen Seen, erreichbar über eine 500 Jahre alte Eichenallee (S. 301).

Schöne Route

Auf Umwegen nach Mikołajki: Von Olsztyn führt die waldreiche Straße 16 über Sorkwity nach Mrągowo. Links geht es via Sądry nach Ryn, geradeaus via Kosewo direkt nach Mikołajki. Wer den wunderbaren Masurischen Landschaftspark kennenlernen möchte, biegt bei Mrągowo in Richtung Szczytno ein, um nach etwa 10 km, kurz vor Piecki, links einzuschwenken. Eine schöne Schleife führt über das Paddlerzentrum Krutyń nach Zgon, dann vorbei am >russischen Dorf< Wojnowo nach Ukta. Im weiteren Verlauf lohnen Abstecher zum Tierpark Kadzidłowo und nach Iznota. Ziel ist Mikołajki, der Hauptort des mittleren Masuren (S. 280).

Meine Tipps

Masurisches Eden bei Iznota: Wer will, kann sich in dieser Ferienanlage an >galindischen< Happenings beteiligen: Höhlengelage bei Fackelschein mit Fingerfood oder kleine Seeschlachten im Holzboot (S. 287).

Wohlfühlpension Habenda in Krutyń: Mitten im Masurischen Landschaftspark werden Sie rundum umsorgt. Auch die Kajaktour auf Polens schönstem Paddelfluss wird perfekt organisiert (S. 289).

Grillspezialitäten im Pod Czarnym Łabędziem: Im Gasthaus >Zum Schwarzen Schwan< gibt's Deftiges am See (S. 295).

RUSSLAND
Gołdap (Goldap)
Węgorzewo (Angerburg)
J. Mamry (Mauersee)
Sztynort
Kętrzyn (Rastenburg)
Giżycko (Lötzen)
Olecko (Treuburg)
Masurische Seenplatte
J. Niegocin (Löwentin-See)
Ryn (Rhein)
Grillspezialitäten Pod Czarnym Łabędziem
Mikołajki (Nikolaiken)
Ełk (Lyck)
Mrągowo (Sensburg)
Auf Umwegen nach Mikołajki
Wanderung zum ›Schwanensee‹ Łuknajno
Wohlfühlpension Habenda
Masurischer Landschaftspark
Olsztyn (Allenstein)
Piecki (Peitschendorf)
Masurisches Eden bei Iznota
Kadzidłowo
Popielno
Krutyń
Paddeln auf der Krutynia
Naturlehrpfade ab Krutyń
Radtour im Masurischen Landschaftspark
Zgon (Hirschen)
Ruciane Nida
Szczytno (Ortelsburg)
Wojnowo (Eckertsdorf)

Wanderung zum ›Schwanensee‹ Łuknajno: Von Mikołajki geht es zu einem See, den die UNESCO zum Biosphärenreservat erklärte: Zur Brutzeit im Frühsommer tummeln sich hier 2500 Höckerschwäne (S. 282).

Paddeln auf der Krutynia: Ein verträumter Fluss, mal Bach, mal See: Durch den Landschaftspark verläuft der schönste Abschnitt vorbei an idyllischen Dörfern, Kirchen und Klöstern (S. 372).

Naturlehrpfade ab Krutyń: Am Naturkundemuseum starten markierte Wege zu jahrhundertealten Königskiefern, Sumpfinseln, Toteisseen und verschilften Seen (S. 290).

Radtour im Masurischen Landschaftspark: Es geht an mehreren Seen entlang und durch urwüchsigen Wald, vorbei an Tarpanpferden und Bibern. Auch eine kleine Fähre kommt zum Einsatz (S. 296).

Mrągowo und Umgebung

Auf dem Weg zu den Großen Masurischen Seen passiert man Schlösser und Gutshäuser, gemütliche Kleinstädte und glasklare, waldgesäumte Gewässer. Auf dem Dach von Bauernhäusern, die meist noch aus ostpreußischer Zeit stammen, thronen Storchennester; auf den Weizenfeldern blühen im Sommer Kornblume und Klatschmohn.

Mrągowo ▶ 2, S 4

Karte: unten
Mit 22 000 Einwohnern größte Stadt weit und breit ist **Mrągowo** 1 (Sensburg). Sie liegt zwischen den beiden Seen Czos und Juno und ist dank mehrerer Hotels und Pensionen ein beliebter Ausgangspunkt zur Erkundung Masurens. Der deutsche Ortsname stammt vermutlich von einer hölzernen ›Seeburg‹, die hier 1348 von Ordensrittern errichtet und bis Anfang des 16. Jh. gehalten wurde. Die in kriegerischen Auseinandersetzungen immer wieder gebeutelte, 1822 durch einen Brand zerstörte Stadt blieb nach dem Ersten Weltkrieg aufgrund einer Volksabstimmung bei Deutschland und fiel nach dem Zweiten Weltkrieg an Polen. Nun erhielt sie auch den heute gültigen Namen Mrągowo. Die Bezeichnung huldigt dem Patrioten Krzysztof Celestyn Mrongowiusz (1764–1855), der sich zeitlebens für das ›Masurische‹ stark machte.

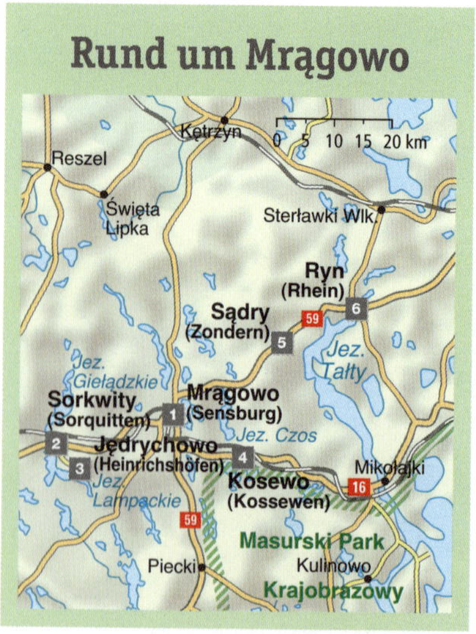

Rund um Mrągowo

Sehenswertes

Mrągowo präsentiert sich dem Besucher als geschäftiges Städtchen mit mehreren Kirchen und stattlichen Bürgerhäusern. Wo sich die Hauptstraße Warszawska zu einem grünen Platz weitet, befinden sich die Touristeninformation und das Masurische Museum; das angrenzende Fachwerkhaus zeigt archäologische Funde (Muzeum Warmii i Mazur, ul. Ratuszowa 5, http://mragowo.muzeum.olsztyn.pl, Sommer Mo–Di, Do–Sa 10–17, sonst 10–16 Uhr, 2,50 €). Geht man in Richtung Seeufer hinab, kommt man zur Roosevelt-Straße, wo die **Orthodoxe Kirche** besucht werden kann. Von außen zeigt sie sich in schlichter Backstein-Neogotik, innen beeindruckt sie mit farbenprächtigen Ikonen. Original erhalten sind die Fenster anno 1896, als das Gotteshaus für die jüdische Gemeinde erbaut wurde (Cerkiew Przemienienia Pańskiego, ul. Roosevelta 3).

Von der Roosevelt-Straße ist es nur ein Katzensprung zum **Czos-See,** wo gegenüber, am bewaldeten Ostufer, alle wichtigen Unterkünfte der Stadt liegen. Während der Festivals im Sommer sind sie oft ausgebucht. Tausende von Besuchern kommen zum ›Western Piknik‹ im Juli und beschwören den ›American Way of Life‹; Paraden berittener Cowboys ziehen durch die Stadt, an jeder Ecke kann man Countrymusik hören. Und weil Country Kult ist, wurde im Norden der Stadt **Mrongoville** eröffnet, ein Western-Themenpark mit Saloon, kleiner Ranch und Cowboy-Stunt-Shows (ul. Młynowa 50, www.mrongoville.pl, Eintritt frei).

Infos

Centrum Informacji Turystycznej: ul. Ratuszowa 5, Tel. 721 62 05 55, www.it.mragowo.pl.

Übernachten

Viele Unterkünfte liegen an der Ostseite des Czos-Sees und sind vom Zentrum über eine Seepromenade erreichbar.

Komfortables Großhotel – **Mrągowo Resort & Spa:** ul. Giżycka 6, Tel. 89 743 31 00, www.mragoworesort.pl/en, 215 Zimmer. Auf einer Anhöhe am Czos-See, mit Spa, Tennisplätzen und Squash Courts, Reitstall, Radverleih. €€

Am See – **Panoramic-Oscar:** ul. Jaszczurcza Góra 16, Tel. 89 7413970, www.panoramic.home.pl, 77 Zimmer. Attraktives Hotel am Ufer des Czos-Sees; fast alle Zimmer haben See- oder Waldblick. Fahrrad-, Boots- und Surfbrettverleih. €€

Alte Schule – **Stara Szkoła:** Czerwonki, Tel. 89 741 53 55, http://staraszkola.mazury.pl, 9 Zimmer. Eine ehemalige Dorfpenne am Ufer des Juksty-Sees (östlich von Mrągowo) wurde in eine gemütliche Pension verwandelt. Sie bietet solide Hausmannskost, für Aktive Reitpferde und Boote. Besitzer Waldemar Duszynski gibt mit Warschauer Freunden fulminante Jazzkonzerte. €

Camping – **Nr. 269 Dranka:** ul. Zwycięstwa 48–60, 2 km nördlich von Piecki, Tel. 89 742 10 25, www.owpiecki.pl, Juni–Sept. Wald- und Wiesenplatz am Wągiel-See. 80 Stellplätze, 10 Campinghäuschen, gute sanitäre Einrichtungen, schilfgesäumter Strand. €

ÖKO-HOF KREATIV

Hier lässt es sich gut wohnen und essen: Obst und Gemüse, Ziegenmilch und -käse kommen vom Hof, alles Übrige von Nachbarbauern. Zur Halbpension gehören nicht nur Frühstück und Abendessen, sondern auch Picknickbrote und Nachmittagskaffee. Wer sich künstlerisch betätigen möchte, findet ein Atelier; im Garten stehen Skulpturen, geschaffen von Frau Iwonas Freunden. Außer Radverleih und Sauna gibt es Wellness alternativ mit Molke-, Haferstroh- und Leinölbad (Jakubowo 5, Tel. 89 742 43 33, www.jakubowo5.com.pl, 5 Zimmer. 12 km südöstlich von Mrągowo, €€–€€€).

Essen & Trinken

Traditionslokal – **Stara Chata:** ul. Warszawska 9-B, Tel. 89 741 45 02, www.restauracja-starachata.pl. »Alte Hütte« im Herzen der Stadt: hübsch gestaltet mit offenem Dachstuhl, schweren Holzbalken und viel Naturstein. Dazu passend werden masurische Gerichte wie Maronen in Sahnesoße, Eisbein in Biersoße, Forelle vom Grill oder hausgemachte Wildpastete mit Wacholderbeeren serviert. €

Gasthof am Seeufer – **Gosciniec Molo:** ul. Jeziorna 1-B, Tel. 89 741 87 00, www.gosciniecmolo.pl. An der Uferpromenade bietet ein auf rustikal getrimmtes Großlokal altmasurisch-deftige Küche (auch Zimmer werden vermietet). Es gibt Geflügelleber, Süß- und Seefisch, Pizza und Burger. Im Sommer hat man von der Terrasse einen tollen Blick auf den Czos-See. €

Aktiv

Wassersport – Verschiedene Sportgeräte sind am Hotel Mercure Mrongovia (s. Übernachten) ausleihbar.

Termine

Piknik Country Festival (Sommer): Traditionsreiches Country- und Folkmusikfestival mit vielen in- und ausländischen Solisten rund ums Amphitheater. Gern kommen die Besucher hoch zu Ross oder auf schweren Motorrädern. Eine große Gaudi!

Kresy – Festspiele der Grenzkultur (Aug.): Hier werden Folklore und Tanz aus Polens verlorenen Ostgebieten gefeiert, dazu können Sie Leckereien wie *kibiny* (gebackene Teigtaschen), *czinaki* (deftiger Eintopf im Tontopf) und *kindziuki* (pikant gewürzte, ›trockene‹ Wurst) probieren.

Verkehr

Bus/Zug: Beide Bahnhöfe liegen südlich vom Zentrum, gute Zugverbindungen bestehen nur nach Olsztyn und Ełk, Busverbindungen, u. a. nach Giżycko und Kętrzyn.

Westlich von Mrągowo

Karte: S. 134

Sorkwity ▶ 2, R 5

Auf einer Landenge zwischen zwei größeren Seen liegt das Gutsensemble **Sork-**

Macht auf Mittelalter, stammt aber aus dem 19. Jh.: Schloss Sorkwity

wity 2 (Sorquitten), das in prußischer Sprache so viel wie »Wächter des Ortes« bedeutet. Die Adelsfamilie von Mirbach erwarb es 1804 und verwandelte es in einen modernen landschaftlichen Betrieb mit Brauerei, Ziegelei und Molkerei. Herzstück des Anwesens war ein Schloss, das Julius Ulrich von Mirbach um 1855 in anglisierender Gotik umbauen ließ. Mit seinen Erkern, Zinnen und Türmen war es eines der originellsten Masurens und wurde Schauplatz festlicher Empfänge und Bälle. Der Gutsherr avancierte zu einem der engsten Mitarbeiter Bismarcks. Für Seine Majestät, die ihm 1888 die Grafenwürde verlieh, veranstaltete er Rotwildjagden. Nach 1945 war es mit der feudalen Prachtentfaltung vorbei. Das im Krieg unbeschädigt gebliebene Schloss wurde in ein Ferienheim für Arbeiter der Warschauer Ursus-Werke verwandelt. Zwar ist das Schloss heute wieder in privater Hand, doch ist der Ort nach wie vor beliebt: Unmittelbar daneben starten Paddler zu einer einwöchigen Tour nach Mikołajki und queren dabei 18 Seen (s. Aktiv S. 372).

Auch am nördlich gelegenen **Giełąd-See** (Gehland-See) ist Interessantes zu entdecken. Im Schatten majestätischer Bäume duckt sich eine kleine evangelische Kirche, die als schönstes Beispiel ostpreußischen Dorfbarocks gilt. Der Hochaltar, geschnitzt von einem Königsberger namens Isaac Riga, zeigt Bauern und Fischer in expressiver Gestik und masurischer Tracht; hinter dem Kreuzigungsberg Golgatha kann man mit etwas Fantasie das Sorquitter Schloss ausmachen. Über dem Altar schwebt ein anmutiger Engel, der eine silberne Schale in den Armen hält und meist nur bei Taufen herabgelassen wird. Ist die Kirche verschlossen, so erhält man den Schlüssel im Pfarrhaus gegenüber (Kościół Ewangelicki, ul. Plażowa s/n, Gottesdienst So 9 Uhr).

Aktiv

Paddeln – **PTTK Stanica Wodna:** ul. Zamkowa 13, Tel. 89 742 81 24, https://sorkwity.pttk.pl. An der PTTK-Station kann man Kajaks und Kanus ausleihen, hier beginnt auch die 100 km lange, eindrucksvolle ›Krutynia-Route‹ mit Mikołajki als Ziel (s. Aktiv S. 372). Zur Station gehört ein Campingplatz (geöffnet Mai–Sept.) mit Blockhäusern, in denen man preiswert übernachten kann. Auch Vollverpflegung wird angeboten – deftige polnische Hausmannskost kommt auf den Tisch. Und mit dem Paddelboot lässt sich munter auf dem See herumschippern.

Verkehr

Zug: Von Sorkwity gute Zugverbindungen nach Olsztyn, Mikołajki und Ełk.
Bus: Mit dem Bus kommt man auch nach Szczytno und Giżycko.

Auch das ist Masuren – Getreidefelder bis zum Horizont

Jędrychowo ▶ 2, R 5

3 km südöstlich von Sorkwity liegt das Gut **Jędrychowo** 3 (Heinrichshöfen), das einst zum Besitz des Grafen von Sorkwity gehörte (Straße Sorkwity–Mrągowo rechts ab). Das Jagdschlösschen aus dem 18. Jh. ist heute ein ›Altpreußisches Hotel‹. Gegründet wurde es 1993 von dem Deutschen Albrecht von Klitzing, den nicht nur die Sehnsucht nach der Landschaft seiner Jugend nach Masuren zurücktrieb, sondern auch der Wunsch, die Menschen in Polen besser kennenzulernen. »Vor 1945 lebten wir in Nachbarschaft zu Polen, doch waren wir uns dessen nicht bewusst; nie wurde der Kontakt gefördert.« Gut 1 km weiter, im Camp Rodowo, wird gleichfalls an Völkerverständigung gearbeitet. »Alte Vorurteile abbauen und überholte Vorstellungen revidieren«, heißt es in der Internationalen Jugend- und Bildungsstätte programmatisch. In einem masurischen Gehöft treffen sich junge Deutsche und Polen zu Workshops und Seminaren.

Übernachten

Gemütlich – **Jelmuń Dwór:** ul. Zamkowa 13, Mobil-Tel. 0781 41 04 00, www.jelmundwor.

pl, 5 Zimmer. Familiär geht es im 5 km nordwestlich von Mrągowo am Jelmun-See gelegenen ›Landgut Allmoyen‹ zu. Das neoklassizistische Gutshaus aus dem 19. Jh. ist mit Antiquitäten und alten Kachelöfen liebevoll eingerichtet und das gute Essen – vieles aus Feld und Wald – wird am gemeinsamen Tisch eingenommen. Die Besitzerin, Frau Barbara, spricht Deutsch. €

Zum Wohlfühlen – **Dworek Pruski:** Jędrychowo15, Tel. 89 742 18 36, www.mazursyrenka.com, 35 Zimmer. Restauriertes Gutshaus aus dem 18. Jh. über dem Ufer des Lampasz-Sees, eingebettet in einen 5 ha großen Park. Es gibt Zimmer im Gutshaus und im ehemaligen Pferdestall, Bungalows und – direkt am Wasser – einige ›Nurdachhäuser‹. Mit Terrassenlokal am See, Fahrrad- und Bootsverleih und Badestrand. Im Restaurant Oberża Mazurska werden Spezialitäten aus der Region serviert. €

Östlich von Mrągowo

▶ 2, S 4/5

Karte: S. 134

Liebhaber von Wildtieren machen einen Abstecher nach **Kosewo** 4 (Kossewen), von wo aus eine Nebenstraße zur Hirschfarm der Polnischen Akademie der Wissenschaften führt. Seit 1984 werden in dem 200 ha großen Gehege alle in Polen vertretenen Hirscharten erforscht, darunter Rot- und Damhirsch, Elch und Sikahirsch sowie der ›exotische‹ Milu oder Davidshirsch mit nach hinten gerichtetem Geweih. Auch gibt es Hunderte von Rehen sowie das Mufflon, das gut an seinen Rundhörnern zu erkennen ist. Im Museum kann man eine imposante Sammlung von Hirschgeweihen sehen, dazu erstklassige Tierfotos und eine mit Naturklängen untermalte Diashow (Kosewo Górne, Tel. 89 742 43 80, www.kosewopan. pl, geführte Tour durch die Gehege, Juni–Aug. Di–So 10.30–16.30 Uhr alle zwei Std., 7,50 €).

Auf halbem Weg von Mągrowo nach Ryn lohnt ein Halt in **Sądry** 5 (Zondern), wo Krystyna Dickti und ihr Mann ein masurisches Museum eröffnet haben (s. Thema S. 304). Mit Unterstützung der Dorfbewohner, die viele Stücke gestiftet haben, richteten sie eine Bauernkate ein, »wie die Großeltern sie besaßen«. Da gibt es eine Wiege und ein stattliches Ehebett, naive Heiligenbilder, Kaffeemühlen und schönste Bunzlauer Keramik. Die Führung übernimmt Frau Dickti, die sich einer bilderreichen Sprache bedient und zu jedem Gegenstand eine interessante Geschichte zu erzählen weiß. In der Scheune setzt sich der Rundgang fort. Dort sind Bauernkutschen und -schlitten ausgestellt, dazu Geräte wie

BESUCH IM WIECHERT-MUSEUM – HULDIGUNG EINES ›AUFRECHTEN‹ AUTORS

Seit Jahren hat die Förstersfrau von Kleinort (Leśnictwo Piersławek) viel zu tun. Alle paar Minuten hält ein Bus mit zumeist älteren Besuchern aus Deutschland, die zielstrebig auf ihr Haus zusteuern und dabei unentwegt die Kamera zücken. In dem Haus wurde am 18. Mai 1887 der Schriftsteller Ernst Wiechert geboren. »Es war aus roten Ziegeln gebaut«, schrieb er in seiner Autobiografie, »mit einem roten Pfannendach. Auch Waschhaus und Stall, die in einigem Abstand den Hofraum abgrenzten, hatten dasselbe solide Aussehen, und nur die Scheune in ihrem braunen Holzwerk hätte ebenso auf einem Bauernhof stehen können.« Mehr als 100 Jahre sind inzwischen verstrichen, und man möchte glauben, es habe sich, seit Wiechert hier lebte, so gut wie nichts geändert: Das Anwesen ist auch heute noch rot geziegelt, es gibt die braune Holzscheune und selbst noch die von Wiechert beschriebene Pumpe, in die irgendwann im Laufe der Geschichte die Worte »Ortelsburg, W. Gallmeister jr.« eingeritzt wurden. Schon die sozialistische Regierung Polens ehrte den Autor mit einer rechts vom Eingang postierten Inschrift. Er sei ein »aufrechter Mensch« gewesen, heißt es, ein »Gegner des Faschismus und ehemaliger Häftling von Buchenwald«.

Das Haus wurde inzwischen zu einem Museum ausgebaut und macht mit dem Werk des Autors vertraut. Der Förstersohn verbrachte seine Kindheit in Masuren, studierte Germanistik, Anglistik und Naturwissenschaften in Königsberg und arbeitete anschließend als Lehrer. Am Ersten Weltkrieg nahm er als Freiwilliger teil, widmete sich anschließend zunehmend der Schriftstellerei; Wiechert verfasste Romane, Novellen und Erzählungen. Begonnen hat er als umstrittener ›Heimatdichter‹, pries die masurische Scholle als Heilmittel gegen Sittenverfall und großstädtische Dekadenz. In seinem 1920 veröffentlichten Roman »Der Wald« paaren sich schwülstig aufgeladene Naturbilder mit einem Loblied auf die patriarchalischen Werte. Berühmtheit erlangte Wiechert, der 1930 von Königsberg nach Berlin übersiedelte, mit seinem 1932 erschienenen Roman »Die Magd des Jürgen Doskocil«. Zwei Jahre später gab er den Lehrerberuf auf, um als freier Schriftsteller am Starnberger See zu arbeiten.

Mit der Machtergreifung der Nationalsozialisten und der Hexenjagd auf alles vermeintlich Nicht-Deutsche schwenkte Wiechert auf liberalere Positionen ein. Er distanzierte sich von der Blut-und-Boden-Ideologie und gehörte bald zu jenen Schriftstellern, die gegen menschenverachtende Praktiken öffentlich Stellung bezogen. In seiner »Münchener Rede« 1935 propagierte er die innere Emigration als einzige noch mögliche Lebensform – was ihm prompt vier Monate Haft im Konzentrationslager Buchenwald einbrachte. Seine im nationalsozialistischen Sinn ›politisch korrekten‹ frühen Werke durften freilich weiter erscheinen und füllten gar die Bibliotheksregale jenes Lagers, in dem er einsaß. Seine Gefängniserfahrungen hat er im 1945 publizierten Bericht »Der Totenwald« literarisch verarbeitet. Der letzte Roman, »Die Jerominkinder« (1947), ist den Bewohnern Masurens gewidmet: ein Loblied auf den Johannisburger Urwald und ein verzweifeltes Ringen um Gott. Am 24. August 1950 starb Wiechert in seinem Schweizer Haus am Zürichsee, in der Zeit des bundesrepublikanischen Wirtschaftswunders geriet er zunehmend in Vergessenheit.

Wiechert-Museum (Izba Pamięci Ernesta Wiecherta), ul. Leśna 5, Leśnictwo Piersławek, Mai–Sept. Di–Fr 9–15 Uhr, 2 €.
Anfahrt: Von Magrowo kommend, auf der Straße Mrągowo–Szczytno, biegt man nach gut 10 km, kurz vor Piecki, links ab, das Forsthaus liegt dann noch etwa 2 km weiter zur Rechten.

›Schweinedämpfer‹, ›Kleereiber‹ und ›Hungerharke‹. Am Stall vorbei, in dem kolossale Mastschweine stehen, geht's ins Café, wo Frau Dickti die Gäste mit alten ostpreußischen Leckereien verwöhnt – vom Streuselkuchen, bei dem mit Butter nicht gespart wird, über Königsberger Klopse und hausgemachte Leberwurst bis zum »Bärenfang«, einem hochprozentigen Honigschnaps (Muzeum Mazurski, Sądry 3, s. auch rechts Christel).

Seit **Ryn** 6 (Rhein) zum Kurort erklärt worden ist, wird emsig gebaut. Die gewaltige Ordensburg, 1377 von Hochmeister Winrich von Kniprode errichtet, wurde in ein feudales Burghotel verwandelt. Man läuft durch dunkle Gänge, vorbei an auf Hochglanz polierten Rüstungen, Waffen und goldgerahmten Kriegern von anno dazumal. Im Rittersaal nimmt man an langen Holztafeln Platz und lässt sich die ›Ritterküche‹ mit viel Wild schmecken. Im Schatten der Burg entstand ein Rathaus, manch ein Bürgerhaus erhielt eine backsteinerne Fassade in historisierend-gotischem Stil.

Ryns Lage zwischen zwei Seen wird vielseitig genutzt: Rund um den Ołów-See führt eine 5 km lange Flanierpromenade; vom kleinen Strand bzw. von Stegen steigt man ins Wasser. Dagegen lockt am Ryńskie-See eine Marina mit Gastroschiffen und Terrassenlokalen. Da dieser See über den Jezioro Tałty mit Mikołajki verbunden ist, kommen im Sommer viele Paddler.

Übernachten

In Kosewo:

Familiäre Pension – **Hubertus:** Kosewo 77, Tel. 89 742 45 57, https://pensjonat-hubertus.pl, 10 Zimmer. Angenehmes Quartier mit Sauna, Boots- und Mountainbikeverleih. €

Unkompliziert – **Country Holiday:** Kosewo 78, Tel. 89 742 43 50, www.countryholiday.pl, 37 Zimmer. Ein freundlich geführtes Haus am Probark-See mit Rad- und Bootsverleih. Die Zimmer sind funktional, das Kaminrestaurant bietet gute polnische Küche. €

In Sądry:

Engagiert geführt – **Christel:** Sądry 3, Tel. 89 742 36 11, www.christel.com.pl, 29 Zimmer. Pension mit behaglichen Zimmern und üppigem Frühstück, viele Lebensmittel kommen vom eigenen Hof. €

In Ryn:

Fürstlich – **Zamek Ryn:** pl. Wolności 2, Tel. 87 429 70 00, www.zamekryn.pl, 164 Zimmer. Das mächtige Ordensschloss, heute ein Viersternehotel, bietet stilvoll eingerichtete Zimmer, auf Wunsch im ›Gefängnisflügel‹. Dazu ein Hallenbad mit Saunen unter Backsteingewölben, Fitness im ehemaligen Waffenarsenal und – für Jäger? – eine Schießhalle. Im Restaurant wird saisonal abgewandelte Adelsküche serviert; im Herbst gibt es Wild aus den masurischen Wäldern. €€. Feudal geht es auch in der Dependance der historischen Mühle am Ryńskie-See zu, wo Sie gute Regionalküche bekommen (Ryński Młyn, pl. Wolności 2, Tel. 87 429 70 00, www.rynskimlyn.pl, 8 Zimmer, €€).

Verkehr

Bus: Von Kosewo bestehen etwa stdl. Verbindungen nach Mrągowo und Mikołajki, von Sądry spärliche nach Ryn und Mrągowo. Von Ryn kommt man gut nach Giżycko und Mrągowo.

Mikołajki und die Johannisburger Heide

Das am ›masurischen Meer‹ gelegene Städtchen ist ein touristischer Hotspot und ein Sprungbrett in die südlich angrenzende ›Heide‹: ein Waldgebiet so groß und wild, dass es zum Landschaftspark erklärt wurde. Es wird von der Krutynia durchflossen, einem Paddelfluss, der beim ›masurischen Eden‹ in den Bełdany-See mündet.

Mikołajki ▸ 2, S 5

Karte: S. 288
Mikołajki (Nikolaiken) liegt am Zusammenfluss der beiden Seen Tałty und Bełdany, und südöstlich öffnet sich der riesige Śniardwy-See (Spirding-See). Mehrere Brücken, vorgelagerte kleine Inseln und eine Uferpromenade haben ihm den Beinamen ›masurisches Venedig‹ eingebracht.

Mikołajki zählt gerade mal 4000 Einwohner, doch in der Hochsaison vervielfacht sich die Zahl der Menschen. Mit dem ersten Sommerferientag wandelt sich das verschlafene Städtchen zur Touristenhochburg. Denn die Stadtoberen haben seit dem EU-Beitritt nichts unversucht gelassen, um all das, was schön ist, zur Vermarktung freizugeben. Zuvor gab es nur das Mega-Hotel Gołębiewski an der Straße nach Mrągowo sowie ein paar kleinere Unterkünfte und Gästehäuser im Zentrum. Heute bieten unzählige Unterkünfte ihre Dienste an, darunter das in den See hineingebaute Fünfsterne-Resort Mikołajki.

In der **Altstadt** entstand zwischen Fußgängerbrücke, Hafen und Markt ein Flanierviertel mit Häusern aus Backstein und Fachwerk, die mit ihren herabgezogenen Satteldächern, Erkern und Balkonen einer mittelalterlichen Stadt nachempfunden sind. Im Erdgeschoss locken Boutiquen mit importierten Lifestyle-Produkten, derweil am Busbahnhof einige Schritte entfernt alte Mütterchen ihre im Wald gesammelten Pilze anbieten. Hier spielt sich das (Ferien-)Leben ab. Es wird flaniert, rustikale Tavernen und auf maritim getrimmte Restaurants reihen sich aneinander. Ausflugsschiffe tuckern in alle Himmelsrichtungen, aufgrund der zentralen Lage im Seengebiet kommen viele Segler. Nach Sonnenuntergang schaukeln ihre Boote im romantischen Licht der Stegbeleuchtung.

Zu den wenigen Sehenswürdigkeiten der Stadt gehört die am See gelegene **Evangelische Kirche** (Parafia Ewangelicko Augsburgski), die im Jahre 1842 nach einem Entwurf des Architekten Karl Friedrich Schinkel errichtet und 1880 mit einem hohen Kirchturm geschmückt wurde. Dank großzügiger Zuschüsse der Stiftung für deutsch-polnische Zusammenarbeit präsentiert sie sich auch innen hell und elegant. Blickfang ist das weiße Gestühl mit golden abgesetzten Lehnen, über das sich eine hölzerne Kassettendecke spannt. Die Orgel, die beim Gottesdienst ertönt, schuf ein gewisser Herr Ungefug anno 1768.

Neben der Kirche dokumentiert das **Museum der Polnischen Reformation** die Geschichte jener Konfession, die vielen im Land noch immer als ketzerisch gilt (Muzeum Reformacji Polskiej w Mikołajkach, pl. Kościelny 4, www.mikolajki.luteranie.pl, April–Okt. tgl. 9–17 Uhr). Natürlich haben auch die Katholiken ein Gotteshaus. Toll ist die Aussicht vom Turm ihrer streng-backsteinernen **Nikolauskirche** (Kościół św. Mikołaja, ul. K.J. Po-

Sie haben noch etwas vor – an der Uferpromenade von Mikołajki

piełuszki 1, www.mikolaj-mikolajki.pl, Turm Mai–Sept., Mo geschl.).

An die jüdische Gemeinde erinnert ein kleiner, restaurierter **Friedhof** an der ul. Dybowska, einer Seitenstraße der parallel zur Promenade verlaufenden ul. Kajki.

Unter der **Stadtbrücke** von Mikołajki schwimmt der **›Stinthengst‹,** ein 3 m langer Plastikfisch mit bemooster Krone und aufgerissenem Maul. Zwei weitere große Fische, in Beton gegossen, entdeckt man an der Promenade und auf dem Marktplatz. Wohl jedes masurische Schulkind kennt die Geschichte von diesem ›Stinthengst‹. Immer wieder zerschnitt er mit seinen scharfen Flossen die ausgeworfenen Netze, brachte Boote zum Kentern und machte die Fischer zu Hungerleidern. Erst nach vielen verlustreichen Jahren gelang es diesen, den ›Hengst‹ einzufangen und an Land zu ziehen. Der schnappte verzweifelt nach Luft und versprach, den Fischern alle Wünsche zu erfüllen, wenn sie ihn nur wieder in den See ließen. Und täten sie es nicht, so drohte er, müssten sie verhungern, denn alle Fische würden sterben. Da berieten sich die Fischer lange Zeit und fällten ein salomonisches Urteil. Sie töteten ihn nicht und ließen ihn nicht frei. Der ›Stinthengst‹ wurde ins Wasser geworfen, doch als schwimmendes Mahnmal fest an den Brückenpfeiler gekettet. Und dort liegt er noch heute, kann nun keinen Schaden mehr anrichten. Derweil fahren die Fischer täglich hinaus und machen ungestört Beute. Nur einmal im Jahr, beim großen Stadtfest Ende Juni, erinnern sie sich seiner, schlüpfen in historische Kostüme und feiern den Triumph über den Fisch.

Tipp: Probieren Sie Stinte, die max. 22 cm groß werden, gebraten oder mariniert.

Infos

Centrum Informacji Turystycznej: pl. Wolności 7, Tel. 87 421 68 50, www.mikolajki.eu, mit Webcam: www.mikolajki.com.pl, Juni–Aug. tgl. 9–18 Uhr. Infos zu Schiffsausflügen, Bus und Bahn, Vermittlung von Privatzimmern.

WANDERUNG ZUM ›SCHWANENSEE‹ ŁUKNAJNO

Tour-Infos

Start/Ziel: Zentrum von Mikołajki
Länge: 12 km
Dauer: 4 Std.
Einkehr: Im Gasthaus ›Zum Schwan‹ gibt es rustikale Kost; im Folwark Luknajno nebenan übernachtet man mit Froschkonzert, hat Bade- und Bootssteg vor der Haustür. Mit kleinem Campingplatz (Pod Łabędziem, Łuknajno 2, Tel. 87 421 68 62, https://luknajno.pl, 10 Zimmer, €)
Hinweis: Ein Fernglas tut gute Dienste.

Meist wird er nur ›Schwanensee‹ genannt, weil sich hier 2500 Höckerschwäne tummeln. Da es sich um Europas größte Wildschwan-Brutstätte handelt, wurde der gerade mal 5 km² große, fast kreisrunde See zum UNESCO-Biosphärenreservat erklärt. In der warmen Jahreszeit ist der Trip am interessantesten: Die Schwäne brüten von April bis Mai und bleiben mit ihrem Nachwuchs den Sommer über, da ihnen der flache See ihre Lieblingsnahrung gibt: verschiedene Arten von Armleuchteralgen. Spätestens Ende September, wenn die Jungen flügge sind, verlassen die meisten Schwäne den See gen Süden und kommen erst im nächsten Jahr wieder. Hinweis: Sie können mehrere Wegkilometer sparen, wenn Sie mit dem Auto auf der beschriebenen Strecke (Piste) bis zum Gasthaus ›Zum Schwan‹ (Pod Łabędziem) fahren und erst dort die Wanderung starten.

Von Mikołajki folgt man der Ulica Papieża Jana Pawła II., die in die Schwanenstraße (ul. Łabędzia) übergeht, ostwärts. Rasch führt sie aus Mikołajki hinaus, geleitet erst an Schrebergärten vorbei, dann über Wiesen. Nach ca. 4 km, auf der Landenge zwischen Łuknajno- und Śniardwy-See, weist an einem Parkplatz ein Schild nach links zum ersten **Aussichtsturm** *(wieża widokowa)*. Folgt man der Straße ein Stück weiter, kommt man zum rustikalen Gasthaus (s. o.). Ihm gegenüber befindet sich der ausgeschilderte Zugang zum zweiten **Aussichtspunkt:** Erst auf schmalem Waldpfad, dann auf Holzbohlenwegen geht es durch sumpfiges Gelände zum

Hochsitz am Seeufer: Im Sommer ist die Wasserfläche voll weißer Schwanentupfen, auch Blesshühner, Zwerg- und Haubentaucher sind zu sehen. Hat man sich satt gesehen, geht man zum Gasthaus zurück, folgt der Straße bis zur nächsten Gabelung und hält sich links. Der fortan weiß markierte **Naturlehrpfad** *(ścieżka przyrodnicza okolice Łuknajna)* führt durch Wald nordwärts parallel zum Seeufer. Sie passieren den Weiler **Urwitałt** und biegen kurz vor dem Ruinenweiler **Osa** (kein Ortsschild!) rechts ab, um nach einiger Zeit auf eine Straße zu stoßen. Dieser folgt man ein Stück nach rechts, d. h. südwärts, verlässt sie aber bald auf dem markierten Naturlehrpfad nach rechts. Über die Försterei **Leśny Dwór** kommt man nach Urwitałt, von wo der bereits bekannte Weg nach Mikołajki zurückführt.

Übernachten

Für Familien – **Gołębiewski:** ul. Mrągowska 34, Tel. 87 429 07 00, www.golebiewski.pl, 689 Zimmer. Fast eine Stadt für sich und mit vielen Kinderangeboten: Aquapark Tropikana, ganzjährige Eis- und Rodelbahn, Eselritt und Kinderrestaurant, großer Spielplatz und Mini-Club. €€€

Fünf Sterne – **Mikołajki:** al. Spacerowa 11, Tel. 87 420 60 00, www.hotelmikolajki.pl, 103 Zimmer. Auf einer in den See ragenden Halbinsel, ein paar Gehminuten vom Zentrum, wurde ein moderner Glaspalast errichtet. Für Segler ideal sind die Apartments auf Wasserhöhe mit eigener Anlegestelle. Außerdem: Pool und Restaurant mit Seeterrasse, Pub & Klub sowie eine eigene Marina. €€€

Stilvoll – **Amax:** al. Spacerowa 7, Tel. 87 421 90 00, www.hotel-amax.pl, 24 Zimmer. Am Nordufer des Mikołajki-Sees, etwa 1,5 km vom Stadtzentrum. Außen im Villenstil, innen mit englischen Stoffen und Stilmöbeln nach Art eines Jagdpalais gestaltet. Die Zimmer sind gemütlich, teilweise bieten sie einen Blick auf den See und die Silhouette von Mikołajki. Ideal für Familien sind die sechs benachbarten Bungalows mit eigener Küche. Zum Haus gehört ein kleines Hallenbad, Sauna, Fitnessraum und Radverleih. Mit üppigem Frühstücksbüfett und masurischem Restaurant. €€

Für Aktivurlauber – **Roberts Port:** Stare Sady 4, Tel. 87 429 84 00, www.hotel-port.pl, 76 Zimmer. Am Ufer des Tałty-Sees, 4 km nordwestlich von Mikołajki, entstand ein attraktives, im Stil eines Gutshofs erbautes Mittelklassehotel mit Indoor-Pool. Gäste haben direkten Zugang zum Strand, Fahrräder, Ruderboote und Kajaks können gemietet werden. Außerdem werden Schiffsfahrten angeboten und abends Lagerfeuer am Wasser organisiert. €€

Angenehmer Aufenthalt – **Na Skarpie:** ul. Kajki 96, Tel. 87 4216418, www.naskarpie.net, 37 Zimmer. Pension »auf der Uferböschung«, 700 m vom Zentrum. Die meisten Zimmer verfügen über Balkon und Seeblick. Dazu Jacuzzi, Sauna und Solebad. Auf Wunsch mit Halbpension. €–€€

Klein und ruhig – **Caligula:** pl. Handlowy 7, Tel. 87 421 98 45, 16 Zimmer. Der Name des zentrumsnahen Aparthotels soll nicht an den blutrünstigen römischen Kaiser erinnern, sondern an ein Eissegelboot, mit dem Jan Zakrzewski, der Besitzer, im Winter über die zugefrorenen Seen ›segelte‹. Noch heute geht er diesem Sport mit Leidenschaft nach, Interessenten können bei ihm in den Wintermonaten Kurse belegen. Die Zimmer des Hotels sind mit Holzmöbeln gemütlich eingerichtet. €–€€

Preiswert & gut – **Mikołajki:** ul. Kajki 18, Tel. 87 421 64 37, www.pensjonatmikolajki.pl, 15 Zimmer. Freundlich geführte Familienpension am See, nur ein paar Gehminuten vom Marktplatz. Fast alle Zimmer bieten Balkon und Seeblick, an kalten Tagen wärmt man sich im Wintergarten am Kamin. Mit Boots- und Radverleih, der Parkplatz ist eingezäunt. Im Restaurant, das sich im Erdgeschoss befindet, wird das Frühstück serviert, abends werden üppige Portionen polnischer Hausmannskost aufgetischt. Herr Dziak, der Besitzer, spricht Englisch und Deutsch. €

Mit gutem Restaurant – **Król Sielaw:** ul. Kajki 5, Tel. 87 421 63 23, www.krolsielaw.pl, 6 Zimmer. Gästezimmer oberhalb des gleichnamigen Restaurants im Ortszentrum. Die Zimmer sind funktional, sauber und verfügen über ein Bad. €

Mit Höckerschwänen – **Pod Łabędziem und Folwark Luknajno:** s. Aktiv S. 282.

Camping – **Wagabunda:** ul. Leśna 2, Tel. 87 421 60 18, www.wagabunda-mikolajki.pl, Mai–Sept. Großer Platz mit 300 Stellplätzen auf einem grünen Hügel, 2 km südl. des Zentrums in Richtung Ruciane. Wegen seiner blitzsauberen sanitären Anlagen mehrfach ausgezeichnet. Es gibt auch kleine Bungalows, Fahrrad- und Bootsverleih. €

Essen & Trinken

Die meisten Lokale befinden sich, wo es am schönsten ist: an der Uferpromenade und am Marktplatz. Sie servieren Süßwasserfisch in allen Varianten – probieren Sie doch mal die »Kleine Maräne« (sielawa)!

Am Wasser – **Sielawa:** pl. Wolności 13, Tel. 87 421 55 06, www.mikolajki.com.pl/restauracja-sielawa. Mit seinem kolossalen Satteldach erinnert das Haus an der Promenade an einen historischen Speicher. Unten wird in mediterran-maritimem Ambiente gehobene Fischküche serviert, darüber befinden sich Komfortapartments. In den Sommermonaten öffnet eine große Terrasse. €€

In der Speisekammer – **Spiżarnia:** pl. Handlowy 14, Tel. 87 421 52 18, www.spizarnia.mazury.pl. Trockenblumen und Knoblauchgirlanden, rustikale Holztische und -bänke schaffen den richtigen Rahmen für die deftige Küche. €

Einkaufen

Auf dem Marktplatz von Mikołajki wird im Sommer allerlei Kurioses, Kitschiges und Kulinarisches zum Verkauf angeboten, vieles kommt aus dem nahen Russland: Samoware, gefälschte Ikonen und ineinandergestapelte Holzmütterchen, die berühmten Matrjoschkas; dazu Bernsteinschmuck und Keramik, Salzdillgurken aus dem Fass und Eingemachtes, getrocknete Pilze und frisch gepflückte Waldbeeren.

Abends & Nachts

Im Seglerdorf (Wioska Żeglarska) nahe der Promenade öffnen abends mehrere Tavernen, wo sich Segler treffen und mit herausgeschmetterten Shanties die Nacht durchzechen. Beliebt ist die Terrasse des ›Zerbrochenen Krugs‹ (Tawerna Pod Złamanym Pagajem, ul. Kowalska 3).

Aktiv

Baden – Ein Stadtstrand befindet sich am Westufer des Mikołajskie-Sees, ein zweiter zwischen Mikołajskie- und Tałty-See; außerdem gibt es mehrere Badestege. Einen großen Aqua- und Wellnesspark mit Outdoor- und Indoor-Pools, Salz- und Schneegrotte bietet Hotel Gołebiewski (2 Std. 20 €).

Bootsverleih – **Wioska Żeglarska:** ul. Kowalska 3, Tel. 87 421 60 40, www.mazury.mikolajki.com.pl. Im ›Seglerdorf‹ am Hafen werden sowohl Kanus als auch Tret- und Ruderboote vermietet. Hier befindet sich auch die Agentur Cicha Zatoka, die auf Tages- und Wochenbasis Segelboote vermietet (www.cichazatoka.eu).

Eissegeln – Sind die Seen im Winter gefroren, kann trotzdem gesegelt werden! Seitliche Kufen an der Jacht sorgen dafür, dass nur geringer Reibungswiderstand auf dem Eis entsteht und sich das Gefährt kaum zur Seite neigt. Anerkannter Spezialist fürs Eissegeln ist Herr Zakrzewski (s. S. 283, Hotel Caligula, http://bojerymazurycaligula.blogspot.de).

Golf – Das Hotel Gołębiewski (s. Übernachten S. 283) verfügt über eine Golf-Akademie mit Übungsplatz.

Radfahren – In Mikołajki sind zwei Rundwege zu empfehlen (s. Aktiv s. S. 296), Radverleih, auch E-Bikes (www.rowerygabi.pl) am pl. Handlowy.

Schiffsausflüge – **Żegluga Mazurska:** Mikołajki Port, Tel. 87 428 53 22, www.mikolajki.com.pl. Von der Anlegestelle an der Fußgängerbrücke aus starten Mitte April–Okt. tgl. um 10 Uhr Schiffe zu Exkursionen aufs ›masurische Meer‹, nach Ruciane-Nida, Giżycko und Ryn. Ein besonderes Erlebnis ist die Fahrt mit dem großen Segelschiff Chopin, auf Wunsch mit Essen (www.statekchopin.pl).

Riesenhafte Figuren aus Holz ›bewohnen‹ den ›Masurischen Garten Eden‹ in Iznota

Termine

Tage von Mikołajki (Ende Juni): Das Stadtfest findet am letzten Wochenende des Monats Juni statt. Highlight dabei ist die Versenkung des ›Stinthengsts‹, außerdem gibt es eine Regatta und für die musikalische Untermalung ist ebenfalls gesorgt.

Verkehr

Bus: Vom Terminal neben der evangelischen Kirche bestehen stündliche Verbindungen via Mrągowo nach Olsztyn und Kętrzyn; mehrmals tgl. nach Giżycko und Suwałki.

Zug: Der Bahnhof liegt 1 km vom Zentrum entfernt und bietet im Sommer tgl. zwei Verbindungen (momentan per Bahn-Bus) nach Olsztyn und Ełk.

Masurischer Landschaftspark

▶ 2, S 5

Karte: S. 288

Die meisten Masuren-Besucher und -Besucherinnen treibt es in die ›freie‹ Natur. Sie starten zu einer Segeltour über die Seen und Kanäle oder machen es sich auf den Ausflugsschiffen gemütlich, fahren nach Giżycko oder Ruciane Nida. Besonders Radfahrer schätzen den **Masurischen Landschaftspark** (Mazurski Park Krajobrazowy). Dieser beginnt im Westen mit dem **Mokre-See** (Mukker-See) und schließt im Osten den **Śniardwy-See** ein.

PADDELN AUF DER KRUTYNIA

Tour-Infos

Start / Ziel: Die kurze Tour startet in Krutyń und endet in Ukta, von wo man samt Boot abgeholt wird. Die lange Tour beginnt in Sorkwity und endet in Ruciane Nida; übernachtet wird in ›Wasserstationen‹ *(stanica wodna)* längs der Strecke.

Dauer: Kurze Tour 4 Std., lange Tour mindestens 1 Woche

Bootsverleih: An jeder Wasserstation sind Kajaks und Kanus ausleihbar, so auch in Krutyń und Sorkwity (s. dort). Im Juli und Aug. rechtzeitig reservieren!

Kosten: 10-Tage-Tour inkl. Zeltübernachtung, Vollpension und Boot ca. 400 €, Kurztrip 15 € pro Pers.

Fast alle Urlauber besteigen das Boot in Krutyń und geben sich mit einem Halbtagesausflug zufrieden – doch man könnte das Vergnügen auch auf eine volle Woche ausdehnen. Denn so lange braucht man für die 100 km lange Strecke von Sorkwity nach Ruciane Nida. Dabei passiert

man mehr als ein Dutzend Seen, der Fluss schlängelt sich durch die naturbelassene Landschaft. Das Paddeln bereitet keine Schwierigkeiten, »die Krutinna schleicht so gemächlich von einem See in den anderen, dass der Betrachter ständig fürchten muss, die Liebliche könnte das Fließen vergessen« (Arno Surminski).
Von Sorkwity paddelt man durch den **Lampackie-See** nach **Babięta** und über **Spychowo** bis zu dem auf einer Landenge zwischen zwei Seen gelegenen **Zgon.** Sein masurischer Name (Sgonn = Hirsche treiben) stammt aus preußischer Zeit, als man hier das Wild zusammentrieb, auf dass sich der jagdlüsterne König das schönste Tier zum Abschuss aussuchen konnte. Von Zgon fährt man über den **Mokre-See** (Mucker-See), vorbei an schwimmenden Inseln und einem Reservat mächtiger, 100-jähriger Kiefern. Diese sind so hoch und haben ein so hartes Holz, dass sie früher als Segelmasten begehrt waren. Über den **Krutyńskie-See** (Krutinnen-See) erreicht man den gleichnamigen Ort, wo im Sommer jeden Tag Hunderte von Kanuten ›zusteigen‹. **Krutyń** ist die heimliche Hauptstadt des Masurischen Landschaftsparks: mit mehreren Bootsstationen, Lokalen und Pensionen. Unmittelbar südlich des Dorfs beginnt die attraktivste Etappe. Der Fluss gleitet hier durch ein grünes Verlies dichter Baumkronen, meterlanges Seegras wird von der Strömung durchkämmt. Das Wasser ist so klar, dass man die auf dem Grund kriechenden Flusskrebse erkennt. Mit jeder Biegung bietet sich ein neuer, noch schönerer Blick: sumpfige Wiesen, auf grünen Koppeln weidende Pferde. In **Wojnowo** könnte man eine Pause einlegen und das Kloster der Altgläubigen (s. S. 291) besuchen. Danach geht es durch eine offene, anmutige Landschaft weiter. Für die Kurzstreckenpaddler endet die Tour in **Ukta:** Das Boot wird von den Verleihern zum Ausgangspunkt in Krutyń zurückgebracht.
Tipp: Die Karte »Große Masurische Seen« (Maßstab 1 : 100 000) ist ein hilfreicher Wegbegleiter.

Im Park wurden Reservate eingerichtet, in denen sich Flora und Fauna geschützt entfalten können. Am runden, von der UNESCO zum Biosphärenreservat erklärten **Łuknajno-See** (Lucknainer See) nisten Höckerschwäne.

Auf der nahen **Halbinsel Popielno** betreibt die Polnische Akademie der Wissenschaften eine Forschungsstation für Tarpane (www.popielno.pl, tgl. 10–18 Uhr). Als man dort Ende der 1960er-Jahre mit der Arbeit begann, galten die kleinen Pferde fast als ausgestorben. Mittlerweile konnten bereits einige der neu gezüchteten Tiere das Gehege wieder verlassen, um sich in freier Wildbahn zu behaupten. Vom Museum in einer alten Scheune führen zwei Naturlehrpfade (6 bzw. 10 km) durchs Gelände, mit etwas Glück sieht man unterwegs die Pferde im Wald.

An der Mündung der Krutynia (Krutinna) in den Bełdany-See, erreichbar über eine ab Nowy Most ausgeschilderte Piste, lohnt der Abstecher zu einer der besten Ferienanlagen der Region, dem **›Masurischen Garten Eden‹** (Mazurski Eden). **Iznota** **1** (Isnothen) heißt der Weiler, in dem die Welt auf den ersten Blick ein wenig ›verkehrt‹ scheint: Baumwurzeln tanzen in der Luft, die Kronen stecken tief im sumpfigen Boden. Schöpfer der ungewöhnlichen ›Alleen‹ ist die Familie Kubacki, die auch das Hotel betreibt. Riesige, aus Baumstämmen geschnitzte Krieger bewachen das einer Holzfestung nachempfundene Anwesen. Sie erinnern an die Galinder, einen prußischen Stamm, der im späten 14. Jh. von den deutschen Ordensrittern zum Christentum gezwungen wurde. Und auch im Innern des Hauses wirkt vieles archaisch: Man läuft über von Kerzen beleuchtete Gänge, das Restaurant wurde als Drachengrotte gestaltet. Der Hotelbesitzer, ein Arzt, der sich gern als Nachkomme galindischer Fürsten vorstellt und als Izegus II. ansprechen lässt, trägt zu festlichem Anlass gern die Tracht der Ureinwohner und führt seine Besucher zu einem prußischen Gräberfeld in der Nähe des Sees.

An der Straße nach Ukta, noch mitten im Wald, weist ein Schild nach **Kadzidłowo** **2** (Einsiedeln). Wo einst orthodoxe Bauern

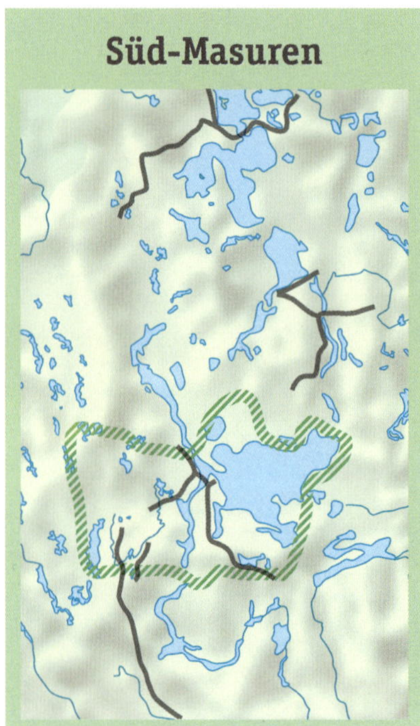

ein Einsiedler-Dasein fristeten, hat sich der Biologe Andrzej Krzywiński einen Kindheitstraum erfüllt: Er hat ein großes Gehege eingerichtet, in dem fast alle Säugetiere Masurens in trauter Eintracht leben. Da gibt es zahme Hirsche, die sich streicheln lassen, grunzende Wildschweine und ein paar graue Wölfe. Mit etwas Glück begegnet man auch dem scheuen Elch, der auf zarten langen Beinen seinen mächtigen Körper trägt, und macht Bekanntschaft mit Bibern und Fischottern. Verfallene Katen aus der Umgebung, die hier wieder aufgebaut und mit Alltagsgegenständen von einst eingerichtet wurden, geben ein Heimatmuseum ab; selbst ein Klassenzimmer mit (deutschsprachigen) Büchern fehlt nicht. Nach der Besichtigung stärkt man sich in einem Gasthaus. Frei übersetzt lautet sein Name: »dort, wo der Hund begraben ist« (Park Dzikich Zwierząt, www.kadzidlowo-park.pl, April–Okt. tgl. 9.30–18 Uhr, Tour alle 20 Min., Park kann nur im Rahmen der 90-minütigen Führung besichtigt werden, 10 €).

Über das Dorf Ukta, das der hier geborene Fernsehjournalist Klaus Bednarz in seiner Reportage »Fernes nahes Land« verewigt hat, gelangt man nach **Krutyń** 3 (Krutinnen), dem Zentrum des Naturtourismus. Der sich durch ein Dickicht schlängelnde Fluss, die Krutynia (Krutinna), präsentiert sich auf der Folgestrecke von seiner schönsten Seite. Im Sommer sind fast 300 Paddelboote im Einsatz, um Besucher nach Ukta zu schaukeln – eine herrliche Tagestour, wobei der Rücktransport von den Veranstaltern organisiert wird. Die Dörfler freuen sich über den Besucherandrang. Sie betreiben Unterkünfte, Restaurants und Bootsverleihstellen, einige von ihnen betätigen sich gar als Gondolieri.

Wer es einrichten kann, sollte in der Nebensaison nach Krutyń kommen, denn dann findet man in den Pensionen problemlos ein Zimmer und muss nicht Schlange stehen, um ein Boot zu ergattern. Die Marktleute lassen ihre Ware unbewacht auf dem Dorfplatz stehen und kommen erst aus dem Haus, wenn Schornsteinrauch der Lokale das Nahen einer Busgruppe ankündigt. Im Herbst kann man Störche beobachten, die den Abflug gen Süden verpasst haben und nun traurig durch die Straßen staksen. Immerhin brauchen sie in Krutyń den Winter nicht zu fürchten, denn die Mitarbeiter des Masurischen Landschaftsparks kümmern sich um ihre Verpflegung und richten für sie Schlafstellen, z. B. in Hühnerställen, ein. Im Büro des Parks erhalten Besucher Materialien zum Naturschutzgebiet und zu Lehrpfaden; diese führen zu morastigen Seen und schwimmenden Inseln sowie zu Tierbeobachtungsstationen. Im angeschlossenen Naturkundemuseum werden Flora und Fauna sowie archäologische Exponate vorgestellt (Muzeum Przyrodnicze, Krutyń s/n, https://parki.warmia.mazury.pl, Mo–Fr 8–15 Uhr, 1 €).

Übernachten

In Iznota:

Von der Urbevölkerung inspiriert – **Galindia:** Iznota, Tel. 505 02 44 41, www.galindia.com.pl, 98 Zimmer und Zeltplatz. Mazurski Eden, Refugia und das schön am Fluss gelegene Kraina Alkos sind drei Resorts im Blockhausstil, einer galindischen Siedlung nachempfunden. Alle Räume sind mit ökologisch einwandfreien Holz-, Leder- und Korbmöbeln eingerichtet, die Apartments verfügen über Kamin und Aussichtsterrasse. Verleih von Paddel-, Ruder-, Segelbooten und Surfbrettern, im Winter stehen Hunde- und Pferdeschlitten, Eissegelboote, Schlittschuhe und Skier bereit. Ein Campingplatz ist angeschlossen. €€

In Krutyń:

Wohlfühlpension – **Habenda:** Krutyń 42, Tel. 89 742 12 18, www.habenda.com, 32 Zimmer. Beste Unterkunft in Krutyń. Hier möchte man seinen ganzen Urlaub verbringen. Die von der deutschstämmigen Brigitta Nosek engagiert geführte Pension bietet komfortable Zimmer mit hellen Holzmöbeln und Bad; Büfettfrühstück und Abendessen werden im gemütlichen Kaminraum eingenommen. Habenda ist ein guter Ort, um Leute kennenzulernen; abends trifft man sich im Aufenthaltsraum, tauscht Erfahrungen aus und plant die Trips des kommenden Tages. Gut funktionierender Kajakverleih und bewachter Parkplatz. € (Bezahlung nur in bar)

Essen & Trinken

In Kadzidłowo:

Gute Wildgerichte – **Oberża pod Psem:** Kadzidłowo 1, Tel. 87 425 74 74, www.oberzapodpsem.com.pl. Einem Bauernhaus nachempfundenes Gasthaus: Decken und Dielen aus Holz, bunte Flickenteppiche und alte Holzmöbel sorgen für Behaglichkeit. Dazu passt die deftige Regionalküche, darunter Sauersuppe, frisches Brot mit Schmalz, Salat mit handgeschöpftem Käse oder auch Wild. Wer will, kann sich bei Danuta und Krzysztof Worobiec nach preiswerten Zimmern erkundigen. €

In Krutyń:

Rustikal – **Krutyńsk:** Krutyń 72, Tel. 89 742 95 16. Restaurant am nördlichen Ortsausgang, erbaut im Regionalstil aus Naturstein und Holz. Regional ist auch die Küche mit gegrilltem Fisch, Pfifferlingsuppe und Apfelkuchen. €

Masurische Fischküche – **Krutynianka:** Krutyń 31, Tel. 604 63 01 57, www.krutynianka.pl. Alteingesessenes Lokal, das von seiner tollen Lage unmittelbar über dem Fluss profitiert. Sie können auf der großen, leider vergitterten Terrasse sitzen, den Kanuten beim Paddeln zusehen und frischen Fisch genießen. €

Gemütliches Ambiente – **Karczma Zacisze:** Krutyń 33, Tel. 89 742 21 50. Schönstes und preiswertestes Lokal, im Fachwerkhaus der Dorffeuerwehr am Ufer der Krutynia. Man sitzt entweder auf der großen Terrasse oder im einer rustikalen Schänke nachempfundenen Innenraum. Marek und Małgorzata versorgen die Gäste mit Sauerampfer- und Pfifferlingsuppe, fangfrischer Maräne, und hausgemachtem Kuchen. €

Einkaufen

Markt – In Krutyń werden auf dem kleinen Platz neben dem Museum Gänseschmalz und

NATURLEHRPFADE AB KRUTYŃ

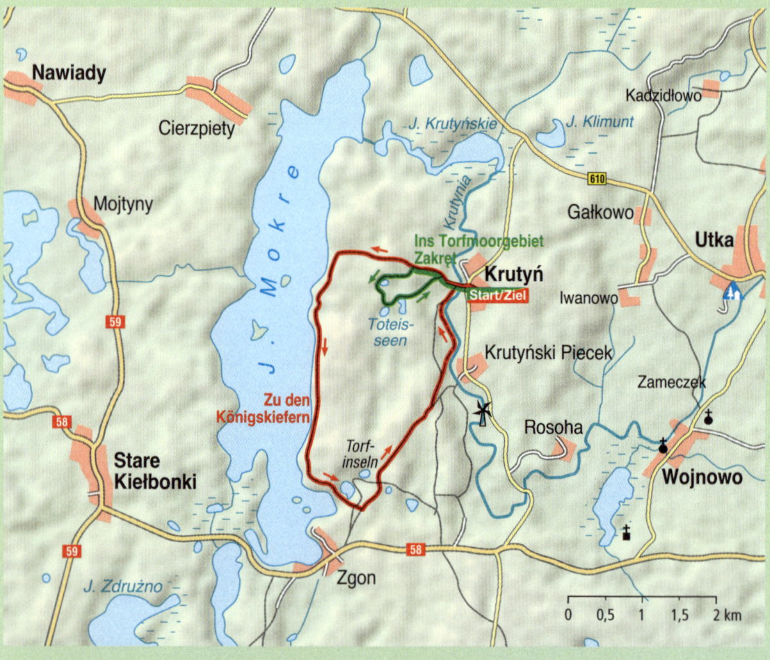

Tour-Infos

Start/Ziel: Beide Naturlehrpfade beginnen am Naturkundemuseum von Krutyń, wo man auch Infos zu weiteren markierten Wanderwegen erhält (s. S. 288).

Länge/Dauer: Die Tour ›Ins Torfmoorgebiet Zakręt‹ ist 3 km lang und dauert ca. 45 Min., die Tour ›Zu den Königskiefern‹ ist 8 km lang und dauert etwa 2 Std.

Ins Torfmoorgebiet Zakręt: In Krutyń quert man die Krutynia auf einer Brücke und läuft auf einer **Ahornallee** westwärts in Richtung Wald, wo man an der Schranke eine **alte Eiche** sieht *(dąb krutyński)*. Ca. 300 m weiter zweigt links ein markierter Weg ins Naturschutzgebiet ab. Man läuft durch einen sumpfigen Wald aus Birken und Kiefern und passiert zwei **Toteisseen,** die aus dem Schmelzwasser isolierter Rieseneisblöcke entstanden sind. Die Seen verlanden

allmählich, denn vom Ufer her ›arbeitet‹ sich eine schwimmende Moos- und Kleedecke immer weiter vor. Am Ufer sind seltene Pflanzen präsent, so etwa der fleischfressende Sonnentau und der weißblättrige Sumpfrosmarin. Nachdem man den zweiten See fast umrundet hat, passiert man eine Brücke und kommt zu der Straße, die rechts nach Krutyń zurückführt.
Zu den Königskiefern: Wieder quert man die Krutynia-Brücke und passiert die alte Eiche. Diesmal aber folgt man der Ahornallee noch 2 km bis zum **Mokre-See.** Dort hält man sich links und läuft am Ufer entlang, im Schatten von Eichen und Erlen. Nach gut 3 km befindet man sich im Naturschutzgebiet der **Königskiefern,** die ihren Namen dem hohen Alter – mehr als 200 Jahre – und dem majestätischen Aussehen verdanken. Lohnend sind Abstecher zur Linken zu kleinen, dunklen **Seen mit schwimmenden Torfinseln.** Der Hauptweg aber führt zu einer Kreuzung, an der es links via **Krutyński Piecek,** zuletzt am Fluss entlang nach Krutyń zurückgeht.

Bienenhonig, Weidenkörbe, Stickereien, geklöppelte Spitzen und Holzschnitzereien verkauft – meist günstiger als in den großen Ferienorten Masurens.

Aktiv

Paddeln – In Krutyń gibt es am Flussufer mehrere Anlegestellen z. B. an der Karczma Zaciscze, am Restaurant Krutyniańka und an der Stanica Wodna PTTK (z. B. www.krutynia.com.pl, https://splywykrutynia.pl). Verliehen werden Kajaks und Ruderboote, wer will, kann sich staken lassen. Nach einem dreistündigen Kanutrip werden die Gäste (z. B. bei Buchung in der Pension Habenda) in Ukta abgeholt, sodass die anstrengende Rückfahrt entfällt.
Reiten – Das **Gestüt Ferenstein** in Gałkowo (an der Straße Krutyń–Ukta) verfügt über 80 Pferde, die man für Ausritte und Kutschfahrten mieten kann; auch Reitkurse werden angeboten. Nachtquartier bietet ein nachgebautes Forsthaus (www.galkowo.pl).
Wandern – Markierte Naturlehrpfade erschließen den Masurischen Landschaftspark, Beschreibungen bekommt man bei der Parkverwaltung neben dem Museum von Krutyń (Zarząd Mazurskiego Parku Krajobrazowego, Mo–Fr 7.30–15.30 Uhr), Details s. Aktiv S. 290.

Verkehr

Bus: Es gibt gute Verbindungen zwischen Mikołajki, Ukta und Ruciane Nida. Kadzidłowo liegt 2 km von der Straßenhaltestelle nördl. von Ukta entfernt, bei Nowy Most steigt man aus, um nach Iznota zu kommen (gleichfalls 2 km Piste). Von Krutyń fahren tgl. mehrere Busse nach Zgon, Ruciane Nida und Mikołajki.

Wojnowo ▶ 2, S 5

Einen Ausflug wert ist **Wojnowo** (Eckertsdorf), wo man noch etwas von der versunkenen Welt altrussischer Gläubiger erspüren kann. Es handelt sich hier um eines von elf Dörfern, die um 1830 von den ›Philipponen‹ in Masuren gegründet wurden. Aus Russland hatten sie fliehen müssen, weil sie nicht bereit waren, den Zaren als obersten Kirchenherren zu akzeptieren. Preußenkönig Friedrich Wilhelm III. gewährte ihnen Religionsfreiheit, machte ihnen aber zur Auflage, den »unbebauten, unkultivierten Boden im Krutinner und Nikolaiker Forst« urbar zu machen. Die Einsiedlerorte im Wald entsprachen dem Bedürfnis der Altgläubigen nach Einsamkeit, in Klostergemeinschaften wappneten sie sich gegen die feindliche Natur. Das bis heute erhaltene altgläubige Kloster steht westlich der Straße am Ufer des Duś-Sees und wird von einem Küster bewohnt – die letzte der Nonnen starb hochbetagt 2007. Gegen ein geringes Entgelt wird der Altarraum der Kapelle geöffnet, wo man silberne Weihrauchschwenker und abgewetzte Orientteppiche sowie eine Vielzahl vergoldeter Heiligenbilder sehen kann. Der Gläubige, hungrig nach mystischer Offenbarung, soll sich in den Anblick der Ikonen versenken, seine Seele für die aus den Bildern zu ihm sprechende Schönheit öffnen. Prosaischer geht es

Ein Stückchen Alt-Russland in Polen – die orthodoxe Kirche von Wojnowo

auf der gegenüberliegenden Seite der Kapelle zu. Mehrere ›Klausen‹ wurden in schlichte Gästezimmer verwandelt, in denen der müde Wanderer sein Haupt betten kann. Hinter dem Gotteshaus liegt der Friedhof, an jedem Grab ist ein Kreuz mit den drei Querbalken der Orthodoxen in die Erde gerammt. Darauf stehen in kyrillischer Schrift die Namen all jener Nonnen, die hier seit 1836 gewirkt haben (Klasztor Św. Trójcy i Zbawiciela, Di–So 9–18.30 Uhr; Küster Krzysztof Ludwikowski spricht Deutsch und führt durchs Kloster).

Östlich der Straße und schon von Weitem sichtbar befindet sich die sogenannte **Weiße Kirche:** eine blau-weiße Kapelle auf saftig-grüner Wiese mit schlankem Glockenstuhl. Die Kuppel bekrönt eine zwiebelförmige Haube. Erbaut wurde die Kirche 1922, nachdem mehrere Familien der Altgläubigen zum griechisch-orthodoxen Ritus konvertierten. Zwar wurden die kostbarsten Ikonen nach Lidzbark Warmiński überführt, gleichwohl lohnt ein Blick in dieses mystische Gotteshaus. Sollte es verschlossen sein, bekommt man den Schlüssel bei der Kirchendienerin im Haus 48 schräg über die Straße (Biały Kościół, sonntags wird ein griechisch-orthodoxer Gottesdienst abgehalten).

Essen & Trinken

Im Kloster – **Klasztor:** Wojnowo s/n, Tel. 87 425 70 30, http://klasztor.info. Ans Kloster ist ein Café angeschlossen, das im Sommerhalbjahr hausgemachten Kuchen anbietet. Auf der Terrasse sitzt es sich schön. €

Verkehr

Wojnowo ist nicht an den öffentlichen Verkehr angeschlossen; die nächste Bushaltestelle befindet sich 3 km nördlich in Ukta.

Ruciane Nida und die Johannisburger Heide ▶2, S/T 5

Wichtige Auto- und Wasserstraßen führen nach **Ruciane Nida** 4 (Rudczanny-Niedersee). Die kleine Touristenstadt, die aus zwei weit auseinander liegenden Ortsteilen besteht, erstreckt sich zwischen den Seen Nidzkie (Nieder-See) und Guzianka (Guschiener See). Attraktiver ist Ruciane, wo sich längs der Bahnhofsstraße eine Einkaufsmeile etabliert hat. Hier befinden sich auch die Anlegestellen der Weißen Flotte und der Jachthafen. Über die 1,5 km lange, von Unterkünften gesäumte ›Ferienallee‹ (al. Wczasów) gelangt man nach Nida. Seit dort in den 1990er-Jahren eine Papierfabrik schließen musste, sind viele Menschen arbeitslos; sie leben in rings ums Zentrum aufgezogenen Plattenbauten.

Unmittelbar vor den Toren der Stadt beginnt die **Johannisburger Heide** (Puszcza Piska), ein 1000 km^2 großes Waldgebiet mit Mooren und Sümpfen, reich an Fichten und Kiefern, doch gibt es auch alte Eichen, Linden, Eiben und Weißbuchen. Im dichten Unterholz wuchern Heidel- und Preiselbeeren, im Herbst sprießen allerorts Steinpilze und Pfifferlinge. In weitem Bogen zieht sich der Nidzkie-See durch die Landschaft, zwei Dörfer und ein paar Förstereien sind weit und breit die einzigen Zeichen von Zivilisation.

Nach einer Fahrt durch einsame Natur wirkt die Ankunft in **Pisz** 5 (Johannisburg) ernüchternd. Die Stadt, die dem herrlichen Wald seinen Namen gab, wurde im Zweiten Weltkrieg zerstört, nur der Marktplatz blieb halbwegs unversehrt: Inmitten von Beton behaupten sich einige Bürgerhäuser sowie das Rathaus mit einem Regionalmuseum. Dort erfährt man u. a., dass ›Pissa‹ in der prußischen Sprache ›Sumpf‹ bedeutete, eine Anspielung auf den morastigen Boden rund um die Stadt (Muzeum Ziemi Piskiej, Rynek, www.muzeumziemipiskiej.pl, Mo–Fr 8–16 Uhr, 4 €). Westlich des Marktplatzes steht die Johanniskirche im Fachwerkstil. Einen Überblick über die Stadt bietet der Wasserturm von 1907. Mit dem Lift geht es hinauf zur Aussichtsplattform (Wieża Ciśnień, ul. Gdańska, tgl. 10–16 Uhr, 1 €) – im Unterbau gibt es ein Bistro.

Infos

Centrum Informacji Turystycznej: ul. Dworcowa 14, Ruciane Nida, Tel. 87 423 19 89, cit@ruciane-nida.pl, Juni–Sept. tgl. 8–18 Uhr, Juli/Aug. auch länger.

Centrum Informacji Turystycznej: ul. Daszyńskiego 16, Pisz, Tel. 87 423 26 75, www.pisz.pl/pl, Mo–Fr 8–18 Uhr, Juli/Aug. auch Sa/So 10–18 Uhr.

Übernachten

In Ruciane Nida:

Am See – **Nidzki:** ul. Nadbrzeżna s/n, Tel. 87 423 64 01, www.hotelnidzki.pl, 33 Zimmer u. Apartments. Abseits des Orts gelegenes Komforthotel am Ostufer des Nidzkie-Sees (Zufahrt

MASUREN PER RAD UND SCHIFF

Wer die Masurischen Seen abwechselnd von Wasser- und Landseite aus erleben möchte, kann sich auf der kleinen, feinen MS Classic Lady einbuchen. Tagsüber unternimmt man entweder individuelle Radtouren oder ist mit dem Radreiseleiter in der Gruppe unterwegs und lernt die kulturellen Sehenswürdigkeiten der Region kennen. Abends nimmt man im Panorama-Restaurant des Schiffes Platz und lässt sich die deftige, polnisch-preußische Küche schmecken. Den Sonnenuntergang bzw. den Blick in den Sternenhimmel genießt man vom Oberdeck – ein perfekter Logenplatz! Dann bettet man sein Haupt in einer der 20 Kabinen. Start und Endpunkt der 8-tägigen Reise ist Mikołajki (buchbar über DNV-Tours, D-70806 Kornwestheim, Tel. 07154 13 18 30, www.dnv-tours.de, Mai-Sept., immer samstags, 8 Tage, €€€).

am östl. Ortsausgang). Die Zimmer sind groß, etwa die Hälfte hat Seeblick. Unmittelbar am See befindet sich das Terrassencafé. Mit Rad-, Boots- und Kajakverleih sowie ›Biotherapie‹, die sich vorerst auf Massage beschränkt. €€

In Pisz:

Mit gutem Restaurant – **Nad Pisą:** ul. Ratuszowa 13, Tel. 87 423 32 53, www.hotelnadpisa.pl, 102 Zimmer. Dreisternehotel im Zentrum der Stadt am Fluss. Die Zimmer sind gemütlich, die meisten haben einen Balkon. Mit Kajak- und Radverleih. €

In der Johannisburger Heide:

Aktivurlaub & schönes Restaurant – **Joseph Conrad:** al. Turystów 1, Jezioro Roś, Tel. 87 423 05 59, www.hotelconrad.pl, 21 Zimmer. Das Hotel am Ufer des Roś-Sees liegt am Rande der Heide, 20 Gehminuten vom Ort. Nicht zufällig trägt es den Namen des polnisch-britischen Romanciers, den die Abenteuerlust in die Welt hinaustrieb. Hier steht das ›Erlebnis‹ im Vordergrund. Man kann Kajaks, Kanus und Räder mieten und an geführten Radwanderwochen teilnehmen. Im Restaurant, das den poetischen Namen »Schattenspur« (Smuga Cienia) trägt, sitzen Sie im Wintergarten oder auf der Terrasse überm See und genießen modern interpretierte polnische Küche. €–€€

Herrenhaus von 1830 – **Dwór Kaliszki:** Kaliszki 17, Tel. 87 423 93 21, www.dworkaliszki.pl, 14 Zimmer. Auf dem ›Kallischker Hof‹ 14 km östlich von Pisz wird feiner Landhausstil zelebriert, dazu zünftiges Essen aus Wald und Feld. €

Essen & Trinken

In Ruciane Nida:

Mit großer Straßenterrasse – **Kolorada:** ul. Dworcowa 6e, Tel. 87 423 65 31, www.kolorada.pl. Beliebtes Lokal an der Hauptstraße. Lockeres Ambiente auf überdachter Terrasse. Großzügige Portionen: z. B. Zigeuner-Kartoffelpuffer, mit Pilzen überbackenes Kotelett ›auf Räuberart‹ oder *faworek mazura,* zwei ineinander verflochtene Geflügelstücke. Auch die Fischküche kann sich sehen lassen, Spezialität des Hauses ist *zupa rybacka*. €

In Pisz:

In einer Bastei von 1764 – **Baszta:** ul. Ratuszowa 14, Tel. 60 262 20 22, www.basztapisz.pl. Die ehemalige Brauerei Masovia wurde in ein Lokal umgewandelt. Zum rustikalen Ambiente passt die deftige polnische Küche. €

Aktiv

Schiffsausflüge – **Żegluga Mazurska:** Port, Ruciane Nida, Tel. 87 423 10 43, www.zeglugamazurska. com. Zu den schönsten Touren in Masuren zählt die Fahrt von Ruciane Nida nach Mikołajki: Nach Einschleusen bei Guzianka, wo man auf den 2 m tiefer gelegenen Bełdany-See gelangt, durchfährt man das 14 km lange, rinnenartige Gewässer. Über Kamień und Wierzba, wo man aussteigen kann, erreicht man Mikołajki; am frühen Nachmittag fährt das Schiff wieder zurück. Als Alternative bietet sich eine Rundfahrt auf dem nördlichen Teil des Nidzkie-Sees an. In **Pisz** bietet Smętek in der Sommersaison alle zwei Stunden (11–19 Uhr) einstündige Touren auf dem Rosch-See und bis zur Quelle der Pisa an (ul. Spacerowa 62, Tel. 87 4234543, www.smetek.pisz.pl).

Paddeln – Bei Marek Łachacz, dem Besitzer der Pension Joseph Conrad (s. Übernachten links), kann man Boote mieten. Die Pisa, die den Roś-See durchfließt, mündet bei Nowogród in die Narew, sodass ein- bis zweiwöchige Paddeltouren bis in den Narew-Nationalpark möglich sind.

Radfahren – Empfehlenswert ist die Rundtour, in die man sich in Ruciane Nida einklinken kann (s. Aktiv S. 296). Eine Alternative führt südwärts in die Johannisburger Heide. Dabei geht es fast immer am 18 km langen, naturgeschützten Nidzkie-See entlang. Die Tour startet im Viertel Nida am Ostufer des Sees und führt über Dębowo und Zamordeje nach Wiartel; östlich des Sees geht es weiter bis Pisz.

Wandern – In den Touristeninfos von Ruciane Nida und Pisz erhält man Broschüren über markierte Wanderwege in der Johannisburger Heide.

Verkehr

Bus: Ab Pisz und Ruciane Nida häufige Busverbindungen nach Mrągowo, seltener nach Mikołajki und Suwałki. Von Ruciane Nida fährt frühmorgens ein Bus nach Popielno, von Pisz kommt man gut nach Giżycko.

Zug: Mit Zug kommt man von Pisz via Ruciane Nida nach Szczytno, Olsztyn und Gdańsk, seltener nach Ełk und nur 1 x tgl. nach Warszawa.

Zwischen den Großen Seen ▶ 2, T 4

Karte: S. 288

Miłki 6

Über **Orzysz** (Arys), eine verkehrsreiche Stadt ohne Reiz, gelangt man nach **Miłki** (Milken), beliebt aufgrund der Lage nahe dem Buwełno-See (Martinshagener See), einem masurischen Juwel, das sich auf einer Länge von 8 km durch die sanft gewellte Landschaft zieht. Der See besitzt weit und breit das sauberste Wasser und folglich auch feinste Fische. Probieren kann man sie in der urigen ›Alten Schmiede‹.

Rydzewo 7

Gleichfalls ruhig ist das Leben in **Rydzewo** (Rydzewen), einem Dorf am Ufer des Niegocin-Sees (Löwentin-See). Im Schatten der aus Feldstein erbauten Pfarrkirche steht das Gasthaus ›Zum Schwarzen Schwan‹ (Pod Czarnym Łabędziem), davor ein Campingplatz und ein kleiner Jachthafen. Mit dem Boot kann man verschwiegene Buchten erkunden oder aufbrechen zur Tagestour nach Giżycko.

Übernachten

In Miłki:

Gutes Preis-Leistungs-Verhältnis – **Teresa:** Marcinowa Wola 1, Tel. 87 421 16 44, www.pensjonatteresa.pl, in Deutschland buchbar über Lothar und Gisela Kozian, Tel. 0209 726 20, 10 Zimmer und 5 Apartments. Die Komfortpension am Ufer des Buwełno-Sees wird von einem deutsch-polnischen Gespann geleitet. Die Zimmer haben meist Balkon und Seeblick. Das Büfettfrühstück wird im Sommer auf der Terrasse eingenommen, gut ist das angeschlossene Fischrestaurant. Hinzu kommen Sauna, Rad- und Bootsverleih, Garagen und ein bewachter Parkplatz. €

In Rydzewo:

Gehoben-rustikal – **Pod Czarnym Łabędziem:** Rydzewo20-A, Tel. 87 421 12 52, www.gospoda.pl, 17 Zimmer. Komfortabel-rustikale Zimmer, angeschlossen ans gleichnamige Gasthaus. Mit Ruder- und Tretbootverleih sowie kleinem Campingplatz. €–€€

Zimmer mit Seeblick – **Złoty Spichlerz:** ul. Mazurska 83, Tel. 87 421 15 88, 6 Zimmer und Apartments. Im »goldenen Speicher«, einem restaurierten Hof am Boczne-See, vermieten Sylwia und Paweł 5 gemütliche Zimmer, im Anbau auch ein Apartment mit Kamin für sechs Pers. Mit rustikalem Restaurant, Spielplatz, Gartengrill und Radverleih. €

Essen & Trinken

In Miłki:

Authentisch – **Karczma Stara Kuźnia:** Przykop 1, Tel. 87 421 10 86, www.starakuznia.com. pl, Mai–Sept. tgl. ab 13 Uhr. Die ›Alte Schmiede‹ versteckt sich auf einer Anhöhe gut 2 km südwestlich von Miłki. Hier gibt es weder Kellner in Tracht noch polnische Volksmusik, stattdessen kompromisslos deftige Küche in schlichtem Dorfambiente. Mitten im Raum brennt ein Kaminfeuer, drum herum stehen lange Holzbänke und -tische. Marta und Stanisław servieren Fisch vom nahen Buwełno-See, scharfe ungarische Fischsuppe *(halaszlé)*, Fleisch vom offenen Feuer und tollen *żurek*: angereichert mit Wurst und frischer Sahne, dargereicht in einem ausgehöhlten Brotlaib. €

In Rydzewo:

Grillspezialitäten – **Pod Czarnym Łabędziem:** Rydzewo 20-A, Tel. 87 421 12 52, www.gospoda.pl. Am Jacht-Anleger befindet sich das Gasthaus ›Zum Schwarzen Schwan‹ mit knarrenden Dielen und vom offenen Dachstuhl herabbaumelnden Paprika- und Knoblauchgirlanden. Im Sommer sitzt man auf der Terrasse am Wasser. €

Verkehr

Bus: Verbindungen bestehen nur zwischen Orzysz, Miłki und Giżycko. Um Przykop und Marcinowa Wola zu erreichen, ist ein Auto notwendig.

RADTOUR IM MASURISCHEN LANDSCHAFTSPARK

Tour-Infos

Start/Ziel: Mikołajki
Länge: insgesamt ca. 58 km
Dauer: etwa 6 Std.
Alternativ: Gleichfalls in Mikołajki startet die 85 km lange ›Große Śniardwy-See-Schleife‹. Sie führt südwärts nach Wierzba, wo Sie mit einer Minifähre auf die Halbinsel Popielno übersetzen. Entgegen dem Uhrzeigersinn geht es dann rund um den See via Karwik nach Okartowo, wo Sie westwärts einschwenken und am Biosphärenreservat Łuknajno vorbei (s. S. 282) nach Mikołajki zurückgelangen.

Die Tour führt rings um zwei lang gestreckte Seen, vorbei an verträumten Dörfern, einem russischen Altgläubigenkloster und einem Reservat, in dem Tarpanpferde und Biber leben. Sie verläuft über leicht welliges Gelände auf einsamen Nebenstraßen, sandigen Waldwegen und Forstpisten.

Vom Zentrum in **Mikołajki** folgt man der Ulica Mrągowska über eine Brücke zum Westufer des Mikołajskie-Sees (1 km). Dort biegt man links in die Ulica Warszawska ein (= rot-weiße Markierung), der man 1,5 km folgt und dabei die Wohnsiedlung Na Górce passiert. An der Gabelung oberhalb eines Teiches biegt man links in eine Piste ein, nach weiteren 500 m hält man sich abermals links. Die Piste führt durch Wald in 4,5 km fast bis zur Anlegestelle von **Wierzba** (7,5 km).

Noch vor Erreichen der Anlegestelle schwenkt man rechts in einen Weg ein (weiterhin rot-weiß markiert), der in 4 km zu einer T-Kreuzung führt. Dort biegt man links in eine Asphaltstraße ein und erreicht das Dorf **Iznota** (11,5 km). Ein ausgeschilderter Abstecher führt nach 1,5 km zum Mazurski Eden, einem originellen Hotel mit Café und Campingplatz am Bełdany-See (s. S. 288). Die Anlage ist einer Festung der galindischen Ureinwohner nachempfunden; riesige, aus Baumstämmen gehauene Krieger halten am Eingang Wache.

In Iznota quert man auf einer Brücke die Krutynia und biegt an der nächsten Gabelung links in Richtung Kamień ab. Nachdem die Asphalt- in eine Sandpiste übergegangen ist, erreicht man eine weitere Gabelung: Hier hält man sich rechts und biegt nach 1,5 km abermals rechts in Richtung Dojazd Pożarowy Nr. 11 ein. Auch an der folgenden Gabelung folgt man dieser Ausschilderung. Der Wald wird nun lichter, durchs Baumgeäst erspäht man Bauernhöfe. Am Haus Nr. 29 hält man sich rechts und stößt wenig später auf eine Asphaltstraße, auf der man rechts abbiegend nach **Ukta** gelangt (20 km).

Von Ukta aus folgt man der Beschilderung nach **Wojnowo** (23 km), einem verträumten Dorf an einer wenig befahrenen Landstraße, das von ›Altgläubigen‹ bewohnt wird. Links der Straße sieht man ihre blau-weiße Kirche mit orthodoxer Zwiebelkuppel. Über eine Zufahrt zur Rechten erreicht man die eigentliche Attraktion: das über dem See thronende Kloster (s. S. 291).

Die Straße, auf die man nun stößt, ist stärker befahren. Man folgt ihr nach links und erreicht nach wenigen Kilometern **Ruciane Nida** (35 km).

Nahe der Touristeninformation (ul. Dworcowa 14) zweigt die Ulica Mazurska ab, der man bis zur Schleuse Guzianka folgt. Man quert zwei Brücken und erreicht auf wenig befahrener Straße das zwischen zwei Seen gelegene **Wejsuny** (41 km). Am Ende des Dorfes (1,5 km nördlich seines Zentrums) gelangt man an eine T-Kreuzung und hält sich links, nach weiteren 500 m abermals links. Vorbei an einer Ferienanlage erreicht man den Weiler **Onufryjewo** (44 km).

Im Ort folgt man der ersten sich bietenden Linksabzweigung und gelangt in ein Waldstück. Am letzten Haus des Orts (50 km) wechselt man nach rechts auf eine Sandpiste über, die in 1,5 km zu einer Kreuzung führt. Hier geht es rechts weiter, vorbei an einem umzäunten Freigehege für Tarpanpferde (Schild: Rezerwat Konika Polskiego). 600 m nach einer Lichtung hält man nach einem Linksabzweig Ausschau, der dicht an den Bełdany-See heranführt. In der Folge passiert man mehrere Campingplätze und bleibt längere Zeit auf der Sieżka Przyrodnicza, dem ›Naturpfad‹. An einer markanten Gabelung folgt man dem Weg links hinab, kommt an einem Holzhäuschen mit Kreuz vorbei und stößt auf eine Asphaltstraße, auf der es links weiter geht. Ein Tor markiert das Ende des Rezerwat Konika Polskiego, des »Reservats des polnischen Pferdes«. An der nächsten Kreuzung geht es links – an einem kleinen Jachthafen vorbei – zur Fähranlegestelle von **Wierzba** (53 km), wo im Sommer von 8 bis 17 Uhr zu jeder vollen Stunde Boote übersetzen.

Am anderen Ufer angelangt, folgt man der sandigen Piste nach rechts. Sie führt anfangs am See entlang, entfernt sich dann aber von ihm und verläuft durch Waldgebiete, vorbei an blumenübersäten Lichtungen. Nach 4,5 km erreicht man eine T-Kreuzung, an der man sich rechts hält; nur 500 m weiter stößt man auf eine Straße, der man, abermals rechts abbiegend, nach **Mikołajki** folgt (58 km).

Giżycko, Mamry-See und Suleyken

Auch im nördlichen Teil der Großen Seen ist ein Sechstel des Landes mit Wasser bedeckt. Das ›masurische Meer‹ fächert sich in eine Vielzahl kleinerer Gewässer auf, in denen drei Dutzend Vogelinseln schwimmen. Zur russischen Grenze hin, wo die Wälder dichter und sumpfiger werden, leben Wisente und Elche.

Giżycko ▶ 2, T 4

Karte: rechts

Die nordmasurische ›Sommerhauptstadt‹ **Giżycko** 1 (Lötzen) liegt auf einem Landstreifen zwischen den beiden großen, durch einen Kanal verbundenen Seen Kisajno (Kissain) und Niegocin (Löwentin). In den letzten Jahren aufgehübscht, bietet es eine nette Altstadt, dazu gute Hotels und viele Aktiv-Angebote. Im Sommer spielt sich das Leben an der **Eko-Marina** ab, einem umweltfreundlich geführten Hafen mit Bildungszentrum: Hier öffnen Terrassencafés, Restaurants und Segelshops. Eine Spaziermole spannt sich weit aufs Wasser, Promenaden führen am Ufer entlang. Von einem Aussichtspunkt lässt sich die ganze Szenerie genießen.

Im 500 m entfernten Stadtzentrum ist die Ulica Warszawska die Hauptstraße. Der angrenzende **Grunwald-Platz** rahmt einen Grünstreifen ein und ist von behäbigen Bürgerhäusern gesäumt. Früher stand hier das Abstimmungsdenkmal: 99,97 % der Bevölkerung hatte 1920 für die Zugehörigkeit des Kreises zu Deutschland gestimmt. Daran erinnert bis heute die in V-Form verlaufende Baumgruppe (V=Victory), deren Spitze auf die evangelische **Pfarrkirche** an der Ostseite des Platzes weist. Im strahlend hellen Innenraum trifft sich am Sonntagmorgen die evangelische Gemeinde zum deutschsprachigen Gottesdienst, abends werden in den Sommermonaten Orgelkonzerte gegeben (Kościół Ewangelicki, pl. Grunwaldzki). In östlicher Verlängerung des Platzes, an der Ulica Warzawska, steht ein Wasserturm von 1900. Im Lift geht es zur Aussichtsplattform hinauf, von der man Stadt und Seen überblickt (Wieża Ciśnień, ul. Warszawska 37, www.wieza-gizycko.pl, Mai, Sept. 10–18, Juni 10–20, Juli/Aug. 10–21 Uhr, 4 €, mit Café).

Die Geschichte der Stadt reicht bis ins frühe 14. Jh. zurück, als der Deutsche Orden auf der strategischen Landzunge zwischen den beiden Seen das alte Kastell der Prußen zerstörte und eine neue **Burg** errichtete. Sie wurde später mehrfach umgebaut, heute ist von ihr nur noch ein Originalflügel erhalten, an den sich das Hotel St. Bruno lehnt – ein historisierender Bau, der die fehlende Burg ›nachahmt‹. Gleich daneben befindet sich eine 1860 erbaute, noch von Hand betriebene Drehbrücke. Sie ist eine der letzten dieser Art in Europa und spannt sich über den Kanal zwischen dem Kisajno- und dem Niegocin-See.

Noch gut in Schuss ist die 500 m westlich gelegene **Festung Boyen,** die ab 1844 als Bollwerk gegen Russland entstand und nach dem preußischen Kriegsminister General Hermann von Boyen benannt ist. Ihre Feuerprobe bestand sie im Jahr 1914, als sie wochenlang den Angriffen russischer Truppen trotzte. Auf einem sternförmigen Grundriss erheben sich über 2 km lange Wälle, deren Ecken von Basteien und turmartigen Toren geschützt sind. Man kann hinaufsteigen und einen Spaziergang auf den Wällen unternehmen. Und im Hauptgebäude erläutert eine kleine Ausstellung die Geschichte des Forts (Twierdza Boyen, ul. Turystyczna 1, Tel. 87 428 83 93, www.twierdza.gizycko.pl, April–Sept. tgl. 9 Uhr bis zur Dämmerung, 4,50 €).

Giżycko bietet gute Bedingungen für Segler, Surfer und Kanuten. Seit die Kläranlage fertiggestellt ist, ist auch am Niegocin-See das Baden wieder möglich. Schiffsausflüge führen zum Kisajno-See mit seinen vielen kleinen, unter Naturschutz stehenden Inseln, über Sztynort nach Węgorzewo oder durch Kanäle nach Mikołajki und Ruciane Nida. Im Winter finden auf den zugefrorenen Seen und Kanälen Eissegelwettbewerbe statt.

Lust auf Schießen mit Pfeil und Bogen? Im **Muzeum Indian,** 7 km nördlich an der Straße nach Węgorzewo, huldigt ein kleines Indianerdorf mit Tipi-Zelten und Museum Amerikas First Nation (Spytkowo 48, www.muzeumindian.pl, im Sommer tgl. 8.30–17.30, 4 €).

Infos

Centrum Informacji Turystycznej: ul. Gen. Józefa Zajączka 2, 11-500 Giżycko, www.gizycko.turystyka.pl, Mo–Fr 9–18, Sa/So 10–16 Uhr. Ein sehr engagiert geleitetes Informationsbüro; auch in deutscher Sprache wird über alle in dieser Region möglichen Aktivitäten informiert.

Übernachten

In der Ordensburg – **St. Bruno:** ul. Św. Brunona 1, Tel. 87 7326500, www.hotelstbruno.pl, 69 Zimmer. Das Viersternehotel in restaurierter Backsteinarchitektur bietet elegante Zimmer, teilweise mit altem Gebälk, Frühstück im Wintergarten und einen Salon in der Bastei, dazu Pool und Sauna. In der 9 m hohen ›Bibliotheque‹ speist man fein bei Kaminfeuer. €€

Viel Ruhe – **Europa:** al. Wojska Polskiego 37, Tel. 600 21 02 40, www.hoteleuropa-gizycko.pl, 62 Zimmer. Das Mittelklassehotel liegt unmittelbar am Kisajno-See, bietet Zimmer mit See- und Gartenblick sowie traditionelle Küche. Räder, Tret- und Ruderboote sind ausleihbar. Mit großer Sporthalle (speziell für Boxer!). €

Für Wasserratten – **COS-Sporthotel:** Ośrodek Wczasowy Centralnego Ośrodka Sportu, ul. Moniuszki 22, Tel. 87 428 23 35, www.gizycko.cos.pl, 201 Zimmer, geöffnet Mai–Sept. Hotel etwas außerhalb der Stadt am Kisajno-See, Teil eines großen Sportzentrums mit eigener Anlegestelle, Ruder- und Segelbootverleih. Zur Wahl stehen Zimmer im Haupthaus und in Bungalows. €

Günstige Zentrumslage – **Wodnik:** ul. 3 Maja 2, Tel. 87 428 38 71, www.cmazur.pl, 65 Zimmer. Nüchterner Plattenbau aus den 1970er-Jahren im Zentrum der Stadt. Durchweg saubere, funktionale Zimmer, Büfettfrühstück und Bar. Viel besucht von deutschen Reisegruppen, die hier Rabatt erhalten. Mit Friseur, Wäscherei und Radverleih. €

Einfaches Motel – **Zamek:** ul. Moniuszki 1, Tel. 87 428 24 19, 17 Zimmer. Unkompliziertes Quartier am Giżycko-Kanal, nahe einer Drehbrücke und der Ruine der Ordensburg, 400 m westlich des Zentrums. Paddel- und Tretboote sind ausleihbar. €

Camping – **Bystry:** Bystry, Tel. 87 429 94 80, https://bystrycamping.pl/de, ganzjährig geöffnet. 3 ha großer Wiesenplatz am Niegocin-See mit 100 Stellplätzen, guten Sanitäreinrichtungen und einem kleinen Restaurant. Der gesamte Bereich ist umzäunt, beleuchtet und bewacht. Zur Anlage gehört ein eigener Badesteg sowie ein kleiner Hafen. Gemietet werden können Tretboote und Kajaks, Ruder- und Segelboote. An der Rezeption werden Angellizenzen verkauft. Die nächste Bushaltestelle ist 100 m entfernt. €

Campingplatz mit Pension – **Elixir Hotelik Caravan Camping:** Guty 9, Tel. 87 428 28 26, www.elixirhotel.com, ganzjährig geöffnet. Campingplatz mit Ferienanlage (Boots- und Fahrradverleih) am Ufer des Kisajno-Sees, 7 km westlich von Giżycko. Von der Straße nach Kętrzyn rechts in Richtung Kamionki abbiegen! Es besteht die Möglichkeit, Zelte, Wohnwagen, Mobilheime und Zimmer zu mieten. €

Essen & Trinken

Schön sitzt man am Wasser in der Eko-Marina am Niegocin-See, wo sich Fischlokale, Bistros und Cafés aneinanderreihen – die Kneipe Czarna Perła ist Kult!

Im Zentrum – **Kuchnie Świata:** pl. Grunwaldzki 1, Tel. 87 429 22 55, www.kuchnieswiata.pl. Pasta, Pizza, Gyros und Grillgerichte in mediterranem Ambiente. Schöne Sommerterrasse. €

Am Wasser – **Siwa Czapła:** ul. Nadbrzezna 11, Tel. 89 428 34 40, www.siwaczapla.pl, tgl. ab 9 Uhr. Das Hafenlokal mit Terrasse und Wintergarten bietet masurischen Fisch und ostpreußische Klassiker, Pilze und Beeren aus dem Wald. €

Wassermühle am See – **Stary Młyn:** Upałty 2, Tel. 87 42 92 718, www.karczma-upalty.com. 7 km östlich von Giżycko: Terrassenlokal mit altpolnischer Küche, dazu säuerliches *kwas* (eine Art Malzbier) oder süßen *met* (Honigwein). €

Einkaufen

Einkaufszentrum – **Galeria Batory:** ul. Warszawska s/n, https://batorygizycko.com.pl. Hinter der Kirche befindet sich eine Shopping-Mall, darin auch ein Supermarkt , in dem Sie viele polnische Lebensmittel bekommen – von marinierten Pilzen bis zu Piroggen.

Markt – **Targ Plac Grunwaldzki:** Die auf dem Grunwald-Platz tgl. angebotene Warenpalette reicht von Pilzen über Preiselbeeren und gackerndes Federvieh bis zu Kosmetikartikeln.

Abends & Nachts

In den **Bars im Hafen** werden die Sommernächte durchzecht.

Aktiv

Radfahren – Die grün markierte, 61 km lange Südtour führt von Giżycko um den Niegocin-See, die blau markierte, 67 km lange Nordtour im Uhrzeigersinn um den Dargin-See. Weitere Infos bei der Touristeninformation.

Schiffsausflüge – **Żegluga Mazurska:** al. Wojska Polskiego 8, Tel. 87 428 53 32, www.zeglugamazurska.com.pl. Mit der Weißen Flotte erkundet man die Seen und Kanäle rund um die Stadt, kommt nach Węgorzewo, Mikołajki und Ruciane Nida. Geplant ist auch die Wiederaufnahme der Fahrten zur Kormoran-Insel (Wyspa Kormaranów), einem kleinen Naturparadies auf dem Dobensee (Jezioro Dobskie). Es ist nicht erlaubt, die Insel zu betreten, doch viele der insgesamt etwa 1500 Kormorane kann man vom Schiff aus beobachten, ebenso wie Kolonien von Silberreihern.

Segeln & Surfen – Ein großes Angebot an kleinen Jachten, Surfbrettern, Ruder- und Paddelbooten verleihen das Wassersportzentrum an der Eko-Marina (www.ekomarinagizycko.pl) sowie das COS-Sporthotel am Kisajno-See (s. S. 299). Im Hafen von Wilkasy, 4 km südlich, bekommt man Segelboote bei der Agentur Mazur Wind (ul. Klonowa 19, Tel. 87 428 01 72, www.mazurwind.pl).

Tauchen – **Centrum Nurkowe CK Diver:** ul. Mickiewicza 9, Tel. 60 271 85 80, www.ckdiver.pl. Tauchkurse einfach und extrem (z. B. winterliches Tauchen unter Eis), Verkauf von Zubehör.

Termine

Orgelkonzerte: In der evangelischen Kirche finden im Sommer Konzerte statt.

Lötzener Tage (Mai): Großes Stadtfest mit Umzügen, Tanz und Folklore.

Shanty-Festival (Juli): Im Amphitheater der Festung Boyen werden Seemannslieder vorgetragen.

Segelregatten und Surfmeisterschaften (Juli/Aug.): mit anschließendem großen Hafenfest.

Verkehr

Bus/Zug: Die beiden Bahnhöfe befinden sich südlich des Stadtzentrums am Hafen des Niegocin-Sees. Gute Busverbindungen in alle Richtungen, mit dem Zug nach Olsztyn und Suwałki.

Rund um den Mamry-See ▸ 2, S/T 3

Karte: S. 299

Nördlich von Giżycko greift der Mamry-See (Mauer-See) mit mehreren Armen weit in die Landschaft. Seine Ufer sind dicht bewaldet, doch hier und da eröffnen Wiesen den Blick auf die riesige Wasserfläche. »Tausende von Enten«, schreibt Marion Gräfin Dönhoff in ihrem Buch »Kindheit in Ostpreußen«, bevölkerten den See, dazu »Blesshühner, Rohrdommeln, Kormorane, Wildgänse, Schwäne, gelegentlich auch Seeadler«. Und sie weiß zahlreiche Geschichten zu erzählen, die dem Mamry-See eine »unheimliche, fast magische Note« verleihen.

Heute ist es vor allem ein Ort, der geisterhaft wirkt: das in herrlicher Lage hoch auf einer Landzunge thronende Schloss **Sztynort** 2 (Steinort). Einst ›der schönste Besitz in Ostpreußen‹, präsentiert es sich heute als Ruine von morbider Pracht. Fast ein halbes Jahrtausend gehörte das Schloss der Familie Lehndorff, die manch einen Reichsgrafen, Fürstbischof und königlichen Befehlshaber stellte. Im frühen 16. Jh. kam sie von Königsberg hierher und erhielt ›die große Wildnis am See‹ als Geschenk vom Deutschen Orden. Das vom Grafen Lehndorff errichtete Schloss wurde von den Tataren 1656 eingeäschert, 40 Jahre danach war es im Stil des Barock wiedererrichtet. Die Familie residierte hier bis zum Einmarsch der Roten Armee 1945. Letzter Schlossherr war Heinrich Graf von Lehndorff, der für seine Beteiligung am Hitler-Attentat 1944 in Berlin-Plötzensee hingerichtet wurde. Sein Erbe war Hans Graf von Lehndorff, der sich in seinem Buch »Menschen, Pferde, weites Land« an den verlorenen Ort der Vorfahren erinnert: »Die Jahrhunderte verschmolzen an dieser Stelle zu einem Stück Ewigkeit, jener Ewigkeit, darin sie geborgen und aufgehoben sind und in die sie zurückkehren.« Aus der Rückkehr war nichts geworden: Das Schloss verfiel. Neue Hoffnung schöpft man, seit sich die Deutsch-Polnische Stiftung des Schlosses angenommen hat und hier ein Zentrum für Denkmalpflege und ein Museum adeliger Wohnkultur einrichten will. Im Seitenflügel ist bereits eine kleine Ausstellung geöffnet und der Park ist begehbar ...

Herrscht im Schloss noch große Stille, so geht es derweil am Fuße des Hügels quicklebendig zu: Segler treffen sich in der Taverne Zęza auf ein kühles Bier – und vom modernen Jachthafen stechen Windjammer in See.

In **Mamerki** 3 (Mauerwald), am sumpfigen Nordwestufer des Mamry-Sees, hat die nationalsozialistische Führung in den Jahren 1942 bis 1944 kleine Bunker errichtet, die sie bei ihrem Rückzug zu sprengen vergaß. Die mittlerweile bemoosten Ungetüme stehen mitten im Wald. Seit 2018 kann im dortigen »Museum der Ostfront des Zweiten Weltkriegs« eine 60 m² große Replik des legendären Bernsteinzimmers besichtigt werden. Friedrich Wilhelm I. von Preußen hatte es dem russischen Zaren Peter I. geschenkt, 1941 wurde es von deutschen Truppen geraubt und ist seitdem verschollen. Außerdem zu sehen: Militaria und Dioramen von Schlachten, vom hohen Aussichtsturm überblickt man den Wald (www.mamerki.com, tgl. 9–17 Uhr, 5 €).

Vorbei an **Trygort** 4 (Tiergarten) erreicht man das von deutschen Ordensrittern im 14. Jh. gegründete Städtchen **Węgorze-**

Auf dem Mamry-See, dem ›masurischen Meer‹, lassen sich lange Törns unternehmen

wo 5 (Angerburg). Die Burg, der es seinen deutschen Namen verdankt, steht am Hafen und wartet auf eine neue Bestimmung … An Vergangenes erinnert auch das masurische Museum mit einer umfangreichen Sammlung, die von prußischen Götzen bis zu Bauernmöbeln des 19. Jh. reicht (Muzeum Kultury Ludowej, ul. Portowa 1, www.muzeum-wegorzewo.pl, im Sommer tgl. 9–17 Uhr, 4,50 €). Am stillgelegten Bahnhof illustriert ein Zugmuseum mit Modellen, historischen Schildern und (Fahr-)Karten das Bahnfahren anno dazumal (Muzeum Tradycji Kolejowej, ul. Stefana Jaracza 4, Di–Sa 12–15.30 Uhr, 2 €). Von seiner schönsten Seite zeigt sich der Ort am Hafen: Hier liegen bunte Boote vor Anker oder nehmen Kurs aufs ›masurische Meer‹. Einen schönen Blick auf den See haben Sie auch von der

›Jägerhöhe‹: Am Ortsrand zweigt von der Straße nach Giżycko ein blau markierter Weg ab – auf dem Gipfelplateau stoßen Sie auf einen Soldatenfriedhof aus dem Ersten Weltkrieg.

Infos

Centrum Informacji Turystycznej: pl. Wolności11, Tel. 87 427 40 09, www.wegorzewo.pl, Mo–Fr 8–15 Uhr, in der Saison länger. In der Info-Stelle bekommt man Tipps zu Ausflügen, es werden Unterkünfte vermittelt und Fährtickets verkauft.

Übernachten

In Węgorzewo:

An der Uferpromenade – **Nautic:** ul. Słowackiego 14, Tel. 87 427 20 80, www.nautic.pl, 12 Zimmer. Pension nahe der Bootsanlegestelle. Alle Zimmer mit Bad, ein Apartment mit Garten-Pool. €

In Pozedrze:

Familiäre Pension – **Villa Mamry:** Dziaduszyn 5, Pozezdrze, Tel. 87 427 14 48, https://masurische-seen.jimdo.com, 10 Zimmer. Freundlich geführtes Haus in romantischer Lage am Święcajty-See mit netten Zimmern und einem Frühstücksraum mit Seeblick. €

In Trygort:

Resort im skandinavischen Stil – **Mamry:** Trygort 132, Tel. 87 427 03 43, www.sealand-travel.com, 16 Apartments. Ferienresort auf einer Halbinsel am Mamry-See. Außen geben sich die skandinavisch inspirierten Holzhäuser traditionell, innen haben sie modernen Komfort. Mit altmasurischem Gasthaus, Beach Bar, Anlegestelle und Verleih von Jachten, Kajaks und Ruderbooten. Jugendliche haben Spaß im Hochseilgarten und auf dem Volleyballplatz. Leicht zu finden: 1 km westlich von Trygort abbiegen und der Piste 800 m folgen! €

Essen & Trinken

In Węgorzewo:

Bodenständig – **Karczma:** ul. Zamkowa 10, Tel. 87 427 32 23, www.keja.com.pl/tawerna. Rustikale Dorfschenke mit Terrasse und guter polnischer Küche. Spezialität ist *golonka zapiekana* (gebackenes Eisbein), dazu ein ›Kuss der Schwiegermutter‹ *(pocałunek)*. €

In Sztynort:

Beliebter Seglertreff – **Taverne Zęza:** Sztynort, Tel. 87 427 51 81, www.sztynort.pl. Hier fühlt man sich wie im Bauch eines alten Windjammers – fast alles ist aus Holz! Während in der Taverne vor allem gehaltvolle Fischküche auf den Tisch kommt, wird im Kellergewölbe fein diniert – manchmal erklingt dazu Livemusik. €

Herrgottchen, die Masuren!

Wer Krystyna Dickti in ihrem Museum in Sądry (s. S. 277) besucht, begegnet einer echten Masurin. Zeitlebens hat ihre Familie in der Gegend gelebt, erst unter den Deutschen, dann unter den Polen. Polnisch spricht sie in einem eigentümlichen Dialekt, und auch ihr Deutsch klingt, um es milde auszudrücken, ein wenig skurril.

Fast glaubt man sich in eine von Siegfried Lenz' Geschichten aus »So zärtlich war Suleyken« versetzt. Da werden Artikel vertauscht und die Worte im Satz verstellt, männliche Gäste unumwunden mit »Herrchen« und weibliche mit »Damchen« angesprochen. Vom »Schweinchen« im Stall ist die Rede, einem zwei Zentner schweren Geschöpf, aus dem »leckere Leberwürstchen« entstehen und vom »Herrgottchen«, der schützend seine Hand über den Hof legt. In ihrem Museum zeigen sie Landwirtschaftsgerät von anno dazumal, volkstümliche Möbel und Haushaltsgegenstände ihrer Vorfahren. Und weil es sich herumgesprochen hat, dass Frau Dickti hervorragenden Hefekuchen backt, kommen die Gäste von weither in ihr Hofcafé. Natürlich darf hinterher ein kräftiger »Bärenfang« nicht fehlen, ein hochprozentiger Honigschnaps. Frau Dickti ist eine von ca. 10 000 alteingesessenen Masuren – bis in die mittelalterliche Ordenszeit muss man zurückgehen, um die Geschichte dieses Volkes darzustellen.

Das eroberte Prußenland, so befand ein Chronist Ende des 13. Jh., sei »wüst und leer«. Die Galinder und Sudauer, zwei der insgesamt elf prußischen Stämme, die in der ›Großen Wildnis‹ gelebt hatten, waren im Namen des Kreuzes getötet bzw. vertrieben worden. Nur eine Handvoll Namen erinnert noch an sie, so die durch die Johannisburger Heide fließende Galinde, die Orte Gołdap, Szczytno und Sorkwity. Lange Zeit blieb die Gegend unbesiedelt; mit ihrem schwer zugänglichen Wald- und Sumpfdickicht bildete sie an der Südflanke des Ordensstaats einen natürlichen Wall der Abwehr gegen Polen. Nur an einigen strategisch wichtigen Punkten entstanden befestigte Orte, die von ergebenen deutschen Untertanen bewohnt waren, darunter Ortels- und Angerburg, Sens- und Johannisburg.

Erst im 15. Jh., als der Ordensstaat militärisch besiegt und in seiner Ausdehnung geschrumpft war, machte man sich daran, auch die Ressourcen der ›Großen Wildnis‹ zu nutzen. Tausende polnischer Bauern aus dem südlich angrenzenden Masowien wurden angeworben, um das Land zu erschließen. Diese brachten einen altpolnischen Dialekt mit, den sie allmählich mit deutschen Lehnwörtern durchsetzten. Als Bauern und Fischer fristeten sie eine karge Existenz und traten 1525 – wie alle übrigen Bewohner des zum preußischen Herzogtum säkularisierten Ordensstaats – zum Protestantismus über. Später gesellten sich zu ihnen religiös Verfolgte aus ganz Europa. Es kamen holländische Mennoniten und Calvinisten, französische Hugenotten und Salzburger Protestanten, polnische und litauische Arianer, schließlich auch russische Altgläubige.

Mit der Gründung des Deutschen Reichs 1870 wurde das gleichberechtigte Neben- und Miteinander der Ethnien und Konfessionen aufgehoben. Das Deutschtum wurde gestärkt, in Schule, Kirche und Amt war es nicht länger opportun, eine andere als die deutsche Sprache zu benutzen. Wie erfolgreich die Germanisierungspolitik war, enthüllt die Statistik: Gaben 1890 noch 80 % der Masuren an, vorwiegend Polnisch zu sprechen, so stellten sich 35 Jahre später die Verhältnisse andersherum dar: Nun waren es 80 %, die Deutsch als Muttersprache angaben.

Ob das gut geht? Sprung in den Fluss Krutynia, Wojnowo (Eckertsdorf)

Und wie sehr sich diese als Deutsche definierten, erkannte man daran, dass bei dem vom Völkerbund nach dem Ersten Weltkrieg durchgeführten Plebiszit 97,5 % für den Verbleib beim Deutschen Reich stimmten – für viele Polen ein ›unverzeihlicher Verrat‹, der mit der ›falschen‹ Religionszugehörigkeit erklärt wurde. Unter den Nationalsozialisten wurde die Germanisierungspolitik forciert, alles ›Masurische‹ war ihnen ein Dorn im Auge. Nun war es verboten, öffentlich Polnisch zu sprechen, alle slawisch klingenden Ortsnamen wurden eingedeutscht. So wurde aus Sgonn Hirschen, aus Rydzewen Rotwalde, und Schimonken wurde gar in Schmidtsdorf verwandelt.

Nach dem Zweiten Weltkrieg hatten die Masuren abermals Gelegenheit, sich zum Polentum zu bekennen. Wer einen slawischen Namen besaß bzw. ein wenig Polnisch sprach, durfte in dem Land, das nun zu Polen gehörte, bleiben und Haus und Hof behalten. Immerhin waren es rund 120 000 Masuren, die die ›Verifizierungsprobe‹ bestanden. Wenige Jahre später verzichteten allerdings viele von ihnen auf das ›Privileg‹ der polnischen Staatszugehörigkeit: Als in Westdeutschland das Wirtschaftswunder einsetzte, stellten sie einen Ausreiseantrag und siedelten im Rahmen der Familienzusammenführung in die Bundesrepublik über.

Diejenigen, die im Land blieben, dürfen sich seit 1990 offiziell als Mitglieder der deutschen Minderheit definieren. Viele von ihnen sind in Gesellschaften organisiert, die Namen tragen wie »Elch« und »Bärentatze«, »Heimat« und »Herder«. So lebt es wieder fort, das Völkergemisch dieser Region: mit einer Mischkultur aus polnischen Nach- und deutschen Vornamen, polnischer Sprache und deutscher Schrift (ohne polnische Sonderzeichen), polnischen Sprichwörtern und deutschen Liedern, slawischer Religiosität und evangelischem Glaubensbekenntnis. »Ich bin kein Pole«, sagt der Einheimische, »ich bin kein Deutscher! Ich bin Masure!«

Aktiv

Schiffsausflüge – Żegluga Mazurska, Port, Tel. 87 562 22 07, www.zeglugamazurska.com. Die Weiße Flotte bietet im Sommer Touren zwischen Węgorzewo, Giżycko und Mikołajki.

Wassersport – Bootsverleih beim Resort Mamry (s. S. 303) sowie bei Keja in Węgorzewo (Tel. 87 42 71 834, www.keja.com.pl).

Verkehr

Bus: Vom Terminal 1 km nordwestlich des Zentrums von Węgorzewo gibt es gute Verbindungen nach Trygort und Giżycko, Kętrzyn und Gołdap.

Gołdap und Umgebung ▶ 2, U 3

Karte: S. 299

Östlich des Mamry-Sees, nahe der Grenze zu Kaliningrad, gibt es viel unberührte Natur. Der einzige größere Ort ist mit 14 000 Einwohnern **Gołdap** 6 (Goldap). Wie der prußische Name verrät (Gelde-Ape = Flusssenke), liegt es in einem weiten, flachen Tal. Seit 2000 darf es sich Kurort nennen. Sehenswert ist der Wasserturm: Unter der Aussichtsterrasse wurde ein Café eingerichtet, von dem man einen schönen Blick auf die Stadt und die umliegenden Wälder hat (Wieża Gołdap, ul. Paderewskiego 35, www.wieza-goldap.pl, Mai–Sept. tgl. 10–18 Uhr, im Sommer länger, 4 €). Am Westufer des Sees atmet man am Fuß des Gradierwerks stark salzhaltige Luft, die Nasenschleimhäuten und der Lunge guttut (Tężnie, Promenada Zdrojowa 20, tgl. 9–19 Uhr, frei).

In der **Puszcza Borecka** (Borkener Heide), einem 250 km² großen, von Mooren und Seen durchzogenen Forst sieht man Schwarzstörche, Kraniche und seltene Raubvögel. Größte Attraktion sind die etwa 80 aus dem Białowieski-Nationalpark (s. S. 334) ausgewilderten Wisente, eine der letzten verbliebenen Kolonien wilder Rinder, die es in Europa noch gibt. Die behäbigen Tiere sind zwar an die 2 m groß und 1000 kg schwer, aber recht scheu. Von Holztürmen und getarnten Plattformen kann man sie vor allem im Morgengrauen beobachten. Oder man fährt vom Dorf **Kruklanki** (Kruglanken) über eine schmale, geteerte Straße zur Wisentzuchtstation in der Försterei Wolisko, wo die Tiere in einem 7 ha großen Schaugehege gefüttert werden (Stacja Hodowli Żubrów, Tel. 87 421 70 06, Fütterungszeit meist 8–9 und 18–19 Uhr, Anfahrt von Kruklanki über Borki nach Jurkowo, dort links).

Die gleichfalls gut 250 km² große **Puszcza Romincka** (Rominter Heide) war einst bevorzugtes Jagdgebiet der preußischen Könige und auch NS-Führer wie Göring gingen hier auf Pirsch. Die ausgedehnten Waldgebiete greifen weit in die russische Enklave Kaliningrad hinein, nur etwa ein Drittel ist polnisch. Mit dem Auto kann man die Wälder nicht durchfahren, und auch Radwege sind rar. Wanderer dagegen dürfen sich freuen: Auf dem grün markierten Weg kommen sie von Gołdap ins 24 km östlich gelegene **Stańczyki** (Staatshausen) und erleben Einsamkeit pur. Nahe am Zielort spannen sich imposante Viadukte über das Dickicht des Flusstals Błedzianka – mit ihren 40 m hohen Granitbögen erscheinen sie wie römische Kolossalbauten. Sie sind Relikte einer im Ersten Weltkrieg erbauten Zuglinie nach Vilnius, die später demontiert wurde. Gegen ein geringes Entgelt kann man sie besteigen und die herrliche Aussicht über das Flusstal genießen. Zum Instagram-Star wurde ein imposanter Holzturm, der 34 m in die Höhe ragt: Von seiner Aussichtsplattform hat man einen guten Blick auf die Brücken (Wieża widokowa) und die Badestelle nahebei. Am Wochenende kann man obendrein Bungee-Springern zusehen, die sich todesmutig in die Tiefe schwingen.

Bei Wanderungen durch die Rominter Heide stößt man auch auf sogenannte ›Kaisersteine‹. Sie wurden überall dort aufgestellt, wo Kaiser Wilhelm II. vor gut 100 Jahren einen besonderen Jagderfolg feierte – etwa wenn er seinen hundertsten oder tausendsten Hirsch erlegte …

Infos

Centrum Informacji Turystycznej: pl. Zwycięstwa 16, Tel. 87 615 20 90, Mo–Fr 9–15 Uhr, in den Sommerferien länger.
Im Internet: https://uzdrowiskogoldap.pl

Übernachten, Essen & Trinken

Entspannung – **Ventus:** Promenada Zdrojowa 12, Tel. 87 629 15 60, www.ventushotel.pl. Viersternehotel am westlichen Seeufer, in dem Naturmedizin großgeschrieben wird. Spa mit Indoor-Pool, Trocken- und Feuchtsaunen sowie Salzinhalatorium. Günstige Wellness-Pakete! Im Restaurant wird saisonal-regionale Küche serviert, Eier stammen von eigenen, freilaufenden Hühnern.

Im Grünen – **Leśny Zakątek:** ul. Wczasowa 9, Tel. 87 615 09 65, www.lesny-zakatek.pl. 30 Zimmer und Campinghäuschen. Renoviertes Ausflugsheim am weit ins russische Gebiet reichenden Gołdap-See mit Kinderspielplatz und eigenem kleinem Strandabschnitt, Rad- und Bootsverleih. €

HUSKY-STATION

Auf dem Weg nach Gołdap lohnt ein Stopp in **Banie Mazurksie** beim ›Laufenden Wolf‹. In der Einsamkeit der Wälder hat der studierte Ethnologe Dariusz Morsztyn vor Jahren eine Husky-Station eingerichtet. Nun lebt er in der Wildnis zusammen mit seiner Familie und mehr als zwei Dutzend Hunden. Die Huskys erinnern an Wölfe. Ihre Augen sind meist blau und ihr Fell schimmert in hellen Tönen, um in der Schneelandschaft optimale Tarnung zu bieten. Im Winter werden die Hunde vor Schlitten gespannt und pesen mit Gästen im Schlepptau durch die schneeverwehte Landschaft. Doch auch im Sommer gibt es – außer den Hunden – etwas zu sehen: Weil sich Dariusz für die Kultur im Stammland der Hunde interessiert, hat er in seiner Station ein ›Eskimo-Ambiente‹ geschaffen. Igluähnliche Bauten und Zelte, Outfits aus Renleder und Kunstwerke erinnern an das Leben im hohen Norden (Biegnacy Wilk, Ściborki 6, Banie Mazurskie, Osada Ekologiczna, Tel. 0604 29 29 97, Facebook: Republika Ściborska – Biegnący Wilk).

Suche nach Suleyken

▶ 2, U 4/5

Karte: S. 299
Wer Siegfried Lenz gelesen hat, bewegt sich in Ostmasuren auf vertrautem Terrain: Die deutschen Ortsnamen Lyck, Suleyken und Oletzko geistern durch seine Erzählungen, sind Schauplatz skurriler Geschichten. Die Region ist unspektakulär, selbst in der Saison hat man die Seen fast für sich allein.

Ełk 7

Als Einstieg empfiehlt sich **Ełk** (Lyck), jene Stadt, in der Siegfried Lenz 1926 das Licht der Welt erblickte. Damals markierte Lyck die Reichsgrenze, und so verwundert es nicht, dass sich der Autor vor allem an »sandige Exerzierplätze«, »trübselige Kasernen« und »gedrungene Kriegerdenkmäler« erinnerte. Heute wirkt die Stadt geschäftig, aber auch etwas grau – gut könnten die längs der Hauptstraße aufgereihten ostpreußischen Bürgerhäuser einen neuen Anstrich vertragen. Attraktiv präsentiert sich Ełk dagegen am See, wo eine Promenade angelegt und Häuser im Fachwerk- und Backsteinstil errichtet wurden. Auch die vorgelagerte, über eine Brücke erreichbare **Insel** mag von der Kritik ausgenommen werden. Dort befand sich seit 1398 eine Burg der Ordensritter, heute eine Ruine, die einer neuen Bestimmung harrt. An vergangene Zeiten erinnert auch ein hoch über dem Ufer thronender

Wasserturm aus dem Jahr 1895, in dem sich die deutsche Minderheit trifft. Er beherbergt ein **Museum des Wassertropfens,** in dem Exponate zum Thema Wasser ausgestellt sind (11 Listopada/Ecke Kajki, Mai–Aug. tgl. 10–16, Sept.–April Di und Fr 10–12 Uhr). Gern wird hier auch Lenz' Geschichte »Eine Kleinbahn namens Popp« rezitiert, in der sich der Autor über die weltferne Verschrobenheit der Masuren lustig macht. Jene Bahn gibt es übrigens noch immer: In der Saison macht sich die nostalgische **Dampflok** schnaubend und ächzend auf den Weg nach Sypitki südöstlich von Ełk. Bevor Sie die Lok besteigen, können Sie im alten Bahnhof das **Historische Museum** besuchen, das die Stadtgeschichte erzählt. Noch mehr Zeitreise ermöglichen die davor postierten historischen Züge (Muzeum Historyczne, ul. Wąski Tor 1, Di–So 9.30–16.30 Uhr; Kleinbahn Kolej Wąskotorowa Mai–Sept. tgl. 10 Uhr, Rückfahrt von Sypitki 12.15 Uhr, 7,50 €).

Übernachten, Essen & Trinken

An der Seepromenade – **Horeka:** ul. Wojska Polskiego 63, Tel. 87 621 37 67, www.hotelhoreka.pl, 32 Zimmer. Das am Seeufer gelegene Fachwerkhaus ist das beste Hotel der Stadt. Mit Pub und Gartenterrasse. €

Für Selbstversorger – **Smętek:** ul. Pułaskiego 19, Tel. 87 621 14 53, www.smetek.pl. 5 Apartments. Haus am See, 5 Gehminuten vom Stadtzentrum entfernt. Die Zwei-Zimmer-Apartments sind mit Holzmöbeln komfortabel eingerichtet, haben Küche und Seeblick. Im Erdgeschoss eine gemütliche Kneipe, auf der 30 m entfernten Mole ein Fisch- und Fleischgrill. Mit Bootsverleih. €

Schlafen im Heu – **Masurenhof:** Nowa Wieś Elcka (Szarejki), Haus Nr.14. Tel. 87 619 77 05, https://masurenhof.jimdofree.com. 7 km südöstlich von Ełk bieten Jochen und Marta Elsner in ihrem restaurierten Ökohof einfache Zimmer im Bauernhaus, ein Quartier im Heu des Scheunendachs (für Urlauber mit Schlafsack) und einen Zeltplatz; Duschen sind ausreichend vorhanden. Es werden Boote und Fahrräder verliehen; man kann Ziegen melken und aus der Milch Käse herstellen, der anschließend in der ›Museumsküche‹ verputzt wird. €

Verkehr

Bus/Zug: Beide Bahnhöfe liegen dicht beieinander in der Nähe des Zentrums und bieten gute Verbindungen nach Suwałki, Mikołajki und Olsztyn.

Nördlich von Ełk

Rund um Ełk liegen verschlafene Dörfer mit holprigen Erdwegen, wo sich in den vergangenen Jahren wenig verändert hat. Nur einzelne Bauten künden vom Geist der neuen Zeit, so das helle, zum Hotel ausgebaute Herrenhaus in **Straduny** 8 (Stradaunen), 6 km nördlich von Ełk am östlichen Ausläufer des Łaśmiady-Sees (Laschmieden-Sees). Von der Terrasse schaut man in den Park hinab, sieht Reiter auf dem Übungsparcours und im Hintergrund auf dem Wasser dahingleitende Kanuten. Folgt man der Straße am See entlang westwärts, kommt man nach **Stare Juchy** 9 (Fließdorf), einem beliebten Anlaufpunkt für Radler. Der Bauernhof ›Unterm Storchennest‹ bietet ländliche Unterkunft, ein deutschstämmiges Paar hat die zugehörigen Fachwerkhäuser restauriert. Der Ulufki-See liegt nur 500 m vom Hof entfernt – wer nicht baden möchte, setzt sich ins Boot und erkundet die Buchten.

Über wenig befahrene Seitenstraßen gelangt man nach **Sulejki** 10 (Suleyken). Das Dorf, dem der Erzählzyklus von Siegfried Lenz seinen Titel verdankt, präsentiert sich nicht gerade als Idylle. Die landwirtschaftliche Genossenschaft ist geschlossen und rottet vor sich hin, die Bewohner sind größtenteils arbeitslos und ohne Perspektive. In ebenjenem Sulejki lässt der Autor seine »Reise nach Oletzko« beginnen, eine skurrile Fahrt, an der das gesamte Dorf teilnimmt, weil ein Bauer »Mangel an einem Kilochen Nägel« hat. 15 km ist die Strecke lang, doch die Bewohner dünkt es eine Reise in weite, weite Ferne. Da werden »Speck, Fladen, Salzgurken« eingepackt, dazu »ein Topf Kohl, getrocknete Birnen, ein Korb Eier, gebratene Fische, Zwiebeln, ein Rundbrot und ein geschmortes Kaninchen«, denn man weiß schließlich nie, was unterwegs alles geschehen mag ….

Olecko 11 (Treuburg, bis 1928 Markgrabowa) war früher das einzige Einkaufszentrum der Region, auf dem großen Platz im Zentrum fanden die berühmten Vieh- und Pferdemärkte statt. Den einstigen Platz findet man heute nicht mehr vor – er ist mittlerweile in einen Park umgewandelt worden. Überhaupt ist das Städtchen nahe der russischen wie der litauischen Grenze zum Kurort avanciert. Doch die abseitige Lage sorgt nicht gerade für regen Publikumsverkehr. Dabei besitzt Olecko, das an dem gleichnamigen See liegt, einen hellen Sandstrand mit einem Steg und einer Bar dicht am Wasser. Auch Paddelboote sind ausleihbar. Seinen deutschen Namen erwarb der Ort, nachdem bei dem Plebiszit von 1920 alle Einwohner für den Anschluss an Deutschland gestimmt hatten. Aus dieser Zeit hat sich ein wuchtiges, aus Feldstein errichtetes Denkmal für die Gefallenen des Ersten Weltkriegs erhalten. Nahebei entstand eine imposante ›Kraft-durch-Freude‹-Sportanlage, auf der die Körper für den Zweiten Weltkrieg gestählt wurden.

BIO-LANDGUT

Hier erfährt man, wie schön es sich auf dem Land leben lässt! Der Gutshof liegt am See, der sich für Schwimm-, Boots- und Angelpartien bestens eignet. Das Essen ist gesund, Vieles kommt aus Bio-Anbau: vom Brot aus eigenem Getreide bis zum hausgemachten Pfefferminzlikör! Geschlafen wird in traditionell eingerichteten Bauernkaten, auf Wunsch auch im Heu. Natürlich wird auf dem Hof auch recycelt, u. a. werden die Abwässer in einer großen Schilfkläranlage aufbereitet. Anna und Lech, die gut Deutsch sprechen, sorgen dafür, dass sich die Gäste wohlfühlen **(Marczak:** Giże 41, Świętajno 7 km südwestlich von Olecko, Tel. 603 10 09 96, www.ekoturystyka.com.pl, 6 Zimmer, ein Apartment und eine Ferienwohnung, €)

Infos

Im Internet: www.um.olecko.pl

Übernachten, Essen & Trinken

In Stare Juchy:

Persönlich – **Pod Bocianim Gniazdem:** Jeziorowskie 17, Tel. 87 619 94 66. Die von Lidia und Andrzej Rejrat geführte Pension »Unterm Storchennest« liegt 4 km südöstlich von Stare Juchy. 17 Zimmer mit und ohne eigenes Bad verteilen sich auf zwei Fachwerkhäuser, dazu gibt es einen Kamin- und Essraum. Mit Bootssteg und Radverleih. €

In Olecko:

Urig – **Gościniec Olecki / Margrabowa:** ul. Gołdapska 32, Tel. 87 520 16 69, www.goscieniecolecki.pl. In dem reetgedeckten Holzhaus am See bekommen Sie Regionales wie Pflaumensuppe und mit Linsen gefüllten Piroggen, Fisch – frisch geangelt aus dem See – und Fleisch vom Grill, dazu hausgemachtes Malzbier *(kwas)*. Im ersten Stock gibt es für Übernachtungsgäste auch 6 Doppelzimmer (Zimmer mit Seeblick reservieren!), im Wald 9 Holzhütten. Mit Sauna am Bach, Bootsverleih, Grill und Strand. €

Aktiv

In Olecko:

Wassersport – **MOSiR:** ul. Park 1, Tel. 87 520 20 48, www.mosir.olecko.pl. In dem großen Sportzentrum kann man Kanus und Kajaks mieten.

Verkehr

Bus: Von Olecko kommt man mit dem Bus mehrmals tgl. nach Gołdap, Ełk und Giżycko; seltener sind die Verbindungen von Straduny und Stare Juchy.

Suwałki
Białystok

Kapitel 6

Die Naturparks im Nordosten

Der äußerste Nordosten Polens ist die ›grüne Lunge‹ des Landes. Auf einem Gebiet, das größer ist als die Schweiz, liegen Flussauen und Urwälder, Sümpfe und Überschwemmungsgebiete. Im Frühjahr bevölkern Tausende von Vögeln die Wasserlabyrinthe, im Herbst ertönt das Röhren von Elchen und Hirschen. Gleich vier Nationalparks kann man im Grenzland erkunden: Wigry mit seinen Seen und einem Einsiedlerkloster, die riesigen Flusslandschaften von Biebrza und Narew sowie die Urwälder von Białowieża.

Sieht man einmal von den Jahren 1795 bis 1807 ab, war die Region nie preußisch, weshalb es hier weder vertraut klingende Ortsnamen noch ›Heimwehtouristen‹ gibt. Südlich schließt sich Podlachien an, was so viel wie »unter den Wäldern« bedeutet. Viele Häuser in der Region sind blau gestrichen; die Farbe, so glauben die Bewohner, verankere ein Stück Himmel auf Erden. Hinter Lattenzäunen liegen Gärten mit Blumenwildwuchs; im Hinterhof schnattern Gänse, hin und wieder grunzt ein Schwein. Was so idyllisch aussieht, ist freilich nur die Schauseite einer archaischen Landwirtschaft, die kaum jemanden zu ernähren vermag. Über Jahrhunderte hinweg war Podlachien durch ein Miteinander verschiedener Kulturen geprägt, außer Polen und Russen lebten hier vor allem Litauer und Weißrussen. Neben evangelischen und katholischen Gotteshäusern sieht man orthodoxe Kirchen mit Zwiebeltürmen, dazu von Tataren erbaute Holzmoscheen. Ein paar Synagogen sind die einzige Hinterlassenschaft der Juden, die vor 1939 in vielen Orten mehr als die Hälfte der Bevölkerung ausmachten. Spürbar ist das multikulturelle Erbe auch in Białystok, der Hauptstadt der Region.

Je weiter im Osten, desto wilder: Pferde im Wigry-Nationalpark

Auf einen Blick: Die Naturparks im Nordosten

Sehenswert

Einsiedlerkloster Wigry: Auf einer weit in den Wigry-See ragenden Halbinsel thront dieses Kloster, in dessen Klausen man übernachten kann (S. 315).

Nationalpark Biebrza: Im ›Amazonas‹ wird gepaddelt. Am Ufer sieht man Biber (poln. *bóbr*), denen der Nationalpark seinen Namen verdankt (S. 320).

Białystok: Das Branicki-Palais gilt als ›Klein-Versailles‹, noch imposanter sind Polens größte orthodoxe Kathedrale und die ›grüne Oper‹ (S. 326).

Tykocin: Die prachtvolle Synagoge öffnet als Museum jüdischer Kultur (S. 331).

Nationalpark Białowieski: Das einstige Jagdrevier von Königen und Zaren ist UNESCO-Weltnaturerbe. Im Urwald leben Wisente und Tarpanpferde (S. 334).

Schöne Route

Tataren-Route: Die Anfahrt erfolgt über Białystok auf der 676. 11 km hinter Supraśl ist Sokołka erreicht, wo die ›Tataren-Route‹ startet. Kurz hinter dem Ort biegt man links ab und folgt der Straße 15 km bis zur 674. Dort hält man sich links, biegt nach 3 km rechts ab und erreicht das Dorf Bohoniki mit seiner Moschee. Nächste Station ist Krynki, von wo man südwärts längs der belarussischen Grenze ins gottverlassene Kruszyniany gelangt. Über den 8 km entfernten Grenzort Bobrowniki geht es auf der 65 nach Białystok zurück (S. 333).

Meine Tipps

Ausflug ins litauische Grenzland: Im äußersten Nordostwinkel Polens lernt man ein Stück Litauen kennen (S. 324).

Gutshaus auf der Wiese bei Tykocin: Hier speist man wie einst Polens Grafen (S. 333).

Wallfahrt nach Grabarka: Magisch ist die Nacht des 17. August im orthodoxen Wallfahrtsort Grabarka. 50 000 Pilger waschen sich im Fluss von ihren Sünden rein und rammen Kruzifixe in den heiligen Berg (S. 334).

Männerchöre: Zur Sonntagsmesse ertönen in den orthodoxen Kirchen der Region stimmgewaltige Gesänge. Großartig ist das Kirchenmusikfestival in Hajnówka (S. 337).

Floßfahrt auf dem ›polnischen Amazonas‹: Durch grüne Fluren geht es ganz gemächlich voran; geankert wird in Buchten, in denen man morgens Vögel beobachten kann (S. 318).

In den Biebrza-Sümpfen: Vom Museum des Biebrza-Nationalparks in Osowiec Twierdza lässt sich das Sumpflabyrinth am besten erkunden. Bei organisierten Touren wird die Natur zum offenen Buch (S. 322).

Stocherkahn fahren: In Waniewo starten Stocherkahnfahrten durch den Narew-Nationalpark, bei denen Sie selbst paddeln oder aber sich bequem staken lassen können (S. 332).

Ins Wisentreservat: Ein Naturlehrpfad führt über Holzplanken ins Schaureservat. Dort lebt nicht nur der Wisent, sondern auch der Elch. Geführte Touren – von Vogelpirsch bis Biberschau – sind möglich (S. 336).

Suwałki und der Nationalpark Wigry

Vor den Toren der Kleinstadt liegen 25 miteinander verbundene Seen, der größte davon ist Wigry. Er wird vom Paddelfluss Czarna Hańcza durchflossen, der nur knietief und so klar ist, dass man die Flusskrebse auf seinem Grund sehen kann. Den Horizont markiert das Grün des Waldes, aus dem die hellen Türme eines Barockklosters ragen

Suwałki ▶ 2, V 3

Karte: rechts

Außer einer Handvoll klassizistischer Bauten aus zaristischer Zeit hat **Suwałki** 1 nicht viel zu bieten, ist bestenfalls ein Sprungbrett zur Erkundung der landschaftlich schönen Umgebung. An der Hauptstraße liegt das **Regionalmuseum,** in dem man einiges erfährt über die untergegangene Kultur der Jadzwinger, eines im 13. Jh. vom Deutschen Orden vernichteten Stammes. Daneben sieht man Gemälde einheimischer Maler, Hinweise auf den hier geborenen Filmregisseur Andrzej Wajda und auf den Literaturnobelpreisträger Czesław Miłosz, der viele Jahre hier lebte (Muzeum Okręgowe, ul. Kościuszki 81, www.muzeum.suwalki.pl, Di–So 9–17 Uhr, 4 €).

Weiter südlich, von der Straße versetzt, entdeckt man zwei **Kirchen** mit klassizistischem Säulenportikus – die größere ist katholisch, die kleinere orthodox. Ein Zeuge der multikulturellen Vergangenheit der Stadt ist der **Friedhof** 500 m westlich. Katholiken und Protestanten, Orthodoxe und Altgläubige, selbst muslimische Tataren wurden fein säuberlich voneinander getrennt. Dass die Juden einst einen beträchtlichen Teil der Bevölkerung ausmachten, lässt sich an ihrer großen Friedhofsfläche erkennen, auf der allerdings kein einziges Grab mehr existiert: Die Grabsteine wurden von den Nationalsozialisten zerstört, nach 1945 schuf man aus den zertrümmerten Steinflächen ein eindrucksvolles Monument.

NOSTALGIE-TRIP

Vom Mini-Bahnhof in Płociczno (9 km südlich von Suwałki) tuckert eine Schmalspurbahn durch den waldreichen Süden des Wigry-Nationalparks bis Krusznik. Für die gerade mal 10 km lange Strecke benötigt sie hin und zurück zweieinhalb Stunden! Wo sich ein schöner Seeblick bietet, werden Foto-Pausen eingelegt; am End- und Ausgangspunkt der Tour erwarten Sie im Museum nahe dem Bahnhof historische Dampfloks (Wigierska Kolej Wąskotorowa, Płociczno-Tartak 40, www.augustowska.pl, Mai–Sept. tgl. 13 Uhr, im Sommer öfter, 12 €).

Infos

Centrum Informacji Turystycznej: ul. Księdza Kazimierza Aleksandra Hamerszmita 16, Tel. 87 566 20 79, www.pogodnesuwalki.pl, Mo–Fr 8–16 Uhr.

Suwałki und der Wigry-Nationalpark

Übernachten

Mit Dachterrasse – **Velvet Hotel & Restaurant:** ul. Kościuszki 128, Tel. 87 563 52 52, www.hotelvelvet.pl, 28 Zimmer. Gut ausgestattetes Hotel an der Hauptstraße. Alle Zimmer haben ein modernes Bad. Gutes Frühstücksbüfett, Whirlpool und Sauna. €

Praktisch & zentral – **Logos:** ul. Kościuszki 120, Tel. 87 566 69 00, auf Booking, 31 Zimmer. In der Nähe vom Velvet. Sauberes Zweisternehotel, 15 Gehminuten vom Bahnhof. €

Essen & Trinken

Italienisch – **Rozmarino:** ul. Kościuszki 75, Tel. 87 566 59 04, www.rozmarino.pl, tgl. 10–22 Uhr. Pizza und Pasta in gemütlichem Ambiente im Stadtzentrum, im Sommer oft Livemusik. €

Polnische Küche – **Karczma Polska:** ul. Kosciuszki 101-A, Tel. 87 566 48 60, www.karczmasuwalki.pl, tgl. 10–22 Uhr. Von Kopf bis Fuß wunderschön rustikal, teilweise historisch eingerichtet. Hier gibt es zubereitete polnische Klassiker und zum Schluss süß gefüllte Pfannkuchen *(naleśniki z serem, bitą śmietaną i konfiturą)*. Herrlich bodenständiges Ambiente. €

Aktiv

Paddeln – **PTTK:** ul. Kościuszki 37, Tel. 87 566 59 61, www.suwalki.pttk.pl, Mo–Fr 9–14 Uhr. Bootsverleih, Buchung von Trips auf der Czarna Hańcza und der Rospuda buchen.

Verkehr

Bus/Zug: Der Bahnhof von Suwałki liegt 1,5 km, der Busterminal 1 km nordöstlich des Stadtzentrums. Nach Giżycko, Olsztyn und Warszawa bestehen mehrmals täglich Verbindungen, zur Erkundung der Umgebung (Wigry, Sejny, Puńsk) sind nur Busse geeignet.

Einsiedlerkloster Wigry ▶ 2, W 3

Karte: oben

Vor den Toren der Stadt liegt der **Wigry-Nationalpark** (Wigierski Park Narodowy), der eine attraktive Seenplatte umfasst. In ihrer Mitte liegt der namensgebende, 22 km² große

Wigry-See, der mit 73 m zu den tiefsten Nordpolens zählt. Mit seinen verschlungenen Armen greift er weit in die Landschaft aus, bildet mit vielen Buchten und Inseln eine romantische Kulisse. Auf einer Landzunge an der Ostseite thront ein barockes, 1694 erbautes Kloster. Es handelt sich um eines von insgesamt zwölf Einsiedlerklöstern, die der Kamaldulenser-Orden in Polen gründete, als er sich im Zug der Gegenreformation von Italien nach Osteuropa ausdehnte. Die Mönche unterwarfen sich einem extrem harten Ritual: Nur für die Dauer des gemeinsamen Gebets hatten sie Kontakt miteinander, danach zogen sie sich in ihre Klausen zurück, wo sie auch die Mahlzeiten einnahmen. Heute kann das Kloster samt Klausen besichtigt werden, man speist im barocken Speisesaal und trinkt Kräutertee im Refektorium, startet vom Bootssteg zu Erkundungen auf dem See – auch per Elektroboot (Mo–Fr 10–18, Sa/So 10–16 Uhr, 4,50 €).

Infos

Info-Stelle des Nationalparks: Krzywe 82 (5 km östl. von Suwałki), Tel. 87 563 25 62, www.wigry.org.pl, Sa/So meist geschl. Mit einer Ausstellung zur Ökologie des Nationalparks, Tipps zum Wandern und Paddeln sowie einer ethnologischen Ausstellung im 150 m entfernten Försterhaus.

Übernachten, Essen & Trinken

Klosterhotel – **Pokamedulski Klasztor w Wigrach:** Wigry 11 (Stary Folwark), Tel. 87 566 24 99, www.nawigry.pl, 15 Zimmer. Zwar schläft man heute komfortabler als einst die Mönche, doch aufgrund der einsamen See-Lage blieb ein Hauch von Askese. Zimmer im Königstrakt und in der Kanzlerkapelle. Restaurant mit regionaler Klosterküche in Gewölberaum. €

Paddler-Herberge – **Stanica Wodna PTTK:** Stary Folwark, Tel. 87 563 77 27. Bester Ausgangspunkt für die Kajakwanderung auf der Czarna Hańcza. Zimmer für 2–4 Pers. mit Etagenbad, Campingplatz und Bootsverleih. €

Verkehr

Bus: Von Wigry und Stary Folwark in der Saison fast stdl. Verbindungen nach Suwałki.

Der Jezioro Wigry, einer von etwa 50 Seen, gibt dem Nationalpark seinen Namen

Von Augustów zu den Biebrza-Sümpfen

Holzhäuser in Rot, Gelb und Baltisch-Blau erinnern ans benachbarte Litauen. Durch den lichtdurchfluteten Wald der Augustower Heide gelangt man zu Europas größtem Tiefmoorgebiet: Wenn sich der Morgennebel gelichtet hat, steigt man auf die Vogelwarte, stapft über Bohlenwege oder erkundet die weiten Wasserflächen per Boot.

Rund um Augustów

▶ 2, V/W 4

Karte: S. 321

Hotels, Pensionen und Bootsanlegestellen findet man in **Augustów 1,** dem beliebtesten Ferienzentrum der Region. Der Ort ist von sechs Seen eingefasst und dank der guten touristischen Infrastruktur ein guter Ausgangspunkt für Segeltörns und Kanutouren.

Der Ort ist benannt nach König Zygmunt August II., dessen Mutter Bona Sforza den Ort 1546 gründete. Dank dem Bau des **Augostower Kanals** im 19. Jh. erlebte er einen wirtschaftlichen Aufschwung, denn russisches Holz gelangte nun rasch zur Ostsee und von dort in alle Welt. 102 km erstreckte sich der Kanal von der Memel (russ. Neman, lit. Nemunas) über Biebrza und Narew bis zur Weichsel. Als er 1839 fertiggestellt wurde, pries man ihn als technisches Meisterwerk: Der Höhenunterschied wurde mithilfe von 14 Steinschleusen bewältigt, erbaut war er aus einer neuartigen Mischung aus Beton und wasserresistentem Kalk. Heute ist er das touristische Highlight von Augustów – der Antrag auf Aufnahme in die UNESCO-Welterbeliste ist gestellt. Auf ihm schippern im Sommer Ausflugsschiffe, Kanuten können bis Belarus paddeln – in Kuczyniec befindet sich der einzige Flussübergang für Wassersportler an einer Schengen-Außengrenze! Über die Geschichte des Kanals informiert ein Museum, das in einem Holzhaus nahe der Anlegestelle untergebracht ist (Muzeum Historii Kanału Augustowskiego, ul. 29 Listopada 5-A, www.apk.augustow.pl/ muzeum, Di–So 9–16 Uhr). Daneben gibt es im Ort ein **Museum für Stadtgeschichte,** das alte Webstühle, Trachten und Keramikarbeiten zeigt (Muzeum Ziemi Augustowskiej, ul. Hoża 7, gleiche Öffnungszeiten, 2,50 €).

Östlich der Stadt erstreckt sich die herrliche **Augustower Heide 2** (Puszcza Augustowska), ein bis zur Grenze Belarus' reichender Wald, in dem man auf markierten Wegen reizvolle Wander- und Radtouren unternehmen kann. Folgt man der Straße 5 km in Richtung Sejny, lohnt ein Abstecher zu der von zwei Seen flankierten **Franziskanerkirche von Studzieniczna.** Das Gotteshaus wurde zu Beginn des 19. Jh. aus Lärchenholz erbaut, den Schlüssel bekommt man im Nachbarhaus. Das mit der Kirche über eine Birkenallee verbundene Mariensanktuarium ist ein beliebter Wallfahrtsort – dem Wasser aus dem hölzernen Brunnen wird heilende Wirkung nachgesagt.

Folgt man der E-67 südwärts, erreicht man das Dorf Białobrzegi. Verlässt man die viel befahrene Straße nach links, stößt man auf einen kleinen See. Hier, am Zusammenfluss von Netta und Augustower Kanal, entdeckt man die restaurierte Fachwerkmühle Stary Młyn anno 1926. Sie wurde in ein Ausflugslokal verwan-

FLOSSFAHRT AUF DEM ›POLNISCHEN AMAZONAS‹

Tour-Infos

Start: Straßenbrücke in Lipsk (im Norden des Nationalparks)

Länge/Dauer: nach Wunsch 15 km (bis Kamienna Nowa), 30 km (bis Sztabi), 43 km (bis Jagłowo) oder 150 km (bis Wizna).

Kosten: Abhängig von Anzahl der Personen, Dauer und Streckenlänge.

Verleihstation: Outdoor-Spezialist Biebrza Eco-Travel; Flöße verschiedener Größe; organisiert auch den Rücktransport (Goniądz, ul. Kościuszki 26/11, Tel. 85 738 07 85, www.biebrza.com/en (»low cost trips»), s. S. 324).

Beste Zeit: Frühsommer (Mai/Juni), wenn die Biebrza noch viel Wasser führt.

Hinweis: Mückenschutzmittel, ausreichend Proviant und Trinkwasser nicht vergessen!

Gibt es eine bessere Möglichkeit, die Biebrza, den ›polnischen Amazonas‹, zu erfahren? Vom Kanu aus sieht man meist nur einen Wald aus Schilf. Vom Floß aber, dem *tratwa,* auf dem man erhöht sitzt bzw. steht, schaut man über das grüne Dickicht hinweg auf die Landschaft. Außerdem hat man auf dem Floß sein ›Haus‹ bei sich, eine Hütte mit Pritschen und Feuerstelle und ausreichend Platz für den Proviant. Da mag man es verschmerzen, dass das Floß bei Gegenwind und Gegenströmung nur wenige Kilometer am Tag vorankommt – der Weg ist das Ziel! Bewegt wird das Floß durch lange Holzstäbe, die man in den seichten Grund rammt, alsdann stößt man sich kraftvoll ab. Mal sind die Flusskehren schmal, mal weiten sie sich zu ›Teichen‹, in denen es sich herrlich baden lässt. Geankert wird in kleinen Buchten, in denen man bei Sonnenuntergang und im Morgengrauen Vögel sehen kann – dann sind die Tiere besonders aktiv.

delt, in dem man sehr gut speisen kann (s. Essen & Trinken, Zajazd Stary Młyn).

Infos

Centrum Informacji Turystycznej: Rynek Zygmunta Augusta 19, Tel. 511 18 18 48, www.augustow.pl. Besucher bekommen hier Übernachtungs- und Restaurantempfehlungen sowie Ausflugstipps.

Übernachten

Komfort am See – **Warszawa:** ul. Zdrojowa 1, Tel. 87 643 85 00, www.hotelwarszawa.pl, 90 Zimmer. Renovierter, von Kiefern und Fichten umrahmter Hotelklotz am Necko-See. Komfortable Zimmer und ein Spa mit Indoor-Pool, Sauna und Salzgrotte. Vor dem Hotel erstreckt sich ein schöner Garten, von dem man zur eigenen Bootsanlegestelle gelangt. €€

Mit Aquapark – **Amber Bay Augustów:** ul. Turystyczna 81, Tel. 87 643 07 06, www.amberbay.pl, 56 Zimmer. Attraktives Mittelklassehotel mit Spa, der angeschlossene Wasserpark (tgl. 8–21 Uhr) steht auch Nichthotelgästen offen. Mit Camping an eigenem Strand. €

Nette Pension – **MB:** ul. Spacerowa 4, Tel. 87 644 67 34, www.mb.augustow.pl, 18 Zimmer und Apartments. Familiär geführtes Haus, 400 m vom Südufer des Necko-Sees entfernt. Alle Zimmer mit Bad, Apartments auch mit Balkon. ›MB‹ steht für Bożenna Mitrović, ihr Mann Piotr kommt aus Zagreb. Speiseraum mit Kamin, polnisch-kroatische Küche. €

Modern und zentral – **Logos:** ul. 29 Listopada 9, Tel. 87 643 20 21, http://augustow-hotel.pl, ca. 60 Zimmer. Schön wohnt man im modernen Bau am Kanal und stärkt sich im Restaurant mit litauischen Spezialitäten – an warmen Sommerabenden auch gern auf der Terrasse. €

Denkmalgeschützte Architektur – **Hetman:** ul. Sportowa 1, Tel. 87 643 42 89, www.hetman.augustow.pl, 30 Zimmer und 6 Apartments. Einfaches, leider etwas vernachlässigtes Hotel am Nordostufer des Necko-Sees mit attraktivem Park. Architekt des Hauses ist Maciej Nowicki, der mit Entwürfen für das New Yorker UNO-Gebäude von sich reden machte. €

Essen & Trinken

Außer einer Handvoll Lokale gibt es mehrere Hotelrestaurants. Der Schwerpunkt liegt auf Fisch, der frisch aus dem See auf den Teller kommt.

In der alten Mühle – **Zajazd Stary Młyn:** Białobrzegi, auf Facebook. Mai–Sept. 10–22 Uhr. Die große, aus Holz erbaute Mühle anno 1926 steht malerisch am Zusammenfluss des Augustower Kanals und des Netta-Bachs. Wer hier einkehrt, genießt gute polnische Küche mit Schwerpunkt auf Fisch – herzliche Wirtsleute. €

Ruhiges Ambiente – **Niebo w Gebie:** ul. Kasztanowa 1, Tel. 87 643 22 25, Mo geschl. Darf's ein Italiener sein? Dann fahren Sie zur Ostseite des Kanals: »Im Gaumenhimmel«, so der Name übersetzt, bekommen Sie Pasta al dente, schmackhaft zubereiteten Fisch oder auch leckeres Tiramisu – dazu freundliche Bedienung! €

Aktiv

Schiffsausflüge – **Żegluga Augustowska:** ul. 29 Listopada 7, Tel. 87 643 71 58, www.zeglugaaugustowska.pl. Tgl. ein- bis siebenstündige Touren auf dem Augustower Kanal und den angrenzenden Seen. Nebenan kann man in überdachte Gondeln steigen, die zu zweistündigen Trips aufbrechen. Seit der verstorbene polnische Papst 1999 mit dem Schiff nach Studziennicza fuhr, ist die Strecke bei polnischen Urlaubern die beliebteste.

Wassersport – **Ośrodek Żeglarski PTTK:** ul. Nadrzeczna 70a, Tel. 87 643 34 55, www.augustow.pl/en/sailing. Der beste Ort, um Jachten, Ruder- und Paddelboote zu mieten. Preisgünstig sind die geführten 12-tägigen Kanutouren auf der Czarna Hańcza und dem Augustower Kanal.

Verkehr

Bus: Von der Südseite des Marktplatzes starten häufig Busse nach Ełk, Suwałki und Białystok, einige auch nach Sejny und Grajewo.

Zug: Von der kleineren Station Augustów-Port, wo nur Nahverkehrszüge halten, kommt man in nur 10 Min. zu den Unterkünften am Necko-See. Der Hauptbahnhof

Augustów liegt über 1 km weiter südöstlich, zwei bis vier Eilzüge tgl. fahren nach Suwałki oder via Białystok nach Warszawa.

Nationalpark Biebrza ▶ 2, U–X 5–7

Karte: rechts

Wer wilde und urwüchsige Landschaften liebt, fährt von Augustów in Richtung Südwesten. Längs der Biebrza, des ›polnischen Amazonas‹, breitet sich ein großes Sumpf- und Moorgebiet aus, ein Paradies vor allem für Vogelfreunde. Der Biebrza-Nationalpark (Biebrzański Park Narodowy) wurde bereits 1993 gegründet. Er umfasst den über 150 km langen Flusslauf von der Quelle nahe der belarussischen Grenze bis zu seiner Mündung in den Narew.

Im Frühjahr, wenn die Biebrza kilometerweit über die Ufer tritt, nutzen unzählige Vögel das Schwemmgebiet als Wohn- und Brutstätte. 262 verschiedene Arten leben in den Sümpfen, darunter Exoten wie der Kampfläufer und der Wachtelkönig, der Schreiadler und der Schwarzstorch. Selbst passionierte Biologen kommen ins Staunen, wenn sie den Seggenrohrsänger in freier Wildbahn erleben, laut Lexikon der »seltenste Kleinvogel der westlichen Paläarktis«.

Vogelbeobachter sollten jedoch nicht im Hochsommer kommen, wenn die Sümpfe unter dem Einfluss der sengenden Sonne ausdörren. Statt Seen sieht man dann eine Steppe aus trockenem, aufgesprungenem Schlamm und blassgrünem Gras – kaum Vögel, dafür sind dann umso mehr Schmetterlinge anzutreffen.

Wo ist der Wachtelkönig? Birdwatching im Biebrza-Nationalpark

Das Filetstück des Nationalparks ist das **Rote Moor** (Czerwone Bagno) in der Mitte des Flusslaufs, wo in feuchtem Erlenwald 400 Elche leben. Im Herbst zur Paarungszeit sind sie gut zu hören, im Winter, wenn sie sich den Häusern nähern, auch zu sehen.

Infos

Dyrekcja Biebrzańskiego Parku Narodowegu (Direktion des Biebrza-Nationalparks): Osowiec Twierdza 8, Goniądz, Tel. 85 738 06 20, www.biebrza.org.pl, Mo–Fr 8–15, Mai–Sept. tgl. 8–19 Uhr. Die Info-Stelle befindet sich nahe der ehemaligen Zarenfestung Osowiec Twierdza an der schmalsten Stelle des Nationalparks. Die Parkangestellten sprechen Englisch, geben Tipps zu Unterkunft und Verpflegung und informieren über die günstigsten Aussichtspunkte zur Beobachtung von Tieren, über Naturlehrpfade und andere Wanderrouten. Sie vermieten Ruderboote, auf Wunsch kann man auch einen Führer anheuern. Im Sommer werden Gruppenfahrten organisiert.

Übernachten, Essen & Trinken

In Osowiec Twierdza:

Biologisch – **Karczma Biebrzańska:** Tel. 796 31 05 11. Fast alles in diesem Gasthaus kommt aus eigener Bio-Produktion: eingelegter Kohl und Gurken, Wurst und Käse. Der Fisch kommt frisch aus dem Fluss. So schmeckt bodenständig-polnische Küche!

In Goniądz:

Im Regionalstil – **Bartlowizna:** ul. Nadbiebrząnska 32, Goniądz, Tel. 85 738 00 30, www.biebrza.com.pl, 50 Zimmer. Drei schmucke Häuser auf einem parkähnlichen Grundstück am Fluss, das schönste davon ganz aus Holz.

Tour-Infos

Start: Im Büro des Biebrza-Nationalparks in Osowiec Twierdza erhalten Sie kompetente Infos zu Wander- und Wasserwegen. Organisierte Touren starten in Goniądz.

Länge / Dauer: Je nach Kondition, Lust und Laune ist von der Kurztour (2 km) bis zum Trekking-Trip (38 km) alles möglich (s. Text).

Kosten: Begleiteter Tagesausflug 100 € pro Gruppe (max. 25 Pers.).

Hinweis: Ein Hut mit herunterklappbarem Moskitonetz hilft gegen die lästigen Mücken; von Vorteil sind außerdem Gummistiefel und eine Regenjacke. Ferngläser werden zum ›zweiten Auge‹, ausleihbar sind sie bei Biebrza Eco-Travel.

Die Flusslandschaft wurde von der EU mit dem EDEN-Award ausgezeichnet. Dieses ›Gütesiegel‹ erhalten Landschaften, die durch ihr nachhaltiges Tourismusmanagement einen Beitrag dazu leisten, besondere Ökosysteme zu erhalten. Das Biebrza-Tal ist mit rund 600 km² Polens größter Nationalpark und zugleich Europas größtes Torfmoor. Seine Betreiber engagieren sich für Öko-Landwirtschaft, Umweltschutz und sanften Tourismus und haben es geschafft, die anfangs skeptische bäuerliche Bevölkerung für ihr Projekt zu gewinnen. Die Schönheit des Nationalparks erlebt man am besten zu Fuß, mit dem Rad oder im Boot.

In Eigenregie: An der Info-Stelle des Nationalparks in Osowiec Twierdza (S. 321) starten mehrere markierte, leichte Naturlehrpfade *(scieżka przyrodnicza).* Der **rote Weg** führt nordostwärts in 2 km durch alte Erlbruchwälder zu einem **Aussichtspunkt** auf einem Hügel, der einen ersten Überblick über die Region ermöglicht. Über den tückischen Sumpfboden helfen Holzplanken hinweg. Der Weg endet am **Campingplatz Bóbr,** wo Kajaks, Kanus und Ruderboote ausleihbar sind (Tel. 728 233 056). Eine Alternative ist der **grüne Weg,** der von Osowiec Twierdza in 2,5 km südwestwärts, d. h. in entgegengesetzter Richtung, gleichfalls zu einem **Hochsitz** geleitet: Von dort schweift der Blick über die weitläufigen, von Wasserarmen durchzogenen Schilffelder des südlichen Flussbeckens. Unterwegs bietet sich ein Abstecher zu den **Festungsruinen von Osowiec** an, einer zaristischen Grenzbastion aus dem 19. Jh.

Etwas länger (gut 10 km) ist die am Campingplatz Bóbr (s.o.) startende, gelb markierte **Trekking-Tour PL-2544-y** über die Dörfer Budne und Wólka Piaseczna bis **Goniądz.** Kurz vor dem Ort eröffnet ein Hochsitz einen weiten Blick über die zurückgelegte Strecke. Goniądz, das kleine Zentrum der Region, wartet nicht nur mit Unterkünften und Lokalen, sondern auch mit zwei sehenswerten Kirchen auf. Per Bus kann man nach Osowiec Twierdza zurückfahren.

Wer noch länger unterwegs sein will, wählt ab Osowiec Twierdza die grüne **Trekking-Tour PL 2547-z:** Man läuft quer durch das nördliche Flussbecken und kehrt um, wenn die Füße müde werden. Oder man wandert die gesamte, 38 km lange Strecke bis **Kuligi,** wobei mehrere Flussarme passiert werden. Vor dem Start sollte man sich freilich erkundigen, ob die Tour aufgrund des Wasserstands gerade machbar ist! Interessant für Radfreaks: In Osowiec Twierdza beginnen auch markierte Radtouren, besonders zu empfehlen ist die durch den Sumpf aufgeschüttete ›Zarenstraße‹ *(droga carska).*

Organisiert: Spezial-Touren bietet Biebrza Eco-Travel (s. S. 324), engagiert geleitet von Katarzyna Ramatowska. Von deutsch- bzw. englischsprachigen Biologen geführt, wandert man **»Auf Wolfsspuren«** und lernt anhand ihrer Fußabdrücke sowie ihres Kots und der Kadaver ihrer Opfer eine Menge über diese Tiere. Auf einer anderen Wanderroute läuft man **»Durch den roten Sumpf«,** in dem man seltene Vögel sieht und diese nach Stimmen zu unterscheiden lernt. Franz Lerchenmüller hat dies in der »Frankfurter Rundschau« so beschrieben: »Der Wachtelkönig knarrt wie eine alte Tür. Der Karmingimpel grüßt vorwitzig ›Nice-to-meet-you-nice-to-meet-you‹. Und beim Ruf der Goldammer wird sonnenklar, woher Beethoven den Anfang seiner Fünften Symphonie bezogen hat.«

Eine weitere Tagestour führt durch das **»Refugium des Elches«,** wo man mit etwas Glück das nach dem Wisent zweitgrößte Säugetier Europas in Augenschein nehmen kann. Bei einer Nachttour sieht man – oft freilich erst nach geduldigem Warten – Biber beim Bau von Dämmen. Früh muss man aufstehen, um die ›Glücklichen Kühe von Brzostowo‹ zu beobachten, die ihre saftigen Weidegründe schwimmend erreichen. Außerdem gibt es Stocherkahn-, Kanu- und Ballonfahrten; ja, sogar Workshops zur Regionalküche.

Die Zimmer sind freundlich-rustikal eingerichtet. Es gibt Sauna, Tennisplatz, Angelgerät- und Radverleih. Von der hauseigenen Anlegestelle startet man zu Paddel- oder Ruderboottouren. Pferde stehen zum Ausritt bereit. Stärken kann man sich im aus Holz erbauten Gasthaus Bartla mit gegrilltem Wildfleisch und hausgemachtem Obstschnaps auf der Terrasse überm Wasser. €–€€

Aktiv

Outdoor-Exkursionen – **Biebrza Eco-Travel:** Goniądz, ul. Kościuszki 26/11, Tel. 85 738 07 85, https://biebrza.com/en. Vogelbeobachtung, Biber-, Elch- und Wolfexpeditionen sowie Boots-, Rad- und Wandertouren. Auch Unterkünfte werden vermittelt.

Wandern – Mehrere markierte **Naturlehrpfade** starten an der Info-Stelle des Biebrza-Nationalparks in Osowiec Twierdza (s. Aktiv S. 322).

Verkehr

Bus/Zug: Der Bahnhof liegt 200 m von der Parkverwaltung in Osowiec Twiedrza entfernt; tgl. gibt es mehrere Verbindungen zwischen Ełk, Grajewo, Osowiec und Białystok.

Ausflug ins litauische Grenzland ▶ 2, W 3

»Oh Litauen, mein Vaterland!« Mit diesen Worten beginnt Polens Nationalepos »Pan Tadeusz« von Adam Mickiewicz. Viele Intellektuelle des Landes stammen aus Litauen, so der Literaturnobelpreisträger Czesław Miłosz. Von 1381 bis 1795 wurden beide Länder vom selben König regiert und bildeten einen gemeinsamen Staat. Doch was sich den Polen im Rückblick als Goldene Zeit darstellt, ist für die Litauer ein eher dunkles Kapitel ihrer Geschichte. Ihr Land, meinen viele, war nie wirklich gleichberechtigt, sondern hatte einen kolonialähnlichen Status. Besonders übel nehmen die Litauer den Polen die Annexion ihrer Hauptstadt Vilnius 1920, nachdem ihr Land kurz zuvor als souveräner Staat wiederauferstanden war. Damals ›nahm‹ sich Polen auch das Gebiet Suwalszczyzna (litauisch Suvalkija), das historisch nie zu Polen gehört hatte. Die dort lebenden Litauer durften zwar ihre Sprache und Kultur behalten, mussten aber ihre Staatsangehörigkeit wechseln. Erst 1994 wurde ein Freundschafts- und Kooperationsvertrag unterzeichnet, der die Rechte der insgesamt 40 000 polnischen Litauer sichert.

Bei einer Fahrt durch den äußersten Nordosten Polens hat man das Gefühl, in einem anderen Land zu sein. Niedrige, oft bunt bemalte Holzhäuser säumen die Straßen. In den Dörfern hört man Litauisch, das ganz anders als Polnisch klingt, an Kiosken sieht man Zeitungen des Nachbarlands.

Nahe der Grenze liegt die Stadt **Sejny.** Ihr Schmuckstück ist eine Dominikanerkirche von 1619, die mit ihrer weißen Fassade und den zwiebelähnlichen Doppeltürmen eben-

Zöpfe, Blumenkränze im Haar und ein knalliges Outfit – in Puńsk ist litauische Folklore angesagt

so gut in Vilnius stehen könnte. Drinnen präsentiert sie sich in schönstem Rokoko; von 1540 stammt das Marienbildnis im rechten Seitenschiff (Klasztor Podominikański, pl. Św. Agaty 6, tgl. 9–18 Uhr). An die einst starke jüdische Präsenz erinnert die Weiße Synagoge mit kleinem Museum. Geführt wird es von der Stiftung Grenzland. Die Palette ihrer Veranstaltungen reicht von Klezmer und orthodoxer Chormusik über litauische Gegenwartskunst bis hin zu ukrainischer Folklore. Zum Ethno-Festival im April kommen Folkensembles aus den Anrainerstaaten, beim Filmfestival Camera Pro Minoritate im Oktober ist das Schwerpunktthema ›Minderheiten‹ (Biała Synagoga/Fundacja Pogranicze, ul. Piłsudskiego 37, Tel. 87 516 27 65, www.pogranicze.sejny.pl, Mo–Fr 8–16 Uhr).

23 km weiter nordöstlich liegt der Ort **Puńsk** mit einem litauischen Bevölkerungsanteil von 80 %. Neben dem einzigen litauischen Gymnasium Polens zeigt ein Ethnomuseum litauische Volkskunst, dessen Exponate Juozas Vaina in 30 Jahren liebevoll zusammengetragen hat. Daran angeschlossen ist ein kleines Freilichtmuseum, in dem zur Sonnenwende ein großes Fest gefeiert wird: Den Höhepunkt bildet die Suche nach einem nachts aufblühenden Wunderfarn – wer ihn findet, versteht fortan die Sprache der Tiere und kann Gedanken lesen. Zum Abschluss des Festes badet man im Morgentau, junge Mädchen schneiden sich ihre Zöpfe ab und werfen sie ins Feuer (Muzeum Etnograficzne, ul. Mickiewicza 15/8, www.skanseny.net/skansen/punsk, Di–So 9–17 Uhr). Wer litauische Spezialitäten probieren will, kehrt im Gasthaus Ruta ein, wo *bliny* (kleine, gefüllte Pfannkuchen), *czenaki* (gedünstetes Gemüse mit Fleisch) und köstlicher Baumkuchen *(sękacz)* serviert werden (ul. 1-go Maja 12, Tel. 691 84 52 28, www.restauracjaruta.pl, €).

Rund um Białystok

In Podlachien sieht man orthodoxe Kirchen mit Zwiebeltürmen und Schilder mit kyrillischen Schriftzügen, im ›polnischen Orient‹ kleine Holzmoscheen mit Halbmond und Sichel. Westlich Białystok erstreckt sich das Binnendelta des Narew-Nationalparks, südöstlich liegen die Wälder des Białowieski-Nationalparks.

Białystok ▶ 2, W 7

Karte: rechts

Die Hauptstadt der Woiwodschaft Podlachien 1 liegt in einer weiten Ebene nahe der belarussischen Grenze. Im ausgehenden Mittelalter gegründet, gelangte sie 1649 in die Hände der allmächtigen Branicki-Familie. Doch ihren entscheidenden Aufschwung nahm sie erst im frühen 19. Jh., als sie ans Zarenreich fiel. Neben Łódź wurde sie der wichtigste Textillieferant für den riesigen russischen Markt. Im Umkreis der über 200 Fabriken wurden Wohnviertel aus dem Boden gestampft, in die arbeitssuchende Polen, Russen und vor allem Juden einzogen. Diese machten zeitweise fast 70 % der

Auch Białystok hat sich herausgeputzt

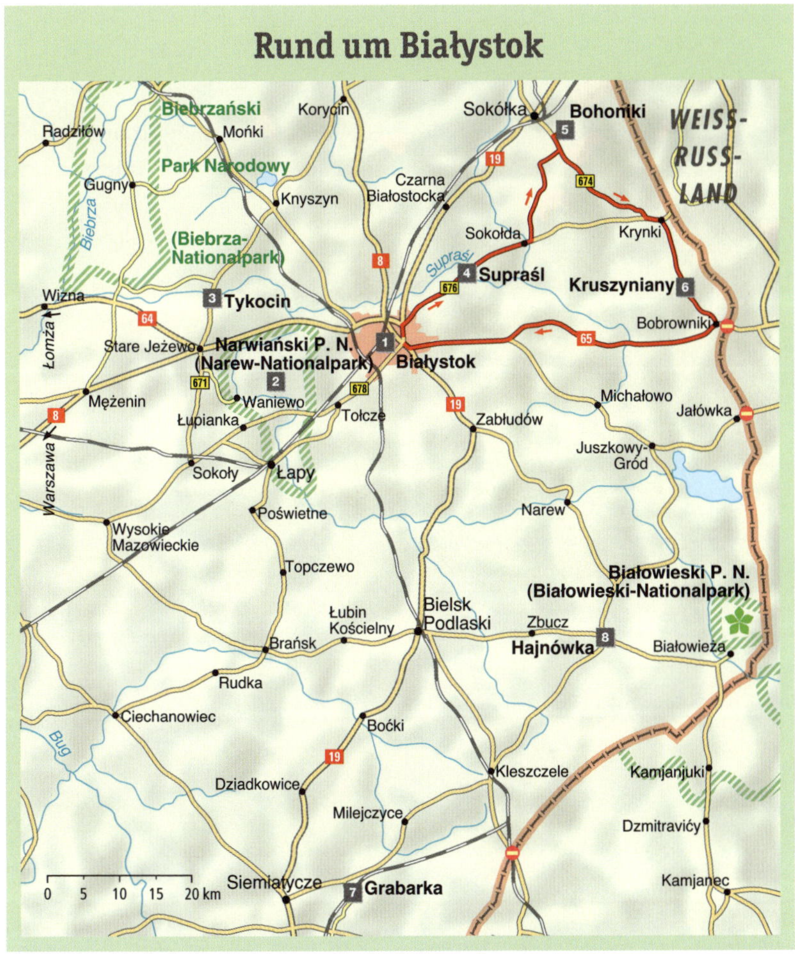

Bevölkerung aus. Von deutschen Besatzern wurden sie ab 1941 in ein Ghetto gepfercht und in Konzentrationslager deportiert, nach dem Aufstand vom 16. September 1943 ermordet.

Sehenswertes

Branicki-Palast

ul. Jana Kilińskiego 1, www.umb.edu.pl/muzeum_historii_medycyny_i_farmacji/zwiedzanie, Di–So 10–17 Uhr, 5–6 €

Białystok ist auch heute noch ein Zentrum der Textil- und holzverarbeitenden Industrie. Wichtigstes Baudenkmal ist der im 17. Jh. errichtete **Branicki-Palast** (Pałac Branicki/Muzeum Historii Medycyny i Farmacji). Mit seinem weitläufigen Ehrenhof und dem monumentalen, von zwei Türmen flankierten Hauptbau erinnert er ans Schloss des Sonnenkönigs und wird deshalb das ›Versailles von Podlachien‹ genannt. Seine Größe verdankt sich der gekränkten Eitelkeit eines Magnaten: Jan Klemens Branicki, ei-

›Das Versailles von Podlachien‹ – der Branicki-Palast in Białystok

ner der reichsten Adeligen seiner Zeit und Oberbefehlshaber der polnischen Streitkräfte, unterlag bei der Wahl zum polnischen Königsthron anno 1764 seinem Konkurrenten Stanisław August Poniatowski. Aus Ärger über die Niederlage wollte er fortan alles in den Schatten stellen, was der König an Luxus besaß. Damit brachte er wie sein französisches Vorbild zum Ausdruck: »L'État, c'est moi!» – »Der Staat: das bin ich (und nicht der König)!« Von niemand Geringerem als dem Hofarchitekten Tylman van Gameren ließ er seine Residenz derart aufpolieren, dass sie noch heute mächtiger wirkt als jedes Warschauer Schloss.

1944 von deutschen Truppen niedergebrannt, wurde später nur das Gebäude, nicht aber das Interieur rekonstruiert. In die Räume zog die Medizinische Universität ein, die Führungen durch das Schloss und ein Medizinmuseum anbietet. Dagegen blieb der Palastpark in Reinform erhalten. Während der englische Garten mit seinen waldähnlichen Hainen ›wild‹ erscheint, dominiert im französischen Garten gezähmte Natur: zentimetergenau geschnittene Sträucher in strenger Symmetrie bilden ein Labyrinth. Einen Blick lohnt die **Galeria Arsenał** im ehemaligen Waffendepot, ein wichtiges Zentrum zeitgenössischer Kunst (ul. A. Mieckiewicza 2, www.

galeria-arsenal.pl, Di–So 10–18, letzter Einlass 17.30 Uhr, 2 €).

Lindenallee

Am Palast startet Białystoks Hauptstraße, die noch von Herrn Branicki angelegte Lindenallee (ul. Lipowa). Hier reihen sich Läden und Lokale aneinander, im Sommer öffnen Terrassencafés. An der Lindenallee steht auch Białystoks kuriose katholische **Kathedrale** (Katedra, www.katedrabialostocka.pl). Als im 19. Jh. die Bevölkerungszahl rasant zunahm, wurde beim Zar der Antrag gestellt, die kleine Gemeindekirche erweitern zu dürfen. Gnädig gewährte der Zar den Katholiken einen ›Anbau‹, der freilich das Original um ein Vielfaches übertrifft.

Ein Stück weiter verbreitert sich die Lindenallee zum trapezförmigen Marktplatz mit dem **Rathaus** in der Mitte. Heute beherbergt es ein Regionalmuseum, in dem anhand von Bildern und kunsthandwerklichen Exponaten die ethnische Vielfalt der Region veranschaulicht wird (Muzeum Podlaskie, Rynek Kościuszki 10, www.muzeum.bialystok.pl, Di–So 10–18 Uhr, 3 €).

Weiter auf der Lindenallee stößt man auf die kuppelgekrönte orthodoxe **Kirche des hl. Nikolaus** (Cerkiew Św. Mikołaja, www.soborbialystok.pl). Außen strahlend weiß, präsentiert sie sich innen in einer Farborgie aus Blau, Rot und Gold. Prachtvoll ist die Ikonostase, die den Betraum vom ›Allerheiligsten‹ abtrennt. Ganz am Ende der Straße, auf dem Gipfel eines Hügels, kann man ihr Gegenstück sehen: Die moderne **Kirche des hl. Rochus** (Kościół Św. Rocha) ist innen asketisch karg, ›lebt‹ vor allem von den 8000 Gläubigen, die sich hier zur Messe einfinden. Weit ist der Blick, der sich vom Hügel bietet. Einen Blick lohnt auch die **Grüne Oper,** deren Kristallwände von einem Pflanzenteppich überzogen sind. Von der grünen Aussichtsplattform bietet sich ein weiter Blick über die Stadt (Opera Podlaska, ul. Odeska 1, www.oifp.eu, Aussichtsterrasse Juni–Aug., Sa/So, 4 €).

Kathedrale der Orthodoxen

ul. Antoniuk Fabryczny 13, www.swietegoducha.cerkiew.pl, Mo–Fr 8–10, 16–17.30, Sa 8–10.30 Uhr

Die eindrucksvollste aller Kirchen Białystoks ist die **Kathedrale der Orthodoxen** (Katedra Prawosławna oder Cerkiew Św. Ducha), 3 km nordwestlich der Stadt. Sie entstand zur Jahrtausendwende und sucht an Größe und Pracht alles zu übertreffen, was im katholischen Polen je erbaut worden ist. Die zwiebelförmige Kuppel ist von einem 1500 kg schweren Kreuz Christi gekrönt, das von zwölf kleineren, die Apostel symbolisierenden Kruzifixen umrahmt wird. Während der Sonntagsmesse um 10 Uhr kann man dabei

Esperanto – Sprache der Hoffnung?

Ludwik Zamenhof

Berühmtester Sohn von Białystok ist Ludwik Zamenhof (1857–1917), ein Augenarzt jüdischer Abstammung, der sich als Erfinder des Esperanto einen Namen gemacht hat. Die Stadt war ein vortrefflicher Nährboden für die Entwicklung einer Kunstsprache, die die Verständigung zwischen allen Menschen anstrebte.

Politisch gehörte die Stadt zu Russland, lag aber am Schnittpunkt verschiedener Kulturen und Religionen. Es herrschte ein babylonisches Sprachgewirr, die Minderheiten, darunter Polen, Juden, Deutsche, Litauer und Tataren, lebten fremd und nicht immer freundschaftlich nebeneinander. Als die Zamenhofs 1873 nach Warschau zogen, sprach der damals 14-jährige Ludwik bereits sechs Sprachen. Und er war vom Ehrgeiz gepackt, eine siebte zu erfinden. Denn was er in seiner Geburtsstadt en miniature erlebt hatte, sah er schon bald in größerem Maßstab bestätigt: Wohin man in der Welt schaute, wurde das Nationale und Regionale gehätschelt, und es wurden Völker unter Verweis auf ihre vermeintliche Überlegenheit in Kriege gehetzt.

Um seinen guten Ruf als Augenarzt nicht zu gefährden, wählte Zamenhof als Autor das Pseudonym Dr. Esperanto, das sich dann bald als Name der neuen Kunstsprache einbürgerte. Schon mit 28 Jahren legte Ludwik Zamenhof das erste Handbuch seiner »Sprache der Hoffnung« vor. Esperanto setzt sich aus einem Lautbestand von insgesamt 28 Buchstaben zusammen, wobei die meisten Worte Anleihen aus dem angelsächsischen und romanischen Sprachraum sind. Die Grammatik ist bestechend einfach: Es gibt nur 16 Grundregeln, daneben 10 Vorsilben und 25 Nachsilben zum Bilden neuer Wörter. In den Folgejahren entwickelte Zamenhof die Sprache weiter – er übersetzte zahlreiche Werke der klassischen Literatur sowie auch das gesamte Alte Testament. Als Zamenhof am 14. April 1917 in Warschau starb, war die Welt wieder im Krieg – das Esperanto hatte nicht geholfen, die Menschen einander näherzubringen. Doch die neue Sprache war nicht tot, sondern gewann stattdessen immer mehr Anhänger.

Vielen Machthabern war das Esperanto suspekt, da es nationale Bindungen und Identitäten untergräbt. Mehrfach wurde es verboten, so von den Nationalsozialisten, denen es als ›unvölkisch‹ galt. Doch die Zahl seiner Anhänger ist langsam, aber stetig gestiegen. Heute sind es weltweit 2 Mio. Menschen, die die künstliche Sprache beherrschen. Die in Rotterdam ansässige »Universala Esperanto Asocio« organisiert jedes Jahr einen Weltkongress, auf dem die »Linguo internacia« modernisiert wird. Im Rathaus erinnert ein Denkmal an den Namensgeber. Und auch ein Centrum Zamenhofa gibt es, in dem das multikulturelle Białystok des 19. Jh. zum Leben erweckt wird. Hier erhalten Sie auch Infos zur Zamenhof-Route, die auf den Spuren von Dr. Esperanto durch Białystok führt (ul. Warszawska 19, www.centrumzamenhofa.pl, Di–So 10–17 Uhr, 2,50 €).

die orthodoxe Liturgie kennenlernen, in der Chorgesang eine zentrale Rolle spielt.

Infos

Podlaska Regionalna Organizacja Turystyczna: ul. Kilińskiego 1 (vor dem Branicki-Palast), Tel. 503 35 64 82, https://podlaskie.travel, Mo–Fr 8–16, Sa/So 9–17 Uhr.

Übernachten

Feudal – **Branicki:** ul. Zamenhofa 25, Tel. 85 665 25 00, www.hotelbranicki.com.pl, 32 Zimmer. Stilvolles Boutiquehotel in zentraler, aber ruhiger Lage in der Tradition des an dieser Stelle 1944 zerstörten Ritz. Wochenendrabatte. €€

Essen & Trinken

Beim Großmütterchen – **Babka:** ul. Lipowa 2, Tel. 733 56 88 17, am Altstadtmarkt. In modernem Folk-Ambiente gibt es große Portionen traditioneller polnischer Küche mit regionalen Einsprengseln. Wie wäre es mit Kartoffelwurst *(kiszka ziemnaczana)* oder Piroggen mit Hirschfleischfüllung, dazu ein litauisches Bier der Marke Vilnius? €–€€

Gute Burger und mehr – **Głodny Wilk:** ul. Sienkiewicza 58, Tel. 53 534 45 25. Im ›hungrigen Wolf‹ bekommen Sie große Portionen Fleisch, gern als Burger im hausgemachten Brot. Wer damit nichts anfangen kann, greift zu Pizza, Pasta oder Risotto. Das Ambiente ist modern, Ziegelwände, Dielen, Holztüren und ein Kamin lassen an eine Waldschänke denken. €

Gruß aus dem Wald – **Żubrowisko:** ul. Rynek Kościuszki 10, Tel. 85 742 60 31, https://zubrowisko.com.pl. *Żóbr* heißt übersetzt »Wisent« und von ebendiesem Tier ist das (Wald-)Ambiente im Alten Rathaus inspiriert. Viel Grün, viel Holz und Lampen mit Kiefernzapfen, dazu eine Küche mit Schwerpunkt Fleisch: Tartar und Wurstplatte, Kohlrouladen mit Wildbret, Rinderbäckchen, geräucherte Schweinerippchen … €€

Röstfrischer Kaffee – **Pożegnanie z Afryką:** ul. Waryńskiego 4, www.pozegnanie.com. Kaffeesorten aus aller Welt, 700 m nordwestlich des Rynek Kościuszki: Vom Rathaus der Lipowa folgen, dann rechts!

Einkaufen

Einkaufszentrum – **Centrum Handlowe Alfa:** ul. Świętojańska 15, www.alfacentrum.com.pl. Aus alt mach neu: In einer rundum erneuerten Fabrik aus dem beginnenden 20. Jh. gibt es auf fünf Etagen Läden bekannter internationaler und polnischer Marken, u. a. H & M, Reserved und Versace, dazu Bistros, Restaurants und ein Mega-Kino.

Verkehr

Bus/Zug: Beide Bahnhöfe liegen 1 km westlich des Stadtzentrums und bieten mehrere Verbindungen tgl. nach Sokółka, Olsztyn, Gdańsk und Warszawa. Nach Suwałki und Augustów ist der Bus vorzuziehen, nach Białowieża kommt man direkt nur frühmorgens, ansonsten via Hajnówka.

Nationalpark Narew

▶ 2, V/W 7/8

Karte: S. 327

Verlässt man Białystok in Richtung Warschau, durchfährt man den **Narew-Nationalpark** 2 (Narwiański Park Narodowy). Er umfasst den Mittellauf des Flusses Narew, der sich seinen Weg durch eiszeitliche Moränen bahnt und sich dabei in zahllose Nebenarme aufsplittert – eine riesige Deltalandschaft in einem weiten, offenen Gelände. Wichtigste Orte sind **Waniewo**, **Kurowo** und **Rogowo.** Dort findet man ein Quartier und kann Stocherkähne und Ruderboote ausleihen.

Biegt man bei Stare Jeżewo rechts ab, erreicht man **Tykocin** 3**,** eine Kleinstadt mit einem der wenigen jüdischen Gotteshäuser, die nach dem Zweiten Weltkrieg in Polen rekonstruiert worden sind. Die frühbarocke Synagoge wurde 1642 erbaut, in der Bethalle sind Fresken und hebräische Inschriften freigelegt. Ausgestellt werden sakrales Kunsthandwerk, Thorarollen und Talmudbücher, im Hintergrund erklingt Klagegesang. Im angrenzenden Talmud-Haus wird das jüdische Leben in dieser Region bis zum Einmarsch der Nazis am 25. Juni 1941 dokumen-

STOCHERKAHN ODER KANU FAHREN

Tour-Infos

Start: Kurowo
Dauer: von einer Stunde bis zu einem Tag

Ausleihe: Vermieter von Stocherkähnen und Kanus vermittelt das Naturbildungszentrum Młynarzówka in Kurowo (s. S. 333).

Der seichte Fluss Narew fließt so träge und ist derart von schwimmenden Pflanzen überwuchert, dass man sich oft auf einem versumpften See wähnt. Die Ufer sind von Seggenrohr gesäumt, dem der seltene, hier brütende Seggenrohrsänger seinen Namen verdankt. Der Stocherkahn *(pychówka)* ist im Narew-Nationalpark das ideale Fortbewegungsmittel: Der Bootsführer steht auf dem Heck und ›stochert‹, d. h., er rammt eine lange Holzstange bis zum Grund des Flusses, um sich mit ihrer Hilfe abzustoßen. Während er das Boot vorantreibt, geben die übrigen Insassen mit dem Paddel die Richtung vor. Die Kunst des Stakens besteht darin, sich kraftvoll abzustoßen, die Stange aber schnell wieder hochgleiten zu lassen. Bei Anfängern passiert es zuweilen, dass sie die Stange nicht rechtzeitig aus dem Flussboden ziehen und sich an sie klammern, während das Boot unter ihren Füßen davonschwimmt!

Wer sich das Staken nicht selber zutraut, kann auch die Dienste eines professionellen Bootsführers in Anspruch nehmen. Von der Anlegestelle in Kurowo kann man mit oder ohne Bootsführer Stak- und Paddeltouren unternehmen: Eine leichte Tour führt zum Damm **Grobla** (3 km, 1 Std.), eine schwierigere und doppelt so lange in den interessantesten Teil des Nationalparks nach **Koziołka.**

tiert. Damals ging die Synagoge in Flammen auf, 2300 Juden wurden im Wald von Lupochowo ermordet (Synagoga, ul. Kozia 2, Di–So 10–17 Uhr, 6 €).

Am entgegengesetzten Ende der Stadt befindet sich der christliche Marktplatz: Die doppeltürmige Barockkirche und das Bernhardinerkloster (Kościół farny & klasztor) beeindrucken durch helle Weite – gestiftet wurden sie von der Grafenfamilie Branicki, der einst ganz Podlachien gehörte.

Infos

Naturbildungszentrum Młynarzówka: Kurowo 12, Tel. 663 10 31 09, https://npn.pl, Di–Fr 9–14, Sa/So 10–16 Uhr, 2,50 €. Im ehemaligen Müllershaus von 1925 wird auf modern multimedial Art über Flora und Fauna des Nationalparks informiert. Hier erfährt man auch alles Wichtige zu Unterkünften sowie Wanderrouten, Rad- und Bootstouren im Nationalpark.

Übernachten

Bei Tykocin:

Mit Wisentreservat – **Dworek nad Łąkami:** Kiermusy 12, Tel. 85 718 70 79, http://kiermusy.com.pl, 25 Zimmer. Am Ufer der Narew, 5 km westlich von Tykocin, wurde ein ungewöhnliches Resort geschaffen. Zur Wahl stehen Unterkünfte im aus Naturstein erbauten ›Bernsteinkastell‹, im Gutshaus auf der Wiese und in vier Holzhäusern. Gespeist wird in der Dorfschenke, wo vieles aus eigener Herstellung stammt. Zur Anlage gehört eine ›russische Sauna‹. Räder, Boote und Angelausrüstung sind ausleihbar. €

Verkehr

Bus: Von Białystok fahren 2–3 Busse tgl. in den knapp südwestlich des Narew-Nationalparks gelegenen größeren Ort Łupianka. An der Haltestelle Waniewo steigt man aus und läuft 1 km ins Dorf. Wer nach Kurowo will, steigt im Dorf Pszczółczyn aus und läuft 3 km. Ab Białystok kommt man stdl. nach Tykocin; dort befindet sich die zentrale Haltestelle auf dem Mały Rynek, nahe der Synagoge.

Multikulturelles Grenzland ▶ 2, W–Y 6–10

Karte: S. 327

16 km nordöstlich von Białystok liegt die multikulturelle Kleinstadt **Supraśl** 4. Die ehemalige Klosteranlage der Basilianer, ein griechisch-orthodoxes Prestigeobjekt, wurde mitsamt ihrer Wehrkirche grandios restauriert (Muzeum Ikon, ul. Konarskiego 5, www.muzeum.bialystok.pl, Di–So 10–17 Uhr, 5 €). Nicht weit entfernt davon stehen außerdem ein katholisches und ein protestantisches Gotteshaus. Auf dem evangelischen Friedhof entdeckt man Grabsteine mit deutschen Namen, wie Reich und Buchholz, Auert und Zachert: Ein deutscher Tuchfabrikant hatte sich hier 1833 niedergelassen und vornehmlich deutsche Arbeiter angeworben.

In Sokółda an der Straße nach Hrodna beginnt die ›Tatarenroute‹, die südwärts bis Kruszyniany führt. Der tatarische Oberst Murza-Krezczowski hatte 1683 an der Seite des polnischen Königs gegen die Türken gekämpft und ihm in einer Schlacht gar das Leben gerettet. Dafür wurde er von Jan III. Sobieski mit Ländereien nahe der heutigen belarussischen Grenze belohnt – in den Folgejahren wurden hier Dörfer gegründet und islamische Gotteshäuser gebaut. Hölzerne Moscheen gibt es noch heute in **Boho-**

TATARISCHE JURTE

In der Jurta Tatarska gegenüber der Moschee von Kruszyniany serviert Frau Dzenneta tatarische Spezialitäten, z. B. *pierekaczewnik*, mit Hammelfleisch gefüllte Blätterteigrolle. Übrigens können Sie bei ihr auch gemütlich übernachten (ul. Słowackiego 26, Tel. 85 749 40 52, www.kruszyniany.pl, 5 Zimmer, €).
Tatarisch (und belarussisch) essen und übernachten können Sie auch ›Im Gutshaus unter den Linden‹ mit einem schönen Rosengarten (Dworek Pod Lipami, Tel. 663 92 65 65, €).

niki 5 und in **Kruszyniany** 6, wo sich 4500 Tataren als Minderheit in einer vorwiegend von Weißrussen und Polen bewohnten Region erfolgreich behaupten und ihren islamischen Glauben bewahren. Kruszynianys Moschee ist von Mai bis September 9–19 Uhr geöffnet (1,50 €); in Bohoniki erhält man den Schlüssel zur Holzmoschee im Haus Nr. 26, 5 bzw. 10 Minuten entfernt befindet sich der islamische Friedhof (www.bohoniki.eu, www.kruszyniany.com.pl).

Letzte ›multikulturelle‹ Station ist das Kloster von **Grabarka** 7, 10 km östlich von Siemiatycze. Wenn am 19. August, dem Tag der Verklärung Christi, orthodoxe Gläubige zum ›heiligen Berg‹ strömen, haben sie alle ein Kreuz mit eingeritzten Fürbitten dabei, das sie mit aller Kraft in den Boden rammen. Seit dem frühen 18. Jh., als man dem Ort Wunderwirkung zuzusprechen begann, hat sich hier ein dichter Wald von Kruzifixen gebildet. Doch mit dem Aufpflanzen von Kreuzen allein ist es nicht getan: Um der Fürbitte Wirkung zu verschaffen, müssen die Pilger die Klosterkirche dreimal kniend umrunden. Es folgen rituelle Waschungen im Fluss, durch welche sich der Gläubige von Krankheiten und allem Übel zu befreien hofft. Kraftvoller Chorgesang von Männern und Frauen erklingt bis tief in die Nacht hinein, zwischen den Kreuzen werden die Schlafsäcke ausgerollt.

Nationalpark Białowieski ▶ 2, V 8/9

Karte: S. 327
73 km südöstlich von Białystok, auf dem Weg zum Białowieski-Nationalpark, liegt die Stadt **Hajnówka** 8. Sie ist keine Schönheit, trotzdem lohnt ein Stopp, denn ihre orthodoxe Kirche gehört zu den originellsten Bauwerken im modernen Polen. Mit ihrem gewellten Dach ahmt sie das Meer nach, aus dem einer Arche Noah gleich zwei zeltförmige Riesenkuppeln aufragen; der 50 m hohe Glockenturm erscheint als Bug. Das Innere steht dem Äußeren nicht nach: Farbenprächtige Ikonen und Wandmalereien, Buntglasfenster und Kristalllüster schaffen eine geheimnisvolle Atmosphäre (Cerkiew Św. Trójcy, ul. Dziewałoskiego, Mo–Sa 10–13, 14–17, Messe So 10 Uhr). Nach dem Eintauchen in weihrauchgeschwängerte Spiritualität empfiehlt sich ein Besuch bei der ›Unvergesslichen‹ (Niezapominajka). Hier schmeckt die deftige polnische Küche (ul. 3-Maja 44, Tel. 794 40 97 77, €)!

Von Hajnówka sind es nur 20 km zum **Białowieski-Nationalpark** (Białowieski Park Narodowy). Dieser erstreckt sich zu beiden Seiten der polnisch-belarussischen Grenze und ist einer der letzten Tiefland-Urwälder Europas. Jahrhundertelang war er ein exklusives Jagdrevier für Fürsten, Könige und Zaren. Heute ist er für jedermann zugänglich, die UNESCO hat ihn zum Weltnaturerbe und zum Biosphären-Reservat erklärt. Bei der mehrstündigen, stets von einem Führer begleiteten Tour kommt man auch ins ›strikte Naturreservat‹. Majestätische Bäume, von denen einige älter als 500 Jahre sind, haben hier so dichte Kronen ausgebildet, dass kein Lichtstrahl nach unten dringt. Umgestürzte Stämme versinken im Morast, sind von Moos und Flechten überwuchert. Symbol des Waldes ist der bucklige Wisent, Europas größtes Säugetier. Nachdem 1919 das letzte frei lebende Exemplar erlegt worden war, gelang es polnischen Wissenschaftlern mithilfe von Tieren, die in Zoos überlebt hatten, in Białowieża eine Population zu züchten und in die freie Wildbahn zu entlassen. Heute leben rund 500 Tiere zu beiden Seiten der Grenze; die Nachkommenschaft ist so zahlreich, dass inzwischen Wisente in andere Reservate ›exportiert‹ werden, so in den Nationalpark Wollin und in die Borkener Heide (Puszcza Borecka). Die Besucher können das Reservat zu Fuß oder per Pferdekutsche, im Winter auch per Schlitten erkunden.

Startpunkt jeder Tour ist das lang gestreckte 2500-Seelendorf **Białowieża** mit einer belarussischen Bevölkerungsmehrheit. Um während seiner Jagdausflüge standesgemäß logieren zu können, ließ sich der russische Zar hier 1894 einen prächtigen Palast erbauen. Zwar wurde er im Zweiten Weltkrieg von deutschen Soldaten gesprengt, doch die zugehörige orthodoxe Kuppelkirche blieb verschont. Im weitläufigen Schlosspark lohnt das Naturkundemuseum einen Besuch, in dem Flora und Fauna der Region vorgestellt werden. Von einem Aussichtsturm genießen Sie weite Blicke, und ein paar Schritte nördlich des Museums entdecken Sie einen uralten Eichenhain (Muzeum Przyrodniczo-Leśne BPN, Park Pałacowy, www.bpn.com.pl, Di–So 9–16 Uhr, im Sommer bis 17 Uhr, 4 €).

4 km westlich des Palastparks wurde ein Schaureservat eingerichtet, in dem neben Wisenten auch Elche, Wölfe, Wildpferde und -schweine leben. Erreichbar ist es ab dem PTTK-Büro per Kutsche oder zu Fuß auf grünem bzw. gelbem Wanderweg (s. Aktiv S. 336); mit Auto geht es auf der Straße 689 Richtung Hajnówka (Rezerwat Pokazowy Żubra, Di–So 9–17 Uhr, 3 €).

Lässt sich beim Kauen viel Zeit – der ›König der Wälder‹

INS WISENTRESERVAT

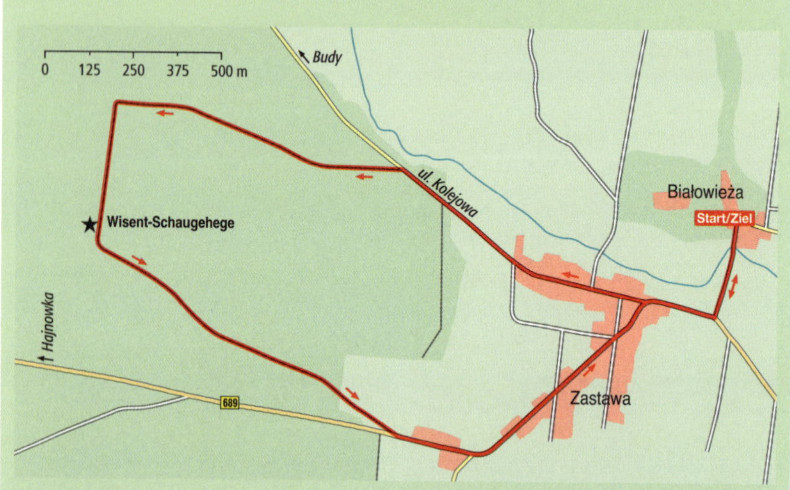

Tour-Infos

Start/Ziel: Białowieża
Länge/Dauer: 8 km / 3 Std.
Hinweis: Gummi- bzw. wasserabweisende Wanderschuhe sind von Vorteil; es lohnt sich, früh aufzustehen, um die Natur allein zu genießen – auch die Tiere sind morgens aktiver. Man sollte sich möglichst leise bewegen, um sie nicht aufzuscheuchen!

In Eigenregie: »Żebra żubra« heißt der Rundweg, der durch sumpfiges, normalerweise unzugängliches Gelände führt. Begehbar wird dieses durch ausgelegte Holzplanken, die an die ›Rippen eines Wisents‹ erinnern. Durch Wald führt der Weg zum Schaureservat des großen Säugers, in dem außerdem Buffalos, eine Kreuzung zwischen Kuh und Wisent, sowie Tarpanpferde leben. Auch viele Vögel kann man unterwegs sehen.
Vom Ortszentrum aus folgt man der Ulica Kolejowa, die sich in die Ulica Zastawa verlängert, westwärts in Richtung **Budy.** Kurz hinter dem Ortsende von Białowieża weist ein Schild links der Straße auf den Wegbeginn. Erst verläuft er parallel zur Straße, dann geleitet er tief in den Wald, der – je nach Bodenbeschaffenheit – variiert: In schneller Folge wechseln Erlen und Birken, Linden, Eschen und Fichten. Je weiter man voranschreitet, desto sumpfiger wird das Gelände; nach Regenfällen kann es passieren, dass man durch Schlamm waten muss. Manchmal sind Wurzelwerk und quer liegende Bäume zu überklettern. Für die kleine Anstrengung

entschädigen Frosch- und Vogelkonzerte. Rotdrossel und Weißrückenspecht, Halsband- und Zwergschnapper sind die Wegbegleiter. Hinter dem **Schaureservat** *(rezerwat pokazowy zwierząt)* schwenkt der Weg ostwärts ein und führt auf die Straße nach **Hajnówka,** auf der es in entgegengesetzter Richtung nach Białowieża zurückgeht.

Organisiert: Polens Naturfreunde-Verband (PTTK, s. S. 315) bietet geführte Touren auch auf Deutsch. Eine sechsstündige Wanderung führt zum **›König der Wälder‹** in freier Wildbahn; zur Dämmerung ist Vogelpirsch angesagt bzw. eine Tour ins **›Königreich der Biber‹**. Wer es bequem mag, lässt sich in der Kutsche durch den Nationalpark fahren.

Infos

PTTK-Büro: ul. Kolejowa 17, Białowieża, Tel. 85 681 22 95, www.pttk.bialowieza.pl, tgl. 8–16, im Sommer 8–18 Uhr. Hier oder in einer der konkurrierenden Agenturen bucht man den für den Besuch des Nationalparks obligatorischen Führer.

Übernachten, Essen & Trinken

In Białowieża:

Mit Spa – **Żubrówka:** ul. Olgi Gabiec 6, Tel. 85 681 28 87, www.hotel-zubrowka.pl, 68 Zimmer. Viersternehotel aus Backstein und Holz. Gemütliche Zimmer, bei schlechtem Wetter geht man ins Spa mit Indoor-Pool, mehreren Saunen und Jacuzzis. Das Restaurant serviert lokale Spezialitäten. €€

Im ›Waldhof‹ – **Dworek Leśny:** Janowo 31, Tel. 85 68 58 34, www.bialowieska-polana.eu, 4 Zimmer. In ihrem Haus auf einer Lichtung mitten im Wald (1 km vom Dorf) vermietet die ehemalige Lehrerin Lucyna Kozłowska vier freundliche DZ mit Bad und Gemeinschaftsküche. €

Im alten Bahnhof – **Białowieża Towarowa:** ul. Stacja Towarowa 4, Tel. 85 681 21 19, http://carska.pl. Der hölzerne Bahnhof, der einst für den Zaren erbaut wurde, wurde in ein Restaurant verwandelt. Feudales Ambiente mit Stilmöbeln und Jagdtrophäen, dazu gehobene polnisch-russische Küche. Im »Bahnhofsturm« sowie in Zugwaggons werden Zimmer und Apartments in zaristischem Stil vermietet; auch eine russische Sauna (*bania*) gibt es. €€

Multikulturelle Küche – **Stoczek:** ul. Waszkiewicza 74, Tel. 85 730 32 99, www.stoczek1929.pl. Aus regional-saisonalen Zutaten werden litauische, belarussische und russische Gerichte zubereitet. Modern-rustikal sind auch die vier Zimmer, die vermietet werden. Entspannen kann man sich in einer schönen Sauna. €

Etwas außerhalb:

Vorwärts in die Vergangenheit – **Sioło Budy:** Budy 41, Tel. 608 40 02 72, http://siolo-budy.pl/en, 10 Zimmer. Die Pension liegt 8 km westlich von Białowieża am Waldrand und erinnert mit ihren Scheunen, dem Schweinestall und dem Ziehbrunnen an ein Freilichtmuseum. Originelles Interieur mit Kamin-, Jagdraum und russischer Sauna. Im rustikalen Gasthaus kommt gutes Essen auf den Tisch. Auf dem Weg von Hajnówka nach Białowieża links in Richtung Teremiski/Pogorzelec einbiegen. €

Termine

Festival Orthodoxer Kirchenmusik (Mai): In der schönen Kirche von Hajnówka stellen internationale Chöre eine Woche lang ihr Können unter Beweis. Infos stehen im Internet unter www.festiwal-hajnowka.pl zur Verfügung.

Verkehr

Bus/Zug: Die Station Białowieża-Pałac grenzt unmittelbar an den Schlosspark. Da die historische Bahnlinie inzwischen nicht mehr in Betrieb ist, ist man auf den Buszubringer nach Hajnówka angewiesen: teils via Budy, teils über die Hauptstraße. Nach Białystok bestehen von Białowieża tgl. nur noch ein bis zwei Direktverbindungen mit dem Bus, ansonsten viele Verbindungen ab Hajnówka mit dem Bus oder Zug.

Marriott
BRIDGESTONE
COMARCH
Poznań
(Posen)
Warszawa
(Warschau)

Kapitel 7

Warschau und Posen

Kommt man aus Masuren oder den stillen Waldgebieten im Nordosten Polens, wirkt die Ankunft in Warschau wie ein Schock. Nun hat sie uns wieder, die Normalität – mit all ihrer Hast und Hektik. Die Menschen schieben und werden geschoben, und wer nicht schnell genug ist, bleibt auf der Strecke. Warschau zählt 1,7 Mio. Einwohner, Posen über 600 000. Gemeinsam bilden sie die ›dynamische Achse‹ des Landes, in der Business boomt, das Einkommen und die Preise höher sind als im Rest Polens. Beide Städte liegen in der Mitte des Landes und sind eine wichtige Drehscheibe zwischen Ost und West.

Die Warschauer wie die Posener stehen im Ruf, diszipliniert und entscheidungsfreudig zu sein. Gleichwohl wehren sich die Hauptstädter dagegen, mit den ›polnischen Preußen‹ gleichgesetzt zu werden. ›Geizig‹ und ›humorlos‹ seien diese: Krämerseelen, die zwar Wohlstand, aber keinen echten Lebensgenuss zustande brächten. Die Posener halten dagegen: Nach Warschau gingen doch nur jene, die das schnelle Geld machen wollten – kosmopolitische Hochflieger, die bei aller Weltgewandtheit schnell aus dem Auge verlören, was die Bevölkerung im übrigen Lande so denkt.

Beide Städte haben sich im Zentrum mit glitzernden Einkaufspassagen und gläsernen Hochhäusern ein westlich-modernes Image verpasst. Was sie liebenswert macht, sind ihre meisterhaft restaurierten historischen Viertel mit Straßencafés, Jazzbars und originellen Restaurants. Ihre Museen gehören zu den besten des Landes. Sowohl Warschau als auch Posen sind von viel Grün eingefasst, unmittelbar vor ihren Toren erstrecken sich Nationalparks.

Das Zentrum von Polens Hauptstadt – im Libeskind-Hochhaus quartieren sich gern betuchte Warschauer ein

Auf einen Blick: Warschau und Posen

Sehenswert

Warschaus Altstadt und ›Neue Welt‹: Auf den Ruinen des Zweiten Weltkriegs entstand eine originalgetreue Rekonstruktion des alten Stadtzentrums. Die Flaniermeile ›Neue Welt‹ führt von dort zu Schlössern und romantischen Parks (S. 346).

Alter Markt: Sehen und gesehen werden – der schöne Platz mit dem Renaissance-Rathaus dient den Posenern als öffentliches Wohnzimmer (S. 367).

Schöne Routen

Warschaus Umgebung: Lust auf Natur? Über Wola führt die Straße 580 westwärts nach Kampinos, wo es rechts abgeht nach Granica. Am Naturkundemuseum starten markierte Wanderwege in den Nationalpark. Im Anschluss besucht man den Chopin-Ort Żelazowa Wola, fährt auf der E-30 nach Łowicz und auf der Straße 70 über Schloss Nieborów nach Skierniewice. Auf der 719 geht es zurück (S. 363).

Posens Umgebung: Die ›Piasten-Route‹ führt nordostwärts auf Straße 5 via Gniezno nach Biskupin. Die zweite Tour führt auf der Straße 430 südwärts in den Großpolnischen Nationalpark. Von hier gelangt man zu den Schlössern in Rogalin und Kórnik (S. 376).

Meine Tipps

Abendliches Wasserspiel: Aus 300 Düsen schießen Fontänen in die Höhe, die an Sommerwochenenden von einer Lasershow begleitet werden (S. 347).

Chopin-Museum: Im Prachtpalais werden Sie multimedial in die Erlebnis- und Erfahrungswelten des Komponisten eingeführt. Und an vielen Orten stehen Marmorbänke, denen Sie auf Knopfdruck seine Musik entlocken (S. 349).

Aussichtsdeck des Kulturpalastes: Von 200 m Höhe genießen Sie einen grandiosen Panoramablick über ganz Warschau (S. 352).

Konzerte im Warschauer Łazienki-Park: An Sommersonntagen spielen Virtuosen zu Füßen des Chopin-Denkmals die Mazurken und Polonaisen des Komponisten (S. 353).

Museum der Geschichte der polnischen Juden: Eintauchen in entschwundene Welten in einem spannenden unterirdischen Bau (S. 357).

Oder-Warthe-Bogen: Teile des ehemaligen Festungswalls Ost sind im Winter von ›Vampiren‹ bewohnt (S. 379).

Museum der Geschichte der polnischen Juden in Warschau

✪ Warschau und Umgebung

▶ 2, R 11

Überall herausgeputzte Plätze und Promenaden, schicke City-Passagen und moderne Museen. Rings um den Kulturpalast entstand ein Business District mit hohen Glastürmen, über den ›Königsweg‹ flanieren trendige junge Leute. Und auch die rechte Weichselseite wird zusehends schöner.

Warschau (Warszawa) ist von Fieber erfasst, eine Stadt im Aufbruch. Ihr Zentrum markiert der 234 m hohe Kulturpalast, um ihn herum spannt sich ein Ring moderner Wolkenkratzer – der schönste stammt von dem in Polen geborenen Stararchitekten Daniel Libeskind. Internationale Anleger sicherten sich hier ihre Filetstücke und rühmen die ›polnische Wirtschaft‹. Längst haben alle großen internationalen Hotelketten in Warschau investiert.

Im Laufe ihrer Geschichte haben die Warschauer schon manch einen wirtschaftlichen Aufschwung, aber auch viele Katastrophen erlebt. Beim Gang durch die Stadt stoßen Besucher immer wieder auf Denkmäler, die an die Zeit unter deutscher Besatzung erinnern, als ein Großteil der Bevölkerung deportiert, in Konzentrationslager verschleppt und ermordet wurde. Nach Niederschlagung des Aufstands von 1944 legten deutsche Truppen Warschau in Schutt und Asche, nichts sollte an den ehemaligen Glanz dieser Hauptstadt erinnern. Und wohl keiner, der das Ausmaß der damaligen Verwüstungen erlebte, hätte es für möglich gehalten, dass die historische Altstadt eines Tages wieder so ausschauen könnte wie vor dem Krieg. Doch genau dies, den originalgetreuen Wiederaufbau des alten Warschau, machte sich die sozialistische Regierung nach 1945 zum Programm. Nach zeitgenössischen Skizzen, Fotos und Stichen entstand innerhalb weniger Jahre die »großartigste Fälschung der Welt« (Enzensberger), die Bewahrung historischer Kontinuität auf dem Scherbenhaufen der Geschichte.

Gleichfalls sehenswert ist der ›Königsweg‹, auch ›Königstrakt‹ genannt, eine der Hauptachsen der Stadtentwicklung Warschaus und heute die klassische Besichtigungsroute. Der von Kirchen, Denkmälern und prachtvollen Palästen gesäumte Flanierboulevard führt vom Schloss durch die Krakauer Vorstadt zum Łazienki-Park. In den Monaten Mai bis Oktober werden im Park jeden Sonntag Klavierkonzerte vor dem Chopin-Denkmal gegeben, weitere Aufführungen finden am Schloss von Wilanów, der Residenz des Königs Jan III. Sobieski, statt. Insgesamt elf Festivals stehen in den Sommermonaten zur Wahl, dazu Konzerte in der Oper und der Nationalphilharmonie sowie unter freiem Himmel auf dem Marktplatz der Altstadt. Die Stadt besitzt knapp 60 Museen und über 30 Theater, an den insgesamt 53 Hochschulen Warschaus studieren sage und schreibe 240 000 Studenten.

Rundgang

Cityplan: S. 344

Alt- und Neustadt kann man gut zu Fuß bewältigen, und auch der Königstrakt bis zum Rondo de Gaulle ist kein Problem. Nicht jedermanns Sache ist es aber, von hier die verbleibenden Kilometer bis zum Łazienki-Park abzulaufen. Im Fünfminutentakt verkehren Stadtbusse auf dieser Achse, sodass man den Park mit öffentlichen Verkehrsmitteln schnell erreicht. Und auch zum weiter südlich gelegenen Schloss Wilanów gelangen Sie problemlos mit dem Bus.

Von der Johanniskathedrale erhaschen Sie einen Blick auf den Turm des Königsschlosses

Rings um das Königsschloss

Ein beliebter Treffpunkt der Warschauer ist der kopfsteingepflasterte Schlossplatz (pl. Zamkowy). Nordwärts führen Wege in die romantische Altstadt, westwärts kommt man zum Theaterplatz und südwärts auf dem Königstrakt zum Łazienki-Park.

Sigismundsäule 1

Zum Rendezvous verabredet man sich gern an der **Sigismundsäule** (Kolumna Zygmunta), errichtet zu Ehren des Königs Zygmunt III. Wasa, der Warschau 1596 zur Hauptstadt erwählte. Mit Säbel und Kreuz ausgestattet blickt er von der 22 m hohen Säule herab, an der Einheit von Kirche und Staat soll nicht gezweifelt werden.

Königsschloss 2

pl. Zamkowy 4, www.zamek-krolewski.pl, Di–So 10–18 Uhr, Eintritt 12,50 €

An der Ostseite des Platzes ließ sich der Herrscher um 1600 das kupferrote **Königsschloss** (Zamek Królewski) errichten, einen zweistöckigen Bau von fünfeckigem Grundriss mit mehreren Türmen. Besucher gelangen durch das Eingangstor in den weitläufigen Großen Hof, dessen Fassaden die lange Geschichte des Gebäudes widerspiegeln. Die repräsentativen Räume befinden sich allesamt in der ersten Etage, darunter auch der prunkvolle **Canaletto-Saal.** In ihm kann man anhand von über 20 Wandbildern studieren, ob und wie sich Warschau in den letzten 230 Jahren verändert hat. Die Bilder stammen vom Venezianer Bernardo Bellotto alias Canaletto, der von 1768 bis 1780 als

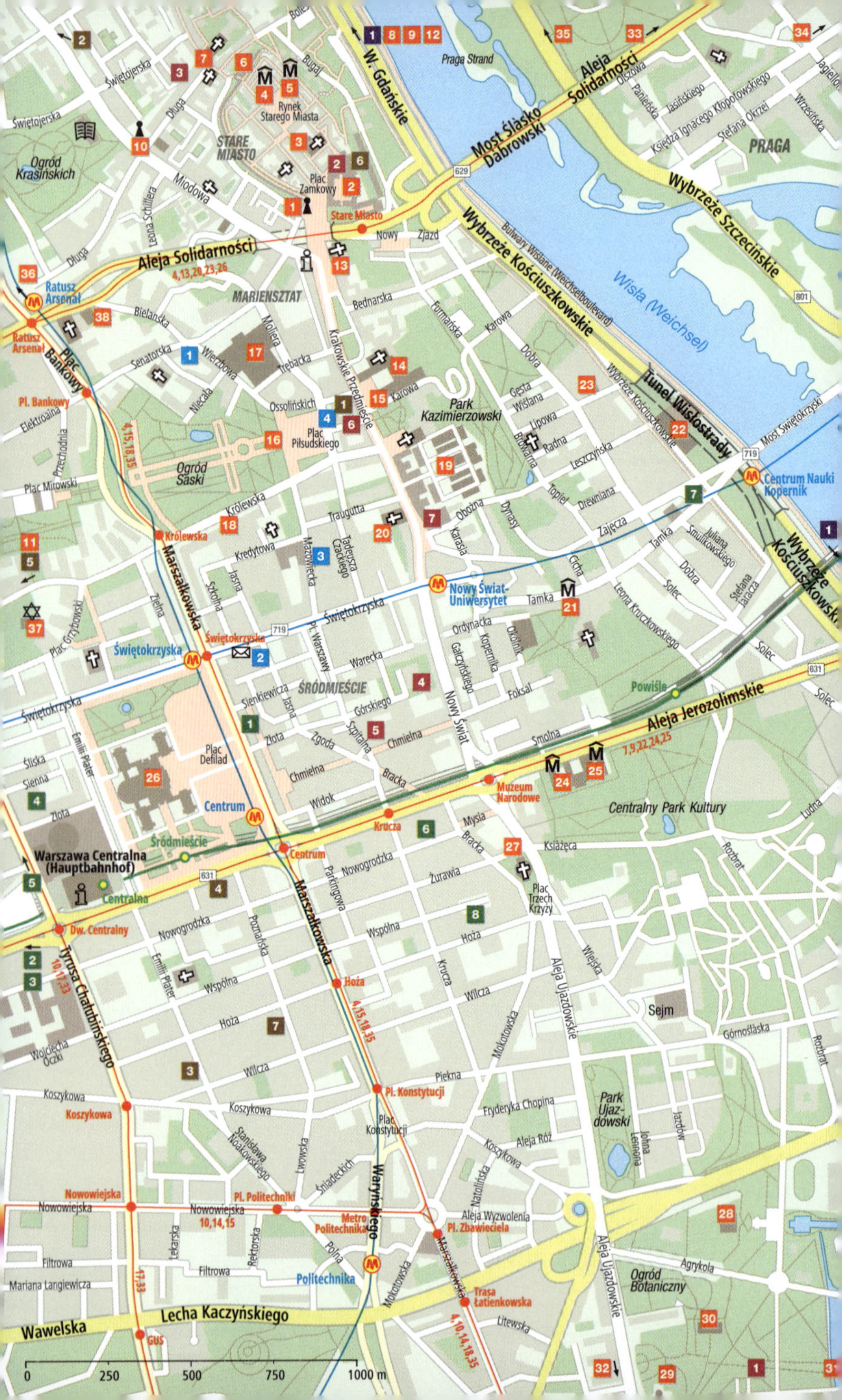

Warszawa/Warschau

Sehenswert

1 Sigismundsäule
2 Königsschloss
3 Johanniskathedrale
4 Historisches Museum
5 Literaturmuseum
6 Barbakane
7 Samson-Palais
8 Kirche der Sakramentinerinnen
9 Multimediales Wasserspiel
10 Denkmal des Warschauer Aufstands / Piaristenkirche
11 Museum des Warschauer Aufstands
12 Katyń-Museum
13 Annakirche
14 Präsidentenpalast
15 Bristol
16 Grabmal des Unbekannten Soldaten
17 Großes Theater (Teatr Wielki)
18 Zachęta-Galerie
19 Universität
20 Heiligkreuzkirche
21 Chopin-Museum
22 Kopernikus-Zentrum
23 Universitätsbibliotheik
24 Nationalmuseum
25 Militärmuseum
26 Kulturpalast
27 Alexanderkirche
28 Schloss Ujazdów
29 Chopin-Denkmal
30 Alte Orangerie
31 Palais auf der Insel
32 Schloss Wilanów
33 Centrum Praski Koneser
34 Prager Museum
35 Zoo
36 Museum der Geschichte der polnischen Juden
37 Nożyk-Synagoge
38 Jüdisches Historisches Institut

Übernachten

1 Raffles Europejski
2 Le Regina
3 Nobu
4 Polonia Palace
5 Radisson Collection Warsaw
6 Castle Inn
7 H15 Boutique Hotel

Essen & Trinken

1 Belvedere
2 Polka Magda Gessler
3 Pod Samsonem
4 Café Blikle
5 Wedel
6 Patisserie Lourse
7 Klub Harenda

Einkaufen

1 Galeria Centrum
2 Blue City
3 Reduta
4 Złote Terasy
5 Arkadia
6 Vitkac
7 Elektrownia
8 Galeria Grafiki i Plakatu

Abends & Nachts

1 Teatr Żydowski
2 Filharmonia Narodowa
3 Tygmont
4 Long Bar

Aktiv

1 Anleger für die Wasserstraßenbahn

Hofmaler im Dienste des polnischen Königs stand. So genau spiegelten die von ihm verfertigten Ansichten Gebäude und Straßen wider, dass sie beim Wiederaufbau der Stadt als unmittelbare Vorlage dienten.

Das Schloss gibt einen profunden Einblick in den feudalen Hofstaat: Alle Räume sind mit Stuck und Wandmalereien wahrhaft königlich gestaltet. Besonders imposant ist der barocke **Ballsaal,** in dem sich der Hof zu rauschenden Festen traf. Die Wände treten hinter einer Vielzahl golden schimmernder Säulen zurück, auf denen ein sich illusionistisch zum Himmel öffnendes Deckengewölbe ruht.

Gemälde von Jan Matejko, dem berühmtesten polnischen Historienmaler, findet man in den **Prinzenzimmern.** Das Rejtan-Bild illustriert eine dramatische Episode aus der Zeit der Teilungen. »Tötet mich, doch lasset Polen leben!« – dies soll der Adelige Rejtan ausgerufen haben, als im Sejm die Teilungsurkunde zur Unterschrift ausgelegt wurde. Und es gibt noch ein zweites Bild, das auf ein Ereignis im Schloss anspielt: Am 3. Mai 1791 wurde im hiesigen **Senatorensaal** die erste schriftlich fixierte Verfassung Europas verabschiedet. Der Untergang Polens ließ sich mit dieser tief greifenden staatlichen Reform nur verzögern, nicht aber verhindern. Und auch Tadeusz Kościuszko, der drei Jahre später zur nationalen Erhebung aufrief, vermochte mit seinen Gefolgsleuten nichts gegen die preußisch-russische Übermacht auszurichten. Das Herz des Patrioten ruht in der an den Canaletto-Saal grenzenden **Kleinen Kapelle.** Weniger auf Polen fixiert ist die **Gemäldegalerie** im Erdgeschoss, die Meisterwerke zeigt – von sarmatischen Adelsporträts bis zu Rembrandts »Junger Frau« und seinem »Gelehrten«.

Altstadt

Die **Altstadt** (Stare Miasto) ist das stimmungsvollste Viertel Warschaus. Kopfsteingepflasterte Gassen sind von pastellfarbenen, meist nur dreistöckigen Häusern gesäumt, Brunnen und Laternen sorgen für nostalgisches Flair.

Johanniskathedrale 3

Vom Schlossplatz gelangt man über die Ulica Świętojańska zur gotischen **Johanniskathedrale** (Katedra Św. Jana). Sie ist das wichtigste Gotteshaus der Stadt, dem schlichten Äußeren entspricht ein strenger, fast düsterer Innenraum. In der Krypta sind die letzten masowischen Herzöge und mehrere Warschauer Erzbischöfe beigesetzt, darunter bekannte polnische Schriftsteller und Nationalhelden.

Altstädtischer Ring

Folgt man dem Menschenstrom, kommt man zum **Altstädtischen Ring** (Rynek Staromiejski), dem schönsten Platz Warschaus. Er wird von Patrizierhäusern gesäumt, deren bunt gestrichene Fassaden mit Reliefs und Skulpturen verziert sind. In der Mitte des Platzes posiert die Sirene, eine in Bronze gegossene Frauengestalt. Sie ist das Wahrzeichen Warschaus und gleicht mit ihrem erhobenen Schwert der antiken Kriegsgöttin, die sich zur Verteidigung ihrer Stadt aufschwingt. Um sie herum herrscht das ganze Jahr über Hochbetrieb: dicht besetzte Cafés, Porträtmaler und Straßenmusikanten – und im Hintergrund Pferdekutschen, die auf Kundschaft warten.

An der Nordseite des Platzes befindet sich der Eingang zum **Historischen Museum** 4 (Muzeum Historyczne). Hier wird Warschaus Geschichte anhand oft überraschender Gegenstände erzählt, auf dass man sie ›fühle‹ … Lohnend ist es, sich im Museumskino zu jeder vollen Stunde (Di–Do 10–17, Fr–So 10–19 Uhr) den 20-minütigen Film über Zerstörung und Wiederaufbau Warschaus anzuschauen (Rynek Starego Miasta 28, www.muzeumwarszawy.pl, Di–So 10–18 Uhr, 6,20 €). Vorbildlich inszenierte Wechselausstellungen bietet das dem polnischen Nationalschriftsteller Adam Mickiewicz gewidmete **Literaturmuseum** 5 (Muzeum Literatury, Rynek Starego Miasta 20, www.muzeumliteratury.pl, Mi, Fr 11–16, Do 16–20, Sa/So 11–18 Uhr, 1,50 €).

Barbakane 6

Vom Altstädtischen Ring geht es ostwärts über Treppenwege zum Weichselufer hinab, wir aber folgen der Ulica Nowomiejska gen Norden und erreichen nach wenigen Minuten die mittelalterliche **Barbakane** (Barbakan). Die kreisrunde Backsteinbastion, die mit ihren vier Ecktürmen an eine Festung erinnert, gehört zu einem rings um die Altstadt aufgezogenen, nach 1945 teilweise rekonstruierten Befestigungssystem.

Neustadt

Jenseits der Barbakane beginnt die sogenannte **Neustadt** (Nowe Miasto), die freilich nicht so jung ist, wie der Name vermuten lässt. ›Neu‹ ist die im 15. Jh. entstandene, damals autonome Stadt nur im Vergleich zur 100 Jahre früher gegründeten Altstadt. Der Besichtigungsweg führt die Ulica Freta entlang, die vor dem Krieg als wichtige Einkaufsstraße galt.

Samson-Palais und Haus von Marie Curie

Im **Samson-Palais** 7, erkennbar an der reich dekorierten Fassade (Nr. 5), lebte zu Beginn des 19. Jh. der preußische Verwaltungsbeamte E.T.A. Hoffmann. Im Haus schräg gegenüber (Nr.16) wurde 1867 Maria Skłodowska geboren, besser bekannt unter dem Namen **Marie Curie.** Gleich zweimal wurde sie mit dem Nobelpreis ausgezeichnet, bekannt ist sie vor allem als Entdeckerin der natürlichen Radioaktivität – ein Museum erinnert an sie (ul. Freta 16, www.mmsc.waw.pl, Di–Sa 12–18 Uhr, 2,75 €).

Kirche der Sakramentinerinnen 8

Wohltuend ruhig ist das Leben am **Neustädtischen Ring** (Rynek Nowego Miasta), dessen Häuser im Stil des 18./19. Jh. wiederaufgebaut wurden. Mit Bäumen und Brunnen wirkt er nicht großstädtisch, sondern wie eine stille, ländliche Oase. An seiner Nordostseite erhebt sich die kuppelgekrönte **Kirche der Sakramentinerinnen** (Kościół Sakramentek); gestiftet hat sie Königin Marysieńka Sobieska als Dank für den Sieg ihres Gatten über die Türken bei Wien im Jahr 1683.

Multimediales Wasserspiel 9

www.fontanna-multimedialna.pl/warszawa, Laser-Sound-Show Mai–Aug. Fr/Sa 21.30, Sept. 21 Uhr

Es lohnt sich, die Weichselböschung hinabzusteigen zum **Multimedialen Wasserspiel.** Aus 300 Düsen schießen pro Minute 30 000 l Wasser in Fontänen in die Höhe. Abends werden auf Nebelwänden Projektionen gezaubert, dazu erklingt Sphärenmusik. Das Wasserspiel bildet den Auftakt zum neu gestalteten Weichselufer. Eine grüne, teilweise von Gastro-Schiffen und Terrassencafés gesäumte Promenade führt südwärts – am Königsschloss und Wissenschaftszentrum Kopernikus vorbei – zur Brücke Most Świętokrzyski. Unterwegs können Sie am Hafen **Port Czerniakow** an Sommerwochenenden in die ›Wasserstraßenbahn‹ *(tramwaj wodny)* steigen und auf der Weichsel schippern (s. S. 362).

Denkmal des Warschauer Aufstands 10

ul. Długa 13, http://ordynariat.muzeumwarszawy.pl, Mo geschl.

Doch zurück zur Neustadt: Über die ul. Długa lohnt ein Abstecher zum monumentalen **Denkmal des Warschauer Aufstands** neben dem neuen Justizpalast (Pomnik Powstania Warszawskiego). Gigantische Bronzefiguren entsteigen düsteren Kanälen, die Waffe in der Hand. Den meisten Kämpfern misslang die Flucht: Sie ertranken in den Stollen oder starben im Feuer der in die Gänge hinabgeworfenen Granaten. An der Aufständischen-Aura will die Kirche teilhaben: Sie hat in den Katakomben der gegenüberliegenden **Piaristenkirche** ein aufwendig gestyltes Museum der Militärgeistlichen (Muzeum Ordynariatu Polowego) einrichten lassen. Glasstollen führen in die Geschichte zurück. Im Erdgeschoss beeindruckt die Katyń-Kapelle – in ihre Wände sind die Namen von 15 000 polnischen Offizieren eingraviert, die 1941 vom sowjetischen Geheimdienst erschossen wurden.

Museum des Warschauer Aufstands 11

ul. Grzybowska 79, www.1944.pl, Di geschl., 7,50 €

Lohnend ist ein Abstecher zum 2 km westlich gelegenen **Museum des Warschauer Aufstands** (Muzeum Powstania Warszawskiego). Dank multimedialer Präsentation, Doku-Filmen und Originalgeräuschen kann man ins Jahr 1944 ›abtauchen‹, durch rekonstruierte Kanäle wandern und eine konspirative Druckerei besuchen.

Katyń-Museum 12

ul. Dymińska 13, www.muzeumkatynskie.pl, Mi–So 10–16 Uhr, Eintritt frei, Metro Dworzec Gdański

Vom Zweiten Weltkrieg handelt auch das **Katyń-Museum** (Muzeum Katyńskie) in der Zitadelle nördlich der Neustadt, erster Baustein des Museums der Geschichte Polens: Es erinnert an die vielen vom sowjetischen Geheimdienst 1942 ermordeten polnischen Offiziere.

Krakauer Vorstadt und ›Neue Welt‹

Eine kilometerlange, südwärts verlaufende Straße verbindet das altstädtische Königsschloss mit dem Landschaftspark von Łazienki und der barocken Sommerresidenz in Wilanów. Die ersten beiden Kilometer sind am Wochenende für den Autoverkehr gesperrt

Schön bei Tag und bei Nacht – Raffles Europejski

und verwandeln sich in Warschaus schönste Flaniermeile.

Erster Abschnitt des sog. ›Königswegs‹ (Trakt Królewski) ist die nach der früheren Hauptstadt benannte **Krakauer Vorstadt** (Krakowskie Przedmieście). Entlang der Straße siedelten sich Polens reichste Adelsgeschlechter an. Sie ließen sich repräsentative Paläste erbauen, die heute in ihrer Mehrzahl der Regierung und der Universität unterstehen.

Annakirche 13

Den Auftakt zur Linken bildet die akademische **Annakirche** (Kościół Św. Anny), von deren frei stehendem Turm sich eine weite Aussicht auf die Altstadt bietet. Das Gotteshaus wurde 1454 von Anna, der Herzogin Masowiens, gegründet und 1820 im Stil der Neorenaissance erneuert. Imposant ist seine spätbarocke, von den vier Evangelisten geschmückte Fassade. Die Gewölbe sind mit illusionistischen Fresken bemalt, Hauptaltar und Orgel von vergoldetem Rokoko-Schnitzwerk eingerahmt. Lüster mit Glasperlen hängen von der Decke herab und tauchen die Kirche in ein schummriges Licht.

Präsidentenpalast

Vorbei an einem Denkmal, das den Schriftsteller Adam Mickiewicz zeigt, kommt man zum **Präsidentenpalast** 14 (Rezydencja Prezydenta), der von vier Steinlöwen bewacht wird. 1955 wurde hier der Warschauer Pakt, das östliche Gegenstück zur NATO, geschlossen, 1970 unterzeichneten Willy Brandt und der polnische Präsident Edward Gierek den Vertrag über die Normalisierung der Beziehungen zwischen Polen und der Bundesrepublik Deutschland. 1989 fanden im gleichen Haus die Gespräche am Runden Tisch statt, die den Fall des sozialistischen Systems in Polen einleiteten. Bis 1994 war der Palast Sitz des Ministerrats, heute residiert hier der polnische Präsident.

Gleich nebenan steht das **Bristol** 15 und gegenüber steht das noch schönere **Europejski** 1.

Grabmal des Unbekannten Soldaten 16

Von hier erreicht man in nur wenigen Schritten den weitläufigen Piłsudski-Platz mit dem **Grabmal des Unbekannten Soldaten** (Grób Nieznanego Żołnierza). Es ist all jenen Polen gewidmet, die ›für das Vaterland‹ fielen. Eine ewige Flamme brennt für die Toten, täglich um 12 Uhr findet in einem feierlichen Zeremoniell die Wachablösung statt. Hinter dem Grabmal beginnt der von König August II. angelegte **Sächsische Garten** (Ogród Saski) – für viele Warschauer ein Ruhepol nach Feierabend.

Großes Theater 17

Nördlich des Platzes sieht man über die gläserne Norman-Foster-Rotunde hinweg auf das **Große Theater** (Teatr Wielki), einen gigantischen Kulturtempel, in dem auch Konzerte stattfinden.

Zachęta-Galerie 18

pl. Małachowskiego 3, www.zacheta.art.pl, Di–So 12–20 Uhr, 5 €

Schaut man gen Süden, erblickt man den Jugendstilpalast der **Zachęta-Galerie.** Zwar ist sie dem »Großen, Wahren und Schönen« geweiht, doch zeigte sie sich in den letzten Jahren oft provokativ: Riesenfotos polnischer Schauspieler in Nazi-Uniform oder die Skulptur eines von einem Meteoriten niedergestreckten Papstes veranlassten sich brüskiert fühlende Nationalkonservative zu Bilderstürmerei.

Universität 19

Nach diesem Abstecher geht es zurück zur ›Krakauer Vorstadt‹. Vorbei am Denkmal für Kardinal Wyszyński und der hinter ihm aufragenden Kirche der Visitantinnen (Kościół Wizytek) gelangt man zur **Universität** (Uniwersytet), die in mehreren schlossartigen Bauten untergebracht ist. 1818 wurde sie gegründet, doch bereits 14 Jahre später auf Geheiß des Zaren geschlossen. Die Mehrheit der Studenten, monierte die Obrigkeit, habe den Umsturzversuch von 1830/31 aktiv unterstützt. 1915 wurde die Universität abermals geöffnet, doch schon 1939, unter deutscher Herrschaft, ein weiteres Mal in den Untergrund gedrängt.

Heiligkreuzkirche und Chopin-Museum

In der gegenüberliegenden Akademie der Bildenden Künste wurde ein Chopin-Salon rekonstruiert. Der Künstler lebte dort mit seinen Eltern von 1827 bis 1830, jenem Jahr, in dem er Polen verließ. Nebenan, in der klassizistischen **Heiligkreuzkirche** 20 (Kościół Świętego Krzyża), ist das Herz des 1849 gestorbenen Komponisten beigesetzt. Auf dem Epitaph unterhalb seiner Büste steht zu lesen: »Wo dein Schatz ist, dort ist auch dein Herz«. 31 Jahre nach seiner Beerdigung auf dem Pariser Friedhof Père Lachaise wurde der Leichnam exhumiert und sein Herz – oder besser das, was davon übrig geblieben war – nach Polen überführt. Heute wird dem Komponisten anders gehuldigt: Das nahe **Chopin-Museum** 21 (Muzeum Fryderyka Chopina), das als ›bestes biografisches Museum Europas‹ gilt, gibt multimedial faszinierende Einblicke in seine Kunst- und Lebenswelt. Vor dem Palais steht die erste von 15 über die Stadt verteilten Chopin-Bänken, aus denen nach Knopfdruck seine Musik ertönt (ul. Okólnik 1, https://muzeum.nifc.pl, Di–So 10–18 Uhr, 6,20 €).

Kopernikus-Zentrum

ul. Wybrzeże Kościuszkowskie 20, www.kopernik.org.pl, tgl. 9–20 Uhr, 10 €

Folgt man der Straße weiter hinab, kommt man zum **Kopernikus-Zentrum** 22 (Centrum Nauki Kopernik): ein Museum ›zum Anfassen‹ mit 350 Experimentierstationen, Roboter-Theater und Foucaultschem Pendel, dazu ein Planetarium – von der Mikro- bis zur Makro-Materie wird erklärt, was die Welt zusammenhält.

Einen Blick lohnt auch die benachbarte, poppige **Universitätsbibliothek** 23, von deren 1,5 ha großem Dachgarten man einen weiten Blick hat – über die Weichsel bis zum Nationalstadion.

An Kopernikus wird auch an der ›Krakauer Vorstadt‹ (Krakowskie Przedmieście) gedacht: Ein Denkmal zeigt ihn vor dem Sitz der Polnischen Akademie der Wissenschaften.

Neue Welt und Jerusalem-Allee

In der Folge verengt sich der Königsweg und heißt **Neue Welt** (Nowy Świat). Statt von einzelstehenden Palästen ist er nun von einheitlich gestalteten, klassizistischen Häusern gesäumt, die Traditionscafés und trendige Lokale beherbergen.

Am Rondo de Gaulle kreuzt sich die Nowy Świat mit der verkehrsreichen **Aleja Jerozolimskie**, der »Jerusalem-Allee«. Wie der Name bereits vermuten lässt, lebten hier besonders viele Juden. Viele emigrierten nach Palästina, woran die auf der Verkehrsinsel postierte Palmen-Installation »Gruß aus Jerusalem« erinnern will. Heute wird die Straße von Häusern der vorletzten Jahrhundertwende gesäumt, dazwischen schieben sich Glas- und Granitpaläste im Stil des sozialistischen Realismus.

Nationalmuseum und Militärmuseum

Ein paar Schritte Richtung Weichsel steht das **Nationalmuseum** 24, eine Top-Adresse für Kunstliebhaber aus aller Welt (Muzeum Narodowe, al. Jerozolimskie 3, www.mnw.art.pl, Di–So 10–18 Uhr, ab 2,50 €). In dem im Stil der Neuen Sachlichkeit errichteten Bau werden Werke von der Antike bis zur Gegenwart ausgestellt. Zu den Höhepunkten der Sammlung zählen frühchristliche Fresken aus Pharos (Sudan), die in ihrer archaischen Ausdruckskraft an Ikonen erinnern. Aus ostpreußischen und schlesischen Kirchen stammen meisterhaft geschnitzte, gotische Skulpturen, darunter die »Schöne Madonna aus Breslau«. Auch große europäische Maler sind vertreten, etwa Leonardo da Vinci, Lukas Cranach und Rembrandt.

Im Ostflügel des Gebäudes befindet sich das **Militärmuseum** 25 (Muzeum Wojska Polskiego), das die 1000-jährige Geschichte der nationalen Streitkräfte dokumentiert. Als Alfred Döblin 1924 in Warschau weilte, notierte er: »Die Polen haben noch nicht lange Militär, sind lecker danach« (www.muzeumwp.pl, Mi–So 10–16 Uhr, 5 €).

Kulturpalast 26

pl. Defilad, www.pkin.pl, Aussichtsplattform mit Café tgl. 10–20 Uhr, 6 €; Muzeum Techniki & Muzeum Evolucji, https://nmt.waw.pl, Di–So 9–18 Uhr, 5 €

Das umstrittenste Gebäude der Stadt befindet sich am Westende der Jerusalem-Allee (Richtung Hauptbahnhof) und ist nicht zu übersehen. Der 234 m hohe **Kulturpalast** (Pałac Kultury i Nauki) ist für die einen Symbol von Gigantomanie, für die anderen eine kühne Fortschrittsvision. Das kostspielige Gebäude, entworfen nach dem Vorbild der Moskauer Lomonossow-Universität, war ein Geschenk Stalins an das polnische Volk, ein unübersehbares Zeichen sozialistischer Staatsmacht. Zum Umrunden der pompösen Anlage mit ihren vorspringenden Gebäudeflügeln braucht man gut 20 Minuten. Große Skulpturen zeigen Nikolaus Kopernikus, die Idealfigur polnischer Wissenschaft, und Adam Mickiewicz, den sprachgewaltigen Heros der nationalen Literatur. 28 Plastiken sind in Nischen eingelassen und singen das Hohelied von Fortschritt und Gerechtigkeit. Ein athletischer Arbeiter studiert das »Kapital« von Marx, eine mit Tunika umhüllte Frau schreitet aus, die Welt zu begreifen.

Im Innern des Palastes hat man sich von Marx vorerst verabschiedet. In bunten Lettern verspricht die Werbung Zufriedenheit und Glück – westliche Markenartikel anstatt utopischer Sprüche. Nutzer der prunkvoll ausgestatteten Räume sind zahlungskräftige Unternehmen, Börsenmakler und Versicherungsagenten. Wuchtige Eichentüren führen in Säle mit Marmorböden und Stuckdecken, allerorts hängen schwere Kristallkronleuchter. In Sekundenschnelle fahren elegante Aufzüge die Stockwerke hinauf, samtrote Teppichböden schlucken jeden Laut. Big Business beherrscht viele der 3288 Räume, doch »zum

Gigantisch im Zuckerbäckerstil – der Kulturpalast

Arkadien in der Großstadt – der Łazienki-Park

Glück noch nicht alle«, sagen Künstler und Intellektuelle.

Im Erdgeschoss gibt es drei große Theater und ein Kino, ein wunderbares Schwimmbad aus Marmor, ein Technikmuseum und ein Museum der Evolution sowie die zentrale Touristeninformation. Im kreisförmig angeordneten Ausstellungspavillon findet jeden Mai die Buchmesse statt, im roten Kongresssaal, der 3000 Besuchern Platz bietet, jeden Oktober das Jazz Jamboree. Berühmte Musiker sind hier schon aufgetreten, darunter Louis Armstrong, Ray Charles und Miles Davis.

Von der Aussichtsplattform im 30. Stock genießt man einen weiten Blick in alle Himmelsrichtungen. Man schaut bis zur Altstadt und erkennt auf der anderen Weichsel-Seite das Stadion. Im Vordergrund verläuft die **Marszałkowska.** Die 4 km lange Verkehrsader der Stadt erstreckt sich vom Bankplatz (pl. Bankowy) bis zum Platz der Lubliner Union (pl. Unii Lubelskiej) und wurde um die Mitte des 20. Jh. zur Prachtstraße des sozialistischen Warschaus erhoben. Auf der gegenüberliegenden Seite bieten mehrere Wolkenkratzer dem Kulturpalast die Stirn – fast so hoch wie er sind sie gewachsen, u. a. der segelförmige Libeskind-Bau, das Intercontinental und das Cosmopolitan.

Alexanderkirche und Schloss Ujazdów

Am Rondo de Gaulle schwenkt man wieder in den Königsweg ein, der fortan **Aleja Ujazdowskie** heißt, von den Polen auch ›Champs Elysées‹ genannt. Zum Auftakt sieht man die klassizistische, 1818 errichtete **Alexanderkirche** 27 (Kościół Św. Aleksandra) auf einer vom Verkehr umtosten Insel. Im folgenden, mehrere Kilometer langen Abschnitt passiert man viele ausländische Botschaften, von der Straße abgesetzt liegen Sejm und Senat, das polnische Zweikammerparlament. Ihren Namen verdankt die Allee dem **Schloss Ujazdów** 28 (Zamek Ujazdowski), einer königlichen Sommerresidenz an der Weichselböschung. Diese beherbergt heute ein Zentrum für zeitgenössische Kunst (Centrum Sztuki Współczesnej, www.u-jazdowski.pl, Di–So 11–19 Uhr, 5 €). Von der Terrasse an der Rückseite des Hauses bietet sich ein schöner Blick über schnurgerade, in Richtung Weichsel verlaufende Kanäle.

Łazienki-Park

al. Ujazdowskie, www.lazienki-krolewskie.pl, Park tgl. 6–22 Uhr, Eintritt frei, Museen Di/Mi 10–16, Do/Fr 10–18, Sa 12–20, So 10–16 Uhr, Eintritt alle Museen 10 €, Anfahrt mit Bus 116, 180, 519 und 522

Die schönste Grünanlage Polens ist der **Łazienki-Park,** ein königlicher Entwurf Arkadiens fernab städtischer Zivilisation und heute frei für jedermann – eine Oase der Stille und doch gar nicht weit vom Zentrum Warschaus entfernt. Der Haupteingang befindet sich links der Hauptstraße neben dem weiß getünchten Palais Belvedere. Mit der Gestaltung des Parks beauftragte König Poniatowski einen der besten Gartenbaumeister seiner Zeit, den Dresdener Johann Christian Schuch (1766–1784). Die Nachahmung der Natur galt ihm, der zuvor Anregungen aus Reisen durch England, Frankreich und den Niederlanden gewonnen hatte, als höchstes künstlerisches Ideal. Binnen weniger Jahre schuf er einen Landschaftspark mit malerisch eingestreuten Seen, Kanälen und Fontänen, dazu weiten Rasenflächen mit zwanglos gruppierten Bäumen – und obgleich sich doch all dies menschlicher Planung verdankte, wirkte es in seiner reizvollen Anmut wie ein Werk der Natur.

Hinter dem Parkeingang führt links ein Weg zum **Chopin-Denkmal** 29 (Pomnik Chopina). Es zeigt den Komponisten unter einer masowischen, windgepeitschten Weide. Im Zweiten Weltkrieg eingeschmolzen, wurde es 1958 rekonstruiert. Dem Denkmal zu Füßen wird an Sommersonntagen ein Flügel postiert, auf dem bekannte Interpreten einige seiner Sonaten spielen (www.estrada.com.pl, 12 und 16 Uhr, Konzerte frei).

Auf der Hauptallee gelangt man zur **Alten Orangerie** 30 (Stara Pomarańczarnia), wo vor der Kulisse gemalter Idyllen Abgüsse berühmter antiker Skulpturen zu sehen sind – vom Laokoon bis zum Herkules Farnese (www.lazienki-krolewskie.pl). Und im original erhaltenen Hoftheater aus dem 18. Jh. gibt es an ausgewählten Abenden stimmungsvolle Konzerte mit Kammermusik.

Schönster Bau des Parks ist das **Palais auf der Insel** 31 (Pałac na Wyspie), eine Sommerresidenz von König Stanisław August Poniatowski. Es ist aus einem barocken Badehaus hervorgegangen und präsentiert sich als Lustschloss par excellence: elegant und zugleich intim, ausgestattet mit kostbaren Kunstwerken. Ausschweifender Barock beherrscht die Terrasse: Der Muskelprotz Satyr ist dabei, eine Nymphe zu rauben, ein Hermaphrodit umarmt die junge Salmakis. Zu den Skulpturen gesellen sich farbenprächtige Pfauen, die ein Rad schlagend herumstolzieren. Und wie es sich für ein Lustschloss gehört, dürfen auch Gondeln nicht fehlen: Majestätisch gleiten sie über das Wasser, das Ambiente kann in Venedig nicht prächtiger sein.

Praga

Es ist noch nicht lange her, da hätte sich kein Tourist ins Viertel am rechten Weichselufer verirrt: Bröckelnde Fassaden und dunkle Hinterhöfe, Armut und Kleinkriminalität machten es zur No-Go-Area. Aufgrund der vielen Gebäude aus russischer Zeit spöttelten die Warschauer, jenseits der Weichsel begänne Asien. Heute ist Praga Warschaus Szeneviertel, und unter jüngeren Semestern ist es hip, hier Quartier zu nehmen (www.warsawtour.pl/warszawska-praga). Seit Praga Anschluss an die Metrolinie 2 hat, kommt man schnell dorthin (z. B. Metro ab Station Świętokrzyska).

Centrum Praski Koneser 33

pl. Konesera 1, Tel. 22 419 31 50, www.koneser.eu; Wodka-Museum, www.muzeumpolskiejwodki.pl, Di–So 12–20 Uhr, 10 €, Besuch nur im Rahmen einer Führung; Museum der Fantastischen

SCHLOSS WILANÓW

Der Königsweg verlängert sich über die pappelbestandene Belwederska 6 km über Łazienki hinaus und führt vorbei an Neubausiedlungen zum **Schloss Wilanów** 32 (Pałac Wilanów). Viele Warschauer fahren am Wochenende zum Picknicken in den Schlosspark. Zwischen Springbrunnen und mythologischen Figuren werden die Decken ausgebreitet, auf denen sich rasch Köstlichkeiten stapeln. In der Orangerie lauschen sie Konzerten, die von virtuosen Musikern gegeben werden. Im ›chinesischen Garten‹ flanieren sie unter exotischen Bäumen – oder sie tun sich zu einer Bootsfahrt zusammen: Die Tour startet am See, zu dem ein ›italienischer Garten‹ terrassenförmig hinabgleitet.

Wer freilich zum ersten Mal in Warschau ist, widersteht gewiss den Verlockungen der Muße und unterwirft sich dem obligatorischen Besichtigungsprogramm. Schloss Wilanów führt die Besucher über 300 Jahre in die Geschichte zurück. König Jan III. Sobieski, der 1683 die Türken vor den Toren Wiens besiegte und so das christliche Abendland vor dem Islam rettete, erfüllte sich an diesem Ort einen lang gehegten Traum und ließ sich eine abgeschiedene Sommerresidenz erbauen, die Villa Nuova (poln. Wilanów). Sie präsentiert sich

Barockes Lustschloss für einen König

außen und innen als Meisterwerk des Barock mit Skulpturen, illusionistischen Malereien, Porträts und Gemälden. Sehenswert ist auch das weltweit erste **Plakatmuseum,** das in sozialistischer Zeit in der ehemaligen Menagerie eingerichtet wurde. Es stellt die außerordentliche Stilvielfalt polnischer Grafik der letzten 50 Jahre unter Beweis. Alle zwei Jahre, stets in einem ›geraden‹ Jahr, findet hier die renommierte Internationale Poster-Biennale statt (Pałac Wilanów, ul. Kostki Potockiego 10/16, www.wilanow-palac.art.pl, Park tgl. 9–20, im Sommer bis 21 Uhr; Schloss Mo, Do 12–16, Sa/So 10–17 Uhr, letzter Einlass 1 Std. vor Ende, im Winter kürzer, Eintritt 6,25 €; Muzeum Plakatu, www.postermuseum.pl, Mo 12–16, Di–Fr 10–16, Sa/So 10–18 Uhr, 3 €, Anfahrt mit Bus 116, 180, 519 und 522).

Kunst, ul. Ząbkowska 31, https://muzeumsztukifantastycznej.pl, tgl. 11–19 Uhr, 10 €; Magic Mind Museum, Di–Sa 10–20, So 10–18 Uhr, 10 €
Das große neugotische Backsteinareal der ehemaligen Spirituosenfabrik Koneser wandelte sich zur Vergnügungs- und Museums-Mall. An die einstige Brennerei erinnert Polens erstes **Wodkamuseum** (Muzeum Polskiej Wodki), das vom Getreideanbau bis zur Destillierung multimedial alles Wichtige zum ›Wässerchen‹ aufbereitet. Nach der Degustation angeheitert? Macht nichts! Jetzt können Sie einen Blick ins **Museum der Fantastischen Kunst** oder ins **Magic Mind Museum** werfen. Oder Sie erkunden ganz einfach die backsteinerne Architektur des **Centrums Koneser** und entdecken dabei schicke Bars, Bistros und Designerläden … Wenige Gehminuten entfernt entführt das **Museum von Praga** 34 in die Geschichte dieses lange Zeit vergessenen Viertels.

Prager Museum 34

ul. Targowa 50/52, www.muzeumpragi.pl, Di/Mi, Fr 9–17, Do 9–18, Sa/So 10–18 Uhr, mit Museumscafé und Aussichtsterrasse, 5 €
Selbst ein **Prager Museum** (Muzeum Warszawskiej Pragi) gibt es: In historischen Hinterhäusern wird alles Interessante zum Viertel multimedial ›erzählt‹. In ehemaligen jüdischen Betstuben werden originale Judaica gezeigt und auf dem ›Prager Markt‹ Handelsgeschichte geschrieben.

Zoo und orthodoxe Kathedrale

Außerdem gibt es in Praga einen großen **Zoo** 35 jenseits der Brücke Śląsko-Dąbrowski (ul. Ratuszowa 1/3, www.zoo.waw.pl, Mo–Fr 9–18, Sa/So 9–19 Uhr, 5–7,50 €) und gleich daneben eine **orthodoxe Kathedrale** mit goldenen Zwiebeltürmen (Cerkiew Św. Marii Magdaleny, al. Solidarności 52, www.katedra.org.pl).

Auf jüdischen Spuren

Bei Ausbruch des Zweiten Weltkriegs lebten in der polnischen Hauptstadt mehr als 360 000 Juden – in keiner Stadt Europas waren es mehr. Allein sieben Tageszeitungen erschienen in jiddischer Sprache, es gab ein jüdisches Theater, mehr als zwei Dutzend Synagogen und unzählige Bethäuser. Heute erinnert wenig an damals. Da gibt es ein Denkmal der Ghettohelden und den ›Umschlagplatz‹, Straßenbahnschienen, die ins Nichts führen, altes Kopfsteinpflaster, das unter aufgeplatztem Asphalt hervorlugt. Der durch den Holocaust stark dezimierten jüdischen Gemeinde gehören ca. 2000 Warschauer an.

Vom ehemaligen jüdischen Viertel wurde nach 1945 nichts rekonstruiert, gesichtslose Bettenburgen säumen die Straßen. Gerade weil hier nichts aufbereitet und aufgehübscht ist, vergegenwärtigt es eindrücklich Warschaus jüngere Geschichte. Die Suche nach Spuren jüdischer Kultur konzentriert sich auf das Gebiet zwischen Sächsischem Garten (Ogród Saski) und Jüdischem Friedhof (Cmentarz Żydowski), das Hauptwohngebiet der Warschauer Juden. Deutsche Soldaten riegelten es im Herbst 1940 von der Außenwelt ab und pferchten die jüdischen Bürger in einem Ghetto zusammen. Da auch aus anderen Orten Juden hierher verfrachtet wurden, drängten sich bald auf nur 5 km^2 500 000 Menschen. Die Lebensmittelversorgung war katastrophal; 44 000 Menschen starben an Hunger und Erschöpfung, noch bevor die Deportationen einsetzten. An 15 Zugängen standen bewaffnete deutsche Soldaten und hielten die Bewohner in Schach. Ab Ende 1941 wurde der Versuch, das Ghetto zu verlassen, mit dem Tode bestraft. Doch es sollte noch schlimmer kommen: Am 20. Januar 1942 wurde auf der Wannseekonferenz die ›Endlösung der Judenfrage‹ beschlossen und im darauf folgenden Sommer mit ›deutscher Gründlichkeit‹ umgesetzt. In einem Schreiben, das der Staatssekretär im Reichsverkehrsministerium, Dr. Ganzenmüller, am 28. Juli 1942 an SS-Obergruppenführer Wolff richtete, heißt es: »Seit dem 22.7. fährt täglich ein Zug mit 5000 Juden von Warschau über Malkinia nach Treblinka …«

Das Ghetto erwies sich als ›Warteraum des Todes‹, nur wenigen Menschen gelang die Flucht auf die ›arische‹ Seite. Angesichts ihrer bevorstehenden Ermordung gründeten am 2. Dezember 1942 sozialistische und zionistische Ghettobewohner die Kampforganisation ŻOB (Żydowska Organizacja Bojowa). Sie bestand ausschließlich aus jungen Leuten, denn die Kinder und arbeitsunfähigen Alten hatte man zu diesem Zeitpunkt bereits ins Konzentrationslager verfrachtet. Als die SS am 19. April 1943 die Deportation der letzten noch verbliebenen 60 000 Ghettobewohner startete, stieß sie auf unerwarteten Widerstand. 1500 jüdische Kämpfer stellten sich mit einigen Hundert Gewehren der doppelten Zahl von Wehrmachtssoldaten entgegen, die über Panzer und Flakgeschütze verfügten. »Es ging darum, sich nicht abschlachten zu lassen, wenn die Reihe an uns kam. Es ging nur darum, die Art des Sterbens zu wählen.« So notierte Marek Edelman, der zu den wenigen Juden gehörte, denen die Flucht durchs Kanalsystem der Hauptstadt gelang. Nach dem Scheitern des Aufstands befahl Himmler, das Ghetto dem Erdboden gleichzumachen. Kommandeur Stroop verfasste die Siegesmeldung: »Es gibt keinen jüdischen Wohnbezirk in Warschau mehr.«

Das Museum der Geschichte der polnischen Juden erinnert an eine riesige Höhle

Hinweis: Der Rundgang lässt sich problemlos auf eigene Faust durchführen, ohne Museumsbesuche dauert er etwa 4 Std. Wer an einer organisierten Tour durch das ›Jüdische Warschau‹ teilnehmen möchte, wendet sich an ›Our Roots – Jewish Information and Tourist Bureau‹ (ul. Twarda 6, Tel. 22 620 06 76, our-roots@jewish.org.pl). Bei den Guides handelt es sich um Studenten, die der jüdischen Gemeinde angehören. Zum Programm gehören auch Fahrten nach Auschwitz, Treblinka, Majdanek und Lublin.

Rundgang

Hinter Wohnblocks öffnet sich an der Zamenhofa ein Platz mit dem **Denkmal der Ghettohelden** von 1948. Aus einer großen schwarzen Granitplatte hat Natan Rappaport Menschen herausgemeißelt, die am Boden liegen oder mit der Waffe in der Hand ihrem Los zu trotzen versuchen. Vor diesem Mahnmal leistete Willy Brandt 1970 seinen berühmten Kniefall – dieser wurde 30 Jahre später auf einem Bronzerelief an der Nordostecke des Platzes dargestellt. Zu Ehren des ersten deutschen Bundeskanzlers, der Juden und Polen symbolisch um Verzeihung bat, trägt der Platz heute dessen Namen (Skwer Willy Brandta).

Museum der Geschichte der polnischen Juden 36

ul. Anielewicza 6/pl. Bohaterów Getta, Tel. 22 471 03 00, www.polin.pl, tgl. außer Di 10–18, Sa bis 20 Uhr, 11,20 €

Optisch wird der Platz vom **Museum der Geschichte der polnischen Juden** (Muzeum Historii Żydów Polskich) beherrscht, das die 1000-jährige Verflechtung jüdischer und polnischer Kultur ›nacherzählen‹ will. Der monumentale, quadratische Bau wirkt auf der großen Freifläche geradezu luftig, will Zukunft und Hoffnung symbolisieren. Seine Fassade ist mit Tausenden kleiner Glasplatten überzogen, in die weiße Schriftzeichen eingraviert sind. Bei Licht werfen sie raffinierte Wellenmuster. Bei genauem Hinschauen kann man die hebräischen und lateinischen Schriftzeichen ›Po-Lin‹ (= Polen) entziffern. Man betritt das Gebäude durch einen Spalt und hat den Eindruck, in eine riesige Höhle einzutreten.

Der Rundgang beginnt unterirdisch: Man steigt in einen traumähnlichen ›Wald‹ hinab, in dem aus dem Off Juden erzählen, wie sie ins Land Po-Lin kamen, dessen Name in Hebräisch ›Hierbleiben‹ bedeutet. Mit den christlichen Nachbarn erlebten sie ihr ›Goldenes Zeitalter‹, in den adeligen Privatstädten erblühte ihre Kultur. Bestes Beispiel ist die originale Replik einer aus Holz erbauten Synagoge – ein Rausch der Farben und Formen. Doch die Pogrome und Massaker werden nicht ausgespart. Der Antisemitismus trieb viele polnische Juden in die Assimilation oder gleich in die Emigration. Die Spannungen der Zwischenkriegszeit erlebt man ›live‹ beim Besuch eines Schriftstellerklubs in der ul. Tłomackie 13, wo Zionisten, Sozialisten und Orthodoxe aufeinanderstoßen. Eine eigene Ausstellung ist dem Holocaust gewidmet: der Errichtung deutscher Todeslager auf polnischem Boden. Und auch die schmerzhafte Nachkriegszeit wird angesprochen. Erst nach 1990 kam es in Polen zu einer vorsichtigen Renaissance jüdischen Kulturlebens – das neue Museum will es fördern.

Martyriumsweg

Am Platz beginnt ein 15-minütiger ›Weg des jüdischen Martyriums und Kampfes‹, der in Anknüpfung an christliche Kreuzwegstationen der Opfer des Aufstands gedenkt. 16 graue Granitblöcke mit Schriftzügen in hebräischer, jiddischer und polnischer Sprache erinnern an bekannte gefallene Juden, z. B. an Janusz Goldschmidt alias Korczak, den Schriftsteller und Arzt, der mit den Kindern des von ihm geleiteten Waisenhauses in der Gaskammer starb. Der Martyriumsweg endet am ›**Umschlagplatz**‹ in der ul. Stawki. Der 80 m lange und 30 m breite Platz war von 1941 bis 1943 von einer hohen Mauer umschlossen, die an zwei Stellen durchbrochen war: Ein Tor führte ins Ghetto, das andere zu einer großen Rampe, an der Güterwagen vorfuhren. Innerhalb eines Jahres wurden dort 300 000 Menschen ›umgeschlagen‹, d. h. aus dem Warschauer Ghetto ins Vernichtungslager Treblinka deportiert. 1985 wurde an dieser Stelle ein **Denkmal** errichtet. Die weißen, durch schwarze Streifen gegliederten Wände wecken Assoziationen an Gebetstücher, die jüdische Männer beim Klagegebet tragen. Durchschreitet man das Eingangstor, betritt man einen Raum, der die Enge des historischen Umschlagplatzes nachempfinden lässt. Wie eine endlose Litanei sind Hunderte jüdischer Namen in den Marmor geritzt; auf weißen Tafeln wird in mehreren Sprachen der Ghettobewohner gedacht.

Jüdischer Friedhof

ul. Okopowa 49/51, So–Do 10–17, Fr 10–15 Uhr, 5 €

Über die Ulica Okopowa gelangt man zum **Jüdischen Friedhof** (Cmentarz Żydowski) von 1806. Mit mehr als 100 000 Grabstätten zählt er zu den größten Europas. Im Schatten alter Bäume stehen eingefallene Steine mit hebräischen Schriftzügen, Gras überwuchert Felsplatten und Wege. Häufig sind auf den Grabreliefs Hände abgebildet: Sind sie zum Segen erhoben, ruht hier ein Priester, halten sie ein Buch, liegt ein Gelehrter begraben; und ist in den Händen eine Münze versteckt, handelt es sich um einen Wohltäter. Ein Monument nahe dem Eingang zeigt den Pädagogen Janusz Korczak mit ›seinen‹ Kindern.

Zurück in die Stadt geht es über den Plac Bankowy zum **Jüdischen Theater** (Teatr Żydowski) 1, das Stücke auf Jiddisch zeigt.

Nożyk-Synagoge 37

ul. Twarda 6, http://warszawa.jewish.org.pl, Mo–Do 10–16, Fr 10–13 Uhr, 2,50 €

Die im Jahr 1902 erbaute Nożyk-Synagoge ist das einzige jüdische Gebetshaus Warschaus, das den Zweiten Weltkrieg überstanden hat. Dank finanzieller Unterstützung der amerikanischen Stiftung Lauder avancierte die Synagoge zum Mittelpunkt eines vorsichtig aufkeimenden jüdischen Lebens: Es gibt eine Schule, die Unterricht in Hebräisch und Jiddisch anbietet, Kurse zur Geschichte des Judentums und zum jüdischen Recht, auf Wunsch ist auch ein Thora-Studium möglich. Angeschlossen sind außerdem ein Kindergarten, ein Zentrum für pädagogische Studien und die Redaktionsräume der beiden Zeitschriften »Midrasz« und »Jidele«. Auch eine Kantine mit koscherer Kost ist vorhanden.

In der Nähe lohnt ein Blick in die **Ulica Próżna,** die einzige Straße des jüdischen Viertels, die den Krieg überstanden hat: Ein halbes Jahrhundert war sie abbruchreif, dann erhielt sie ein Facelifting. Von Düsternis heute keine Spur: Sie ist verkehrsberuhigt, trendige Lokale locken in prachtvolle Gründerzeithäuser.

Jüdisches Historisches Institut 38

ul. Tłomacka 3/5, www.jhi.pl, Mo–Do 10–18, Fr 9–16, So 10–18 Uhr, 4 €

Ein paar Gehminuten nordwärts, an der Ostseite des pl. Bankowy, entdeckt man das **Jüdische Historische Institut** (Żydowski Instytut Historyczny). Eine Multimedia-Installation erlaubt es, Infos über jüdisches Leben in Polen abzurufen. Noch eindrücklicher ist die Dauerausstellung, die das Leben im Ghetto 1940–1943 schildert. Die historischen Fotos stammen von Heinz Jost, einem deutschen Soldaten ›auf Ausflug‹ im Ghetto. Außerdem zeigt das Museum religiöse Kultobjekte und Manuskripte, die ins 10. Jh. zurückreichen. Angeschlossen sind eine judaistische Bibliothek und ein Buchladen. Von den neoklassizistischen Räumen konnte man früher auf Warschaus größte Synagoge blicken. Am 16. Mai 1943 wurde sie in die Luft gesprengt – ein symbolischer Akt, der die Niederschlagung des Aufstands unterstreichen sollte. Anstatt die Synagoge wieder aufzubauen, hat man hier in den 1990er-Jahren ein 24-stöckiges Hochhaus errichtet.

Infos

Centrum Informacji Turystycznej: Pałac Kultury i Nauki (Kulturpalast), pl. Defilad 1, Eingang ul. Emilii Plater, Tel. 22 194 31, www.warsawtour.pl, tgl. 8–19, Okt.–April bis 18 Uhr. Im zentralen Info-Büro im Kulturpalast bekommt man Stadtpläne und gut gemachte Broschüren, auch gibt es Gratis-Internet-Computer. Weitere Informationsstellen befinden sich in der Ankunftshalle des Chopin-Flughafens, in der Haupthalle des Zentralbahnhofs, am Schlossplatz und am Rynek Starego Miasto. Kulturinfos findet man auf der Website www.estrada.com.pl.

Warsaw Pass: In den städtischen Touristeninfos kann man den »Warsaw Pass« (www.warsawpass.com) erwerben, mit dem man Geld und vor allem Zeit sparen kann (das Schlangestehen in Museen entfällt ...). Er ist 24, 48 oder 72 Std. gültig, kostet 32, 42 bzw. 52 € und gewährt freien Zugang zu zahlreichen Sehenswürdigkeiten, Nutzung des Sightseeing-Busses (Hop-on-Hop-off), Rabatt in Restaurants und bei Ausflügen. Beim Kauf erhält man eine Broschüre, in der alle Details erklärt sind.

City Sightseeing Bus: stündlich 10–17 Uhr ab Kulturpalast, an vielen Stationen kann man ein- und aussteigen, so oft man will (Hop-on-Hop-off), und dies für 21 € (24 Std.), 22,50 € (48 Std.) oder 25 € (72 Std.). Infos unter www.city-sightseeing.pl.

Übernachten

Haus voller Kunst – **Raffles Europejski 1 :** Krakowskie Przedmieście 13, Tel. 22 55 95 00, www.raffles-hotels.de/warsaw, 106 Zimmer. Nicht nur die Lage nahe der Altstadt stimmt, auch Styling und Service sind ›Polish at its best‹. Warschaus ältestes Hotel (1857) hat sich fit fürs 21. Jh. gemacht. Mehr als 400 Werke polnischer Kunst sind ausgestellt und sie konkurrieren erfolgreich mit historischer Architektur, riesigen Kristalllüstern, Marmor- und Intarsienböden. Gleich in der Lobby sehen Sie verstörende Installationen von Künstlern, die Polen auf der Biennale in Venedig repräsentierten. Kunstvoll ist auch das Mobiliar, das aus traditionellen Materialien wie Eiche, Naturstein und Kristallglas besteht, sich in der Form aber betont modern gibt. Und wenn Sie in die Wellness-Abteilung abtauchen, werden Sie vielleicht gar nicht mehr aus dem Haus wollen: Mosaiken rahmen Pool, Jacuzzi und Saunen ein, Profis bringen Ihren Körper auf Trab. €€€

Historisches Palais – **Le Regina 2 :** ul. Kościelna 12, Tel. 22 531 60 00, www.mamaison.com, 61 Zimmer. Die Zimmer des Fünfsternehotels sind freskengeschmückt und mit italienischen Edelholzmöbeln eingerichtet, im Kellergewölbe versteckt sich ein attraktives Spa. Die Zeitschrift »Der Feinschmecker« schrieb über den Koch des hauseigenen Restaurants: »Er hat uns ein Menü aufgetischt, das uns den Atem verschlug.« Hier wird auch das feine Frühstücksbüfett serviert. €€€

Im Art-déco-Stil – **Nobu 3 :** ul. Wilcza 73, Tel. 22 551 88 88, https://warsaw.nobuhotels.com/de, 117 Zimmer. Wenige Gehminuten südlich des Hauptbahnhofs wurde das romantische, über 100 Jahre alte Rialto um einen hypermodernen Flügel ergänzt. Das Restaurant genießt einen guten Ruf. €€€

Exklusive Wohnlichkeit – **Polonia Palace 4 :** al. Jerozolimskie 45, Tel. 22 318 28 00, www.poloniapalace.com, 206 Zimmer. Viersternehaus in zentraler Lage gegenüber dem Kulturpalast. Als es 1913 öffnete, war es eines der besten der Stadt, und auch heute gehört es zu den Highflyern der Warschauer Hotelszene. Hinter der schönen Jugendstilfassade verbirgt sich ein ebenso attraktives Atrium mit viel Stuck, Marmor und Kristalllüstern. Die geräumig-eleganten Zimmer bieten allen Komfort: von der Fußbodenheizung im Bad bis zum High-Speed-Internet. Das opulente Frühstücksbüfett wird im »Wiener Café« eingenommen; das Fitness-Studio ist rund um die Uhr geöffnet, die Saunen sind nach Geschlechtern getrennt. €€€

Ein Hauch Manhattan – **Radisson Collection Warsaw 5 :** ul. Grzybowska 24, Tel. 2 23 21 88 88, www.radissoncollection.com, 311 Zimmer. Fünf Sterne mit Kontrast: Im modernen Business-Viertel, von schicken Hochhäusern umringt, schießt das Radisson in die Höhe. Edles schwarz-weißes, minimalistisches Styling sorgt ebenso für Entspannung wie das üppige Frühstücksbüfett und das Spa mit Indoor-Pool. €€€

Von Künstlern gestaltet – **Castle Inn 6 :** pl. Zamkowy/Świętojańska 2, Tel. 22 887 95 30, www.castleinn.pl, 22 Zimmer. Tolle Lage und ein fantastisches Dekor: Das kleine Hotel gegenüber vom Königsschloss wartet mit Zimmern auf, von denen jedes von einem anderen Künstler gestaltet wurde. Eine Farborgie in Rot-Schwarz-Grau ist der ›Escher-Raum‹ mit vibrierenden 1970er-Grafiken sowie einem knalligen Rundbett unter einer Kuppel. Noch greller ist ›Komiks‹, gestaltet von Polens

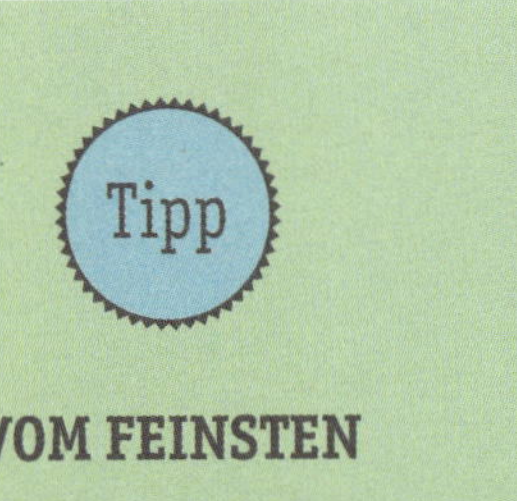

VOM FEINSTEN

Der prachtvolle Gründerzeitbau hat schon viel erlebt: Erst war er Residenz einer reichen Familie, von 1924 bis 1941 Sowjetbotschaft, dann Hauptquartier der NSDAP und nach 1945 befand er sich im Besitz der Volksrepublik. Heute ist er ein Design-Hotel: Im **H15 Boutique Hotel** 7 sind glamouröse Architektur und modernes Interieur perfekt vereint – funky Design von Mariola Tomczak und freche Collagen von Rita Zimmermann machen aus jedem Raum ein Unikat. In der weiß-schwarz gestylten Rezeption werden Gäste mit futuristischen Lampen und Pop-Art begrüßt. Im Restaurant kontrastieren klassische Säulen mit originalen Marilyn-Monroe-Fotos von Milton Greene. Die Suiten sind groß und großzügig, die meisten haben Kitchenette und zwei Bäder. Das Frühstücksbüfett im lichtdurchfluteten Patio garantiert einen fantastischen Start in den Tag, mit Sekt, Eiern Benedict, Räucherfisch und vielen Veggie-Optionen. Auch das Dinner lohnt – das Signature Restaurant, in dem Polnisches modern interpretiert wird, sorgt für einen ebenso guten Tagesausklang. Die Toplage im trendigen Zentrum, wenige Gehminuten von Hauptbahnhof und Kulturpalast entfernt, hat den Vorteil, dass man rasch überall hinkommt (**H15 Boutique Hotel** 7, ul. Poznańska 15, Tel. 48 22 553 87 00, www.hotelh15boutique.pl, €€€).

Top-Cartoonisten Krzysztof Gawronkiewicz, der Warschauer Motive popartig verfremdet hat. Im ›Orient Express‹ erinnern Reiseutensilien an Expeditionen anno dazumal, in »Alices Zimmer« findet man ein luftiges Himmelbett und ein freches Go-go-Girl. €€

Essen & Trinken

Während in der Alt- und Neustadt vor allem Touristen einkehren, werden die Terrassenlokale an den Flaniermeilen Nowy Świat und Krakowskie Przedmieście gern von Warschauern besucht. Eine beliebte Gastro-Straße ist auch die von der Nowy Świat abzweigende Ulica Foksal. Szene-Lokale säumen die Gründerzeitstraßen südlich des Kulturpalasts.

Verwöhnadresse – **Belvedere** 1 **:** Łazienki Królewskie, Tel. 22 841 22 50, www.belvedere.com.pl. Das Restaurant im Łazienki-Park hat tatsächlich, wie der Name sagt, einen schönen Blick. Es befindet sich im Wintergarten der Neuen Orangerie, durch die großen Glasfenster blickt man auf umherstolzierende Pfauen. Ganz vorzüglich munden die Vorspeisen, z. B. Lachstartar auf Avocado, Schafskäsecreme im Zucchinimantel oder Eisbein in Gelee, auf leichter Meerrettich-Mousse serviert. Der Nachspeisenteller wird saisonal variiert, im Sommer gibt es Erdbeeren in Sekt, hausgemachte weiße Pralinentrüffel und Crème brûlée mit Himbeeren. €€€

Originell gestylt – **Polka Magda Gessler** 2 **:** ul. Świętojańska 2, Tel. 22 635 35 35, www.restauracjapolka.pl. Am Eingang zur Altstadt wird man mit Folklore überrascht, wie man sie im Westen nicht kennt: Die Gewölbe sind mit Goldornamenten bemalt, an den Fenstern hängen knallbunte Vorhänge – und überall sieht man Blumenstillleben. Dazu passt die gehobene Landküche: Sauerampfer-Spinat-Suppe, delikate Kartoffelpuffer und quicheartige, unterschiedlich gefüllte Mürbeteigkuchen. Unübertroffen sind die Desserts, allen voran die Schoko-Trüffeltorte. Üppige Portionen, gutes Preis-Leistungs-Verhältnis. €€–€€€

Jüdische Spezialitäten – **Pod Samsonem** 3 **:** ul. Freta 3/5, Tel. 22 831 17 88, www.podsamsonem.com. Kleines rustikales Restaurant in der Neustadt mit nostalgischem Ambiente. Ausgezeichnet schmecken frische Forelle, Karpfen in Aspik und galizischer Salat mit Zwiebel und Ei. Als Nachtisch könnte man *pascha* wählen, eine Süßspeise mit Schichtkäse, kandierten Früchten und Rosinen. €–€€

Seit 1869 – **Café Blikle** 4 **:** Nowy Świat 33, Tel. 22 826 66 19, www.blikle.pl, tgl. ab 10 Uhr. Traditionsreiches Café mit leckerem hausgemachten Kuchen. Etwas teuer und versnobt, aber stets gut gefüllt. €€

Für Süßschnäbel – **Wedel** 5 **:** ul. Szpitalna 8, Tel. 22 827 29 16, www.wedelpijalnie.pl, Mo–Fr ab 8, Sa/So ab 10 Uhr. Das Stammhaus von Polens traditionsreichster Schokoladenmanufaktur (1894) ist eine Augenweide, die Art-déco-Einrichtung blieb original erhalten. Während im Laden handgemachte Pralinen über den Tresen gehen, wird in der ›Trinkstube‹ heiße Schokolade in allen erdenklichen Varianten serviert, dazu guter Kaffee und Trink-Sorbets, Törtchen und Eis. Wer's handfester mag, greift zu Frühstücksgedecken oder Kanapees. Gesundheitsbewusste bestellen Salat und frisch gepressten Saft. Mit Terrasse. €

Klein & fein – **Patisserie Lourse** 6 **:** ul. Tokarzewskiego/Ecke pl. Piłsudski, tgl. ab 10 Uhr. Hausgemachte Schokoladen und Pralinen, Törtchen und Torten sowie Eis aus erstklassigen Zutaten werden in edlem Ambiente serviert. Nationaldichter Bolesław Prus kehrte hier gern ein – und da sein Werk »Die Puppe« jedem Polen ein Begriff ist, werden auch Teddys zum Verkauf angeboten. €

Biergarten – **Klub Harenda** 7 **:** Krakowskie Przedmieście 4/6, tgl. bis 3 Uhr. Im großen Biergarten trifft sich ein bunt gemischtes Publikum, mehrmals in der Woche finden Livekonzerte (Jazz) statt.

Einkaufen

Einkaufszentren – Rund um den Kulturpalast sind mehrere Shopping-Malls entstanden, ausgestattet mit schicken Läden und Boutiquen. Die noch aus sozialistischer Zeit stammende **Galeria Centrum** 1 (ul. Marszałkowska 104/122) wird übertrumpft von den modernen **Blue City** 2 (al. Jana Pawłall), **Reduta** 3 (al. Jerozolimskie 147), **Złote Terasy** 4 (ul. Złota) mit fantastischen Glasgewölben sowie dem **Arkadia** 5 (Rondo Babka). Polens erstes Luxus-Kaufhaus ist das **Vitkac** 6**,** untergebracht in einem Bau ohne Kanten, das mehr ein Museum denn eine Mall zu sein scheint. Von Alexander McQueen bis Stella McCartney sind hier nur hochpreisige Modemarken versammelt, dazu Edelmöbel- und Delikatessenshop, Wein- und Champagnerbar sowie ein aussichtsreiches Dachrestaurant (ul. Bracka 9, www.vitkac.com). Schick ist auch **Elektrownia** 7**,** ein ehemaliges E-Werk am Weichselufer. Designer- und Modeläden polnischer Autoren, ein Food Court und eine ganze Etage für Beauty – der Laden brummt (ul. Dobra 42, U-Bahn: Centrum Nauki, https://elektrowniapowisle.com)!

Kunst – **Galeria Grafiki i Plakatu** 8 **:** ul. Hoża 40, www.galeriagrafikiiplakatu.pl. Klassische und junge polnische Grafiker zu erschwinglichem Preis.

Mode – Längs der Nowy Świat und ihren Seitenstraßen haben sich Boss, Lacoste, Kenzo etc. niedergelassen. Auch die am Platz der Drei Kreuze (pl. Trzech Krzyży) startende ul. Mokotowska hat sich zur Boutiquen-Straße entwickelt.

Abends & Nachts

Da bei den Ausgehadressen ein fliegender Wechsel herrscht, lohnt es sich, die neueste Ausgabe der englischsprachigen Broschüre »Warsaw: In Your Pocket« zu erwerben, in der die angesagten Adressen ausführlich vorgestellt werden. Im Folgenden werden einige Klassiker genannt, die sich seit Jahren gleichbleibender Beliebtheit erfreuen.

Musik- und Sprechtheater – **Teatr Wielki** 17 **:** pl. Teatralny 1, Tel. 22 826 32 88, www.teatrwielki.pl. Auf den verschiedenen Bühnen gibt es jeden Abend parallel Oper und Ballett, Konzert und Schauspiel.

Jüdisches Theater – **Teatr Żydowski** 1 **:** ul. Senatorska 35, Tel. 22 620 62 81, www.teatr-zydowski.art.pl. Die einzige Bühne Europas, auf der Stücke in jiddischer Sprache aufgeführt werden – für Simultanübersetzung wird gesorgt.

Klassische Konzerte – **Filharmonia Narodowa** 2 **:** ul. Jasna, Tel. 22 551 71 39, www.filharmonia.pl. Die Nationalphilharmonie wurde 1901 gegründet, der Eingang zum Konzertsaal befindet sich um die Ecke in der Sienkiewicza 10. Die bei Touristen so

beliebten Chopin-Konzerte finden im Sommer sonntags im Łazienki-Park (s. S. 353) und im Chopin-Museum statt.
Biergarten – **Klub Harenda** 7 **:** s. Essen & Trinken.
Live-Jazz – **Tygmont** 3 **:** ul. Mazowiecka 6/8, www.tygmont.com.pl, tgl. bis 1 Uhr oder länger. In diesem legendären Klub gibt's Jazzkonzerte ab 21 Uhr, am Wochenende auch Funk- und Salsa-Discos.
Einstimmung auf die Nacht – **Long Bar** 4 **:** ul. Tokarzewskiego / Ecke pl. Piłsudski, tgl. ab 17 Uhr. Hinter einer ellenlangen, edlen Art-déco-Bar mixen Profis fantasievolle Cocktails, Spezialität sind asiatisch inspirierte ›Slings‹. Probieren Sie unbedingt ›Warszawski Sling‹ mit Ingwer!

Aktiv

Strände – Außer an den Weichselstränden kann man von Juni bis Sept. am künstlichen ›Strand‹ des Kulturpalasts 26 sonnenbaden und Beach-Volleyball spielen.
Bootfahren – Von Mai bis Mitte Sept. fährt am Wochenende längs der Weichsel die **Wasserstraßenbahn** 1 (Tramwaj wodny, Anlegestelle Cypel Czerniakowski, ul. Zaruskiego 6, www.ztm.waw.pl, englische Version Link »Tourist Lines«). Am Bulwar Jana Karskiego startet im Sommer die rundum verglaste **iBarka.**

Termine

Im Internet: www.festiwal.warszawa.pl
Beethoven-Osterfestival (März/April, www.beethoven.org.pl): Im Rahmen des zweiwöchigen Festivals finden mehr als 20 Konzerte mit namhaften internationalen Solisten und Orchestern statt.
Buchmesse (Mai): Im Kongresszentrum PGE Narodowy werden die wichtigsten Neuerscheinungen aus aller Welt präsentiert.
Johannisnacht (um den 23. Juni): In der »Noc Świętojańska« versammeln sich Tausende von Menschen am Weichselufer, flechten Blumenkränze *(wianki)* und lassen sie unter dem Schein lodernder Fackeln ins Wasser der Weichsel gleiten. Anschließend gibt es ein spektakuläres Feuerwerk.
Mozartfestival (Juli): Werke des Komponisten werden in Kirchen und Palästen aufgeführt.
Jazz in der Altstadt (Juli/Aug., www.jazznastarowce.pl): Samstagabends verwandelt sich der altstädtische Marktplatz in eine große Bühne.
Plakatbiennale (Juli/Aug.): Im Plakatmuseum von Wilanów (s. S. 354) werden zu jeder geraden Jahreszahl (2024, 2026) grafische Meisterwerke aus aller Welt prämiert.
Festival Jüdischer Kultur (Aug./Sept., http://shalom.org.pl/en/fundacja-shalom-en): Filme und Theaterstücke, Ausstellungen und Konzerte erinnern an die reiche Kultur der Warschauer Juden.
Warschauer Herbst (Sept., www.warszawskajesien.art.pl): Renommiertes Festival zeitgenössischer Musik mit einer Vielzahl von Uraufführungen.
Filmfest (Okt., www.wff.pl): Auf dem Filmfest werden neue Filme aus aller Welt und aktuelle polnische Streifen gezeigt (meist mit englischen Untertiteln).
Jazz Jamboree (Okt., www.adamiakjazz.pl). Der Warschauer Jazz-Boom wird bereits seit 1958 (!) mit einem hochkarätigen Festival gekrönt – mit Jazzgrößen aus aller Welt. Auch Charles Mingus und Gil Evans waren schon hier!
Allerheiligen (1. Nov.): Der Powązki-Friedhof verwandelt sich in ein einziges Lichtermeer. Tausende brennender Kerzen schaffen eine beeindruckende Atmosphäre. Die Gräber werden – einem alten Brauch zufolge – mit Blumen geschmückt, um die Höllenqualen der Toten zu lindern.

Verkehr

Flug: Warschau hat zwei Flughäfen: Während der Chopin-Airport (www.warsaw-airport.com) 10 km südlich von Warschau Linien- und Nationalflüge bedient, wird der Modlin-Airport (www.modlinairport.pl) 35 km nördlich der Stadt von Billigfliegern angeflogen. Von beiden Airports gelangt man mit Zug, Bus oder Taxi ins Zentrum; miteinander sind sie durch einen Zug-Shuttle verbunden. Vom Chopin-Airport empfiehlt sich Bus 175,

188 und N32, von Modlin der Cont-Bus (www.contbus.pl). Bustickets können am Automaten bzw. beim Fahrer gekauft werden. Bitte wählen Sie nur offizielle, d. h. mit Taxameter ausgestattete Taxis (s. Stadtverkehr)!
Direktflüge gibt es u. a. von und nach Berlin, Düsseldorf, Frankfurt/Main, Hamburg, Köln, München, Stuttgart, Wien und Zürich.
Zug: Die meisten Reisenden kommen am Zentralbahnhof an (Warszawa Centralna PKP, al. Jerozolimskie 54). Schnellzüge verbinden die Stadt u. a. mit Berlin, Wien und Prag. Die Gleise befinden sich unter der Erde, Tickets für die Weiterfahrt bekommt man oben in der Haupthalle.
Bus: Die internationalen Busse kommen meist am PKS-Bahnhof Warschau-West an (Dworzec PKS Warszawa Zachodnia, al. Jerozolimskie 144). Busse der privaten Inlandslinie Polski Express halten an der Aleja Jana Pawłall (zwischen Zentralbahnhof und Holiday Inn).
Stadtverkehr (Info-Tel. 191 15, www.ztm.waw.pl): Fahrkarten für Bus, Straßenbahn und Metro (für große Gepäckstücke separate Tickets) erhält man an (deutschsprachigen) Automaten bzw. RUCH-Kiosken; beim Einsteigen sind die Karten zu entwerten, Rentner ab 70 Jahren fahren gratis. Einzelfahrkarten gelten zur Fahrt in eine Richtung ohne Umsteigen. Empfehlenswert sind preiswerte Tages- oder Wochenendtickets, die für Bus, Tram und Metro gelten.
Bus 175 verbindet die Altstadt mit Zentralbahnhof und Flughafen. Die Metrolinie 1 verkehrt zwischen Warschaus Norden und Süden, Metro 2 zwischen dem Westen und Osten. Letztere führt vom Viertel Bemolo unter der Weichsel bis Bródno (www.wtp.waw.pl).
Über den Städtischen Verkehrsbetrieb ZTM können auch Leihräder gebucht werden, eine Wasserstraßenbahn *(tramwaj wodny)* setzt an drei Stellen zur rechten Weichselseite über (Juli/Aug. tgl., Mai/Juni und Sept. nur am Wochenende).
Auto: Bewachte Parkplätze gibt es z. B. am Hotel Gromada Warsaw Centrum (pl. Powstańcow Warszawy); eine Tiefgarage befindet sich hinter dem Hotel Forum, s. auch Park & Ride (www.ztm.waw.pl).

Ausflugsziele

Rings um Warschau breitet sich die Tiefebene Masowiens aus, eine melancholisch stimmende Landschaft von nostalgischem Reiz. Sie ist mit riesigen Kornfeldern bedeckt, Trauerweiden säumen die Flussufer. Schöne Touren führen u. a. zum Geburtsort Frédéric Chopins, in den Park Arkadia und zum Schloss Nieborów.

Kampinos-Nationalpark
▶ 1, Q/R 10/11

Der Hauptstadt am nächsten liegt der **Kampinos-Nationalpark** (Kampinoski Park Narodowy), ein UNESCO-Biosphärenreservat. Mit seinen kiefernbewachsenen Sanddünen, dichten Laubwäldern und Sümpfen vermittelt er einen Eindruck davon, wie weite Teile Masowiens vor der landwirtschaftlichen Erschließung aussahen. Guter Ausgangspunkt für Wanderungen ist das Dorf Dziekanów Leśny am Ostrand des Waldgebiets, wo mehrere markierte Wege starten. Unterwegs sichtet man (mit etwas Glück) Wildschweine und Biber.

Żelazowa Wola ▶ 1, P 11

Am Westrand des Nationalparks (50 km westlich von Warschau) liegt das Dorf **Żelazowa Wola,** der Geburtsort Frédéric Chopins. Seine Mutter war eine polnische Adelige, sein Vater ein Franzose, der auf dem Gut des Grafen Skarbek als Lehrer arbeitete. Zwar musste die Familie schon kurz nach Frédérics Geburt das Landhaus verlassen, doch kehrte der Sohn später noch oft nach Żelazowa Wola zurück. Er liebte die melancholische Stimmung Masowiens und ließ sich vom Klang der Volksmusik zu Mazurken und Polonaisen inspirieren. Durch ein schickes Besucherzentrum gelangen Sie in einen von Chopins Musik ›durchwehten‹ Park mit dem original erhaltenen Geburtshaus des Komponisten. Hier finden im Sommer regelmäßig Chopin-Konzerte statt (Muzeum Chopina, www.muzeum.nifc.pl, Di–So 9–17, April–Sept. 11–19 Uhr, Park und Museum 6 €, nur Park 2 €; Kombiticket mit Chopin-Museum in Warschau inkl. Anfahrt nach Żelazowa Wola s. www.chopinpass.com).

Łowicz ▶ 1, P 11

An der Bzura, 31 km südwestlich von Warschau, liegt die für ihre Volkskunst berühmte Stadt **Łowicz.** Nirgendwo in Polen gibt es eine farbenprächtigere Fronleichnamsprozession: Die Frauen sind in Trachten gekleidet und mit Bernsteinketten behängt, weiß gekleidete, Blumen streuende Mädchen schreiten ihnen voran. Der Umzug startet an der Stiftskirche am Westrand des Marktplatzes, die im 15. Jh. erbaut und später barock umgestaltet wurde. Sehenswert ist auch das gegenüber liegende Regionalmuseum im früheren Priesterseminar. Die Kapelle gilt mit ihrem freskenbemalten Tonnengewölbe und den ausdrucksstarken Pietà-Skulpturen als eine ›Perle des Barock‹. Das erste Stockwerk widmet sich der Geschichte von Łowicz, das zweite präsentiert Folklore in all ihren Facetten: naive Schnitzereien, kunstvoll bemalte Kacheln, Scherenschnitte und Keramik. Ein Freilichtmuseum im Hof zeigt zwei Bauernhäuser mit Inneneinrichtung (Muzeum Łowickie, Stary Rynek 5–7, www.muzeumlowicz.pl, im Sommer tgl. 10–16 Uhr, 5 €, Skansen 3 €).

Termine

Fronleichnamsfest (Mai): Bei der großen Prozession werden in Łowicz die traditionellen, reich bestickten und leuchtend bunten Trachten getragen.

Arkadia ▶ 1, P 11

Park Krajobrazowy, www.nieborow.art.pl, Di–So 10–16 Uhr, 4 €, mit Nieborów 7 €

6 km östlich von Łowicz schuf sich Fürstin Helena Radziwiłł um 1778 den Park von **Arkadia:** ein idyllisches Refugium mit kunstvoll platzierten Teichen, Bächen und Sträuchern. Wie Relikte einer längst versunkenen Welt erscheinen die in die Landschaft eingestreuten Architekturdenkmäler, die verschiedene kunsthistorische Epochen zitieren: eine aus Findlingsblöcken geschaffene Grotte, eine mittelalterliche Burgruine und ein antiker Dianatempel. Auf Letzterem findet sich ein bekanntes Zitat von Petrarca: »Dove pace trovai d'ogni mia guerra« (Hier fand ich Frieden nach jedem meiner Kämpfe). Eine von Sphinx und Löwe flankierte Treppe führt vom Säulenportikus zum See hinab.

Im Regionalmuseum von Łowicz ist man der Volkskultur auf der Spur

Nieborów ▶ 1, P 12

Muzeum w Nieborowie, www.nieborow.art.pl, Di–So 10–16 Uhr, ab 10 €, mit Arkadia 4 €
Schon einige Jahre zuvor hatte die Familie des Fürsten Radziwiłł 4 km östlich in Nieborów ein Barockschloss erworben. Den ursprünglich von Tylman van Gameren für einen Kardinal erbauten **Prachtbau** ließen die Radziwiłłs im klassizistischen Stil erneuern. Besucher gelangen über einen ›römischen Korridor‹ zur Eingangshalle mit einer Kopie des Niobe-Hauptes (4. Jh.). Aus Verzweiflung über den Verlust ihrer sieben Töchter und Söhne war die Mutter zu Stein erstarrt, der Bildhauer hatte ihren Schmerz in weißen Marmor gebannt.

Ein mit holländischen Kacheln ausgelegtes Treppenhaus führt ins erste Stockwerk des Schlosses hinauf, wo sich ein prunkvoller Raum an den nächsten reiht. Sehenswert sind vor allem das Gelbe Kabinett, der Rote Salon und die Bibliothek. Der Reiz des Schlosses wird zusätzlich erhöht durch den ausgedehnten englischen Park: ein symmetrisch angelegter Landschaftsgarten mit Steinskulpturen aus dem 10. und 11. Jh.

Płock ▶ 1, O 10

Auf dem Weg nach Toruń, 115 km nordwestlich von Warschau, liegt Płock, die ehemalige Hauptstadt des Herzogtums Masowiens: Das historische Zentrum wird schrittweise restauriert. Geht man vom mittelalterlichen Marktplatz (Stary Rynek) südostwärts, erreicht man nach zehn Minuten den Tumski-Hügel, eine steil zur Weichsel abfallende Anhöhe mit einer imposanten Anlage von **Burg, Kathedrale und Benediktinerkloster.** In der Königskapelle des Doms fanden die polnischen Herrscher Władysław Herman (1079–1102) und Bolesław III. (1102–1138) ihre letzte Ruhestätte. Das Benedektinerkloster beherbergt das **Masowische Museum** mit einer einzigartigen Jugendstilsammlung. Außer Kunsthandwerk und Designermöbeln sind Gemälde ausgestellt, darunter einige von Polens Starkünstler Józef Mehoffer (Muzeum Mazowieckie, ul. Tumska 2, www.muzeum plock.eu/pl, Di–So 10–17 Uhr, 5 €).

Pułtusk ▶ 1, R 9

Die masowische Stadt liegt auf der Strecke nach Masuren, sodass sich auf der Fahrt zu den Großen Seen ein Zwischenstopp anbietet. Das historische, von der Narew umflossene Inselzentrum wurde nach 1945 sorgfältig rekonstruiert. In seiner Mitte liegt der mit 400 m längste Marktplatz Polens, kopfsteingepflastert und von Bürgerhäusern gesäumt. Der gotische Backsteinturm beherbergt ein **Regionalmuseum** (Muzeum Regionalne, Rynek s/n, Di–So 10–16 Uhr, 1 €). Nahebei, an der Ostseite des Platzes, steht das **Grüne Haus** (Zielony Dom, Rynek 29), in dem Napoleon übernachtete, als er 1806 die Schlacht von Pułtusk gegen Russland anführte. Das nördliche Ende des Markts wird von der gotischen **Kollegiatskirche** (Kolegiata) beherrscht. An der Südseite erhebt sich machtvoll die mittelalterliche **Bischofsburg.** Sie wurde in ein Komforthotel von Dom Polonii verwandelt, der Organisation der Exilpolen. Eine Gasse führt zur Anlegestelle an der Narew hinab, wo das Dom Polonii Ruder- und Paddelboote verleiht.

Übernachten

In der Bischofsburg – **Dom Polonii:** ul. Szkolna 11, Tel. 23 692 90 00, www.zamekpultusk.pl, 55 Zimmer. Die mit Antiquitäten eingerichteten Zimmer strahlen nostalgischen Charme aus, polnische Klassiker werden in den Restaurants und der Taverne am Fluss serviert. Im Café stärkt man sich mit ›Papst-Cremeschnitte‹ und ›Schlosslikör‹. Mit Rad- und Bootsverleih. €€

Verkehr

Bus/Zug: Von Warschau (Dworzec Zachodni) geht es mit Regionalzug nach Sochaczew, von dort weiter mit Bus mehrmals tgl. nach Żelazowa Wola. Nach Łowicz gelangt man leichter per Zug; Bahnhof und Busstation befinden sich dort 600 m östlich des Rynek. Nur mit dem Bus gelangt man von Łowicz nach Arkadia und Nieborów (Bus Arkadia–Nieborów–Skierniewice, 6 x tgl. ca. alle 2 Std.). Nach Płock gibt es von Warschau tgl. eine Zugverbindung mit Weiterfahrt nach Toruń.

Posen und Umgebung

▶ 1, Q 10

Die Provinzhauptstadt Posen (Poznań) ist vor allem als Handelsmetropole bekannt, doch gibt es für Touristen gleichfalls gute Gründe, hier einen Zwischenstopp einzulegen. Architekturdenkmäler führen durch eine über tausendjährige Geschichte, vieles erinnert auch an die deutsch-wilhelminische Gründerzeit.

Welche Rolle die Stadt für die nationale Wirtschaft spielt, ist daran zu erkennen, dass hier 50 % aller polnischen Messen, darunter die bedeutende Internationale Industriemesse im Juni, stattfinden. Übers Jahr verteilt sind die Verkaufsausstellungen für Modeartikel und Konsumgüter, Polagra-Food, Domexpo und Tour Salon. Kaum sind die Reiseexperten abgezogen, trifft sich die Finanzwelt bei Trust & Invest; bei Poleko dürfen ökobewusste Unternehmer ihre teuren Nischenprodukte vorstellen. Äußerlich hat sich auf der Messe viel getan: Das Ausstellungsgelände hat sein altmodisch-graues Outfit abgestreift und präsentiert sich nun hypermodern, ein ›strahlender‹ Trendsetter für neue Produkte.

Wer als Tourist kommt, sucht freilich etwas anderes, sein Interesse richtet sich auf die Welt jenseits von Geschäft und Kommerz. Und da ist viel zu entdecken: ein herrliches Renaissance-Rathaus, der älteste Dom Polens und interessante Museen. Dazu wartet die Stadt mit einer lebendigen Kunst- und Kulturszene auf: große Oper und Tanztheater, Jazzszene und avantgardistisches Schauspiel, dazu das ›Kaiserschloss‹, in dem von der Klub-Nacht bis zur Performance jeden Abend etwas geboten wird. Im Osten der Stadt befindet sich das Sport- und Erholungszentrum Malta mit großer Therme und internationaler Regattastrecke.

Ein Blick zurück

Archäologische Funde lassen vermuten, dass die Niederungen der Warta (Warthe) im Posener Raum bereits im 7. Jh. von slawischen Stämmen besiedelt waren. Erste Festungen entstanden bei Gniezno und Kruszwica, später auch bei Kalisz. Die historische Region Wielkopolska (Großpolen) gilt als die ›Wiege des polnischen Staates‹. Ihr Name verweist auf den Stamm der Polanen, die neben den Wislanen hier siedelten. Piastenfürst Mieszko I. gelang es ab 960, die slawischsprachigen Stämme zu einen. Keimzelle Posens war eine von der Warthe und ihren Seitenarmen umflossene Insel, auf der 968 das erste polnische Missionsbistum entstand.

Unter der Herrschaft seines Sohns Bolesław I. expandierte der neue Staat in alle Himmelsrichtungen und erreichte für kurze Zeit fast die Größe des heutigen Polen. Das Machtzentrum verlagerte sich freilich schon früh nach Südosten: Nach dem Vormarsch der Böhmen (1038) wurde ›Großpolen‹ auf den Status einer Grenzprovinz herabgestuft und das ›kleinpolnische‹ Krakau als ein Ort, der mehr Sicherheit versprach, zur Hauptstadt erklärt. Posen wahrte gleichwohl seine Rolle als regionales Handelszentrum und dehnte sich aus. 1253 entstand am linken Wartheufer eine neue Siedlung mit Marktplatz und schachbrettartigem Straßennetz – ein weltliches Pendant der klerikalen Dominsel.

Seine Blütezeit erlebte Posen im 15. und 16. Jh., als die Stadt ein wichtiges Wirtschaftszentrum war: Hier kreuzten sich die größten Handelsstraßen Europas. Doch mit den Nordischen Kriegen im 17. Jh. setzte der Niedergang ein, 1793 wurde die Stadt im Rahmen der Zweiten Polnischen Teilung Preußen zugeschlagen. Waren die polnischen Bürger anfangs noch mit Sonderrechten ausgestattet, so büßten sie diese nach dem gescheiterten Aufstand von 1848 und vor allem im Rahmen der von Bismarck verordneten Germanisierungspolitik zunehmend ein. Die polnische Sprache wurde von den Schulen und aus Amtsstuben verbannt, die freie Religionsausübung eingeschränkt. Mit der Repression wuchs freilich der Widerstand. So wurde Posen zu einem Sammelbecken polnischer Nationalisten. Nach dem Ersten Weltkrieg brachte ein Aufstand die Stadt in ihre Hand und ermöglichte den Anschluss an den neu geschaffenen polnischen Staat. Im Zweiten Weltkrieg drehte sich das Rad der Geschichte noch einmal für wenige Jahre zurück: Posen wurde von deutschen Truppen eingenommen und Hauptstadt des neu geschaffenen Warthegaus. Die Polen hatten die Stadt zu verlassen, an ihrer Stelle rückten Deutsche ein. Nach dem Zweiten Weltkrieg war es genau umgekehrt: In die zerschossene, von Deutschen ›gesäuberte‹ Stadt kamen Polen aus allen Teilen des Landes.

Rundgang

Cityplan: S. 372
Posens ›Wiege‹ ist die Dominsel mit der Kathedrale, sein ›Herz‹ schlägt auf dem Alten Markt. Breite Straßen im Stil der Gründerzeit verbinden Altstadt und Bahnhof, das Messegelände liegt westlich des Bahnhofs.

Um den Alten Markt

Mittelpunkt der Stadt ist der **Alte Markt** (Stary Rynek), ein rechteckiger, von Cafés und bunten Bürgerhäusern gesäumter Platz.

Aus neu mach alt – ›historische‹ Häuser am Markt

Dieser hat zwar nicht die Weite des Krakauer oder Breslauer Rings, ist aber gleichwohl beeindruckend. Man mag beklagen, dass er mit einer Vielzahl von Buden und Bauten ›vollgestellt‹ ist, doch viele Besucher sehen gerade in der Unübersichtlichkeit seinen Reiz: Der Platz erscheint ihnen als gemütlicher Basar, unter den Arkaden verkaufen Kunstmaler ihre Gemälde.

Rathaus und Historisches Museum 1

Ratusz & Muzeum Historii Miasta Poznania, Stary Rynek 1, www.mnp.art.pl, 5 €, wegen Renovierung vorübergehend geschlossen

In der Mitte des Platzes steht das herrschaftliche **Rathaus** (Ratusz), das sich das reiche Patriziat 1536 vom italienischen Baumeister Giovanni Battista Quadro errichten ließ. Zu Recht gilt es als eines der schönsten Renaissancebauwerke Polens. Die Schaufassade gefällt mit dreistöckigen Loggias, Arkaden und schlanken Türmen; gemalte Details enthüllen das politische Programm der einstigen Ratsherren. Jeden Mittag um 12 Uhr öffnen sich die Metalltüren über der Uhr am 61 m hohen Hauptturm und die legendären ›Posener Böcke‹ (Koziołki) springen heraus, um zwölfmal mit den Köpfen zusammenzustoßen. Einst, erzählt man, haben sie auf den Stufen des Rathauses ein wildes Spektakel vollführt, um die Bürger auf das im Innern ausgebrochene Feuer aufmerksam zu machen. Aus Dank dafür, dass sie die Stadt vor einer Feuersbrunst bewahrten, wurden sie als ›Zeitmesser‹ verewigt.

Heute birgt das Innere des Rathauses das **Historische Museum,** eine Folge prächtiger Säle mit Exponaten zur Stadtgeschichte. Am schönsten ist der Rokokosaal im ersten Stock mit kunstvoll geschnitzter Kassettendecke.

Bamberka

Bedeutend sachlicher geht es im angrenzenden Renaissancebau, der ehemaligen Stadtwaage zu, wo sich die Brautleute ihr Ja-Wort geben. Die Brunnenfigur der **Bamberka** vor dem Eingang des Hauses erinnert an die zu Beginn des 18. Jh. eingewanderten Bürger aus Bamberg.

Martinsmuseum 2

Stary Rynek 41/ul. Klasztorna 23, www.rogalowemuzeum.pl, tgl. mehrere »Croissant-Shows« (in engl. Sprache meist Sa/So 14 Uhr), obligatorische Onlinereservierung, ab 7 €

In einem schönen Renaissancehaus macht man Sie mit der Geschichte des hl. Martin vertraut, der alljährlich am 11. November gefeiert wird. Tausende Posener kommen dann zusammen, um die mit Datteln und Feigen gefüllten ›Martinshörnchen‹ zu verspeisen. Im Museum können Sie sehen, wie der Teig vorbereitet wird, dürfen auch selber ein Hörnchen backen und probieren.

Museum für Musikinstrumente 3

Stary Rynek 45, www.mnp.art.pl, Di–So 10–16 Uhr, 3,75 €

Museumsfreunde haben es in Posen leicht, denn fast alle Sammlungen liegen auf engem Raum zusammen. Allein auf dem Alten Markt könnte man einen ganzen Tag mit dem Besuch von Ausstellungen verbringen. Das **Museum für Musikinstrumente** (Muzeum Instrumentów Muzycznych) wurde im Haus der Adelsfamilie Grodzki eingerichtet und birgt mehr als 2000 Stücke aus aller Welt und allen Epochen. Ein Raum ist Frédéric Chopin gewidmet, der auf dem ausgestellten Klavier für die Adelsfamilie Radziwiłł mehrfach Konzerte gab.

Großpolnisches Militärmuseum 4

Stary Rynek 9, www.mnp.art.pl, Di–So 10–16 Uhr, 3,75 €

Vor die Krämerhäuschen, in denen einst Kaufleute ihre Waren verkauften, wurde ein wenig attraktiver Betonpavillon gesetzt. Das darin untergebrachte **Großpolnische Militärmuseum** (Wielkopolskie Muzeum Wojskowe) beleuchtet die vermeintlich ruhmreiche Geschichte der nationalen Streitkräfte.

In den Gassen der Altstadt von Posen kann man entspannt dem Treiben zugucken. Hier im Hintergrund leuchtet die Maria-Magdalena-Kirche

WERANDA
caffe
Zapraszamy
na
Lunch

POSENER TOR

Porta Posnania 7 nennt sich das Zentrum am Zusammenfluss von Cybina und Warthe, gleich gegenüber der Dominsel, mit der es durch einen Glastunnel verbunden ist. Während unterirdisch Reste eines Festungswalls aus dem 9. Jh. zu sehen sind, erleben Sie oberirdisch Posens Geschichte interaktiv: Filme, Projektionen, maßstabsgetreue Modelle und Glasmosaiken zeichnen ein facettenreiches Bild (Brama Poznania/Budynek Główny, ul. Gdanska 2, www.bramapoznania.pl, Di–Fr 10–18, Sa/So 10–19 Uhr, 7 €).

Hauptwache und Górka-Palast

Die Geschichte Posens wird in der neoklassizistischen **Hauptwache** 5 thematisiert (Odwach, Stary Rynek, www.wmn.poznan.pl, Di 12–16, Mi–So 10–15 Uhr, 3,75 €). Der **Górka-Palast** 6 (Pałac Górków) zeigt archäologische Fundstücke von der Steinzeit bis zum Mittelalter (Pałac Górków & Muzeum Archeologiczne, ul. Wodna 27, www.muzarp.poznan.pl, Di–Do 9–16, Fr 10–17, Sa 11–18, So 12–16 Uhr, 3,75 €).

Altstadt

Vom Alten Markt verzweigen sich kleine Gassen, die von schönen alten Häusern gesäumt sind. An der Süddostecke wird der Blick von einem rot leuchtenden Bau gefangen genommen: Die **Pfarrkirche Maria Magdalena** 8 (Kościół Farny Św. Marii Magdaleny), ein Meisterwerk des Barock, sollte in der Zeit der Gegenreformation Glanz und Gloria des Katholizismus zum Ausdruck bringen. Auftraggeber waren die ›grauen Mönche‹, die im (ehemaligen) **Jesuitenkolleg** 9 (Szkoła Jezuicka) nebenan residierten und abtrünnige Seelen auf Kurs brachten. Die Preußen konfiszierten den schlossartigen Anbau und brachten darin die Stadtverwaltung unter; auch fanden hier erlauchte Gäste Kost und Logis. Einer von ihnen war Frédéric Chopin; alljährlich werden ihm zu Ehren an seinem Geburts- und Todestag (1. März und 17. Okt.) zwei Konzerte gegeben.

Franziskanerkirche 10

ul. Franciszkańska/Eingang ul. Ludgardy, www.makieta.poznan.pl, tgl. 11–17 Uhr, 5 €

Westlich des Alten Markts liegt die **Franziskanerkirche** (Kościół Franciszkanów). Die Mönche mit den braunen Kutten mochten den Jesuiten nicht nachstehen und ließen sich etwa zur gleichen Zeit ein repräsentatives Gotteshaus errichten. Auch hier wurde an üppigem Stuck, Wandmalerei und Schnitzwerk nicht gespart, besonders sehenswert ist die Galerie altpolnischer Porträts. Im Untergeschoss wartet eine Überraschung: Auf 50 m² wird Posen anno 1618 gezeigt – eine Miniaturstadt im Maßstab 1 : 150, die mit Licht und Ton zu Leben erweckt wird. Und auch ein Modell Posens aus dem 11. Jh. ist zu sehen.

Fürstenschloss 11

Góra Przemysła 1, www.mnp.art.pl, Di–So 11–16 Uhr, 5 €

Das angrenzende, ursprünglich gotische **Fürstenschloss** (Zamek Przemysława) wurde 1280 als Herzstück der Posener Verteidigungsanlage gebaut. Es beherbergt eine kunsthandwerkliche Sammlung, ein buntes Gemisch aus Glas- und Silberwaren, Waffen, Uhren und Porzellan.

Nationalmuseum 12

ul. Marcinkowskiego 9, www.mnp.art.pl, Di–So 10–16 Uhr, 5 €

Eindrucksvoller ist das gleich um die Ecke gelegene **Nationalmuseum** (Muzeum Narodowe), das mit polnischer Kunst der letzten Jahrhunderte vertraut macht. Eine ›Spezialität‹ des polnischen Barock ist das realistisch ausgeführte Sargporträt, das den Eindruck erwecken sollte, der Verstorbene weile leibhaftig unter den Trauergästen. Größtes Interesse wecken die Werke des Historienmalers Jan Matejko (1838–1893), der die glorreichen Momente der polnischen Geschichte illustrierte und so seinen Landsleuten in Zeiten der Teilung Trost spendete.

Raczyński-Bibliothek 13

Dass die Polen nur auf dem Feld der Kultur nationale Größe beschwören durften, verdeutlicht auch die 1828 eröffnete **Raczyński-Bibliothek** (Biblioteka Raczyńskich). Mit ihrer klassizistischen Fassade wirkt sie wie eine Miniaturausgabe des Pariser Louvre, durch korinthische Säulen streng-elegant gegliedert.

Kulturmeile im Westen

Alle wichtigen Kulturstätten befinden sich im Westteil der Stadt: das Polnische und das Große Theater, die Philharmonie und das Kaiserschloss.

Kaiserschloss 14

ul. Św. Marcina 80, Tel. 61 646 52 60, www.ckzamek.pl, Di–So 11–19, im Sommer 10–21 Uhr

Das Schloss wurde für Kaiser Wilhelm II. erbaut und von Nazi-Architekt Albert Speer zur germanischen Trutzburg erhöht. Heute ist es Polens größte Kulturfabrik (Centrum Kultury Zamek). In seinen herrschaftlichen Hallen finden alljährlich mehr als 700 Events statt: von Kunstausstellungen über Tanz-Performances, Theater- und Filmaufführungen bis zu Konzerten und heißen Klub-Abenden. In dem von acht Löwen bewachten Brunnenhof öffnet im Sommer ein Café und auch der Bluenote Jazz Club ist hier untergebracht.

Mickiewicz-Platz

Auf dem angrenzenden Mickiewicz-Platz erinnern zwei Kreuze und eine Säule mit Adlerkopf an den Posener Aufstand im Juni 1956, bei dem die Arbeiter »Brot, Wahrheit und Freiheit« forderten – 73 von ihnen kamen dabei ums Leben. Auch eines Dichters wird am Platz gedacht: Das Standbild, das Adam Mickiewicz zeigt, hat man genau an der Stelle postiert, wo bis zum Jahre 1919 Reichskanzler Otto von Bismarck thronte.

Dominsel

Wer sich nur einen Tag in Posen aufhalten kann, sollte nicht versäumen, auch dem ›heiligen‹, östlich des Alten Markts gelegenen Stadtkern einen Besuch abzustatten. Die nach König Bolesław I. benannte »Brücke des Tapferen« (Most Chrobrego) führt hinüber zur **Dominsel** (Ostrów Tumski), wo die Geschichte der Stadt ihren Ausgang nahm. Seit Fürst Mieszko I. die erste Kathedrale erbauen ließ, blieb die Warthe-Insel der Geistlichkeit vorbehalten, die ihre Domäne mit vier weiteren Kirchen absicherte. Noch heute huschen Nonnen und Mönche in dunklen Kutten durch die Straßen – das Mittelalter lässt grüßen!

Kathedrale 15

Blickfang der Insel sind die hohen Türme der **Kathedrale** (Katedra), die als Nachfolgebau einer ersten, um 968 errichteten Kirche entstand. Im Lauf der Jahrhunderte wurde die strenge Backsteingotik durch barocke und klassizistische Formen aufgelockert. Der Stilmix setzt sich im Innern fort: Die schlichten Sarkophage der beiden ersten polnischen Regenten lagern in düsteren Gruften, neobyzantinische Ornamentik schmückt ihr symbolisches Mausoleum in der Goldenen Kapelle.

Marienkirche 16

Sehr viel einheitlicher präsentiert sich die benachbarte, 1438 erbaute **Marienkirche** (Kościół Mariacki), in der das Sterngewölbe wunderbar mit gotischen Schnitzereien harmoniert.

Lubrański-Akademie 17

ul. Lubrańskiego 1, www.muzeum.poznan.pl, Di–Fr 11–17, Sa 11–16, So 11–15 Uhr, ab 5 €

Noch mehr Kunst entdeckt man in der nördlich gelegenen **Lubrański-Akademie** (Aka-

demia Lubrańskiego), einstmals die erste Hochschule der Stadt, heute Sitz des herausgeputzten **Erzdiözesanmuseums** (Muzeum Archidiecezjalne). Neben mittelalterlichen Skulpturen zeigt das Museum Meisterwerke der Malerei, das kostbarste Stück der Sammlung ist ein Gemälde von Anton van Dyck.

Zoo 19

ul. Krańcowa 81, https://zoo.poznan.pl/mapa-nowe-zoo, tgl. ab 9 Uhr, Schließung bei Dämmerung, 11,25 €, im Winter billiger

Bei einem Spaziergang rund um den an Sportangeboten reichen Malta-See lohnt an seiner Ostseite ein Abstecher zum Posener **Zoo** (auch erreichbar mit der Schmalspurbahn Maltanka). Hier können Sie gut mehrere Stunden verbringen. Rund um sechs Teiche verteilen sich Panther, Löwen und Nashörner, Wisente und Bisons, Antilopen und Giraffen, einheimische und exotische Vögel.

Infos

Centrum Informacji Miejskiej: ul. Ratajczaka 44, Tel. 61 851 96 45, www.poznan.travel, Mo–Fr 10–19, Sa 10–17 Uhr. Im Informationsbüro knapp westlich der Altstadt werden Hotelreservierungen vorgenommen und Stadtführer vermittelt. Ver-

Poznań/Posen

Sehenswert

1 Rathaus und Historisches Museum
2 Martinsmuseum
3 Museum für Musikinstrumente
4 Großpolnisches Militärmuseum
5 Hauptwache
6 Górka-Palast
7 Porta Posnania (Posener Tor)
8 Pfarrkirche Maria Magdalena
9 Jesuitenkolleg
10 Franziskanerkirche
11 Fürstenschloss
12 Nationalmuseum
13 Raczyński-Bibliothek
14 Kaiserschloss
15 Kathedrale
16 Marienkirche
17 Lubrański-Akademie
18 Stary Browar (Alte Brauerei)
19 Zoo

Übernachten

1 NH
2 Park
3 Mercure Poznań
4 Vivaldi
5 Meridian
6 Camping Malta Nr. 155

Essen & Trinken

1 Ratuszowa
2 Brovaria
3 Whiskey in the Jar
4 Weranda Café
5 A Nóż Widelec

Abends & Nachts

1 Teatr Wielki
2 Teatr Polski
3 Filharmonia Poznańska
4 Teatr Muzyczny
5 Polski Teatr Tańca
6 Blue Note Jazz Club

Aktiv

1 Malta-See

---

kauft werden das monatlich erscheinende Veranstaltungsprogramm »iks« sowie die Posener City Card. Die Touristenkarte gilt wahlweise für ein, zwei oder drei Tage und beinhaltet die kostenlose Benutzung der öffentlichen Verkehrsmittel, freien Eintritt in zahlreiche Museen sowie Rabatte in ausgewählten Kinos und Restaurants. Filialen der Touristeninformation befinden sich im Bahnhof sowie am Posener Flughafen.

Centrum Informacji Turystycznej: Stary Rynek 59/60, Tel. 61 852 61 56, www.cim.poznan.pl, Mo–Fr 9–17, Sa 10–14 Uhr. Informationsbüro am Alten Markt mit vielen Karten und Broschüren.

Übernachten

Vor allem während der Industriemesse im Juni können sich die Preise für Hotels und Privatzimmer verdoppeln.

Minimalistische Eleganz – **NH 1:** ul. Św. Marcin 67, Tel. 61 624 88 00, www.nh-hotels.com, 95 Zimmer. In warmen Naturfarben gestyltes Viersternehotel wenige Schritte von der Altstadt. Pluspunkte sind der kleine Spa-Bereich und das große, exquisite Frühstücksbüfett. €€

Am Seeufer – **Park 2:** ul. Baraniaka 77, Tel. 61 874 11 00, www.hotelepark.pl, 98 Zimmer. Das Komforthotel liegt am Südufer des Malta-Sees, etwa 2,5 km östlich

Einkaufszentrum als Kunstgalerie – die Alte Brauerei (Stary Browar)

vom Zentrum. Für die Zimmer mit Seeblick zahlt man einen kleinen Aufschlag. Mit ausgezeichnetem Restaurant und Business Center. €€

Komfortables Kettenhotel – **Mercure Poznań** 3 : ul. Roosevelta 20, Tel. 61 855 80 00, www.accorhotels.com, 228 Zimmer. Fast am Bahnhof und nur 200 m vom Messegelände entfernt liegt das Viersternehotel Mercure. Für Konferenzen und Seminare ist es bestens ausgestattet. Gern wirbt man damit, dass hier 2002 der russische Präsident Putin abstieg. €€€

Für gehobene Ansprüche – **Vivaldi** 4 : ul. Winogrady 9, Tel. 61 858 81 00, www.vivaldi.pl, insgesamt 48 Zimmer. Vierstöckiges, architektonisch originell gestaltetes Viersternehotel nordwestlich des Stadtzentrums. Mit Schwimmbad, Sauna und Business Center. €€

Romantisches Hideaway – **Meridian** 5 : ul. Litewska 22, Tel. 61 656 53 53, www.meridians.pl/hotel, 10 Zimmer. Hübsches Landhaus am Seeufer im Park Sołacki, knapp nördlich vom Messegelände; mit gutem Restaurant. €

Camping – **Malta Nr. 155** 6 : ul. Krańcowa 98, Tel. 61 876 32 03, https://posir.poznan.pl/

STARY BROWAR

Eine Backsteinbrauerei anno 1876, verwandelt in einen luxuriösen Einkaufstempel. 200 Markenläden von Armani bis Wallis, von Glück bis Wittchen, außerdem Bistros, Cafés und Restaurants sowie eine Filiale des Delikatessen-Supermarkts Piotr i Paweł. Clou der **Alten Brauerei** 18 sind jedoch nicht die Geschäfte, sondern die Kunstinstallationen. Im Atrium mit seiner hohen Lichtkuppel steht ein antikisierender Riesenkopf von Igor Mitoraj. Über den offenen Kunsthof mit dem Riesenkrug von Wojciech Kujawski, der es aufgrund seiner Größe ins »Guinness-Buch« geschafft hat, kommt man in die Passage mit Riesen-Comics à la Manga. Teil eines Kunstwerks werden Besucher bei »Wavefunction«: Von Zuschauerwellen in Fußballstadien inspiriert, zeigt dieses weiße Sitzschalen, die sich bewegen, sobald versteckte Kameras menschliche Bewegung im Raum wahrnehmen (ul. Półwiejska 42, www.starybrowar5050.com, Mo–Sa 9–21, So 10–20 Uhr, Parkgebühren werden auf Einkäufe angerechnet).

obiekty/malta/hotel-camping-malta, geöffnet Mai–Sept. 4 ha große Wiesenanlage längs der Regattastrecke am Malta-See. 40 Stellplätze, 52 Campinghäuschen. €

Essen & Trinken

Rustikal – **Ratuszowa** 1: Stary Rynek 55, Tel. 61 851 05 13, https://ratuszova.pl. Altposener Restaurant im Kellergewölbe eines Bürgerhauses am Markt, eingerichtet mit historischen Fotos und Antiquitäten. Für den großen Hunger empfiehlt sich die ›Rathausplatte‹ mit vier Fleischsorten, Kartoffel-Variationen und Salat. €€–€€€

Am Altstädter Ring – **Brovaria** 2: Stary Rynek 73–74, Tel. 61 858 68 68, www.brovaria.pl, tgl. ab 12 Uhr. Das beliebte Lokal gehört einer Brauerei, an der Bar fließt das Bier in Strömen, schön sitzt man auch auf der Terrasse. Bestellen kann man Posener Knödel mit Ente, sehr gut ist das hausgemachte Eis. €€

Sehr guter Service – **Whiskey in the Jar** 3: ul. Połwiejska 42, Stary Browar, Tel. 503 74 96 96, https://whiskeyinthejar.pl, tgl. ab 12 Uhr. Ein Highlight in der Alten Brauerei: Der Barkeeper Grzegorz mixt hervorragende Cocktails, Piotr und Klaudia bedienen professionell die Gäste. Sehr gut schmecken die auf Holzkohle gegrillten Steaks, am häufigsten bestellt werden Burger. €–€€

After-Shopping – **Weranda Café** 4: ul. Świętosławska 10, Tel. 61 859 69 69, http://werandafamily.com, So nur bis 20 Uhr. Ein sympathisches Lokal in der Altstadt mit hausgemachtem Kuchen und fantasievollen, je nach Saison wechselnden Gerichten und viel Salat. Eine Filiale, Weranda Lunch & Wine, befindet sich im Einkaufszentrum Stary Browar. €–€€

Außerhalb:

Die lange Anfahrt lohnt – **A Nóż Widelec** 5: ul. Czechosłowacka 133, Tel. 61 832 91 78, www.anozwidelec.com, So–Mo 12–19, Di–Sa 12–21 Uhr. »Zum Messer gehört die Gabel« – so heißt der Restaurantname übersetzt. Die Einrichtung ist gediegen-modern, aber nicht außergewöhnlich. Hier ist es das Essen, das Bestnoten verdient: Die Gerichte sehen wunderbar aus und schmecken auch so, der Service ist perfekt. Wer kein Auto hat, kann das engagiert geführte Lokal mit Tram 5, 8 und 14 erreichen: Haltestelle Górczyn, 8 km südwestlich von Posen. Weil das Lokal klein ist, rechtzeitig anrufen und reservieren! €€€

Abends & Nachts

Oper – **Teatr Wielki** 1 **:** ul. Fredry 9, www.opera.poznan.pl.
Kulttheater – **Teatr Polski** 2 **:** ul. 27 Grudnia 8/10, www.teatr-polski.pl.
Klassische Konzerte – **Filharmonia Poznańska** 3 **:** ul. Św. Marcin 81, www.filharmoniapoznanska.pl.
Musiktheater – **Teatr Muzyczny** 4 **:** ul. Niezłomnych 1, https://teatr-muzyczny.pl.
Tanztheater – **Polski Teatr Tańca** 5 **:** ul. Kozia 4, www.ptt-poznan.pl.
Kulturfabrik – **Centrum Kultury Zamek** 14 **:** ul. Św. Marcin 80/82, www.ckzamek.pl. Im ehemaligen Schloss Kaiser Wilhelms II., einem düsteren Germanenbau, finden heute Ausstellungen, Konzerte, Klubnächte und Kunst-Performances statt.
Live-Jazz – **Blue Note Jazz Club** 6 **:** ul. Kościuszki 76/78 (im Kaiserschloss), https://bluenote.pl. Angenehmes Nightclub-Ambiente: Das ganze Jahr über treten kleine, aber hochkarätige Jazzensembles auf, sehr gute Akustik. Termine im Internet.
Gut besuchtes Bierlokal – **Brovaria** 2 **:** s. S. 375.

Aktiv

Baden – Östlich der Stadt liegt der **Malta-See** 1 **.** An seinem Nordufer bieten die **Malta-Thermen** ein großes Hallenbad, Wasserrutschen, künstliche Wellen und geothermische Outdoor-Pools (ul. Termalna 1, www.termymaltanskie.com.pl).
Rudern – Am **Malta-See** können auch Boote gemietet werden.

Termine

Johannisjahrmarkt (Juni): Kunsthandwerk, Musik und Tanz auf dem Alten Markt.
Festival der Avantgarde-Theater Malta (Juni/Juli, http://malta-festival.pl): wichtigstes Theatertreffen Polens.
Martinsfest und Unabhängigkeitstag (11. November): Zum Fest des hl. Martin gibt es im Stadtzentrum eine Kirmes mit dem Verzehr von Martinshörnchen (s. S. 368), Kunstworkshops, Konzerten und Rikscha-Fahrten.

Verkehr

Flug: Der Flughafen liegt in Ławica 7 km westlich und ist mit Stadtbus 48 und 59 erreichbar (www.airport-poznan.com.pl).
Bus/Zug: Der Busterminal (www.pks.poznan.pl) befindet sich 1 km, der Bahnhof 1,8 km südwestlich des Stary Rynek. Mit dem Bus kommt man gut nach Pobiedziska, Gniezno, Kórnik, Rogalin. IC- und EC-Züge verkehren nach Warszawa, mehrere Züge tgl. nach Kraków und Wrocław.
Auto: Gut parken kann man nordöstlich des Stary Rynek an der Ecke ul. Garbary/ul. Dominikańska und an der ul. Żydowska.

Rund um Posen

Die Gegend um Posen ist reich an architektonischen Denkmälern: Die ostwärts führende ›Piastenroute‹ verknüpft die ersten Siedlungen des polnischen Königreichs. Südlich von Posen liegen prachtvolle Adelssitze. Gut erholen kann man sich an den Seen im Großpolnischen Nationalpark.

Pobiedziska ► 1, H/J 10

Erste Station der ›Piastenroute‹ ist **Pobiedziska,** über das man den 7 km langen Lednica-See erreicht. An seinem Ostufer befindet sich ein Ethnografischer Park mit Holzhäusern aus dem 19. Jh. Knapp 2 km weiter nördlich zeigt das Museum der ersten Piasten Waffen und Werkzeuge aus der Festung Fürst Mieszkos I., die sich auf einer der vier Inseln im See befand. Mit dem Boot kann man übersetzen und ihre Ruinen besichtigen (Muzeum Pierwszych Piastów, Dziekanowice, www.lednicamuzeum.pl, Di– So 10–17 Uhr, im Winter kürzer, 3 €).

Infos

Im Internet: www.pobiedziska.pl

Gniezno ▶ 1, H/J 10

Die ›Wiege des polnischen Staates‹ ist **Gniezno** (Gnesen), 49 km östlich von Posen. Ins Schlaglicht der Weltgeschichte rückte der Ort im Jahre 1000, als er vom Papst nach Fürsprache des deutschen Kaisers Otto III. zum ersten Erzbistum Polens erwählt wurde. Der Kaiser kam zur Feier nach Gniezno und stellte dem polnischen Vasallen Souveränität in Aussicht. Gleichzeitig besuchte er das Grab des hl. Adalbert, der in seinem Auftrag drei Jahre zuvor aufgebrochen war, die heidnischen Prußen zu missionieren und dabei den Tod fand. Erzbischöflicher Sitz ist Gniezno noch heute, die wuchtige doppeltürmige **Kathedrale** dominiert die Silhouette der Stadt. Mitte des 14. Jh. entstanden, ist sie bereits der dritte Nachfolgebau der ursprünglich 970 errichteten Kirche. Sehenswert ist vor allem die romanische Bronzetür von 1170 mit Szenen aus dem Leben des hl. Adalbert. Die Reliquien des Märtyrers befinden sich in einem prächtigen Grabmal am Hochaltar (Katedra, ul. Łaskiego 7, Mo–Sa 9–17 Uhr, Gesamtticket 7,75 €, Einzelticket Turmaufstieg 1,75 €). 2018 wurden am Szlak Królewski, dem »Königsweg«, Statuen der in Gniezno gekrönten Herrscher aufgestellt, dazu 15 Figuren von Kaninchen, mit denen man hofft, mehr Touristen in die Stadt zu locken (Infos: www.gniezno.eu).

Übernachten

Freundliches Stadthotel – **Pietrak:** ul. Chrobrego 3, Gniezno, Tel. 61 426 14 97, www.pietrak.pl. Das Dreisternehotel an der Fußgängerstraße unweit des Doms bietet 48 komfortable Zimmer mit Sat-TV und ein gutes Frühstücksbüfett. Auch das Hotelrestaurant genießt einen guten Ruf. Es wurde im ganzen Land bekannt, als hier beim Staatstreffen 2000 neun europäische Premierminister und Präsidenten dinierten. Spezialität ist *karp królewski* (Karpfen auf gedünstetem Gemüse). €€

Verkehr

Bus/Zug: In Gniezno liegen Zug- und Busbahnhof 1 km südöstlich der Kathedrale. Häufig fahren Züge nach Poznań und Toruń, Busse nach Poznań nahezu stdl. Sie halten in Pobiedziska (nur an der Hauptstraße Poznań–Gniezno, von wo man 2 km zum Museum laufen muss).

Biskupin ▶ 1, J 9

Park Archeologiczny, Biskupin, www.biskupin.pl, Mai–Sept. tgl. 9–18 Uhr, 5,75 €

Das 30 km nördlich gelegene Biskupin beweist, dass die Gegend schon lange vor der Existenz des polnischen Staates besiedelt war. 1933 wurden in sumpfigem Gelände erste Holzhäuser, später ein ganzes Dorf entdeckt. Nachdem es um 400 v. Chr. durch das Ansteigen des Seespiegels überflutet worden war, blieb es bis in die jüngste Vergangenheit versunken im Schlamm – das älteste erhaltene Baudenkmal auf polnischem Boden! Mitglieder der sogenannten ›Lausitzer Kultur‹ hatten das Dorf im 7. Jh. v. Chr. gegründet. Sie errichteten ihre Siedlung auf einer kleinen flachen Insel und umgaben sie mit einem 6 m hohen Holzwall. Zusätzlichen Schutz boten 35 000 in den Seegrund gerammte Eichenpfähle. Der Zugang zum Dorf war über ein einziges Turmtor möglich, von dem sich eine 120 m lange Holzbrücke zum Festland spannte. Im Innern der Siedlung, die gut 1000 Menschen Platz bot, wurden schnurgerade, mit Bohlen gepflasterte Straßen angelegt. Ein jedes der 108 fast identischen Häuser verfügte über Wohnraum und Vorratskammer. Die Handelskontakte der ›Lausitzer‹, das belegen die darin gefundenen Waffen, Werkzeuge und Schmuckstücke, reichten von der Ostsee bis zum Schwarzen Meer.

In einem **Museum** sind die Fundstücke ausgestellt, ein Spaziergang durch das teilweise rekonstruierte Dorf versetzt Besucher zurück in die Eisenzeit. In den Ställen stehen Konik-Pferde und mufflonähnliche Schafe; die Felder sind mit Hirse, Linsen und Gerste bestellt, die hier schon vor 2700 Jahren angepflanzt wurden.

Termine

Historisches Volksfest in Biskupin (www.biskupin.pl)**:** Meist Anfang Sept. erwacht das alte Biskupin zu Leben, in Werkstätten wird

gezimmert, getöpfert und gewoben. Besucher lernen, wie man Brot aus selbst gestampftem Getreide backt, Körbe flicht und aus Kiefernwurzeln Teer herstellt. Es gibt Schaukämpfe, man kann im Einbaum fahren und ein Bad im Fass genießen.

Verkehr

Bus/Zug: Nach Biskupin kommt man nur mit Bus: Ab Gniezno fährt man nach Żnin, von wo es stündlich Verbindungen ins 7 km entfernte Dorf gibt.

Großpolnischer Nationalpark ▶1, G 11

Wer der Historie überdrüssig ist, gönnt sich einen Tag im Grünen. Unmittelbar südlich von Posen beginnt der waldreiche Großpolnische Nationalpark (Wielkopolski Park Narodowy), den man auf mehreren ausgeschilderten Wegen erwandern kann. Als Startpunkt empfiehlt sich der Ort **Mosina,** 21 km südlich von Posen; auf dem blau markierten Weg läuft man 3 km nach **Osowa Góra.** Von dort gelangt man auf rot markiertem Weg 14 km nach **Puszczykowo,** vorbei am schönsten See des Parks, dem **Góreckie-See.** Ganz in der Nähe liegen prächtige Magnatenschlösser, so die Adelsresidenz der Familie Raczyński in **Rogalin,** 15 km südlich von Posen. Neben Empire- und Biedermeier-Salons gibt es Ball- und Festsäle, allesamt ausgestattet mit wertvollem Mobiliar, Skulpturen und Gobelins. Porträts der Familie schmücken das Treppenhaus, die Gemäldesammlung mit Bildern von Böcklin, Monet und Matejko ist in einem Pavillon ausgestellt. Das Schloss kann nur im Rahmen einer kostenpflichtigen Führung besichtigt werden (Zamek, Di–So 10–17 Uhr, 5 €). Hinter dem Palast erstreckt sich ein französischer Garten; der sich westlich anschließende englische Park verfügt über den größten Bestand alter Eichen in Europa. Die drei schönsten werden in Erinnerung an die legendären Gründer der slawischen ›Bruderstaaten‹ Lech (Polen), Czech (Tschechien) und Rus (Russland) genannt und haben einen Stammumfang von je 10 m (Park tgl. 9–19, im Winter bis 17 Uhr, Eintritt frei).

20 km südöstlich von Posen steht in **Kórnik** ein weiteres verwunschenes Schloss mit Zugbrücke und Graben. Das von der mächtigen Górka-Familie gegründete Palais wurde im 19. Jh. nach einem Entwurf von Karl Friedrich Schinkel im neugotischen Stil umgebaut, mit seinen minarettartigen Türmen scheint es von maurischer Architektur inspiriert. Die original erhaltenen Innenräume bergen eine Bibliothek, historische Möbel und ein Museum mit einer Fülle von Kunstschätzen. Auch hier lohnt ein Spaziergang durch den riesigen Park mit über 2000 Baumarten aus aller Welt (Muzeum Zamek Kórnik, ul. Zamkowa 5, www.bkpan.poznan.pl, Di–So 10–16 Uhr, 6 €, von der Bushaltestelle 10 Min. zu Fuß).

Schloss Kórnik verdankt seine heutige Gestalt Karl Friedrich Schinkel

Aktiv

Wandern – Für Exkursionen im Großpolnischen Nationalpark empfiehlt sich der Kauf der Karte Wielkopolski Park Narodowy (1 : 35 000). Mosina und Puszczykowo, Start- und Endpunkt der oben genannten Tour, sind mit dem Bus ab Posen erreichbar.

Verkehr

Bus/Zug: Nach Rogalin und Kórnik gibt es tgl. mehrere Busverbindungen von Poznań und zurück.

Lebuser Land

Oder-Warthe-Bogen ▶ 1, D 10

Bis zur deutschen Grenze erstreckt sich das Lebuser Land, eine stille, landwirtschaftlich geprägte Region mit vielen Seen und Wäldern. Über Międzyrzecz (Meseritz), das gut 100 km westlich von Posen liegt, kommt man zum OWB – so nannte man in der Vorkriegszeit den **Oder-Warthe-Bogen** (Międzyrzecki Rejon Umocniony), einen gegen Polen gerichteten Festungswall, von dem 32 km erhalten sind. Mächtige unterirdische Bunker, die sich, wie der Name andeutet, von der Warthe bis zur Oder erstreckten, sind durch Gänge miteinander verbunden – einst rollte über sie eine elektrische Schmalspurbahn. Unterirdisch liegen auch viele Säle, die als Bahnhöfe, Kasernen, Werkstätten und Depots dienten. Über die Erde ragen Panzerwerke und Betonpfeiler, die sogenannten ›Drachenzähne‹, mithilfe derer nahende Fahrzeuge gesprengt werden konnten. Die obsolete unterirdische Kriegsarchitektur haben sich Fledermäuse zunutze gemacht: 30 000 Tiere halten in den feuchten, konstant 12 °C warmen Stollen ihren Winterschlaf. Sie sind dicht aneinander gedrängt und hängen wie Trauben von der Decke. Das von der »Zeit« so titulierte ›Grandhotel Flattermann‹ ist Europas größtes Fledermaus-Winterquartier. Die Umwandlung des Bunkersystems in eine große Museumsanlage wird voraussichtlich erst in einigen Jahren erfolgen.

Łagów ▶ 1, C 10

Vom Moder der Unterwelt erholt man sich in Łagów (Lagow). Die auf einer Landenge zwischen zwei Seen gelegene **Johanniterburg** mit Hotel und Restaurant ist zu einer beliebten Sommerfrische der Berliner avanciert. Viel los ist vor allem am letzten Juniwochen-

Der Nationalpark Warthemündung – eine weit verzweigte Sumpflandschaft

ende, wenn der kleine Ort im Zeichen von Kino steht: Seit 1969 findet hier der Lebuser Filmsommer statt, bei dem ost- und mitteleuropäische Streifen gezeigt werden. Begleitet wird das Festival von Konzerten, Theateraufführungen und Open-Air-Happenings. Im Sommer kann man an der Burg auch Boote ausleihen und die durch Kanäle miteinander verbundenen Seen erkunden.

Übernachten

Im Birkenwald – **Bukowy Dworek:** Gronów 23, Tel. 68 341 22 94, www.geovita.pl/hotel-bukowy-dworek, ca. 20 Zimmer und klimatisierte Wohnhütten. Das komfortable Hotel im Grünen liegt in Gronów (südlich von Łagów), auf halber Strecke zwischen Posen und Berlin. Mit Schwimmbad, Sauna und Fitnessbereich. €

Nationalpark Warthemündung

▶ 1, B/C 9

Wer noch mehr Natur erleben möchte, sollte den Nationalpark Warthemündung (Park Narodowy Ujście Warty) besuchen. Er liegt unmittelbar an der deutsch-polnischen Grenze. Wo sich die Warthe mit der Oder verbindet, bildet sich ein Flussdelta, das im Frühjahr regelmäßig überschwemmt wird. Die weite **Sumpflandschaft** bietet ideale Lebensbedingungen für zahlreiche Vogelarten. Ob Wachtelkönig, Trauerseeschwalbe oder Stelzenläufer – 26 vom Aussterben bedrohte Arten sind in dem Gebiet heimisch. Während der Herbstflüge rasten hier an die 200 000 nordische Wildgänse auf ihrem Weg gen Süden.

Die Direktion des Nationalparks befindet sich in **Chyrzyno** knapp südlich des Grenzorts Kostrzyn (Küstrin), wo man im ›Naturgarten der Sinne‹ einen Vorgeschmack auf die Erlebnisse im Park erhält: Naturlehrpfade führen an Pflanzen vorbei, die intensiv duften, schmecken oder deren Berührung außergewöhnlich ist. Auf dem ›Pfad der Sinne‹ läuft man barfuß und mit geschlossenen Augen über Moos, Sand, Torf, Zapfen und Fels (Dyrekcja Parku Narodowego, Chyrzyno 1). Im Nationalparkbüro erhalten Sie auch Tipps zu Wander- und Wasserwegen.

Über das Dorf **Słońsk,** etwa 10 km weiter östlich, gelangt man nach Przyborów, wo eine ausgeschilderte, 2 km lange ›Vogelroute‹ zu den besten Aussichtspunkten führt.

Infos

Im Internet: www.unteres-odertal.de, mit Vorschlägen für Exkursionen auf markierten Pfaden.

Kulinarisches Lexikon

Nur in den Restaurants großer Städte gibt es eine mehrsprachige Speisekarte; auf dem Land gilt es, die polnischen Bezeichnungen zu entziffern.

Wichtige Ausdrücke

Frühstück	*śniadanie*
Mittagessen	*obiad*
Abendessen	*kolacja*
Speisekarte	*jadłospis*
Mittagsmenü	*zestaw obiadowy*
Zum Wohl!	*Na zdrowje!*

Speisekarte

barszcz czerwony	Rote-Rüben-Suppe
– z krokotkiem	– mit Fleischkrokette
– z uszkami	– mit kleinen Teigtaschen
bigos	Krautgulasch mit Pilzen
borowiki	Steinpilze
botwinka	Rote-Bete-Suppe mit Rübenblättern
chłodnik	Kaltschale aus Roter Bete
dania bezmięsne	fleischlose Gerichte
drób	Geflügel
dziczyna	Wild
filet z kurczaka	Hähnchenfilet
frytki	Pommes frites
gołąbki	gefüllte Kohlrouladen
golonka	Eisbein
grzyby	Pilze
gulasz wołowy	Rindsgulasch
halibut	Heilbutt
herbata	Tee
– z cytryną	– mit Zitrone
jagnięcina	Lammbraten
jagody	Blaubeeren
jajecznica	Rührei
jajko	Ei
jarskie	vegetarische Gerichte
kaczka	Ente
– pieczona z jabłkami	gebratene Ente, gefüllt mit Äpfeln
– po starogdańsku	Ente auf Altdanziger Art (mit Orangen)
karp po żydowsku	Karpfen ›auf jüdisch Art‹ (süßsauer in Aspik)
kawa	Kaffee
– po staropolsku	– auf altpolnische Art,(mit Sahne und Brandy)
– po turecku	– auf türkische Art, (ungefiltert und mit Zucker)
– z mlekiem	– mit Milch
kiełbasa	Wurst
– z rożna	Grillwurst
knedle	Knödel
kopytka	Kartoffelklöße
kotlet szabowy	Schweineschnitzel
krewetki	Garnelen, Krabben
kugle	Krapfen
kurczak	Hähnchen
kurki	Pfifferlinge
łapa niedźwiedzia	Bärenpfote
lin	Schleie
lody	Eis
łosoś	Lachs
– marynowany	– mariniert
– z grila	– vom Grill
makowiec	Mohnkuchen
maliny	Himbeeren
makrela	Makrele
marynowane	marinierte Pilze
mięsne	Fleischgerichte
miód pitny	Met, Honigwein
mizeria	Gurkensalat mit saurer Sahne
mleko	Milch
– kwaśne	Sauermilch
naleśniki	Pfannekuchen
– z serem	– mit Schichtkäse
ogórki kiszone	saure Gurken
okoń	Barsch
owoce	Früchte, Obst
parówki	Würstchen
pieczarki	Champignons

pieczeń	Braten	– pomarańczowy	Orangensaft
– huzarksi	›Husarenbraten‹, gefüllter Rindsbraten	– pomidorowy	Tomatensaft
		sola	Seezunge
– z dzika	Wildschweinbraten	sos	Soße
– wieprzowa	Schweinebraten	– koperkowy	Dillsoße
pierogi	gefüllte Teigtaschen	– kurkowy	Pfifferlingsoße
– po ruskie	– auf Russisch (mit Kartoffel-Quark-Füllung)	– myśliwksi	süßsaure Jägersoße
		– ogórkowy	Gurkensoße
		– rakowy	Soße mit Flusskrebsen
– z dzika	– mit Wildschwein	– śmietanowy	Sahnesoße
– ze szpinakiem	– mit Spinat	– żurawinowy	Moosbeersoße
– z grzybami	– mit Pilzen	sum	Wels
– z kaszą	– mit Graupen	surówka	Rohkost, Salatbeilage
– z mięsem	– mit Fleisch		
– z kapustą	– mit Sauerkraut	– z marchewki	Karottensalat
piwo	Bier	– z pomidorów	Tomatensalat
– bezalkoholowy	alkoholfreies Bier	szarlotka	Apfelkuchen
placki ziemniaczane	Kartoffelpuffer	szaszłyk	Fleischspieß
polędwica	Lendenstück	szczupak	Hecht
pomodory	Tomaten	sznycel	Schnitzel
potrawka	Ragout	tatar	(Beefsteak)Tatar
– z kurczaka	Geflügelragout	tatar z łososia	Lachstatar
– cielęca	Kalbsragout	twaróg	Quark, Schichtkäse
poziomki	Wilderdbeeren	truskawki	Erdbeeren
pstrąg	Forelle	warzywa	Gemüse
rak	Krebs	węgorz	Aal
ryba	Fisch	– wędzony	Räucheraal
– ryba smażona	gebratener Fisch	wino	Wein
– wędzona	geräucherter Fisch	– białe	Weißwein
rybne	Fischgerichte	– czerwone	Rotwein
ryż	Reis	– grzane	Glühwein
sałatka	grüner Salat	woda mineralna	Mineralwasser
– jarzynowa	Gemüsesalat	wódka	Wodka
– z pomidorów	Tomatensalat	zębacz	Seewolf
sandacz	Zander	ziemnaki	Kartoffeln
sardynka	Sardine	zupa	Suppe
sarnina	Rehbraten	– grzybowa	Pilzsuppe
ser biały	Schichtkäse, Quark	– ogórkowa	Gurkensuppe
sielawa	Stinthengst, masurischer Fisch	– pomidorowa	Tomatensuppe
		– rybna	Fischsuppe
śledź	Hering	– z borowikami	Steinpilzsuppe
– w oleju	– in Öl	– z raków	Flusskrebssuppe
– w śmietanie	– in Sahnesoße	żurek	Sauerrahmsuppe
sok	Saft	– w chlebie	– im ausgehöhlten Brotlaib
– jabłkowy	Apfelsaft		

Sprachführer

Aussprache/Betonung

Zu der Zahl ›999‹ sagen die Polen *dziewięć-setdzieniećdziesiştdzwieniec*, ›Glück‹ verwandelt sich in *szczęscia* und ›Liebe‹ in *miłość*. Bei so vielen Zungenbrechern raufen sich Besucher die Haare und sind froh, wenn sie nach ihrer Polenreise wenigstens das Wort ›Hallo‹ (*cześć*) aussprechen können. In Hotels und Restaurants sind zwar immer mehr jüngere Leute beschäftigt, die Deutsch oder Englisch gelernt haben. Doch kann es nicht schaden, sich ein paar Brocken dieser schwierigen Sprache anzueignen. Zunächst gilt es, sich jene Buchstaben und Laute einzuprägen, die es im Deutschen nicht gibt:

- **ę** wird ähnlich dem ›in‹ im französischen ›fin‹ ausgeprochen
- **ą** wird ähnlich dem ›on‹ im französischen ›mon‹ ausgeprochen
- **ł** wird ähnlich dem englischen ›wh‹ in where ausgeprochen
- **ś** ist gleich ›sch‹
- **ć** ist gleich ›tsch‹
- **ń** ist ähnlich dem ›gn‹ in Champagner
- **ó** entspricht dem kurzen u in Hund
- **ź, ż, rz** – sind ähnlich dem französischen ›j‹ in journal
- **z** wird wie das stimmhafte s in Sonne gesprochen, doch im Auslaut stimmlos
- **sz** entspricht ›sch‹
- **cz** entspricht ›tsch‹

Allgemeines

Guten Tag	dzień dobry
Guten Abend	dobry wieczór
Wie geht es Ihnen?	Jak sié Pan (m) Pani (w) ma?
Wie geht's?	Jak sié masz?
Auf Wiedersehen	do widzenia
hallo/tschüss	cześć
danke	dziękuję
bitte	proszę
bitte sehr	proszę bardzo
ja	tak
nein	nie
warum?	dlaczego?
Ich weiß nicht	Nie wiem
Bitte langsam!	Proszę powoli!
Die Rechnung bitte	Poproszę o rachunek
Das ist zu teuer	To za drogo
billig	tanio
klein	mały
groß	duży
wenig	mało
viel	dużo
gut	dobry
schlecht	niedobry/zły
besetzt	zajęty
frei	wolny
geöffnet	czynne/otwarty
geschlossen	nieczynny/zamknięty

Ortsangaben

Wo ist …?	Gdzie jest …?
hier	tu/tutaj
dort	tam
links/rechts	na lewo/na prawo
geradeaus	po prostu
gegenüber	na przeciw
nahe/weit	blisko/daleko

Zeitangaben

Wann?	Kiedy?
Wie lange?	Jak długo?
Wie spät ist es?	Która jest godzina?
nachmittags	po południu
abends	wieczorem
jetzt	teraz
heute	dziśaj
gestern	wczoraj
morgen	jutro
Tag	dzień
Nacht	noc
Woche	tydzień
Monat	miesiąc

Unterwegs

Abfahrt	odjazd
Ankunft	przyjazd
Flughafen	lotnisko

Bushaltestelle	przystanek autobusowy
Straßenbahn	tramwaj
Bahnhof	dworzec
Gleis	peron
Fahrkarte	bilet
Platzreservierung	miejscówka
Tankstelle	stacja benzynowa
Benzin (bleifrei)	benzyna (bezoło-wiowa)
bewachter Parkplatz	parking strezony

Wichtige BezeicÚungen

Allee	aleja (Abk. al.)
orthodoxe Kirche	cerkiew
Friedhof	cmentarz
See	jezioro (Abk. jez.)
Wechselstube	kantor
Kloster	klasztor
Kirche	kościół
Museum	muzeum
Umleitung	objazd
Platz	plac (Abk. pl.)
Zimmer frei	pokoje wolne
Durchfahrt verboten	przejazd wzbroniony
Ring, Marktplatz	rynek
Heiliger	święty (Abk. św.)
Straße	ulica (Abk. ul.)
Achtung!	uwaga

Im Notfall

Krankenhaus	szpital
Rettungswagen	pogotowie ratunkowe
Pannenhilfe	pogotowie techniczne
Hilfe!	Pomocy! Ratunku!
Ich bin bestohlen worden!	Zostałem okrad (m)! ziony/okradziona (w)!
Polizei	policja
Botschaft	ambasada

Zahlen

0	zero	7	siedem
1	jeden	8	osiem
2	dwa	9	dziewięć
3	trzy	10	dziesięć
4	cztery	50	pięćdziesiąt
5	pięć	100	sto
6	sześć	1000	tysiąc

Die wichtigsten Sätze

Allgemeines

Ich verstehe nicht.	*Nie rozumiem*
Ich spreche kein Polnisch	*Nie mówi po polsku*
Sprechen Sie Deutsch/Englisch?	*Pan (m)/Pani (w) mówi po niemecku/po angielsku?*

Im Lokal

Ist hier frei?	*Jest wolny tutaj?*
Guten Appetit!/Prost!	*Smacznego! Na zdrowje!*
Bitte die Speisekarte!	*Poproszę o jadłospis*
Ich möchte …	*Chciałbym (m)…/ Chciałabym (w) …*
Wie viel kostet das?	*Ile to kosztuje?*
Bezahlen, bitte!	*Poproszę o rachunek!*
Wo sind die Toiletten?	*Gdzie jest toaleta?*

Auf der Straße

Ich will nach …	*Ja chcę jechać do …?*
Wo kann man … kaufen?	*Gdzie można kupić…?*
Wo ist hier eine Apotheke?	*Gdzie jest tutaj apteka?*
Welcher Bus fährt nach …?	*Który autobus jeździ do …?*

Im Hotel

Haben Sie ein freies Zimmer?	*Czy ma Pan/Pani (m/w) pokój?*
Ich habe ein Zimmer reserviert.	*Rezerwowałam pokój.*
Wie viel kostet das Zimmer pro Tag?	*Ile kosztuje ten pokój na dzięn?*

Register

Register

Register

Abbildungsnachweis/Impressum

Abbildungsnachweis

DuMont Bildarchiv, Ostfildern: S. 12, 25, 28, 34, 46, 53, 58, 73, 79, 97, 123, 130, 133, 135, 150, 152, 154/155, 165, 170, 182, 205, 267, 292, 310, 316, 324/325, 326 (Peter Hirth)

Huber-Images, Garmisch-Partenkirchen: S. 338 (Maurizio Rellini); Umschlagrückseite M., 61 o. li., 95, 98, 281 (Reinhard Schmid)

iStock.com, Calgary (CA): S. 320 (al_ter); 75 u. (blyjak); 234 (castenoid); 199 (Dariusz Kuzminski); 166 (Dariusz Paciorek); 364 (dziewul); 121 (ewg3D); 169 (gkrphoto); 26 (Grabara_Photography); 75 o. (hipokrat); 216/217 (joymsk); 61 u. (MLiberra); 32/33 (nosonjai); 173, 210/211 (tupungato)

Izabella Gawin & Dieter Schulze, Lohmar: S. 9, 43, 44, 51, 84, 87, 109, 110, 117, 127, 144, 190, 254, 348

laif, Köln: S. 56 (Bettina Flitner); Umschlagklappe vorn (Christian Kerber); 343 (Dagmar Schwelle); 188 (Dominik Butzmann); 67 u. (Eddie Gerald); 263 (Georg Knoll); 305 (Gerhard Westrich); 67 o., 161 (Joerg Modrow); 103 (Kathrin Harms); 352 (Loop Images/Anna Stowe); Titelbild (Malte Jaeger); Umschlagrückseite o., 226 (Peter Hirth); 81, 129 (Peter Rigaud); 223 (Redux/The NewYorkTimes/Piotr Malecki); 374 (Redux/VWPics/Lucas Vallecillos); 181 (robertharding/Gavin Hellier); 124 (Sophie Henkelmann); 69, 276/277 (Stefan Volk); 286 (Tobias Gerber)

Lookphotos, München: S. 239, 244 (age fotostock); 21 (Dariusz Zarod); 92 (Olaf Meinhardt); 15 (Roetting+Pollex)

MATO, Hamburg: S. 341, 356 (Gabriele Croppi); 61 o. re., 229, 249, 259, 285, 369 (Reinhard Schmid)

Mauritius Images, Mittenwald: S. 176 (age fotostock/Jan Wlodarczyk); 65 (age fotostock/Lucas Vallecillos); 158 (Alamy/Alltravel); 318 (Alamy/Andrzej Gorzkowski Photography); 354 (Alamy/Anna Stowe Travel); 380/381 (Alamy/Dirk Renckhoff); 213, 242 (Alamy/Eddie Gerald); 330 (Alamy/FLHC A33); 332 (Alamy/FLPA); 328/329 (Alamy/Jacek Kadaj); 163 (Alamy/Janusz Gniadek); 224 (Alamy/Olga Gajewska); 41 (Alamy/Pictorial Press Ltd); 220/221 (Alamy/Slawek Staszczuk); 236/237 (Alamy/Wronaphoto.com); 378 (Henryk Tomasz Kaiser); 302/303 (Janusz Pokorski); 27 (John Warburton-Lee); 351 (Westend61)

picture-alliance, Frankfurt a. M.: S. 139, 257 (akg-images); 195 (epa pap Ostrowska); 31 (NurPhoto/Beata Zawrzel)

Ralf Freyer, Freiburg: Umschlagrückseite u., 268

Shutterstock.com, Amsterdam (NL): S.335 (Alexander Bolbot); 367 (Maciej Bledowski); 274/275 (piotrbb); 214 (Violeta Meleti)

Stock.adobe.com, Dublin (IE): S. 91 (cameris); 148/149 (Dejan Gospodarek); 147 (stepmar)

Wikimedia Commons: S. 36/37 (CC PD/Jan Matejko)

Kartografie

© KOMPASS-Karten GmbH, A-6020 Innsbruck; DuMont Reiseverlag, D-73751 Ostfildern

Umschlagfotos

Titelbild: Fischerboot im Stettiner Haff; Umschlagrückseite oben: Traktor vor dem Kloster von Sejny in Podlachien nahe der litauischen Grenze; Umschlagklappe vorn: Café und Buchladen in Warschau

Hinweis: Autorin und Verlag haben alle Informationen mit größtmöglicher Sorgfalt geprüft. Gleichwohl sind Fehler nicht vollständig auszuschließen. Alle Angaben erfolgen ohne Gewähr. Bitte schreiben Sie uns! Über Ihre Rückmeldung zum Buch und über Verbesserungsvorschläge freuen sich Autorin und Verlag:

DuMont Reiseverlag, Postfach 3151, 73751 Ostfildern, E-Mail: info@dumontreise.de

7., aktualisierte Auflage 2024

Autorin: Izabella Gawin
Lektorat: Jessika Zollickhofer, Melanie Wolfmeier
Bildredaktion: Susanne Troll
Grafisches Konzept: Groschwitz/Tempel, Hamburg
Printed in China

REISEN UND KLIMAWANDEL

Der Klimawandel ist vielleicht das dringlichste Thema, mit dem wir uns derzeit befassen müssen. Wer reist, erzeugt auch CO_2. Der Flugverkehr trägt in erheblichem Maße zur globalen Erwärmung bei. Wir sehen das Reisen dennoch als Bereicherung. Es verbindet Menschen und Kulturen und kann einen wichtigen Beitrag zur wirtschaftlichen Entwicklung eines Landes leisten. Reisen bringt aber auch eine Verantwortung mit sich. Dazu gehört, darüber nachzudenken, wie oft wir fliegen und was wir tun können, um die Umweltschäden auszugleichen, die wir mit unseren Reisen verursachen.

Wir können insgesamt weniger reisen – oder weniger fliegen und länger bleiben, den Zug nehmen, wenn möglich, und Nachtflüge meiden (da sie mehr Schaden verursachen). Und wir können einen Beitrag an ein Ausgleichsprogramm wie die Projekte von ***atmosfair*** leisten. ***Atmosfair*** ist eine gemeinnützige Klimaschutzorganisation. Die Idee: Flugpassagiere spenden einen kilometerabhängigen Beitrag für die von ihnen verursachten Emissionen und finanzieren damit Projekte in Entwicklungsländern, die dort den Ausstoß von Klimagasen verringern helfen. Dazu berechnet man mit dem Emissionsrechner auf ***www.atmosfair.de,*** wie viel CO_2 der Flug produziert und was es kostet, eine vergleichbare Menge Klimagase einzusparen. ***Atmosfair*** garantiert die sorgfältige Verwendung Ihres Beitrags.

nachdenken • klimabewusst reisen

Zitate

S. 20 aus: Ryszard Kapuściński. Meine Reise mit Herodot. Aus dem Polnischen von Martin Pollack (erschienen als Band 252 der Anderen Bibliothek im Eichborn Verlag, Frankfurt am Main, 2005) © Aufbau Verlage GmbH & Co. KG – Berlin 2005, 2011

S. 90 aus: Giordano, Ralph, Ostpreußen ade. Reise durch ein melancholisches Land © 1994, Verlag Kiepenheuer & Witsch GmbH & Co. KG, Köln

Danksagung: Für ihre tatkräftige Unterstützung bei meinen Recherche-Reisen möchte ich mich bei Gabriela und Michael Krull, Wolfgang Dockerill, Ewa Schwarze und Michał Japtok herzlich bedanken – und natürlich auch bei Magdalena Korzeniowska vom Polnischen Fremdenverkehrsamt!